ESTATUTO DA APOSENTAÇÃO

ANOTADO – COMENTADO – JURISPRUDÊNCIA

Obras do autor:

- **Contrabando e Descaminho**, (Almedina);

- **As Águas no Código Civil,** (Almedina);

- **Manual de Direito Administrativo de Macau** (Centro de Formação de Magistrados de Macau);

- **Breve Ensaio sobre a Competência Hierárquica** (Almedina);

Em co-autoria:

Código do Procedimento Administrativo/ anotado e comentado(Almedina);

Código de Procedimento Administrativo de Macau/ anotado e comentado (Fundação Macau e SAFP).

JOSÉ CÂNDIDO DE PINHO
Juiz Conselheiro do Supremo Tribunal Administrativo

ESTATUTO DA APOSENTAÇÃO

ANOTADO – COMENTADO – JURISPRUDÊNCIA

ALMEDINA

Todos os exemplares são numerados e rubricados pelo autor

TÍTULO:	ESTATUTO DA APOSENTAÇÃO ANOTADO – COMENTADO – JURISPRUDÊNCIA
AUTOR:	JOSÉ CÂNDIDO DE PINHO
EDITOR:	LIVRARIA ALMEDINA – COIMBRA www.almedina.net
LIVRARIAS:	LIVRARIA ALMEDINA ARCO DE ALMEDINA, 15 TELEF. 239 851900 FAX 239 851901 3004-509 COIMBRA – PORTUGAL livraria@almedina.net LIVRARIA ALMEDINA ARRÁBIDA SHOPPING, LOJA 158 PRACETA HENRIQUE MOREIRA AFURADA 4400-475 V. N. GAIA – PORTUGAL arrabida@almedina.net LIVRARIA ALMEDINA – PORTO RUA DE CEUTA, 79 TELEF. 22 2059773 FAX 22 2039497 4050-191 PORTO – PORTUGAL porto@almedina.net EDIÇÕES GLOBO, LDA. RUA S. FILIPE NERY, 37-A (AO RATO) TELEF. 21 3857619 FAX 21 3844661 1250-225 LISBOA – PORTUGAL globo@almedina.net LIVRARIA ALMEDINA ATRIUM SALDANHA LOJAS 71 A 74 PRAÇA DUQUE DE SALDANHA, 1 TELEF. 21 3712690 atrium@almedina.net LIVRARIA ALMEDINA – BRAGA CAMPUS DE GUALTAR UNIVERSIDADE DO MINHO 4700-320 BRAGA TELEF. 253 678 822 braga@almedina.net
EXECUÇÃO GRÁFICA:	G.C. – GRÁFICA DE COIMBRA, LDA. PALHEIRA – ASSAFARGE 3001-453 COIMBRA Email: producao@graficadecoimbra.pt MARÇO, 2003
DEPÓSITO LEGAL:	193077/03

Toda a reprodução desta obra, por fotocópia ou outro qualquer processo, sem prévia autorização escrita do Editor, é ilícita e passível de procedimento judicial contra o infractor.

PREFÁCIO

Um tema tão interessante, como é este da aposentação, sempre mereceu de mim uma atenção especial, particularmente no tempo em que, pelo exercício de funções de julgador no Tribunal Central Administrativo, com ele tive que lidar amiúde. A experiência ali obtida e o acervo de elementos entretanto coligidos alentaram-me para manter pela matéria um continuado entusiasmo.

As inovações recentemente introduzidas ao regime da aposentadoria fizeram redobrar o ânimo pelo seu estudo. Daí até à publicação deste trabalho, foi um passo.

Espero que alguma utilidade proporcione a quem o utilizar.

O autor,

ESTATUTO DA APOSENTAÇÃO
(Vão transcritas em itálico as disposições revogadas)

PARTE I
REGIME GERAL

CAPÍTULO I
INSCRIÇÃO

Artigo 1º
Direito de inscrição

1 – São obrigatoriamente inscritos como subscritores da Caixa Geral de Aposentações, neste diploma abreviadamente designada por Caixa, os funcionários e agentes que, vinculados a qualquer título, exerçam funções, com subordinação à direcção e disciplina dos respectivos órgãos, na Administração Central, Local e Regional, incluindo federações ou associações de municípios e serviços municipalizados, institutos públicos e outras pessoas colectivas de direito público e recebam ordenado, salário ou outra remuneração susceptível, pela sua natureza, de pagamento de quota, nos termos do artigo 6º.

2 – O disposto no número anterior não é aplicável:
a) Aos que apenas se obrigam a prestar a qualquer entidade pública certo resultado do seu trabalho desempenhado com autonomia e prévia estipulação de remuneração;
b) Aos que devam ser aposentados por entidades diferentes da Caixa.

NOTAS

1 – A redacção actual deste artigo foi introduzida pelo DL nº 191-A//79, de 25/06.

2 – O direito à aposentação e correlativa pensão, inserido num quadro mais vasto de protecção social devidamente acolhida na Constituição (cfr. art. 63º), carece da inscrição como subscritor na CGA e esta, por seu turno, depende da qualidade de funcionário e agente.

Vê-se, assim, que o processo lógico e cronológico está encadeado em relações de causa e efeito. Primeiro é necessário ser-se funcionário e agente (*condição material/funcional*); depois, é necessária a inscrição na CGA para efeitos de subscrição (*condição formal*); só então fica garantido o direito abstracto à aposentação (*efeito*), o qual só se consubstanciará numa pensão, no entanto, desde que se venham a verificar certos requisitos, que mais à frente se verão. Ou seja, a mera inscrição não gera só por si o direito à aposentação. É necessária ainda a reunião das outras condições para ser aposentado (**M. Caetano**, in ***Manual de Direito Administrativo***, 10ª ed., II, pág. 778).

Podemos, enfim, esquematicamente dizer que tudo se passa numa ordem sequencial, traduzida pelo seguinte movimento dinâmico: *inscrição* (art. 1º)-» *quotização* (art. 5º)-» *aposentação* (art.35º)-» *pensão* (art. 46º).

3 – O carácter *obrigatório* da inscrição implica que sobre essa condição formal não tem o subscritor nenhum papel activo (os serviços do trabalhador se encarregarão de despoletar o início do respectivo procedimento).

O funcionário ou agente não pode eximir-se à inscrição e à qualidade de subscritor, porque a sua contribuição no procedimento de quotização é imprescindível à garantia da pensão a atribuir àqueles que já não estão no activo. Por isso, nem sequer lhe é reconhecida a faculdade de não efectuar descontos com o argumento declarado de que, antecipadamente, pretende renunciar à pensão (pelo menos no actual quadro legal isso não é possível). A *renúncia* do direito à pensão permitida no art. 82º, nº1, al. b), apenas tem sentido enquanto manifestação de vontade expressa firme, clara e livre após a constituição do direito e esta, como se viu, depende efectivamente da qualidade de subscritor. O que significa que esta renúncia só pode ser feita "*à posteriori*", não "*à priori*", e com o fito de afastar a obrigatoriedade da inscrição e da quotização subsequente.

A tal ponto o exercício do cargo impõe a subscrição que só a cessação desse exercício a título definitivo será motivo para a sua *eliminação* como subscritor (art. 22º infra), o que apesar disso não impede a sua reinscrição (cit. art. 22º, nº 2).

A inscrição *suspender-se-á* sempre que a relação jurídica de que depende também ela se suspender, designadamente nalgumas situações de *licença sem vencimento* (ex:.art. 75º, nº1, do DL nº 100/99, de 31/03, sobre licença até 90 dias:«*A licença sem vencimento implica a perda total das remunerações e o desconto na antiguidade para efeitos de carreira, aposentação e sobrevivência*»; é assim, igualmente, para a *licença por um ano:* art. 77º, nº1, do cit. diploma; mas se o interessado mantiver os descontos com base na remuneração auferida à data da concessão da licença, o período da licença contará para efeitos de aposentação, conforme no-lo diz o nº2, do mesmo artigo) e de *ausência compulsiva* por motivos disciplinares (cfr. art. 13º, do Estatuto Disciplinar: DL nº 24/84, de 16/01).

4 – Contrariamente ao que anteriormente sucedia, em que a estipulação normativa se referia a "servidores do Estado", agora a disposição legal alude a *funcionários* e *agentes*.

"Funcionários" e "agentes" são "trabalhadores da Administração Pública", embora a Constituição utilize ambas as nomenclaturas (ex. arts. 269º e 271º).

Funcionários sãos os trabalhadores integrados numa relação jurídica de emprego público constituída por *nomeação* (arts. 5º do DL nº 184/89, de 02/06 e 3º e 4º, nº5, do DL nº 427/89, de 7/12).

Agentes administrativos são os trabalhadores integrados numa relação de emprego público constituída através de *contrato administrativo de provimento* (arts. 5º do DL nº 184/89 cit. e 3º e 14º, nº2, do cit. dip.). Os trabalhadores sob *contrato de trabalho a termo certo,* a segunda forma de contrato de pessoal, não têm a qualidade de agentes administrativos (art. 14º, nº3, DL nº 427/89).

Os *funcionários* estão integrados em lugares do quadro; os agentes, não (arts 6º, nº1,e 7º, do DL 184/89; 15º, nº1, do DL 427/89).

Os *funcionários* asseguram funções com carácter de permanência (art. 6º, nº2, do 184/89; 4º do DL 427/89). Os *agentes* cumprem-nas com carácter de transitoriedade (art. 8º, nº1, DL 184/89; 15º do DL 427/89). Uns e outros, porém, estão submetidos ao regime jurídico da função pública, seja na subordinação à direcção, seja à disciplina (art. 15º, nº 1, do DL 427/89), ao contrário do que sucede com o contrato de trabalho a termo certo, que obedece ao disposto na lei geral de trabalho sobre contratos a termo certo (art. 9º, nº2, do DL nº 184/89).

Esta categoria de pessoas é suposto realizar a função administrativa, pelo que se deve excluir do preceito os agentes que se dedicam à função política, como os Ministros, Secretários e Subsecretários de Estado, Deputados, etc.

No que respeita aos Governadores Civis, embora a sua tarefa possa ser entendida como de execução da política do Governo, enquanto seus representantes no distrito, a verdade é que o DL nº 258/89, de 14/08 permite a sua inscrição, a título facultativo, na CGA e no Montepio dos Servidores do Estado.

Em todo o caso, o âmbito de incidência pessoal da norma é mais vasto do que à 1ª vista se poderia supor. É que também abrange os titulares de orgãos, como o Presidente de algum Instituto Público, ou de orgãos independentes que não desempenham necessariamente uma função administrativa. Tal é o caso dos magistrados, por exemplo.

5 – Quanto aos títulos de vinculação referidos no nº1, a lei não é exigente.

Como se disse, a relação jurídica de emprego pode ser titulada por acto administrativo unilateral de nomeação ou por negócio bilateral clausulado na forma de contrato de pessoal.

Obtida a nomeação, a relação jurídica não se extingue, senão pelas causas previstas na lei (art. 28º a 30º do DL 427/89), mas a sua modificação é já possível em casos particulares (*substituição*: arts. 22º, nº1 e 23º; *comissão de serviço extraordinária*: arts. 22º, nº1 e 24º; *transferência* e *permuta*: arts. 22º, nº2 e 25º e 26º, todos do DL 427/89). Ora, a inscrição imposta após a nomeação, seguida da posse, mantém-se válida sem necessidade de "nova" inscrição, porque para efeito de subscrição o que conta é o título do vínculo inicial.

Para nós, a fonte do vínculo de qualquer relação laboral com a Administração a partir de 1989 está, pois, na nomeação e contrato de pessoal, por ser «...*vedada*... *a constituição de relações de emprego com carácter subordinado por forma diferente*...» (art. 43º, do DL 427/89). Por isso, cremos que fora da previsão do artigo ficam os casos de contratos de prestação de serviços previstos no art. 1154º do C.C., o que aliás é confirmado pelo nº2, al.a), do presente artigo (admitindo situações em que a prestação de serviços obrigará à inscrição, vidé, contudo, **Simões de Oliveira**, in *Estatuto da Aposentação*, anotado e comentado,, pags. 15/16).

Da mesma maneira, atendendo à conexão existente entre a qualidade de funcionários e agentes e o vínculo que lhes tenha dado causa, cremos que o contrato a termo certo, regendo-se pelo quadro legal do direito privado, também não obrigará à inscrição. E se outro fundamento para esta conclusão não existisse, sempre teríamos o que emana do pressuposto temporal das necessidades a satisfazer: de uma maneira geral, tanto a nomeação, como o contrato administrativo de provimento envolvem a realização de uma função pública com carácter de *permanência* (cfr. arts. 4º do DL 427/89 e 6º, nº2, do DL 184/89 no 1º caso; 8º, nº1 do DL 184/89, no segundo). Ora, se isso não acontece com o contrato a termo certo (art. 15º, DL 427/89), podendo até admitir-se que a transitoriedade dure por curto período de tempo, não se justificaria a inscrição até pelo facto de o período de vida do contrato ser inferior ao tempo mínimo de serviço necessário à aposentação (cfr. art. 37º infra).

6 – É indiferente ao legislador, e por conseguinte à própria necessidade de inscrição, que o título do vínculo seja ilegal ou até mesmo inexistente juridicamente. Do mesmo modo, a capacidade legal para o desempenho do cargo no lugar por parte do funcionário ou agente também está fora das preocupações do legislador. Essas são questões que a CGA não pode apreciar, porque situadas fora do seu alcance de intervenção.

7 – No que concerne ao empregador, a lei estende a obrigatoriedade da inscrição aos trabalhadores que prestem serviço à Administração Cen-

tral, Local; Regional, Federações e Associações de Municípios e Serviços Municipalizados, Institutos Públicos e outras pessoas colectivas de direito público.
Desta maneira se vê que a abrangência é lata.

Por *Administração Central* entende-se a organização da macro pessoa colectiva que é o Estado, cujo objectivo é a realização dos interesses da comunidade e cuja competência se estende a todo o território do país. Na Administração Central se integram os orgãos e serviços que têm a seu cargo a satisfação de *interesses gerais*. Isto não significa que apenas os orgãos que estão no "centro" constituem a Administração Central. Esse é o aparelho administrativo central em sentido estrito. No entanto, nela também se incluem os serviços e órgãos desconcentrados, desde que estendam a sua acção a todo o espaço nacional.

Dentro desta designação ainda se pode incluir uma outra: a *Administração Periférica*. A periferia á o espaço territorial onde a Administração actua fora do principal "centro de poder". Atendendo a esse elemento geográfico como área de incidência do exercício do poder administrativo, costuma dar-se a essa espécie de Administração o nome de *Administração Local*. E então poderíamos dizer que ela é constituída por orgãos e serviços locais que se ocupam da realização dos interesses de uma certa parte do território e que funcionam sob a direcção e dependência hierárquica dos orgãos centrais da pessoa colectiva a que pertencem. A sua acção confina-se aos limites territoriais onde se acham instalados.

Esta terminologia, porém, vem sendo posta em causa, sendo o principal crítico, entre nós, o **Prof. Freitas do Amaral,** para quem é preferível, na senda da moderna doutrina espanhola, a denominação de *Administração Periférica*. Justifica-se dizendo que alguns institutos públicos e associações públicas dispõem muitas vezes dos seus próprios orgãos e serviços locais, mas que não são Administração local do Estado. E por outro lado acrescenta que os orgãos e serviços do Estado sitos no estrangeiro formam aquilo a que se pode chamar Administração externa do Estado, sem que, contudo, constituam administração local (in **Curso de Direito Administrativo**, 2ª ed. pág. 303/305).

A administração exercida pelo aparelho administrativo central e pelos orgãos e serviços desconcentrados chama-se *Administração Directa* (art. 199º, al.d), CRP). Sobressai nesta classificação o factor *actividade*.

Administração Local é a administração levada a cabo pelas autarquias locais, que são pessoas colectivas territoriais dotadas de orgãos representativos que visam a prossecução de interesses próprios das populações respectivas (art. 235º da CRP). O quadro de competências e seu regime jurídico estão definidos na Lei 169/99, de 18/09, alterada pela Lei nº 5-A/2002, de 11/01.

Esta administração, que além dos municípios inclui pessoas colectivas de tipo associativo (associações públicas), do ponto de vista da actividade, configura aquilo a que se chama *Administração Autónoma* (art. 199º, al. d), CRP).

Administração Regional é conceito ainda pouco consistente no nosso país. Por ora, apenas temos instituídas as *Regiões autónomas* dos arquipélagos dos Açores e da Madeira e nessa medida será apropriada a designação Administração Regional Autónoma (cfr. arts. 225º e sgs da CRP).

Isto não afasta, no entanto, a realidade constitucional consagrada a propósito da futura existência das regiões administrativas continentais (art. 255º e sgs, da CRP).

Quanto às *Associações de Municípios*, cuja constituição está prevista no art. 253º da CRP, o regime jurídico encontra-se previsto na Lei nº 172/99, de 21 de Setembro. Definem-se como pessoas colectivas de direito público, criadas por dois ou mais municípios para a realização de fins específicos comuns.

Federações de municípios são associações de câmaras municipais, voluntárias ou impostas por lei, para a realização de interesses comuns dos respectivos concelhos (art. 177º do C.A.).

Serviços Municipalizados são aqueles a que a lei permite conferir organização autónoma dentro da administração municipal e cuja gestão é entregue a um conselho de administração privativo (art. 168º do CA). São verdadeiras empresas públicas municipais (art. 53º, nº2, al.l), Lei nº 169/99, de 18/9, na redacção da Lei nº 5-A/2002, de 11/1; também, Lei nº 58/98, de 18/08).

Pessoas colectivas de direito público, ou simplesmente pessoas colectivas públicas, são as pessoas criadas por iniciativa pública para assegurar a prossecução de interesses públicos, dotadas de poderes e deveres públicos (**Freitas de Amaral**, *Curso* cit., pág. 584).

Segundo o mesmo autor, nesta designação cabem o *Estado*, os *institutos públicos*, as *empresas públicas* (cfr. DL nº 558/99, de 17/12, que estabelece o regime jurídico do sector empresarial do Estado e das empresas públicas, e Lei nº 58/98, de 18/08 que define a Lei das empresas municipais, intermunicipais e regionais), as *associações públicas* (cfr. art. 267º, nºs 1 e 4, da CRP), *as autarquias locais* e as *regiões autónomas* (loc. cit., pág. 586).

Os *Institutos Públicos* são pessoas colectivas de tipo institucional, criadas para assegurar o desempenho de determinadas funções administrativas de carácter não empresarial, pertencentes ao Estado ou a outra pessoa colectiva pública (apud **F. Amaral, *ob. cit***., pág. 345).

Para este autor, os institutos públicos desdobram-se em serviços personalizados, fundações públicas, estabelecimentos públicos (loc. cit., pág. 347 e sgs).

8 – *Ordenado*, para **Marcelo Caetano**, dentro do vencimento que constituía a remuneração do funcionário, era o recebimento periódico e

regular de quantia certa paga pelo cofre da pessoa colectiva servida (in *Manual de Direito Administrativo*, 10ª ed., pág. 764).

Para **João Alfaia**, *ordenado* é o mesmo que vencimento em sentido estrito e pode definir-se como a remuneração mensal atribuída ao funcionário ou agente ocupante de um lugar de certa categoria (...), visando na essência a retribuição do trabalho normal (in, *Conceitos Fundamentais do Regime Jurídico do Funcionalismo Público*, II, pág.772).

Actualmente, o diploma por que se rege o sistema contributivo é o DL nº 184/89, de 2 de Junho (tb. DL nº 353-A/89, de 16/10).

Os componentes do sistema retributivo, nos termos do art. 15º deste diploma, são:

a) a *remuneração base* (que integra a *remuneração da categoria* e a *remuneração de exercício*: art. 5º do DL 353-A/89, de 16/10);

b) as *prestações sociais* e *subsídio de refeição* (art. 18º do DL nº 184//89 e 8º do DL nº 353-A/89);

c) *suplementos* (art. 19º do DL nº 184/89 e 11º do DL nº 353-A/89).

Para efeito de incidência de quota, só as remunerações constantes do art. 6º, nº1 infra, são relevantes. E dentro dessas, ficam excluídas por excepção as remunerações que não tiverem carácter permanente, as gratificações não obrigatórias, as resultantes de acumulação de cargos (cfr. art. 48º, infra).

9 – A al. a), do nº2 do artigo sublinha a ideia de que para efeito de inscrição apenas é de considerar um exercício funcional com carácter permanente e com subordinação à direcção e disciplina do ente público.

A al. b) permite que a aposentação de pessoal incluído no âmbito previsional do nº1 possa ser assumida por diferentes entidades que não a Caixa Geral de Aposentações. Mesmo assim, desde que os interessados nesse caso perfaçam o «prazo de garantia» previsto no art. 26º, nº1 DL nº 142/73, de 31 de Março, deverão ser *obrigatoriamente* inscritos como contribuintes do Montepio dos Servidores do Estado (cfr. art. 4º, nº1 do cit. diploma).

Cfr. ainda nota 3ª ao artigo 78º.

10 – Já foi questionado sobre se haveria direito de inscrição perante um acto de nomeação *nulo*. A respeito da questão, a PGR pronunciou-se no sentido de que a CGA poderia negar a inscrição perante uma destas situações (Ver parecer de 14/01/82, abaixo transcrito).

Sobre a possibilidade de inscrição de *estrangeiros*, vide o mesmo parecer.

11 – Alguns diplomas conexionados com a matéria do artigo:

– DR nº 30/80, de 25/07: determina que o pessoal ao serviço do I.G.F. da Segurança Social seja obrigatoriamente inscrito na CGA;

- DL n° 309/85, de 30/07: sobre requerimento, em 30 dias a contar do termo da licença por doença, através dos respectivos serviços, de apresentação a junta médica da CGA;
- DL n° 327/85, de 08/08: permite a inscrição do pessoal docente dos estabelecimentos de ensino superior, privado e cooperativo na CGA e no Montepio dos Servidores do Estado;
- DL n° 205/86, de 28/07: determina que os subscritores da CGA que se encontrem a prestar serviço no território de Macau fiquem abrangidos pelo n°3, do art. 11° do E.A.;
- DL n° 143/88, de 22/04: estabelece as condições da atribuição da pensão unificada harmonizando o regime geral da segurança social com o regime instituído pela CGA;
- DL n° 315/88, de 08/09: determina que a competência para a contagem de tempo de serviço de funcionários da ex-administração ultramarina seja transferida para a CGA;
- DL n° 321/88, de 22/09: disciplina a inscrição do pessoal docente não superior, particular e cooperativo na CGA e no Montepio dos Servidores do Estado;
- DLR n° 7/89/M, de 20/03: adapta à Região Autónoma da Madeira o disposto no DL n° 321/88, de 22709;
- DL n° 258/89, de 14/08: permite a inscrição, a título facultativo, dos Governadores Civis e Vice Governadores civis na CGA e no Montepio dos Servidores do Estado;
- DL n° 277/93, de 10/08: Estabelece o Regime Jurídico da C.G.A.

JURISPRUDÊNCIA

«Os membros dos gabinetes das Câmaras Municipais –tal como dos gabinetes ministeriais – satisfazem os requisitos previstos nos artigos 1° do Estatuto da Aposentação, podendo, assim, ser inscritos na Caixa Geral de Aposentações e, se forem essas as últimas funções que tenham desempenhado, as respectivas pensões de aposentação devem ser calculadas com base no vencimento que auferiam pelo exercício dessas funções (art. 44°, n°1, do citado Estatuto)».
(Ac. do STA, de 21/10/93, Processo n° 029869, in ap. ao DR, de 15/10//96, pág. 5593)

«Não deve ser considerado pela Caixa Geral de Aposentações, para efeitos de fixação da pensão de aposentação, fora do regime da pensão unificada, o período em que a aposentada prestou serviço exclusivamente a entidade privada, e durante o qual descontou para outro regime de segurança social, sob pena de violação dos arts. 1, 24 e 25 do Estatuto da Aposentação, aprovado pelo DL n. 498/72, de 9 de Dezembro».
(Ac. do STA, de 22/05/97, Proc. n° 041339)

«I – Nos termos dos nºs 1 e 3 do artigo 4 do DL n. 407/93, de 14 de Dezembro, podem existir nos Municípios corpos de bombeiros sapadores, municipais e voluntários, podendo o corpo de bombeiros municipais integrar bombeiros em regime de voluntariado que ficarão sujeitos às normas legais e regulamentares aplicáveis a esse regime.

II – Tendo o corpo de bombeiros Municipais direito à inscrição na Caixa Geral de Aposentações e à respectiva pensão de aposentação, também assiste esse direito ao bombeiro voluntário tempo parcial integrado no corpo de bombeiros municipais, contratado pela Câmara Municipal como bombeiro de 3 classe, e auferindo uma gratificação mensal fixada por despacho ministerial conjunto.

III – Para além disso, o bombeiro a que se referem os ns. I e II, porque exerce funções de interesse público sob a direcção e disciplina da Câmara Municipal, percebendo, como remuneração, uma gratificação mensal fixa, é um agente administrativo, que, como tal, está na situação prevista a que aludem os artigos I, 6 e 46, todos do Estatuto de Aposentação, aprovado pelo DL n. 498/72, de 9 de Dezembro, pelo que lhe assiste o direito a inscrever se na Caixa Geral de Aposentações e à respectiva pensão de aposentação».
(Ac. do STA,-Pleno – de 18/03/99, Proc. nº 036634)

PARECERES DA PROCURADORIA GERAL DA REPÚBLICA

«1 – Se o acto de nomeação for absolutamente nulo, a Caixa Geral de Aposentações pode negar a inscrição como subscritor ao agente em causa, não obstante o disposto no art.1º, nº1, do Estatuto da Aposentação.

2 – A expressão «exercício das funções públicas que não tenham carácter predominantemente técnico»utilizada no art.15º, nº2, da Constituição da República, deve ser interpretada não à luz do seu grau de tecnicidade mas sim segundo o critério de prevalência das componentes da autoridade ou de tecnicidade do cargo.

3 – Neste sentido, tem carácter predominantemente técnico a função exercida por uma professora no ensino secundário.

4 – Logo, por não ser absolutamente nulo, não podia a Caixa Geral de Aposentações recusar a inscrição, como sua subscritora, de Maria del Carmen Rivero Gutierrez...»
(Parecer da PGR nº 23/81, de 14/01/1982, in Pareceres, Vol. I, pág. 309)

«A Caixa Geral de Aposentações não é obrigada a inscrever pessoal ao serviço dos ex-grémios da lavoura sediados na Região Autónoma dos Açores, desde que já tenham atingido o l imite de idade no momento da entrada em vigor do DL nº 287/87, de 25/07»
(Parecer nº 72/89 da PGR, de 30.01.91, in DR, II, de 19/03/91, pág. 3268)

«I – Os vereadores em regime de meio tempo, a que se refere o n 2 do artigo 2 da Lei n 29/87, de 30 de Junho, não cabem na previsão dos artigos 18° e 19° do mesmo diploma legal, que se reportam a eleitos locais em regime de permanência;

2 – O regime de permanência previsto nos artigos 18° e 19° da Lei n 29/87 e compatível com o exercício de profissão liberal ou qualquer actividade privada;

3 – O regime de exclusividade previsto no referido artigo 19° não é compatível com o exercicio de qualquer actividade;

4 – Os aposentados, reformados ou reservistas podem desempenhar as funções de eleitos locais em qualquer dos regimes previstos na Lei n 29/87;

5 – Os aposentados pela Caixa Geral de Aposentações que exerçam funções de eleitos locais em regime de permanência beneficiam, como os demais eleitos, do regime constante do artigo 13° da Lei n 29/87, podendo vir a optar pela aposentação correspondente ao novo cargo, nos termos do artigo 80° do Estatuto de Aposentação (Decreto-Lei n 498/72, de 9 de Dezembro);

6 – Todos os eleitos locais – aposentados, reformados, reservistas ou não –, no regime de permanência, são beneficiários do regime previsto no referido artigo 18° da Lei n 29/87, cumpridos que sejam seis anos, seguidos ou interpolados, no exercicio das respectivas funções;

7 – Beneficiam do subsidio de reintegração previsto no artigo 19° da Lei n 29/87, no termo do mandato, os eleitos locais que tenham exercido essas funções no regime de permanência e exclusividade e não beneficiem de facto do regime constante do artigo 18 do mesmo diploma, por ainda não terem prestado seis anos, seguidos ou interpolados, no exercicio das respectivas funções, ou por, cumprido esses seis anos, terem optado pelo subsidio referido naquele artigo 19;

8 – Podem fazer a opção referida na conclusão anterior todos os eleitos locais que tenham exercido funções no regime de permanência e exclusividade, durante seis anos, seguidos ou interpolados».

(Parecer da PGR, de 28/06/90, in DR, de 12/03/91, pág. 2879)

«1 – De acordo com os princípios constitucionais, o exercício de funções como vogal da Junta de Crédito Público (JCP) confere, em princípio, e reunidos os demais requisitos, o direito a uma pensão quando chegar a "velhice" ou a "invalidez";

2 – O artigo 37° do Decreto-lei n° 424/77, de 11 de Outubro, consagra a aposentação com base no cargo de vogal da JCP, podendo tal aposentação ser cumulada com qualquer outra;

3 – Os vogais da JCP desempenham funções remuneradas em organismo do Ministério das Finanças, com subordinação jurídica, pelo que, em princípio, estão reunidos os pressupostos necessários à inscrição na Caixa Geral de Aposentações;

4 – Nos termos do n°1 do artigo 1° do Estatuto da Aposentação (redacção do DL n° 191-A/79, de 25 de Julho) apenas são inscritos como subscritores da Caixa Geral de Aposentações os "funcionários" e os "agentes" ;

5 – Tendo sido retirada pelo n°3 do artigo 1° do Decreto-lei n° 219/89, de 4 de Julho a qualidade de "funcionário" ou "agente" ao presidente da JCP o mesmo, enquanto tal, não pode ser inscrito na Caixa Geral de Aposentações, sendo obrigatoriamente inscrito na "segurança Social";

6 – A cumulação de pensões de aposentação a suportar pela Caixa Geral de Aposentações pressupõe o exercício simultâneo de dois ou mais cargos em regime de acumulação, e uma lei especial que permita a aposentação conjunta por cargos exercidos simultaneamente – artigo 45° do Estatuto da Aposentação;

7 – A "norma especial" que permita a acumulação de pensões artigo 37° do Decreto-lei 424/77 – não foi revogada pelos diplomas que posteriormente intervieram na disciplina jurídica da Junta Decretos-lei n°s 76/83, de 8 de Fevereiro e 219/89, de 4 de Julho;

8 – A ambiguidade dos resultados alcançados –mormente no que diz respeito aos estatutos jurídicos do Presidente e dos vogais da JCP, incluindo o do Director-Geral e a entidade responsável pelo exercício dos seus cargos – aconselha uma intervenção legislativa, o que se propõe nos termos da alínea d), do artigo 34° da Lei n° 47/86, de 15 de Outubro (Lei Orgânica do Ministério Público)».

(Parecer da PGR, de 21/02/91, in DR, II, de 09/07/91)

«1 – A inscrição na Caixa Geral de Aposentações (e no Montepio dos Servidores do Estado)é obrigatória para todos os funcionários e agentes que exerçam funções, com subordinação a direcção e disciplina dos respectivos orgãos da Administração Central, Regional e Local, incluindo federações ou associações de municípios, institutos públicos e outras pessoas colectivas de direito público e recebam ordenado, salário ou outra remuneração susceptível, pela sua natureza, do pagamento de quota;

2 – A inscrição na Caixa Geral de Aposentações está, porém, subordinada ao limite de idade máximo, que será o que corresponda a possibilidade de o subscritor perfazer o mínimo de 5 anos de serviço até atingir o limite de idade fixado para o exercício do respectivo cargo;

3 – A inscrição na Caixa... determina para o subscritor o dever de pagar a respectiva quota, nos termos do artigo 5° do Estatuto da Aposentação e 11° do Decreto-lei n° 40-A/85, de11 de Fevereiro;

4 – Os aposentados que, nos termos dos artigos 78° e 79° do Estatuto da Aposentação, sejam autorizados a exercer novas funções públicas, que não constituam mera prestação de serviço, e que atribuam a qualidade de funcionário ou agente, integram-se, salvo os limites do artigo 4°, no âmbito objectivo e subjectivo definido no artigo 1° daquele diploma e devem ser obrigatoriamente inscritos na Caixa...pelo novo cargo;

5 – A opção pela anterior aposentação ou pela aposentação decorrente do cargo subsequentemente exercido, nos termos do artigo 80° do Estatuto da Aposentação, opera apenas quando se verifiquem, relativamente ao interessado, os respectivos pressupostos;

6 – Verificados os pressupostos objectivos e subjectivos referidos na conclusão 4, a inscrição na Caixa Geral Geral de Aposentações é obrigatória, independentemente de um juízo de prognose que nesse momento o interessado formula quanto a eventual opção no domínio da possibilidade prevista no artigo 80° do Estatuto da Aposentação;

7 – O Lic. (...) aposentado, nomeado para exercer, nos termos dos artigos 2°, n°1. alínea a) e 4, do Decreto-lei n° 191-F/79, de 26 de Junho, o cargo de director geral da ADSE, deve ser obrigatoriamente inscrito na Caixa Geral de Aposentações se, ao tempo do início do exercício de funções, não tivesse ainda atingido o limite máximo de idade (65 anos) previsto no artigo 4° do Estatuto da Aposentação».

(Parecer da PGR, de 07/03/91, in DR, de 27/08/91)

«1 – O Instituo Nacional de Estatística (INE) é, nos termos do artigo 1°, n°1, do decreto-lei n° 280/89, de 23 de Agosto, um Instituto Público;

2 – Apesar de o INE ser um instituto público, o seu pessoal dirigente goza do Estatuto de gestor público e não está inscrito na Caixa Geral de Aposentações, mas antes no regime da segurança social dos trabalhadores independentes;

3 – O restante pessoal do INE rege-se pelas normas aplicáveis ao contrato individual de trabalho, e beneficia do regime geral da Segurança Social;

4 – Os funcionários e agentes do Estado, de Institutos Públicos e de autarquias locais providos, em regime de comissão de serviço, em cargos dirigentes do INE continuam abrangidos pelo Estatuto da Aposentação, aprovado pelo Decreto-lei n° 498/72, de 9 de Agosto;

5 – Para o cálculo da pensão de aposentação e correspondentes quotizações referentes aos funcionários e agentes mencionados na conclusão anterior relevam as remunerações respeitantes aos cargos de origem».

(Parecer da PGR, de 06/02/97, in DR, II, de 04/07/97, pág. 7867)

«1 – Ao ajudantes dos postos do registo civil –pelas razões constantes do parecer consultivo n° 50/74, de 6 de Fevereiro de 1975, do Conselho Consultivo – não podiam ser inscritos como subscritores da Caixa Geral de Aposentações;

2 – A conclusão anterior é válida mesmo para o período posterior à entrada em vigor do decreto-lei n° 379/82, de 14 de Setembro, pois o abono mensal previsto no artigo 7° deste diploma não constitui *remuneração correspondente ao cargo exercido*, para efeitos dos artigos 5°, n°1 e 6°, n°1, do Estatuto da Aposentação;

3 – O Decreto-lei nº 134/79, de 18 de Maio, tem como destinatários pessoais *funcionários e agentes da Administração Central, Local e Regional e de outras pessoas colectivas de direito público* e pressupõe a existência de uma relação jurídica de emprego público;

4 – Os ajudantes dos postos do registo civil, atentas a sua situação jurídico-estatutária e a configuração da sua relação com a Administração, não têm direito ao subsídio vitalício previsto no Decreto-lei nº 134/79, de 18 de Maio».

(Parecer da PGR, de 15/06/2001, in Jornal Oficial de 07/02/2002).

Artigo 2º
Manutenção de anterior direito

O disposto no artigo 1º não prejudica o direito de inscrição atribuído por lei especial anterior ao exercício de quaisquer funções.

NOTAS

O artigo antecedente tem um âmbito de incidência subjectiva, orgânica e funcional bem claro, fixando com precisão as situações que nesse campo consagram um direito de inscrição para daí em diante.

O que o preceito ora em apreço vem salvaguardar são as situações que, embora se não encaixem na previsão do art.1º, tivessem estado sob a alçada de legislação especial anterior que conferisse o direito à inscrição. Desta maneira, subsistindo elas à data da entrada em vigor deste Estatuto, o direito de inscrição não se extingue e, antes, se mantém ao abrigo deste artigo.

E isto, é claro, deve ser entendido em 1º lugar para aqueles casos que tenham surgido sob a vigência dos tais diplomas especiais anteriores, por força dos quais o direito de inscrição tenha nesse tempo sido efectivamente accionado. Nessa hipótese, não será possível retirar-se o respectivo direito, nem consequentemente o seu titular perderá o direito de aposentação.

No entanto, o alcance do preceito é mais vasto permitindo a manutenção do direito de inscrição a quem o tiver obtido por lei anterior a este Estatuto, mesmo que não o tenha exercitado na devida altura, porque o que conta é o momento da constituição da relação jurídica subjacente.

Hoje, contudo, a expressão material do preceito haverá de ter certamente um alcance praticamente desprezível, atendendo à distância temporal que separa a entrada em vigor do Estatuto da Aposentação (o DL nº 498/72 data de 9 de Dezembro) dos tempos que correm. Eventuais direitos de inscrição criados à luz de legislação anterior ter-se-ão extinto com a morte dos seus titulares e todas as novas situações já se enquadram no âmbito de previsão do artigo 1º.

Artigo 3º
Modo de inscrição

1 – A inscrição efectua-se mediante boletim em duplicado, de modelo aprovado oficialmente, que o respectivo serviço preencherá e enviará à Caixa, logo que o interessado entre em exercício de funções.

2 – Se o subscritor passar a exercer funções em outro organismo ou serviço, sem interromper a inscrição, este enviará desde logo à Caixa, em duplicado, boletim complementar, de modelo oficialmente aprovado, contendo os dados relativos à nova situação.

NOTAS

1 – O boletim previsto no artigo foi actualizado pela Portaria nº 330/78, de 21 de Junho, que aprova o impresso referência 701 para efeito de inscrição na Caixa Geral de Aposentações. O boletim continua a adoptar o modelo 484, exclusivo da I.N.C.M.

2 – Se o subscritor beneficiar de alguma promoção ou aceder a escalão e categoria superiores no *mesmo serviço*, não será necessário que seja remetido novo boletim.

Mas se, conforme é dito no nº 2, ele passar a exercer funções *noutro organismo* ou serviço em cargo que confira igualmente direito de inscrição (cfr. art. 22º, nº1, parte fina, infra), sem que a inscrição seja por isso interrompida, então deverá ser enviado pelo novo serviço um *boletim complementar* contendo os dados relativos à nova situação.

Se o interessado cessar definitivamente o exercício do cargo, será eliminado como subscritor e assim cancelada a sua inscrição (cfr. art. 22º, nº 1, infra). Em tal hipótese, cancelada a inscrição, haverá de ser efectuada nova inscrição e enviado novo boletim de inscrição se e quando o antigo subscritor for readmitido em quaisquer funções públicas que caibam na previsão do art. 1º (art. 22º, nº 2, infra).

Artigo 4º
Idade máxima

1 – A idade máxima para a inscrição na caixa será a que corresponda à possibilidade de o subscritor perfazer o mínimo de cinco anos de serviço até atingir o limite de idade fixado por lei para o exercício do respectivo cargo.

2 – Considerar-se-á também no mínimo a que se refere o n.º 1 o tempo anterior correspondente a serviço que deva ser contado nos termos do capítulo seguinte ou a inscrição obrigatória como beneficiário de instituição de previdência social destinada à protecção na velhice.

3 – Quando o cargo for exercido em regime de tempo parcial, será este considerado, só para efeito de inscrição na Caixa, como tempo completo.

NOTAS

1 – O nº 1 resulta da redacção dada pelo DL nº 191-A/79, de 25/06.

2 – O nº 3 foi aditado pelo mesmo diploma.

3 – De acordo com o nº1, há uma idade limite a partir da qual não é possível a inscrição na Caixa. Essa idade não está fixada taxativamente e pode variar em função do próprio limite de idade para o exercício do cargo. Portanto, há que atender aos dois limites: o da idade para a prestação do serviço (a fixar na respectiva lei de enquadramento) e o da idade para efeito de inscrição.
O nº 1 prescreve que entre os dois limites não pode interpor-se um prazo superior a cinco anos (anteriormente era de quinze anos).
Assim, se a lei determinar que um certo cargo não pode ser exercido depois dos 60 anos, a inscrição deverá ser efectuada até aos 55 anos de idade do interessado.
Cinco anos é, aliás, conforme o estabelece o art. 37º deste diploma o *tempo-regra* de duração mínima de funções para que o funcionário possa aceder à aposentação com direito a pensão (pode, no entanto, haver excepções a esta regra: art, 37º, nº 3, infra). Por essa razão é que o legislador entendeu não merecer a pena a inscrição se o interessado, no cargo que exerce, e atendendo à sua idade, não puder completar pelo menos cinco anos de serviço até ao limite legal para a respectiva actividade.

4 – É preciso dizer que neste tempo mínimo de cinco anos haverá que ter presente as regras contempladas nos arts. 24º e seguintes sobre o modo de contagem do tempo de serviço. É o que dispõe a 1ª parte do nº2, do artigo quando se refere ao tempo contável "nos termos do capítulo seguinte".
Pode acontecer, assim, por exemplo, que o tempo real de calendário não corresponda exactamente ao tempo de exercício efectivo. Pensemos na hipótese de alguém iniciar as funções com 56 anos de serviço num cargo

que coloca o limite para o activo nos 60 anos. Em princípio, não poderia inscrever-se porque o intervalo entre os limites seria de 4 anos. Mas se essas funções tiverem início em condições legal e especialmente previstas (atendendo ao lugar, à penosidade ou perigosidade ou outras particularidades do exercício) que confiram direito a um acréscimo de, por exemplo, um quarto de tempo para efeito de aposentação (art. 25º, al. c) infra), já será possível a sua inscrição, visto que trabalhando quatro anos sairá beneficiado com mais um, perfazendo dessa maneira os cinco mínimos legalmente previstos.

5 – Convém ainda admitir a possibilidade de um interessado com 58 anos, por hipótese, iniciar funções cujo limite de prestação activa seja de 60 anos e posteriormente mudar para um cargo funcional que estabeleça um limite superior, por exemplo, de 65 anos.

Se é certo que no primeiro provimento ele não teria direito de inscrição (porque não poderia teoricamente completar os cinco anos mínimos previstos no preceito), a partir do instante em que ingressa no segundo lugar, passa a poder contar com o tempo se serviço anterior, porque ele se inclui no mínimo referido no nº1, conforme o determina o nº2. Assim, se a mudança se verificar aos 61 anos, embora autonomamente não pudesse obter inscrição por este novo cargo (porque apenas poderia trabalhar 4 anos), a inscrição passa a ficar assegurada com a relevância nessa altura dada ao tempo prestado no cargo anterior (3+4=7).

6 – No mínimo previsto no nº1 incluir-se-á ainda, segundo o nº2, o tempo anterior correspondente a inscrição *obrigatória* (não facultativa) como beneficiário de instituição de previdência social destinada à **protecção na velhice** (e apenas nesse caso) , o que está em harmonia com o *prazo de garantia* estabelecido no art. 37º, nº4 infra, como "condição de aposentação".

Daqui resulta que, supondo um indivíduo com 58 anos de idade, ele poderá inscrever-se na Caixa, ainda que inicie numa função cujo limite de idade para o exercício do cargo seja de 60 anos, se por acaso antes disso tiver estado obrigatoriamente inscrito durante pelo menos 3 anos numa instituição de previdência social de protecção na velhice[(60-58)+3=5].

Sobre o assunto: DL nº 329/93, de 25/9, alterado pelo DL nº 9/99, de 8/01 e pelo DL nº 437/99, de 29/10, *que estabelece o regime de **protecção na velhice** e na **invalidez** dos beneficiários do **regime geral** da segurança social.*

7 – O nº3 veio permitir que para *efeito de inscrição* na Caixa (mas só para esse efeito) se conte como tempo completo o exercício de funções em regime de tempo parcial, vulgo "part time".

Ao invés, para *efeito de aposentação*, o exercício de funções em regime de tempo parcial, apenas conta o tempo completo resultante da soma das respectivas fracções (cfr. arts. 26º, nº2 e 33º, nº1, infra). Neste caso, a quota incidirá sobre o total da remuneração correspondente ao tempo de serviço prestado em cada mês (art. 5º, nº1, infra).

JURISPRUDÊNCIA

«1 – A inscrição obrigatória na Caixa Geral de Aposentações do pessoal que esteve ao serviço dos ex-Gremios da Lavoura sediados na Região Autónoma dos Açores, inscrito na Segurança Social, e que, com a extinção destes organismos, foi integrado no Instituto de Apoio Comercial a Agricultura, Pecuária e Silvicultura (IACAPS), não depende, nos termos do artigo 1º do Decreto-Lei n 287/87, de 25 de Julho, do requisito de um mínimo de 5 anos de serviço ate ao limite de idade legal, postulado pelo artigo 4º, n 1, do Estatuto da Aposentação;

2 – Todavia, o pessoal aludido na conclusão anterior já atingido por limite de idade legal ou aposentado a qualquer titulo no momento da entrada em vigor do Decreto-Lei n 287/87, não esta sujeito nem beneficia do regime neste mesmo diploma definido».
(Parecer da PGR, de 27/09/90, in DR, II, de 19/03/91, pág. 42)

«I – A situação jurídica do funcionário é de natureza estatutária sendo, por essa razão e em princípio, livremente modificável pela lei, salvo quando isso possa contender com direitos, liberdades e garantias constitucionalmente consagradas.

II – Tal como os limites da idade para a aposentação não representam para a esfera dos funcionários no activo nenhum direito adquirido, sendo por isso livremente modificáveis unilateralmente pelo Governo, assim também a redução do limite de idade para a passagem à disponibilidade em serviço constitui prerrogativa do poder público.

III – A redução de 65 para 60 anos de idade para a passagem à disponibilidade em serviço do Conselheiro de Embaixada, embora frustrando alguma expectativa de promoção na carreira diplomática, não significa uma violação do principio da confiança jurídica, se tal redução não for arbitrária, intolerável e demasiado opressiva daquela expectativa e antes se fundar numa nova orientação da política geral do governo e for justificada para levar a cabo uma mais eficaz defesa dos interesses do Estado no estrangeiro».
(Ac. do TCA, de 08/02/2001, Proc. nº 1803/98)

ARTIGO 5º
Quota para aposentação

1 – O subscritor contribuirá para a Caixa, em cada mês, com a quota de 6 por cento do total da remuneração que competir ao cargo exercido, em função do tempo de serviço prestado nesse mês.
2 – Havendo acumulação de cargos, a quota sobre a remuneração referida no n.º 1 será devida em relação:
   a) Ao cargo a que competir remuneração mais elevada ou se as remunerações forem de igual montante, ao que houver determinado primeiramente a inscrição na Caixa;
   b) A todos os cargos acumulados, quando a lei permita a aposentação com base neles, simultaneamente, ou quando se trate de tempo não sobreposto.
3 – A importância da quota será arredondada para número exacto de escudos, por defeito, se a fracção for inferior a $50, e por excesso, se igual ou superior.

NOTAS

1 – A redacção do n.º 1 encontra-se parcial e tacitamente revogada pelo n.º 1 do art.º único do Decreto-Lei n.º 78/94, de 9 de Março que assim estatui:
«I – *Os descontos para a aposentação e para efeito da pensão de sobrevivência, estabelecidos pelo Decreto-lei nº 40-A/85, de 11 de Fevereiro, passam a ser, respectivamente, de 7,5% e 2,5%*».

2 – O nº1 refere que a quota incide sobre a totalidade que corresponder («...*que competir...*») ao cargo exercido.
Isto quer dizer que para tanto o que releva é o *vencimento da categoria*, mesmo que a *remuneração do exercício* (sobre estas noções, ver notas ao art. 6º) sofra redução por alguma das causas possíveis, nomeadamente por faltas ao serviço. O que conta, portanto, não é o abono realmente recebido, mas sim a retribuição legalmente fixada.
Por outro lado, se o exercício do cargo não teve lugar logo no início do mês, a quota recairá apenas sobre a remuneração efectivamente correspondente ao trabalho prestado (neste sentido, **Simões de Oliveira**, *ob. cit.*, pág. 32).

3 – O nº2 estabelece as **regras** por que se há-de reger a quotização nos casos de *acumulação de cargos*, sempre que por ambos seja subscritor e por

um ou outro possa ser aposentado (cfr. art. 45° infra), segundo a lógica de princípio de que o tempo de serviço prestado em acumulação de cargos não é contado cumulativamente (art. 31°, infra).

Convém lembrar que a acumulação de empregos ou cargos públicos não é permitida, salvo nos casos expressamente admitidos por lei (cfr. *art. 269°, n°4, da CRP*; ver também o *DL n° 413/93, de 23/12*, que disciplina o exercício de outras actividades por parte de funcionários e regula os conflitos de interesses resultantes do exercício de funções públicas).

Há acumulação de funções ou cargos públicos nos casos de inerência, de actividades de representação de departamentos ministeriais ou de serviços públicos, de actividades de carácter ocasional e temporário que possam ser consideradas complemento do cargo ou da função, de actividades docentes, nos termos do art. 31°, n°2, do DL n° 427/89, de 7/12, alterado pelo DL n° 407/91, de 7/12 e pelo DL n°218/98, de 17/07. Quanto aos cargos dirigentes, a estes imperativos acrescem os que constam do Estatuto do Pessoal Dirigente (art. *9° do DL n° 323/89, de 26/09*).

As **regras** são:

1ª – *A quota será «devida» em relação ao cargo a que competir a remuneração mais elevada* (al.a));

2ª – *Se as remunerações forem iguais, a quota incidirá sobre aquela que couber ao cargo que primeiramente determinou a inscrição* (al. a)).

Ou seja, geralmente só por um dos cargos pode ser efectuado o pagamento da quota, o que não é de estranhar se tivermos em linha de conta de que, também por regra, só por um deles a aposentação se efectivará (por isso é que o subscritor deverá *escolher* aquele por que pretende ser aposentado: art. 45°,infra, n°1, 1ª parte).

Se o subscritor, mesmo assim, efectuar descontos por todas as remunerações recebidas pelos diversos cargos, a CGA deverá proceder à devolução das quantias que indevidamente tiver recebido e que não possam relevar para o cálculo da respectiva pensão, com acréscimo de juros (cfr. art. 21°, infra).

Mas também estão previstas duas **excepções:**

1ª – *Será «devida» a quotização por todos os cargos acumulados, se a "lei especial" permitir a aposentação com base neles todos simultaneamente* (al.b) e art. 45°, n°1, 2ª parte).

Neste caso, a vontade do subscritor é irrelevante, mesmo que antecipadamente afirme que apenas pretenderá, quando disso for caso, i.é., quando chegar a ocasião, aposentar-se por um deles. Irrelevante porque, dada a função que a aposentação cumpre – de dignificação do ser humano trabalhador no termo da sua vida activa e, por conseguinte também, de protecção na sua velhice – o dar-se efeito a tal manifestação de vontade poderia equivaler na prática a uma renúncia a um direito de natureza social que merece tutela constitucional (cfr. art. 63º da CRP). E isso, além de colidir com um direito fundamental do indivíduo e com uma garantia do trabalhador, sempre poderia tornar-se perverso se, chegado o momento da aposentação, o renunciante acabasse de concluir que afinal carecia realmente da pensão acumulada para prover à satisfação das suas necessidades. Por isso, desse direito não pode antecipadamente despojar-se e, nesse pressuposto, para assegurar essa pensão impõe-se que se quotize por todos os cargos.

2ª – Será ainda «devida» a quotização por todos os cargos acumulados quando se trate de tempo não sobreposto (al. b)).

Nesta situação, o trabalhador embora tenha dois ou mais ofícios, na verdade não os exerce em simultâneo, mas sim em alternância, agora um, depois outro (como sucede, por exemplo, no caso de licença sem vencimento para exercício de outro cargo, ou no caso de exercício de dois cargos em regime de tempo parcial, por exemplo a manhã para um, a tarde para o outro). Porque não dedica o seu tempo simultaneamente a ambos os cargos, quando exerce as funções de um está temporária e estatutariamente desligado do outro. Por essa razão, não surpreende que possa quotizar-se por ambos, uma vez que da mesma maneira o tempo de cada um será contado autonomamente (cfr. art. 31º, infra).

4 – A referência que no texto é feita ao arredondamento em escudos deve, a partir de 1 de Março de 2002, ser orientada para euros (art. único do DL nº 136/2002, de 16/05).

JURISPRUDÊNCIA

«I – Para efeitos de aposentação, o tempo de serviço prestado simultaneamente pelo subscritor em dois ou mais cargos não é contado cumulativamente (art. 31º, do E.A.).

II – Do mesmo modo, se o subscritor exerce dois ou mais cargos em acumulação, a pensão de aposentação só será apurada relativamente às quotizações feitas relativamente a um deles (art 5º, nº 2, al.a), do E.A.).

Nesse caso, tendo sido efectuados descontos relativamente a todas as remunerações recebidas pelos diversos cargos, haverá lugar à restituição das quantias indevidamente cobradas que não relevem para o cálculo da pensão, Com acréscimo de juros (art. 21º, nº1, do E.A.).

III – Embora a cobrança indevida desses descontos se verifique desde o momento em que material ou objectivamente ela começou por verificar-se, o marco temporal relevante para o início da contagem dos juros é o do conhecimento da irregularidade da situação pela Caixa Geral de Aposentações, seja pelo seu conhecimento directo devidamente demonstrado, seja através de interpelação do interessado (cfr . art 21º).

Quer dizer, não basta o aspecto substantivo e objectivo do facto irregular: o momento a partir do qual serão devidos juros carece ainda da reunião cumulativa do factor cognitivo representativo do conhecimento e da consciência da situação concreta da situação por parte da Caixa».
(Ac. do TCA, de 23/11/2000, Proc. n° 3036/99)

PARECERES DA PROCURADORIA GERAL DA REPÚBLICA

«1 – A inscrição na Caixa Geral de Aposentações (e no Montepio Servidores do Estado) é obrigatória para todos os funcionários ou agentes que exerçam funções, com subordinação a direcção e disciplina dos respectivos órgãos da Administração Central, Regional e Local, incluindo federações ou associações de municipais, institutos públicos e outras pessoas colectivas de direito publico e recebam ordenado, salário ou outra remuneração susceptível, pela sua natureza, do pagamento da quota;
2 – A inscrição na Caixa Geral de Aposentações está, porém, subordinada ao limite de idade máximo, que será o que corresponda a possibilidade de o subscritor perfazer o mínimo de 5 anos de serviço ate atingir o limite de idade fixado para o exercício do respectivo cargo;
3 – A inscrição na Caixa Geral de Aposentações determina para o subscritor o dever de pagar a respectiva quota, nos termos do artigo 5° do Estatuto da Aposentação e 11° do Decreto-Lei n 40-A/85 de 11 de Fevereiro;
4 – Os aposentados que, nos termos dos artigos 78° e 79° do Estatuto da Aposentação, sejam autorizados a exercer novas funções publicas, que não constituam mera prestação de serviço, e que atribuam a qualidade de funcionário ou agente, integram-se, salvo os limites do artigo 4, no âmbito objectivo e subjectivo definido no artigo 1 daquele diploma e devem ser obrigatoriamente inscritos na Caixa Geral de Aposentações pelo novo cargo;
5 – A opção pela anterior aposentação, ou pela aposentação decorrente do cargo subsequentemente exercido, nos termos do artigo 80° do Estatuto da Aposentação, opera apenas quando se verifiquem, relativamente ao interessado, os respectivos pressupostos;
6 – Verificados os pressupostos objectivos e subjectivos referidos na conclusão 4, a inscrição na Caixa Geral de Aposentações é obrigatória, independentemente de um juízo de prognose que nesse momento o interessado formula quanto a eventual opção no domínio da possibilidade prevista no artigo 80 do Estatuto da Aposentação;
7 – O Lic (...), aposentado, nomeado para exercer, nos termos dos artigos 2, n 1, alínea a), e 4 do Decreto-Lei n 191-F/79, de 26 de Junho, o

cargo de director-geral da ADSE, deve ser obrigatoriamente inscrito na Caixa Geral de Aposentações se, ao tempo do inicio do exercício de funções, não tivesse ainda atingido o limite máximo de idade (65 anos) previsto no artigo 4 do Estatuto da Aposentação».
(Parecer da PGR, de 07/03/91, in DR, de 27/08/91)

«1ª – Os ajudantes dos postos do registo civil – pelas razões constantes do parecer nº 50/74, de 6 de Fevereiro de 1975, do Conselho Consultivo – não podiam ser inscritos como subscritores da Caixa Geral de Aposentações;

2ª – A conclusão anterior é válida mesmo para o período posterior à entrada em vigor do Decreto-Lei nº 379/82, de 14 de Setembro, pois o abono mensal previsto no artigo 7º deste diploma não constitui remuneração correspondente ao cargo exercido, para os efeitos dos artigos 5º, nº 1, e 6º, nº 1, do Estatuto da Aposentação;

3ª – O Decreto-Lei nº 134/79, de 18 de Maio, tem como destinatários pessoais funcionários e agentes da Administração Central, Local e Regional e de outras pessoas colectivas de direito público e pressupõe a existência de uma relação jurídica de emprego público;

4ª – Os ajudantes dos postos do registo civil, atentas a sua situação jurídico-estatutária e a configuração da sua relação com a Administração, não têm direito ao subsídio vitalício previsto no Decreto-Lei nº 134/79, de 18 de Maio».
(Parecer da PGR, de 15/06/2001, in J.O., de 07/02/2002)

Artigo 6º
Incidência da quota

1 – Para efeitos do presente diploma e salvo disposição especial em contrário, consideram-se remunerações os ordenados, salários, gratificações, emolumentos, o subsídio de férias, o subsídio de Natal e outras retribuições, certas ou acidentais, fixas ou variáveis, correspondentes ao cargo ou cargos exercidos e não isentas de quota nos termos do n.º 2.

2 – Estão isentos de quota os abonos provenientes de participação em multas, senhas de presença, prémios por sugestões, trabalho extraordinário, simples inerências e outros análogos, bem como todos os demais que, por força do presente diploma ou de lei especial, não possam igualmente influir, em qualquer medida, na pensão de aposentação.

3 – Não constituem remuneração o abono da família, as ajudas de custo, os abonos ou subsídio de residência, de campo, de transportes, de viagens ou caminhos, para falhas, para despesas de representação, para vestuário e outros de natureza similar.

NOTAS

1 – Redacção dada pelo art. 8° do DL n°30-C/92, de 28/12.

2 – O conceito de remuneração, tal como ele vem desenhado no preceito, vale apenas «*para efeitos do presente diploma*» (n°1). Por outro lado, poderão fazer parte do conceito, para além das que ali constam como objecto de incidência de quota, outras remunerações, desde que previstas em «*disposição especial em contrário*».

E sobre o assunto, importa reter que a remuneração a considerar será aquela que em concreto corresponder ao (s) cargo (s) exercido (s). Tem que haver uma correspondência directa entre a parcela remuneratória percebida e a actividade funcional pela qual futuramente poderá o interessado ser aposentado. A remuneração tem que estar intimamente relacionada com o exercício efectivo do cargo.

Em todo o caso, nem todas as vertentes remuneratórias são alvo de *incidência de quota*. Relevarão essencialmente aquelas que exerçam influência na determinação da pensão de aposentação e serão *isentas* as que nesse objectivo nenhuma influência exercem (n°2).

O n°3 limita-se a enunciar alguns abonos e subsídios que não constituem remuneração e que por tal motivo ficarão naturalmente *excluídos* da incidência de quota.

3 – De acordo com o Novo Sistema Retributivo instituído com o DL n° 184/89, de 2 de Junho, os elementos do sistema retributivo são:
a) *remuneração base*;
b) *prestações sociais*, incluindo o *subsídio de refeição*;
c) *suplementos* (art. 15°).

A remuneração base integra a *remuneração da categoria* (igual a cinco sextos da remuneração base) e a *remuneração de exercício (igual a um sexto da remuneração base)*: cfr. art. 5° do DL n° 353-A/89, de 16/10.

As prestações sociais são constituídas por abono de família, prestações complementares de abono de família, subsídio de refeição, prestações da acção social complementar e subsídio por morte (arts. 18° do DL n° 184//89 e 8° do DL n° 353-A/89).

Os suplementos são os acréscimos remuneratórios atribuídos em função de particularidades específicas da prestação de trabalho e neles se incluem o trabalho extraordinário, nocturno, em dias de descanso semanal ou feriados, o prestado em situações de risco, penosidade, em regime de turnos, falhas, etc. (arts. 19º do DL nº 184/89 e 11º do DL nº 353-A/89).

4 – Sobre a noção de *ordenado*, vidé nota 8 ao art. 1º supra.

Os diplomas atrás citados não incluem na sua nomenclatura os conceitos de *ordenado* e *salário*, o que não significa que não tenham um significado corrente e até que não sejam mesmo utilizados indistintamente com o mesmo propósito de exprimirem sempre a noção de retribuição do trabalho.

Curioso é notar, por exemplo, que a Constituição se refere à retribuição do trabalho segundo o princípio de «*para trabalho igual, salário igual*» (art. 59º, nº1, al. a)).

A verdade é que não há uma classificação legal e as noções que surgem derivam de classificações doutrinais.

Salário será um tipo de remuneração do trabalho e o *ordenado* será o pagamento da contrapartida laboral "ordenado" (precedida da *ordem de pagamento*) pela entidade competente para autorizar a despesa. E porque a remuneração se vence em dia certo (final do mês, semana ou quinzena) convencionou-se chamar-se *vencimento*.

A respeito das noções: **F. Pereira de Moura**, *Lições de Economia*, 4ª ed., pág. 234; **M. Caetano**, *ob. cit.*, II, pág. 764 e sgs; **Paulo Veiga e Moura**, *Função Pública*, I, pág. 247 e sgs; **João Alfaia**, in *ob. cit.*, II, pág. 738 e sgs; **António Monteiro Fernandes**, in *Direito do Trabalho*, 10ª ed., pág. 377 e sgs.

5 – *Gratificações* são remunerações acessórias concedidas aos funcionários, com ou sem carácter obrigatório, em razão da qualidade, quantidade ou especificidade da prestação do serviço.

Não fazendo habitualmente parte intrínseca, natural e certa da natureza da retribuição, deve a atribuição das diuturnidades estar prevista na norma, sob pena de ilegalidade.

Só as gratificações que forem de "atribuição obrigatória" relevam para efeito da determinação da massa remuneratória mensal a considerar no cálculo da pensão (cfr. art. 48º, infra).

6 – *Emolumentos* são suplementos remuneratórios de carácter permanente, embora variável, atribuídos ao funcionário em função do rendimento que proporciona ao serviço em que presta funções.

A filosofia subjacente à *participação emolumentar* assenta numa participação no rendimento apurada pela aplicação de uma percentagem sobre a receita mensal líquida. Logo, para que o funcionário possa receber uma parte do rendimento terá que ter contribuído para ele, isto é, deverá ter *rendido*, o que supõe necessariamente que deva ter estado no período a que respeite em exercício real e efectivo das funções. Isto significa que a participação emolumentar representa, por conseguinte, um *vencimento de exercício* e, portanto, carece de exercício efectivo do cargo para que possa ser recebido, ao contrário do vencimento da categoria que nem sempre implica a efectividade desse exercício (neste sentido, o Ac. *do TCA de 30/11/2000, Proc. nº 256/97; ver ainda o Ac. do TCA de 07/03/2002, Proc. nº 10265/00).*

As remunerações percebidas a título de participações emolumentares, qualquer que seja a sua natureza (pessoais, etc), são sempre levados em conta para efeito de aposentação, nos termos do nº4 do art. 47º.

Exemplos de participação emolumentar: art. 52º, 54º, 63º do DL nº 519-F2/79, de 29/12; DL nº 92/90, de 17/03;DL nº 131/91, de 2/04; DL nº 256/95, de 30/09, sobre Conservadores e Notários.

No cálculo do montante da remuneração mensal a considerar para efeito da atribuição da pensão, apenas se atenderão aos dois últimos anos e o montante atendível será o resultado da média das participações emolumentares recebidas nesse período (cfr. art. 47º, nº3, infra).

7 – Os *subsídios de férias* e de *Natal* também fazem parte do acervo remuneratório contável para efeito de incidência de quota.

É problemática, porém, a sua natureza no quadro da tipologia dos componentes do sistema retributivo, uma vez que não estão autonomizados no elenco estabelecido no art. 15º do DL nº 184/89.

Para **Paulo V. Moura** não se confundem com as "prestações sociais" mencionadas nos arts. 18º do DL nº 184/89 e 8º do DL 353-A/89, por não lhes estarem subjacentes os imperativos de solidariedade social presentes naquelas prestações, embora com estas comunguem das características de impenhorabilidade e inalienabilidade, nem se confundem com os "suplementos" por a sua atribuição em nada depender das condições da prestação do trabalho e por não se fundamentarem na necessidade de compensar despesas efectuadas por motivo de serviço. Considera-as prestações remuneratórias *atípicas*, porque não recondutíveis a nenhuma das componentes do sistema previstas no art. 15º, e *extraordinárias*, porque o seu processamento e pagamento apenas ocorre em dois meses do ano *(ob. cit.*, I, pág. 361/362).

João Alfaia considera que não têm a natureza de prémio, mas a de subsídios sociais *(ob. cit.*, II, pág. 935).

António Monteiro Fernandes, reportando-se ao direito laboral comum, integra os subsídios de Natal (ou 13º mês),e de Férias ao lado dos subsídios de Páscoa, de Balanço, dos prémios de produtividade, conferindo-lhes, dentro de uma ideia generalizada de *gratificações*, a natureza de atribuições patrimoniais *correctivas* do salário: «corrigem» ou «ajustam» o ordenado, mas que dele não fazem parte, até porque não têm uma relação directa e concreta com certa prestação do trabalho (in *ob. cit.*, pág. 409/410).

Embora não façam parte da previsão do art. 15º citado e mesmo tendo presente que todas as outras remunerações para além daquelas são consideradas extintas a partir do DL 184/89 (cfr. art. 37º) o facto é que o seu processamento continua a ser efectuado com a legitimação que o art. 37º, nº1, do DL 353-A/89 consagrou ao permitir a sua manutenção (entre outros ali previstos) nos seus montantes actuais e sujeitos a actualização nos termos em que vem sendo feita.

Cremos que ambos são radicados em preocupações de carácter social, seja para permitirem que o funcionário possa aceder com mais facilidade a um justo e merecido período de descanso e lazer onde quer que ele pretenda passar as suas férias (o próprio direito a férias é, em si mesmo, um direito de natureza social), seja para contribuir para compensar de algum modo a sobrecarga de despesas que tradicionalmente anda associada à quadra natalícia.

A verdade é que, muito embora no cálculo do valor da remuneração horária a fórmula utilizada apenas considere a remuneração mensal durante doze meses (cfr. art. 6º do DL nº 353-A/89; tb. art. 36º do DL nº 259/98, de 18/08: duração e horário de trabalho), a lei acaba por dispor que a *remuneração base anual* é abonada em *treze* mensalidades, uma das quais correspondente ao *subsídio de Natal* (art. 17º, nº3, DL 184/89). Ou seja, pelo menos em relação a este, terá querido o legislador integrá-lo no conceito remuneratório de vencimento principal, de atribuição certa e permanente. Nessa medida talvez se possa defender que a ideia de contrapartida pela prestação de trabalho faz parte da sua natureza jurídica. Isto é, em vez de se dizer que este "subsídio" apenas é concedido como simples liberalidade da entidade pagadora, como mero suplemento social, ou como correcção compensatória, não será de todo desajustado admitir que este "13º mês" também faz parte da justa retribuição do mês de trabalho prestado em Dezembro. Tal mês de serviço, pelas específicas condições da quadra em que se insere, em que o trabalhador é excepcionalmente assediado por apelos consumistas próprios da época (de que muitas vezes, principalmente no mundo laboral comum, o próprio patrão é beneficiário) será remunerado em dobro. E se assim se admitir, teremos encontrado uma forma legal especialmente prevista de remunerar uma certa quantidade de trabalho.

O mesmo não se pode dizer do *subsídio de férias,* por o legislador não ter sido tão claro na generosidade classificativa. Para este, limitou-se a acrescentar que, para além daquela remuneração base anual, teria o funcionário «...*ainda direito a subsídio de férias nos termos da lei*» (art. 17º, nº3, cit.). Neste caso, todos reconheceremos que não lhe anda associada a noção de correspectividade e que rigorosamente não visa nenhuma contrapartida por trabalho, que na verdade não foi prestado. Terá assim mais similitude com um suplemento social cuja subsistência é assegurada pela estipulação de garantia do art. 37º, nº1 do DL nº 353-A/89 e salva "in extremis" pela circunstância de a sua existência estar prevista em preceito destinado à fixação da remuneração base, como é o caso do citado art. 17º.

Sobre a atribuição do subsídio de ferias e de Natal no funcionalismo público, ver DL n° 496/80, de 20/10.
A respeito da retribuição durante as férias, vide ainda o art. 4° do DL n° 100/99, de 31/03.

8 – O n°2 trata dos abonos que estão *isentos de quota* e que não influenciam a pensão de aposentação.

Considera-se *trabalho extraordinário* o que, por necessidades imperiosas do serviço, for prestado fora do período normal de trabalho diário e, nos casos de horário flexível, o que for prestado para além do número de horas a que o trabalhador se encontra obrigado em cada um dos períodos de aferição ou fora do período de funcionamento normal do serviço (Cfr. *art. 25°, n°1 e 26°, do DL n° 259/98, de 18/08*).

É *extraordinário* na medida em que excepcionalmente ultrapasse o «limite máximo da jornada de trabalho» consagrado na Constituição como um dos direitos dos trabalhadores *(art. 59°, n°1, al.d), da CRP*), mas apesar disso é geralmente obrigatório (cfr. art. 26°, n°2, do DL n° 259/98).

As formas de o compensar estão previstas no art. 28°, n°1, do diploma citado: a) – dedução posterior no período normal de trabalho; b) – ou através de um acréscimo na retribuição horária.

A compensação através do acréscimo remuneratório tem a natureza de um suplemento (art. 19°, n°1, al.a), do DL n° 184/89 e 11°, n°s 1 e 2, do DL n° 353-A/89).

9 – *Inerência*, para **M. Caetano** é a investidura obrigatória num cargo por disposição legal em virtude do exercício de outro cargo *(ob. cit.*, II, pág. 654); para **Jorge Miranda**, é a atribuição da titularidade ou do exercício de uma cargo por virtude da titularidade de outro cargo (***Introdução ao Direito Público**, Lições*, 1983, pág. 518).

Embora a lei inclua o exercício de funções por inerência no âmbito mais lato de acumulação (cfr. nota 3 ao artigo anterior), a verdade é que não se trata de acumulação em sentido estrito para efeito de inscrição (art. 1°, n°1, supra), quotização (art. 5°, supra) e aposentação (art. 47°, 48°, infra), o que bem se compreende, pois o cargo por inerência não se autonomiza relativamente àquele de que depende.

10 – *O abono de família* é uma prestação social (art. 18° do DL 184/89 e 8° do DL 353-A/89). Não constitui, por isso, remuneração e não entra no cômputo da massa remuneratória a considerar para efeito de quota.

Com o DL n° 133-B/97, de 30/05, o abono de família foi, juntamente com o subsídio de nascimento e aleitação, substituído pelo designado «*subsídio familiar a crianças e jovens*», ficando todos eles englobados numa única prestação.

11 – *Ajudas de custo* são abonos acidentais pagos aos funcionários quando deslocados do seu domicílio necessário por motivo de serviço público de acordo com as tabelas periodicamente em vigor (para o ano de 2002, vigora a Portaria nº 88/2002, in DR,I-B, de 28/01/2002).

Visam compensar o funcionário das despesas que tenha que efectuar nas deslocações em serviço (**João Alfaia**, *ob. cit.*, **II**, pág. 839 e sgs; **M. Caetano**, *ob. cit*., II, pág. 767; **Paulo V. Moura**, *ob. cit*., I, pág. 345 e sgs).

O seu regime encontra-se actualmente previsto no DL nº DL nº 106/98, de 24/04.

12 – O *subsídio de residência* é um subsídio certo, pago mensalmente ao funcionário nas condições previstas na lei, normalmente em razão da transferência do seu local de residência (domicílio familiar ou particular) para outro diferente, por razões de serviço (domicílio profissional ou oficial), a título de comparticipação nas despesas do alojamento, quer em arrendamento, quer em aquisição de imóvel.

É considerado «suplemento» (cfr. *art. 19º, nº2, al.c), do DL nº 184/89 e 5º, nº2, do DL 353-A/89*).

Ver: art. 7º e sgs do DL nº 190/99, de 5/06 (diploma que revogou o diploma anterior sobre a matéria, o DL nº 45/84, de 3/02, com a alteração introduzida pelo DL nº 12/87, de 8/01).

Ver ainda: Portaria nº 1467-A/2001, de 26/12, a propósito das áreas territoriais que beneficiam para efeitos do disposto na Lei nº 171/99, de 18/09 (combate à desertificação e recuperação do desenvolvimento nas áreas do interior).

13 – *Subsídio de campo*, para M. Caetano (***ob. cit***, II, pág. 768) é o suplemento atribuído ao funcionário deslocado do seu habitual local de trabalho quando a natureza do trabalho exija longa permanência fora das povoações (estudos ou execução de obras publicas, trabalhos geodésicos, etc).

Exemplos:
– Desp. Nº 32/82, de 01/06/82, in DR, II, de 1/06/82, nº 124, pág. 4358: esclarece quando é atribuível subsídio de campo ao pessoal técnico e auxiliar do LNETI;
– Desp. Nº 75/82, de 02/11/82, in DR, II, de 2/11/82, nº 252, pág. 8331: fixa o subsídio de campo do pessoal técnico e auxiliar da Direcção Geral de Geologia e Minas;
– DC nº 352/98, de 11/05/98, in DR, II, de 26/05/98, nº 121, pág. 7112: fixa em 675$ o subsídio de campo a abonar ao pessoal do quadro do Instituto Português de Cartografia e Cadastro quando deslocado em trabalho de campo.

14 – O *subsídio de transporte* é o suplemento atribuído ao funcionário quando utiliza veículo próprio nas deslocações que efectue em serviço para um local diferente daquele onde habitualmente exerce o cargo.

Corresponde a uma certa importância em dinheiro por cada quilómetro percorrido nessa deslocação, a fixar anualmente através de Portaria (cfr. arts. *26°, al. b) e 27° do DL n° 106/98, de 24/04*).

Para o ano de 2002, os valores estão fixados pela Portaria n° 88/2002, de 28/01.

15 – O *subsídios de caminhos e de marcha* eram aqueles que eram pagos aos funcionários em função dos quilómetros que tinham que percorrer em serviço do seu cargo sem utilização de transporte mecânico (apud, **M. Caetano**, *ob. cit.*, II, pág. 768; **J. Alfaia**, in *ob. cit.*, II, pág. 856/859).

Com a publicação do DL n° 106/98 deve entender-se que os diplomas que os previam se devem considerar revogados (nomeadamente o DL n° 32 427, de 24/11/1942 e o DL n° 77/73, de 1/03).

16 – Os *abonos para falhas* são suplementos (cfr. art. 19°, n°1, al.e), do DL n° 184/89) que visam compensar o risco e os prejuízos decorrentes do exercício de certos cargos que, pela sua especificidade, são susceptíveis de gerar perdas e falhas contabilísticas em operações de tesouraria.

Sobre o conceito, **J. Alfaia**, in *ob. cit.*, II, pág. 872 e sgs; **Paulo V. Moura**, in *ob. cit.*, pág. 341).

Têm direito a eles todos os que, estando ou não na carreira de tesoureiro, manuseiem ou tenham à sua guarda, nas áreas de tesouraria e cobrança, quaisquer valores, numerário, títulos ou documentos pelos quais sejam responsáveis.

Para a Administração Central e Institutos Públicos que revistam a natureza de serviços personalizados e fundos públicos, aplica-se-lhes o DL n° 4/89, de 6/01, alterado pelo DL n° 276/98, de 11/09.

Para a Administração Local, vigora o DL n° 247/87, de 17/06.

Especificamente no que respeita aos abonos para falhas ao pessoal que preste serviço nas tesourarias da Fazenda Pública, hoje domina o DL n° 532/99, de 11/12 (revoga o art. 18° do DL n° 519-A/79, de 29/12 e 3°, n°3, do DL n° 335/97, de2/12).

17 – Os *subsídios para despesas de representação* são suplementos (cfr. art. 19°, n°2, al.b), do DL n° 184/89) que visam compensar o funcionário ou agente dos encargos com o alojamento e alimentação nas deslocações em serviço de representação da instituição pública onde servem.

Sobre os casos excepcionais de representação: art. 33° do DL n° 106/ /98, de 24/04.

Exemplos:
- DL nº 40-A/98, de 27/02 (art. 61º): atribuição do suplemento a funcionários diplomáticos
- DL nº 54/95, de 28/04: atribuição a determinados militares.

18 – Para cobrir as despesas de viagem, de transporte de móveis e bagagens e respectivos seguros, o pessoal deslocado tem direito a um *subsídio de deslocação* (art. 12º, do DL nº 190/99, de 5 de Junho).

JURISPRUDÊNCIA

«I – Não entram no calculo da pensão as gratificações insusceptíveis, por natureza, de desconto para aposentação.

II – Ha remunerações passíveis de desconto para aposentação, mas irrelevantes para o cálculo da pensão.

III – Estão isentas de desconto para aposentação as *gratificações* provenientes de subsidio de isolamento, de emergência, por fiscalização de espectáculos, por permanência e por exercicio do cargo de subdelegado, no concelho, do Instituto do Trabalho e Previdência Social de Angola (inerência), sendo tais gratificações irrelevantes, consequentemente, para o calculo da pensão.

IV – As gratificações pelo exercicio de funções de presidente do corpo administrativo do concelho, exercidas em regime de acumulação, embora sujeitas a desconto para aposentação, nunca entram no calculo da pensão».
(Ac. do STA, de 02/05/80, Proc. nº 012761)

«I – Os abonos *isentos de quota* para a aposentação não podem influir no calculo da pensão de aposentação.

II – Os *prémios de economia* a que o pessoal dos Serviços de Portos, Caminhos de Ferro e Transportes de Moçambique tinha direito deixaram de estar sujeitos a descontos para a aposentação após a entrada em vigor do Dec. 534/73, de 18-10, que deu nova redacção ao parágrafo único do artigo5 do Dec. 42312, de 9-6-59.

III – Por isso, tais abonos não podem ser considerados no calculo da pensão de aposentação, efectuado nos termos dos nºs. 1,4 e 5 do artigo 4 do Dec.52/75, sempre que o acto ou facto determinante da aposentação tenha ocorrido durante a vigência daquele Dec. 534/73».
(Ac. do STA, de 11/10/84, Proc. Nº 011910, in Ap. ao DR, de 06/02/87, pág. 3877)

«I – O Decreto n. 58/75, de 23 de Maio, do Governo de Transição de Angola, não pode revogar o Despacho Legislativo Ministerial n. 6/74, de 25 de Maio.

II – O regime de aposentação fixa-se com base na lei em vigor no momento em que ocorre o acto ou facto determinante da aposentação, pelo que no cômputo da pensão de aposentação de um funcionário dos Serviços de Portos, Caminhos de Ferro e Transportes do Estado de Angola não pode ser considerado o *prémio de economia* que recebeu nos dois últimos anos, por este prémio não estar naquele momento sujeito a desconto para aposentação»
(Ac. do STA, de 24/04/86, Proc. N° 012146)

«I – Na vigência dos Dec.-Lei n. 372/74 de 20 de Agosto e Dec.-Lei 496/80 de 20 de Outubro, o *subsidio de ferias* não era passível de quota para a Caixa Geral de Aposentações.

II – Face ao Estatuto da Aposentação os abonos isentos de quota não eram computáveis para o calculo da remuneração mensal, base do calculo da pensão de aposentação.

III – O *subsidio de ferias*, face a legislação citada, não assumia a natureza de remuneração, face ao artigo 6 n. 3 do E.A., sendo similar a outros abonos previstos neste comando legal».
(Ac. do STA, de 12/06/90, Proc. n° 021504)

«I – As prestações percebidas por empregados da Caixa Geral de Depósitos a título de *isenção de horário de trabalho* e de *participação nos lucros* da empresa não se enquadram no disposto nos arts. 47, n. 1, al. b), 48 e 6, n. 1, do Estatuto da Aposentação, não relevando, por isso, no cômputo da remuneração atendível para efeitos de fixação da pensão de aposentação.

II – A resolução constante do ponto 10 da Ordem de Serviço n. 22/85, de 4 de Setembro, emanada do Conselho de Administração da Caixa Geral de Depósitos, do seguinte teor: "a retribuição adicional correspondente à isenção de horário de trabalho não é passível de descontos para a CGA e MSE, nem de contribuição para os Serviços Sociais da CGD" não tem a natureza de acto administrativo definitivo e executório, como seria mister que tivesse, para ser contenciosamente recorrível.

A referida resolução assume, isso, sim, a natureza de norma regulamentar interna, ou seja, de regra geral e abstracta.
(Ac. do STA, de 22/01/91, Proc. N° 027853)

«Não sendo a prestação por *isenção de horário de trabalho* e a *participação nos lucros* por exercício inerente ao cargo, ou uma remuneração que ao cargo correspondia, e estando ambas isentas de desconto para a aposentação, não pode o trabalhador da C.G.A. ver incluída na pensão de aposentação tais remunerações, ex vi dos arts. 47°, 6 e 48 do Estatuto da Aposentação».
(Ac. do STA, de 04/06/92, Proc. N° 030173)

«1 – O *Subsídio de férias* auferido pelo pessoal dos CTT é passível de descontos para a Caixa Geral de Aposentações e releva no cálculo da respectiva pensão.

2 – Não é incompatível com essa solução a instituição do subsídio de férias para os aposentados, operada pela portaria nº 514/90, de 6 de Julho».
(Ac. do STA, de 18/11/93, in Ap. ao DR, de 15/10/96, pág. 6469)

«O limite à percepção de *emolumentos notariais* a que se refere o nº2 do art. 58º do DL nº 247/87, de 17 de Junho, tem sempre como referência o vencimento base que o funcionário aufere durante um ano, independentemente de o exercício das funções notariais não terem sido exercidas durante o ano completo».
(Ac. do STA, de 18/01/94, in Ap. ao DR de 20/12/96, pág. 312)

«I – Na determinação da média mensal das remunerações percebidas pelo subscritor nos últimos anos, a considerar para o efeito do artigo 47, n. 1, alínea b), do Estatuto da Aposentação, a Caixa Geral de Aposentações tem de atender às que foram efectivamente pagas ao subscritor pela entidade processadora e liquidadora dessas remunerações mediante actos administrativos sobre os quais não lhe compete exercer censura, assim não podendo considerá-las apenas até montante que entenda corresponder ao de limites fixados na lei para acumulação de remunerações e cuja violação não importa nulidade.

II – O n. 7 do artigo 13 do Decreto-Lei n. 116/84, na redacção da Lei n. 44/85, de 13 de Setembro, e o n. 2 do artigo 58 do Decreto-Lei n. 247/87, de 17 de Junho, ao fixarem como limite do recebimento, por funcionário autárquico, de *emolumentos notariais* e custas fiscais o valor de 70% do montante anual do vencimento base da categoria do respectivo funcionário, apenas obsta a que, dentro do período determinante do valor-limite, o interessado receba mais do que esse valor, seja por uma só vez, seja parcelarmente ao longo desse período. Isto é: esse limite tem sempre como referência o montante anual do vencimento do funcionário, e não a fracção do período anual a que se reporta o exercício de funções notariais e de juiz auxiliar das execuções fiscais que justificou o pagamento dessas remunerações acessórias.

III – As *gratificações* auferidas pelo exercício da função de delegado concelhio da Direcção-Geral de Espectáculos e do Direito de Autor, por inerência a cargo do quadro da autarquia municipal, não relevam para efeito do cálculo da pensão de aposentação».
(Ac. do STA, de 07/07/94, Proc. nº 033832)

«I – As *gratificações* apenas podem ser atribuídas por diploma com força de lei, ou diploma com fundamento em lei.

II – Uma circular não pode fundar a fixação de qualquer gratificação».
(Ac. do STA, de 18/10/94, Proc. nº 042086)

«I – A *remuneração suplementar* prevista no art. 16 do Dec. Regulamentar 3/84, de 12/1, regulada por Despacho de 22/5/84, publicado no D.R., II.S, auferida por um Inspector Assessor Principal do IGAT quando serviu, em comissão de serviço, como Assessor na Alta Autoridade Contra a Corrupção, por não ser correspondente àquele cargo, por que foi aposentado, não deve ser considerada no cálculo da pensão de aposentação fixada àquele, em 28/8/91, em determinação da "média mensal", nos termos do art. 47 do Estatuto da Aposentação.

II – A norma do art. 5, n. 2, da Lei n. 26/92, de 31/8, que determinou que aquela remuneração suplementar "é considerada para todos os efeitos como vencimento, designadamente para cálculo da pensão de aposentação ou reforma", por não ter natureza interpretativa e efeito retroactivo não pode afectar o despacho de fixação da referida pensão de aposentação».
(Ac. do STA, de 30/03/95, Proc. nº 031987)

«I – Os critérios determinantes da pensão de aposentação encontram-se no Estatuto de Aposentação, aprovado pelo DL n. 497/72, de 9 de Dezembro, mormente nos artigos 46 e 47, devendo atender-se, nos termos do n. 1, deste último preceito, ao vencimento e à média mensal das remunerações acessórias não fixas percebidas pelo subscritor nos dois últimos anos.

II – O n. 2 do artigo 58 do DL 247/87, de 17 de Junho, ao estatuir o limite máximo correspondente a 70% do montante anual do vencimento base na percepção de *emolumentos notariais* e de *custas fiscais* por parte dos notários privativos e de juízes auxiliares nos processos de execução fiscal, (funcionários municipais) pressupõe que o funcionário esteja no activo durante o referido período, e pretende-lhe assegurar a possibilidade do mesmo atingir tal limite, em média, todos os meses, compensando os meses de menor participação emolumentar, em que não se atinge o referido tecto de 70%, com a *participação emolumentar* dos meses em que é exercido tal limite.

III – As remunerações acessórias referidas em 11, ainda que percebidas num só mês, até ao referido limite de 70%, relevam no cálculo da pensão de aposentação sim mas como média mensal referente aos dois últimos anos imediatamente anteriores à aposentação, – cfr. b), n. 1 do artigo 47 do Estatuto da Aposentação – e não como remuneração acessória daquele mês.

IV – As gratificações auferidas pelo exercício da função de delegado concelhio da Direcção-Geral dos Espectáculos e do Direito do Autor não relevam para o cálculo da pensão de aposentação dada a incidência a cargo da autarquia municipal – cfr. artigo 6 do Estatuto de Aposentação»
(Ac. do STA, de 14/06/95, Proc. nº 034474)

«Os *subsídios de Natal* e *de Férias* são de considerar, para determinar a remuneração mensal atendível para fixação da pensão de aposentação,

como remuneração base, entrando assim na al. a) do n. 1 do art. 47 do Estatuto da Aposentação».
(Ac. do STA, de 26/09/95, Proc. n° 036048, in ap. ao DR de 27/01/98, pág. 6950)

«I – Se o interessado, professor do ensino primário, se encontrava já colocado em escalão superior ao máximo previsto para o período de condicionamento, que era o 7, nos termos dos arts. 14° e 20°, do DL n. 409/89, de 18 de Novembro, não faz sentido pretender atribuir-lhe complementarmente mais uma subida de escalão, que estava até impedida pela letra e pelo espírito do art. 27, n. 1, do mesmo diploma.
II – Os *subsídios de férias* e *de Natal* apenas relevam no âmbito da al. a) do n. 1, do art. 47°, do Estatuto da Aposentação, para efeito das remunerações atendíveis para fixação da pensão de aposentação».
(Ac. do STA, de 21/11/95, Proc. n° 036042)

«1 – O Instituto Nacional de Estatística (INE) é, nos termos, do artigo 1°, n 1 do Decreto-Lei n 280/89, de 23 de Agosto, um Instituto público.
2 – Apesar de o INE ser um instituto público, o seu pessoal dirigente goza do Estatuto de gestor público e não está inscrito na Caixa Geral de Aposentações, mas antes no regime da segurança social dos trabalhadores independentes;
3 – O restante pessoal do INE rege-se pelas normas aplicáveis ao contrato individual de trabalho, e beneficia do regime geral da Segurança Social;
4 – Os funcionários e agentes do Estado, de institutos públicos e de autarquias locais providos, em regime de *comissão de serviço*, em cargos dirigentes do INE continuam abrangidos pelo Estatuto da Aposentação, aprovado pelo Decreto-Lei n 498/72, de 9 de Agosto;
5 – Para o cálculo da pensão de aposentação e correspondentes quotizações referentes aos funcionários e agentes mencionados na conclusão anterior relevam as remunerações respeitantes aos cargos de origem».
(Parecer da PGR, de 06/02/97, in DR, II, de 04/07/97, pág. 7867)

«I – Aos eleitos para Juntas de Freguesia são apenas concedidas senhas de presença e uma compensação mensal, destinada a ressarcir os membros que dela usufruam das despesas normais que o seu serviço acarreta. Por isso,
II – é ilegal o recebimento de quantias por parte dos membros dos órgãos das Juntas de Freguesia, a título de reembolso de despesas com alimentação, gasolina para o seu automóvel e transportes.
III – .... ; IV – .... ».
(Ac. do STA, de 06/08/97, Proc. n° 042615)

«I. Os *emolumentos* devidos pela emissão de uma certidão, revestem a natureza jurídica de taxas fiscais, sendo assim uma espécie do género tributos (onde se incluem além dos impostos, as taxas e as contribuições especiais – contribuições de melhoria e por maior despesa).
2. O contencioso fiscal subtraído à competência dos Tribunais Administrativos de Círculo, através do artigo 51°, n° 3 do ETAF, compreende todos os tributos, pelo que as questões relativas à constituição, modificação ou extinção das taxas, revestem, para efeitos de determinação da competência, a natureza de questões fiscais».
(Ac. do TCA de 21/01/99, Proc. nº 705/98)

«I – Nos termos dos ns. I e 3 do artigo 4° do DL n. 407/93, de 14 de Dezembro, podem existir nos Municípios corpos de bombeiros sapadores, municipais e voluntários, podendo o corpo de bombeiros municipais integrar bombeiros em regime de voluntariado que ficarão sujeitos às normas legais e regulamentares aplicáveis a esse regime.
II – Tendo o corpo de bombeiros Municipais direito à inscrição na Caixa Geral de Aposentações e à respectiva pensão de aposentação, também assiste esse direito ao bombeiro voluntário tempo parcial integrado no corpo de bombeiros municipais, contratado pela Câmara Municipal como bombeiro de 3 classe, e auferindo uma gratificação mensal fixada por despacho ministerial conjunto.
III – Para além disso, o bombeiro a que se referem os ns. I e II, porque exerce funções de interesse público sob a direcção e disciplina da Câmara Municipal, percebendo, como remuneração, uma gratificação mensal fixa, é um agente administrativo, que, como tal, está na situação prevista a que aludem os artigos 1°, 6° e 46°, todos do Estatuto de Aposentação, aprovado pelo DL n. 498/72, de 9 de Dezembro, pelo que lhe assiste o direito a inscrever se na Caixa Geral de Aposentações e à respectiva pensão de aposentação».
(Ac. do STA, – Pleno – de 18/03/99, Proc. nº 036634)

«1. O meio processual idóneo para reagir contenciosamente contra a liquidação de emolumentos é a impugnação judicial a que se referem os arts. 120° e ss. do CPT, da competência dos TT de 1ª Instância, nos termos do art. 62°, n° I, al. c) do ET AF, estando nessa medida revogados – cf. art. 121° do mesmo diploma – os arts. 69° do DL 519-F2/79 e 139° e 140° do Regulamento doa Serviços dos Registos e do Notariado.
2. Os arts. 99° e 100° do CPT, que vieram permitir recurso hierárquico da decisão da reclamação da liquidação e posterior recurso contencioso do despacho naquele proferido – salvo se dela já tiver sido deduzida impugnação judicial – só se aplicam com relação aos tributos administrados, isto é, liquidados e cobrados através da DGI».
(Ac. do TCA, de 08/02/2000, Proc. nº 577/98)

«I – Cada acto de processamento de vencimentos, gratificações e abonos constitui, em princípio, um verdadeiro acto administrativo, e não simples operações materiais, já que, como acto jurídico individual e concreto, define a situação do funcionário abonado perante a Administração e que, por isso, se consolida na ordem jurídica, como «caso decidido» ou «caso resolvido», se não for objecto de atempada impugnação, graciosa ou contenciosa, consoante a entidade dotada de competência para o efeito.

II – Todavia, esta orientação jurisprudencial tem em si implícita dois limites essenciais, consubstanciados: por um lado, na necessidade de uma definição inovatória e voluntária, por parte da Administração, no exercício do seu poder de autoridade, da situação jurídica do administrado relativamente ao processamento «em determinado sentido e com determinado conteúdo».

III – Já não assim nos casos de pura omissão, nomeadamente perante remunerações, subsídios, *gratificações*, etc. que não façam parte integrante da remuneração central ou nuclear, ou mesmo que devam modificá-la, pois, a pura omissão ou inércia da Administração, fora do condicionalismo do chamado acto tácito não constitui um acto administrativo.

IV – Por outro, na necessidade do conteúdo desse acto ser levado ao conhecimento do interessado através da notificação, que é sempre obrigatória, mesmo quando o acto tenha de ser oficialmente publicado, conforme resulta da injunção do n° 3 do art. 268° da Lei Fundamental e, actualmente, com concretização na lei ordinária através dos arts. 66° e segs. do Cód. de Proc. Administrativo .

(Ac. do STA, de 22/02/2001, Proc. n° 046988)

«I – Os tribunais tributários são competentes em razão da matéria para conhecer de actos de liquidação da conta de emolumentos elaborada pelo notário ou conservador e pela celebração de escritura pública de aumento de capital de sociedade comercial ou pelas inscrições registrais;

2. Tais emolumentos devem qualificar-se como de verdadeiras taxas, revelando o pagamento efectuado pelos particulares aos funcionários por uma especifica prestação de serviço público, prestado a requerimento deste, de elaboração de escritura no competente livro de notas do Cartório ou de inscrição no Registo, com carácter obrigacional, coactivo para aceder ao serviço e definitivo no âmbito da relação estabelecida entre o ente público e o particular;

3. Os actos do notário/conservador ao elaborar a liquidação devida por tais actos, são definitivos porque tem competência para o efeito, sendo pois estes actos desde logo atacáveis contenciosamente e através do processo de impugnação judicial (acto definitivo);

4. A posterior reclamação para o mesmo notário/conservador e o posterior recurso hierárquico interposto para o DGRN e indeferido, surgem

assim como meramente facultativos, e os despachos ali proferidos nada vêm acrescentar a tal acto, sendo por isso confirmativos e, como tal insusceptíveis de recurso contencioso, não sendo lesivos autonomamente;
5. Interposto recurso contencioso de acto confirmativo deve o mesmo ser rejeitado por ilegal interposição e não se conhecer do seu objecto».
(Ac. do TCA, de 03/04/2001, Proc. nº 2665/99)

«Em face das disposições conjugadas dos arts. 122º, nº2 do EMFAR (Dec.-lei nº 34-A/90, de 24/01) e arts. 1º e 2º do Dec.-lei nº 172/94, de 25/06, os militares dos quadros permanentes das Forças Armadas, quando colocados em local distanciado de mais de 30Km da localidade da sua residência habitual, têm direito à concessão de um abono de subsídio de residência».
(Ac. do TCA, de 31/01/2002, Proc. nº 4057/00)

«1 – A acta de uma assembleia geral extraordinária de uma empresa não é documento bastante para comprovar a prestação de contas relativas a *ajudas de custo, despesa de deslocação, viagens* ou *representação* dos seus empregados.
2 – A prestação dessas contas à empresa até ao termo do exercício é um dever do trabalhador dependente e deve ser instruída com os documentos justificativos comprovativos da sua realização bem como de que os montantes auferidos têm natureza compensatória.
3 – Não tendo o trabalhador dado cumprimento a tal dever, os montantes auferidos a esse título devem antes ser qualificados como rendimentos do trabalho e categoria».
(Ac. do TCA, de 30/04/2002, Proc. nº 3970/00)

PARECERES DA DROCURADORIA GERAL DA REPÚBLICA

«1 – Nos termos do artigo 3º do Decreto-Lei n 26503, de 6 de Abril de 1936, os subscritores da Caixa Geral de Aposentações estavam sujeitos ao desconto da quota legal sobre os abonos provenientes de participações em multas;
2 – O parágrafo 3 do artigo 3º do Decreto-Lei n 39843, de 7 de Outubro de 1954, ao excluir da media dos abonos dos últimos dez anos, a que alude o parágrafo 1º do mesmo normativo, as participações em multas, não revogou, sequer parcialmente, o artigo 3 do Decreto-Lei n 26503;
3 – Assim, na vigência do Decreto-Lei n 39843 e ate a entrada em vigor do Estatuto da Aposentação (Decreto-Lei n 498172, de 9 de Dezembro) eram devidas as quotas que incidiam sobre os abonos provenientes de participações em multas, os quais não tinham relevância no cômputo da pensão de aposentação;

4 – Salvo disposição expressa em contrario, as quotas que foram regularmente pagas a Caixa Geral de Aposentações não são restituíveis;

5 – Não existe qualquer disposição legal que mande restituir aos subscritores as quotas a que se refere a conclusão 3».
(Parecer da PGR, de 30/08/78, in BMJ nº 284/54)

«1ª – Os ajudantes dos postos do registo civil – pelas razões constantes do parecer nº 50/74, de 6 de Fevereiro de 1975, do Conselho Consultivo – não podiam ser inscritos como subscritores da Caixa Geral de Aposentações;

2ª – A conclusão anterior é válida mesmo para o período posterior à entrada em vigor do Decreto-Lei nº 379/82, de 14 de Setembro, pois o abono mensal previsto no artigo 7º deste diploma não constitui remuneração correspondente ao cargo exercido, para os efeitos dos artigos 5º, nº 1, e 6º, nº 1, do Estatuto da Aposentação;

3ª – O Decreto-Lei nº 134/79, de 18 de Maio, tem como destinatários pessoais funcionários e agentes da Administração Central, Local e Regional e de outras pessoas colectivas de direito público e pressupõe a existência de uma relação jurídica de emprego público;

4ª – Os ajudantes dos postos do registo civil, atentas a sua situação jurídico-estatutária e a configuração da sua relação com a Administração, não têm direito ao subsídio vitalício previsto no Decreto-Lei nº 134/79, de 18 de Maio».
(Parecer da PGR, de 15/06/2001, in J.O., de 07/02/2002)

ARTIGO 7º
Desconto da quota

1 – Todos os serviços que processem remunerações sujeitas a quota procederão ao desconto desta nas folhas ou notas de abonos e descontos e preencherão relação discriminativa dos descontos efectuados, em suporte digital.

2 – As relações dos descontos serão remetidas à competente delegação da Direcção-Geral do Orçamento, que, até ao dia 15 do mês seguinte àquele a que digam respeito, as enviará à CGA, em suporte digital ou através de correio electrónico, comunicando à Direcção-Geral do Tesouro o total dos descontos nelas incluídos.

3 – A Direcção-Geral do Tesouro promoverá a entrega à CGA da importância total dos descontos referidos nos números anteriores, até ao dia 15 do mês seguinte àquele a que digam respeito.

NOTAS

1 – Ver DL nº 78/94, de 9/03, sobre a percentagem dos descontos para a aposentação e para efeito da pensão de sobrevivência estabelecidos pelo DL nº 40-A/85, de 11/02 (O Estatuto das Pensões de Sobrevivência encontra-se no DL nº 142/73, de 31/03, alterado pelo DL nº 343/91, de 17/09).
A actual redacção do artigo foi introduzida pelo art. 1º do DL nº 8//2003, de 18/01.
Relativamente à anterior redacção a principal inovação consiste na mudança de hábitos formais de procedimento. Enquanto, anteriormente, a relação discriminativa dos descontos era feita em suporte papel (impresso de modelo oficial), agora o suporte a utilizar é o digital.

2 – O desconto aqui previsto é o designado *desconto ordinário*, por se traduzir numa quota mensal e certa. Diferente é o desconto a que respeitam os art.13º e 25º, al. c), que, por representarem um acréscimo de quota resultante de uma percentagem legal de aumento de serviço, tomam normalmente o nome de descontos extraordinários (**J. Alfaia**, in *ob. cit.*, II, pág. 960/963).

3 – Junto de cada Ministério funciona um serviço com poderes delegados: será a **Delegação da Direcção Geral do Orçamento.**
O preceito refere-se ao procedimento a adoptar pelos *serviços simples* (aqueles que assumem os seus encargos por conta das várias dotações que lhe são atribuídas por conta do Orçamento Geral do Estado, processando para tal as folhas de despesa que remetem para a Delegação da Direcção Geral da Contabilidade Publica que funciona junto do respectivo departamento governamental) que apenas se limitam a processar o vencimento, mas que não dispõem de autonomia para que procedam directamente ao envio dos descontos para a CGA, ao contrário do que está previsto no art. seguinte (ver notas).
O desconto da quota para aposentação, entre outros mais (nele se contava o que relevava da inscrição no *Montepio dos Servidores do Estado*, entidade que tinha como finalidade assegurar o pagamento de pensões de sobrevivência aos herdeiros hábeis dos contribuintes, conforme DL nº 142/73, de 31/03. Com o DL nº 277/93, de 10/08, porém, apenas passou a haver um único desconto, uma vez que o Montepio passou a incorporar a CGA: art. 1º),inclui-se na classe dos *descontos obrigatórios* (cfr. art. 14º, do DL nº 353-A/89).
Sobre o papel da **Direcção Geral da Contabilidade Pública**, cuja Lei Orgânica foi aprovada pelo DL nº 499/79, de 22/12, vide: **Sousa Franco**, in *ob. cit.,* I, pág. 282/284.
Vide ainda:
Lei nº 8/90, de 20/02: estabelece as *Bases Gerais da Contabilidade Pública*.

DL nº 155/92, de 28/07: fixa o *regime da Administração Financeira do Estado*.

A título de curiosidade, pode ver-se também:

DL nº112/88, de 2/04: procede à *classificação económica das despesas públicas*;

DL nº 171/94, de 24/06: procede à *classificação funcional das despesas públicas*;

4 – De acordo com o nº 2, as relações dos descontos serão enviadas à competente delegação da DGO que as enviará à CGA até ao dia 15 do mês seguinte àquele a que digam respeito (anteriormente, esse envio seria feito até ao fim do mês seguinte àquele a que as relações dissessem respeito).

Também agora esse envio é feito através de suporte digital ou por correio electrónico, com o que se espera uma maior celeridade e eficiência.

5 – Dentro dos mesmos quinze dias, a DGT entregará à CGA a importância total dos descontos. É o que diz o nº4, quando na redacção anterior «*A Direcção Geral da Fazenda Pública promoverá, durante o mês imediato, a entrega à Caixa da importância total dos descontos a que se refere este artigo*».

PARECERES DA PROCURADORIA GERAL DA REPÚBLICA

«A subvenção de campanha a que se refere o artigo 1 do Decreto-Lei n 46451, de 26 de Julho de 1965, esta sujeita a desconto da quota legal para a Caixa Geral de Aposentações».
(Parecer da PGR, de 12/11/70, in BMJ nº 207/49)

«1 – Nos termos do artigo 3º do Decreto-Lei n 26503, de 6 de Abril de 1936, os subscritores da Caixa Geral de Aposentações estavam sujeitos ao desconto da quota legal sobre os abonos provenientes de participações em multas;

2 – O parágrafo 3 do artigo 3º do Decreto-Lei n 39843, de 7 de Outubro de 1954, ao excluir da média dos abonos dos últimos dez anos, a que alude o parágrafo 1 do mesmo normativo, as participações em multas, não revogou, sequer parcialmente, o artigo 3ª do Decreto-Lei n 26503;

3 – Assim, na vigência do Decreto-Lei n 39843 e até à entrada em vigor do Estatuto da Aposentação (Decreto-Lei n 498/72, de 9 de Dezembro) eram devidas as quotas que incidiam sobre os abonos provenientes de *participações em multas*, os quais não tinham relevância no cômputo da pensão de aposentação;

4 – Salvo disposição expressa em contrário, as quotas que foram regularmente pagas a Caixa Geral de Aposentações não são restituiveis;
5 – Não existe qualquer disposição legal que mande restituir aos subscritores as quotas a que se refere a conclusão 3ª.
Termos em que o recurso não merece provimento».
(Parecer da PGR, de 30/08/78, in BMJ nº 284/54)

Artigo 8º
Entrega directa do desconto

1 – Os serviços e entidades não sujeitos ao procedimento descrito no nº2 do artigo anterior entregarão directamente à Caixa Geral de Depósitos, por meio de guia ou de transferência bancária, até ao dia 15 do mês seguinte àquele a que digam respeito, a importância dos descontos arrecadados.

2 – No mesmo prazo, serão enviados à CGA as relações de descontos, em suporte digital ou através de correio electrónico.

3 – O disposto nos números anteriores é aplicável às entidades onde os subscritores se encontrem a prestar serviço com prejuízo do cargo pelo qual se encontram inscritos na CGA.

4 – Os serviços e entidades cujo número de subscritores seja inferior a 10 podem preencher e enviar à CGA as relações de descontos em suporte de papel.

NOTAS

1 – A actual redacção foi introduzida pelo art. 1º do DL nº 8/2002, de 18/01.

Ao contrário do plasmado no artigo antecedente, neste a previsão vai para o modo de proceder à entrega dos descontos da quota para a aposentação pelos *serviços dotados de autonomia* (ver DL nº 155/92, de 28/07).

A *autonomia administrativa* caracteriza-se pelo facto de os serviços e organismos disporem de créditos inscritos no Orçamento do Estado e de os seus dirigentes serem competentes para, com carácter definitivo e executório, praticarem actos necessários à autorização de despesas e seu pagamento no âmbito da gestão corrente (cfr. arts. 3º e 4º do cit. dip.).

Esta expressão aparece por vezes com dois sentidos: umas vezes, como uma espécie de autonomia financeira reduzida, isto é, conferindo aos serviços a faculdade de ordenarem a realização e o pagamento das próprias despesas sem necessidade de autorização prévia para pagamento da DGCP; outras, como sendo a competência para a prática de actos definitivos e executórios, não sujeitos, portanto, a controlo hierárquico necessário e de reexame (mas apenas facultativo e de revisão), e logo passíveis de imediato recurso contencioso.

Sobre autonomia administrativa: **Baptista Machado**, in *Participação e Descentralização*, na *RDES*, ano XXII, pág. 7; **M. Caetano,** in *"Manual..."* cit, I, 10ª ed., pág. 194; **Sérvulo Correia**, in *Noções de Direito Administrativo*, pág. 194; **Sousa Franco**, *ob. cit*, pág. 161/163. No sentido manifestado no parágrafo anterior, ver: *Ac. do TCA, de 27/06/2002, Proc. nº 11428/02*).

Quanto a *autonomia administrativa e financeira*, ver art. 43º e sgs do cit. DL nº 155/92.

2 – O nº3 manda proceder de igual modo às entidades e organismos onde os subscritores da Caixa se encontrem a prestar *serviço militar*, ou em regime de *comissão de serviço* e *requisição* nas condições referidas no art. 11º, nºs 1 e 3, infra, isto é, às entidades onde os subscritores exerçam funções com prejuízo do exercício do cargo de origem pelo qual se encontrem inscritos na CGA.

Tal como previsto no artigo anterior relativamente à DGT (nº3), do mesmo modo estas entidades e organismos farão a remessa da importância dos descontos arrecadados até ao dia 15 do mês seguinte àquele a que digam respeito.

Quanto às relações discriminadas dos descontos, elas serão enviadas também em suporte digital ou via correio electrónico, a menos que se trate de serviços e entidades com menos de 10 subscritores, caso em que as relações podem ser enviadas pelo método tradicional, isto é, em suporte de papel.

Artigo 9º
Mecanização do serviço

1 – O modelo da relação de descontos é aprovado pelo conselho de administração da CGA.

2 – À validade, eficácia e valor probatório da relação de descontos que seja apresentada pelos meios electrónicos previstos neste diploma é aplicável o Decreto-lei nº 290-D/99, de 2 de Agosto.

3 – A relação de descontos electrónica é equiparada, para todos os efeitos legais, à relação de descontos em suporte de papel.

4 – A CGA disponibilizará a todos os serviços e entidades o apoio adequado e necessário ao envio das relações de descontos em suporte digital ou através de correio electrónico e porá em prática as

medidas técnicas e organizativas adequadas para proteger os respectivos dados contra a destruição, a perda acidental, a alteração, a difusão ou o acesso não autorizados e contra qualquer outra forma de tratamento ilícito.

NOTAS

1 – A redacção anterior do artigo era praticamente igual à que o art. 18º do DL nº DL nº 142/73, de 31/03 previa reportado ao Montepio (extinto por incorporação na CGA a partir de 1993, com o DL nº 277/93, de 10/08)
A actual redacção foi dada pelo art. 1º do DL nº 8/2002, de 18/01.

2 – Na sequência do regime de administração financeira do Estado instituído pelo DL nº 155/92, de 28/07 e da Lei de Bases da Contabilidade Pública, estabelecida pela Lei nº 8/90, de 20/02, e a propósito da mecanização informática, ver a *Circular da Série A, nº 1225, de 04/03/94* sobre a conceptualização de um *Sistema de Informação para a Gestão Orçamental* (SIGO) da DGCP, que é composto de três sistemas informáticos SIC (Sistema de Informação Contabilística), SGRH (Sistema de Gestão de Recursos Humanos) e SGP (Sistema de Gestão do Património).

Artigo 10º
Pagamento directo da quota

Os subscritores legalmente destacados para o exercício de funções a que não corresponda remuneração ou em que esta não esteja sujeita a desconto de quotas serão admitidos a fazer o pagamento delas directamente à Caixa, com base na remuneração do cargo pelo qual estão inscritos, ou a regularizar esse pagamento nos termos do n.º 1 do artigo 13º.

NOTAS

1 – O artigo em análise aborda a questão da possibilidade de o próprio subscritor fazer ele mesmo a entrega directa da quota na CGA.
Tal acontecerá sempre que:
a) ele se encontre destacado ou em comissão no exercício de funções não remuneradas em cargo que não seja o de origem; ou

b) a remuneração devida pelo exercício dessas funções (quando remuneradas) não esteja sujeita a desconto de quotas.

Como a inexistência de remuneração não confere direito de inscrição (art. 1º, nº1, supra) nem, por conseguinte, obriga a pagamento de quota (art. 6º, supra), o tempo prestado nessa qualidade não conta como tempo de subscritor (art. 24º, infra). Da mesma maneira, geralmente apenas é contado o tempo de serviço em relação ao qual tenham sido ou venham a ser pagas as quotas correspondentes (cfr. art. 28º, infra). Com a faculdade conferida pelo preceito, permite-se que o subscritor não sofra uma perda de antiguidade para este efeito de aposentação pela Caixa. Para tanto, poderá suportar por si mesmo o respectivo encargo pagando directamente as quotas correspondentes ao cargo pelo qual se ache inscrito.

Se o subscritor não fizer esse pagamento, perderá a correspectiva antiguidade.

No entanto, se mais tarde pretender fazê-lo, a lei não o impedirá. É a isso que a parte final do artigo se destina: permitir que o subscritor do cargo de origem possa aproveitar o tempo de exercício prestado nas condições ali previstas "regularizando" o pagamento nos mesmos termos que mais à frente o art. 13º, nº1 estabelece para a "regularização" *de quotas em dívida*.

2 – Convém referir que de algum modo o conteúdo do normativo se apresenta duplamente excepcional, tanto na parte procedimental concernente à entrega dos descontos (pois a regra é a prevista no art. 7º, eventualmente com a correcção do art. 8º), como na sua génese substantiva relativa à própria necessidade de desconto, visto que o exercício em comissão ou em requisição, por regra remunerado, não deixa de ser passível de desconto de quota sobre a remuneração correspondente à nova situação funcional (ver art. 11º).

Artigo 11º
Comissão e serviço militar

1 – O subscritor que, a título temporário e com prejuízo do exercício do seu cargo, passe a prestar serviço militar ou a exercer, em regime de comissão de serviço ou requisição previsto na lei, funções remuneradas por qualquer das entidades referidas no artigo 1º e que relevem para o direito à aposentação, descontará quota sobre a remuneração correspondente à nova situação.

2 – Salvo o caso de serviço militar, o montante da quota não poderá ser inferior ao que seria devido pelo exercício, durante o mesmo tempo, do cargo pelo qual o subscritor estiver inscrito na Caixa.

3 – Quando o subscritor preste serviço, nos termos do n.º 1, a entidades diversas das que no mesmo número se referem ou exerça funções que não relevem para o direito à aposentação, a quota continuará a incidir sobre as remunerações correspondentes ao cargo pelo qual estiver inscrito na Caixa.

NOTAS

1 – Redacção dada pelo DL nº 30-C/92, de 28/12.

2 – A *comissão de serviço* representa uma das modalidades da nomeação, ao lado da *nomeação por tempo indeterminado* (cfr. art.5º do DL nº 427/89, de 7/12 alterado pelo DL nº 218/98, de 17/07).

A *requisição*, a par da substituição, comissão de serviço extraordinária, da transferência, da permuta, e do destacamento, é uma das fontes de *modificação da relação jurídica de emprego público* (cfr. art. 22º, do cit. DL nº 427/89). Sobre o conceito de requisição, vide: art. 27º do DL nº 427/89.

O tempo de serviço em regime de requisição, em comissão de serviço e, bem assim, em organismos internacionais, conta-se, para efeito de aposentação, como prestado no lugar de origem, o que significa que a inscrição se mantém válida e que permanece a obrigação de efectuar descontos de quota (cfr. art. 24º, nº3, infra).

3 – Quando a disposição do nº1 prevê que a quota incida sobre a remuneração do cargo actualmente em exercício, está a pressupor que o funcionário receba efectivamente a remuneração correspondente à "nova situação". Pode, no entanto, acontecer que ele tenha optado pelo estatuto remuneratório devido no lugar de origem, conforme é permitido pelo art. 7º do DL nº 353-A/89, de 16/10. Neste caso, a quota incidirá sobre a remuneração do lugar de origem, observando-se a entrega nos termos previstos no art. 8º (cfr. nº3).

Se os cargos exercidos a esse título não forem remunerados ou, sendo-o, não estiverem sujeitos a desconto de quotas, aplicar-se-á o disposto no artigo anterior.

4 – Mesmo que o funcionário aufira remuneração pelo "novo cargo", sem ter, portanto, optado pelo vencimento de origem, durante o tempo por que durar a comissão e a requisição (nº1) o montante da quota não pode ser inferior àquele que seria devido por aquele pelo qual o subscritor estiver inscrito (nº2).

Exceptua-se desta regra o caso do *serviço militar*. Nesta hipótese, a quotização far-se-á pela remuneração efectivamente recebida pela "nova situação" e não por aquela que receberia no cargo civil (n°2).

5 – Se o serviço referido no n°1 for prestado a entidades diversas das mencionadas no art. 1° do Estatuto ou se, ainda que porventura às mesmas entidades, as funções exercidas não relevarem para efeito de aposentação (cfr. art. 27°) ou não corresponderem a direito de inscrição (art. 24°, n°1), nem por isso perderá o direito de contagem do respectivo tempo. Para o efeito, a quota continuará a incidir sobre as remunerações correspondentes ao cargo pelo qual o subscritor estiver inscrito na Caixa (n°3). Aliás, em princípio, o próprio serviço prestado em *comissão de serviço* releva no lugar de origem do nomeado (art. 7°, n°4, DL n° 427/89).

Nestes casos, supõe-se, portanto, um exercício de funções por quem já é subscritor. Diferente é o caso do exercício de funções por alguém que ainda não é subscritor. Esse tempo de serviço, mesmo que em condições diversas das previstas no n°1 do artigo 1°, ainda que gratuito, se prestado às entidades abrangidas por esse número (n°1, do art. 1°) será ainda um serviço público. Por essa razão, mesmo não sendo subscritor nessa altura, o tempo de serviço contar-lhe-á para efeito de aposentação pela CGA desde que por ele tenham sido pagas as correspondentes contribuições para reforma à respectiva instituição de previdência social. Esse tempo será acrescido ao tempo por que vier posteriormente a ser subscritor (cfr. art. 25°, al.b), infra), podendo das quotas que fosse devidas o interessado pedir a respectiva dispensa (cfr. art. 15°, n°1, infra).

6 – Se tais funções não forem remuneradas ou se não estiverem sujeitas a desconto, vide arts. 10° e 13°.

Artigo 12°
Comissão no ultramar

As quotas descontadas ao subscritor que desempenhe funções na administração ultramarina, nos termos do n.° 1 do artigo precedente, ficarão retidas nos cofres desta última para os fins previstos nos artigos 19° e 63°.

NOTAS

Já não faz sentido a manutenção do preceito, face à independência dos territórios das províncias do ex-Ultramar.

Artigo 13.º
Regularização e pagamento de quotas

1 – A regularização de quotas em dívida por tempo de serviço a que já correspondesse o direito de aposentação à data em que foi prestado efectuar-se-á com base na remuneração e na quota praticadas nessa época, com o acréscimo de juros à taxa de 4 por cento ao ano, se a falta de oportuna inscrição for imputável ao subscritor.

2 – Na mesma base serão liquidadas as quotas correspondentes a percentagens legais de aumento do tempo de serviço prestado nas condições do número anterior.

3 – Nos demais casos de contagem de tempo, as quotas que não hajam sido pagas ou que tenham sido restituídas pela Caixa serão liquidadas, sem juros, com base na remuneração do cargo do subscritor à data da entrada do seu requerimento e na taxa então vigente.

4 – Para efeitos de reforma e pensão de sobrevivência, os trabalhadores bancários no activo poderão requerer a contagem de todo o tempo de serviço militar obrigatório, aplicando-se, para efeito de liquidação da correspondente dívida de quotas, a taxa de 2% sobre a remuneração auferida à data do requerimento, quando esse tempo não confira direitos em matéria de aposentação e sobrevivência no âmbito da Caixa.

5 – A Caixa poderá, por si ou a pedido das instituições de crédito onde os trabalhadores exercem a sua actividade profissional, transferir os referidos descontos para o fundo de pensões dos bancários, cobrando, a título de compensação pela prestação de serviços, a importância de 19% do montante a transferir, com o limite máximo de 5 000$00.

NOTAS

1 – O n°3 resulta da redacção dada pelo DL n° 191-A/79, de 25/06, alterado posteriormente pelo DL n° 30-C/92, de 28/12.

2 – Os ns°4 e 5 do artigo apresentam a redacção dada pelo art. 7° do DL 75/93, de 20/12, alterada pelo DL n° 28/97, de 23/01.

3 – Por se tratar de quotas *"em dívida"*, tal significará que a situação de falta de quotização é de *irregularidade*, isto é, de viciação por

desconformidade com comandos de imposição de procedimentos observáveis.

Se há "*dívida*", ela deriva do facto de não ter havido por parte da pessoa obrigada o cumprimento da sua obrigação em matéria de desconto, falta que por seu turno se pode fundar na não *inscrição obrigatória* (art. 1º, nº1, supra) ou na não *reinscrição* necessária após a sua eliminação de subscritor (art. 22º, infra).

Por outro lado, para se falar em "i*rregularidade*" é suposto que o não desconto e não pagamento das quotas recaia sobre período de exercício a que já correspondesse *direito de aposentação,* ou seja, a um período de tempo que já obrigasse à inscrição (art. 1º e 4º)e, por conseguinte, conferisse a qualidade de subscritor (cfr. art. 24º, infra).

Em ambas as situações, se tivesse havido a inscrição, o cumprimento do dever de pagar a quota teria ocorrido pelo modo e no tempo estabelecidos nos arts. 7º, 8º e 10º.

4 – O preceito permite, portanto, a "*regularização*" a todo o momento.

Ela consistirá, para além da própria inscrição, naturalmente, no pagamento das quotas em atraso, as quais respeitarão as percentagens praticadas na época a que se reportam e incidirão sobre as remunerações auferidas no período a que respeitam.

Mas, porque tardia, haverá que efectuar um acréscimo de *juros de mora* à taxa de 4% ao ano, se a falta se ficar a dever ao subscritor (nº1). Se, ao contrário, a falta for do serviço, esse pagamento será feito em singelo.

Da mesma maneira, se tendo sido pagas oportunamente as quotas e a Caixa posteriormente as restituiu por as considerar indevidamente recebidas (cfr. art. 21º), ou se infundadamente recusou a inscrição, o mais certo é que a Caixa mais tarde reconheça o erro. Num caso ou noutro, a regularização aqui consentida não procede de culpa do subscritor e, então, também por essa razão ele não terá que suportar o acréscimo de juros.

5 – Segundo o nº2, a regularização estende-se às bonificações de *aumento de tempo de serviço* prestado nas mesmas condições previstas no nº1.

Ao desconto ordinário (mas pago extemporaneamente) soma-se agora um desconto extraordinário nestes particulares casos (ver nota 2 ao art. 7º).

Assim, esse acréscimo de tempo (por exemplo, em virtude de certo tipo de funções prestadas no exterior do país) também será sujeito a quota, pagável "a posteriori", com base na remuneração e quota praticadas nessa época, sujeito igualmente a incidência da taxa de 4% de juros sobre o seu valor, no pressuposto de que o não pagamento tempestivo se tenha ficado a dever a culpa imputável ao subscritor relapso (cfr. ainda art. 25º, al. c)). Na verdade, se o serviço prestado nessas condições era já legalmente bonificado de aumento de tempo, se o aumento assim previsto relevava já para efeito de aposentação, e se por isso estava já sujeito a quota, nada impedia que o próprio subscritor requeresse logo na altura a sua liquidação e pagamento.

Para **J. Alfaia** este será o modo de regularizar as quotas em dívida por percentagens de aumento de tempo de serviço (in *ob. cit.*, II, pág. 1040).

Simões de Oliveira entende que só será assim nos casos em que a valorização acessória do tempo de serviço corresponde a funções a que já correspondesse o direito a aposentação. Naqueles outros em que não correspondesse ainda (na altura em que foi prestado) direito de aposentação, a situação cairia sob a alçada do n°3: o pagamento seria efectuado sem juros (in *ob. cit.*, pág. 53).

6 – Nos demais casos de contagem de tempo, diz o n°3, as quotas serão pagas sem juros, com base na remuneração do subscritor à data da entrada do seu requerimento e na taxa então vigente.

Estarão sob o seu âmbito, as situações de percentagem de aumento de tempo não especialmente incluídas nos n°1 e 2. Assim, por exemplo, se o serviço prestado durante um certo tempo só mais tarde veio a ser legalmente contemplado com a bonificação temporal, parece ser claro que na época nenhum acréscimo de quota haveria a pagar, visto que só o tempo normal e singelo seria relevante para efeito de aposentação.

Da mesma maneira, se na altura o serviço era gratuito ou não estava sujeito a incidência de quota, não se pode falar em regularização com total propriedade, dado que, nas hipóteses colocadas, à data a que ele foi prestado não havia ofensa a regras e princípios de quotização e desconto.

Pode pensar-se ainda em serviço prestado por algum interessado que legalmente nem sequer podia ser, naquela ocasião, ser subscritor da Caixa, por algum impedimento legal, entretanto desaparecido.

Pois bem. Sempre que a lei só supervenientemente tenha vindo permitir a contagem desse tempo como tempo bonificado, dando-lhe relevância para efeito de aposentação, é evidente que nenhuma culpa se pode imputar a quem quer que seja (incluindo o subscritor), tal como se não pode incluir a situação no âmbito de previsão da condição prevista no n°1 (de exercício a que «correspondesse o direito de aposentação»).

Por tal motivo, para que a bonificação passe a ser considerada, torna-se necessário um processo de contagem (art. 29°) e o pagamento das «correspondentes quotas» (repare-se que nessa hipótese a lei não se exprime por "quotas em dívida") será feito em singelo, sem adicional de juros (n°3).

A diferença consiste no facto de no 1° caso (n°s1 e 2) a liquidação ter por base as remunerações auferidas ao tempo do exercício das funções, enquanto agora (n°3) a liquidação ter por referência a remuneração actual, isto é, aquela que o subscritor aufere à data da entrada do pedido (independentemente do valor maior ou menor da remuneração auferida durante o exercício das funções que conferiram a bonificação de tempo), e com sujeição à taxa de quotização então em vigor no momento do requerimento (cfr. art. 5°, supra).

Este regime aplica-se tanto quando as quotas «não hajam sido pagas», como quando, se pagas, «tenham sido restituídas» ao subscritor.

7 – Sobre a bonificação da contagem de tempo de *serviço militar* e regime do valor das quotizações a efectuar, ver: Lei n° 9/2002, de 11 de Fevereiro.

Consultar ainda Portaria n° 141-A/2002, de 13/02, que aprova modelos de formulários do requerimento para contagem do tempo e serviço e para atribuição do complemento especial da pensão ou do acréscimo vitalício da pensão.

JURISPRUDÊNCIA

«I – O artigo 17°, n° 4, da Lei n° 59/93, de 17.8, instituiu um regime especial, cometendo ao Presidente da Assembleia da República (AR) a competência para a concessão daquela aposentação extraordinária.

II – Reconhecido tal direito, o tempo que depois decorra já não conta para efeitos de aposentação (v. arts. 33°, n° 2, al. a) e 43° n° I, al. a) do Estatuto da Aposentação (EA), aprovado pelo Dec. Lei n° 498/72, de 9.12).

III – A remuneração auferida, enquanto em regime de requisição, como Director-Geral do Pessoal da Petrogal, S.A., entre 6.7.89 e 31.12.92, por um consultor jurídico da AR, cujos direitos à aposentação foi reconhecido, em 23.2.94, não releva para o cálculo do montante da pensão nos termos do art. 51 ° do EA – na redacção da Lei n° 30-C/92, de 28.12 -, sem que com isso se fira o princípio da igualdade.

IV – A bonificação a que se refere o artigo 17°, n° 2, da Lei n° 59/93, incide sobre o montante da pensão e não sobre o tempo de serviço, sem que isso represente qualquer discriminação.

V – Deve processar-se de acordo com o disposto no n° 3 e não no n° 1 do artigo 13° do EA, na redacção da Lei n° 30-C/92, a regularização de quotas de um aposentado respeitantes aos anos de 1971 a 1973, em que prestou serviço como secretário num gabinete ministerial, sem direito a ser subscritor da Caixa Geral de Aposentações, como agente político que era.

VI – Para a definição dos contornos, ao tempo, desta figura, na área em causa, irreleva a normatividade ulteriormente surgida.

VII – O artigo 13°, n° 3, na redacção da Lei n° 30-C/92, não está ferido de inconstitucionalidade formal, por alegada falta da audição das associações sindicais, pois a matéria da aposentação, não se inscreve na legislação do trabalho a que se reporta o artigo 56°, n° 2, al. a), da Constituição da República.

VIII – Também a mutação jurídica assim operada por aquela Lei nº 30-C/92 não ofende o princípio da confiança, por violação de expectativas jurídicas, pois que não foi posto em causa o núcleo essencial do direito à aposentação, alterando-se apenas a base de incidência da taxa aplicável, por forma não gratuita ou desproporcionada.

IX – Tão pouco se pode afirmar que o confronto do regime do nº 3 com o do nº 1 do mencionado artigo 13º revela a violação por aquele do princípio da igualdade, pois que há base material bastante para justificar a diferenciação no cálculo das quotas, que aqueles reflectem.

X – Para afirmar, no caso, uma eventual inconstitucionalidade do artigo 1 o, nº I, do EA, não se pode esgrimir com a Lei nº 77/88, uma vez que a questão da possibilidade de inscrição na CGA de membros de gabinetes do governo, remonta aos anos de 1971 a1973.»

(Ac. do STA, de 07/12/99, Proc. nº 040421)

Artigo 14º
Isenção de quotas por tempo contado para aposentação ultramarina

Não são devidas quotas à Caixa relativamente ao tempo de serviço anteriormente prestado pelo subscritor à administração ultramarina e por esta contado para efeitos de aposentação.

NOTAS

1 – O DL nº 315/88, de 08/09 determina que a competência a para contagem do tempo de serviço dos funcionários da ex-administração ultramarina seja transferida para a CGA.

2 – Refere-se o preceito aos casos em que o interessado antes de ser subscritor da Caixa fora funcionário da administração ultramarina.

Este tempo de serviço prestado na Administração do ex-ultramar, não está sujeito a quotas para a Caixa Geral e Aposentações, embora conte, para efeito de aposentação, por acréscimo ao tempo de subscritor, nos termos do art. 25º, al. a), infra. Ou seja, para efeito de aposentação pela Caixa, é somado o tempo de serviço prestado pelo funcionário no ex-ultramar ao tempo de serviço prestado, posteriormente, em Portugal já na qualidade de subscritor.

Atente-se, porém, que para aqueles funcionários que serviram na antiga administração ultramarina e que não tenham podido ingressar no quadro geral de adidos, foi-lhes reconhecido o direito de aposentação bastando que ali tivessem descontado durante cinco anos (DL nº 362/78, de 28/11, alterado pelo DL nº 23/80, de 29/02 e 118/81, de18/05 e 363/86, de 30/10).

Artigo 15º
Dispensa de quotas por tempo de contribuição para a Previdência

1 – O subscritor poderá pedir a dispensa do pagamento de quotas pela contagem de tempo de serviço prestado aos organismos de coordenação económica ou a outras entidades referidas no artigo 1º, desde que tenham sido pagas as contribuições para reforma, devidas por esse período à respectiva instituição de previdência social.

2 – O pedido formulado nos termos do número anterior implica opção regime previsto no n.º 3 do artigo 53º e no n.º 4 do artigo 63º e o seu deferimento será desde logo comunicado à instituição de previdência para oportuno cumprimento do que nesses preceitos se dispõe.

NOTAS

1 – O serviço prestado às entidades referidas no art. 1º, quando nas condições nele previstas, submete-se ao regime do Estatuto no que respeita ao alinhamento normal de um processo ordinário de aposentação pela Caixa nas suas diversas fases: inscrição-» descontos-» pagamento de quotas-» aposentação-» pensão.

Mas se o serviço for prestado às mesmas entidades, ainda que em condições diferentes das estabelecidas no nº1 desse artigo, nem por isso estará afastada liminarmente a possibilidade de que esse tempo venha a ser contado para efeito de *aposentação* pela CGA. Bastará que o interessado tenha efectuado *contribuições* para *reforma* à instituição de *previdência social* respectiva e que mais tarde venha a ser subscritor da Caixa por efeito de actividade funcional que conferisse o direito de inscrição. Neste caso, o tempo de serviço anteriormente prestado naquelas condições será acrescido ao posteriormente prestado como subscritor (art. 25º, al.b), infra), sendo o interessado, desde que o solicite, *dispensado* (não se trata de um benefício automático ou de concessão oficiosa) do pagamento das quotas que em princípio seriam devidas pela contagem daquele período (art. 15º, nº1).

Querendo pagar as quotas devidas por esse período, o tempo de serviço então prestado contar-se-á para efeitos de aposentação e relevará para o cálculo da pensão (art. 53º, nº1).

Preferindo pedir a *dispensa*, a pensão será calculada de acordo com a soma das parcelas obtidas separadamente, uma pela Caixa, em relação ao tempo de serviço contável (art. 53°, n°3, al.a), infra), outra pela Instituição de Previdência social correspondente ao exercício do referido cargo (art. 53°, n°3, al.b), infra). Nesta segunda parcela, a Instituição de Previdência Social assumirá o encargo com a pensão de aposentação abonadas pela Caixa (art. 63°, n°1, infra).
Ver ainda nota 5 ao art. 11°.
Sobre *organismos de coordenação económica*, ver: nota 2 ao art. 52°.

2 – O n°2 estatui que a formulação do pedido de dispensa equivale à opção pelo regime previsto no n°3 do artigo 53°. Ou seja, presume-se "iuris et de iure" que o requerente prefere receber a soma das duas pensões. Não se trata, porém, de uma ficção definitiva e inalterável. Com efeito, ainda disporá de mais uma chance para uma outra pensão, porventura mais favorável.

Referimo-nos à *"pensão unificada"* cujo regime se encontra estabelecido pelo DL n° 361/98, de 18/12.

Este novo quadro legal pressupõe que o interessado tenha sido beneficiário do regime geral de segurança social (DL n° 28/84, de 14 de Agosto) e subscritor da Caixa (cfr. art. 2°) e só no caso de estar abrangido por ambos dela poderá beneficiar. O interessado deverá então *declarar* que está protegido por ambos os regimes (art. 6°, n°1), e que *expressamente* pretende (ou não pretende) a atribuição da *pensão unificada* (art. 6°, n°2).

Nessa caso, o valor da pensão obtém-se por aplicação das regras de cálculo do último regime (art. 7°), ficando o requerente com a garantia legal de que ele não pode ser inferior à soma das parcelas correspondentes aos valores a que o trabalhador teria direito por aplicação separada de cada um dos regimes, tendo em atenção as disposições sobre acumulação de pensões (art. 9°, n°1). Sempre que o valor da pensão unificada for superior à soma referida, o encargo relativo ao excedente é suportado em partes iguais, pela instituição responsável pelo primeiro regime e pelo pensionista (art. 10°, n°2).

Artigo 16°
Pagamento de quotas em dívida

1 – O pagamento previsto no artigo 13° poderá ser feito por uma só vez ou em prestações mensais, sem acréscimos de novos juros, por meio de descontos em folha até o máximo de 60 prestações, sendo de 500$ o mínimo de cada prestação.

2 – Se o pagamento referido no número anterior implicar o desconto, em cada mês, de importância superior à da quota do subscritor, é permitido um número maior de prestações, desde que estas sejam, pelo menos, de montante igual ao da mesma quota.

3 – Na falta de declaração em contrário, feita dentro do prazo de 30 dias, a contar da expedição pela Caixa do aviso de liquidação, entende-se que o interessado optou pelo pagamento em prestações e pelo número máximo destas.

4 – Se o interessado estiver em situação em que não receba remuneração ou não sofra desconto de quota, fará o pagamento directamente à Caixa, nas condições que esta fixar para execução do estabelecido nos números anteriores.

5 – A Caixa, no caso de não cumprimento do disposto no n.º 4, notificará o interessado, por carta registada com aviso de recepção, para, no prazo de 30 dias, efectuar o pagamento, sob pena de ficar sem efeito a contagem do tempo de serviço que exceda o correspondente às importâncias já satisfeitas e de a mesma só poder ser objecto de novo requerimento mediante liquidação imediata do total devido.

6 – O montante da prestação mínima referida no n.º 1 poderá ser alterado por despacho do Ministro das Finanças e do Plano.

NOTAS

1 – A redacção do nº1 resulta do DL nº 198/85, de 25/06.

2 – O nº6 foi introduzido pelo mesmo diploma.

3 – O pagamento das quotas em dívida nos termos do art. 13º (ver respectivas anotações) pode ser feito por uma só vez ou a prestações mensais.

O pagamento pode ser efectuado através de "desconto em folha" se o interessado for subscritor e estiver nesse momento a efectuar descontos pelo exercício de actuais funções (nº1).

Sendo expressa a sua opção no requerimento que apresentar, ou podendo ela tacitamente inferir-se (nº 3) pelo pagamento em prestações, não estará sujeito a novos juros para além daqueles a que se submeteu nos termos do nº1, do art. 13º (nº1).

Sessenta é o número máximo de prestações permitidas (nº1). Mas se o valor destas, contando já com o número máximo previsto no nº1, for superior à quota que o subscritor já paga em cada mês, ser-lhe-á permitido excepcionalmente um número maior de prestações de modo a que cada uma seja inferior ou no máximo igual ao do valor daquela (n°2).

4 – Se o interessado estiver em situação em que não receba remuneração ou não estiver a sofrer desconto de quotas, fará então o "pagamento directo" à Caixa (cfr. art. 10°, supra) nas condições que esta fixar (n°4).

Este pagamento directo também pode ser feito sob o regime de prestações, nos moldes que a Caixa definir (n°4).

Mas se o interessado, notificado para o fazer, deixar de cumprir as determinações impostas pela Caixa no prazo de 30 dias, sem justificação plausível, poderá ficar sem efeito a contagem do tempo de serviço que exceda as importâncias eventualmente já satisfeitas (n°5). Nessa hipótese apenas relevará o tempo de serviço em relação ao qual ele efectuou o pagamento.

Querendo posteriormente aproveitar-se da parte restante do tempo de serviço em causa (quer aquele a que correspondesse direito de aposentação, quer o que resulta da percentagem legal de aumento, nos termos do art. 13°), só poderá beneficiar dessa faculdade mediante "novo requerimento" com a "liquidação imediata do total devido" (n°5). Quer dizer, não mais lhe será permitido o pagamento em prestações.

5 – Às quotas em dívida acrescem as despesas a cargo do subscritor, nos termos do artigo seguinte. Também estas entram no cômputo do pagamento em prestações ou no cálculo do pagamento directo à Caixa.

Artigo 17°
Custas ou despesas a liquidar com a quota

Ao desconto de quotas ou ao seu pagamento directo acrescerá, nos termos fixados pela Caixa, o das quantias em dívida por custas ou despesas a cargo do subscritor.

NOTAS

Entre outras que possam existir, contam-se, por exemplo, as despesas relativas a elementos médicos complementares necessários ao trabalho da junta médica. Estas despesas são da responsabilidade do requerente da aposentação (art. 96°, n°3, infra).

Artigo 18º
Descontos de encargos na pensão

1 – O subscritor desligado do serviço para efeitos de aposentação e que tenha importâncias em dívida, nos termos do artigo anterior ou por tempo de serviço que influa na respectiva pensão fica sujeito ao correspondente desconto na primeira pensão que lhe for abonada ou também nas pensões seguintes até perfazer o total devido.

2 – Salvo pedido de maior desconto, este não poderá exceder 6,5% da importância de cada pensão.

NOTAS

1 – A redacção do nº2 resulta do DL nº 198/85, de 25/06.

2 – Os artigos antecedentes, designadamente os 16º e 17º pressupõem primacialmente que o requerente seja subscritor no activo. Por essa razão é que os pagamentos podem ser feitos por meio de "desconto de folha". E mesmo quando o pagamento é "directo" (nº4, do artigo 16º) não está contemplada a situação do subscritor desligado do serviço para efeito de aposentação, mas outra qualquer em que não receba remuneração ou não esteja sujeito a quotas (ver. art. 10º).

Agora, a previsão é diferente. Pode acontecer que o interessado tenha entretanto sido desligado do serviço para aposentação numa altura em estava ainda a regularizar a situação nos moldes prescritos nos artigos precedentes. Nesse caso, o desconto incidirá sobre a pensão (primeiro sobre a eventual pensão *transitória*: art. 99º, nº3, infra e art. 3º, nº3, do DL nº 116/85, de 19/04; depois, sobre a pensão *definitiva*: art. 57º, infra) que passar a receber até perfazer o total devido (nº1).

Esse *desconto na pensão* só tem lugar, no entanto, enquanto se mantiver a respectiva responsabilidade. Assim, por exemplo, se o interessado tiver perdido a nacionalidade portuguesa ou falecido *(extinguindo-se assim a situação de aposentação*: art.82, nº1, infra), deixa de haver lugar a esse pagamento (art. 20º, infra).

Se o subscritor ainda não tiver atingido a aposentação, a responsabilidade pelo pagamento das importâncias referidas no artigo 18º (mas que, como se viu, são as que por remissão vêm dos artigos antecedentes) também cessa com a eliminação definitiva as qualidade de subscritor, por exemplo, a título de *demissão* da função pública (arts 20º e 22º).

Artigo 19º
Parte devida a outra entidades

As quotas e indemnizações relativas a tempo de serviço levadas em conta na atribuição dos encargos responsáveis, nos termos do artigo 63º, pela aposentação pertencem às mesmas entidades, sendo as que a Caixa arrecadar levadas em conta na atribuição dos encargos respectivos, incluindo os mencionados no n.º 7 do artigo 63º.

NOTAS

1 – Ver artigos 53º e 63º infra.

2 – O que o preceito nos esclarece é que, sempre que houver repartição de encargos pela aposentação, tal como o prevê o artigo 63º do Estatuto, as *quotas* e *indemnizações* que porventura a Caixa tiver arrecadado relativas a tempo de serviço prestado pelo qual respondam as entidades nele contempladas, a elas deverão ser devolvidas ou transferidas porque lhes pertencem. E isto muito embora as pensões sejam abonadas pela Caixa.

No entanto, essa transferência não deve ocorrer imediatamente, uma vez que as importâncias das quotas e das indemnizações serão "levadas em conta" na atribuição dos respectivos encargos. Ou seja, a remessa dessas importâncias só terá lugar após a verificação dos encargos que à Caixa couber quando tiver que abonar a pensão. Com isto se evita uma remessa de dinheiro que posteriormente pode ter que voltar à Caixa.

3 – As *indemnizações* a que o preceito se refere são as que a lei estabelecer em função da elevação geral dos vencimentos (cfr. art. 57º, nº 1, infra).

Artigo 20º
Extinção da responsabilidade

A responsabilidade pelas importâncias referidas no artigo 18º e pelas indemnizações previstas no n.º 1 do artigo 57º, que se encontrem em dívida à Caixa, cessa com a definitiva eliminação do subscritor ou com a extinção da situação de aposentado.

NOTAS

1 – Quando o preceito se reporta ao art. 18º, fá-lo para aludir às *importâncias* nele "referidas", não às condições em que o desconto na pensão é previsto. Ou seja, a hipótese da norma é definida como sendo tão somente as importâncias das quotas em dívida à Caixa nos termos dos arts. 16º e 17º ou aquelas que sejam consideradas por tempo de serviço que influa no cálculo da pensão.

Por isso, se tais importâncias são devidas pelo subscritor no activo, a extinção da responsabilidade pelo pagamento dessas importâncias ocorrerá por uma qualquer causa de eliminação da qualidade do subscritor, como por exemplo, a exoneração do cargo da função pública (art. 22º).

2 – Mesmo aí, porém, convém atentar no disposto no art. 40º do presente Estatuto. A *demissão*, por exemplo, implica a perda de todos os direitos do funcionário ou agente, salvo no que toca à aposentação (art. 13º, nº 11, do Estatuto Disciplinar). Assim, ainda que a título definitivo o subscritor demitido cesse o exercício do cargo e, com isso, seja eliminado da qualidade de subscritor (art. 22º, infra), a verdade é que continuará a manter o direito de requerer a aposentação dois anos após a aplicação da pena, desde que a cessação definitiva ocorra após cinco anos de serviço e ocorra uma das duas condições previstas no nº2, do art. 40º, nº2, infra. Em tal caso, pois, a cessação da responsabilidade só ocorrerá se o interessado já contar com esse tempo mínimo de cinco anos de serviço, que concomitantemente funciona como prazo de garantia da aposentação.

Ao invés, se ele se encontrar já na situação de aposentado, a extinção desta qualidade, por exemplo, por perda da nacionalidade ou por falecimento do titular (art. 82º, infra), igualmente implicará a cessação do pagamento das mesmas importâncias.

Artigo 21º
Restituição e retenção

1 – Só as quantias indevidamente cobradas serão restituídas pela Caixa, acrescendo-lhes juros à taxa de 4 por cento ao ano, desde a data do requerimento do interessado ou daquela em que a Caixa teve conhecimento da irregularidade da cobrança.

2 – As quantias inferiores a 10$ não são restituíveis aos subscritores, nem exigíveis deste quando a sua falta venha a verificar-se no processo de aposentação.

3 – O direito à restituição prescreve no prazo de três anos, a contar da data em que o interessado teve conhecimento dele.

4 – O direito ao levantamento das importâncias cuja restituição foi autorizada prescreve no prazo de um ano, a contar da comunicação do despacho respectivo.

5 – As quotas pagas por subscritores cuja aposentação venha a efectivar-se pela administração ultramarina ficam retidas, para os fins previstos no artigo 19º e no n.º 7 do artigo 63º, em poder da Caixa ou dos serviços que as arrecadaram.

NOTAS

1 – O nº1 coloca na hipótese legal a *cobrança indevida* como factor da estatuição para a restituição. Só as quantias *indevidamente cobradas* dariam ao interessado o direito de exigir a sua restituição. Ora, uma tal literalidade parece inculcar a ideia de que se a cobrança tiver sido legal, devida e correcta, não mais haveria lugar à restituição. Por outro lado, também pode permitir a interpretação de que a posse posterior (fora da cobrança) de importâncias que não deveriam estar nos cofres da Caixa, seja por que motivo for, não teriam que ser restituídas.

Não pode ser assim.

Com efeito, pode muito bem suceder que a cobrança tenha sido regular dentro do quadro de normalidade da cadeia do mecanismo da aposentação que tradicionalmente se exprime cronologicamente pela série inscrição (art. 1º), quotização (art. 5º), aposentação (art. 35º) e pensão (art. 46º), mas posteriormente afectado por alguma ocorrência relevante. Imagine-se que um interessado, tendo exercido funções na qualidade de aposentado ao abrigo do art. 79º do Estatuto, sem que tenha podido acumular a pensão que recebia com a que derivaria do exercício das novas funções, exercitou o direito de opção consagrado no art. 80º infra, preferindo manter a pensão anterior por lhe ser mais favorável. Ora, o recebimento dos descontos pelas novas funções não parece que tenha sido indevido, visto que haveria lugar a inscrição obrigatória face ao art. 1º. Assim, admitindo que eventualmente tenha havido cobrança regular das quotizações, o certo é que delas não adveio em concreto nenhum benefício para o inscrito e pelo contrário, à falta de concretização do objectivo a que os descontos tendiam, acabou por ficar sem a soma de dinheiro correspondente ao valor de todos os descontos efectuados.

Consideramos que neste exemplo, sendo regular a cobrança, a retenção dessas quotas pela Caixa torna-se assim indevida, injustificada, sem fundamento, porque significa a posse "a mais" de algo que não tem nenhuma repercussão na esfera do interessado e representa a quebra da confiança e da boa fé que ele tiver depositado na Caixa. Além disso, a não devolução de tais quantias torna a quotização efectuada num processo quase real de financiamento a fundo perdido a favor da Caixa, que assim "sem causa" se verá enriquecida (art. 473º do C.C.) à custa do empobrecimento do subscritor, o que se não nos afigura possível.

Portanto, é possível que, para além da cobrança, também supervenientemente a posse venha a ser indevida. E nesse caso a Caixa fica constituída no dever de restituir (art. 479º do C.C.).

Cremos que neste enquadramento se pode incluir, por exemplo, qualquer alteração legal que se reflicta sobre a situação da aposentação. Por exemplo, se o interessado vai no 34º ano de descontos na perspectiva de atingir o 36º ano para alcançar a pensão completa ou "por inteiro" (cfr. art. 37º, infra e DL nº 116/85, de 19/94) e se a lei encurta esse prazo para 30 anos, cremos que deverá ser restituído das quotas que tiver pago para além deste novo período necessário para a aposentação.

Marcelo Caetano também sustentava que idêntica restituição se jus-tificava quando o subscritor desistia da carreira ou abandonava a função pública antes de atingir o direito à aposentação (in *Manual* cit., II, pág. 779).

De restituição se deve falar se porventura a lei alguma vez determinar, com efeitos retroactivos (o que apesar de tudo é pouco provável, face ao princípio de que a lei só dispõe para o futuro, tal como se acha consagrado no art. 12º do C.C.) a diminuição do valor da pensão numa certa percentagem sobre o montante daquela que face à lei num dado momento se apuraria. Também aí seriamos forçados a concluir que na mesma percentagem da perda da pensão, o Estado, através da Caixa, teria que devolver as quantias pagas que deixariam de ter relevância para a nova pensão. Se assim não fosse, o locupletamento indevido da Caixa seria manifesto.

2 – Será indevida, por exemplo, a cobrança de quotas por ambos os cargos acumulados, pois a quota só poderá incidir sobre a remuneração mais elevada ou, sendo de igual montante, sobre a que corresponda ao cargo que houver determinado a inscrição na Caixa (art. 5º, nº2, al. a), supra). Será indevida a cobrança se ao cargo exercido não corresponder direito de inscrição (art.1º), se a inscrição teve lugar para além do limite de idade do art. 4º, se a inscrição estiver suspensa ou eliminada fora dos casos do art. 40º (art. 22º), etc. Será indevida durante o tempo em que o funcionário estiver na situação de suspensão e inactividade disciplinar (art. 13º, nºs2 e 5, do ED).

Ver ainda: nota 3ª ao art. 28º

3 – Havendo lugar à restituição, a Caixa deve fazer acrescer à importância retida juros à taxa de 4% ao ano, taxa igual à que impende sobre o interessado que pretenda a regularização de quotas em dívida (art. 13º, supra).

4 – O momento a partir do qual se contam os juros é aquele que ocorrer em primeiro lugar: a data do requerimento do interessado ou a data em que por outra fonte a Caixa teve *conhecimento* da irregularidade (n°1). Em qualquer dos casos, o que conta é, pois, o *conhecimento* da irregularidade pela Caixa; esse deve ser o "dies a quo" atendível para a determinação dos juros.

Não bastará, pois, a objectividade da irregularidade, caso em que os juros se reportariam sempre ao início da cobrança indevida. É necessário que o sujeito de dever de restituir (a Caixa)a represente na sua consciência em virtude de um conhecimento concreto da situação. Um pouco à semelhança, de resto, com o preceituado na lei civil relativamente ao enriquecimento sem causa, em que de algum modo as circunstâncias que agravam a situação através do dever de prestar juros se repetem, quer do ponto de vista do conhecimento pelo enriquecido da falta de causa do enriquecimento, quer da interpelação judicial para a restituição (cfr. art. 480°, do C.C.; ver ainda art. 805° do mesmo código).

5 – A *prescrição* do direito à restituição ocorre três anos a contar da data em que o interessado teve conhecimento do direito (n°3), o que equivale ao disposto no Código Civil para a prescrição do direito à restituição por enriquecimento (art. 482°).

Uma vez decidida a restituição e dela tendo sido dado conhecimento ao interessado, o direito ao levantamento prescreve no prazo de um ano a contar da respectiva comunicação (n°4).

JURISPRUDÊNCIA

«I – Para efeitos de aposentação, o tempo de serviço prestado simultaneamente pelo subscritor em dois ou mais cargos não é contado cumulativamente (art. 31°, do E.A.).

II – Do mesmo modo, se o subscritor exerce dois ou mais cargos em *acumulação*, a pensão de aposentação só será apurada relativamente às quotizações feitas relativamente a um deles (art 5°, n° 2, al.a), do E.A.).

Nesse caso, tendo sido efectuados descontos relativamente a todas as remunerações recebidas pelos diversos cargos, haverá lugar à *restituição* das quantias indevidamente cobradas que não relevem para o cálculo da pensão, com acréscimo de juros (art. 21°, n°1, do E.A.).

III – Embora a *cobrança indevida* desses descontos se verifique desde o momento em que material ou objectivamente ela começou por verificar-se, o marco temporal relevante para o início da contagem dos juros é o do conhecimento da irregularidade da situação pela Caixa Geral de Aposentações, seja pelo seu conhecimento directo devidamente demonstrado, seja através de interpelação do interessado (cfr. art. 21°).

Quer dizer, não basta o aspecto substantivo e objectivo do facto irregular: o momento a partir do qual serão devidos juros carece ainda da reunião cumulativa do factor cognitivo representativo do conhecimento e da consciência da situação concreta da situação por parte da Caixa».
(Ac. do TCA, de 23/11/2000, Proc. n° 3036/99)

«I – O facto de o art. 21.° do Estatuto da Aposentação prescrever que *"só as quantias indevidamente cobradas serão restituídas pela Caixa"* tal não significa que excepcionalmente a posse posterior dos descontos do subscritor pela Caixa não possa vir a ser, ela mesma, indevida pela ocorrência de um factor superveniente.

II – Em tal hipótese, não só à luz dos *princípios da confiança* e *da boa fé*, mas também segundo o instituto do *enriquecimento sem causa*, a Caixa está obrigada a restituir aquelas quantias.

III – Enquanto princípio geral oponível à Administração, a violação desse instituto gera vício de violação de lei.

IV – Relativamente ao uso da acção para efectivação de responsabilidade civil (art. 71°, LPTA) não se colocam as mesmas reservas que se põem no campo da propriedade do meio processual em relação à acção para reconhecimento de direito (art. 69°, n°2, da LPTA).

O facto de um acto ser recorrível contenciosamente não implica que se não possa fazer uso da acção condenatória prevista no art. 71.° citado.

V – O art. 7°, n° 2 do DL n° 48.05 1, de 21.11.67 não estabelece nenhum pressuposto da acção, isto é, não obriga a prévio recurso.

A exclusão ou limitação da indemnização ali previstas não derivam da caducidade do direito, nem de qualquer excepção peremptória fundada no caso decidido ou resolvido, antes assenta na concorrência de culpa por parte do demandante, na medida em que o dano também lhe seja imputável por relapsia ou negligência processual».
(Ac. do TCA, de 19/12/2000, Proc. n° 2094/98)

PARECERES DA PROCURADORIA GERAL DA REPÚBLICA

«1 – Nos termos do artigo 3° do Decreto-lei n° 26503, de 6 de Abril de 1936, os subscritores da Caixa Geral de Aposentações estavam sujeitos ao desconto da quota legal sobre os abonos provenientes de participações em multas;

2 – O parágrafo 3 do artigo 3° do Decreto-Lei n° 39843, de 7 de Outubro de 1954, ao excluir da média dos abonos dos últimos dez anos, a que alude o parágrafo 1 do mesmo normativo, as participações em multas, não revogou, sequer parcialmente, o artigo 3° do Decreto-Lei n 26503;

3 – Assim, na vigência do Decreto-Lei n 39843 e até à entrada em vigor do Estatuto da Aposentação (Decreto-Lei n 498/72, de 9 de Dezem-

bro) eram devidas as quotas que incidiam sobre os abonos provenientes de participações em multas, os quais não tinham relevância no cômputo da pensão de aposentação;

4 – Salvo disposição expressa em contrário, as quotas que foram regularmente pagas à Caixa Geral de Aposentações não são restituíveis;

5 – Não existe qualquer disposição legal que mande restituir aos subscritores as quotas a que se refere a conclusão 3».

(Parecer da PGR, de 30/08/78, in BMJ nº 284/54)

Artigo 22º
Eliminação do subscritor

1 – Será eliminado o subscritor que, a título definitivo, cesse o exercício do seu cargo, salvo se for investido noutro a que corresponda igualmente direito de inscrição.

2 – O antigo subscritor será de novo inscrito se for readmitido em quaisquer funções públicas previstas nos artigos 1º e 2º e satisfazer ao disposto no artigo 4º.

NOTAS

1 – A *eliminação* de subscritor consiste no cancelamento da inscrição a que se referem os artigos 1º e 3º do Estatuto.

As causas do cancelamento podem ser as mais diversas. Ocorrerá por *cessação do exercício* do cargo (nº1) em razão de alguma causa de extinção da relação jurídica de emprego, por efeito de *morte* do funcionário, *exoneração*, d*emissão*, por *mútuo acordo* entre interessado e Administração, *denúncia* de qualquer das partes e *rescisão* pelo contratado, *aposentação* (arts 28º, 29º e 30º, do DL nº 427/89, de 7/12).

No caso da exoneração, porém, a inscrição pode subsistir perante a circunstância prevista no art. 133º, nº2, infra.

2 – A *eliminação* da qualidade de subscritor não extingue o direito de requerer a aposentação nos casos previstos no nº1 e nas alíneas a) e b) do nº2 do art. 37º, quando a cessação definitiva de funções ocorra após cinco anos de subscritor (art. 40º, nº1, infra).

Se a causa da eliminação tiver sido a demissão, a aposentação está condicionada à verificação de certos condicionalismos (art. 40º, nº2, infra).

3 – O facto de o subscritor ter sido eliminado não impede uma nova inscrição, desde que o interessado for de novo admitido no exercício de

outras funções públicas previstas nos artigos 1º e 2º, desde que não ultrapasse o limite de idade previsto no art. 4º (nº2).

4 – O artigo trata dos casos de *eliminação*.

Diferente é a situação de *suspensão* da qualidade de subscritor, por o interessado passar temporariamente a exercer funções em que o tempo não é contável (art. 27º), por *inactividade* disciplinar ou por *licença sem vencimento*. Porém, se o interessado passar a exercer um cargo público a que não lhe corresponda remuneração ou em que esta não esteja sujeita a desconto (art. 10º supra), em serviço militar, em comissão de serviço ou requisição (arts. 8º, nº3 e 11º, supra), já o subscritor poderá pagar as quotas pelo cargo de origem pelo qual se ache inscrito e o tempo de exercício assim prestado será contado para efeito de aposentação.

5 – Das decisões que resolvam sobre a negação ou extinção da qualidade de subscritor cabe recurso hierárquico necessário (art. 108º-A, infra).

JURISPRUDÊNCIA

I – No regime anterior ao Dec-Lei 214/83, de 25-5, das resoluções da administração da CGD sobre matéria de aposentação cabia recurso hierárquico necessário para o Ministro das Finanças.

II – Actualmente, e por força das alterações introduzidas no Estatuto da Aposentação (EA) pelo aludido diploma, tais resoluções são susceptíveis de impugnação contenciosa.

III – Dos factos que extinguem a qualidade de subscritor ha recurso hierárquico necessário para o conselho de administração.
(Ac. do STA de 31/10/85, Proc. nº 021389)

«I – A exoneração de funcionário, com a consequente eliminação da qualidade de Subscritor da C.G.Ap., não extingue o direitos daquele à aposentação, nos precisos e aplicáveis termos dos arts. 22, n. 1, 37, 38, 39 e 40, do respectivo Estatuto – DL. n. 498/72, de 9 de Dezembro.

II – Os citados arts. 37 e 40, quanto se referem ao limite de idade, com fundamento de aposentação ordinária, não fixam esse limite, remetendo para o estabelecido na lei geral, ou na especial aplicável a determinadas categorias de pessoal.

III – Assim, desvinculado da Polícia Judiciária, por exoneração, não perde um seu ex-agente o direito a ver reconhecido, como fundamento de aposentação ordinária, o limite de idade especialmente fixado para a categoria de pessoal que possuíra».
(Ac. do STA, de 17/01/91, Proc. nº 026744)

Artigo 23º
Cadastro do subscritor

1 – A Caixa manterá actualizado o cadastro de cada subscritor, dele fazendo constar as situações funcionais do interessado, a sua posição relativamente ao pagamento de quotas e o grau de desvalorização por acidentes de serviço ou factos equiparados.

2 – Às resoluções proferidas no processo de cadastro é aplicável o disposto no n.º 2 do artigo 34º, mas, se determinarem a não restituição de quotas ou a negação ou extinção da qualidade de subscritor, ficam sujeitas ao regime estabelecido na alínea a) do n.º 1 e no n.º 2 do artigo 101º e no artigo 102º.

NOTAS

I – No *cadastro do subscritor*, espécie de registo individual do funcionário inscrito, são incluídas todas as "situações funcionais" do interessado, seja ao nível do desenvolvimento da carreira e categoria funcional por que vai progredindo, seja ao nível dos factores de mobilidade, como ainda das causas de modificação e extinção da relação de emprego.

Mencionam-se, consequentemente, as situações de exercício gratuito que não conte para a aposentação ou cuja remuneração não esteja sujeita a desconto, enfim, quaisquer outras das já abordadas nos artigos antecedentes, nomeadamente nos arts. 5º, 6º, 8º, nº3, 10º e 11º, supra e que originem suspensão e até mesmo eliminação da qualidade de subscritor.

Nele pontuam, ainda, a situação de (in)cumprimento do dever de pagamento atempado das quotas, como bem outras quaisquer vicissitudes de regularidade da sua situação perante a Caixa.

No cadastro figuram também as referências pertinentes às situações de desvalorização por acidentes de serviço (o regime jurídico encontra-se previsto no DL nº 503/99, de 20/12).

2 – O nº2, face à remissão que efectua para o art. 34º, nº2, prescreve que as resoluções tomadas no "processo de cadastro" são meramente *preparatórias* da resolução final prevista no art. 97º. O que significa que não traduzem a decisão de fundo a que tende todo o procedimento de aposentação. E é por isso que podem a todo o tempo (antes da resolução final ou nesta própria) ser *revistas*, *revogadas* ou *reformadas* com base em «ilegalidade ou modificação da lei». E porque simplesmente se limitam a preparar a decisão final, sem terem "de per se" carácter lesivo, não são em princípio sindicáveis.

Isso não quer dizer que, excepcionalmente, tais "resoluções" não se assumam nalguns casos como resoluções finais (dentro do processo de cadastro) com um conteúdo próprio e que inevitavelmente se reflictam negativamente na esfera do interessado. São actos que, ou determinam a não restituição de quotas, ou negam a inscrição ou extinguem a qualidade de subscritor. Nessas hipóteses, podem oficiosamente ou sob requerimento ser objecto de *revisão* autónoma (art. 101º, nº1, infra; a remissão feita para a alínea a), do nº1, do art. 101º feita no nº2 do artigo em exame deve ser interpretada como feita para a actual redacção do nº1, do artigo 101º citado, depois que foi alterado pelo 503/99, de 20/12) da mesma maneira que, segundo o nº2, podem ser *revogadas* ou *reformadas* por ilegalidade e *rectificadas* por erro de escrita ou de cálculo (art. 102º, infra; a propósito, ver também arts. 141º e 148º do CPA).

E porque se trata de decisões com carácter definitivo e resolutório final, ainda para mais lesivas, podem ser judiciadas contenciosamente, sem prejuízo da sua revogação ao abrigo do art. 102º.

3 – Ver art. 85º infra sobre a apensação do "processo de cadastro" ao "processo de aposentação".

CAPÍTULO II
TEMPO DE SERVIÇO

Artigo 24º
Tempo de subscritor

1 – É contado oficiosamente para a aposentação todo o tempo de serviço prestado por subscritor da Caixa em qualquer das situações a que corresponda direito de inscrição.

2 – Os contribuintes de outras entidades ou organismos cuja aposentação tenha passado a competir à Caixa são equiparados a subscritores desta para os efeitos do n.º 1.

3 – Considera-se como prestado pelo subscritor no seu quadro de origem o serviço desempenhado em regime de comissão ou requisição previsto na lei, bem como o prestado nos quadros de organismos internacionais, nos termos de lei especial.

NOTAS

1 – Sem necessidade de requerimento, todo o tempo de serviço prestado pelo subscritor é contado *oficiosamente* para efeitos de aposentação, desde que à função corresponda direito de inscrição (nº1), enquanto o tempo acrescido referido no artigo seguinte pelo qual não se mostrem ainda pagas as respectivas quotas depende de requerimento do subscritor (art. 29º, nº1).

Ora, o direito à inscrição, plasmado no artigo 1º, depende da verificação de certas condições, quer no plano do modo como o exercício é prestado, quer no da qualidade dos órgãos onde a função é desempenhada, quer ainda no da contrapartida remuneratória do trabalho.

Se as funções são exercidas nestas condições, cabe ao interessado o direito de inscrição e, consequentemente, esse tempo haverá de relevar para efeito de aposentação, se o funcionário chegou a estar efectivamente inscrito. Mas, porque o que vale é o "direito à inscrição", esse tempo correspondente poderá ainda assim ser tido em conta mesmo que não tenha havido inscrição na altura oportuna. Bastará que "à posteriori" o interessado se venha a servir do mecanismo de regularização previsto no artigo 13° supra. Neste caso, é preciso um impulso do interessado para que o tempo venha a ser considerado.

Por outro lado, e acordo com o art. 1°, é suposto que o interessado aufira remuneração nos termos ali definidos (ver ainda art. 47°).

No entanto, o tempo em que à função não corresponda a remuneração pode ainda ser contado. Neste caso, será preciso que o interessado proceda directamente à Caixa ao pagamento das quotas com base nas remunerações correspondentes ao cargo pelo qual se ache inscrito (art. 10°). Nesta hipótese é necessário que essas funções estejam a ser exercidas por quem era anteriormente já subscritor, isto é, por quem estava inscrito por outro cargo.

Fora esses casos, o tempo equivalente ao da perda de remuneração por efeito de sanção disciplinar (ex. suspensão e inactividade) não é contável (cfr. art. 13°, n°s 2 e 5 do E.A.). O mesmo se passa relativamente ao tempo de duração da licença ilimitada (cfr. art. 33°, n°2, al. b), infra).

O *tempo de inscrição* ou, como consta da epígrafe, o *tempo de subscritor*, pode assim não corresponder ao *tempo de serviço efectivo*.

Quanto a este último, segundo o disposto no art. 86° infra, pode ser exigida "prova complementar" ao interessado de elementos que o demonstrem, no caso da *aposentação voluntária* (isto é, se requerida pelo próprio: arts. 36° e 39°) ou aos serviços de que ele dependa, no caso de *aposentação obrigatória* (ou seja, quando resulta de simples determinação da lei ou de imposição da autoridade competente: art. 36°).

2 – Quando o interessado é subscritor da Caixa, tendo além disso sido contribuinte de alguma outra instituição de previdência, ver o que se disse nas anotações 5ª ao art. 11° e 1ª ao art. 15° supra.

O que o n°2 do artigo em análise prevê é o caso de essas entidades e organismos terem sido extintos ou integrados na Caixa Geral de Aposentações ou o de a responsabilidade pela aposentação ter passado a competir à Caixa. Em tal hipótese, os beneficiários daquelas entidades passarão a ser "equiparados" a subscritores da Caixa para efeitos da contagem do tempo referida no n°1.

O mesmo se passa com a *pensão unificada*, pois os períodos contributivos de um regime correspondentes a carreiras legalmente integradas no outro regime apenas relevam para efeito do regime que as passou a integrar (art. 4°, n°3, do DL 361/98, de 18/11), alem de que a titularidade do direito, as condições de atribuição e a avaliação de incapacidade permanente são as do último regime (n°4, art. cit.), e porque "para todos os efeitos legais" ela é considerada como "pensão do último regime" (n°5, cit. art.).

3 – O n°3 refere-se aos casos em que o serviço desempenhado fora do lugar de origem se considera prestado neste para efeito de aposentação.

Estão nessa situação o serviço desempenhado em comissão de serviço e em regime de requisição (ver nota 1ª ao art. 11º, supra) e o prestado em organismos internacionais (O DL nº 39018, de 3/12/1952 manda considerar para efeito de antiguidade, acesso, promoção, aposentação ou reforma, o tempo prestado por qualquer funcionário num organismo internacional).

Nos termos do artigo 10º supra deve igualmente considerar-se que o serviço em regime de destacamento não remunerado, ou cuja remuneração não esteja sujeita a desconto, se deve entender como prestado no lugar de origem. O mesmo sucede no caso de serviço militar.

JURISPRUDÊNCIA

«Não deve ser considerado pela Caixa Geral de Aposentações, para efeitos de fixação da pensão de aposentação, fora do regime da pensão unificada, o período em que a aposentada prestou serviço exclusivamente a entidade privada, e durante o qual descontou para outro regime de segurança social, sob pena de violação dos arts. 1, 24 e 25 do Estatuto da Aposentação, aprovado pelo DL n. 498/72, de 9 de Dezembro».
(Ac. do STA, de 22/05/97, Proc. nº 041339)

ARTIGO 25º
Tempo acrescido

É contado para efeitos de aposentação, por acréscimo ao tempo de subscritor:
  a) O tempo de serviço que confira direito de aposentação pela administração ultramarina ou por esta contado para tal efeito;
  b) O tempo de serviço prestado, em condições diversas das previstas no n.º 1 do artigo 1º, e ainda que sem remuneração, às entidades abrangidas pelo disposto no mesmo número e, bem assim, o prestado, em qualquer situação, a organismos de coordenação económica;
  c) A percentagem de aumento de tempo de serviço especialmente fixada por lei para funções que o subscritor exerça ou haja exercido, ou a mais elevada das percentagens que concorram, salvo se a lei expressamente permitir a sua acumulação;
  d) O tempo de serviço, anterior à vigência do presente Estatuto, prestado no domínio de lei que o mandava contar para a aposentação.

NOTAS

1 – O presente artigo surge com uma sequência lógica relativamente ao comando do seu precedente.

Naquele consta a regra geral de que para a aposentação conta o tempo de subscritor relativamente ao serviço prestado em qualquer das situações a que corresponda direito de inscrição.

O que o presente artigo proclama são algumas das situações que, no quadro da regra geral, ficariam de fora do âmbito da relevância temporal para efeito da aposentação e que por isso em princípio não seria contável. Com a estipulação do preceito, passa a constar não só o tempo de subscritor a que corresponda direito de aposentação por exercício efectivo nas condições gerais referidas no art. 1º do Estatuto, mas também aquele em que o interessado viu suspensa a inscrição ou em que trabalhou em circunstâncias diversas e bem determinadas.

Ver ainda: art. 13º, nºs 1, supra.

2 – A alínea a) alude ao tempo de serviço prestado que confira direito de aposentação ultramarina ou por esta contado para o efeito. Trata-se de funções cumpridas nas ex-províncias ultramarinas, tuteladas pela legislação aplicável à situação (cfr. art. 429º e sgs do Estatuto do Funcionalismo Ultramarino) e que não obrigavam à inscrição na Caixa. Os descontos efectuados nos termos do art. 437º do EFU consideram-se como tendo constituído contribuição para a Caixa Geral de Aposentações (art. 1º, nº2, do DL nº 362/78, de 28/12). Consequentemente, em tais circunstâncias, deixam de ser devidas quotas a Caixa (art. 14º, supra) e o tempo de serviço assim prestado *acresce* àquele que foi prestado na qualidade de subscritor desta.

Pode no entanto acontecer que o interessado apenas tenha prestado serviço no ex-ultramar. Nessas hipóteses, já a disciplina aplicável passa a ser outra. Serão aposentados nos termos do art. 1º desse diploma desde que tenham prestado serviço pelo menos durante cinco anos e no mesmo prazo efectuado os descontos (inicialmente eram quinze os anos exigíveis, mas o DL nº 23/80, de 29/2 reduziu-os para cinco). A aposentação será proporcional ao tempo de serviço então desempenhado.

Ver ainda: arts.14º supra e 82º infra.

Sobre tempo de serviço na ex-administração ultramarina, ver:
- DL nº 315/88, de 8/09, que determina que o tempo de serviço prestado pelos funcionários na ex-administração ultramarina seja transferida para a CGA.
- DL nº 247/9, de 2/07 que, por acréscimo ao tempo de subscritor na Caixa Geral de Aposentações e mediante o pagamento das respectivas quotas, manda contar para efeito de aposentação o tempo de serviço prestado desde a data da independência dos territórios da

antiga Administração Ultramarina até 31/12/1997, ou até à data do ingresso no quadro geral de adidos ou em qualquer outro quadro da Administração Pública, quando anterior.

3 – A alínea b) refere-se ao serviço prestado em condições diversas das enunciadas no n°1, do art. 1°, com ou sem remuneração, às entidades nele previstas e, independentemente da situação, aos *organismos de coordenação económica*.

Sobre estes organismos, ver: nota 2ª ao art. 52°.

Sobressai aqui um aspecto decisivo: não importa a natureza do vínculo, e é indiferente que se não verifique uma situação de subordinação à direcção e disciplina dos órgãos administrativos para quem alguém trabalhe. Consequentemente, não é necessário que o interessado se tenha inscrito durante o período correspondente. O que unicamente importa agora é *natureza pública* dos órgãos para os quais tenha sido prestado serviço. Para efeito de aposentação o legislador abstraiu das condições do exercício para sobrelevar o carácter público da função.

Para além disso, qualquer que tenha sido a circunstância, o serviço desempenhado nos organismos de coordenação económica acresce ao tempo de subscritor.

Em ambos os casos, o tempo de serviço assim prestado soma àquele em relação ao qual o interessado se encontre inscrito na Caixa.

Ver ainda: arts. 11° e 15°, supra.

4 – A alínea c) respeita às percentagens de aumento que a lei especialmente consigna relativamente ao tempo de serviço prestado em determinadas situações (ex.: art. 34° do DL n° 40-A798, de 27/02, referente ao pessoal do serviço diplomático; art. 73°, n°2, da Lei 21/85, de 30/07, referente a magistrados).

Quando o normativo, em alternativa, conjuga o verbo no tempo presente ("exerça") e passado ("haja exercido") tal significa que para tanto o que releva é a circunstância de em dado momento a lei especial consagrar esse bónus de antiguidade para este efeito de aposentação, independentemente da época em que a aposentação vem a ser requerida ou concedida e, concomitantemente, independentemente da lei que vigorar no momento do requerimento ou da concessão. O que, convenhamos, está em sintonia com o disposto no art. 43°, n°2, infra.

Sempre que a um determinado período caiba mais do que uma percentagem de aumento, relevará a mais elevada das percentagens.

Ver: nota 5 ao art. 13°; também art. 29°.

5 – A alínea d) apresenta-se, de certa maneira, escusada, face ao que estipula o art. 43°, n° 2, infra e, sobretudo, ao que estatui o art. 12°, n°1, do Código Civil em matéria de aplicação das leis no tempo.

Ela apenas se compreende dentro de um espírito clarificador e ao mesmo tempo cautelar com que o legislador quis estabelecer a ponte entre universos jurídicos anteriores e o que emana do DL 498/72, num evidente propósito de salvaguarda de direitos adquiridos à sombra de lei eventualmente caducada ou revogada (art. 7° do C.C.).

Ver: art. 27° infra.

JURISPRUDÊNCIA

«I – O tempo acrescido para efeitos de aposentação (artigo 435° do Estatuto do Funcionalismo Ultramarino) não é de considerar para atribuição das diuturnidades.

II – A verba das diuturnidades relativas ao numero de anos de serviço efectivo é calculada proporcionalmente ao numero de anos totais que intervieram no calculo da pensão.

III – Assim, para 18 anos de serviço efectivo e 3 de tempo acrescido, consideram-se 3 diuturnidades, cujo montante se multiplica por 21 e divide por 40, nos termos do parágrafo 1 do artigo 53 do Estatuto da Aposentação (redacção do Decreto-Lei n. 341/77, de 19 de Agosto).
(Ac. do STA, de 06/12/79, Proc. n° 012975)

«I – Não constituem nulidades de sentença invocáveis como fundamento de recurso nos termos da al. a) do art. 110° da Lei de Processo, mas sim nulidades processuais contempladas no n. 1 do art. 201 do Cód. de Proc. Civil a falta de notificação para alegar e a falta de entrega do duplicado da alegação da recorrente à recorrida.

II – Foi extemporânea a arguição de tais nulidades feita na alegação do recurso interposto da sentença proferida nesses circunstâncias, oportunamente notificada.

III – O art. 9° da Lei n. 9/86, de 30 de Abril institui um regime excepcional de aposentação.

IV – O cálculo da pensão, de acordo com o n. 8 daquele art. 9° era feito tendo em consideração o número de anos de serviço efectivamente prestado, não sendo por isso de ter em conta para tal o tempo acrescido concedido pelo art. 435 do E.F.U.».
(Ac. do STA de 04/10/89, Proc. n° 026758)

«O artigo 1 do Decreto-Lei 216/80, de 9 de Julho, que veio atribuir efeito retroactivo ao artigo 17° do Decreto-Lei 290/75, de 14 de Junho, considerando, portanto, que o tempo de ferias grandes de professores não efectivos verificado antes da entrada em vigor deste ultimo diploma se contava para quaisquer efeitos como tempo de serviço docente, ressalvando,

porem remunerações e abonos, apenas pretendeu com esta restrição, que os interessados não viessem reclamar o pagamento dessas férias e respectivos abonos e não o vencimento das diuturnidades em função do acréscimo de tempo considerado».
(Ac. do STA, de 30/01/90, Proc. n° 018061)

«I – Constando da certidão de sentença proferida em processo de justificação que o período de trabalho prestado era de 5 a 6 horas e tendo sido esclarecido por oficio do Chefe de Secretaria do Tribunal que aquele período era de 6 horas, é este período que deve ser atendido e não o de 5 horas.

II – O contrato para exercer em instituto público funções de consultor jurídico, mediante retribuição certa, paga mensalmente, com a obrigação de prestar todo o serviço de consultor jurídico, dar o seu patrocínio judiciário sempre que necessário, trabalhando em média 6 horas por dia, sujeito à mesma direcção e disciplina dos demais funcionários, encontra-se numa das situações abrangidas no disposto da alínea b) do art. 25 do Estatuto da Aposentação».
(Ac. do STA de 18/06/91, Proc. n° 028582)

«I – O artigo 9° da Lei 9/86 de 30.4 instituiu um regime excepcional de aposentação.

II – O cálculo da pensão de acordo com o n. 8 do art. 9° era feito tendo em conta o n. de anos de serviço efectivamente prestado não sendo por isso de ter em conta para tal o tempo acrescido de 1/5 concedido pelo art. 435 do E.F.U».
(Ac. do STA de 28/11/90, Proc. n°028468)

«Não deve ser considerado pela Caixa Geral de Aposentações, para efeitos de fixação da pensão de aposentação, fora do regime da pensão unificada, o período em que a aposentada prestou serviço exclusivamente a entidade privada, e durante o qual descontou para outro regime de segurança social, sob pena de violação dos arts. 1°, 24° e 25° do Estatuto da Aposentação, aprovado pelo DL n. 498/72, de 9 de Dezembro».
(Ac. do STA, de 22/05/97, Proc. n° 041339)

Artigo 26°
Tempo sem serviço e tempo parcial

1 – Contar-se-á por inteiro, para efeitos de aposentação, nos termos dos artigos anteriores, ainda que, no todo ou em parte, não corresponda a efectiva prestação de serviço:

a) O tempo em razão do qual é atribuída remuneração, total ou parcial, ou subsídio de tratamento, ou é autorizada, em consequência de decisão administrativa ou judicial, reparação de qualquer montante;
b) O tempo decorrido em situação que a lei equipare à de exercício do cargo ou mande contar para a aposentação.

2 – No caso de exercício de cargo em regime de tempo parcial, será este convertido em tempo completo através da soma das respectivas fracções.

NOTAS

1 – Regra geral, o tempo de serviço contável para efeito de aposentação, exceptuados os casos de acréscimo percentual (na parte bonificada), implicam uma prestação efectiva de serviço.

O presente artigo constitui um desvio a essa regra e manifesta-se por duas realidades previsionais: a de **tempo sem serviço** e a de **tempo parcial**.

A primeira delas está coberta por cinco situações:

1ª – *O tempo em que seja atribuída remuneração total ou parcial* (nº1, al.a)).

Contam-se, designadamente, os seguintes exemplos:

a) *faltas por doença dadas para além dos primeiros trinta dias* em cada ano civil (só nos primeiros 30 dias é que o funcionário perde o vencimento de exercício: art. 29º, nº2, do DL nº 100/99, de 31/03).
Sobre vencimento e exercício e vencimento de categoria: art. 5º, do DL nº 353-A/89, de 16/10.

b) *faltas por acidente em serviço* ou *doença profissional,* as quais não implicam desconto na antiguidade, nem determinam em caso algum a perda do vencimento de exercício e do subsídio de refeição (art. 50º, do DL nº 100/99, de 31/03, na redacção dada pela Lei nº 117/99, de 11/08).

c) *faltas para assistência a funcionários civis tuberculosos*, em que durante o tempo de assistência o assistido mantém o direito à remuneração (art. 15º, do DL nº 48 359, de 27/04/68).

2ª – *O tempo em que seja atribuído subsídio de tratamento* (nº1, al.a)).

É o caso do *"subsídio de tratamento"* atribuído ao funcionário que não se encontre em condições de retomar o serviço após o esgotamento do tempo de assistência a tuberculose, nem tenha ainda o tempo mínimo de de serviço legalmente exigido para a aposentação, enquanto espera o direito de a receber (cfr. art. 21º, § 1º, do DL nº 48 359, de 27/04/68 e art. 49º, nº3, do DL nº 100/99, de 31/03).

Ver ainda: nota 6ª ao art. 33º infra.

3ª-*O tempo em que seja autorizada* (em consequência de decisão administrativa ou judicial) *a reparação* de qualquer montante (nº1, al.a)).

Cabem aqui os casos em que, tendo estado afastado o funcionário por culpa que lhe não é imputável (ex. *suspensão preventiva*: art. 54º do ED; *suspensão de funções* em consequência de pronúncia por crime de que vem a ser absolvido: art. 6º, nºs 1 e 5 do ED; *pena de suspensão, inactividade* e *demissão* em processo disciplinar: arts. 13º, nº2, 5, 11º), vê reconhecido o direito a reparação (às vezes à própria reintegração)por decisão administrativa (ex. em impugnação administrativa hierárquica ou tutelar) ou sentença judicial.

Sobre o assunto, no processo nº 3220/99, do TCA, de que fui relator, e a propósito da execução das sentenças, tive ocasião de escrever:

«Como é sabido, a execução de sentença consiste na prática pela Administração dos actos e operações materiais necessários à reintegração efectiva da ordem jurídica violada, mediante a reconstituição da situação que existiria se o acto ilegal não tivesse sido praticado (**F. AMARAL**, in *A execução das sentenças dos Tribunais Administrativos*, 2ª ed., pág.45).

Isto significa que o critério a seguir não pode ser o da reposição ou restabelecimento da situação anterior à prática do acto ilegal, mas o da *reconstituição da situação actual hipotética,* através do qual a ordem jurídica violada é reintegrada tudo se passando como nada ilegal tivesse acontecido e, por conseguinte, realizando-se agora tudo o que entretanto se teria realizado se não fosse a ilegalidade cometida (autor e ob. cits. Pág. 41 e 42).

A este respeito, e estando em causa o debatidíssimo exemplo de escola de readmissão de funcionário ilegalmente demitido, defrontam-se duas correntes: para uns, além da reintegração do funcionário e da contagem do tempo de afastamento para efeitos de antiguidade e de aposentação, a Administração deverá pagar-lhe agora os vencimentos que na altura própria deveria ter pago e correspondentes ao período de afastamento ilegal do serviço (é a *teoria do vencimento)*; para outros, aquele pagamento não pode ser considerado a esse título, uma vez que o vencimento implica um exercício efectivo de funções, o que se não verifica na hipótese. Logo, do que se trata é de reputá-lo como de pagamento indemnizatório pelos danos causados pela demissão ilícita (*teoria da indemnização).*

O Prof. **FREITAS do AMARAL**, embora como princípio acolha a *teoria do vencimento,* admite como preferível a *teoria da indemnização* sempre que não estiver em causa a anulação de um acto punitivo do funcionário, face ao disposto no nº 4 do art. 538º do Cod. Administrativo *(ob. cit.* pags. 74 e 75), numa posição que é semelhante à de **AFONSO QUEIRÓ**, in *R.L.J.,* ano 114º, pág. 247. Esta *teoria da indemnização* é também a eleita por **MARCELO CAETANO**, in *O Direito,* ano 73, pág. 20 e a jurisprudência maioritariamente vai nesse mesmo sentido (*Ac. STA, de 22/11/84, in BMJ nº 341/286; 8/10/87, in BMJ nº 370/342; neste TCA, Ac. de 13/04/2000, Rec. nº 925/98)».

Sobre execução de julgados em matéria administrativa: ver DL n° 256-A/77, de 17/06 (arts. 5° e sgs).
Ver ainda: nota 10ª ao art. 32° infra.
4ª – *O tempo a que a lei equipare a exercício do cargo* (n°1, al.b)).
Podem citar-se os seguintes exemplos:
a) *Faltas por nascimento*, que são equiparadas a "serviço efectivo" e que apenas implicam a perda do subsídio de refeição (art. 24°, n°4, do DL n° 100/99, de 31/03).
b) *Faltas por isolamento profiláctico,* que são equiparadas a "serviço efectivo" (art. 57°, do cit. DL n° 100/99).

5ª – *O tempo que a lei expressamente mande contar para esse efeito de aposentação* (n°1, al.b)).
Inclui-se aqui, a título de exemplo, a *licença especial para assistência aos filhos* (art. 17°, n°3 e 23°, n°3, da Lei n° 4/84, de 5/04 – *Lei da protecção da maternidade e paternidade* – , alterada pelas leis n°s 17/95, de 9/06, 102//97, de 13/09, e 18/98, de 28/04, 142/99, de 31/08, republicada pela Lei n° 70/2000, de 4/05, e ainda 16°, n° 3, do DL n° 194/96, de 16/10 – *Regulamentação da protecção da maternidade e paternidade*, "ex vi" art. 23° do DL n° 100/99, de 31/03).
Em todos os casos, esse tempo sem serviço contar-se-á *por inteiro.*

2 – O n°2 do artigo é dedicado à forma de contagem do tempo de serviço em regime de *tempo parcial.*
Para o regime geral de contrato de trabalho, *tempo parcial* é aquele que corresponde a um período normal de trabalho semanal igual ou inferior a 75% do praticado a tempo completo numa situação comparável (art. 1°, n°1, da Lei n° 103/99, de 26/07).
Para a Administração pública, o conceito é algo diferente. *Tempo parcial* é aquele que é prestado reduzido a *"meio tempo"* da duração normal de trabalho.
Obedece a condicionalismos específicos previstos no art. 11° do DL n° 259/98, de 18/08.
O trabalho prestado neste regime de duração de trabalho conta, proporcionalmente, para efeitos de carreira e antiguidade (art. 11°, n°7). Nada estabelecendo quanto ao modo de contagem de tempo para efeito de aposentação, entende-se que se lhe aplica a regra do artigo 26°, n°2 do Estatuto da Aposentação.
Diferentemente deste, que tem um carácter genérico, há um outro regime especial de trabalho a tempo parcial particularmente dirigido ao pessoal de nomeação definitiva com mais de 55 anos de idade e que esteja a cinco ou menos anos da data em que, em condições normais, terá direito a passar à aposentação (ver. DL n° 342/99, de 18/08).
Para este segundo diploma, o tempo parcial não prejudica a contagem de tempo do funcionário para efeitos de progressão na carreira e aposenta-

ção, sendo considerado nos mesmos termos que a prestação de trabalho em regime de tempo completo (art. 3º, nº2). Trata-se de uma prerrogativa especialmente reconhecida que prevalece sobre o modo de contagem estabelecido no nº2 do artigo em exame.

Com as necessárias adaptações, o DL nº 277/2000, de 10/11 manda aplicar o regime do DL nº 324/99 à Administração Local.

3 – Salvo nos casos em que a lei mande contar o trabalho a meio tempo nos mesmos termos que o tempo completo, a forma de converter o tempo parcial à unidade é através da soma das respectivas fracções (nº2). Assim, por exemplo, dois dias a "meio tempo" contar-se-ão apenas como um só; doze meses valerão como seis, etc. Este modo de contagem, de resto, está em harmonia com a regra dos limites de contagem contida no artigo 33º infra, que manda atender apenas aos anos e meses completos de serviço.

Relativamente à remuneração a considerar, ela será determinada como manda o artigo 47º, nº3 deste Estatuto: efectuada a conversão do art. 26º, nº2, atender-se-á à remuneração correspondente ao serviço prestado em regime de tempo completo.

4 – Embora muito frequente, pode dar-se o caso de alguém acumular dois cargos no mesmo período da tarde, por exemplo. Tratrar-se-á de uma acumulação de cargos a tempo parcial *em regime de sobreposição*. Nessa hipótese, o tempo prestado em cada um dos cargos não se acumula para efeito de aposentação (art. 31º, 1ª parte, infra).

Mais provável e comum é a hipótese de acumulação de cargos a tempo parcial exercidos em diferentes períodos: um na parte da manhã, outro na parte de tarde. Ora, aí não se verifica sobreposição. Por isso, o tempo de serviço prestado nessa acumulação já conta totalmente: somam-se então as parcelas correspondentes ao tempo parcial prestado em cada um dos cargos (art. 31º cit. 2ª parte). Apesar disso, deverá escolher o cargo por que pretenderá ser aposentado (art. 45º, nº1, 1ª parte, infra), a não ser que lei especial permita a aposentação cumulativa pelos cargos simultaneamente exercidos (art. 45º, nº1, 2ª parte).

5 – Se o funcionário presta serviço em regime de tempo parcial, mas já desempenhou algum cargo em regime de tempo completo, e mesmo se beneficiou de acréscimo de tempo (art.25º, supra), a contagem do tempo para efeito de aposentação obtém-se através da respectiva adição desse tempo ao obtido no tempo parcial, após a conversão mencionada no nº2.

6 – Deve entender-se que ao regime de tempo parcial se não compara o regime de trabalho *"não sujeito a horário de trabalho"* (art. 23º do DL nº 259/98, de 18/08), nem o da *"isenção de horário de trabalho"* atribuído

ao pessoal dirigente (art. 24º do cit. dip.; também art. 24º do Estatuto do Pessoal Dirigente, aprovado pela Lei nº 49/99, de 22/06).

São, efectivamente, institutos diferentes. Nos casos citados, apesar de não haver sujeição a horário, ou estar isento de horário, o funcionário exerce o cargo a tempo completo e por tal motivo nem se põem aí dificuldades de incidência de quota relativamente ao valor da remuneração a considerar, nem de contagem de tempo.

JURISPRUDÊNCIA

«I – O acto de contagem de *tempo parcial* de serviço prestado para efeitos de aposentação reveste natureza meramente preparatória, sendo regulado pela lei vigente a data do acto ou facto determinante da aposentação, tendo também agora em consideração a redacção dada ao art. 34º, n. 2 do Estatuto da Aposentação pelo Decreto-Lei n. 214/83, de 25 de Maio.

II – Carecendo tal acto do atributo da definitividade não é contenciosamente recorrível, pelo que foi bem rejeitado o recurso interposto no T.A.C. não merecendo censura a respectiva decisão».
(Ac. do STA, de 20/03/90, Proc. nº 027270)

«I – Nos termos dos números 1 e 3 do artigo 4º do DL n. 407/93, de 14 de Dezembro, podem existir nos Municípios corpos de bombeiros sapadores, municipais e voluntários, podendo o corpo de bombeiros municipais integrar bombeiros em regime de voluntariado que ficarão sujeitos às normas legais e regulamentares aplicáveis a esse regime.

II – Tendo o corpo de bombeiros Municipais direito à inscrição na Caixa Geral de Aposentações e à respectiva pensão de aposentação, também assiste esse direito ao bombeiro voluntário a *tempo parcial* integrado no corpo de bombeiros municipais, contratado pela Câmara Municipal como bombeiro de 3ª classe, e auferindo uma gratificação mensal fixada por despacho ministerial conjunto.

III – Para além disso, o bombeiro a que se referem os nºs. I e II, porque exerce funções de interesse público sob a direcção e disciplina da Câmara Municipal, percebendo, como remuneração, uma gratificação mensal fixa, é um agente administrativo, que, como tal, está na situação prevista a que aludem os artigos 1º, 6º e 46º, todos do Estatuto de Aposentação, aprovado pelo DL n. 498/72, de 9 de Dezembro, pelo que lhe assiste o direito a inscrever se na Caixa Geral de Aposentações e à respectiva pensão de aposentação».
(Ac. do STA -Pleno – de 18/03/99, Proc. nº 036634)

Artigo 27°
Tempo não contável

Não será contado o tempo que a lei especialmente declare não se considerar como tempo de serviço para efeito algum ou para o de aposentação.

NOTAS

1 – As penas de *suspensão* e de *inactividade* definitivamente impostas (não impugnadas ou impugnadas sem êxito, administrativa ou judicialmente) determinam a perda dos dias da sua duração "para efeitos da aposentação" (art. 13°, n°s 2 e 5, do ED).

As *faltas dadas em cumprimento de pena de prisão* por funcionário ou agente implicam a perda total do vencimento e a não contagem do tempo "para qualquer efeito" (art. 64°, n °3, do DL n° 100/99, de 31/03).

As *faltas autorizadas com perda de vencimento* descontam "para todos os efeitos legais" (art. 68°, n°3, do DL n° 100/99).

A *licença sem vencimento até 90 dias, um ano ou de longa duração* implica o desconto na antiguidade "para efeito de aposentação" e sobrevivência, salvo, nos dois últimos casos, se o funcionário mantiver descontos relativos à remuneração auferida pelo cargo cujo exercício se encontra suspenso (art. 75°, n°1, 77°, n°1 e 80°, n°2, do DL n° 100/99, de 31/03) .

O tempo de *licença sem vencimento para acompanhamento de cônjuge colocado no estr*angeiro "não conta para quaisquer efeitos", a não ser que o funcionário mantenha os descontos correspondentes com base na remuneração auferida à data da sua concessão (art. 84° e 85°, n°4, do cit. dip.).

Artigo 28°
Pagamento de quotas como condição de contagem de tempo

1 – Será contado apenas o tempo de serviço em relação ao qual tenham sido ou venham a ser pagas as quotas correspondentes, sem prejuízo do disposto nos artigos 14° e 15° e no n.° 2 do artigo 141°.

2 – O pagamento de quotas não confere, por si só, o direito à contagem do respectivo período de tempo.

NOTAS

1 – O n°1 contém uma regra, ao mesmo tempo que admite duas excepções específicas e outra genérica.
Por vezes a lei exprime-se "será contado" (ex.: art. 24°, supra), mas na verdade nem sempre essa é a melhor maneira de o dizer, porque dá a impressão de que sempre e em qualquer caso *esse* tempo é necessariamente relevado e tomado em consideração. Não é assim. Esse tempo só é "contado" para efeito de aposentação se relativamente a ele *tenham sido pagas* as quotas. É a regra. Se o não foram, podendo vir a sê-lo, é tão só abstractamente "contável" e apenas com o pagamento das quotas ele em concreto passa a produzir efeitos, isto é, passa a ser "contado".
"Contado" em concreto será ainda nos casos dos artigos 14° e 15° supra. Assim, havendo sido prestado anteriormente serviço à administração ultramarina (art. 14°), esse tempo fica *isento* do pagamento de quotas à Caixa como condição para a aposentação. Igualmente, poderá ser *dispensado* o pagamento de quotas relativamente ao serviço prestado nos organismos de coordenação económica ou a outras entidades referidas no art. 1°, desde que tenham sido pagas as contribuições à respectiva instituição de previdência (art. 15°). Num caso, como noutro, apesar de não serem devidas quotas à Caixa, o tempo de serviço prestado nessas condições é "contado" para efeito de aposentação. São as excepções específicas.
Pode ainda suceder que alguma legislação anterior consagre solução semelhante e mande contar para efeito de aposentação o tempo de serviço em relação ao qual não se exigiam quotas. É a excepção genérica apoiada no art. 141°, n°2, 2ª parte, para que o n°1 do artigo em exame remete.

2 – Quando haja lugar a pagamento, ele pode verificar-se num procedimento de "regularização de quotas em dívida" (art. 13°). Por outro lado, o pagamento, para relevar, não tem que efectuar-se de pronto ou de uma só vez, pois são permitidas prestações (art. 16°).
Pode dar-se o caso de o subscritor estar já aposentado. Nessa hipótese, se o tempo de serviço influir na respectiva pensão, o modo de pagamento será o desconto na pensão que estiver a receber (cfr. art. 18° supra).

3 – O n°2 do artigo esclarece-nos que o pagamento de quotas não basta. Ele é "conditio sine qua non" (dentro da regra) da contagem de tempo, porque sem aquele também este não é contado. Mas por si só, ele não confere o direito à contagem do respectivo período de tempo.
A condição funciona bem nas situações de regularidade situadas a montante e a jusante. Mas se, por exemplo, o subscritor começou a efectuar descontos sem que pudesse sequer estar inscrito (art°s. 1° e 4°), é claro que o pagamento não apaga a ilegalidade subjacente nem lhe dá o direito à conta-

gem do tempo. Da mesma maneira, se a inscrição inicial (regularmente feita) vier a ser posteriormente cancelada ou suspensa (ver notas ao art. 22º) e o interessado mesmo assim continuou a efectuar descontos, isso não lhe confere o direito à contagem do tempo durante o qual os pagou. Serão quantias indevidamente cobradas e por isso sujeitas à restituição de que trata o art. 21º.

A propósito da eliminação e suspensão da qualidade de subscritor, e sobre a possibilidade de aposentação, ver anotações ao art. 22º.

ARTIGO 29º
Pedido de contagem

1 – A contagem do tempo acrescido, pelo qual não se mostrem pagas as correspondentes quotas, depende de requerimento do subscritor.

2 – O requerimento implica o pedido de pagamento das quotas e será acompanhado da documentação necessária à contagem, aplicando-se à prova complementar o disposto no n.º 3 do artigo 86º.

3 – A junção de prova de tempo de serviço considerar-se-á como requerimento da respectiva contagem.

NOTAS

1 – A contagem de tempo de subscritor é realizada oficiosamente (art. 24º, nº1); a do tempo acrescido referido no art. 25º "pelo qual não hajam sido pagas as quotas" depende de requerimento (nº1). À contrário, se estão pagas as quotas relativamente a esse período, não se torna necessário o pedido de contagem.

O requerimento para a contagem implica o pagamento imediato das quotas (nº2). Relativamente ao acréscimo por percentagem legal de aumento (art. 25º, al. c)), o pagamento incide sobre a remuneração e quota praticadas na época (art. 13º, nº2, supra).

Ver nota 5ª ao art. 13º.

2 – Ao requerimento deve o interessado anexar a documentação necessária à contagem.

Pode, no entanto, a Caixa entender que algum elemento mais seja necessário ao efeito pretendido. Nesses casos, sem prejuízo da instrução oficiosa que pode promover ao abrigo do *princípio do inquisitório* plasmado no art. 56° do CPA, poderá exigir "*prova complementar*" ao requerente, fixando-lhe prazo para a respectiva junção (n°3, do art. 86° infra). Deve ser um prazo suficientemente longo para que seja eficaz, isto é, para que o interessado possa diligenciar pela sua obtenção. Se não for possível ao interessado obtê-la no prazo marcado, deverá vir ao procedimento solicitar uma prorrogação, a qual lhe não deve em princípio ser negada (art. 7°, n°1, proémio do CPA).

Sobre o processo de contagem, ver art. 34° infra.

A respeito do alcance temporal da contagem, ver artigo seguinte.

JURISPRUDÊNCIA

«I – A faculdade, introduzida pelo n. 2 do art. 77° do DL n. 497/88, de 30/12, de o período de tempo de licença sem vencimento por um ano contar para efeitos de aposentação desde que o interessado mantenha os correspondentes descontos com base na remuneração auferida a data da concessão da licença, não é aplicável às licenças sem vencimento gozadas antes do inicio da vigência desse diploma.

II – O art. 43°, n. 1, alínea b), do Estatuto da Aposentação, ao determinar que o regime da aposentação se fixa com base na lei existente à data em que seja declarada a incapacidade pela competente junta médica, não tem a virtualidade de atribuir eficácia retroactiva a diplomas que foram publicados para valer apenas para o futuro, como acontece com o DL n. 497/88.

III – Assim, o facto de à data em que foi declarada a incapacidade da interessada – 31/1/1994 – já estar em vigor o DL n. 497/88 não implica que o estabelecido no n. 2 do art. 77° desse diploma se aplique a licenças sem vencimento por um ano gozadas pela mesma interessada entre 1980 e 1986».

(Ac. do STA, de 12/11/97, Proc. n° 041043)

Artigo 30°
Restrição da contagem

O pedido a que se refere o artigo anterior entende-se limitado ao tempo de serviço necessário para perfazer, no momento, o máximo relevante para a aposentação e pode o requerente restringir a uma parcela determinada ou à que venha a julgar-se suficiente para preencher o tempo mínimo para a mesma aposentação.

NOTAS

1 – O preceito apenas se aplica à contagem do tempo acrescido pelo qual se não mostrem pagas as correspondentes quotas para cuja relevância seja necessário requerimento do interessado.

Nesse caso, pode o interessado *restringir* a contagem (e o consequente pagamento das correspondentes quotas) ao período de tempo necessário quer para perfazer o *"máximo relevante"* ou o *mínimo indispensável* para a aposentação (arts. 37º e 53º infra). A Caixa deverá limitar-se, então, a somar ao tempo de subscritor o tempo acrescido que se mostre útil àquele fim, dentro dos limites estabelecidos no art. 33º. O que quer dizer que, após a soma (incluindo a que resultar da acumulação do tempo parcial: ver o que se encontra dito nas anotações aos art. 26º e 31º), desprezará o tempo que exceder o prazo de ano ou mês necessário à obtenção daqueles máximo e mínimos relevantes, e restituirá ao interessado o valor a mais recebido (art. 21º).

Artigo 31º
Acumulação de cargos

O tempo de serviço prestado simultaneamente em dois ou mais cargos ou situações não é contado cumulativamente, sem prejuízo da contagem de fracções não sobrepostas de tempo parcial.

NOTAS

Sobre acumulação de cargos: ver arts. 5º, nº2, supra e 45º, infra e anotações respectivas.

A propósito das condições de acumulação de funções: ver arts. 31º e 32º do DL nº 427/89, de 7/12, alterado pelo DL nº 218/98, de 17/07.

Ver ainda: nota 4ª ao art. 26º.

Relativamente ao efeito de acidente de serviço em caso de acumulação de funções: ver art. 49º, nº5, do DL nº 503/99, de 20/11.

JURISPRUDÊNCIA

«I – O Dec.-lei n. 41/89 de 2/2, numa filosofia de reconhecimento do direito ao trabalho por parte dos deficientes com capacidades remanescentes – princípio fundamental constitucionalmente consagrado para a generalidade dos cidadãos (arts. 58º e 63º da CRP) – veio permitir, na esteira do

Dec.-Lei n. 164/83 que revogou, a acumulação de pensões de invalidez do regime geral com rendimentos resultantes do exercício da profissão para a qual o beneficiário não tenha sido considerado incapaz.

II – Atentas as finalidades e a economia do diploma em que se encontra inserido, o art. 77° do Dec. 45266 de 23-9-63 reporta-se, em princípio, e de modo exclusivo, ao exercício, e respectiva acumulação, de funções ou profissões de carácter privado abrangidos por esquemas de protecção social específicos, diversos dos vigentes para a função pública. A acumulação de funções ou profissões abrangidos por diferentes esquemas de protecção social – dos sectores privado e público – só com o Dec-Lei n. 41/89 de 2/2 veio a ser regulada.

III – Se o administrado foi declarado incapaz para o exercício da profissão de farmacêutico, pela qual se encontrava obrigatoriamente inscrito na instituição de segurança social respectiva – funções que exerce em tempo parcial numa empresa privada, cumulativamente com o cargo de Director do Laboratório de Polícia Científica da Polícia Judiciária, que continua a exercer – tem direito a que lhe seja atribuída pensão de invalidez correspondente àquela actividade privada, desde que verificados os demais requisitos legais e com observância das normas do Dec.-Lei n. 41/89, desde a entrada em vigor deste.

IV – Em tal eventualidade, essa pensão será de processar cumulativamente com os rendimentos do trabalho efectivo na função pública, dentro dos limites legalmente estabelecidos.

V – Os dispositivos do Dec.-Lei n. 164/83, e bem assim, os do Dec.-Lei n. 41/89, que lhe sucedeu, – reguladores das situações de acumulação de pensões com rendimentos do trabalho – são de aplicação imediata a todas as situações nos mesmos previstas, quer o respectivo facto gerador haja ocorrido antes quer depois da respectiva entrada em vigor – conf. art. 12° n. 2 do C.Civil».

(AC. do STA, de 08/11/94, Proc. n° 034797)

«I – Para efeitos de aposentação, o tempo de serviço prestado simultaneamente pelo subscritor em dois ou mais cargos não é contado cumulativamente (art. 31°, do E.A.).

II – Do mesmo modo, se o subscritor exerce dois ou mais cargos em acumulação, a pensão de aposentação só será apurada relativamente às quotizações feitas relativamente a um deles (art 5°, n° 2, al.a), do E.A.).

Nesse caso, tendo sido efectuados descontos relativamente a todas as remunerações recebidas pelos diversos cargos, haverá lugar à restituição das quantias indevidamente cobradas que não relevem para o cálculo da pensão, com acréscimo de juros (art. 21°, n°1, do E.A.).

III – Embora a cobrança indevida desses descontos se verifique desde o momento em que material ou objectivamente ela começou por verificar-se, o marco temporal relevante para o início da contagem dos juros é o do conhecimento da irregularidade da situação pela Caixa Geral de Aposentações, seja pelo seu conhecimento directo devidamente demonstrado, seja através de interpelação do interessado (cfr . art 21°).

Quer dizer, não basta o aspecto substantivo e objectivo do facto irregular: o momento a partir do qual serão devidos juros carece ainda da reunião cumulativa do factor cognitivo representativo do conhecimento e da consciência da situação concreta da situação por parte da Caixa».

(Ac. do TCA, de 23/11/2000, Proc. n° 3036/99)

Artigo 32°
Manutenção do direito à contagem

1 – A cessação definitiva de funções, mesmo que imposta com fundamento em infracção penal ou disciplinar, não determina a perda do direito à contagem do tempo de serviço anterior.

2 – A amnistia e a anulação ou revogação de pena expulsiva, em consequência de recurso ou revisão, implicam a contagem do tempo de serviço anterior à execução da pena, bem como do tempo posterior relativamente ao qual seja reconhecido o direito à reparação de remunerações.

NOTAS

1 – O n° 1 resulta da redacção do DL n° 191-A/79, de 25/06.

A anterior era assim: «1 – *A cessação definitiva de funções, imposta com expresso fundamento em infracção penal ou disciplinar, determina a perda do direito à contagem de todo o tempo de serviço anterior e de qualquer tempo posterior até à readmissão em funções públicas*».

Era, como se vê, uma norma de efeitos radicais, visto que apagava todo o tempo de serviço anterior à cessação e posterior a esta até uma eventual readmissão. E seria até de duvidosa constitucionalidade, diga-se em abono da verdade.

Com o texto actual, deu-se o devido relevo ao tempo de serviço prestado anteriormente à cessação definitiva de funções.

2 – A *cessação de funções* pode derivar de inúmeras causas (morte do funcionário, pena expulsiva, aposentação, mútuo acordo, exoneração, denúncia e rescisão: ver art.22° e anotações respectivas).

O que o artigo diz é que, qualquer que seja a causa, mesmo que por sanção penal ou disciplinar, o tempo decorrido até então conta para efeito de aposentação. Isto, além do mais, porque a eliminação da qualidade de subscritor (art. 22º supra) não extingue o direito de requerer a aposentação (art. 40º, infra).

Convém lembrar que a cessação só produz verdadeiramente todos os seus efeitos perante uma decisão eficaz e operativa. O que significa que se houver sido interposto recurso hierárquico necessário de decisão disciplinar, a eficácia daquela se suspenderá em princípio e o funcionário continuará em funções até à decisão definitiva que administrativamente vier a ser tomada (arts. 75º, nºs 6 e 8, do ED e 170º, nº1, do CPA). Se a decisão superior (reexame) for de manter a pena disciplinar, dela caberá então recurso contencioso nos termos gerais. Nesse caso, para continuar em exercício de funções, previamente ou juntamente com a petição do recurso, o interessado deverá autonomamente tentar o meio contencioso da suspensão de eficácia referido nos arts. 76º e sgs. da LPTA cujos efeitos se estenderão até ao momento do seu trânsito em julgado.

Havendo sido interposto imediatamente recurso contencioso (nos casos em que da decisão punitiva não caiba recurso hierárquico necessário), a suspensão de eficácia do acto só se obterá mediante a utilização do meio contencioso acessório da suspensão de eficácia atrás aludido.

Portanto, a simples aplicação de pena expulsiva disciplinar ou o afastamento da função pública por efeito da condenação em processo criminal não é imediatamente operativa e carece da verificação de "caso decidido" (no seio da administração, por falta de impugnação ou de impugnação administrativa sem êxito e de cuja decisão não seja interposto recurso contencioso) ou de "caso julgado" (na via judicial).

Se o interessado se conformar com a decisão administrativa, ou se a impugnar sem êxito (administrativa ou contenciosamente) ela torna-se firme e definitiva (fala-se então em "cessação definitiva") imediatamente exequível. Ora, o prosseguimento para a fase de *execução* não inibe o funcionário de *requerer* a aposentação (ver art. 40º). Nesse caso, mantém o direito de requerer a contagem do tempo de serviço *anterior* à cessação definitiva.

3 – O nº2 do artigo tinha sentido quando da vigência da anterior redacção do nº1, pois nele se previa que a cessação de funções com origem numa infracção penal ou disciplinar determinava a perda do direito à contagem do tempo de serviço anterior (ver redacção na nota 1). Nesse pressuposto, justificava-se plenamente que a amnistia, a anulação e a revogação da pena expulsiva funcionassem como factores repristinatórios do tempo de serviço até então prestado, uma vez que os efeitos imediatos da pena se apagavam com eles.

Mas presentemente, desaparecido o efeito da pena anteriormente previsto, face à actual redacção do n°1, fica com muito pouco cabimento o teor do n°2, uma vez que, independentemente dos referidos factores, sempre o tempo de serviço iria contar a partir da literalidade introduzida pelo DL n° 191-A/79.

A utilidade da disposição que actualmente lhe reconhecemos só pode agora ser esta: desaparecida a pena por algum daqueles institutos (amnistia, anulação, revogação), a Caixa fica vinculada («...*implicam a contagem*...») a proceder à contagem oficiosamente, mesmo que o interessado a não requeira. Desde que qualquer deles opere, a Caixa é obrigada a registar na ficha de cadastro (art. 23°, supra) esse facto jurídico e dele extrair e mencionar as respectivas consequências ao nível de tempo de serviço contável. Parece ser esse, com efeito, o sinal da distinção prática em relação ao n°1. É que ali se julga estar pressuposto ter havido fase de execução da pena, sem que o interessado a esta tivesse reagido por algum meio ao seu alcance. Logo, para o funcionário cessante retirar efeito ao tempo de serviço anterior parece o legislador querer que ele o requeira antes ou no momento em que pedir a aposentação, se para tanto reunir os devidos requisitos (ver nota anterior e art. 40°).

Agora no n°2, embora se aceite expressamente ter havido execução da pena (tal como está ínsita no primeiro), para além da amnistia (circunstância a que o funcionário é alheio), admite-se que o interessado tenha reagido pela via impugnativa e judicial, denotando que com ela se não conformou. Ora, nesses casos, além da contagem *obrigatória* do tempo anterior à cessação (nessas circunstâncias *não definitiva*), a lei *impõe* concomitantemente a contagem do tempo *posterior* «relativamente ao qual seja reconhecido o direito à reparação de remunerações» (sic).

4 – Este regime é extensivo aos funcionários e agentes da administração pública das ex-províncias ultramarinas (art. 1°, n°2, do DL n° 362/78, de 28/11).

5 – A *amnistia* extingue a responsabilidade criminal (não a civil), determina a cessação do procedimento criminal e, no caso de ter havido condenação, faz cessar a execução tanto da pena e dos seus efeitos, como da medida de segurança (art. 127° e 128°, n°2, do C.P.).

Opera "ope legis" e por essa razão deve a Administração oficiosamente declará-la. Se o não fizer, estando a situação submetida a apreciação jurisdicional (criminal ou contencioso administrativo), deverá o tribunal fazê-lo.

A amnistia decretada (pela Administração ou pelo Tribunal) faz extinguir a instância por inutilidade superveniente da lide no processo contencioso pendente, desde que o funcionário não tenha *renunciado* à sua aplicação nos termos que a Lei geralmente contempla (ex: art. 10°, n°1, da Lei n° 25/99, de 12/05).

A este respeito costuma falar-se em *amnistia propriamente dita*, isto é, aquela que incide sobre um ilícito de que se não se extraíram ainda efeitos condenatórios, e em *amnistia imprópria*, ou seja, aquela que recai sobre pena total ou parcialmente já executada (cfr. art. 11º, nº4, do ED).
Ver ainda: nota 10ª adiante.

6 – A *anulação* de um acto, geralmente, provém de uma sentença proferida pelos tribunais administrativos através do processo contencioso de feição anulatória (processo que visa não só a anulação propriamente dita, como a declaração de nulidade: art. 6º do Estatuto dos Tribunais Administrativos e Fiscais, vulgo ETAF, aprovado pelo DL nº DL nº 129/84, de 27//94). Será, nesse caso, uma "anulação contenciosa".
Por vezes também se fala em "anulação graciosa" para designar o acto da Administração pelo qual é revogado um acto anterior com fundamento na invalidade deste (ilegalidade, ilicitude e vícios da vontade). O seu regime encontra-se prescrito nos arts. 141º e 145º, nº2,do CPA.
Porém, hoje em dia será mais apropriada a utilização precisa e restritiva dos conceitos actualmente vertidos na lei. A anulação ficará reservada mais ao efeito directo da sentença jurisdicional e a revogação à actividade administrativa.
Sobre actos anuláveis: ver arts. 135º e 136º, do CPA.
Sobre a lei reguladora do processo contencioso com vista à anulação e declaração de nulidade dos actos, ver: Lei de Processo nos Tribunais Administrativos, vulgo, LPTA, aprovada pelo DL nº 267/85, de 16/07.

7 – Enquanto a anulação de um acto deriva de uma sentença, a revogação provém de um acto administrativo (sobre o conceito de acto administrativo, ver art. 120º do CPA). A revogação representa, assim, um "acto sobre acto" e pertence à categoria dos *actos secundários*.
A *revogação* define-se como sendo o acto administrativo que se destina a fazer cessar, total ou parcialmente, os efeitos jurídicos de um acto administrativo anterior (*primário*).
Não se deve confundir a revogação com a *alteração* e *substituição* de acto administrativo, com a declaração de caducidade e nulidade de acto, com a suspensão de acto, com a rectificação e com a anulação contenciosa. A *alteração* e a *substituição* consistem em actos administrativos com conteúdo total ou parcialmente contrário ou diferente daquele que é alterado e substituído, cujo regime, à falta de disposições especiais, se equipara ao da revogação: art. 147º do CPA. Aliás, ainda que não tenha por objecto os efeitos do acto anterior, o próprio *acto substitutivo* implicitamente revoga o anterior. Por tal motivo, pode dizer-se que se trata de um revogação implícita. A *declaração de caducidade* ou *de nulidade* é aquela que se limita a enunciar o conhecimento de uma situação já verificada, extraindo-se daí os

respectivos efeitos, no 1º caso – decurso do tempo ou verificação de uma condição resolutiva –, ou que se limita a declarar a não produção de quaisquer efeitos do acto anterior "ex tunc", isto é, desde sempre, desde a data da prática do acto nulo: art. 134º, do CPA. A *suspensão* consiste na paralização temporária dos efeitos de um acto anterior: cfr. art. 150º, nº1, al.a), e nº2 do CPA. A *rectificação* é a simples correcção de meros erros de cálculo e dos erros materiais na expressão da vontade do órgão: art. 148º, do CPA. A *anulação contenciosa* representa a eliminação da ordem jurídica de uma acto administrativo através de uma sentença provinda de um órgão jurisdicional.

A revogação pode ser *ab-rogatória* (ou extintiva) e *anulatória*.

A primeira é aquela que se traduz na cessação dos efeitos jurídicos do acto revogado apenas para o futuro. Respeita os efeitos produzidos pelo acto anterior e por isso se diz que opera "ex nunc". Encontra-se consagrada no art. 145º, nº1, do CPA. A segunda é a que interfere directamente no acto revogado, destruindo-lhe todos os seus efeitos, passados e futuros, tudo se passando como se aquele nunca tivesse existido. Opera "ex tunc", ou seja "ab initio" porque o seu efeito é retroactivo, e está prevista no art. 145º, nº2, do CPA.

São insusceptíveis de revogação os actos nulos, os actos anulados contenciosamente e os actos revogados com eficácia retroactiva (art. 139º, do CPA).

8 – Costuma falar-se em recurso administrativo de *"revisão"* quando se pretende qualificar o recurso hierárquico facultativo, em que ao chefe não cabe (por falta de competência) ir mais além do que a mera revogação do acto administrativo recorrido praticado pelo subalterno, ao contrário do recurso de *"reexame"*, próprio dos recursos hierárquicos obrigatórios, em que o órgão superior pode, além de revogar o acto sindicado, praticar novo acto, como se estivesse em plano primário de decisão.

Não nos parece que o legislador do Estatuto se queira referir a eles quando admite a anulação e revogação em consequência de «revisão». É evidente que a pena expulsiva pode ser extinta por acto do superior hierárquico em sede de recurso hierárquico. Mas, quer o efeito da decisão do recurso seja a simples revogação (quando a pena imposta pelo inferior hierárquico foi praticada ao abrigo de competência exclusiva: art. 174º, nº1, do CPA), ou a modificação e substituição (quando a competência do subalterno não seja exclusiva: art. 174º, nº1, 2ª parte, do CPA), sempre estaremos em presença de uma eliminação da ordem jurídica do acto anterior. E nesse caso, estaria o legislador escusadamente a repetir-se (a revisão é sempre a marca da apreciação feita pelo superior em caso de recurso hierárquico facultativo em que apenas é tolerado um poder revogatório, como se disse).

Cremos, portanto, que a «revisão» de que trata o preceito se refere à *revisão do processo disciplinar* prevista no art. 78º e sgs do ED, em que uma das consequências da revisão procedente é, precisamente, a revogação (também a alteração) da decisão proferida no processo previsto, a qual produzirá, além do cancelamento do registo da pena no processo individual do funcionário, a "anulação" dos efeitos da pena (cfr. art. 83°, do ED).

Sobre a *revisão disciplinar*: Ver **M. Caetano**, in ***Manual de Direito Administrativo***, 10ª ed., II, pág. 870 e sgs.

A *revisão de sentença penal* (art. 449° e sgs do CPP) ou de sentença proferida na jurisdição contenciosa administrativa (art. 771° do CPC, "ex vi" art. 1° da LPTA; tb. art. 100° e 101° do RSTA), embora incida directamente sobre as sentenças praticadas pelos tribunais inferiores, revogando-as, indirectamente acabam por se reflectir no próprio acto sancionatório (criminal ou disciplinar, conforme os casos).

9 – Repare-se que o n°2 se basta com a amnistia, anulação ou revogação de "pena expulsiva".

Não importa que no desenvolvimento da decisão revogatória ou da sentença anulatória venha a ser aplicada nova pena ao infractor menos severa (suspensão, inactividade, aposentação compulsiva). Desde que a demissão venha a ser anulada, já o tempo passa a contar para efeito de aposentação. Só não contarão os dias de cumprimento efectivo da nova pena de suspensão (art. 13° n°2, do EA), e de inactividade (art. 13°, n°5, do EA): Quanto à aposentação compulsiva: ver art. 42° infra.

10 – Compreende-se que se conte o tempo anterior à execução da pena, por corresponder a serviço efectivo.

Quanto ao tempo que decorre a partir da execução e durante esta, ele contará desde que ao funcionário venha a ser reconhecido o direito à respectiva reparação remuneratória (aqui se incluindo não só a referência expressa ao pagamento de remunerações vencidas, como ao pagamento compensatória dos danos materiais sofridos).

Quando a revogação e a anulação se fundam na ilegalidade do acto punitivo expulsivo, um dos efeitos a extrair é precisamente a reconstituição da situação hipotética actual, o que compreende, naturalmente, a atribuição das remunerações perdidas durante o afastamento.

A questão que se discute é sobre se esse pagamento se deve efectuar ao abrigo da *teoria do vencimento* ou da *teoria da indemnização*.

Hoje em dia, está mais que assente o predomínio da segunda sobre a primeira. Mesmo nos casos em que o funcionário adquire o direito à totalidade dos vencimentos perdidos, entende-se que isso se deve (e só nessa hipótese) ao facto de ele, durante o período de afastamento das funções, não ter exercido qualquer actividade remunerada. Só então a indemnização coincide com o montante dos vencimentos. Fora disso, a indemnização traduz a diferença entre a nova remuneração e o vencimento que teria recebido se continuasse ao serviço.

No sentido acabado de referir: Acs. do STA de 31/03/92, in Ap. ao DR, de 29/12/95, pág. 2318; Ac. do STA, de 09/02/93, in AD n° 379/756; Ac. do STA, de 19/05/94, in Ap. ao DR, de 31/12/96, pág. 3904.

No entanto, para os funcionários da Administração Local, por força do art. 538°, n°4, do Cod. Adm., alguma jurisprudência tem entendido que prevalece a *teoria do vencimento*, por julgar que aquele preceito não foi revogado pelos arts. 7°, n°1 e 10°, n°1, do DL n° 256-A/77, de 17/06. Neste sentido, os Acs-. do STA, de 06/10/94, in Ap. ao DR, de 18/04/97, pág. 6679; de 29/02/96, in Ap. ao DR, de 31/08/98, pág. 1489; de 16/12/97, Proc. n° 4239.

Sobre o assunto: ver ainda nota 1ª ao art. 26° supra.

Em sede de *revisão de processo disciplinar*, por exemplo, o funcionário, além da anulação dos efeitos da pena, será provido em lugar de categoria igual ou equivalente, ficando ainda com direito à reconstituição da carreira e ao pagamento de indemnização pelos danos morais e materiais sofridos (art. 83°, n°s 2, al. b), 4 e 6, do EA). A forma como o legislador se exprimiu dá a entender que não optou pela consagração da chamada *teoria do vencimento*, ou seja, a que pugna pelo direito à percepção das remunerações correspondentes ao período em que não houve prestação de serviço, mas sim à *teoria da indemnização*, sucedâneo daquela, que, entre outras coisas, gera o direito ao ressarcimento dos prejuízos sofridos e justifica o accionamento da responsabilidade civil extracontratual.

A teoria adoptada tem uma vantagem evidente: proporciona a justa reposição material do funcionário na situação que no momento viveria se não fosse a punição, ao mesmo tempo que lhe não permite um locupletamento indevido à custa de uma, embora imerecida, sanção. Por isso, tendo ele após a pena procurado refazer a sua vida profissional com outro emprego e, logo, obtido a partir de então um novo rendimento do trabalho, a indemnização a receber (sem prejuízo de outros eventuais danos materiais, e até morais) procurará suprir a diferença entre esse provento e aquele que derivaria do vencimento do cargo de que foi afastado. Nunca, nesse caso, perceberá por inteiro o vencimento do cargo, porque isso, atendendo ao recebimento do salário pela nova situação, o colocaria numa situação mais favorável e de enriquecimento sem causa, que a lei não corrobora. Tal não quer dizer que, à diferença remuneratória, não venha a acrescer outro valor indemnizatório em função de outros prejuízos efectivamente prejuízos. O que significa que pela teoria da indemnização, o valor a atribuir pode vir a ser superior ao valor que receberia segundo a teoria do vencimento (neste sentido, o Parecer da PGR, n° 311993, de 27/09/93).

O maior problema situa-se no requisito da culpa, pressuposto da obrigação de indemnizar (art. 2° do DL n° 48 0541 de 21/11/67) relativamente ao acto "ilegal" revisto. Se se considerar a ilegalidade objectiva, a culpa subjectiva estaria posta de parte e, com isso, a acção para effectivação da responsabilidade civil extracontratual estaria votada ao insucesso. Esta dificuldade é séria, realmente. Pode ser contornada pela aceitação do prisma da qualificação do acto revisto como sendo um *acto legal* (e os fundamentos para a indemnização seriam encontrados no art. 9º do mencionado diploma, o que seria fonte de diferente dificuldade para a subsunção dos factos ao requisito da anormalidade e especialidade dos prejuízos), ou, sendo *ilegal*, através da aceitação de uma doutrina que aproxime a ilegalidade do acto à culpa, através de um mecanismo presuntivo (sobre o assunto, **Margarida Cortez**, in *Responsabilidade Civil da Administração por Actos Administrativos Ilegais e Concurso de Omissão Culposa do Lesado*, Boletim da Faculdade de Direito, Stvdia Ivridica, nº 52, pags. 96 a 105).

M. Caetano, para fundamentar a não restituição dos vencimentos, observava que o acto revogado em processo de revisão é um *acto legal* desde a origem ou por sanação do vício e os efeitos dela apenas se devem produzir no futuro (ob. cit., pág. 876/877; sobre este aspecto específico de que a revogação neste caso incide sobre acto legal, ver **Robin de Andrade**, in *A Revogação dos Actos Administrativos*, 2ª ed., 1985, pág. 356/357).

O STA, em acórdão de 14/11/89, defendeu o contrário (ver sumário em "Jurisprudência" adiante). E nós concordamos. Na verdade, se a revisão procedente se alicerça na «inexistência dos factos que determinaram a condenação» (art. 78º, nº1, do ED), então o acto punitivo radicou em *erro sobre os pressupostos de facto*, que é, como se sabe, fonte autónoma de invalidade.

No que concerne à *amnistia* (ver nota 5ª acima), tanto a amnistia perfeita ou propriamente dita, como a amnistia imprópria determinam a contagem do tempo anterior à execução da pena.

Se começou a execução (se a houve), a amnistia imprópria faz cessar o seu prosseguimento, mas não são destruídos os efeitos produzidos pela aplicação concreta da sanção (cfr. art. 11º, nº4, do ED). O mesmo se diga se houve execução total da pena. Assim, durante o período de cumprimento efectivo da pena não conta para recuperação de vencimentos perdidos, nem para contagem do tempo para efeito de aposentação.

A lei de amnistia nº 29/99, de 12/05 não prevê a amnistia de ilícito disciplinar cuja sanção seja superior à *suspensão*, no caso de infracção disciplinar, ou à *prisão disciplinar*, no caso de ilícitos disciplinares militares (cfr. art. 7º, al. c)).

JURISPRUDÊNCIA

«I – Se num processo de *revisão* de decisão disciplinar se entendeu ter havido erro nos pressupostos da aplicação da pena punitiva disciplinar, está ferida de ilegalidade a decisão revista, o que é fonte de responsabilidade extracontratual do Estado por actos de gestão pública decorrente de facto ilícito (responsabilidade delitual).

II – É por via de uma acção administrativa que se pode efectivar o direito indemnizatório previsto no n°6 do art. 83° do Estatuto Disciplinar de 1984, que manteve a solução do n°6 do art. 85° do Estatuto Disciplinar de 1979, no quadro daquela responsabilidade delitual».

(Ac. do STA, de 14/11/89, in BMJ n° 391/322)

«I – O direito à tutela judicial efectiva passa pela existência de «mecanismos» judiciais adequados que possibilitem a execução das decisões já transitadas em julgado

II – O cumprimento da pena disciplinar não obsta à aplicação das leis de *amnistia*.

III – Em tal situação deparamos com a assim chamada «amnistia imprópria».

IV – A lei n° 15/94 de 11/5/94 não revogou o disposto no n°4 do art. 11° do Estatuto Disciplinar.

V – Se o recorrente não exerceu o direito à renúncia previsto no art. 6° do Estatuto Disciplinar, requerendo o prosseguimento do recurso contencioso, não poderá posteriormente obter através da execução da decisão judicial que aplicando a amnistia, julgou extinto o recurso, a destruição dos efeitos já produzidos pela aplicação da pena, designadamente, a restituição da quantia já por si paga a título de multa.

VI – Na verdade, os efeitos já produzidos pela aplicação da pena só podem vir a ser eliminados através do provimento do recurso contencioso do acto punitivo».

(Ac. do STA, de 28/11/96, Proc. n° 032 633)

PARECERES DA PROCURADORIA GERAL DA REPÚBLICA

«1 – O *indulto* ou perdão individual a que se refere a alínea 1) do artigo 137° da Constituição da Republica é um acto complexo praticado pelo Presidente da Republica com a colaboração do Governo, observado o formalismo previsto na lei ordinária;

2 – Configura-se como acto de natureza política, tendo como fundamento suprir a carência de remédios jurídico-processuais idóneos, a individualização da execução de uma determinada pena, tendo em conta nomeadamente as exigências pessoais e familiares de certo condenado insusceptíveis de predeterminação legislativa;

3 – O indulto ou perdão individual opera sobre a pena, extinguindo a parte não executada mas não afasta os efeitos já produzidos, salvo norma ou disposição em contrário;

4 – Tendo um militar sido condenado numa pena principal de prisão, já cumprida, uma vez indultada (revogada) a pena acessória da demissão subsistente, deve ser reintegrado no quadro e posto que ocupava no momento da demissão;

5 – Todavia, esse militar não tem direito a recuperação da diferença de abonos entre a pensão provisória de reforma que vinha auferindo antes do seu reingresso efectivo no serviço e o vencimento correspondente que teria auferido se estivesse no activo, por se tratar de efeitos já produzidos que o perdão individual não anula;

6 – Os factos materiais subjacentes a uma condenação criminal podem ser tomados em conta na apreciação das condições gerais de promoção, ainda que cumprida a pena principal e indultada a acessoria – artigos 81°, 82°, 84° e 85° do Estatuto do Militar da Guarda Nacional Republicana, aprovado pelo Decreto-Lei n° 465/83, de 31 de Dezembro – já que essa ponderação se situa em plano distinto e independente daquela condenação;

7 – As pretensões do Sargento-Adjunto, (...), apresentadas na sequência do Decreto do Presidente da Republica n° 72/89, de 22 de Dezembro, deverão ser apreciadas à luz das anteriores conclusões 4, 5 e 6».

(Parecer da PGR n° 0279, de 25/01/91, in DR, de 1/07/91, n°161, pág. 15)

Artigo 33°
Limites da contagem

1 – Na contagem final do tempo de serviço para aposentação considerar-se-ão apenas os anos e os meses completos de serviço.

2 – Para os efeitos do n.° 1 contar-se-á o tempo decorrido até à data em que se verificar:
   a) **Qualquer dos factos previstos no n.° 1 do artigo 43°.**
   b) **A cessação de funções, quer esta seja definitiva, quer resulte de passagem à licença ilimitada ou a outra situação sem direito a remuneração, quando ocorra anteriormente a qualquer dos factos a que se refere a alínea a);**
   c) **O termo do subsídio legal de tratamento, percebido posteriormente aos mesmos factos.**

3 – O disposto na alínea b) do número anterior não prejudica a contagem, nos termos do artigo 25°, do tempo de serviço prestado após a cessação de funções, desde que esta não tenha implicado a eliminação do subscritor.

4 – Quando o tempo susceptível de contagem exceder o máximo relevante para a aposentação, devem ser considerados, para quaisquer efeitos, somente os anos de serviço mais recentes, até perfazerem aquele máximo.

NOTAS

1 – O n°1 resulta da redacção do DL n° 191-A/79, de 25/06.

2 – Ver nota ao art. 30°.
Cfr. ainda arts. 26°, n°2, 43°, n°3 e 50°, n°1.

3 – Atingido o limite máximo de tempo para aposentação (art. 37°), contado em anos e meses completos de serviço, que inclui o tempo acumulado sem sobreposição (art. 31°) e o tempo acrescido (art.25°), serão desconsiderados e irrelevantes os dias, semanas, meses e até anos que vão além desse limite.

4 – O *início* da contagem reporta-se à aceitação da nomeação, sob a forma de posse (art. 9°, do DL n° 427/89, de 7/12), por ser a partir de então que a nomeação passa a ter eficácia e, por conseguinte, a produzir efeitos (art. 4°, n°4, do cit. dip.) ou à data do contrato de provimento, nos casos de contrato de pessoal (art. 14°, cit. dip.).

O *termo* regra ocorre no momento em que se verificar qualquer dos factos previstos no art. 43°, n°1, infra. É o que dispõe a alínea a).

5 – A alínea b) introduz outro modo de obtenção do termo da contagem.

Ele ocorrerá no momento em que o funcionário cessar funções, seja definitivamente, seja em resultado de passagem à licença "ilimitada" ou de outra situação que não confira direito a remuneração, quando tal se verificar anteriormente a qualquer dos factos a que se refere a alínea anterior.

No primeiro caso, a cessação definitiva pode derivar de *exoneração* (art. 29°, do DL 427/89), *mútuo acordo*, *denúncia* e *rescisão* (art. 30°, cit. dip.), excluída a morte, a aposentação (porque essa é precisamente a situação prevista no art. 43°) e a demissão imposta disciplinarmente ou em resultado de aplicação de condenação penal (art. 43°, cit., al.d)).

Assim, tendo havido *cessação definitiva* de funções que leve à eliminação do subscritor (art. 22°), esse será o momento atendível, mesmo que ele tenha lugar antes de qualquer dos factos previstos no n°1 do art. 43° infra: antes do despacho a reconhecer o direito à aposentação voluntária (al.a)); antes da deliberação da Junta a declarar a incapacidade do funcionário (al.b)); antes da homologação do parecer da Junta, sempre que a lei o exija (al.b)); antes de o interessado atingir o limite de idade (al.c) e 37º); antes da decisão disciplinar ou penal a impor a demissão ou situação equivalente (al.d)). Se não levar à eliminação do subscritor, já a contagem não será prejudicada (ver nº3).

Pode a cessação de funções não ser definitiva.

Agora, admite-se que a cessação ocorra por passagem à "licença ilimitada".

A *licença ilimitada* era definida como sendo uma interrupção do exercício do cargo por tempo indefinido. O funcionário deixava de prestar serviço efectivo à Administração, com suspensão de todos os seus direitos e deveres profissionais (**M. Caetano**, *ob. cit.*, II, pags. 740 e 791).

Actualmente, fala-se de *licença sem vencimento* e o seu regime está estabelecido nos arts. 72º e sgs do DL nº 100/99, de 31/03.

Pois bem. Segundo a alínea em apreço, se o funcionário atingir o limite de idade, ou for declarado incapaz (por exemplo) durante a situação de cessação de funções por licença sem vencimento, o momento a considerar para a determinação do limite da contagem não é aquele em que a incapacidade for declarada ou em que atingir o limite de idade, sob pena de se incluir o tempo do não exercício do cargo em consequência da licença, o que a lei não admite, sequer (arts. 75º, nº1; 77º, nº1; 80º, nº2). Atendível será, portanto, a data em que for autorizada a licença.

O mesmo se passa quando qualquer dos factos mencionados na alínea a) do referido art. 43º ocorre numa situação pré-existente *que não confira direito a remuneração*.

Tal sucede com a cessação de funções em virtude, por exemplo, do cumprimento de *pena de prisão* por funcionário ou agente. Enquanto estiver afastado do exercício de funções perderá a totalidade do vencimento e não verá contado o tempo para qualquer efeito (art. 64º, nº3, do DL nº 100/99).O mesmo se verifica com o afastamento temporário por causa de *suspensão* e *inactividade* disciplinar (art. 13º, nºs 2 e 5, do ED). O factor determinativo do limite para a contagem do tempo relevante para a aposentação, ainda que qualquer dos factos referidos no art. 43º, nº1, al.a) venha a produzir-se numa das situações aludidas, é o momento em que a cessação se verificou.

Compreende-se que assim seja. O contrário representaria um benefício sem explicação plausível, uma vez que lhe não corresponderia um exercício efectivo de funções, ainda para mais assente numa causa estranha ao interesse público e que apenas dizia respeito a uma conduta de que exclusivamente o interessado tiraria proveito (caso da licença sem vencimento) ou de que ele teria sido o culpado (nos restantes casos).

6 – A alínea c) é especificamente dirigida às situações em que possa ocorrer um facto que geralmente determine a aposentação, mas que em concreto não tenha a virtualidade de a esse nível produzir efeitos. Por exemplo, se o funcionário tuberculoso foi declarado incapaz para o serviço (al.b), do nº1, do art. 43º), mas não tiver ainda completado o número de anos suficiente (cinco) para poder ser aposentado e receber a respectiva pensão (art. 37º, nº2, al. a)), receberá o *subsídio de tratamento* (equivalente à pensão mínima) até alcançar o direito a ela, o que equivale a dizer, até perfazer aquele tempo mínimo legal (cfr. art. 21º, § 1º, do DL nº 48 359, de 27/04/1968).

Como se vê, em vez de o factor determinante se reportar a um momento anterior à ocorrência dos factos elencados no art. 43º, nº1, al.a), como sucede nas hipóteses acima vistas, aqui ele reporta-se a um momento posterior: o limite da contagem passará a coincidir com a data em que se verificar a cessação (o termo) da atribuição do subsídio.

Ver: nota 1ª ao art. 26º.

7 – O nº3 permite a contagem de tempo acrescido (art. 25º, supra) por serviço que tenha sido prestado após a cessação de funções referida na alínea b), do nº1, desde que a cessação não tenha levado à eliminação de subscritor (sobre a eliminação: ver art. 22º, supra).

Se a cessação foi definitiva, ela implicou a eliminação do subscritor e esse é o marco temporal insuperável e definitivo. É claro que a eliminação não prejudica o *direito de reinscrição* se o interessado for readmitido em funções públicas previstas nos arts. 1º e 2º e satisfizer ao disposto no art. 4º. Se tal acontecer, o tempo da nova inscrição somar-se-á ao do antigo subscritor, aguardando nessa qualidade então a verificação de uma das causas possíveis para a aposentação (art. 43º, nº1).

Mas, para este nº3, integrado sistematicamente num artigo com a epígrafe "limites da contagem", do que se trata é algo diferente. Trata-se de permitir o acréscimo de tempo por serviço posteriormente prestado à cessação de funções por forma a que o limite de tempo ainda se possa dar antes da ocorrência "normal" de um dos factores previstos no art. 43º. Isto é, visa definir o limite temporal atendível, permitindo que ao marco da cessação de funções anteriores se adicione o tempo de serviço acrescido nos moldes do art. 25º (e só nesses casos), de maneira a que o resultado final possa ainda ocorrer «anteriormente a qualquer dos factos a que se refere a alínea a)».

Se não foi definitiva, mas apenas temporária (por exemplo, a título de licença sem vencimento), o tempo acrescido de duração das funções que nos termos do art. 25º vier posteriormente a praticar será contado. Retomando o caso apontado, durante a licença sem vencimento o funcionário vem a prestar serviço, por exemplo, num organismo de coordenação económica (al.b), do art. 25º).

8 – O nº4 manda atender, no caso de *tempo a mais*, apenas aos anos de serviço mais recentes, os quais por regra serão aqueles que terão representado um melhor rendimento devido aos aumentos anuais da remuneração. Nessa medida, implicando um aumento de quotas, com o consequente reflexo no valor da pensão, um tal dispositivo legal reverte a favor do funcionário.

Pode suceder que tenha havido descontos que excedam o tempo máximo de 36 anos de serviço (arts. 37º, nº1 e 53º, nº1). Esse excesso, embora pouco frequente, pode inclusivamente traduzir-se em anos. Nesse caso, conta-se o período de trás para a frente, de maneira a incluir sempre os últimos descontos e, consequentemente, os anos de serviço mais recentes. O tempo a mais, e portanto irrelevante ou desprezível, será assim o mais antigo, o que, de resto, está conforme a ideia de média mensal dos dois ou três últimos anos para as hipóteses mencionadas nos arts. 47º nº1, al.b), 50º, nº1, 51º, nº1, 52º, nº1 e 122º deste Estatuto.

JURISPRUDÊNCIA

«No caso de aposentação requerida por excedente da função pública, nos termos do artigo 16º, n. 1, do Decreto-Lei n. 43/84, de 3 de Fevereiro, o tempo de serviço a atender é o decorrido até à resolução final da Caixa a reconhecer o direito a aposentação voluntária, nos termos dos artigos 33º, n. 2, alínea a), e 43º, n. 1, alínea a), do Estatuto da Aposentação, e não o decorrido até à prolação do despacho do membro do Governo que autorizou essa aposentação voluntária, pois este despacho não é determinante da aposentação, não vinculando a Administração da Caixa, à qual continua a competir verificar se, no caso, ocorrem os requisitos legais da aposentação e, em caso negativo, indeferir o respectivo requerimento».
(Ac. do STA, de 09/12/93, Proc. Nº032478, in ap. ao DR. de 15/10/96, pág. 7033)

«I – À contagem final do tempo de serviço, para efeitos de aposentação, fundada em incapacidade absoluta e permanente para o exercício de funções dum magistrado do Ministério Público, são aplicáveis as regras do regime da função pública.

II – Assim, a data a atender para o efeito é a da declaração dessa incapacidade pela junta médica, ou a da homologação de parecer desta, quando a lei a exija»
(Ac. do STA, de 03/05/94, Proc. Nº 032287)

«I – O artigo 17º, nº 4, da Lei nº 59/93, de 17.8, instituiu um regime especial, cometendo ao Presidente da Assembleia da República (AR) a competência para a concessão daquela aposentação extraordinária.

II – Reconhecido tal direito, o tempo que depois decorra já não conta para efeitos de aposentação (v. arts. 33°, n° 2, al. a) e 43° n° I, al. a) do Estatuto da Aposentação (EA), aprovado pelo Dec. Lei n° 498/72, de 9.12).

III – A remuneração auferida, enquanto em regime de requisição, como Director-Geral do Pessoal da Petrogal, S.A., entre 6.7.89 e 31.12.92, por um consultor jurídico da AR, cujos direitos à aposentação foi reconhecido, em 23.2.94, não releva para o cálculo do montante da pensão nos termos do art. 51 ° do EA – na redacção da Lei n° 30-C/92, de 28.12 -, sem que com isso se fira o princípio da igualdade.

IV – A bonificação a que se refere o artigo 17°, n° 2, da Lei n° 59/93, incide sobre o montante da pensão e não sobre o tempo de serviço, sem que isso represente qualquer discriminação.

V – Deve processar-se de acordo com o disposto no n° 3 e não no n° 1 do artigo 13° do EA, na redacção da Lei n° 30-C/92, a regularização de quotas de um aposentado respeitantes aos anos de 1971 a 1973, em que prestou serviço como secretário num gabinete ministerial, sem direito a ser subscritor da Caixa Geral de Aposentações, como agente político que era.

VI – Para a definição dos contornos, ao tempo, desta figura, na área em causa, irreleva a normatividade ulteriormente surgida.

VII – O artigo 13°, n° 3, na redacção da Lei n° 30-C/92, não está ferido de inconstitucionalidade formal, por alegada falta da audição das associações sindicais, pois a matéria da aposentação, não se inscreve na legislação do trabalho a que se reporta o artigo 56°, n° 2, al. a), da Constituição da República.

VIII – Também a mutação jurídica assim operada por aquela Lei n° 30-C/92 não ofende o princípio da confiança, por violação de expectativas jurídicas, pois que não foi posto em causa o núcleo essencial do direito à aposentação, alterando-se apenas a base de incidência da taxa aplicável, por forma não gratuita ou desproporcionada.

IX – Tão pouco se pode afirmar que o confronto do regime do n° 3 com o do n° 1 do mencionado artigo 13° revela a violação por aquele do princípio da igualdade, pois que há base material bastante para justificar a diferenciação no cálculo das quotas, que aqueles reflectem.

X – Para afirmar, no caso, uma eventual inconstitucionalidade do artigo 1°, n° 1, do EA, não se pode esgrimir com a Lei n° 77/88, uma vez que a questão da possibilidade de inscrição na CGA de membros de gabinetes do governo, remonta aos anos de 1971 a1973.»
(Ac. do STA, de 07/12/99, Proc. n° 040421)

«I. Da interpretação conjugada dos artigos 43°, n.° 3, e 33.°, n.° 2, alínea b) do E.A., resulta que a alteração de remunerações ocorrida posteriormente à cessação de funções só é irrelevante, para efeitos do cálculo da pensão respectiva, se essa cessação colocar o interessado em "situação sem direito a remuneração".

2. Tendo a interessada outorgado com o serviço de que dependia – Caixa Geral de Depósitos – um *"Acordo de suspensão da prestação de trabalho"*, cuja cláusula 3.8 mantém a seu favor o direito a uma remuneração, actualizável, calculada, nos termos aí especificados, a perceber até ao momento em que perfizesse os requisitos para requerer a aposentação, a cessação de funções ocorrida por virtude do referido *"Acordo"* não colocou a ora agravada em "situação sem direito a remuneração".
3. Equivale isto a dizer que, no cálculo da pensão respectiva, se deverá ter em conta a remuneração auferida até à data do facto constitutivo da aposentação».
(Ac. do TCA, de 30/11/2000, Proc. nº 4644/00)

PARECERES DA PROCURADORIA GERAL DA REPÚBLICA

«1 – O regime da aposentação fixa-se com base na lei em vigor e na situação existente à data em que se verifique o facto que lhe deu causa (artigo 43º do Estatuto da Aposentação);
2 – É irrelevante qualquer alteração de remunerações ocorrida posteriormente à data a que se refere o n 2 do artigo 33º (artigo 43º, n 3, do mesmo Estatuto);
3 – Face às conclusões anteriores, a remuneração mensal a considerar para o cálculo da pensão é a que corresponder à categoria ou cargo do subscritor à data do acto determinante da aposentação, sendo irrelevante que entre esta data e a desligação do serviço se tenha verificado um aumento de remuneração por promoção do subscritor».
(Parecer da PGR, de 27/01/94, in DR, de 19/05/94, pág. 4945)

Artigo 34º
Processo de contagem

1 – A contagem de tempo de serviço, para efeitos de inscrição ou de aposentação, pode ser requerida pelo interessado:
  a) **Em processo de contagem prévia, até ser instaurado o processo de aposentação;**
  b) **No processo de aposentação, até neste ser proferida a resolução final a que se refere o n.º 1 do artigo 97º.**

2 – As resoluções tomadas em processo de contagem prévia pela Caixa são preparatórias da resolução final prevista no n.º 1 do artigo 97º, podendo nesta última, ou antes dela, mediante novas decisões da

entidades que a proferirem ser revistas nos termos da alínea a) do n.º 1 do artigo 101, revogadas ou reformadas com base em ilegalidade ou modificação da lei.

NOTAS

1 – A redacção do n°2 foi dada pelo DL n° 214/83, de 25/5.

2 – Para além dos "processo de cadastro" (arts. 23° e 85°), "processo de habilitação" (art. 66°), "processo especial de justificação" (art. 88°), do "processo de reforma de militares" (art. 112°) e de outros inominados (art. 111°), o artigo 34° dá-nos desde logo conta da existência de mais dois tipos de processos: *processo de contagem prévia* e *processo de aposentação* (sobre o segundo, ver arts. 84° e sgs)., um e outro visando "a contagem de tempo de serviço".

3 – O *processo de contagem prévia*, como o próprio nome sugere, é aquele que é instaurado com o objectivo de se proceder ao apuramento do tempo de serviço em dado momento para a determinação de efeitos futuros.
Esse tipo de processo serve dois propósitos fundamentais:
a) para calcular o tempo de serviço relevante para a determinação da idade máxima para a inscrição na Caixa (ver art. 4°). Será um processo de *contagem prévia à inscrição na CGA*.
Imaginemos que para o exercício de determinado cargo, a lei estabelece a idade máxima de 65 anos. Se um interessado tiver 61 anos, em princípio não poderia inscrever-se pela 1ª vez na Caixa, visto que o art. 4° obriga a um período mínimo de garantia para o exercício do cargo de 5 anos (art. 4°, supra).
No entanto, se nesse período ele puder incluir algum tempo anterior que devesse ser contado nos termos dos arts. 24° e sgs (incluindo o tempo acrescido) ou se tiver prestado serviço a que tenha correspondido a inscrição obrigatória como beneficiário de instituição de previdência social destinado à protecção na velhice, já ele estará em condições de obter a inscrição se nesse cômputo ele perfizer, vamos supor, dois anos de serviço contável. Sendo assim, com 61 anos de idade ele partirá para a inscrição com 2 anos de serviço relevante. O que, atendendo a que poderá ainda exercer o cargo durante mais 4, lhe assegurará o cumprimento e até a ultrapassagem do tempo mínimo previsto no art. 4°, n°2.
Ver ainda anotações ao artigo 4°.
b) – para definir com exactidão o tempo de serviço prestado até determinada altura com vista ao apuramento do prazo necessário que falta decor-

rer até ao momento da instauração do processo de aposentação. Será um processo de *contagem prévia ao processo de aposentação* (al. a)).

Neste caso, o processo de aposentação ainda não existe e por isso se diz que o processo de contagem é autónomo. Será, no entanto, apensado ao da aposentação logo que instaurado (cfr. art. 85°).

A lei nada diz a esse respeito, mas nada impedirá que o funcionário recorra a este mecanismo no final de cada período de tempo a contar, por exemplo, sempre que mude de serviço ou tenha prestado serviço com a bonificação de tempo a que se refere o art. 25°, al. c). Nesse caso, ao contrário do que já vimos defender (**S. Oliveira**, *ob. cit.*, pág. 93), não cremos que haja necessidade de instaurar novos processos de contagem. Os diferentes pedidos serão juntos ao processo inicial de contagem prévia e as diversas contagens que porventura se venham a fazer farão parte do mesmo processo. Este método tem, inclusive, a vantagem da chamada "economia de meios", na medida em que proporciona a concentração dos elementos úteis à mesma finalidade. Racionalizam-se os meios e ganha-se em tempo e eficiência (cfr. art. 10° do CPA).

Num caso e noutro, diz o n°1, o interessado pode *requerer* a respectiva contagem.

4 – Mas o n°1 diz algo mais. Acrescenta que, mesmo que porventura já instaurado o processo de aposentação, o funcionário pode *pedir* a contagem do tempo decorrido até então, desde que não tenha sido proferida a resolução final a que se refere o art. 97°, n°1 (al.b)). Será uma vez mais um mecanismo de controle que tem por objectivo o acompanhamento e evolução da sua situação estatutária a nível do tempo de serviço relevante para a aposentadoria. Neste caso, a contagem pode dizer-se *prévia à resolução final*.

Isto significa que essa contagem não é absolutamente definitiva e pode estar sujeita a alteração, rectificação e correcção de erros. Pode o interessado não concordar com a liquidação do tempo feita pela Caixa, fazendo-o ver à Instituição, chamando a atenção para erros de cálculo ou alguma irregularidade. Nesse caso, cumprirá à Caixa municiar-se dos elementos instrutórios de que possa servir-se oficiosamente, pedi-los directamente ao interessado ou requisitá-los às entidades que entenda necessárias, observando-se a este respeito os *princípios gerais* do procedimento administrativo, designadamente o da *colaboração* (art. 7° do CPA) e do *inquisitório* (art. 56° do CPA) e, bem assim, as regras dominantes em matéria de instrução procedimental, como a da *solicitação de provas aos interessados* (art. 89° do CPA) e a da *realização de diligências por outros serviços* (art. 92°, do CPA).

E isto que agora se diz desta contagem prévia, é extensível aos resultados fornecidos ao requerente das outras contagens (seja na prévia à inscrição, seja na prévia ao processo de aposentação). Também aqui é possível ao interessado sugerir rectificações e alterações ao resultado comunicado (todas as resoluções, mesmo preparatórias, serão comunicadas ao interessado: art. 109°, infra).

5 – O problema que se discute é o de saber se, além da simples ida ao processo para sugestões de alterações sobre a contagem, também será permitida ao interessado (inconformado com a contagem) a utilização reactiva dos meios impugnativos, como a reclamação e os recursos hierárquicos e mesmo contenciosos.

A respeito da *reclamação*, não nos parece que haja a menor dúvida acerca da sua admissibilidade, por aquilo que ela representa: tentativa de alcançar junto do mesmo órgão uma decisão diferente e, por conseguinte, favorável ao impetrante, face ao fornecimento de novos argumentos e elementos de ponderação que porventura não tenham sido levados em consideração na decisão reclamada. É a tradução do velho brocardo "apelar de Roma mal informada para Roma bem formada".

Quanto aos *recursos*, boa parte da jurisprudência inclina-se para considerar que tais resoluções de contagem antecedem a resolução final e por isso dela são meramente *preparatórias*. Como tal, seriam irrecorríveis.

São, realmente, "preparatórias" (como o afirma o n°2) da resolução final prevista no n°1 do art. 97°. Ou seja, preparam a decisão final sobre o direito à pensão de aposentação e sobre o montante desta. Como acentua o mesmo normativo, só com essa "resolução final" fica regulada «*definitivamente a situação do aposentado*» (sic).

Ora, os *actos preparatórios*, enquanto actos de trâmite, costumam limitar o seu alcance ao momento e à fase em que são tomados. O que, na lógica do desenvolvimento posterior do procedimento, parece tolerar a sua modificação substancial. Ou seja, os seus efeitos num momento e numa fase anteriores podem ficar prejudicados por qualquer facto posterior que se reflicta no procedimento ou por qualquer novo acto de trâmite ou novo acto preparatório de idêntico objectivo (v.g., nova contagem com a qual o interessado venha a concordar). Neste sentido, classicamente aceite, tais actos preparatórios não são sindicáveis.

E o espírito da lei até parece ser esse, precisamente, quando a expressão da letra nos comunica que na resolução final podem ser revistas (art. 101°, al.a)), revogadas e reformadas com base em ilegalidade ou modificação da lei (n°2, 2ª parte) ou sofrer alteração antes da resolução final mediante novas decisões das entidades que as proferiram (disp. cit.).

Não nos podemos, porém, esquecer que os actos preparatórios, se por si mesmos lesivos ou se condicionantes da resolução final num dado sentido, podem ser impugnados autonomamente segundo a teoria dos *actos destacáveis* ou de acordo com o princípio da garantia de recurso contencioso contido no art. 268°, n°4, da CRP, para o qual é garantida aos administrados a tutela jurisdicional efectiva, designadamente através da impugnação, de *"quaisquer actos administrativos que os lesem"*, e não apenas os actos definitivos e executórios, como prescrevia anteriormente à redacção dada pela Lei Constitucional nº 1/89 (sobre o alcance do princípio no domínio da primitiva redacção de 1976, ver o Ac. da Comissão Constitucional de 29/05/ /79, in BMJ nº 291/297, comentado por **Afonso Rodrigues Queiró**, na *RLJ* ano 113, pág. 32 e sgs e o Ac. do STA de 28/10/78, comentado pelo mesmo autor na citada revista ano 112, pág. 38. Sobre a referência restrita aos actos administrativos lesivos, ver **J. Gomes Canotilho**, *RLJ*, ano 123, pág. 19, em anotação ao Ac. do STA de 11/5/89 e, com interessante súmula de posições sobre o tema, **Santos Botelho, Pires Esteves e Cândido de Pinho**, in *Código de Procedimento Administrativo* anotado, 4ª ed, pág. 493 a 500. Na jurisprudência, só para citar alguns mais recentes, vejam-se os acórdãos do STA, de 27/09/2000, Proc. nº 44 194, de 29/03/2001, Proc. nº 047 190).

Ora, que saibamos, nada na lei existe (no presente Estatuto ou noutra especial a vincular a Caixa nas resoluções posteriores às preparatórias tomadas em sede de contagem prévia. E, como vimos, o próprio sentido do nº2 é, pelo contrário, o de a elas não ficar amarrada a CGA. Logo, se podem ser modificadas por outras posteriores ou na resolução final, isso só equivalerá a dizer que as decisões sobre contagem geralmente não condicionam irremediavelmente a decisão final e, portanto, não devem gozar de autonomia impugnativa por não traduzirem a última palavra da Administração sobre o assunto.

É forçoso admitir, no entanto, que, embora modificáveis, revogáveis, etc, uma ou outra vez possam ser já lesivas (não uma lesão futura meramente potencial, mas actual e imediatamente projectável na esfera do administrado). Tudo dependerá do caso concreto.

Por exemplo, o acto de *contagem prévia à inscrição* pode ser autonomamente impugnado se, por si só, tiver incidência directa na esfera do interessado, que pretende obter a inscrição, mas que a vê negada por uma contagem insuficiente e errada (ver anotações ao art. 4º e nota 3ª ao presente artigo).

Noutro exemplo, imagine-se que o funcionário com 60 anos de idade, nas "suas" contas, dispõe já de tempo superior aos 36 anos de tempo de serviço necessários à aposentação. Pede, por isso, a contagem (prévia ao processo de aposentação ou mesmo integrada no próprio processo de aposentação) e a decisão é a de que a Caixa só lhe conta 35 anos. Consequência: para a Caixa o interessado teria que continuar ao serviço por mais um ano, com o rol de efeitos negativos e prejudiciais eventualmente por ele invocáveis. Aceitar a tese de que só na resolução final da concessão da aposentação pudesse ser alterada a posição da Caixa ou se, sem a alteração, só no ataque que o funcionário então fizesse da resolução final pudesse ele suscitar o vício de ilegalidade cometido na resolução preparatória, o que em boa verdade teríamos seria um protelamento lesivo da situação no activo que nem mesmo o eventual e tardio provimento do recurso jamais repararia devidamente (o interessado teria trabalhado sem necessidade e com sacrifícios da sua vida e saúde durante o tempo perdido e inútil de mais um ano).

Haverá, decerto, na riqueza da vida situações que conduzam a resultados semelhantes e que, pela repercussão nefasta que podem trazer desde logo para a esfera dos próprios, devem merecer uma tutela imediata.

6 – A contagem de tempo acrescido (art. 25°) depende de requerimento (art. 29°, n°1) e a junção de prova do tempo considerar-se-á como requerimento da respectiva contagem (art. 29°, n°3).

Fora esse caso, que depende sempre de pedido nesse sentido, a demais contagem de tempo de serviço pode ser "requerida" pelo interessado em processo próprio. É uma faculdade, não uma obrigação.

Em todo o caso, mesmo sem pedido, a Caixa deverá providenciar oficiosamente pela averiguação do tempo de serviço contável, quer para o apuramento do tempo mínimo necessário à inscrição sempre que para o efeito for enviado o respectivo boletim (ver arts. 3° e 4°, supra e anot. 3ª ao presente artigo), quer para a concessão da aposentação quando requerida (arts. 84°, 86°, n°2 e 87°, infra).

O requerimento deve ser claro e preciso (art. 74°, n°1), e desencadeia a marcha do processo.

Não está obviamente excluído o *direito à informação* referido no art. 61° e sgs do CPA, circunstância repetida quando o interessado frequentemente se limita a solicitar certidões sobre o tempo de serviço contado até determinado momento. A Caixa certificará os elementos que dispuser sobre o tempo já contado e poderá emitir certidão negativa se não houver tempo contado (liquidado ou apurado, queremos dizer). No entanto, em obediência aos *princípios anti-formalista* e da desburocratização (art. 10° do CPA) que domina a actividade administrativa, será aconselhável que interprete e satisfaça esse pedido como concomitante pedido de contagem e de certificação se de algum modo essa pretensão resultar presente no requerimento.

JURISPRUDÊNCIA

«I – As resoluções, tomadas pelo órgão dirigente da Caixa Nacional de Previdência, em processo de contagem prévia de tempo de serviço, para efeitos de aposentação (art. 34, do Estatuto de Aposentação), dado que são alteráveis no processo de aposentação e podem ser, sem dependência de prazo, revistas, nos termos do art. 101, 1, a), revogadas ou reformadas com base na ilegalidade ou modificação da lei, não constituem actos definitivos.

II – Assim, os recursos contenciosos, interpostos dessas decisões devem ser rejeitados por falta de um pressuposto processual relativo ao objecto».
(Ac. do STA, de 15/03/90, Proc. N° 027191)

«I – O acto de contagem de *tempo parcial* de serviço prestado para efeitos de aposentação reveste natureza meramente preparatória, sendo regulado pela lei vigente a data do acto ou facto determinante da aposentação, tendo também agora em consideração a redacção dada ao art. 34, n. 2 do Estatuto da Aposentação pelo decreto-lei n. 214/83, de 25 de Maio.

II – Carecendo tal acto do atributo da definitividade não e contenciosamente recorrível, pelo que foi bem rejeitado o recurso interposto no T.A.C. não merecendo censura a respectiva decisão».
(Ac. do STA, de 20/03/90, Proc. N° 027270)

«É irrecorrível a resolução tomada em processo de contagem prévia do tempo de serviço por ser preparatória da resolução final a proferir sobre a pensão de aposentação, podendo ser revista, revogada ou reformada nesta última decisão ou antes dela».
(Ac. do STA de 05/06/90, Proc. N° 028053, in ap. ao DR, II, de 31/01/95, pág. 4148)

«I – O acto de contagem prévia do tempo de serviço, para efeitos de aposentação, é acto preparatório da fixação da pensão e por isso não é acto definitivo.

II – Como o interessado tem possibilidade de recorrer do acto definitivo da fixação da pensão e aí atacar os fundamentos de tal fixação, não se forma caso resolvido em relação à contagem prévia do tempo, pelo que tal contagem, não sendo um acto definitivo, não é contenciosamente recorrível».
(Ac. do STA, de 25/02/93, Proc. N° 031359)

I – As resoluções tomadas em processo de contagem prévia de tempo de serviço são meramente preparatórias da resolução final do processo de aposentação, podendo, até ao momento desta, ser revistas, revogadas ou reformadas, nos termos do art. 34, n. 2 do Estatuto de Aposentação.

II – Não representando tal acto a decisão final da Administração sobre a contagem de tempo de serviço, é insusceptível de produzir efeitos imediatos, actual e efectivamente lesivos de direitos ou interesses legalmente protegidos, sendo, por isso irrecorrível contenciosamente».
(Ac. do STA, de 02/02/95, Proc. n° 034703, in BMJ n° 444/234)

«I – A resolução tomada pelo órgão dirigente da Caixa Nacional de Previdência em processo de contagem de tempo de serviço, para efeito de aposentação, nos termos do artigo 34 do E.A., alterável, como é, no processo de aposentação e, sem dependência de prazo, susceptível de revisão ao abrigo do artigo 101, n. 1, al. a) desse diploma ou revogável e reformável com base em ilegalidade ou alteração da lei, não define a situação do administrado perante a Administração e por isso, ainda que desfavorável a pretensão sua, não constitui acto lesivo.

II – Não sendo acto lesivo, não é susceptível de impugnação contenciosa ao abrigo do preceituado no n. 4 do artigo 268 da C.R.».
(Ac. do STA, de 04/04/95, Proc. nº 036356)

«I – A possibilidade de impugnação de um acto administrativo implica que se trate de uma decisão de autoridade tomada no uso de poderes jurídico-administrativos com vista à produção de feitos jurídicos externos sobre determinado caso concreto, o que, em princípio, exclui da recorribilidade os actos internos e os actos preparatórios.

II – A resolução proferida no processo de contagem prévia do tempo de serviço para efeitos de aposentação não representa a última palavra da Administração na matéria, uma vez que pode o então decidido ser revisto, revogado ou reformado na decisão final que vier a ser proferida no processo de aposentação.

III – Com efeito, não deixa de se tratar de um acto por natureza provisório que, para ser impugnável contenciosamente, implica uma directa produção de efeitos jurídicos externos.

IV – Ora, a esta luz, no concreto caso, não há uma lesão efectiva e imediata dos direitos ou interesses legalmente protegidos do administrado, senão a lesão, quando muito – e tal como o recorrente a configura -, potencial. Tão-pouco tem o acto, em si, aptidão para estabelecer caso resolvido».
(Ac. do TC, nº 6098, de96/02/06, in DR, II, nº 105, de 06/05/96, pág. 6002)

«I – O acto da Direcção da Caixa Geral de Aposentações, proferido em processo de contagem prévia de tempo de serviço para efeitos de aposentação que indefere a pretensão do requerente de ver contado, para aqueles efeitos, certo período de tempo, não define a situação do recorrente quanto à contagem de tempo de serviço para efeitos de aposentação, pois é acto meramente preparatório da resolução final a tomar no processo de aposentação, no qual pode ser alterada ou modificada aquela contagem prévia, conforme dispõe o art. 34 do Estatuto da Aposentação.

II – Tal acto de contagem prévia de tempo de serviço, não sendo imediatamente lesivo dos interesses do recorrente, não é acto administrativo recorrível.

Rejeitado o recurso contencioso interposto de tal acto preparatório, não há que facultar ao recorrente prazo para alegações complementares ao abrigo do disposto no art. 52° da LPT A, se entretanto houver sido noticiada no processo a fixação da pensão definitiva com base nos critérios temporais estabelecidos no acto recorrido, pois que este – objecto do recurso contencioso – permanece sem potencialidade lesiva.

Não existe contradição entre os fundamentos e a decisão se esta – depois de obtemperar que o legislador colocou a tónica da recorribilidade do acto na respectiva lesividade, haver considerado a final que o acto não era recorrível por não ser definitivo, mormente se esta consideração houver sido feita a título meramente explicativo ou coadjuvante; no sentido de que a decisão prévia sobre a contagem do tempo de serviço era ainda susceptível de ser alterada ou modificada no seio do processo de aposentação e até à "resolução final" deste».
(Ac. do STA, de 08/04/97, Proc. n° 040734)

«I – O processo de contagem prévia previsto no artigo 34/1/a) do Estatuto da Aposentação, foi concebido fundamentalmente para salvaguardar interesses do administrado, ou seja para lhe permitir ,sempre que o entenda por necessário e em cada momento da sua carreira caso existam dúvidas quanto ao efectivo tempo de serviço que possui para efeitos de aposentação, através de um simples requerimento, ter conhecimento desse tempo, já que só assim e em concreto, lhe é dada a possibilidade de poder tomar com rigor as opções que eventualmente entender quanto a escolha do momento da sua vida que considere como o mais adequado para se aposentar, desde que preenchidos os requisitos legais para o efeito.

II – As decisões em processo de contagem prévia pela Caixa, embora consideradas "preparatórias da resolução final", apenas podem ser modificadas pelo seu autor, nos seguintes casos:
- a) Ser revistas nos termos do n° I do artigo 101°, ou seja, "quando, por facto não imputável ao interessado, tenha havido falta de apresentação, em devido tempo, de elementos de prova relevantes",
- b) Ser revogadas ou reformadas, quando se verifique ter sido ilegal a resolução ou com base em alteração da lei em que a contagem se baseou.

III – A recorribilidade ou irrecorribilidade contenciosa dos actos administrativos, incluindo os preparatórios, prende-se agora, face ao disposto no artigo 268° n° 4 da CRP, não pelo facto de serem ou não definitivos e executórios, mas sim por lesarem ou não direitos ou interesses legalmente protegidos.

Há por isso que apurar sempre, face ao caso concreto, se o acto impugnado é ou não idóneo para produzir efeitos lesivos. E, se em algum ponto esse acto, mesmo que preparatório, importar o sacrifício de um interesse juridicamente tutelado do particular, o acto será lesivo e, como tal, contenciosamente imputável por aplicação directa do artigo 268° n° 4 da CRP.

IV – E passível de projectar consequências lesivas, determinantes da sua relevância contenciosa, a decisão da CGA que, em processo de contagem prévia contou à interessada, médica com horário de trabalho semanal de 42 horas, "para efeito de tempo de aposentação" determinado tempo e no qual incluiu "3 anos, 2 meses e 22 dias, respeitante ao acréscimo de 25° no tempo" de acordo com o previsto no artigo 9°, n° 9 do DECRETO-LEI 310/ /82, de 3 de Agosto, nomeadamente por nessa decisão e relativamente a esse acréscimo de tempo, ter sido "apurada a dívida de 1 051 026$00", cujo pagamento a CGA exige ou impõe à interessada caso esta pretenda beneficiar desse tempo de serviço "acrescido", o que a interessada considera ilegal».
(Ac. do TCA, de 26/11/98, Proc. n° 801/98)

«Não julga inconstitucional a norma constante do artigo 25°, n°1, da Lei de Processo nos Tribunais Administrativos, interpretada no sentido de considerar irrecorríveis contenciosamente as resoluções da Caixa Geral de Aposentações, que decidam, desfavoravelmente as pretensões dos interessados, os pedidos de contagem prévia de tempo de serviço para efeitos de aposentação:

I – O sentido da garantia constitucional de recurso contra actos administrativos ilegais e a de que onde haja um acto da Administração que defina a situação jurídica de terceiros, causando-lhe lesão efectiva dos seus direitos ou interesses legalmente protegidos, existe o direito de impugná-lo contenciosamente, com fundamento em ilegalidade.

Tal direito de impugnação contenciosa já não existe, se o acto da Administração não produz efeitos externos ou produz uma lesão de direitos ou interesses apenas potencial.

II – "In casu", o acto de que se interpôs recurso contencioso de anulação (a resolução proferida no processo de contagem previa do tempo de serviço para efeitos de aposentação) não representa a ultima palavra da Administração na matéria, pois pode vir a ser revista, revogada ou reformada.

III – Assim, não causou lesão efectiva do respectivo direito. A lesão, a existir, e meramente potencial.

Deste modo, mesmo não podendo recorrer-se contenciosamente dessa resolução, não se viola a garantia constitucional da accionabilidade dos actos administrativos ilegais».
(Ac. do TC, de11/01/95, Proc. n° 92-0728, in DR, II, de 22/03/95)

«Não julga inconstitucional a norma do n° 1 do artigo 25° da Lei de Processo nos Tribunais Administrativos, interpretada no sentido de considerar irrecorrível contenciosamente a resolução da Caixa Geral de Aposentações relativa à contagem prévia de tempo de serviço para efeitos de aposentação.

I – A possibilidade de impugnação de um acto administrativo implica que se trate de uma decisão de autoridade tomada no uso de poderes jurídico-administrativos com vista à produção de feitos jurídicos externos sobre determinado caso concreto, o que, em princípio, exclui da recorribilidade os actos internos e os actos preparatórios.

II – A resolução proferida no processo de contagem prévia do tempo de serviço para efeitos de aposentação não representa a última palavra da Administração na matéria, uma vez que pode o então decidido ser revisto, revogado ou reformado na decisão final que vier a ser proferida no processo de aposentação.

III – Com efeito, não deixa de se tratar de um acto por natureza provisório que, para ser impugnável contenciosamente, implica uma directa produção de efeitos jurídicos externos.

IV – Ora, a esta luz, no concreto caso, não há uma lesão efectiva e imediata dos direitos ou interesses legalmente protegidos do administrado, senão a lesão, quando muito – e tal como o recorrente a configura –, potencial. Tão-pouco tem o acto, em si, aptidão para estabelecer caso resolvido».

(Ac. do TC, de 06/02/96, Proc. nº 93-378, in DR, II, de 06/05/96)

CAPÍTULO III
DIREITO DE APOSENTAÇÃO

Artigo 35º
Fundamento do direito de aposentação

O direito de aposentação depende da qualidade de subscritor, sem prejuízo do disposto no artigo 40º.

NOTAS

1 – Ver arts. 20º, 22º e 32 supra.

2 – A aceitação da nomeação, através da *posse*, determina o início de funções para todos os efeitos legais, designadamente a contagem do tempo de serviço (arts. 9º e 12º do DL nº 427/89, de 7/12).

O desligamento do serviço para efeito de aposentação é uma forma de extinção da relação jurídica de emprego (art. 28º, nº1, do DL nº 427/89). Mas para que dessa extinção se possa extrair o direito à aposentação é necessário que o funcionário estivesse inscrito na Caixa Geral de Aposentações e apresentasse a qualidade de subscritor (cfr. art. 1º).

Pode, no entanto, suceder que o interessado tenha perdido essa qualidade por "eliminação do subscritor" (art. 22º). Isso, porém, não impede que lhe seja concedido o direito à aposentação em certas circunstâncias: as previstas no art. 40º.

3 – A relação jurídica de emprego público e a relação jurídica da aposentação são realidades distintas e inconfundíveis, embora de algum modo estejam relacionadas, na medida em que da 1ª nasce em princípio uma expectativa à obtenção da 2ª e esta depende necessariamente daquela.

Sobre a natureza jurídica da aposentação: **J. Alfaia**, in *ob. cit.*, II, pág. 1057 e sgs.

4 – Concedido o direito à pensão, o seu titular passará a receber uma pensão mensal vitalícia em função da remuneração mensal e do número de anos e meses de serviço completos de serviço de subscritor, ou em razão do grau da incapacidade de que sofra (art. 46º).

Esta pensão tem obviamente a natureza de prestação pecuniária (não pode ser substituída por contrapartida de outra espécie) e visa recompensar o funcionário que à causa pública se dedicou e a Administração serviu.

Com a aposentação perde o estatuto de trabalhador no activo com o rol de direitos e deveres associados e adquire um novo estatuto com novos e diferentes direitos e deveres (cfr. art. 74º).

JURISPRUDÊNCIA

«1 – Carreira, promoção (mudança para a categoria seguinte de determinada carreira) e reconstituição de carreira, são figuras que só fazem sentido na vigência da relação jurídica de emprego público.

2 – A relação jurídica de emprego cessa, entre outras causas, por desligação do serviço para efeito de aposentação – artigos 28º nº 1 DL 427//89 de 7.12 e 99º do EA.

3 – Assim, a satisfação da pretensão de um militar deficiente das Forças Armadas à actualização, com efeitos retroactivos, da sua pensão de reforma, sem qualquer intuito de opção pelo regresso ao activo, não implicaria qualquer reconstituição da sua carreira e apenas produziria efeitos no âmbito da relação jurídica de aposentação que mantém com a Administração Pública.

4 – Portanto e como decorre, designadamente, do art. 3º do DL 134/97 de 3 1.5, é aos órgãos próprios da CGA que compete decidir tal pretensão, não se formando indeferimento tácito, por falta do dever legal de decidir, quando tal pretensão é dirigida ao membro do Governo».
(Ac. do TCA, de 28/09/2000, Proc. nº 1724/98)

Artigo 36º
Formas de aposentação

1 – A aposentação pode ser voluntária ou obrigatória.

2 – A aposentação é voluntária quando tem lugar a requerimento do subscritor, nos casos em que a lei a faculta; é obrigatória quando resulta de simples determinação da lei ou de imposição da autoridade competente.

NOTAS

1 – Redacção introduzida pelo art. 54º do DL nº 503/99, de 20/11.

Neste mesmo artigo, previu-se outrora a existência de aposentações ordinárias e extraordinárias Definiam-se assim:

«*Nº2 – A aposentação é ordinária quando pressupõe o exercício de funções pelo tempo mínimo fixado no artigo seguinte; é extraordinária quando a natureza da sua causa dispensa esse pressuposto*».

No artigo 37º eram especificadas as condições da aposentação ordinária, e no artigo 38º as da aposentação extraordinária.

O DL nº 503/99 tratou de eliminar essas formas de aposentação.

2 – A aposentação é *voluntária* quando depende da iniciativa do interessado (subscritor, se mantém essa qualidade; ex-subscritor, se a perdeu por eliminação: ver arts. 22º e 40º).

É *obrigatória* (ou "coactiva", como lhe chama **Paulo Veiga e Moura**, in *ob. cit*, I, pág. 454) quando imposta pela lei ou pela Administração.

3 – É *voluntária*, designadamente, a aposentação:
   a) radicada na prestação de serviço durante 36 anos (apenas para a aposentação antecipada: cfr. art. 37º-A e anotações).
   b) radicada na simultaneidade da prestação de serviço *durante 36 anos* por trabalhador com *60 anos de idade* (art. 37º, nº1).

A aposentação (voluntária) com este fundamento "*depende necessariamente de requerimento do interessado*" (art. 39º, nº1, do presente Estatuto).

Neste caso, o requerimento não terá seguimento sem o prévio pagamento das quotas correspondentes ao mínimo de 5 anos de serviço, quando este for indispensável para a aposentação (art. 39º, nº3).

Porque a lei, ao referir-se ao interessado, se exprime com a referência a "subscritor", podemos garantir que a aposentação nesse caso é requerida por funcionário com a inscrição ainda válida, actuante e, portanto, não cancelada e sem eliminação de que trata o art. 22º supra.
   c) radicada em incapacidade, limite de idade e em pena expulsiva disciplinar ou criminal de funcionário *que já não é subscritor* (art. 39º, nº1, "in fine", 40º e 37º, nºs 2, als. a), b) e c)).

Como se verá, se tais situações atingirem quem ainda *é funcionário subscritor*, então a respectiva aposentação é obrigatória (talvez com maior rigor se deva dizer tratar-se de aposentações "mistas").
   d) reconhecida ao pessoal disponível, como medida de descongestionamento (art. 6º, al.a), do DL nº 247/92, de 7/11;
   e) reconhecida em resultado de acidente de serviço ou doença profissional que impliquem uma *incapacidade permanente parcial* (que se traduz numa desvalorização permanente do trabalhador e pro-

voca uma redução definitiva na respectiva capacidade geral de ganho): arts. 4°, n°4, al. b) e 34°, n°s1 e 4 do DL n° 503/99, de 20/11 e art. 17°, als. c) e d) da Lei n° 100/97, de 13/09.

f) punição do subscritor com sanção expulsiva disciplinar ou por condenação penal definitiva, demitido ou colocado em situação equivalente (art. 37°, n°2, al.c)).

Na medida em que o art. 37°, n°2, al.c) prescreve que esta aposentação tem lugar "sem prejuízo do disposto nos n°s 2 e 3 do art. 40°", isso significa que ela só "*poderá ser concedida a requerimento do interessado*" (art. 40°, n°2), ou seja, que é de natureza *voluntária* (**J. Alfaia,** *ob. cit*., II, pág. 1064).

Deste modo:

1 – Se tiver sido demitido, a aposentação nunca será concedida menos de *dois anos* após *a aplicação da pena* e será necessário que conte com *pelo menos cinco anos de serviço* (art. 40°, n°2) e ainda:

    1.1 – quando vier a ser declarado absoluta e permanentemente incapaz (art. 40°, n°2, al.a)); ou

    1.2 – quando vier a atingir o limite de idade (art. 40°, n°2, al.b)).

2 – Se tiver sido eliminado em virtude de uma condenação criminal em pena superior a dois anos, a aposentação apenas será concedida *após o cumprimento da respectiva pena,* sendo ainda necessário que o ex-subscritor reuna as seguintes condições:

    2.1 – tenha prestado até à cessação cinco anos de serviço (art. 40°, n°3) e ainda:

    2.2 – venha a ser declarado absoluta e permanentemente incapaz (art. 40°, n°2, al.a)); **ou**

    2.3 – venha a atingir o limite de idade (art. 40°, n°2, al.b)).

4 – É *obrigatória* a fundada em:

a) incapacidade permanente absoluta em consequência de acidente de serviço e doença profissional (arts. 4°, n°4, al.b), 34°, n°1 e 4, do DL n° 503/99, de 20/11, art. 17°, als. a) e b), da Lei n° 100/97, de 13/09.

Trata-se de uma incapacidade que produz uma impossibilidade permanente do trabalhador para o exercício das *suas* funções ou de *todo e qualquer* trabalho (art. 3°, n°1, al. m), DL n° 503/99) que gera uma reparação traduzida na concessão de uma pensão vitalícia *independentemente do tempo de serviço prestado* (art. 4°, n°1, cit. DL n° 503/99).

Sobre o catálogo de *doenças incapacitantes*, para efeitos do DL n° 497/88, de 30/12: ver Despacho Conjunto n° A-179/89-IX.

b) incapacidade permanente absoluta por outro fundamento (art. 37°, n°2, al. a), do Estatuto).

Há-de ser doença que provoque no trabalhador incapacidade absoluta e permanente para o exercício das *suas* funções. Isto equivale a dizer que o funcionário pode estar apto para *outras* funções, isto é, diferente tipo de tarefas, cargos e actividades. Sem embargo, essa circunstância não obsta à concessão da aposentação.

Por outro lado, a incapacidade não tem que estender-se a todos os aspectos materiais e funcionais do exercício do cargo. Mesmo que para alguns desses aspectos possa manter-se alguma habilitação funcional, nem por isso a aposentação deixará de ser concedida, se o exame médico for peremptório acerca da inabilitação geral absoluta e permanente.

Para ser concedida é necessário que o funcionário tenha contado com pelo menos *cinco anos de serviço* (proémio do n°2), ao contrário da aposentação por incapacidade reconhecida pelo DL n° 503/99 (ver alínea anterior).

Carece de um prévio exame médico (art. 89°, infra) e da consequente declaração de tipo laudatório certificativo da doença e da incapacidade.

Sendo, embora, obrigatória a aposentação fundada neste factor, pode no entanto suceder que a Caixa demore a organização e conclusão oficiosa do respectivo processo. Por essa e outras razões, o legislador acabou por considerar que também devia ser dada hipótese ao interessado de se antecipar à própria Caixa. E assim, concedeu (art. 39°, n°2)que essa aposentação "também pode ser *requerida* pelo subscritor" (o que permite concluir que, mais do que obrigatória, se pode dizer «mista» a aposentação assim prevista).

Esta aposentação pode ainda ser promovida, quer dizer, desencadeada, pelo órgão superior da administração pública determinando a apresentação do subscritor a exame médico (art. 41°).

Na alínea a) do n°2 do art. 37° em observação (como, de resto, nas alíneas b) e c)) está pressuposta a qualidade de subscritor actual, logo, sem cancelamento da inscrição (é assim que se lhe refere o proémio: «...quando o *subscritor*...»). Porém, não está afastada a possibilidade de a aposentação contemplar *ex-subscritores* ou *antigos subscritores* (ver art. 40°). Nesses casos, mesmo que os fundamentos sejam os das alíneas a), b) e c) do n°2 do art. 37°, a aposentação deixa de ser obrigatória, para passar a ser apenas *voluntária* e depender *"necessariamente de requerimento do interessado"* (ver art. 39°, n°1).

c) limite de idade (art. 37°, n°2, al.b) e 41°, n°2, deste Estatuto; tb. Decreto n° 16 563, de 2/03/1929);

Aqui se inclui o limite especialmente fixado na lei para o exercício de determinado cargo (art. 37°, n°2, al. b)), bem como o limite insuperável geral de idade (70 anos) para o exercício de funções públicas (art. 1° do Dec. N° 16 563 cit.).

d) aplicação de pena disciplinar de aposentação compulsiva (arts. 42° deste Estatuto; 12°, n°7, 13°, n°10 e 26°, do Estatuto Disciplinar).

f) ausência de condições para permanecer ou retomar o serviço pelo funcionário assistido a tuberculose (art. 21°, corpo, do DL n° 48359, de 27/04/1968).

JURISPRUDÊNCIA

«No caso de aposentação requerida por *excedente* da função pública, nos termos do artigo 16, n. 1, do Decreto-Lei n. 43/84, de 3 de Fevereiro, o tempo de serviço a atender é o decorrido até à resolução final da Caixa a reconhecer o direito a aposentação voluntária, nos termos dos artigos 33, n. 2, alínea a), e 43, n. 1, alínea a), do Estatuto da Aposentação, e não o decorrido até à prolação do despacho do membro do Governo que autorizou essa aposentação voluntária, pois este despacho não é determinante da aposentação, não vinculando a Administração da Caixa, à qual continua a competir verificar se, no caso, ocorrem os requisitos legais da aposentação e, em caso negativo, indeferir o respectivo requerimento»

(Ac. do STA, de 09/12/93, Proc. Nº032478, in ap. ao DR. de 15/10/96, pág. 7033)

«I – No domínio do DL 47331, de 23/11/66, com a redacção introduzida pelo artigo 1 do DL 78/83, de 9/2, o funcionário do *serviço diplomático* colocado no estrangeiro, em missão ou delegação permanente ou em Consulado, ao completar 65 anos, poderá optar entre a aposentação ou a disponibilidade simples.

II – A opção por uma ou outra dessas situações depende exclusivamente da vontade do funcionário, pelo que o Ministro dos Negócios Estrangeiros age no exercício de um poder vinculado quanto decide da pretensão nos exactos termos em que foi formulada.

III – O funcionário na situação referida em I pode também requerer a colocação na disponibilidade em serviço.

IV – Ao decidir a pretensão referida em III, o Ministro exerce um poder discricionário, atendendo-a ou indeferindo-a, segundo o que tenha por mais conveniente para o serviço.

V – Para o efeito, terá então de ouvir o Conselho do Ministério, constituindo essa audição formalidade essencial do procedimento administrativo cuja omissão vicia de forma a decisão final.

VI – Na hipótese contemplada em 11, a situação do funcionário que atinge os 65 anos é pré-determinada pela sua vontade, pelo que não tem de ser ouvido o Conselho do Ministério, por falta do sentido útil de tal diligência».

(Ac. do STA, de 20/01/94, Proc. nº 026008)

«Verificada pela Junta Médica da Caixa a *incapacidade absoluta e permanente* do subscritor para o exercício das suas funções com um grau de desvalorização de 60,26% por cento, em consequência de acidente de serviço, a pensão de aposentação extraordinária respectiva deverá ser calculada através da fórmula prevista no n. 2 do artigo 54 do Estatuto da Aposentação».

(Ac. do STA, de 22/11/94, Proc. Nº 035039)

«I – O pessoal constituído em *excedente*, com direito a aposentação voluntária antecipada nos termos do n. 1 als. a) e b) da Resolução do Conselho de Ministros 26/89, é tanto o pessoal desocupado como o subutilizado, nos termos do n. 1 do artigo 4 do DL 41/84, de 3/2.

II – O pessoal subutilizado, que reuna essas condições, tem direito, se aposentado voluntariamente, a um acréscimo de 20% no cálculo da pensão de aposentação».
(Ac. do STA, de 28/05/96, Proc. n° 039633)

«I – O pessoal *excedentário*, com direito a aposentação voluntária antecipada, nos termos do n°1, als. a) e b) da Resolução do Conselho de Ministros n° 26/89 engloba o subutilizado, nos termos do n°1, do artigo 4° do DL n° 41/84, de 3 de Fevereiro.

II – O pessoal subutilizado, que recusa essas condições e é aposentado voluntariamente, tem direito ao acréscimo de 20% no cálculo da pensão de aposentação».
(Ac. do STA, de 15/05/97, Proc. n° 040700)

«Não julga inconstitucional a norma do artigo 66° do Estatuto dos Magistrados Judiciais (aprovado pela Lei n.° 21/85, de 30 de Julho), quando interpretada no sentido de que os magistrados judiciais aposentados ou jubilados por incapacidade têm direito à pensão de aposentação por inteiro, independentemente do tempo de serviço:

I – Existe violação do *princípio da igualdade* enquanto proibição de arbítrio, quando os limites externos da discricionariedade legislativa são afrontados por ausência de adequado suporte material para a medida legislativa adoptada. Por outro lado, as medidas de diferenciação hão-se ser materialmente fundadas sob o ponto de vista da segurança jurídica, da praticabilidade, da justiça e da solidariedade, não devendo basear-se em qualquer razã8 constitucionalmente imprópria.

II – Assim, pode dizer-se que a caracterização de uma medida legislativa como inconstitucional, por ofensiva do princípio da igualdade, dependerá, em última análise, da ausência de fundamento material suficiente, isto é, de falta de razoabilidade e consonância com o sistema jurídico.

III – Ora, nesta perspectiva das coisas, há-de dizer-se que a norma do artigo 66° do Estatuto dos Magistrados Judiciais, tendo em conta os específicos valores que estão em causa e os fins visados com a aposentação e jubilação dos magistrados judiciais, ao originar uma *pensão por inteiro* independentemente do tempo de serviço efectivamente prestado, não se apresenta como medida legislativa despojada daquele mínimo de suporte material indispensável à sua legitimidade constitucional.

IV – Com efeito, compreende-se o sentido e alcance da solução encontrada, a qual tem suficiente fundamentação material, quando se tem em

consideração que os magistrados judiciais aposentados por incapacidade hão-de ser portadores de elevado grau de incapacidade, procurando-se assegurar ao incapacitado – titular de um órgão de soberania – condições de sobrevivência dignas e consentâneas com o seu anterior estatuto profissional».
(Ac. do TC, de 14/05/97, Proc. n° 95-0632, in DR, II, de 10/07/97)

PARECERES DA PROCURADORIA GERAL DA REPÚBLICA

«As medidas de descongestionamento de efectivos através do aumento da possibilidade de aposentação voluntária, previstas no art. 9°, n°s 6,7 e 8, da Lei n° 9/86, de 30 de Abril, aplicam-se tanto aos funcionários e agentes da administração central como aos da administração local».
(Parecer da PGR n° 04907, de 04/12/86)

ARTIGO 37°
Condições de aposentação

1 – A aposentação pode verificar-se, independentemente de qualquer outro requisito, quando o subscritor contar, pelo menos, 60 anos de idade e 36 de serviço.

2 – Há ainda lugar a aposentação quando o subscritor, tendo, pelo menos, cinco anos de serviço:
   a) Seja declarado, em exame médico, absoluto e permanentemente incapaz para o exercício das suas funções;
   b) Atinja o limite de idade legalmente fixado para o exercício das suas funções;
   c) Seja punido com pena expulsiva de natureza disciplinar ou, por condenação penal definitiva, demitido ou colocado em situação equivalente, sem prejuízo do disposto nos n.° s 2 e 3 do artigo 40°.

3 – O Governo poderá fixar, em diploma especial, limites de idade e de tempo de serviço inferiores aos referidos nos números anteriores, os quais prevalecerão sobre estes últimos.

4 – O tempo de inscrição nas instituições de previdência referidas no n.° 2 do artigo 4°, quer anterior, quer posterior ao tempo de inscrição na Caixa, contar-se-á também para o efeito de se considerar completado o prazo de garantia que resultar do disposto nos n.° 2 e 3 do presente artigo.

NOTAS

1 – A actual redacção resulta das alterações introduzidas pelos DL nº 191-A/79, de 25/06 e 503/99, de 20/11. O artigo na redacção anterior referia-se à aposentação "ordinária", classificação agora insubsistente.

2 – A *pensão completa* ou "por inteiro", como também se diz, desde que o funcionário público contasse com trinta e seis anos de serviço, qualquer que fosse a sua idade, era garantida pelo DL nº 116/85, de 19 de Abril. Não seria, assim, necessário aguardar pelos 60 anos de idade (vide, entretanto, o que sobre o assunto escreveremos a propósito do art. 37º-A adiante).

A alusão à idade do funcionário (60 anos) e ao tempo de serviço (36 anos) no presente preceito mantém-se, no entanto, actual, na medida em que a reunião desses dois requisitos é por si suficiente à aposentação *"independentemente de qualquer outro requisito"* (nº1), enquanto no diploma anteriormente citado se introduzia um elemento condicionante, que era o da *"inexistência de prejuízo para o serviço"* (art. 1º, nº1 e art. 3º, nº2). Assim, no caso da disposição em análise, a aposentação depende exclusivamente da vontade do interessado, sem qualquer influência externa adicional (verificados os requisitos do tempo e da idade mencionados, a Caixa está vinculada à concessão da aposentação). A idade e o tempo de serviço, elementos objectivos, como se sabe, darão o suporte à aposentação, desde que accionado o elemento subjectivo, que é o da vontade do interessado. A reunião destes elementos garante ao subscritor uma aposentação, enfim, um "direito ao descanso". Segundo o regime especial do DL nº 116/85, mesmo tratando-se ainda de uma aposentação voluntária, a sua concessão dependeria ainda determinantemente de uma prévia e cuidada ponderação dos serviços do interessado acerca dos reflexos negativos que o seu desligamento neles pode causar (as alterações recentes ao Estatuto, como veremos no lugar próprio, fizeram desaparecer este direito).

No tempo de serviço inclui-se o tempo acrescido referido no art. 25º supra.

3 – A idade e o tempo de serviço associados naqueles moldes constituem os requisitos gerais para que a aposentação seja *requerida* pelo funcionário («A aposentação *pode* verificar-se...»). Trata-se, pois, de uma *aposentação voluntária* que depende necessariamente de requerimento ("conditio sine qua non") do subscritor (art. 39º, nº1)

O funcionário subscritor, no entanto, pode preferir continuar no exercício do cargo e nada o impede, efectivamente, de se manter na função pública. O limite geral, nesse caso, é o dos 70 anos de idade, imposto inicialmente pelo Decreto nº 16 563, de 2 de Março de 1929 e actualmente pelo DL nº 127/87, de 17/03, se outro não estiver especialmente fixado.

Também não perde o direito à aposentação se o interessado (que com esse fundamento não se quis aposentar) vier a perder a qualidade de subscritor após os 36 anos de serviço e os 60 anos de idade (art. 40°, n°1, 1ª parte), até porque o tempo anterior à eliminação não é perdido (art. 32°).

4 – No n°2, al. a) prevê-se a possibilidade de aposentação por *incapacidade permanente e absoluta* do subscritor, desde que conte com pelo menos cinco anos de serviço (incluindo o eventual tempo acrescido do art. 25°).

Sobre este tipo de incapacidade e diferenças com a prevista no DL n° 503/99, ver anotações 4-a) e 4-b) ao artigo antecedente.

Apesar de *obrigatória* a aposentação, *pode* igualmente o subscritor *requerê-la* (art. 39°, n°2). Nesse caso, não há condições novas, para além do próprio fundamento incapacitante.

Mas se o interessado não for subscritor por ter perdido essa qualidade, a aposentação só será mesmo concedida se for *requerida*, mas desde que acrescidas as condições do art. 40° (cfr. art. 39°, n°1).

Assim, se tiver sido eliminado por causa diferente da demissão, será concedida a aposentação, se o requerente vier a incapacitar-se após a eliminação, e desde que a cessação das funções tenha ocorrido após um período mínimo de cinco anos de serviço (art. 40°, n°1).

Se a causa da eliminação foi a demissão, e se depois dela vier a sofrer de uma incapacidade permanente e absoluta, a aposentação que vier a requerer só será concedida *dois anos* após a *aplicação da pena* e desde que tenha exercido *cinco anos de serviço* até à cessação (art. 40°, n°2, al.a)).

Finalmente, se tiver sido eliminado em consequência de *infracção* pela qual veio a sofrer *condenação criminal* em *pena superior a dois anos*, a incapacidade será geradora da aposentação requerida se ele contar igualmente com *cinco anos de serviço* até à cessação. Nesse caso, porém, a aposentação nunca será concedida antes do cumprimento da respectiva pena (art. 40°, n°3).

Cfr. ainda art. 41°.

5 – O limite imperativo de idade legalmente fixado para o exercício das funções do subscritor constitui um outro factor de *aposentação obrigatória*. Atingida a idade prevista, resta ao funcionário abandonar o lugar que até então ocupou. Será aposentado se contar com pelo menos cinco anos de serviço. Este tipo de aposentação obrigatória por limite de idade, ao contrário da aposentação concedida em razão da idade e tempo de serviço estabelecidos no n°1 do artigo em análise (que proclama o "direito a descansar"), funciona como uma espécie de incapacidade presumida em razão da idade e que assim conduz a uma, por assim dizer, "aposentação forçada" correspondente a uma "obrigação de descansar" (v.g., **António J. Piñeyroa de la Fuente**, in *La Jubilación em la Unificación de Doctrina*, pág. 27/30).

Para os funcionários civis da administração pública o limite geral é de 70 anos (Dec. Nº 16 563, de 2/03/1929; cfr. tb. art. 1º do DL nº 127/87, de 17/3) mas para alguns tipos de actividade, a lei pode especialmente fixar limites diferentes.

A aposentação pelo *limite de idade* a que se refere a al.b), do nº2, do artigo 37º será promovida *oficiosamente* pelo serviço a que o <u>subscritor</u> estiver adstrito (art. 41º, nº2).

Se o interessado já nã<u>o for subscritor</u> por ter sido eliminado, poderá mesmo assim ser aposentado se o *requerer* (art. 39º, nº1). Neste caso:

a) se a causa da eliminação não tiver sido a demissão, será necessário que a cessação definitiva de funções ocorra após *cinco anos de subscritor* (art. 40º, nº1). Se, por exemplo, a relação jurídica de emprego for extinta por "mútuo acordo" (art. 28º, DL nº 427/89), se o funcionário for "exonerado" (art. 29º do DL nº 427/89), se o contrato for "denunciado", "rescindido" ou extinto por "mútuo acordo" (art. 30º, do cit. dip.), nem por isso estará o trabalhador impedido de posteriormente vir a pedir a aposentação, quando para as funções que desempenhou (durante um período mínimo de cinco anos até à cessação) atingir o respectivo limite de idade. Uma vez alcançado este limite, poderá requerer a aposentação sem quaisquer outras condições.

b) se tiver sido *demitido*, poderá do mesmo modo pedir a aposentação quando atingir o limite de idade. Porém, a aposentação nunca será concedida menos de *dois anos* depois da *aplicação da pena* e será necessário que conte com *pelo menos cinco anos de serviço* até à cessação (art. 40º, nº2, al. b)).

c) se tiver sido eliminado por causa de uma *condenação criminal* em *pena superior a dois anos*, a aposentação requerida *quando for atingido o limite de idade* apenas será concedida *após o cumprimento da respectiva pena,* sendo ainda necessário que o *ex-subscritor* tenha prestado até à cessação *cinco anos de serviço* (art. 40º, nº3).

6 – A alínea c) refere-se à perda da qualidade de funcionário por *pena expulsiva* de natureza disciplinar ou em consequência de condenação penal definitiva.

Se tal acontecer, desde que o subscritor tenha cinco anos de serviço, poderá ser aposentado "sem prejuízo do disposto nos nºs 2 e 3 do artigo 40º".

Sobre a articulação com os nºs 2 e 3 do art. 40º citado, ver nota 3.f) ao art. 36º supra.

7 – O nº3 antevê a possibilidade de lei especial consagrar limites de idade e tempo inferiores aos mencionados no artigo.

1º exemplo: o pessoal de investigação criminal da *Polícia Judiciária* passa à situação de aposentado, se o requerer, quando tenha completado 55 anos de idade (art. 148º, nº1, do DL nº 275-A/2000, de 9/11).

2º exemplo: os trabalhadores da *Santa Casa da Misericórdia* podem até 31/12/2005 aposentar-se, sem submissão a junta médica desde que perfaçam *uma* das seguintes condições:
a) 30 anos de serviço, independentemente da idade;
b) 25 anos de serviço e 50 ou mais anos de idade;
c) 20 anos de serviço e 55 ou mais anos de idade (DL nº 94/2000, de 23/05).

3º exemplo: os trabalhadores da *Portugal Telecom*, S.A. podem, até 31/12/2005, aposentar-se em submissão a junta médica, desde que reunam em alternativa *uma* das condições previstas nas alíneas a) e b) do nº1, do art.1º do DL nº 13/95, de 21/01 (DL nº 324/97, de 26/11).

4º exemplo: os funcionários dos serviços de apoio do *Tribunal de Contas* que em 1/03/2001 contem com 30 anos de serviço, têm direito à aposentação voluntária com pensão completa, independentemente de sujeição a junta médica (DL nº 52/2001, de 15/02).

8 – O prazo de cinco anos, ou outro qualquer que a lei venha a estabelecer, de prestação de serviço indispensável à aposentação em consequência de incapacidade, limite de idade ou expulsão da função pública, por funcionar como requisito temporal mínimo para o reconhecimento do direito à aposentação e respectiva pensão, diz-se *prazo de garantia* (nº4). Uma vez cumprido, garante ao trabalhador uma pensão equivalente e proporcional ao tempo prestado.

Este prazo de garantia inclui não só o tempo de subscritor da Caixa, como ainda o tempo de inscrição nas instituições de previdência social destinadas à protecção na velhice referenciadas no nº2, do artigo 4º supra.

Contudo, o tempo de inscrição nessas instituições apenas releva no cômputo do prazo de garantia; já não influencia o valor da pensão a calcular pela Caixa (art. 53º, nº4).

À contrário, ou por exclusão, por não constar da previsão legal do mencionado preceito, o tempo acrescido (art. 25º) conta para ambos os efeitos, além do mais até porque implica o pagamento das respectivas quotas (arts 13º e 29º).

9 – Prescrições idênticas a este preceito, aplicável aos funcionários civis do Estado, podem ler-se no art. 118º referente à "reforma" dos militares.

10 – Apesar do disposto no nº2 (prémio), a Caixa por vezes confere a aposentação a subscritores com tempo de serviço inferior a cinco anos, conforme o admite, por exemplo, o art. 17º da Portaria nº 80/2001, de 8/02.

JURISPRUDÊNCIA

«I – O caracter absoluto da incapacidade referida no art.37° n. 2 al. a) do Estatuto da Aposentação não tem de incidir sobre todos e cada um dos actos que competem ao cargo, bastando que alguns não possam ser executados com a regularidade e eficiência exigíveis não importando, por outro lado, que o subscritor esteja apto a exercer outras actividades ou funções.

II – A conversão da componente lectiva prevista no art.1° do Dec.-Lei 109/85 de 15 Abril insere-se no exercício do poder discricionário da Administração.

III – Não constitui, assim, requisito ou condição prévia da aposentação, a declaração de impossibilidade de tal conversão».
(Ac. do STA, de 29/03/90, Proc. N° 027793)

«I – O art. 41°, 1, do Estatuto de Aposentação, referente a aposentação por iniciativa da Administração, de funcionários absolutamente incapacitados, dirige-se ao órgão superior que superintende no sector a que o funcionário pertence.

II – No processo de aposentação, provocado nos termos do artigo citado, aos orgãos da Caixa Nacional de Previdência só incumbe, na decisão final, verificar a existência das condições legais da situação de aposentado e fixar o quantitativo da respectiva pensão.

III – Não lhes incumbe, assim, averiguar se os órgãos competentes do Ministério da Educação deveriam ter observado o disposto no n. 2, do art. 6°, do D.L. n. 109/85, de 15 de Abril (conversão de horário de trabalho ou reclassificação profissional), em relação a uma professora efectiva, absolutamente incapacitada para funções docentes.

IV – Para que a condição de incapacidade se verifique é necessário e suficiente que ela se reporte às funções do funcionário, não importando a sua aptidão para o exercício de outras actividades».
(Ac. do STA, de 28/06/90, Proc. N° 027406, in ap. ao DR, de 31/01/95, pág. 4557)

«I – A *exoneração* de funcionário, com a consequente eliminação da qualidade de Subscritor da C.G.A., não extingue o direitos daquele à aposentação, nos precisos e aplicáveis termos dos arts. 22, n. 1, 37, 38, 39 e 40, do respectivo Estatuto – DL. n. 498/72, de 9 de Dezembro.

II – Os citados arts. 37° e 40°, quanto se referem ao limite de idade, com fundamento de aposentação ordinária, não fixam esse limite, remetendo para o estabelecido na lei geral, ou na especial aplicável a determinadas categorias de pessoal.

III – Assim, desvinculado da Polícia Judiciária, por exoneração, não perde um seu ex-agente o direito a ver reconhecido, como fundamento de

aposentação ordinária, o limite de idade especialmente fixado para a categoria de pessoal que possuíra».
(Ac. do STA, de 17/01/91, Proc. n° 026744)

«I – Para efeitos do artigo 54°, n. 3 do Estatuto da Aposentação o "serviço de manutenção da ordem pública "pressupõe uma alteração do clima de tranquilidade e disciplina social que permite ao cidadão desenvolver, sem temor, a sua normal actividade.

II – Um agente policial ao intervir na repressão ou prevenção da prática de crimes, embora actue em ordem a defender a ordem social que as normas criminais visam, não actua, necessariamente, na defesa da ordem pública.

III – O serviço de manutenção de ordem pública, para o referido artigo 54° n. 3 do E.A. pressupõe que o funcionário corra um risco específico, decorrente da alteração da ordem pública.

IV – Não actua em serviço de manutenção de ordem pública um agente de Polícia Judiciária que ao pretender identificar e localizar um autor de factos criminosos, entra pacificamente no estabelecimento comercial do visado, que ali se não encontrava, e que ao sair é alvejado, traiçoeiramente, com um tiro disparado por aquele indivíduo.
(Ac. do STA, de 24/10/91, Proc. N° 029073)

«Não são aplicáveis à modalidade de aposentação voluntária criada pelo artigo 9° da Lei n. 9/86, de 30 de Abril, os preceitos dos artigos 47 e 48 do Estatuto da Aposentação.

Efectivamente, a pensão é calculada em função do vencimento base e das diuturnidades, ficando excluídas as remunerações acessórias.
(Ac. do STA, de 14/11/91, Proc. N° 027881)

«I – O *limite de idade* de 60 anos previsto no n. 1 do art. 95° do Dec.--Lei n. 458/82 de 24/11 para o pessoal da Polícia Judiciária justifica-se por razão do especial desgaste psico-físico e de risco funcional a que se encontram sujeitos os membros dessa corporação.

II – Não tem direito a requerer a aposentação ao abrigo dessa disposição, o sub-inspector a quem, antes de perfazer os 60 anos, foi aplicada a pena disciplinar de demissão já que em tal caso lhe é aplicável o limite geral de 70 anos contemplado no Dec.-Lei n. 16563 de 2.3.90 – conf. art. 40° n. 2 do Estatuto da Aposentação aprovado pelo Dec.Lei n. 498/72 de 9/12.
(Ac. do STA, de 10/12/91, Proc. N° 029231)

«A pensão de aposentação a atribuir nos termos do art. 9°, n°8, da Lei n° 9/86, de 30/04, não pode, em qualquer circunstância exceder o limite estabelecido na parte final do mesmo preceito (pensão correspondente a 36

anos de serviço, calculada com base no vencimento base acrescido de diuturnidades)».
(Ac. do STA, de 08/03/94, Proc. Nº 033537)

«Verificada pela Junta Médica da Caixa a *incapacidade absoluta e permanente* do subscritor para o exercício das suas funções com um grau de desvalorização de 60,26% por cento, em consequência de acidente de serviço, a pensão de aposentação extraordinária respectiva deverá ser calculada através da fórmula prevista no n. 2 do artigo 54 do Estatuto da Aposentação».
(Ac. do STA, de 22/11/94, Proc. nº 035039)

«À situação do recorrente, *ex-subscritor* da Caixa G. Aposentações e ex-agente da Polícia Judiciária, demitido antes de perfazer 60 anos de idade, para efeitos de requerer a aposentação, é aplicável o limite geral de 70 anos e não o especial e inferior de 60 anos legalmente estabelecido para o pessoal da Polícia Judiciária».
(Ac. do STA, de 16/03/95, Proc. nº 035190)

«O *limite de idade* a considerar para efeitos de aposentação de um funcionário exonerado antes de atingir esse limite é de setenta anos (limite geral da Função Pública) e não sessenta conforme o previsto no DL nº 48/ /82».
(Ac. do STA de 25/03/98, Proc. nº 041324)

«I – A situação jurídica do funcionário é de *natureza estatutária* sendo, por essa razão e em princípio, livremente modificável pela lei, salvo quando isso possa contender com direitos, liberdades e, garantias constitucionalmente consagradas.
II – Tal como os limites da idade para a aposentação não representam para a esfera dos funcionários no activo nenhum direito adquirido, sendo por isso livremente modificáveis unilateralmente pelo Governo, assim também a redução do limite de idade para a passagem à disponibilidade em serviço constitui prerrogativa do poder público.
III – A redução de 65 para 60 anos de idade para a passagem à disponibilidade em serviço do Conselheiro de Embaixada, embora frustrando alguma expectativa de promoção na carreira diplomática, não significa uma violação do *principio da confiança jurídica*, se tal redução não for arbitrária, intolerável e demasiado opressiva daquela expectativa e antes se fundar numa nova orientação da política geral do governo e for justificada para levar a cabo uma mais eficaz defesa dos interesses do Estado no estrangeiro».
(Ac. do TCA, de 15/02/2001, Proc. nº 1803/98)

«1 – Os docentes que se aposentem por *limite de idade* ou por sua iniciativa permanecerão em funções até ao termo do ano lectivo, salvo se a aposentação se verificar durante o 1° trimestre desse ano (art. 121°, n.° 1 do Dec. Lei 139/A/90,de28/4;

2 – Nos casos em que aos aposentados seja permitido desempenhar funções públicas "é-lhes mantida a pensão de aposentação ou de reforma e abonada uma terça parte da remuneração que competir a essas funções" (art. 79° do Estatuto da Aposentação, aprovado pelo Dec. Lei 498/72, de 9/ /12 e redacção introduzida pelo Dec. Lei 215/87, de 29/5);

3 – O art. 119° do Dec. Lei n° 139/A/90, de 28/4 (Estatuto da Carreira Docente) diz que são aplicáveis ao pessoal docente os Estatutos da Aposentação e de Sobrevivência, com as "alterações constantes do presente capítulo";

4 – Nada havendo no Estatuto da Carreira Docente que contrarie o disposto no art. 79° do Estatuto de Aposentação (ponto 2 deste sumário), então, ao docente que se aposentar, por limite de idade ou por sua iniciativa no decurso dos 2° e 3° trimestres do ano lectivo, e que continue em funções até ao final do ano lectivo, deve ser-lhe abonado, para além da pensão de aposentação, um terço das remunerações respectivas».

(Ac. do TCA, de 15/03/2001, Proc. n° 2748/99)

PARECERES DA PROCURADORIA GERAL DA REPÚBLICA

«1 – De acordo com o n I do artigo 3° do decreto-lei n 141/79, de 22 de Maio, o pessoal de serviço dos organismos que se referem no artigo 1° do diploma, passou a beneficiar de *pensões complementares* de aposentação, a suportar pelos organismos em que tal pessoal se integrasse, ou por outras entidades a designar através de despacho ministerial (n 3 do artigo 3°, n 2 do artigo 4° e artigo 5° daquele decreto-lei);

2 – O pessoal considerado "excedente" nos termos do artigo 4° do decreto-lei n 43/84, de 3 de Fevereiro, ficou integrado em Quadros de Efectivos Interdepartamentais (QEI), para o efeito criados junto das Secretarias Gerais dos competentes serviços de organização e pessoal de cada Ministério, ou de outros serviços quando a sua dimensão o justifique, face ao disposto no n 1 do artigo 6° do mesmo diploma;

3 – Segundo o n°1 do artigo 11° daquele decreto-lei, a aposentação é uma das formas de cessação da qualidade de "excedente", funcionando concomitantemente como modo de descongestionamento dos QEI, deixando de estar integrados nestes os "excedentes" que se aposentem;

4 – O pessoal que integrava os vários QEI à data da entrada em vigor do decreto-lei n 247/92, de 7 de Novembro, transitou para o QEJ 4 – único criado por aquele diploma, cuja gestão técnica e administrativa passou a

incumbir à Direcção-Geral da Administrativa Pública (DGAP) por força do disposto nos artigos 11°,12° e 24° daquele diploma;

5 – Os "excedentes" que tendo integrado um determinado QEI se tenham aposentado antes da entrada em vigor do decreto-lei n 247/92 citado não são abrangidos pela disciplina que tal diploma introduziu;

6 – O encargo com as pensões complementares referidas na 1 conclusão cabe ao Ministério, junto do qual funcionou o QEI em que se integrava o pessoal beneficiário daquelas pensões, se tal pessoal deixou de pertencer a esse QEI por força da aposentação, ainda antes da entrada em vigor do Decreto-Lei n 247/92».

(Parecer da PGR, de 06/03/97, in DR, de 09/12/97, pág. 15054)

Artigo 37°-A
Aposentação antecipada

1 – Os subscritores da Caixa Geral de Aposentações que contem, pelo menos com 36 anos de serviço, podem, independentemente da submissão a junta médica e sem prejuízo da aplicação do regime da pensão unificada, requerer a aposentação antecipada.

2 – O valor da pensão de aposentação antecipada prevista no número anterior é calculado nos termos gerais e reduzido pela aplicação de um factor de redução determinado pela fórmula 1-x, em que x é igual à taxa global de redução do valor da pensão.

3 – A taxa global de redução é o produto da taxa anual de 4,5% pelo número de anos de antecipação em relação à idade legalmente exigida para a aposentação.

4 – O número de anos de antecipação a considerar para a determinação da taxa global de redução da pensão é reduzido de um por cada período de três que exceda os 36.

NOTAS

1 – Este artigo foi introduzido pela Lei n° 32-B/2002, de 30/12 (Orçamento de Estado para 2003).

2 – Também esta é uma forma de aposentação voluntária, visto que carece de requerimento do interessado para a sua concessão.

A principal novidade que apresenta consiste na possibilidade de os interessados requererem a antecipação da reforma independentemente da idade que possuam. Bastará, nesse caso, que tenham completado já 36 anos de serviço.

Só que desta maneira fica automática e definitivamente aniquilado o direito à «pensão completa» estabelecido no art. 1°, do DL n° 116/85, de 19/ /04, quando, *qualquer que fosse a sua idade,* o subscritor contasse 36 anos de serviço e não houvesse prejuízo para o serviço com a sua aposentação.

Com o preceito em análise volta a relevar o factor *idade* para a concretização do direito à pensão por inteiro, o que na realidade representa um retrocesso no sistema de aposentação que vigorava desde 1985 com o citado diploma, aliás expressamente revogado pelo art. 9°, n°3 da citada Lei.

Agora, o tempo de 36 anos de serviço continua a ser requisito bastante para a aposentação, sim, mas para uma *aposentação antecipada.*

3 – Trata-se, sem dúvida nenhuma, de uma medida de engenharia financeira, marcadamente influenciada por factores economicistas ligados à aparentemente débil situação da Caixa no quadro mais vasto da falta de recursos de todo o Sistema de Segurança Social, alegadamente à beira do colapso.

Através da presente medida e com a alteração à regra do cálculo da pensão (art. 53° adiante) o Estado deixa de desembolsar muitos milhares de euros anualmente. Primeiro, porque não pagará pensão àqueles que, por causa da eliminação do direito decorrente do DL n° 116/85, preferem manter-se no activo durante o tempo necessário à obtenção da pensão completa. Além de escapar a esse encargo durante mais alguns anos, a Caixa, em vez disso, vai continuar a receber contribuições desses mesmos funcionários até que atinjam a idade da reforma (a CGA não paga e ainda recebe). Segundo, porque reduz o encargo da pensão aos subscritores que optem por pedir a aposentação antes da idade limite estabelecida por lei. Nestas contas, entre o valor dos descontos que a Caixa deixa de receber desses subscritores e aquilo que ela encaixa ao pagar uma pensão menor há certamente um saldo muito favorável à entidade pagadora.

É este, portanto, o resultado de um ambiente de crise no sector da segurança social, que, como se vê, se reflecte na esfera daquele a quem o Estado Social mais devia proteger no termo de uma carreira e de uma vida dedicada ao trabalho e ao serviço público: o contribuinte trabalhador. Com o fito de proteger os interessados do futuro e na mira de garantir alguma protecção social aos que de momento se encontram no activo, mirra-se o leque de benefícios materiais àqueles que, vindos de um passado de labor e de contribuições destinadas a um fim, se encontram presentemente às portas de uma aposentação justa e merecida.

Mas fazendo-o assim o Estado, mesmo que nesse pressuposto paradoxal de *tirar hoje a uns para dar amanhã a outros,* ou ainda que assente na ideia de *reduzir o sistema para manter o sistema,* fica clara a impopularidade e talvez até a injustiça da medida. Com efeito, o dever de manter o sistema deveria ser preocupação do Estado com recursos a outros mecanismos, sem nunca bulir com esferas patrimoniais assentes em legítimas expectativas de muitos anos. Ainda que se não possa afirmar com segurança que os subscritores "adquiriram o direito" à pensão completa se ainda não completaram os 36 anos de serviço (cfr. DL nº116/85), é bom de ver que, pelo menos, criaram, e ao longo dos anos fortaleceram, o fundado sentimento de que haveriam de "chegar lá", de que por certo obteriam o direito que outros antes de si alcançaram. Isso seria, na sua *legítima expectativa*, a solução justa e nenhuma outra jamais esperariam (sobre *direitos adquiridos*, v. **Franzen Lima**, *Curso de Direito Civil Brasileiro*, 4ª ed., I, pág. 69; **P. Lima e A. Varela**, *Noções Fundamentais de Direito Civil*, 4ª ed., I, pág. 181).

Com este corte brusco nas expectativas jurídicas, além da noção de sacrifício desigual (em relação aos que não foram afectados porque aposentados antes desta lei), fica também a ideia de que no futuro poderá haver necessidade de retomar o princípio que agora é pela primeira vez estabelecido. Na verdade, cremos que esta não é solução duradoira, a panaceia definitiva, senão apenas passageira e com efeitos somente duráveis até ao momento em que tudo voltará a um horizonte breve de anormalidade típica: de um lado, grande número de aposentados "tempestivos" e "normais", juntamente com muitos aposentados "antecipados" e com bastantes aposentados "incapazes", etc.; do outro, um tendencialmente menor número de subscritores contribuintes; logo, com escassez de meios para acudir à realização deste dever social do Estado.

Pensamos, portanto, que não seria este o melhor processo de resolver o problema financeiro. E mesmo que se trate aqui de uma questão estatutária do trabalhador, sujeita por isso a alterações por vontade do legislador em face da conjuntura de cada instante, não deveria ser ele a arcar sempre com as consequências de uma crise para a qual não contribuiu. "Dar menos" não é conceder uma "justiça menor" (não há medidas para a justiça; ou é ou não é justa a solução); "dar menos" a quem seriamente esperava receber mais é "retirar", e isso parece manifestamente injusto.

A este nível, por conseguinte, mais do que respeitar o *direito em formação* a que respeitam os arts. 21º e 44º, nº2, al. b), da Lei de Bases da Segurança Social (diploma que, de resto, se não aplica à aposentação dos funcionários e agentes da Administração Pública dependentes da CGA e que apenas garante os direitos correspondentes aos períodos contributivos e valores de remunerações registadas pelo regime anterior ao beneficiário), o que deveria o legislador fazer, no nosso entender, seria introduzir as alterações para aqueles que de novo (pela 1ª vez) entrassem no sistema e, não como aconteceu, fazer retroagir a lei a situações criadas ao abrigo do regime anterior.

4 – Esta antecipação, que não colide com a aplicação do regime da *pensão unificada* (DL n°361/98, de 18/11), é independente da submissão a junta médica (n°1).

Quer isto dizer que, mesmo que esteja em curso um pedido de junta médica para apuramento do estado de incapacidade do subscritor, a antecipação é possível desde que o interessado conte com 36 anos de serviço. Nesse caso, passará a receber a pensão reduzida ao abrigo da presente disposição. Mas se, porventura, o regime de aposentação desse subscritor for *especial* e se nele estiver estabelecido o direito a uma pensão completa por virtude da incapacidade, a partir da declaração desta em resultado do laudo da junta médica, ele passará a receber a pensão integral que lhe couber.

Vem a propósito falar em *direitos adquiridos e em formação*. Trata-se de conceitos que surgem na Lei de Bases da Segurança Social aprovada pela Lei n° 32/2002, de 20/12 (cfr. arts. 21° e 44°), pensada unicamente para os regimes de segurança social, portanto inaplicáveis aos casos de aposentação por afectação à CGA. Quando a lei fala em *regimes especiais* (arts. 31° e 123°) está a referir-se unicamente aos regimes submetidos ao sistema de segurança social que apresentam regras especiais, em domínios vários, seja na contagem do tempo de serviço, seja na consideração do tempo necessário e suficiente para a aposentação, etc. Quer isto dizer, portanto, que não se aplica aos regimes da aposentação da função pública estabelecido no respectivo Estatuto, ainda que programaticamente se tenha ao longo do tempo afirmado o princípio da convergência, ora reiterado uma vez mais no art. 124° da referida Lei.

No que concerne aos *regimes especiais*, vale o artigo 51° deste Estatuto. Para efeitos do Estatuto, especiais são, assim, os regimes de aposentação ali previstos. Se a isto acrescentarmos o facto de a Lei n° 32-B/2002 não revogar outros regimes específicos de aposentação, isso quererá dizer que para certas classes profissionais, mesmo que na generalidade submetidos ao regime-regra da aposentação, se aplicarão as disposições dos respectivos Estatutos.

5 – A antecipação tem que reportar-se a um limite, que é o da idade de 60 anos previsto no art. 37°, n°1, do Estatuto. Com 60 anos de idade e 36 de serviço, é possível accionar o direito à aposentação voluntária conducente a uma pensão completa, calculada nos termos do art. 53° do Estatuto. Com menos de 60 anos de serviço, mas com 36 anos de serviço, o subscritor pode requerer a aposentação antecipada, perdendo no entanto uma fatia da pensão, variável em função dos anos de antecipação.

Primeiramente, é calculado o valor da pensão «nos termos gerais» (cfr. art. 53°). Depois disso, aplica-se ao resultado um factor de redução determinado pela fórmula 1-x, em que x é igual à *taxa global de redução* do valor da pensão (n°2).

Essa taxa global de redução é o produto da multiplicação de um índice de 4,5% ao ano pelo número de anos de antecipação em relação à *idade legalmente admitida* para a aposentação. Por exemplo, se a idade legalmente prevista for de 60 anos, por exemplo, e o subscritor (que começou a trabalhar com 18 anos) conta com 36 anos de serviço, mas com 54 anos de idade, então a antecipação será nesse caso de 6 anos. A taxa global de redução obtém-se multiplicando 4,5% por 6, apresentando o resultado de 27%. O interessado perderá 27% na sua pensão em relação àquele que seria o seu normal valor pela aplicação das regras anteriores (1-*x*).

6 – Pode suceder, no entanto, que o subscritor tenha alcançado os 36 anos de serviço e não queira imediatamente antecipar a sua aposentação. Sempre que isso suceder, a lei contempla-o com um bónus: «*a redução de anos de antecipação a considerar para a determinação da taxa global de redução da pensão é reduzido de um por cada período de três que exceda os 36*» (n°4).

No exemplo atrás apontado, se o funcionário quiser esperar até aos 57 anos, completará *um período de três anos* após o limite de tempo de serviço necessário à aposentação antecipada. Nesse caso, beneficiará de *um ano* na determinação da taxa global de redução. Deste modo, em vez da multiplicação da taxa de 4,5% por *três* (supondo ser de 60 anos o limite de idade), far-se-á por *dois* apenas. Quer dizer, em vez de perder 13,5% do valor da reforma, perderá simplesmente 9%.

Artigo 38°
Aposentação extraordinária

A aposentação extraordinária verifica-se, independente do pressuposto de tempo de serviço estabelecido no n.° 2 do artigo anterior, e precedendo exame médico, em qualquer dos casos seguintes:
  a) Incapacidade permanente e absoluta do subscritor para o exercício das suas funções em virtude de acidente de serviço ou de doença contraída neste e por motivo do seu desempenho;
  b) Igual incapacidade em virtude de acidente ou doença resultantes da prática de acto humanitário ou de dedicação à causa pública;
  c) Simples desvalorização permanente e parcial na capacidade geral de ganho, devida aos acidentes ou doenças referidos nas alíneas anteriores.

NOTAS

1 – A redacção deste artigo foi introduzida pelo DL n° 191-A79, de 25/06.

2 – Actualmente acha-se, porém, revogado pelo DL n° 503/99, de 20//11. No entanto, em relação aos factos ocorridos antes da entrada em vigor deste diploma, mantêm-se em vigor as disposições do Estatuto relativas às pensões extraordinárias (cfr. art. 56°, n°2, do cit. dip.).

JURISPRUDÊNCIA

«I – Seja qual for o grau de incapacidade para o exercício de certas funções do interessado (total ou parcial) o que releva para o cálculo da pensão de aposentação extraordinária a que haja lugar é o grau de incapacidade geral de ganho que tenha sido fixada pela autoridade de saúde competente, nos termos do art. 54° n. 1 e 2 do Estatuto da Aposentação.

II – Uma incapacidade absoluta e permanente para o exercício de funções docentes por alergia ao pó de giz, pode não acarretar e normalmente não acarreta numa desvalorização total na capacidade geral de ganho já que o interessado pode, noutras funções, ou nas mesmas sem utilização daquele produto a que é alérgico, angariar meios de subsistência.

III – Os conceitos de incapacidade para o exercício de determinadas funções e de desvalorização na capacidade geral são distintos, relevando o primeiro para obtenção da aposentação extraordinária (art. 38° do Estat. da Ap.) e o segundo para o cálculo da respectiva pensão (art. 54° do mesmo Estatuto)».
(Ac. do STA, de 06/12/94, Proc. n° 030984, in Ap. ao DR, de 18/04/97, pág. 8757)

«I – Provado que a A. teve grandes sofrimentos, dores, angústia, desalento, incómodos e permanente tensão, tomando-se uma pessoa fechada, triste e amargurada, quando antes era alegre, viva e despreocupada, sendo forçada a pedir a aposentação, tudo em resultado da conduta ilícita e culposa do agente do R. Estado, mostra-se equitativa a indemnização arbitrada por danos não patrimoniais no montante de 1 000 000 escudos.

II – O facto de alguns desses danos poderem ter determinado a aposentação da A. com incapacidade parcial de ganho, dando lugar a um outro tipo de indemnização por danos patrimoniais não obsta a que eles sejam, em si, considerados como danos não patrimoniais e como tal indemnizáveis.

III – O juízo equitativo previsto no art. 566° n. 3 do Código Civil tem que balizar-se nos limites do que se tiver por provado, o que supõe um apuramento mínimo da matéria factual necessário para a fixação da indemnização; sem esse mínimo, impõe-se que o tribunal condene no que vier a ser liquidado em execução de sentença.
IV – Forçada a A. a aposentar-se com uma incapacidade parcial de ganho, a indemnização deve corresponder à diferença entre o que ela receberia se se mantivesse no activo até à data da aposentação por limite de idade e a pensão de aposentação que passou a auferir e ainda entre a pensão por inteiro que previsivelmente receberia quando atingisse aquele limite e a que então receberá, tendo em conta o que se provou sobre a média de vida de uma mulher em Portugal.
V – Para tanto, a quantia a fixar deve corresponder a um capital produtor de um rendimento que cubra aquelas diferenças e se mostre esgotado no termo do período a considerar .
VI – Atendendo à idade e habilitações da A. e ao mercado de trabalho não é previsível que ela venha a auferir quaisquer rendimentos com a capacidade sobrante de ganho, pelo que não seria adequada a fixação de indemnização de acordo com o critério estabelecido pelo Estatuto de Aposentação para o cálculo de pensão de aposentação extraordinária por acidente de serviço.
VII – Faltando elementos de facto relevantes para determinar as diferenças indicadas em V deve o tribunal relegar para execução de sentença a fixação da indemnização».
(Ac. do STA, de 16/05/95, Proc. n° 033097)

«Compete ao Presidente da AR conceder a aposentação extraordinária, a aque alude o art. 17° da Lei n° 59/93, de 17/08, devendo solicitar às entidades competentes os elementos necessários para aferir dos respectivos requisitos, ficando a CGA vinculada à consideração dos pressupostos da mesma, na fixação da pensão que lhe compete calcular».
(Ac. do TCA, de 7/11/2002, Rec. n° 11218/02)

PARECERES DA PROCURADORIA GERAL DA REPÚBLICA

«1 – A qualificação de certos factos ocorridos com um subscritor da Caixa Geral de Depósitos, como de acidente em serviço, efectuada pelo Presidente da Câmara Municipal de Lisboa, como pressuposto da concessão da pensão de aposentação extraordinária, e matéria estranha as suas atribuições, pelo que tal qualificação não tem que ser atendida pela Administração da Caixa Geral de Depósitos ao apreciar os pressupostos da concessão da pensão extraordinária referida por esse subscritor;

2 – A figura jurídica do acidente em serviço e integrada pelos elementos que as leis do trabalho definiram para os acidentes laborais;

3 – E acidente de trabalho "in itinere" o que ocorre no caminho de ida ou de regresso do local de trabalho em que por circunstancias inerentes a relação juridica laboral, o trabalhador fica sujeito a um risco não comum a generalidade das pessoas;

4 – O acidente sofrido pelo guarda eventual da Câmara Municipal de Lisboa, subscritor da Caixa Geral de Aposentações, José António da Fonseca – atropelamento por veiculo automóvel quando seguia tripulando um triciclo com motor, na estrada militar, durante o percurso da sua residência na Pontinha para o Mercado de Benfica, pelas 23,50 horas do dia 17 de Março de 1972 – não revela qualquer circunstancia agravadora do risco resultante da circulação automóvel no percurso normal do acidentado»
(Parecer da PGR, de 26/05/83, in DR de 21/03/84, pág. 2888)

ARTIGO 39º
Aposentação voluntária

1 – A aposentação depende necessariamente de requerimento do interessado nos casos previstos no n.º 1 do artigo 37º e no artigo 40º.

2 – A aposentação pode ser requerida pelo subscritor nas hipóteses previstas na alínea a) do n.º 2 do artigo 37º.

3 – No caso do n.º 1 do presente artigo, o requerimento de aposentação não terá seguimento sem o prévio pagamento das quotas correspondentes ao tempo mínimo de cinco anos de serviço, quando este for indispensável para a aposentação.

4 – O requerente não pode desistir do seu pedido de aposentação depois de verificados os factos a que se refere o n.º 1 do artigo 43º ou de publicado diploma legal que estabeleça alteração geral de vencimentos do funcionalismo, abrangendo o cargo do requerente.

NOTAS

1 – A actual redacção resulta da alteração introduzida pelos DL nº 191-A/79, de 25/06 e pelo art. 54º do DL nº 503/99, de 20/11.

2 – No nº1, o artigo revela a natureza *única* ou *exclusivamente voluntária* da aposentação nas hipóteses do art. 37º, nº1 (60 anos de idade e 36 de serviço) e do art. 40º (aposentação de antigo subscritor).

No n°2, aborda a natureza *adicionalmente voluntária* da aposentação por incapacidade permanente e absoluta do subscritor com pelo menos cinco anos de serviço, já que "prima facie" ela será obrigatória (v. ainda art. 41°, n°1).
Sobre os respectivos casos, ver anotações aos arts. 36° e 37°.

3 – Relativamente aos casos de aposentação *exclusivamente voluntária*, preceitua que o pedido não terá prosseguimento enquanto o interessado não efectuar o pagamento das quotas correspondentes ao tempo mínimo de cinco anos de serviço "*quando este for indispensável para a aposentação*". Esta expressão carece de alguma explicação.

Na verdade, uma vez que o n°3 apenas se dirige à hipótese do "caso do n°1", seria escusada qualquer alusão ao "tempo mínimo de cinco anos de serviço", uma vez que o artigo 40° (para que o mesmo n°1 remete) já considera esse "tempo mínimo" como condição basilar à concessão da aposentação nos casos em que esta seja requerida por antigo subscritor. Portanto, parece repetição inútil que se presta a alguma confusão.

Por outro lado, até inculca que só nos casos de aposentação de antigo subscritor é necessário o pagamento das quotas devidas e tal não é verdade. Em qualquer caso, é forçoso que o interessado pague as quotas correspondentes ao tempo de serviço relevante e útil à aposentação. O que acontece é que o n°1 abrange as situações ditas "normais" de aposentação requerida por *subscritor* e ao mesmo tempo as situações "excepcionais", chamemo-lhe assim, de aposentação requerida por *ex-subscritor* ao remeter para o art. 40°. Ora, entende-se que apenas às segundas a norma se dirige: o processo só prosseguirá se se mostrarem pagas todas as quotas relativas ao serviço prestado (no mínimo, cinco anos). Se algumas não o estiverem, terá o requerente que proceder ao seu pagamento, sob pena de o desenvolvimento do processo ficar suspenso para prova dele. Esta estipulação representa, assim, uma diferenciação em relação ao regime previsto no art. 16°, sobre o pagamento de quotas em dívida e ao regime dos arts. 18° e 28°, no que concerne à possibilidade de desconto futuro e fraccionado na pensão quanto às importâncias por pagar para as referidas situações "normais". Aqui, o pagamento tem que ser pronto e prévio.

A contagem do prazo de garantia abrange o tempo acrescido (art. 33°, n°4) até à cessação de funções (art. 33°, n°2, al. b)). E também abarca o tempo acrescido posterior, desde que a cessação não tenha implicado a eliminação do subscritor (art. 33°, n°s 2, al.b) e 3).

Convém ainda referir que, embora nesse tempo de serviço/prazo de garantia (repete-se, no mínimo de cinco anos), se possa incluir o tempo *anterior* ou *posterior* de inscrição nas instituições de previdência social referidas no n°2 do art. 4° (cfr. art. 37°, n°4), este porém já não releva para efeito do cálculo da pensão (art. 53°, n°4). Por isso, pagará nessa hipótese apenas as quotas relativas aos anos de serviço por que foi subscritor da

Caixa. Por exemplo, se tiver três de inscrição na instituição de previdência e dois de subscritor na Caixa, pagará quotas apenas por estes dois. Se tiver 3 de previdência social e 4 de subscritor, pagará apenas quotas por estes quatro anos e assim sucessivamente. Nos exemplos fornecidos, a pensão será calculada pela expressão do número de anos relevantes (art. 53°, n°1).

Esta interpretação é a que melhor se coaduna com a conjugação harmónica, contextual e sistemática do Estatuto. É certo que o n°3 pode erroneamente sugerir que, nos casos em que o tempo mínimo de cinco anos de serviço "for indispensável para a aposentação", seria necessário o pagamento das quotas correspondentes a esse mesmo período de cinco anos. Todavia, uma tal exegese estaria em flagrante oposição ao espírito abrangente que emana das disposições dos arts. 37°, n°4 e 53°, n°4. Com efeito, se para a primeira delas o tempo de inscrição nas Instituições de Previdência conta para efeito do prazo de garantia de cinco anos indispensável ao pedido e concessão de aposentação, não faria qualquer sentido que ao mesmo tempo se exigisse que para a aposentação tivessem que ser pagas quotas referentes a todo o período de cinco anos (mínimo), como se o interessado fosse (sem o ter sido) durante todo esse tempo subscritor da Caixa. Por essa razão, entendemos que, uma vez demonstrado o prazo de garantia de cinco anos, deverá mostrar o pagamento das quotas relativas ao período pelo qual foi realmente subscritor da Caixa, para assim receber a pensão correspondente a esse período.

4 – O n°4 esclarece os casos em que, uma vez pedida a aposentação "voluntária" referido no n°1, não é mais possível a *desistência*.

Desde que seja proferido despacho a reconhecer o direito à aposentação (art. 43°, n°1, al.a) e 37°, n°1), seja declarada a incapacidade (art. 43°, n°1, al.b), 37°, n°2, al.a) e 39°, n°2 e 40°), tenha o requerente atingido o limite de idade (art. 43°, n°1, al.c), 37°, n°2, al.b e 40°), tenha sido proferida pena expulsiva (art. 43°, n°1, al.d), 37°, n°2, al.c) e 40°), não pode o requerente desistir do pedido.

Na segunda parte do mesmo número, não se admite ainda a desistência se, após o requerimento do interessado, a lei vier a fazer uma alteração geral dos vencimentos do funcionalismo público que abranja o cargo pelo qual o interessado pretende aposentar-se.

A lei diz que o interessado *"não pode desistir"*. Ora bem. Poder, pode, uma vez que nenhuma sanção ou consequência de qualquer espécie está prevista para quem "desobedecer". O que a lei quer dizer é que nenhum efeito prático pode ser extraído da desistência; o que se pretende é, portanto, retirar toda e qualquer eficácia à pretensão do desistente.

Mas, porque é assim, temos alguma dificuldade em compreender a "ratio legis" deste normativo. É certo que de pouco valeria a desistência do pedido (desistência procedimental) se o fundamento (ver anotações aos arts. 36° e 37°) da aposentação requerida fosse qualquer daqueles a que a lei atribui simultaneamente a natureza de *aposentação obrigatória (ex.*, a prevista na al.a), do n°2, do art. 37°). Realmente, nesse caso, o mais que se poderia dar seria um protelamento da decisão final, pois a Caixa sempre teria que conceder a aposentação logo que estivesse concluído o respectivo procedimento desencadeado pelo organismo próprio (art. 41°, n°1). Por isso, na hipótese configurada, até poderia a Caixa fazer ela mesma prosseguir o respectivo procedimento: não tanto porque assim o exigisse o interesse público (situação para que especialmente está vocacionado o art. 110°, n°2, do CPA, que permite a continuação oficiosa do procedimento sempre que o interessado desista do procedimento ou de algum pedido), mas sim porque a lei a obrigaria mais tarde a conceder a aposentação de cujo pedido agora o interessado desistia. Por conseguinte, até poderemos dar de barato que uma declaração de desistência nesse sentido se apresente ineficaz. Mesmo que o interessado apresente desistência, ela torna-se ineficaz e não produz efeitos, valendo aí razões de eficiência, utilidade, racionalidade de meios e celeridade.

Mas se o pedido recai sobre uma aposentação exclusivamente voluntária, como é o caso do art. 37°, n°1, não percebemos como se não deva conferir eficácia à desistência do pedido, se o próprio interessado pode inclusive *renunciar* à pensão, despojando-se de um direito mesmo que já reconhecido (art. 82°, n°1, al.a)). Forçar à manutenção do pedido para "obrigar" à aposentação é tudo menos conciliador com o espírito da aposentação quando ela é exclusivamente *voluntária*. E menos se entende a impossibilidade de desistência do pedido de aposentação num momento da vida da Caixa dominado por uma alegada escassez de liquidez. Com a aposentação diferida, o benefício seria da instituição.

5 – Relativamente à "reforma" dos militares, ver art. 118°, infra.

JURISPRUDÊNCIA

« Não são aplicáveis à modalidade de aposentação voluntária criada pelo artigo 9 da Lei n. 9/86, de 30 de Abril, os preceitos dos artigos 47 e 48 do Estatuto da Aposentação.

Efectivamente a pensão é calculada em função do vencimento base e das diuturnidades, ficando excluídas as remunerações acessórias.
(Ac. do STA, de 14/11/91, Proc. N° 027881)

«I – O período de condicionamento a que se refere o n. 1 do art. 27 do DL 409/89, de 18.11, é o estabelecido para o congelamento de escalões, no n. 2 do art. 38 do DL *353-A/89,* de 16.10.

II – Uma professora do ensino básico que, ao abrigo do disposto no n. 2 do art. 129 do Estatuto da Carreira Docente, aprovado pelo art. 1 do DL

139A/90, de 28.4, se encontrava, em 1991, no 8 escalão, e é nesse ano aposentada voluntariamente, terá a pensão de aposentação correspondente a esse escalão, e não ao 9 escalão, pois isso só era possível se se tivesse aposentado em 1992.

III – A não ser que tivesse alegado e provado poder-se ter candidatado ao 9 escalão ou a ele aceder, de acordo com as normas dinâmicas da carreira docente»
(Ac. do STA, de 23/05/95, Proc. n° 032487)

«I – O pessoal constituído em excedente, com direito a aposentação voluntária antecipada nos termos do n. 1 als. a) e b) da Resolução do Conselho de Ministros 26/89, é tanto o pessoal desocupado como o subutilizado, nos termos do n. 1 do artigo 4 do DL 41/84, de 3/2.

II – O pessoal subutilizado, que reuna essas condições, tem direito, se aposentado voluntariamente, a um acréscimo de 20% no cálculo da pensão de aposentação».
(Ac. do STA, de 28/05/96, Proc. n° 039633)

«1 – O DL 210/90 de 27/6 revogou o DL 363/86, de 30/10, extinguindo a possibilidade de requerimento da pensão de aposentação dos funcionários e agentes da ex-administração pública ultramarina a todo o tempo.

2 – Não pode o recorrente vir invocar em alegações de recurso a violação de um receito que não invocou na petição de recurso, quando o podia ter feito.

3 – O DL 278/98 de 11/9 não contende com o citado DL 210/90 já que este se refere às pensões de aposentação e aquele aos períodos contributivos para a segurança social».
(Ac. do TCA, de 16/11/2000, Proc. n° 3688/99)

Artigo 40°
Aposentação de antigo subscritor

1 – A eliminação da qualidade de subscritor não extingue o direito de requerer a aposentação nos casos previstos no n.° 1 e nas alíneas a) e b) do n.° 2 do artigo 37°, quando a cessação definitiva de funções ocorra após cinco anos de subscritor.

2 – Quando a eliminação da qualidade de subscritor tiver resultado de demissão, mesmo com expresso fundamento em infracção penal ou disciplinar, a aposentação só poderá ser concedida, a requerimento do interessado, dois anos após a aplicação da pena desde que ele conte, pelo menos, cinco anos de serviço e observada uma das seguintes condições:

a) Seja declarado, em exame médico, absoluta e permanentemente incapaz;
b) Tenha atingido o limite de idade.

3 – Se, porém, a eliminação for consequência de infracção penal pela qual o ex-subscritor seja condenado a pena superior a dois anos, a concessão da pensão de aposentação apenas poderá ter lugar findo o cumprimento da pena, se contar cinco anos de serviço e nos termos das alíneas a) e b) do número anterior.

NOTAS

1 – A actual redacção resulta das alterações introduzidas pelos DL n° 191-A/79, de 25/06 e 503/99, de 20/11.

2 – Cfr. arts. 20°, 22° e 32°.

3 – O objectivo do artigo é, basicamente, permitir em casos especiais a aposentação voluntária (isto é, sob requerimento do interessado) por quem deixou de ser subscritor da Caixa, mas a que sobrevenha um dos factos mencionados no art. 37°, n°1 e 2. Será uma *aposentação exclusivamente voluntária* porque só será concedida a pedido (art. 39°, n°1), num esquema que se pode representar pelo seguinte modo:
  a) se a causa da eliminação de subscritor não tiver sido a demissão, será necessário que a cessação definitiva de funções ocorra após *cinco anos de subscritor* (art. 40°, n°1), tanto para as hipóteses de aposentação fundada na idade (60 anos) juntamente com os anos (36)de serviço (art. 37°, n°1), como para as de incapacidade e limite de idade (art. 37°, n°2, al. a) e b)) que posteriormente venham a ocorrer. Nesse momento, poderá requerer a aposentação.
  b) se tiver sido demitido, a aposentação nunca será concedida menos de *dois anos* depois da *aplicação da pena* e será necessário que conte com *pelo menos cinco anos de serviço* (art. 40°, n°2), e ainda reuna uma das seguintes condições (a que lhe disser efectivamente respeito):
    b1) venha posteriormente a ser declarado absoluta e permanentemente incapaz (art. 40°, n°2, al.a)); **ou**
    b2) venha a atingir o limite de idade (art. 40°, n°2, al.b)).
  c) se tiver sido eliminado por causa de uma condenação criminal em pena superior a dois anos, a aposentação apenas será concedida *após o cumprimento da respectiva pena,* sendo ainda necessário que o ex-subscritor se encontre na seguinte situação:

c1) tenha prestado até à cessação cinco anos de serviço (art. 40º, nº3), e ainda reuna uma das seguintes condições (a que lhe disser efectivamente respeito):
c2) venha posteriormente a ser declarado absoluta e permanentemente incapaz (art. 40º, nº2, al.a)); **ou**
c3) venha a atingir o limite de idade (art. 40º, nº2, al.b)).

Sobre o assunto, ver anotações 3ª ao art. 36º e 3ª, 4ª, 5ª e 6ª ao 37º supra.

4 – O nº1 considera essencial, como vimos, a existência de um prazo de garantia de cinco anos de subscritor *até à data da cessação de funções,* parecendo excluir o tempo *posterior* a essa cessação. Mas o art. 37º, nº4, aplicável em razão da remissão que para ele é feita no normativo, permite que nesse prazo se inclua o tempo *anterior* e *posterior* de inscrição nas instituições de previdência referidas no nº2 do art.4º. Parece haver assim uma aparente contradição, reforçada pelo facto de o limite da contagem ser geralmente a *data da cessação de funções* (art. 33º, nº2, al.b)), data excepcionalmente ultrapassada apenas nos casos em que a cessação não implique a eliminação de subscritor (art. 33º, nº4)).

No entanto, os limites do art. 33º citados respeitam aos limites válidos para a aposentação e correspondente pensão e disso especialmente não se cura aqui em concreto. Neste regime especial de pensão requerida por antigo subscritor deverá contar-se o tempo anterior e posterior, mas apenas para efeito de cálculo do prazo de garantia de subscrição. Daí, se não poder retirar a conclusão de que a lei permite que o prazo posterior de inscrição naquelas instituições releve para efeito de cálculo da pensão. Mais: a lei é mesmo expressa no art. 53º, nº4 ao prescrever que aquele tempo de inscrição nas instituições de previdência «*não influi na pensão a calcular pela Caixa*». Já agora, por extensão, o tempo posterior de funções de serviço público, se posteriormente prestado à cessação eliminatória da qualidade de subscritor igualmente não deve relevar para o mesmo efeito do cálculo da pensão (art. 33º, nº3 cit.)

Sobre este assunto, ver ainda nota 3 ao art. 39º.

JURISPRUDÊNCIA

«I – O Decreto n. 58/75, de 23 de Maio, do Governo de Transição de Angola, não pode revogar o Despacho Legislativo Ministerial n. 6/74, de 25 de Maio.

II – O regime de aposentação fixa-se com base na lei em vigor no momento em que ocorre o acto ou facto determinante da aposentação, pelo que no cômputo da pensão de aposentação de um funcionário dos Serviços de

Portos, Caminhos de Ferro e Transportes do Estado de Angola não pode ser considerado o prémio de economia que recebeu nos dois últimos anos, por este prémio não estar naquele momento sujeito a desconto para aposentação»
(Ac. do STA, de 24/04/86, Proc. Nº 012146)

«I – A exoneração de funcionário, com a consequente eliminação da qualidade de Subscritor da C.G.A., não extingue o direito daquele à aposentação, nos precisos e aplicáveis termos dos arts. 22º, n. 1, 37º, 38º, 39º e 40º, do respectivo Estatuto – DL. n. 498/72, de 9 de Dezembro.
II – Os citados arts. 37º e 40º, quanto se referem ao limite de idade, com fundamento de aposentação ordinária, não fixam esse limite, remetendo para o estabelecido na lei geral, ou na especial aplicável a determinadas categorias de pessoal.
III – Assim, desvinculado da Polícia Judiciária, por exoneração, não perde um seu ex-agente o direito a ver reconhecido, como fundamento de aposentação ordinária, o limite de idade especialmente fixado para a categoria de pessoal que possuíra».
(Ac. do STA, de 17/01/91, Proc. nº 026744)

«I – O limite de idade de 60 anos previsto no n. 1 do art. 95º do Dec.-Lei n. 458/82 de 24/11 para o pessoal da Polícia Judiciária justifica-se por razão do especial desgaste psico-fisíco e de risco funcional a que se encontram sujeitos os membros dessa corporação.
II – Não tem direito a requerer a aposentação ao abrigo dessa disposição, o sub-inspector a quem, antes de perfazer os 60 anos, foi aplicada a pena disciplinar de demissão já que em tal caso lhe é aplicável o limite geral de 70 anos contemplado no Dec.-Lei n. 16563 de 2.3.90 – conf. art. 40º n. 2 do Estatuto da Aposentação aprovado pelo Dec.Lei n. 498/72 de 9/12.
(Ac. do STA, de 10/12/91, Proc. Nº 029231)

«A situação do recorrente, ex-subscritor da Caixa G. Aposentações e ex-agente da Polícia Judiciária, demitido antes de perfazer 60 anos de idade, para efeitos de requerer a aposentação, é aplicável o limite geral de 70 anos e não o especial e inferior de 60 anos legalmente estabelecido para o pessoal da Polícia Judiciária».
(Ac. do STA, de 16/03/95, Proc. nº 035190)

Artigo 41º
Aposentação obrigatória por incapacidade ou por limite de idade

1 – Nos casos da alínea a) do n.º 2 do artigo 37º, a aposentação ordinária poderá também ser promovida pelo competente órgão su-

perior da administração pública, mediante apresentação do subscritor a exame médico.

2 – A aposentação por limite de idade, a que se refere a alínea b) do n.º 2 do artigo 37º, será promovida pelo serviço a que o subscritor estiver adstrito.

3 – Poderá também ser promovido pelo serviço a que se refere o número anterior a aposentação extraordinária prevista nas alíneas a) e b) do artigo 38º.

NOTAS

1 – O nº3 foi revogado pelo art. 57º do DL nº 503/99, de 20/11.

2 – A aposentação a que se refere a al.a), do nº2, do art. 37º é, como se disse, *obrigatória*. O que significa que, em primeira linha, cabe aos respectivos órgãos competentes a promoção oficiosa da abertura do respectivo processo de aposentação. Mas, como também já se viu, ao próprio interessado incapaz é possível a iniciativa para a aposentação mediante requerimento nesse sentido. Sendo assim, no nº1 padece de pouca lógica a alusão, diríamos, finalisticamente alternativa, subsidiária ou secundária, à iniciativa da Administração.

Na verdade, se este tipo de aposentação tem uma natureza primacialmente obrigatória, será à Administração que em 1ª mão cumpre desencadear a iniciativa (oficiosa) do processo. No entanto, o preceito em apreço parece colocar a iniciativa oficiosa quase num plano residual, no máximo equivalente, ao da iniciativa do interessado ao consagrar que a aposentação «...*poderá* **também** ser promovida pelo competente órgão superior da administração pública...». Em vez de «...poderá também...», mais correcto seria dizer «...será promovida...».

Por outro lado, o próprio artigo está mal colocado no alinhamento sistemático do diploma. Se este tipo de aposentação tem na essência uma natureza obrigatória, deveria a sua inserção avistar-se perto do artigo 37º, designadamente ocupando o espaço do art. 38º, hoje revogado ("ex vi" DL nº 503/99), e sempre antes do texto do art. 39º, onde está contemplada a possibilidade de requerimento do interessado com vista ao mesmo fim. Aliás, no art. 39º, nº2, é que de todo se justificava dizer « A aposentação pode também ser requerida pelo subscritor...».

Finalmente, cumpre assinalar que a referência à «aposentação ordinária» mantida no nº1 só por descuido se manteve, dado que com o DL nº 503//99 deixou de haver aposentações ordinárias (as que estavam no artigo 37º) e extraordinárias (as que estavam previstas no art. 39º).

Quando prioritariamente promovida pelo órgão administrativo competente, haverá que submeter o funcionário a *exame médico* (cfr. art. 89º).

3 – Quanto à aposentação por limite de idade (art. 37º, nº2, al.b)), não há dúvida que a iniciativa será oficiosa para as situações "normais" em que o funcionário ainda é subscritor (como se disse no lugar próprio, nos casos especiais de aposentação de antigo subscritor, mesmo por este fundamento pode ela ser requerida pelo próprio interessado).

A prova de que se trata de uma aposentação atribuível a quem é subscritor reside na circunstância de ela dever ser promovida pelo serviço a que "o subscritor" estiver "adstrito".

O art. 1º do DL nº 127/87, de 17/03 dispõe em sentido idêntico e estabelece o procedimento a adoptar relativamente ao limite de idade de 70 anos para o exercício de cargos públicos fixado no DL nº 16 563, de 2/03//1929. O seu teor é o seguinte:

«artigo 1º – 1 – *Devem os serviços e organismos, 90 dias antes da data em que os seus funcionários completarem 70 anos, tomar as providências necessárias para que, atempadamente, lhes seja processada a paga a pensão de aposentação que por esse facto lhes for devida, nomeadamente comunicando à Caixa Geral de Aposentações a data exacta da verificação do evento.*

2 – Para efeitos do que dispõe o número anterior, todos os organismos e serviços disporão de um registo biográfico actualizado dos seus funcionários, organizado de forma a poder responder às exigências nele formuladas».

JURISPRUDÊNCIA

«I – O art. 41, 1, do Estatuto de Aposentação, referente a aposentação, por iniciativa da Administração, de funcionários absolutamente incapacitados, dirige-se ao órgão superior que superintende no sector a que o funcionário pertence.

II – No processo de aposentação, provocado nos termos do artigo citado, aos órgãos da Caixa Nacional de Previdência só incumbe, na decisão final, verificar a existência das condições legais da situação de aposentado e fixar o quantitativo da respectiva pensão.

III – Não lhes incumbe, assim, averiguar se os órgãos competentes do Ministério da Educação deveriam ter observado o disposto no n. 2, do art. 6, do D.L. n. 109/85, de 15 de Abril (conversão de horário de trabalho ou reclassificação profissional), em relação a uma professora efectiva, absolutamente incapacitada para funções docentes.

IV – Para que a condição de incapacidade se verifique é necessário e suficiente que ela se reporte as funções do funcionário, não importando a sua aptidão para o exercício de outras actividades».
(Ac. do STA, de 28/06/90, Proc. N° 027406, in ap. ao DR, II, de 31/01/ 95, pág. 4557)

«Verificada pela Junta Médica da Caixa a incapacidade absoluta e permanente do subscritor para o exercício das suas funções com um grau de desvalorização de 60,26% por cento, em consequência de acidente de serviço, a pensão de aposentação extraordinária respectiva deverá ser calculada através da fórmula prevista no n. 2 do artigo 54 do Estatuto da Aposentação».
(Ac. do STA, de 22/11/94, Proc. n° 035039)

Artigo 42°
Aposentação compulsiva

1 – A aposentação compulsiva é aplicada por decisão da autoridade competente, pelas infracções disciplinares previstas na lei, ou por deliberação do Conselho de Ministros, nos casos permitidos em lei especial.

2 – A aplicação desta pena só terá lugar quando a Caixa informe que o subscritor reúne o pressuposto do tempo de serviço exigível, nos termos do artigo 37°, para a aposentação ordinária.

NOTAS

1 – A redacção deste artigo foi dada pelo DL n° 191-A/79, de 25/06.

2 – O n°1 é dedicado à esfera de competências necessárias dos respectivos órgãos para a aplicação da aposentação compulsiva.

3 – A *aposentação compulsiva* surge, geralmente, como medida punitiva ou sancionatória por infracção disciplinar aplicada a funcionários civis, e faz parte da escala das *penas* estabelecida no art. 11°, n° e), do Estatuto Disciplinar (DL n° 24/84, de 16/01).
De acordo com o n°7, do art. 12° a *pena* de aposentação compulsiva consiste na imposição da passagem do funcionário o agente à situação de aposentado e para o art. 13°, n° 10, do ED, a *pena* de aposentação compulsiva implica para o funcionário ou agente a aposentação nos termos e nas condições estabelecidos no Estatuto da Aposentação.

O artigo agora em análise atesta o carácter punitivo da medida ao referir-se-lhe como "pena" (n°2) por "infracções disciplinares" (n°1).

Considera-se uma "pena profissional" (**M. Caetano**, *ob. cit.*, *II*, pág. 822) aplicável a quem não mostre merecer servir a Administração pela gravidade da sua conduta ou pela comprovada incompetência profissional ou falta de idoneidade moral para o exercício das funções, implicando a inviabilidade da manutenção da relação funcional (art. 26°, n°s1, 2 e 3). Apesar disso, continua a beneficiar da medida de protecção social da aposentação.

É, em suma, uma pena em si mesma e com esse carácter autónomo deve ser entendida relativamente aos funcionários civis. Quanto aos militares, vide anotações ao artigo 118° infra.

4 – O artigo 26°, n°5 do ED dispõe que «A pena de aposentação compulsiva só será aplicada verificado o condicionalismo exigido pelo Estatuto da Aposentação, na ausência do qual será aplicada a pena de demissão».

O n°2 do presente artigo estabelece, então, as condições em que essa pena pode ser aplicada.

A actual redacção, porém, denuncia uma vez mais uma falha do legislador, na medida em que (tal como já acontecera no art. 41°), não obstante a alteração sofrida pelo DL n° 191-A/79, de 25/06 e apesar das modificações introduzidas no diploma pelo DL n° 503/99, de 20/11, manteve a designação "aposentação ordinária" no n°2.

A disposição em causa condiciona a aplicação da pena à circunstância de o subscritor reunir o tempo de serviço exigível nos termos do artigo 37° "para a aposentação ordinária".

Ora, a remissão para o artigo 37° compreendia-se perfeitamente quando a literalidade da alínea c), do seu n°2 permitia a "aposentação ordinária" desde que o subscritor (então com 40 anos de idade e 15 de serviço) «*seja punido com a pena de aposentação compulsiva*». O teor dessa alínea foi no entanto modificado com o DL n° 191-A/79, apresentando o texto que hoje conhecemos.

Ainda assim, porque a redacção vigente ainda continua a prever a hipótese de punição com «pena expulsiva de natureza disciplinar», crê-se ser de acolher a remissão que n°2 é feita para o art. 37° "para a aposentação ordinária" como sendo dirigida para a referida alínea c) na sua actual versão.

Consequentemente, temos por certo que a aposentação compulsiva só será aplicada se o infractor tiver o mínimo de cinco anos de subscritor, nele se incluindo o tempo de inscrição nas instituições de previdência, anterior ou posterior ao tempo de inscrição na Caixa (cfr. art. 37°, n°4).

Isto significa que, antes que o procedimento disciplinar culmine com a aplicação da pena, no máximo após o relatório final do instrutor (cfr. art. 65° do ED), se os factos apurados aconselharem a subsunção à previsão legal punitiva (cfr. art. 26°, n°1, do ED), deve averiguar-se junto da Caixa se o funcionário dispõe daquele tempo. Se sim, poderá o órgão competente para a punição aplicar essa pena; na hipótese contrária, será aplicada a pena de demissão (cfr. art. 26°, n°10, do ED).

5 – Entendemos que a diligência acabada de referir é imprescindível à dosimetria concreta da pena: para se poder aquilatar da possibilidade de uma sanção severa, como é a aposentação compulsiva, importa previamente apurar se está reunido o pressuposto substantivo do "tempo de subscritor". Embora acto de trâmite, ele apresenta todos os contornos de uma formalidade absolutamente essencial e determinante.

Se foi aplicada a pena de aposentação compulsiva sem ter sido observada ou, então, se foi pedida à Caixa, mas apesar disso (por demora na resposta, por exemplo), o órgão competente avançou para a sanção sem a informação solicitada, tem que considerar-se ter sido desrespeitada a formalidade exigível. A consequência será a anulação do acto punitivo por *vício de forma* por omissão de formalidade (sobre este vício, ver **S. Botelho** e **outros**, in *Código de Procedimento Administrativo anotado,* 4ª ed, págs. 739 a 742).

No entanto, interposto o recurso contencioso, se o processo revelar a informação fidedigna ou comprovar documentalmente que o tempo de subscritor decorreu efectivamente por um período mínimo de cinco anos, a anulação nenhum benefício directo traria para a esfera do recorrente. Na realidade, em execução da sentença (se esse fosse o único vício invocado), ao órgão competente restaria renovar o acto com a mesmo dispositividade. Pura perda de tempo! Por isso, degrada-se em *não essencial* a *formalidade essencial omitida,* visto que se apurou "à posteriori" que afinal a pena foi bem aplicada. Logo, em obediência ao *princípio do aproveitamento do acto administrativo,* o acto sindicado manter-se-ia sufragado na decisão jurisdicional e não seria anulado.

Diferente é o caso de ter sido aquela a pena aplicada sem que o infractor dispusesse do período de garantia mínimo de cinco anos de subscritor. Duas situações possíveis poderão acontecer:

1ª – *Foi cumprida a formalidade e pela Caixa prestada correctamente a informação.*

Se o subscritor não contava com aquele tempo mínimo e, mesmo assim, foi aplicada a aposentação compulsiva, deparamo-nos com o vício de violação de lei, por erro nos pressupostos de direito (a pena só poderia ter sido a de demissão: art. 26°, n°5, do ED);

2ª – *Não foi observada a formalidade ou, tendo-o sido, a pena foi aplicada sem ter sido junta pela Caixa a devida e necessária informação prévia.*

Teremos aí a concorrência de dois vícios, ambos em condições de procederem, um de forma, outro de violação de lei (**se**, "à posteriori", ficar demonstrado que ele não dispunha ainda daquele tempo mínimo de subscritor). Relevará, nesse caso, prioritariamente o segundo e por ele se deverá começar a apreciação da invalidade do acto administrativo, nos termos do art. 57º da LPTA, por assegurar uma mais eficaz tutela dos direitos e interesses do recorrente.

6 – Na aposentação compulsiva a pensão normalmente fixada não terá qualquer redução (cfr. art. 56º), o que à luz do princípio da equidade pouco cabimento tem. Se a gravidade da conduta é de tal ordem que o órgão competente se viu na necessidade de aplicar pena tão "grave", crê-se que do ponto de vista material ou dos reflexos nos rendimentos do funcionário pouco ou nenhum efeito negativo verdadeiramente tem. Por vezes, tem-se mesmo a impressão que tal pena até surge como "prémio" para o funcionário, visto que cedo se aposentará, enquanto continua a "receber sem trabalhar" e com tempo disponível para continuar a aumentar o seu pecúlio em actividades que até então não poderia exercer.

E se perante a apregoada agonia financeira da Caixa alguma coisa houver que ser feita, bem poderia o legislador pensar também em introduzir algumas correcções a esta "pena".

JURISPRUDÊNCIA

«I – Não se verifica o requisito da al. a) do n. 1 do art. 76 da LPTA, quanto a suspensão da eficácia do acto que manda *aposentar compulsivamente* um funcionário, que requerera a aposentação voluntária, pois é de fácil calculo a diferença do quantitativo das duas pensões de aposentação – a da voluntária e a da compulsiva.

II – O calculo da pensão correspondente a aposentação compulsiva devera ser refeito se o acto que aplica tal pena for contenciosamente anulado, passando a pensão a ser calculada com base nas regras que disciplinam a aposentação voluntária.

III – Não é, pois, irreversível a fixação da pensão de aposentação compulsiva, se o acto que aplicou esta pena for anulado contenciosamente».

(Ac. do STA, de 21/07/87, Proc. Nº 25012[A])

«I – A manutenção ao serviço de um funcionário que praticou uma infracção cuja moldura disciplinar envolvia, em princípio, as penas de aposentação compulsiva ou demissão, prejudicaria gravemente o interesse pública, uma vez que a falta cometida atentou gravemente contra a disciplina dos serviços.

II – Não se verificando o requisito da alínea b) do n°1 do art. 76° da LPTA e sendo certo que o deferimento da suspensão depende da verificação cumulativa dos demais requisitos naquele artigo, deve o presente pedido ser indeferido».
(Ac. do STA, de 16/01/1990, Rec. n° 27 851)

«I – O *limite de idade* de 60 anos previsto no n. 1 do art. 95 do Dec.--Lei n. 458/82 de 24/11 para o pessoal da Polícia Judiciária justifica-se por razão do especial desgaste psico-fisíco e de risco funcional a que se encontram sujeitos os membros dessa corporação.
II – Não tem direito a requerer a aposentação ao abrigo dessa disposição, o sub-inspector a quem, antes de perfazer os 60 anos, foi aplicada a pena disciplinar de demissão já que em tal caso lhe é aplicável o limite geral de 70 anos contemplado no Dec.-Lei n. 16563 de 2.3.90 – conf.art. 40°, n. 2 do Estatuto da Aposentação aprovado pelo Dec.Lei n. 498/72 de 9/12.
(Ac. do STA, de 10/12/91, Proc. N° 029231)

«I – Nos termos do n°5, do art. 26° do E.D., a autoridade sancionadora só no caso de não se verificar o condicionalismo para a aposentação ordinária é que está vinculada a aplicar a pena de demissão.
II – Na hipótese de se verificar o condicionalismo para a aposentação ordinária, a entidade sancionadora goza do poder discricionário de escolher entre a pena de aposentação compulsiva e a pena de demissão».
(Ac. do STA, de 08/06/93, Proc. N° 031793)

«A situação do recorrente, ex-subscritor da Caixa G. Aposentações e ex-agente da Polícia Judiciária, demitido antes de perfazer 60 anos de idade, para efeitos de requerer a aposentação, é aplicável o limite geral de 70 anos e não o especial e inferior de 60 anos legalmente estabelecido para o pessoal da Polícia Judiciária».
(Ac. do STA, de 16/03/95, Proc. n° 035190)

«I – De acordo com o preceituado no art. 66° da Lei n. 21/85, de 30 de Julho que aprovou o Estatuto dos Magistrados Judiciais, "a aposentação por incapacidade não implica redução na pensão", norma especial que prevalece sobre o disposto no art. 53° do Estatuto da Aposentação.
II – Nos termos daquela norma, os magistrados que tenham sido aposentados por *incapacidade* têm direito à pensão por inteiro, independentemente do tempo de serviço.
III – A norma do art. 66° do Dec-Lei n. 21/85, não sofre de qualquer inconstitucionalidade nomeadamente por violação do princípio da igualdade consignado no art. 13° da Constituição ou da norma do art. 63° n. 5 da Lei Fundamental»
(Ac. do STA de 04/07/95, Proc. n° 036998)

«I – Aplicada a pena de *aposentação compulsiva* a um Guarda Prisional, por factos relacionados com o exercício de funções Junto de um Estabelecimento Prisional, o manter-se esse funcionário em actividade até à resolução do recurso interposto, contra acto punitivo, põe em causa a ordem e a disciplina do Estabelecimento Prisional, acarretando, desse modo, grave lesão do interesse público.

II – Não é, assim, de deferir o pedido de suspensão de aplicação de uma pena de aposentação compulsiva a um Guarda Prisional, por a manutenção de funções causar grave lesão do interesse público, nos termos do art° 76°,1, alínea b), da LPTA».
(Ac. do TCA, de 13/01/2000, Proc. n° 3791-A/99)

«I – Cabe ao requerente da suspensão alegar factos que possibilitem ao tribunal formular uma conclusão sobre a verificação não do requisito previsto no art.° 76, n°1, al.a) da LPTA prejuízo de difícil reparação.

II – Tendo sido requerida a *suspensão de eficácia* de um despacho que em processo disciplinar sancionou o requerente com pena de aposentação compulsiva, tal implica para este a sua passagem à situação de aposentado pelo que, por força da execução do acto, ao requerente, em vez do vencimento pelo exercício da função, passará a auferir e a ser-lhe processado o montante da pensão de aposentação a que tiver direito, nos termos e condições estabelecidas no Estatuto da Aposentação (art. 11 ° n° 1 e12°, n.°7 e 13° n.° 10 do Estatuto da Aposentação (E. A.), aprovado pelo DL n.° 24/84. de 16 de Janeiro.

III – Se a petição inicial não contiver a alegação de factos que possibilitem conhecer qual o montante da pensão de aposentação com que o requerente poderá contar para fazer face às suas despesas, ainda que esteja alegada e demonstrada a despesa mensal do requerente e agregado familiar, não é possível formular unia conclusão no sentido de saber se, a imediata execução daquele despacho é passível de determinar para o requerente e agregado familiar a invocada "situação de pobreza", eventualmente integradora do requisito a que se alude em I).».
(Ac. do TCA, de 20/01/2000, Proc. n° 3871/99)

«É pressuposto da substituição da pena disciplinar de "*aposentação compulsiva*" pela perda do direito à pensão pelo período de três anos", nos termos do artigo 26°, n°1. al. b), do RD da PSP, o facto de o agente se encontrar aposentado à data da aplicação da medida disciplinar, sendo irrelevante que estivesse aposentado ou no activo à data da prática da infracção».
(Ac. do TCA, de 05/04/2001, Proc. n° 3200/99)

«I – O conceito de inviabilização da manutenção da relação funcional contido no n°1, do art. 26° do D.L. n° 24/84, de 16/01 traduz uma cláusula geral de punição cuja integração e subsunção factual ao tribunal cabe sindicar.

II – Para a subsunção ao preceito não basta a gravidade do facto objectivo. É necessário ter presente ainda as circunstâncias particulares em que o facto foi praticado, seus efeitos no desenvolvimento da função e o reconhecimento de que o seu autor revela uma personalidade inadequada ao exercício de funções públicas.

III – É grave e merece censura severa o comportamento disciplinar ao funcionário que, em violação dos deveres de lealdade e correcção, conseguiu obter prorrogação de licença sem vencimento ocultando ao superior hierárquico que já não se verificavam os pressupostos de interesse público que tinham presidido à sua concessão inicial.

No entanto, à falta de mais elementos que se possam integrar no conceito referido em I, nomeadamente que abalem a eficiência, prestígio e idoneidade do organismo e comprometam o serviço público, não é de decretar a *aposentação compulsiva* prevista no artigo».

(Ac. do TCA, de 15/11/2002, Proc. n° 10201/00)

Artigo 43°
Regime de aposentação

1 – O regime da aposentação fixa-se com base na lei em vigor e na situação existente à data em que:

a) Se profira despacho a reconhecer o direito a aposentação voluntária que não dependa de verificação de incapacidade;

b) Seja declarada a incapacidade pela competente junta médica, ou homologado o parecer desta, quando a lei especial o exija;

c) O interessado atinja o limite de idade;

d) Se profira decisão que imponha pena expulsiva ou se profira condenação penal definitiva da qual resulte a demissão ou que coloque o interessado em situação equivalente.

2 – O disposto no n.° 1 não prejudica os efeitos que a lei atribua, em matéria de aposentação, a situações anteriores.

3 – É irrelevante qualquer alteração de remunerações ocorrida posteriormente à data a que se refere o n.° 2 do artigo 33°.

NOTAS

1 – A alínea d), do n° 1 do artigo foi dada pelo DL n° 191-A/79, de 25/06.

2 – Cfr. art. 132°, infra.

3 – O regime da aposentação determina-se em função do momento em que certos factos jurídicos se verificarem (factos determinativos da aposentação e da reforma).

• Na *aposentação exclusivamente voluntária* "que não dependa da verificação da incapacidade" (art. 37º, nº1 e 39º, nº1), o facto a considerar é a data do *despacho* a reconhecer o direito à aposentação (nº1, al.a)). Se depender da verificação da incapacidade, o que sucede com o art. 39º, nº2, apesar de voluntária, o regime cai na previsão da alínea seguinte (b)).

Não releva, deste modo, a data da entrada do requerimento, até porque entre ela e a da resolução final a reconhecer o direito pode decorrer um período mais ou menos longo, no seio do qual possam advir alterações estatutárias ou legais que possam favorecer o requerente. É o que *"de jure constituto"* está definido. Porém, mal e em desrespeito constitucional, em nossa opinião.

Efectivamente, cremos que sempre deverá revelar a data em que é apresentado o requerimento nos casos em que à época o interessado já reuna em si os pressupostos efectivos para a concessão da aposentação. Na verdade, se na data em que a aposentação for pedida já o funcionário dispuser das condições factuais para a aposentação, não faz sentido submeter o regime desta ao universo jurídico existente no momento em que a resolução definitiva vier a ser tomada uma vez que no momento em que faz o pedido já o direito se encontra adquirido. Pode entre a apresentação do requerimento e a decisão final interpor-se um intervalo de tempo mais ou menos prolongado que se reflicta negativamente sobre a esfera do requerente. Imagine-se, por exemplo, que na data em que a aposentação vem a ser decidida já os requisitos legais se alteraram (v.g., de 65 anos o limite subiu para 70; ou da verificação exclusiva do tempo de 36 anos de serviço para a obtenção da reforma "por inteiro", a lei nova passou a exigir um novo factor adicional de 65 anos de idade). Nos exemplos apontados, o requerente quando efectua o pedido já atingiu os 65 anos de idade ou já tinha perfeito os 36 anos de serviço. Tinha nesse instante uma séria, fortíssima e legítima expectativa de que a reforma lhe seria concedida nos moldes legais existentes e já conhecidos, nunca em função de requisitos futuros totalmente ignorados. Assim, é de entender que o regime aplicável é o existente na data em que o pedido é apresentado se estiverem já reunidos os pressupostos factuais de acordo com a lei vigente nessa ocasião. Se assim não se entender, estar-se-á a violar os princípios sagrados da *boa fé* e da *confiança* (cfr. art.6º-A, do CPA), de consagração constitucional (cfr. art. 266º, nº2, da CRP) e que, enquanto corolários da segurança jurídica, se apresentam como pilares infra-estruturantes de um verdadeiro estado de direito, respeitador do indivíduo, das relações inter-individuais e administrativas e dos princípios jurídico-normativos que em cada momento as disciplinam (Ver: *Acs. do TCA de 30/11/2000, Rec. nº 256/97 e de 26/04/2001, Rec. nº 2010/98*).

Alterações legais que, por conseguinte, venham a ocorrer posteriormente à data do requerimento somente serão de relevar nos casos em que se repercutam positivamente na esfera dos interessados, ou seja, quando se mostrem mais favoráveis aos interesses dos visados. Se o interessado manifesta a sua vontade e exercita o seu direito num dado momento, mostrando que quer ver a sua situação resolvida ao abrigo do regime vigente nessa altura, não poderá o caso ser resolvido senão pela lei desse momento. A lei nova não pode, assim, retroagir os seus efeitos sobre uma situação de facto consolidada anteriormente (cfr. art. 13º do CC).

É um pouco essa preocupação que subjaz ao art. 9º, nº 6, da Lei nº32-B/2002, de 30/12, na medida em que garante a aplicação da lei anterior aos subscritores cujos processos de aposentação sejam enviados à CGA (não apenas recebidos) até 31/12/2002. Mas, ainda assim, esta salvaguarda está aquém da garantia plena que tem que ser reconhecida a quem em 31/12/2002 reunisse as condições para a aposentação mais favorável segundo o regime anterior. Cremos, na verdade, que o que importa é a data da verificação dos pressupostos, não a data do envio, que até pode, e nalguns casos, até terá mesmo que ser posterior (basta pensar nas situações em que os pressupostos se reúnem apenas no final do ano; é bom de ver que nesses casos, os serviços não terão tempo de enviar o processo devidamente instruído até 31/12). Essa inquietação, porém, é sossegada pelo nº8 do mesmo art. 9º, ao afirmar o postulado de que relevante é, afinal, a situação material existente em 31/12/2002.

• Na *aposentação por incapacidade*, seja "obrigatória" (art. 37º, nº2, al.a)), seja "requerida" (art. 39º. nº2)considerar-se-á a data em que a incapacidade for declarada pela junta médica (art. 89º) ou a data em que for homologado o parecer desta quando a lei especial assim o exija (nº1, al.b)).

Aqui não releva a data em que a incapacidade ocorreu de facto ou a data em que o funcionário começou a dar ou sentir mostras de incapacidade, mas sim a data em que a junta a declarar verificada. Só a Junta, pelo grau de tecnicidade de que se mostra titular, terá legitimidade para determinar o momento a partir do qual a incapacidade é reconhecida.

No entanto, os nº6 e 8, do art. 9º da Lei nº 32-B/2002 acima citada proclamaram sobre o assunto uma garantia louvável. Ainda que a incapacidade venha a ser declarada após 31/12/2002, relevará a data em que a situação de incapacidade se verificar de facto. Se o funcionário estiver de facto incapacitado antes dessa data (31/12/2002), beneficiará do regime anterior (e não do novo) mesmo que a incapacidade seja declarada posteriormente.

Estas normas apresentam-se com um alcance digno de registo, embora se apliquem transitoriamente para as situações particulares e excepcionais temporalmente nela previstas. A partir de 31/12/2002, ou melhor, a partir de 1/01/2003, parece tudo voltar ao regime regra previsto no nº1, al.b) do

artigo em análise: relevará tão somente a data em que incapacidade for declarada.
• Na *aposentação obrigatória por limite de idade* (art. 37°, n°2, al.b)), atender-se-á precisamente à data em que esse limite for atingido (n°1, al.c)).

Neste caso, mesmo que o direito venha a ser reconhecido posteriormente (o que, aliás, é natural), a data a considerar é aquela em que o funcionário perfez a idade limite para o exercício das funções (limite geral de 70 anos ou outro especialmente fixado).

Se, contudo, a aposentação for pedida (aposentação voluntária) por funcionário que deixou a vida activa, isto é, por "ex-subscritor" (art. 40°), que critério usar: o da data do limite de idade ou o da data do despacho a reconhecer-lha? Duas posições são possíveis.

Para a que sustenta o primeiro critério, o argumento é lógico e retira-se da literalidade da alínea em apreço. Porque o limite de idade, tal como está definido no preceito (al. c), não está conexionado com a qualidade do requerente "subscritor" ou "ex-subscritor", mas tão somente com a natureza de "interessado", é legítimo pensar que o legislador se exprimiu da melhor maneira e da forma que quis (art. 9°, n°3, do C.C.), apesar de ter presente (até pela proximidade de inserção) a distinção das situações contempladas nos arts. 37°, n°2, c) e 40°, n°1. Se o legislador não distinguiu, não deverá o intérprete fazê-lo. Valerá, nesse caso, a data do *limite de idade*.

Para uma segunda posição, o critério deve ser o da data do despacho. Na verdade, a aposentação por limite de idade de "ex-subscritor" nos termos do art. 40°, n°1 é, de acordo com o n°1, do art. 39° supra, uma *aposentação exclusivamente voluntária* na medida em que depende necessariamente de requerimento. Logo, a previsão adequada seria a do n°1, al.a), ou seja, a que manda atender à data do *despacho* a reconhecer o direito à aposentação voluntária que não dependa de verificação de incapacidade (nesta posição, **Simões de Almeida**, in *ob. cit.*, pág. 120).

Ambas são lógicas porque assentes num elemento literal de idêntica força. Ainda assim, porque na dissensão o elemento que se retira da alínea c) é directo, preciso e específico em relação à estatuição que pretende definir, pois se dirige indiscriminadamente às situações concretas de "limite de idade", enquanto o da alínea a) é esbatido e impreciso, por se referir genericamente às situações de aposentação voluntária, crê-se que a primeira será mais consistente.

Ver ainda: anotação 3ª ao art. 41.
• *Na aposentação obrigatória decorrente de expulsão* coactiva (art. 37°, n°2, al.c)), será decisiva a data em que for tomada a decisão administrativa disciplinar expulsiva e a data em que for proferida a sentença penal definitiva de que resulte a demissão ou situação equivalente (n°1, al.d)).

Mas é preciso tomar em especial atenção que a amnistia, a anulação contenciosa e a revogação administrativa de pena expulsiva implicam a contagem do tempo de serviço anterior à execução da pena, bem como o tempo posterior relativamente ao qual seja reconhecido o direito à reparação de remunerações (art. 32°, n°2). Nesse caso, a regra do artigo tem que ceder: o tempo de ausência de funções será considerado na correspondência dos vencimentos que ao cargo correspondiam no respectivo período. Havendo reintegração, o termo relevante para aposentação será então o que decorre do art. 33° e o regime apurar-se-á, normalmente, de acordo com a situação que se vier a verificar segundo o disposto no art. 43° em análise.

4 – Fica assim estabelecida a *regra* neste domínio: aplica-se a *lei nova* existente à data do facto relevante, além do mais porque a situação jurídica do funcionário se tem considerado como sendo de *natureza estatutária* e, logo, por princípio, livremente modificável pela lei.
Fezas Vital, a propósito, dizia: «*Os funcionários ao entrarem para o serviço público devem saber que a sua situação está continuamente sujeita a sofrer todas transformações que o interesse público ou a missão a realizar o imponham*» (in ***A situação dos Funcionários***, pág. 155-157).
M. Caetano parece pôr no mesmo plano o estatuto legal da função e os interesses particulares dos funcionários. Quanto à situação do funcionário no plano estatutário, dizia que «*as funções existem para servir o interesse público, são criadas e devem poder ser modificáveis consoante as exigências desse interesse*» (in ***Manual cit., II,*** pág. 755).
Para João Alfaia a situação jurídica do funcionário é de natureza *ecléctica*: abrange um plano objectivo e outro subjectivo. Na situação jurídica subjectiva do funcionário apenas caberão os direitos deveres; na situação jurídica objectiva caberão as incompatibilidades em que o funcionário se encontra (***ob. cit. I***, pág. 448/449).

5 – Quando se fala em "regime da aposentação" (n°1) não se alude unicamente à lei singular que discipline um determinado aspecto relevante da aposentação, mas pelo contrário abrange *todo o regime jurídico* envolvente que possa ter repercussões sobre a situação de aposentação.
Assim, por exemplo, nele se abarca a alteração dos limites de idade (pode suceder que lei posterior o amplie), as regras de contagem do tempo acrescido (pode dar-se o caso de a lei vir a extinguir o bónus da percentagem de aumento de tempo), como quaisquer outras regras (sobre concorrência de cargos, de determinação do montante da pensão, etc, etc.).

6 – À regra do n°1, o n°2 excepciona, porém, os efeitos atribuídos em matéria de aposentação a situações anteriores àqueles factos e datas.
Trata-se de situações a que lei anterior conferia especiais situações de vantagem ou conferia direitos que, entretanto, outra viria a retirar. Exemplo disso é o de num dado momento a lei atribuir ao funcionário o benefício de

uma certa percentagem legal de aumento de tempo para efeito de aposentação: se o funcionário chegou a exercer as funções ao abrigo desse regime, deverá o despacho que lhe reconheça o direito à aposentação tomar em conta esse acréscimo de tempo, mesmo que na data em que for praticado a lei respectiva já se encontre revogada por outra posterior.
Ver: notas 4ª e 5ª ao artigo 25º supra.

7 – De acordo com a regra do nº1, por ela se salvaguardam os direitos adquiridos nas datas que o preceito afirma serem determinantes, a ponto de não poderem os respectivos beneficiários ser prejudicados posteriormente em virtude de um quadro legal e estatutário que consagre condições *menos favoráveis*. Já foi defendido, porém, que entre a data desse facto determinante (despacho, declaração da junta médica, limite de idade, decisão expulsiva) e o início efectivo da aposentação deveriam repercutir-se na esfera dos titulares as alterações sobrevindas que lhes fossem *mais favoráveis* (**J. Alfaia**, in *ob. cit., II*, pág. 1060/1061).
De ressalva de *direitos adquiridos* à sombra de leis passadas ou vigentes relativamente a *situações anteriores* trata o nº2, enquanto o nº3, pelo contrário, relativamente a *situações futuras,* se demarca da excepção. Com efeito, este despreza quaisquer alterações *em matéria de remunerações* ocorridas posteriormente à data a que se refere o nº2 do art. 33º, ou seja, após:
• 1º – a data em que se verificar qualquer dos *factos previstos neste artigo 43º, nº1*, alíneas a), b), c) e d) (art. 33º, nº2, al.a)).
Compreende-se que com a verificação do facto determinativo do direito à aposentação (art. 43º, nº1), as alterações posteriores remuneratórias não se reflictam na situação jurídica do interessado, designadamente na pensão a atribuir, salvo os casos especiais de jubilação.
• 2º – a data em que o funcionário *cessar funções*, seja a cessação "definitiva", seja em resultado de passagem à "licença ilimitada", quer dizer, "licença sem vencimento", ou a outra situação sem direito a remuneração (art. 33º, nº2, al.b)).
Se o interessado cessar funções definitivamente (v.g. por exoneração), ou por licença sem vencimento (cessação provisória), ou se a cessação resultar de outra situação sem direito a remuneração, as alterações remuneratórias posteriores à cessação não terão qualquer efeito sobre a situação do interessado. Isto, claro está, se essa cessação se der antes de qualquer dos factos determinativos do direito à aposentação previstos no nº1 do art. 43º. Assim, por exemplo, se o funcionário cessa funções definitivamente numa dada época (e por isso não volta a prestar serviço para a função pública), quando atingir o limite de idade poderá ser reformado (se o pedir, nos termos do art. 40º, nº1), mas as subidas de vencimento entretanto decorridas entre a cessação e a data em que atingiu o limite de idade não se repercutem

na aposentação. Atendíveis serão as remunerações percebidas ao tempo da cessação de funções.

Da mesma maneira, se o funcionário vê concedida licença sem vencimento durante um certo tempo (Ver regime destas licenças nos arts. 73° e sgs do DL n° 100/99, de 31/03) e posteriormente retoma o serviço, as alterações em matéria de vencimentos ocorrida no período da licença não beneficia os aposentados segundo o presente artigo. A pensão não terá em conta as actualizações salariais entretanto verificadas, e apenas tomará em consideração as remunerações recebidas antes da cessação e as que vier a receber após a retoma do serviço.

• 3° – a data em que ocorrer o termo do *subsídio legal de tratamento* percebido posteriormente aos mesmos factos (art. 33°, n°2, al.c)).

Sobre subsídio de tratamento: ver art. 21° do DL n°48 359, de 27/04/68.

JURISPRUDÊNCIA

«I – O Decreto n. 58/75, de 23 de Maio, do Governo de Transição de Angola, não pode revogar o Despacho Legislativo Ministerial n. 6/74, de 25 de Maio.

II – O *regime de aposentação* fixa-se com base na lei em vigor no momento em que ocorre o acto ou facto determinante da aposentação, pelo que no cômputo da pensão de aposentação de um funcionário dos Serviços de Portos, Caminhos de Ferro e Transportes do Estado de Angola não pode ser considerado o prémio de economia que recebeu nos dois últimos anos, por este prémio não estar naquele momento sujeito a desconto para aposentação»
(Ac. do STA, de 24/04/86, Proc. N° 012146)

«O regime de *aposentação voluntária* que não depende de verificação de incapacidade fixa-se com base na Lei em vigor na situação existente a data em que se profira despacho a reconhecer o direito a aposentação, sendo irrelevante qualquer alteração de remuneração ocorrida posteriormente (art. 43°,n°s. 1, alínea a), e 3, do Estatuto da Aposentação)».
(Ac. do STA, de 05/03/87, Proc. N° 021345)

«A remuneração a ter em conta no cálculo da pensão é a que o interessado auferia na data em que ocorreu o acto ou facto determinante da aposentação, e não a que, na data da prolação do despacho que fixa a pensão definitiva, corresponde ao cargo que o mesmo interessado exerce»
(Ac. do STA, de 23/07/87, Proc. N° 013243)

«I – No caso de *aposentação voluntária* que não dependa de verificação de incapacidade, o regime de aposentação fixa-se com base na lei em vigor e na situação existente à data em que se profira despacho a reconhecer o direito a aposentação (artigo 43º, n. 1, alínea a), do Estatuto da Aposentação), e tal reconhecimento ocorre logo que se fixe pensão provisória, pois, nessa hipótese, o diferimento da decisão final respeita apenas à parte relativa à fixação do montante definitivo da pensão, e não à parte relativa ao reconhecimento do direito a aposentação.

II – O "período de condicionamento" aludido no artigo 27º, n. 1, do Decreto-Lei n. 409/89, de 18 de Novembro, refere-se ao congelamento da progressão nos escalões, que terminou em 31 de Dezembro de 1990 (artigo 23º, n. 2).

III – Tendo a recorrente progredido, em 1991, ao 9º escalão, não lhe é aplicável o regime de aposentação excepcional fixado naquele artigo 27º, nº. 1».

(Ac. do STA, de 11/11/93, Proc. Nº 032318, in Ap. ao DR, de 10/10/96, pág. 6232)

«No caso de aposentação requerida por excedente da função pública, nos termos do artigo 16º, n. 1, do Decreto-Lei n. 43/84, de 3 de Fevereiro, o tempo de serviço a atender é o decorrido até à resolução final da Caixa a reconhecer o direito a *aposentação voluntária*, nos termos dos artigos 33º, n. 2, alínea a), e 43º, n. 1, alínea a), do Estatuto da Aposentação, e não o decorrido até à prolação do despacho do membro do Governo que autorizou essa aposentação voluntária, pois este despacho não é determinante da aposentação, não vinculando a Administração da Caixa, à qual continua a competir verificar se, no caso, ocorrem os requisitos legais da aposentação e, em caso negativo, indeferir o respectivo requerimento»

(Ac. do STA, de 09/12/93, Proc. Nº032478, in ap. ao DR. de 15/10/96, pág. 7033)

«I – À contagem final do tempo de serviço, para efeitos de aposentação, fundada em *incapacidade absoluta e permanente* para o exercício de funções dum magistrado do Ministério Público, são aplicáveis as regras do regime da função pública.

II – Assim, a data a atender para o efeito é a da declaração dessa incapacidade pela junta médica, ou a da homologação de parecer desta, quando a lei a exija».

(Ac. do STA, de 03/05/94, Proc. Nº 032287)

«A situação do recorrente, ex-subscritor da Caixa G. Aposentações e ex-agente da Polícia Judiciária, demitido antes de perfazer 60 anos de idade, para efeitos de requerer a aposentação, é aplicável o limite geral de 70 anos e não o especial e inferior de 60 anos legalmente estabelecido para o pessoal da Polícia Judiciária».

(Ac. do STA, de 16/03/95, Proc. nº 035190)

«I – O regime da aposentação fixa-se com base na lei em vigor à data em que se profira despacho a reconhecer o direito a aposentação.

II – Se entre o requerimento do pedido de aposentação em que o requerente, assistente hospitalar, então, tinha já todas as condições legais para lhe ser concedida e a decisão definitiva, entretanto entrar em vigor lei que fixa em montante inferior àquele que à data do requerimento tinha direito, o montante da pensão fixa-se de harmonia com a lei entretanto entrada em vigor .

III – O direito ao montante da pensão de aposentação tem *natureza estatutária* sendo livremente revogável pela lei, salvo quanto aos direitos subjectivados.

IV – Tal revogação não ofende o princípio constitucional de protecção da confiança ínsito no Princípio do Estado do Direito Democrático consagrado no art. 2° do C.R.P., nomeadamente quando a nova lei não atinge direitos adquiridos e se determina por interesse na unidade e na homogeneidade do ordenamento jurídico».
(Ac. do STA, de 11/07/95, Proc. n° 037111)

«I – A faculdade, introduzida pelo n. 2 do art. 77° do DL n. 497/88, de 30/12, de o período de tempo de licença sem vencimento por um ano contar para efeitos de aposentação desde que o interessado mantenha os correspondentes descontos com base na remuneração auferida a data da concessão da licença, não é aplicável às licenças sem vencimento gozadas antes do inicio da vigência desse diploma.

II – O art. 43°, n. 1, alínea b), do Estatuto da Aposentação, ao determinar que o regime da aposentação se fixa com base na lei existente à data em que seja declarada a incapacidade pela competente junta médica, não tem a virtualidade de atribuir eficácia retroactiva a diplomas que foram publicados para valer apenas para o futuro, como acontece com o DL n. 497/88.

III – Assim, o facto de à data em que foi declarada a incapacidade da interessada – 31/1/1994 – já estar em vigor o DL n. 497/88 não implica que o estabelecido no n. 2 do art. 77 desse diploma se aplique a licenças sem vencimento por um ano gozadas pela mesma interessada entre 1980 e 1986».
(Ac. do STA, de 12/11/97, Proc. n° 041043)

«I – O artigo 17°, n° 4, da Lei n° 59/93, de 17.8, instituiu um regime especial, cometendo ao Presidente da Assembleia da República (AR) a competência para a concessão daquela aposentação extraordinária.

II – Reconhecido tal direito, o tempo que depois decorra já não conta para efeitos de aposentação (v. arts. 33°, n° 2, al. a) e 43° n° I, al. a) do Estatuto da Aposentação (EA), aprovado pelo Dec. Lei n° 498/72, de 9.12).

III – A remuneração auferida, enquanto em regime de requisição, como Director-Geral do Pessoal da Petrogal, S.A., entre 6.7.89 e 31.12.92, por um consultor jurídico da AR, cujos direitos à aposentação foi reconhecido, em 23.2.94, não releva para o cálculo do montante da pensão nos termos do art. 51.º do EA – na redacção da Lei n° 30-C/92, de 28.12 –, sem que com isso se fira o princípio da igualdade.

IV – A bonificação a que se refere o artigo 17°, n° 2, da Lei n° 59/93, incide sobre o montante da pensão e não sobre o tempo de serviço, sem que isso represente qualquer discriminação.

V – Deve processar-se de acordo com o disposto no n° 3 e não no n° 1 do artigo 13° do EA, na redacção da Lei n° 30-C/92, a regularização de quotas de um aposentado respeitantes aos anos de 1971 a 1973, em que prestou serviço como secretário num gabinete ministerial, sem direito a ser subscritor da Caixa Geral de Aposentações, como agente político que era.

VI – Para a definição dos contornos, ao tempo, desta figura, na área em causa, irreleva a normatividade ulteriormente surgida.

VII – O artigo 13°, n° 3, na redacção da Lei n° 30-C/92, não está ferido de inconstitucionalidade formal, por alegada falta da audição das associações sindicais, pois a matéria da aposentação, não se inscreve na legislação do trabalho a que se reporta o artigo 56°, n° 2, al. a), da Constituição da República.

VIII – Também a mutação jurídica assim operada por aquela Lei n° 30-C/92 não ofende o princípio da confiança, por violação de expectativas jurídicas, pois que não foi posto em causa o núcleo essencial do direito à aposentação, alterando-se apenas a base de incidência da taxa aplicável, por forma não gratuita ou desproporcionada.

IX – Tão pouco se pode afirmar que o confronto do regime do n° 3 com o do n° 1 do mencionado artigo 13° revela a violação por aquele do princípio da igualdade, pois que há base material bastante para justificar a diferenciação no cálculo das quotas, que aqueles reflectem.

X – Para afirmar, no caso, uma eventual inconstitucionalidade do artigo 1°, n° 1, do EA, não se pode esgrimir com a Lei n° 77/88, uma vez que a questão da possibilidade de inscrição na CGA de membros de gabinetes do governo, remonta aos anos de 1971 a1973.»
(Ac. do STA, de 07/12/99, Proc. n° 040421)

«I – A situação jurídica do funcionário é de *natureza estatutária* sendo, por essa razão e em princípio, livremente modificável pela lei, salvo quando isso possa contender com direitos, liberdades e, garantias constitucionalmente consagradas.

II – Tal como os limites da idade para a aposentação não representam para a esfera dos funcionários no activo nenhum direito adquirido, sendo por isso livremente modificáveis unilateralmente pelo Governo, assim também a redução do limite de idade para a passagem à disponibilidade em serviço constitui prerrogativa do poder público.

III − A redução de 65 para 60 anos de idade para a passagem à disponibilidade em serviço do Conselheiro de Embaixada, embora frustrando alguma expectativa de promoção na carreira diplomática, não significa uma violação do *principio da confiança jurídica*, se tal redução não for arbitrária, intolerável e demasiado opressiva daquela expectativa e antes se fundar numa nova orientação da política geral do governo e for justificada para levar a cabo uma mais eficaz defesa dos interesses do Estado no estrangeiro».
(Ac. do TCA, de 15/02/2001, Proc. nº 1803/98)

«Não declara a inconstitucionalidade da norma do artigo 4° do Decreto-Lei n° 295/73, de 9 de Junho, e declara a inconstitucionalidade, com força obrigatória geral, da norma constante da alínea a) do n° 7 da Portaria n° 162/76, de 24 de Março.

I − O princípio da igualdade do cidadão perante a lei postula que se dê tratamento igual a situações de facto essencialmente iguais e tratamento desigual para as situações de facto desiguais (proibindo, inversamente, o tratamento desigual de situações iguais e o tratamento igual de situações desiguais). O principio não impede que, tendo em conta a liberdade de conformação do legislador, se possam (e devam) estabelecer diferenciações de tratamento. Ponto é que haja fundamento material suficiente que neutralize o arbítrio e afaste a discriminação infundada.

II − Ora, não parece que a norma do artigo 4° do Decreto-Lei n° 295//73, em si considerada, mereça censura na perspectiva constitucional do principio da igualdade ou do princípio da proporcionalidade: integrada em diploma que contempla a situação dos militares deficientes que, por alguma das causas indicadas no n° 1 do artigo 1° do Decreto-Lei n° 210/73, optaram pela reforma extraordinária, a norma mais não será, afinal, do que mera expressão do que na disciplina geral em matéria de aposentação se dispõe relativamente ao momento de fixação do respectivo regime.

III − De resto, poderá defender-se não terem os militares nessas circunstâncias feito mais que manifestado a sua opção, em concreto momento histórico e à luz e no âmbito do enquadramento legal então vigente, não se surpreendendo, por conseguinte, censura constitucional se alguma diferenciação resultar da sucessão no tempo de dois regimes.

IV − O mesmo se não dirá, no entanto, quanto à norma contida na alínea a) do n° 7 da Portaria n° 162/76, a qual não se com pagina com uma visão holistica e igualitária do Decreto-Lei n° 43/76.

V − A norma introduz um tratamento diverso para situações essencialmente iguais, não razoavelmente justificado: não só parte dos militares deficientes é afastada da plenitude de fruição do novo regime, que, no entanto, visou alcançar «um modo de compensar ou reparar uma injustificação» a todos tocante, sem que se apercebam ou denunciem as razões de marginalização assim provocada – o que figura arbítrio –, como a diferença de tratamento se modela inadequada e injustificadamente.

VI – Considera-se que existe violação do principio da igualdade quando, como é o caso, não existe adequado suporte material para a diferença. Esta deve ser materialmente fundada sob o ponto de vista da segurança jurídica, da praticabilidade, da justiça e da solidariedade e não se basear em qualquer motivo constitucionalmente impróprio».

(Ac. do TC, de 10/04/96, Proc. nº 93-198, in DR, I-A, de 16/05/96)

«1 – Da interpretação conjugada dos artigos 43º, nº3 e 33º, nº2, al.b), do E.A, resulta que a alteração de remunerações ocorrida posteriormente à cessação de funções só é irrelevante, para efeitos do cálculo da pensão respectiva, se essa cessação colocar o interessado em "situação sem direito a remuneração".

2 – Tendo a interessada outorgado com o serviço de que dependia – Caixa Geral de Depósitos – um *"Acordo de suspensão da prestação de trabalho"*, cuja cláusula 3.8 mantém a seu favor o direito a uma remuneração, actualizável, calculada, nos termos aí especificados, a perceber até ao momento em que perfizesse os requisitos para requerer a aposentação, a cessação de funções ocorrida por virtude do referido *"Acordo"* não colocou a ora agravada em "situação sem direito a remuneração".

3 – Equivale isto a dizer que, no cálculo da pensão respectiva, se deverá ter em conta a remuneração auferida até à data do facto constitutivo da aposentação».

(Ac. do TCA, de 30/11/2000, Proc. nº 4644/00)

PARECERES DA PROCURADORIA GERAL DA REPÚBLICA

«1 – O regime da aposentação fixa-se com base na lei em vigor e na situação existente à data em que se verifique o facto que lhe deu causa (artigo 43 do Estatuto da Aposentação);

2 – É irrelevante qualquer alteração de remunerações ocorrida posteriormente à data a que se refere o n 2 do artigo 33 (artigo 43, n 3, do mesmo Estatuto);

3 – Face às conclusões anteriores, a remuneração mensal a considerar para o cálculo da pensão é a que corresponder à categoria ou cargo do subscritor à data do acto determinante da aposentação, sendo irrelevante que entre esta data e a desligação do serviço se tenha verificado um aumento de remuneração por promoção do subscritor».

(Parecer da PGR, de 27/01/94, in DR, de 19/05/94, pág. 4945)

Artigo 44º
Cargo pelo qual se verifica a aposentação

1 – O subscritor é aposentado pelo último cargo em que esteja inscrito na Caixa.

2 – Se à função exercida pelo subscritor, fora do quadro ou da categoria a que pertença, não corresponder direito de aposentação, esta efectivar-se-á pelo cargo de origem.

NOTAS

O artigo acentua em 1º lugar a regra de que, mesmo em caso de inscrição plúrima e sucessiva, aposentação é decretada pelo último dos cargos por que o subscritor tiver sido inscrito.

Imaginemos, no entanto, que no momento em que reunir os pressupostos para a aposentação, o funcionário está a exercer algum cargo a que não corresponda direito de aposentação: por exemplo, se o cargo não confere direito de inscrição ou se é necessariamente serviço gratuito (neste caso, porém, o tempo respectivo acresce ao de subscritor pelo qual se aposente, nos termos do art. 25º, al.b)), ou se o funcionário presta serviço *fora* da *categoria* ou *do quadro* a que pertença ou (ex., em "requisição" e "destacamento": art. 27º, nº1, do DL nº 427/89, de 7/12) em cargo a que não corresponda direito de inscrição.

Para estes casos, o nº2 fixou uma excepção: a aposentação far-se-á pelo último cargo de origem por que se encontre inscrito (cfr. art. 11º, nº3).

JURISPRUDÊNCIA

«Os membros dos gabinetes das câmaras municipais – tal como os membros dos gabinetes ministeriais – satisfazem os requisitos previstos no artigo 1º do Estatuto da Aposentação, podendo, assim, ser inscritos na Caixa Geral de Aposentações, e, se forem essas as últimas funções que tenham desempenhado, as respectivas pensões de aposentação devem ser calculadas com base no vencimento que auferiam pelo exercício dessas funções (art. 44º, nº1, citado Estatuto)».

(Ac. do STA, de 21/10/93, Proc. Nº 026869, in ap ao DR, de 15/10/96, pág. 5539)

«I – O ajudante que nos termos previstos nos art. 26° n° 1 do Dec. Lei 519IF2/79 e 61° n° 1 do Dec. Reg. 55/80, substitui o notário no impedimento deste por período superior a 30 dias, tem direito além do próprio vencimento à participação emolumentar correspondente ao lugar e ao tempo de substituição.

II – Essa participação não é de considerar no cálculo da pensão de aposentação por resultar de acumulação de outro cargo (art. 47° n° 1 alínea b) e 48° do Est. da Aposentação)

III – A remuneração referida não é ainda de ter em conta por respeitar a cargo diverso daquele por que o ajudante se aposentou (art. 47° n° 1 do Est. da Aposentação)».

(Ac. do STA, de 27/05/98, Proc. n° 039329)

«I – O artigo 17°, n° 4, da Lei n° 59/93, de 17.8, instituiu um regime especial, cometendo ao Presidente da Assembleia da República (AR) a competência para a concessão daquela aposentação extraordinária.

II – Reconhecido tal direito, o tempo que depois decorra já não conta para efeitos de aposentação (v. arts. 33°, n° 2, al. a) e 43° n° I, al. a) do Estatuto da Aposentação (EA), aprovado pelo Dec. Lei n° 498/72, de 9.12).

III – A remuneração auferida, enquanto em regime de requisição, como Director-Geral do Pessoal da Petrogal, S.A., entre 6.7.89 e 31.12.92, por um consultor jurídico da AR, cujos direitos à aposentação foi reconhecido, em 23.2.94, não releva para o cálculo do montante da pensão nos termos do art. 51 ° do EA – na redacção da Lei n° 30-C/92, de 28.12 -, sem que com isso se fira o princípio da igualdade.

IV – A bonificação a que se refere o artigo 17°, n° 2, da Lei n° 59/93, incide sobre o montante da pensão e não sobre o tempo de serviço, sem que isso represente qualquer discriminação.

V – Deve processar-se de acordo com o disposto no n° 3 e não no n° 1 do artigo 13° do EA, na redacção da Lei n° 30-C/92, a regularização de quotas de um aposentado respeitantes aos anos de 1971 a 1973, em que prestou serviço como secretário num gabinete ministerial, sem direito a ser subscritor da Caixa Geral de Aposentações, como agente político que era.

VI – Para a definição dos contornos, ao tempo, desta figura, na área em causa, irreleva a normatividade ulteriormente surgida.

VII – O artigo 13°, n° 3, na redacção da Lei n° 30-C/92, não está ferido de inconstitucionalidade formal, por alegada falta da audição das associações sindicais, pois a matéria da aposentação, não se inscreve na legislação do trabalho a que se reporta o artigo 56°, n° 2, al. a), da Constituição da República.

VIII – Também a mutação jurídica assim operada por aquela Lei n° 30-C/92 não ofende o princípio da confiança, por violação de expectativas jurídicas, pois que não foi posto em causa o núcleo essencial do direito à aposentação, alterando-se apenas a base de incidência da taxa aplicável, por forma não gratuita ou desproporcionada.

IX - Tão pouco se pode afirmar que o confronto do regime do n° 3 com o do n° 1 do mencionado artigo 13° revela a violação por aquele do princípio da igualdade, pois que há base material bastante para justificar a diferenciação no cálculo das quotas, que aqueles reflectem.

X - Para afirmar, no caso, uma eventual inconstitucionalidade do artigo 1 o, n° I, do EA, não se pode esgrimjr com a Lei n° 77/88, uma vez que a questão da possibilidade de inscrição na CGA de membros de gabinetes do governo, remonta aos anos de 1971 a1973.»
(Ac. do STA, de 07/12/99, Proc. n° 040421)

PARECERES DA PROCURADORIA GERAL DA REPÚBLICA

«1 - O regime da aposentação fixa-se com base na lei em vigor e na situação existente à data em que se verifique o facto que lhe deu causa (artigo 43° do Estatuto da Aposentação);

2 - É irrelevante qualquer alteração de remunerações ocorrida posteriormente à data a que se refere o n 2 do artigo 33° (artigo 43°, n 3, do mesmo Estatuto);

3 - Face às conclusões anteriores, a remuneração mensal a considerar para o cálculo da pensão é a que corresponder à categoria ou cargo do subscritor à data do acto determinante da aposentação, sendo irrelevante que entre esta data e a desligação do serviço se tenha verificado um aumento de remuneração por promoção do subscritor».
(Parecer da PGR, de 27/01/94, in DR, de 19/05/94, pág. 4945)

«1 - Para suprir a vacatura de um lugar, bem como a ausência ou impedimento de funcionários, pode a Administração usar da substituição em sentido próprio para pessoal dirigente ou de chefia ou, nos outros casos, da substituição mediante reversão de vencimento de exercício;

2 - A designação do substituto não tem que recair em funcionário que oportunamente viesse a aceder ao cargo em que se efectua a substituição;

3 - Hoje em dia, o acesso (e o ingresso) na carreira realiza-se, em regra, mediante concurso - artigo 47°, n° 2, da Constituição da República e Decreto-Lei n° 498/88, de 30 de Dezembro;

4 - A substituição no exercício de um cargo não integra o conceito técnico-juridico de "acesso", para os efeitos do n° 2 do artigo 50° do Estatuto da Aposentação;

5 - No cálculo da pensão de aposentação de (...), o exercício do cargo de chefe de secção, em regime de substituição, no qual terá atingido o limite de idade, não deve ser valorado nos termos do n° 2 do aludido artigo 50° do EA, mas de acordo com o n° 1».
(Parecer da PGR, de 27/01/94, in DR, de 17/05/94, pág. 4820)

Artigo 45º
Concorrência de cargos

1 – O subscritor com direito de aposentação por mais de um cargo deverá escolher aquele por que pretende ser aposentado, salvo nos casos em que a lei especial faculte a aposentação cumulativa pelos cargos simultaneamente exercidos.

2 – O subscritor que tenha também direito de aposentação por cargo que exerça em regime de comissão ou requisição poderá optar pela aposentação correspondente ao seu cargo de origem.

NOTAS

1 – Cfr. arts. 5º, nº2 e 31º, supra.

2 – Consagra-se no nº1 a possibilidade de o subscritor *ter direito* a aposentação por mais do que um cargo, sempre que os exerça em regime de acumulação.
A regra é a seguinte: apenas será aposentado por um deles. Logo, no exercício do direito, o interessado deverá fazer a opção sobre o cargo por que pretenda a aposentação.
A mesma disposição ressalta, contudo, as situações em que lei especial permita a aposentação pelos cargos exercidos em simultâneo.
Convém referir que o tempo de serviço prestado simultaneamente não é contado cumulativamente: um ano de calendário durante o qual o interessado prestou funções simultaneamente em dois cargos será considerado para a aposentação em apenas um ano de serviço (cfr. art. 31º). Assim, quando o preceito ora em apreço possibilita a aposentação por um dos cargos exercidos simultaneamente fá-lo sem prejuízo da necessidade de que o subscritor conte com o tempo indispensável à aposentação por cada um deles.
Só não será assim, quando a acumulação não é simultânea na verdadeira acepção da palavra, isto é, quando o tempo dedicado a um dos cargos não se sobrepõe ao tempo dedicado ao outro, caso em o tempo se soma. Também aí, completado o tempo necessário à aposentação, deverá o subscritor escolher o cargo pelo qual deseja ser aposentado.
Ver: nota 4 ao art. 26º.

3 – O nº2 admite ainda o direito à aposentação simultânea de subscritor que, inscrito por um cargo, tenha exercido funções em regime de comissão ou de requisição que confiram igual direito.

Segundo o regime da *comissão de serviço* do "pessoal dirigente", a lei não prevê tal direito, pois o tempo de serviço prestado em cargos dirigentes conta, para todos os efeitos na carreira e categoria em que cada funcionário se encontre integrado (cfr. art. 18º, 31º, 32º sgs, do DL nº 44/99, de 22/06).

Já o período de exercício de cargo em regime de substituição de cargos dirigentes conta, para todos os efeitos legais (logo também para aposentação), como tempo de serviço prestado no cargo ou lugar anteriormente ocupado pelo substituído, bem como no lugar de origem (art. 21º, nº7, cit. dip.).

Isso não quer dizer que lei especial não atribua direito de aposentação pelo período prestado em regime de comissão de serviço ou de requisição. Sempre que tal aconteça, ao interessado cumprirá optar, necessária e expressamente, pelo cargo de origem se essa for a sua vontade. Nada dizendo, presumir-se-á que aceita a aposentação pelo cargo exercido em comissão ou em requisição.

Semelhante é o caso de o subscritor ter prestado serviço nos dois últimos anos em organismos de coordenação económica. Assinala-se, contudo, uma diferença: nesta situação, a opção será manifestada em relação ao cargo pelo qual vem auferindo remunerações e pelo qual será então aposentado (art. 52º). O silêncio sobre a escolha será interpretado como o sinal (presumido) de que a preferência irá para a aposentação pelo cargo de origem.

JURISPRUDÊNCIA

«I – De acordo com os princípios constitucionais, o exercício de funções como vogal da Junta do Crédito Público (JCP) confere, em principio, e reunidos os demais requisitos, o direito a uma pensão quando chegar a "velhice" ou a "invalidez";

2 – O artigo 37º do decreto-lei n 424/77, de II de Outubro, consagra a aposentação com base no cargo de vogal da JCP, podendo tal aposentação ser cumulada com qualquer outra;

3 – Os vogais da JCP desempenham funções remuneradas em organismo do Ministério das Finanças, com subordinação jurídica, pelo que, em principio, estão reunidos os pressupostos necessários à inscrição na Caixa Geral de Aposentações;

4 – Nos termos do nº 1 do artigo 1º do Estatuto da Aposentação (redacção do decreto-lei n 191-A/79, de 25 de Julho) apenas são inscritos como subscritores da Caixa Geral de Aposentações, os "funcionários" e os "agentes";

5 – Tendo sido retirada, pelo nº 3 do artigo 1º do decreto-lei n 219/89 de 4 de Julho, a qualidade de "funcionário" ou "agente" ao presidente da JCP, o mesmo, enquanto tal, não pode ser inscrito na Caixa Geral de Aposentações, sendo obrigatoriamente inscrito na "Segurança Social" ;

6 – A cumulação de pensões de aposentação suportar pela Caixa Geral de Aposentações pressupõe o exercício simultâneo de dois ou mais cargos em regime de acumulação, e uma lei especial que permita a aposentação conjunta por cargos exercidos simultaneamente – artigo 45º do Estatuto da Aposentação;

7 – A "norma especial" que permita a *acumulação de pensões* – artigo 37º do decreto-lei n 424/77 – não foi revogada pelos diplomas que posteriormente intervieram na disciplina jurídica da Junta – decretos-lei nºs 76/83, de 8 de Fevereiro, e 219/89, de 4 de Julho;

8 – A ambiguidade dos resultados alcançados – mormente e no que diz respeito aos estatutos jurídicos do Presidente e dos vogais da JCP, incluindo o do director-geral e a entidade responsável pelo exercício dos seus cargos – aconselha uma intervenção legislativa o que se propõe nos termos da alínea d) do artigo 34º da Lei 47/86 de 15 de Outubro (Lei Orgânica do Ministério Publico)».

(Parecer da PGR de 21/02/91, in DR, II, de 09/07/91)

«1 – Para suprir a vacatura de um lugar, bem como a ausência ou impedimento de funcionários, pode a Administração usar da substituição em sentido próprio para pessoal dirigente ou de chefia ou, noutros casos, da substituição mediante reversão de vencimentos de exercício.

2 – A designação do substituto não tem que recair em funcionário que oportunamente viesse a aceder ao cargo em que se efectua a substituição.

3 – Hoje em dia, o acesso (e o ingresso) na carreira realiza-se, em regra, mediante concurso – art. 47º, nº2, da Constituição da República Portuguesa e Decreto-lei nº 498/88, de 30 de Dezembro.

4 – A substituição no exercício de um cargo não integra o conceito técnico-jurídico de "acesso", para os efeitos do nº2 do art. 50º do Estatuto da Aposentação.

5 – No cálculo da pensão de aposentação (...) o exercício de cargo de chefe de secção, em regime de substituição, qual terá atingido o limite de idade, não deve ser valorado nos termos do nº2 do aludido art. 50º do Estatuto da Aposentação, mas de acordo com o nº1».

(Parecer da PGR, nº 0609, de 27/01/94, in DR, de 17/05/94)

CAPÍTULO IV
PENSÃO DE APOSENTAÇÃO

Artigo 46º
Direito à pensão

Pela aposentação o interessado adquire o direito a uma pensão mensal vitalícia, fixada pela Caixa, nos termos dos artigos seguintes, em função da remuneração mensal e do número de anos e meses de serviço de subscritor, bem como, se for caso disso, do seu grau de incapacidade.

NOTAS

1 – Sobre o regime das pensões unificadas, vide DL nº 361/98, de 18/11.

2 – Terminada a relação jurídica de emprego público, com a aposentação inicia-se uma nova e diferente relação jurídica. Aliás, a desligação do serviço para aposentação traduz uma forma de extinção da relação jurídica de emprego (art. 28 nº1, do DL nº 427/89, de 7/12).O funcionário liberta-se, então, dos deveres profissionais e adquire novos direitos, deveres e incompatibilidades.

Um desses direitos, protegido constitucionalmente, de resto (art. 63º, CRP) é, precisamente, a *pensão*. Se com a inscrição na Caixa Geral de Aposentações o subscritor adquire direito a ser aposentado logo que reuna os pressupostos legais, com a aposentação adquire o direito subjectivo a uma pensão mensal e vitalícia de carácter social destinada à protecção na velhice, invalidez e na doença (sobre a natureza deste direito, **M. Caetano**, *ob. cit.*, II, pág. 777-779; tb. **J. Alfaia**, *ob. cit.*, pág. 1043-1045 e 1084-1085).

O montante da pensão é bem determinável, se resulta de factores fixos, como é o caso da aposentação voluntária por 36 anos de serviço e 60 de idade. Nesse caso, a pensão será *completa* ou "por inteiro" (100% da remuneração do cargo conside-rado), como também se diz.

Será variável, se resulta da conjugação de factores mutáveis. Em tais hipóteses, ela é calculada em função da remuneração mensal (arts. 6° e 47° e sgs), do tempo de serviço (arts. 24° a 34°) ou, quando for o caso, em função do grau de incapacidade – geral ou em resultado de acidente de serviço ou doença profissional (arts. 37°, n°2, al. a)).

JURISPRUDÊNCIA

«Não sendo a prestação por isenção de horário de trabalho e a participação nos lucros por exercício inerente ao cargo, ou uma remuneração que ao cargo correspondia, e estando ambas isentas de desconto para a aposentação, não pode o trabalhador da C.G.A. ver incluída na pensão de aposentação tais remunerações, "ex vi" dos arts. 47° e 48 do Estatuto da Aposentação».
(Ac. do STA, de 04/06/92, Proc. N° 030173)

«I – O regime da aposentação fixa-se com base na lei em vigor à data em que se profira despacho a reconhecer o direito a aposentação.

II – Se entre o requerimento do pedido de aposentação em que o requerente, assistente hospitalar, então, tinha já todas as condições legais para lhe ser concedida e a decisão definitiva, entretanto entrar em vigor lei que fixa em montante inferior àquele que à data do requerimento tinha direito, o montante da pensão fixa-se de harmonia com a lei entretanto entrada em vigor.

III – O direito ao montante da pensão de aposentação tem natureza estatutária sendo livremente revogável pela lei, salvo quanto aos direitos subjectivados.

IV – Tal revogação não ofende o princípio constitucional de protecção da confiança ínsito no Princípio do Estado do Direito Democrático consagrado no art. 2° da C.R.P., nomeadamente quando a nova lei não atinge direitos adquiridos e se determina por interesse na unidade e na homogeneidade do ordenamento jurídico».
(Ac. do STA, de 11/07/95, Proc. n° 037111)

«I – Viola os arts. 1° e 46° do Estatuto de Aposentação, o acto da Direcção da Caixa Geral de Aposentações, proferido por delegação de competência da Administração, que anula a inscrição na referida Caixa, autoriza a restituição das quotas descontadas e indefere o pedido de aposentação de bombeiro municipal, que estava inscrito na Caixa, pelo menos desde Abril, de 1991 , exercendo ininterruptamente as funções desde essa altura a tempo parcial, com sujeição à direcção e disciplina da Câmara Municipal e, recebendo desta, mensalmente, uma determinada quantia, e título de gratificação.

II – De facto a circunstância de não ser bombeiro profissionalizado, a tempo inteiro, não impede que deva ser considerado agente do Estado, pois, o conceito de "profissionalidade", está apenas implícito no conceito de "funcionário", que não no de agente do Estado.

III – A "gratificação" atribuída ao pessoal não profissionalizado do Corpo Municipal de Bombeiros de Viana do Castelo, pelo despacho conjunto dos Ministros das Finanças e do Plano, de Administração Interna e de Reforma Administrativa, constitui "sucedâneo" de vencimentos em sentido estrito.

IV – O art. II do DL 76/77 de I-III não justifica a negação ao bombeiro municipal, referido em I do direito à aposentação, pois não é pelo facto de não lhe ser aplicável o regime dos sapadores bombeiros, que não lhe deve ser aplicado o regime da aposentação, posto que preencha, como preenche, as exigências desse regime».

(Ac. do STA de 04/12/97, Proc. nº 036634)

«I – Nos termos dos ns. 1 e 3 do artigo 4º do DL n. 407/93, de 14 de Dezembro, podem existir nos Municípios corpos de bombeiros sapadores, municipais e voluntários, podendo o corpo de bombeiros municipais integrar bombeiros em regime de voluntariado que ficarão sujeitos às normas legais e regulamentares aplicáveis a esse regime.

II – Tendo o corpo de bombeiros Municipais direito à inscrição na Caixa Geral de Aposentações e à respectiva pensão de aposentação, também assiste esse direito ao bombeiro voluntário tempo parcial integrado no corpo de bombeiros municipais, contratado pela Câmara Municipal como bombeiro de 3ª classe, e auferindo uma gratificação mensal fixada por despacho ministerial conjunto.

III – Para além disso, o bombeiro a que se referem os ns. I e II, porque exerce funções de interesse público sob a direcção e disciplina da Câmara Municipal, percebendo, como remuneração, uma gratificação mensal fixa, é um agente administrativo, que, como tal, está na situação prevista a que aludem os artigos 1º, 6º e 46º, todos do Estatuto de Aposentação, aprovado pelo DL n. 498/72, de 9 de Dezembro, pelo que lhe assiste o direito a inscrever se na Caixa Geral de Aposentações e à respectiva pensão de aposentação».

(Ac. do STA -Pleno – de 18/03/99, Proc. nº 036634)

«1 – O regime de pensão unificada baseia-se na totalização dos períodos de contribuição e de quotização para qualquer dos regimes de protecção social (CGA, Centro Nacional de Pensões, Caixa Nacional de Previdência) – art. *3º,* nº 1, do DL nº 159/92, de 31.07.

2 – A titularidade, as condições de atribuição e a avaliação das situações de incapacidade são as do regime legal que atribui a pensão – norma citada, n° 2.

3 – O tempo de serviço militar do renunciante à pensão de invalidez de soldado do exército, nos termos do art. 82°, n° 1, al. h), do DL n° 498/72, de 09.12. (Estatuto da Aposentação), será de considerar para cômputo da pensão unificada, caso aquele tivesse continuado a descontar para a segurança social»
(Ac. do TCA, de 16/11/2000, Proc. n° 1843/98)

Artigo 47°
Remuneração mensal

1 – Para determinar a remuneração mensal atende-se às seguintes parcelas, que respeitem ao cargo pelo qual o subscritor é aposentado:
  a) O ordenado ou outra retribuição base de caracter mensal, ou a duodécima parte da que for estabelecida por ano ou corresponder ao número de dias de serviço anual, quando fixada por dia ou por hora;
  b) A média mensal das demais remunerações percebidas pelo subscritor nos dois últimos anos e que devam ser consideradas nos termos do artigo seguinte.

2 – Quando o período de serviço legalmente estabelecido seja inferior ao ano, o montante global das respectivas remunerações, que hajam de converter-se em mensais para os efeitos do presente artigo, será dividido pelo número de meses que naquele período se comporte.

3 – Será havida como remuneração dos cargos exercidos em, regime de tempo parcial, depois de efectuada a conversão prevista no n.° 2 do artigo 26°, a que corresponder ao serviço em regime de tempo completo.

4 – As remunerações percebidas a título de participações emolumentares, qualquer que seja a sua natureza, são em todos os casos consideradas para a aposentação, nos termos do disposto na alínea b) do n.° 1.

5 – Nos casos em que a média nas remunerações previstas na alínea b) do n.° 1, adicionada à remuneração estabelecida na alínea a) do mesmo número, exceda a remuneração base legalmente fixada para o cargo de Primeiro-Ministro, será a remuneração mensal relevante reduzida até ao limite daquela.

NOTAS

1 – A actual redacção resulta da alteração introduzida pelo DL n° 20--C/92, de 28/12.

2 – O n°5 apresenta a redacção que lhe foi conferida pelo DL n° 75/93, de 20/12.

3 – Já se disse noutra altura e repetimo-lo agora: o regime da aposentação e a consequente pensão determinam-se em função da "situação existente" à data dos factos mencionados no n°1 do art. 43°, sendo que nessa "situação" se inclui o factor "remuneração" atendível. Isto é, a remuneração a considerar para efeito da atribuição da pensão é aquela que o trabalhador percebia pelo exercício de determinado cargo numa daquelas datas, visto que em princípio será pelo respectivo lugar (o último: art. 44°, n°1) que o subscritor será aposentado.

Na remuneração mensal incluem-se o *ordenado base* (n°1, al.a)) e as *demais remunerações* (n°1, al.b)) percebidas nos dois últimos anos.

Sobre o conceitos de *ordenado*, *salário* e *remuneração base*, ver: nota 8, ao art. 1° e notas 3 e 4 ao art. 6°.

Quanto às restantes remunerações, considerar-se-ão as mencionadas no art. 6° que tenham carácter permanente. Serão excluídas as que não tenham esse carácter permanente, as gratificações que não forem de atribuição obrigatória, as que representem remuneração complementar por serviço prestado no ultramar e as que resultem da acumulação de outros cargos.

O *subsídio de turno* intervém no cálculo da pensão pela forma prevista na alínea b) do n°1 do presente artigo 47° (art. 21°, n°10, do DL n° 259/98, de 18/08).

4 – A remuneração *mensal* constitui um dos factores relevantes e será em função do seu montante que se obterá o valor da pensão a atribuir ao aposentado.

No entanto, pode dar-se o caso de o interessado receber a sua remuneração por períodos de *um ano* ou *ao dia* e até mesmo *à hora*. Nesses casos, é necessário efectuar a conversão desses períodos para o de meses.

No que respeita às restantes remunerações (art. 48°), far-se-á a *média mensal* das que forem percebidas nos dois últimos anos (n°1, al. b)).

O valor final para o apuramento da pensão será, então, a soma das parcelas obtidas segundo as regras das alíneas a) e b).

5 – O n°2 prevê ainda a hipótese de o montante global da retribuição se reportar a um período inferior a um ano. Para se achar o valor da remuneração mensal, dividir-se-á a soma das remunerações globais obtidas pelos meses de prestação de serviço.

6 – O n°3 refere-se ao modo de apuramento da remuneração atendível no caso de trabalho em *tempo parcial*.

Nesse caso, haverá que fazer primeiramente a "conversão" de que trata o n°2 do art. 26°.

Cfr. anotações aos arts. 26°, 31° e 33°.

Alcançada a conversão para "tempo completo" (recorde-se que na acumulação de trabalho a tempo parcial, cada um se contará autonomamente se for trabalho sobreposto, e somar-se-ão reciprocamente, se forem trabalhos não sobrepostos), far-se-á posteriormente o cálculo de valor da remuneração.

Assim, por exemplo, se nos últimos 20 anos exerceu um determinado cargo em regime de "meio tempo" (art. 11°, do DL n° 259/98, de 18/08) com uma remuneração mensal de 100.000$00 (€ 500 euros), esse tempo de serviço contará como 10 anos para aposentação e o vencimento a atender será o de 200.000$00 (€ 1000 euros).

Mas, se o trabalho parcial tiver sido exercido no regime de "um terço" (art. 12° do cit. dip.) do período normal de trabalho (art. 8° do cit. dip.) durante os últimos 15 anos com o vencimento mensal de 70.000$00 (€ 350 euros), contar-se-lhe-á 5 anos de tempo completo para efeitos de aposentação com a remuneração mensal de 210.000$00 (€ 1050 euros).

7 – Quanto às *participações emolumentares*, diz o n°4, qualquer que seja a sua natureza, serão sempre consideradas para aposentação apenas as percebidas durante os dois últimos anos. O montante a relevar para efeito do cálculo da remuneração mensal será o que resultar da média obtida nos dois últimos anos.

8 – O art. 3°, n°1, da Lei n° 102/88, de 25/08 estabelece um tecto remuneratório para "quaisquer cargos e funções públicas" ao prescrever que, com excepção do Presidente da Assembleia da República, não é possível que alguém receba, a qualquer título, remunerações ilíquidas superiores a 75% do montante equivalente ao somatório do vencimento e abono mensal para despesas de representação do Presidente da República. Trata-se de uma indexação salarial que visa impedir que por cargos públicos alguém possa auferir uma remuneração superior à do Presidente da República, titular que exerce o mais alto cargo da Nação, representa a República Portuguesa e se apresenta como o garante do regular funcionamento das instituições (art. 120° da CRP).

O n°5 do presente artigo estabelece um regime similar, mas agora indexado ao cargo de Primeiro Ministro e apenas para efeito das remunerações atendíveis para a aposentação. Para este específico aspecto (e só para ele), o funcionário subscritor que, do resultado da adição das parcelas do n°1, apresente uma remuneração mensal superior à remuneração base legalmente fixada para o cargo do Primeiro Ministro, verá a remuneração mensal relevante reduzida até ao limite daquela.

Sobre Estatuto Remuneratório do Presidente da República: Lei nº 26/84, de 31/07, alterada pela Lei nº 102/88, de 25/08.

Sobre Estatuto Remuneratório dos Cargos Políticos: Lei nº 4/85, de 9/04, alterada pela Lei nº 102/88, de 25/08, Lei nº 26/85, de 18/08 e Lei nº 2/2002, de 23/02.

Sobre controle público da riqueza dos titulares dos cargos políticos: Lei nº 4/83, de 2/04.

9 – Para efeitos de cálculo da pensão de aposentação dos subscritores inscritos na CGA a partir 1 de Setembro de 1993, são considerados todos os anos civis em que haja entrada de descontos para a Caixa e na determinação da retribuição média relevante atende-se a todas as remunerações sujeitas ao desconto de quotas nos termos do Estatuto da Aposentação (cfr. DL nº 286/93 de 20/08, transcrito em anotação ao art. 53º).

JURISPRUDÊNCIA

«I – O Decreto n. 58/75, de 23 de Maio, do Governo de Transição de Angola, não pode revogar o Despacho Legislativo Ministerial n. 6/74, de 25 de Maio.

II – O regime de aposentação fixa-se com base na lei em vigor no momento em que ocorre o acto ou facto determinante da aposentação, pelo que no cômputo da pensão de aposentação de um funcionário dos Serviços de Portos, Caminhos de Ferro e Transportes do Estado de Angola não pode ser considerado o prémio de economia que recebeu nos dois últimos anos, por este prémio não estar naquele momento sujeito a desconto para aposentação».
(Ac. do STA, de 24/04/86, Proc. Nº 012146)

«A remuneração a ter em conta no cálculo da pensão é a que o interessado auferia na data em que ocorreu o acto ou facto determinante da aposentação, e não a que, na data da prolação do despacho que fixa a pensão definitiva, corresponde ao cargo que o mesmo interessado exerça».
(Ac. do STA, de 23/07/87, Proc. Nº 013243)

«Da leitura do art. 9º da Lei nº 9/86 resulta que o legislador atribuiu o direito a aposentação aos funcionários e agentes que ainda não reuniam as condições gerais para se poderem aposentar e de que o cálculo da pensão de aposentação que lhe corresponde é unicamente o resultante do seu nº8, sendo afastados quaisquer outros preceitos legais que estabeleçam qualquer

outra fórmula para se calcular a pensão de aposentação, nomeadamente a resultante dos arts. 47º e 48º do Estatuto da Aposentação».
(Ac. do STA, de 11/07/89, Proc. Nº 026563)

«I – Os acréscimos sobre o vencimento-base, segundo os regimes de trabalho a que têm direito os médicos, incluindo o "regime de tempo completo prolongado", previstos no Decreto-Lei n. 310/82, de 3 de Agosto, devem ser considerados para efeitos de calculo da pensão de aposentação, nos termos previstos na alínea b) do n. 1 do art. 47 do Estatuto da Aposentação, por a alínea a) aludir "ao ordenado ou outra retribuição-base, de caracter mensal", e a alinea b) se referir a "media mensal das demais remunerações percebidas pelo subscritor nos dois últimos anos".

II – Não merece censura a sentença do Tribunal Administrativo de Circulo que assim decidiu».
(Ac. do STA, de 29/05/90, Proc. Nº 027580, in Ap. ao DR, II, de 31/01//95, pág. 4000)

«I – Na vigência dos Dec.-Lei n. 372/74 de 20 de Agosto e Dec.-Lei 496/80 de 20 de Outubro, o subsídio de ferias não era passível de quota para a Caixa Geral de Aposentações.

II – Face ao Estatuto da Aposentação os abonos isentos de quota não eram computáveis para o calculo da remuneração mensal, base do calculo da pensão de aposentação.

III – O subsidio de ferias, face a legislação citada, não assumia a natureza de remuneração, face ao artigo 6 n. 3 do E.A., sendo similar a outros abonos previstos neste comando legal».
(Ac. do STA, de 12/06/90, Proc. nº 021504)

«I – As prestações percebidas por empregados da Caixa Geral de Depósitos a título de isenção de horário de trabalho e de participação nos lucros da empresa não se enquadram no disposto nos arts. 47, n. 1, al. b), 48 e 6, n. 1, do Estatuto da Aposentação, não relevando, por isso, no cômputo da remuneração atendível para efeitos de fixação da pensão de aposentação.

II – A resolução constante do ponto 10 da Ordem de Serviço n. 22/85, de 4 de Setembro, emanada do Conselho de Administração da Caixa Geral de Depósitos, do seguinte teor: "a retribuição adicional correspondente à isenção de horário de trabalho não é passível de descontos para a CGA e MSE, nem de contribuição para os Serviços Sociais da CGD" não tem a natureza de acto administrativo definitivo e executório, como seria mister que tivesse, para ser contenciosamente recorrível.

A referida resolução assume, isso, sim, a natureza de norma regulamentar interna, ou seja, de regra geral e abstracta.
(Ac. do STA, de 22/01/91, Proc. Nº 027853)

«Não são aplicáveis à modalidade de aposentação voluntária criada pelo artigo 9° da Lei n. 9/86, de 30 de Abril, os preceitos dos artigos 47 e 48 do Estatuto da Aposentação.

Efectivamente a pensão é calculada em função do vencimento base e das diuturnidades, ficando excluídas as remunerações acessórias.
(Ac. do STA, de 14/11/91, Proc. N° 027881)

«Não sendo a prestação por isenção de horário de trabalho e a participação nos lucros por exercício inerente ao cargo, ou uma remuneração que ao cargo correspondia, e estando ambas isentas de desconto para a aposentação, não pode o trabalhador da C.G.A. ver incluída na pensão de aposentação tais remunerações, ex vi dos arts. 47°, 6 e 48 do Estatuto da Aposentação».
(Ac. do STA, de 04/06/92, Proc. N° 030173)

«I – Na determinação da média mensal das remunerações percebidas pelo subscritor nos últimos anos, a considerar para o efeito do artigo 47°, n. 1, alínea b), do Estatuto da Aposentação, a Caixa Geral de Aposentações tem de se atender às que foram efectivamente pagas ao subscritor pela entidade processadora e liquidadora dessas remunerações mediante actos administrativos sobre os quais não lhe compete exercer censura, assim não podendo considerá-las apenas até montante que entenda corresponder ao de limites fixados na lei para acumulação de remunerações e cuja violação não importa nulidade.

II – O n. 7 do artigo 13° do Decreto-Lei n. 116/84, na redacção da Lei n. 44/85, de 13 de Setembro, e o n. 2 do artigo 58° do Decreto-Lei n. 247/87, de 17 de Junho, ao fixarem como limite do recebimento, por funcionário autárquico, de emolumentos notariais e custas fiscais o valor de 70% do montante anual do vencimento base da categoria do respectivo funcionário, apenas obsta a que, dentro do período determinante do valor-limite, o interessado receba mais do que esse valor, seja por uma só vez, seja parcelarmente ao longo desse período. Isto é: esse limite tem sempre como referência o montante anual do vencimento do funcionário, e não a fracção do período anual a que se reporta o exercício de funções notariais e de juiz auxiliar das execuções fiscais que justificou o pagamento dessas remunerações acessórias.

III – As gratificações auferidas pelo exercício da função de delegado concelhio da Direcção-Geral de Espectáculos e do Direito de Autor, por inerência a cargo do quadro da autarquia municipal, não relevam para efeito do cálculo da pensão de aposentação».
(Ac. do STA, de 07/07/94, Proc. n° 033832)

«O subsídio de isenção de horário de trabalho atribuído aos pilotos do INPP é uma remuneração acessória, a levar em conta nos termos da alínea b) do art. 47° do Estatuto da Aposentação, para efeitos de cálculo daquela pensão».
(Ac. do STA, de 27/10/94, Proc. n° 034269)

«I – A remuneração suplementar prevista no art. 16° do Dec. Regulamentar 3/84, de 12/1, regulada por Despacho de 22/5/84, publicado no D.R., II.S, auferida por um Inspector Assessor Principal do IGAT quando serviu, em comissão de serviço, como Assessor na Alta Autoridade Contra a Corrupção, por não ser correspondente àquele cargo, por que foi aposentado, não deve ser considerada no cálculo da pensão de aposentação fixada àquele, em 28/8/91, em determinação da "média mensal", nos termos do art. 47 do Estatuto da Aposentação.

II – A norma do art. 5°, n. 2, da Lei n. 26/92, de 31/8, que determinou que aquela remuneração suplementar "é considerada para todos os efeitos como vencimento, designadamente para cálculo da pensão de aposentação ou reforma", por não ter natureza interpretativa e efeito retroactivo não pode afectar o despacho de fixação da referida pensão de aposentação»
(Ac. do STA, de 30/03/95, Proc. n° 031987)

«I – O período de condicionamento a que se refere o n. 1 do art. 27 do DL 409/89, de 18.11, é o estabelecido para o congelamento de escalões, no n. 2 do art. 38° do DL *353-A/89,* de 16.10.

II – Uma professora do ensino básico que, ao abrigo do disposto no n. 2 do art. 129 do Estatuto da Carreira Docente, aprovado pelo art. 1 do DL 139*A/90,* de 28/4, se encontrava, em 1991, no 8 escalão, e é nesse ano aposentada voluntariamente, terá a pensão de aposentação correspondente a esse escalão, e não ao 9 escalão, pois isso só era possível se se tivesse aposentado em 1992.

III – A não ser que tivesse alegado e provado poder-se ter candidatado ao 9 escalão ou a ele aceder, de acordo com as normas dinâmicas da carreira docente».
(Ac. do STA, de 23/05/95, Proc. n° 032487)

«Os subsídios de Natal e de Férias são de considerar, para determinar a remuneração mensal atendível para fixação da pensão de aposentação, como remuneração base, entrando assim na al. a) do n. 1 do art. 47 do Estatuto da Aposentação».
(Ac. do STA, de 26/09/95, Proc. n° 036048)

«I – Se o interessado, professor do ensino primário, se encontrava já colocado em escalão superior ao máximo previsto para o período de condicionamento, que era o 7, nos termos dos arts. 14° e 20° do DL n° 409/89, de 18 de Novembro, não faz sentido pretender atribuir-lhe complementarmente mais uma subida de escalão, que estava até impedida pela letra e pelo espírito do art. 27°, n°1, do mesmo diploma.

II – Os subsídios de férias e de Natal apenas relevam no âmbito da al. a), do n°1, do art. 47° do Estatuto da Aposentação, para efeito das remunerações atendíveis para fixação da pensão de aposentação».
(Ac. do STA, de 21/11/95, Proc. n° 036042)

«I – O abono do n. 3 do art. 19° da Port. 493/88, de 27.7 , é uma remuneração específica do pessoal de chefia das Administrações dos Portos que visa evitar a situação, possível dada a diversidade de remunerações complementares existentes, de um titular de um daqueles cargos auferir menos, igual ou até mais 5% que um subordinado seu, quando este último receba, além da remuneração base, o prémio de rendibilidade previsto no art. 20 e o subsídio de isenção de horário de trabalho previsto no art. 9.

II – Assim, deve subsumir-se tal abono na al. b) do n. 1 do art. 47 do Estatuto da Aposentação, para efeitos de encontrar, a remuneração mensal função da pensão de aposentação, pois, sendo dependência de coordenadas aleatórias, reveste a mesma natureza, não constituindo a a contraprestação regular do trabalho».
(Ac. do STA, de 12/03/96, Proc. n° 037333)

«I – Para haver execução integral de acórdão anulatório, impõe-se que a Administração reconstitua a situação do recorrente, que existiria se o despacho anulado nunca tivesse sido proferido, suprimindo todos os seus efeitos e eliminando os seus actos consequentes.

II – Porém, sendo o cálculo da pensão de aposentação do recorrente (entretanto aposentado) alheio à decisão cuja execução vem pedida, a qual respeita à reposição de parte não paga de vencimentos, há que considerar integralmente cumprida essa decisão, com o cálculo correcto do vencimento do recorrente, a reposição das quantias em dívida até à data da aposentação do recorrente e com a informação à CGA do novo vencimento para efeitos de alteração da pensão de aposentação».
(Ac. do STA, de 16/05/96, Proc. n° 039509)

«I – O limite máximo de percepção de "custas fiscais" em processos de execução fiscal a auferir pelos funcionários que deles participem na qualidade de escrivães, é de 30% do montante anual do vencimento base da respectiva categoria – n. 3 do art. 58 do D.L. 247/87, de 17/6.

II – A previsão legal assenta no pressuposto de que o funcionário se vá manter no serviço activo e efectivo no cargo ao longo de todo o ano.

III – Ao mandar atender, para determinação da "remuneração mensal", à "média mensal das demais remunerações (acessórias percebidas pelo subscritor nos dois últimos anos", a alínea b) do n. I do art. 47º do Est. Aposentação teve em vista um período de duração de dois anos civis imediatamente antecedentes à data do reconhecimento do direito à aposentação, ainda que não coincidente com dois anos civis completos (1 a 31 de Dezembro).

IV – Se o período a considerar para efeitos do número anterior mediar entre 26 de Abril de 1992 e 25 de Abril de 1994, não poderá a Caixa Geral de Aposentações efectuar a aferição pelos "tectos" anuais globais das referidas remunerações acessórias ("custas fiscais") em 1992, 1993 e 1994, como se o subscritor tivesse prestado serviço de I a 31 de Dezembro em cada um desses anos, tendo antes que atender apenas às fracções desses montantes proporcionalmente correspondentes ao tempo de serviço por aquele efectivamente prestado em cada um desses anos, tudo dentro do período de dois anos contemplado na lei fazendo, para o efeito, se necessário, as necessárias "reduções" para o exclusivo fim do cálculo da pensão da reforma».

(AC. do STA, de 04/02/97, Proc. nº 040268)

«I – O desconto de quotas para aposentação, não implica, necessariamente, que as quotas deduzidas sejam sempre relevantes para a fixação da pensão atribuída.

II – Não viola os princípios da confiança e da não retroactividade da lei, (arts. 2 e 18 n. 3 de C.R.P.), a aplicação do art. 7 da Lei 75/93 ao fixar limites máximos nos montantes de pensão a atribuir a partir da vigência daquela Lei.

III – A "remuneração mensal relevante" para efeitos da futura pensão a atribuir tem de ter em consideração, a remuneração base, em cada mês, do futuro pensionista e a remuneração base do Primeiro Ministro, para daí deduzir, mensalmente, quais as remunerações acessórias que podem exceder a remuneração base do funcionário, pois, só assim se tem em conta o n. 5 do art. 47º do E.A., aditado pela Lei 75/93, que determinou que é a remuneração base mensal do funcionário que deve ser reduzido até á remuneração base do Primeiro Ministro, pois só aquele constitui a remuneração base relevante (atendível)».

(Ac. do STA, de 01/07/97, Proc. nº 0400207)

«I – Na determinação de média mensal das remunerações percebidas pelo subscritor nos dois últimos anos, para o efeito do art. 47 n. 1, b) do Estatuto de aposentação, a caixa geral de aposentações tem de atender às que efectivamente foram pagas ao subscritor pela entidade processadora e liquidadora dessas remunerações.

II – O n. 2 do art. 58 do D.L. 247/87 ao fixar como limite de recebimento por funcionário autárquico de emolumentos notariais e custas fiscais o valor de 70% do montante anual do vencimento base da categoria do respectivo funcionário, apenas obsta a que dentro do período determinante do valor-limite, o interessado receba mais do que essa verba, seja por uma só vez, seja parcelarmente ao longo desse período».
(Ac. do STA, de 30/10/97, Proc. nº 037774)

«I – O ajudante que nos termos previstos nos art. 26° n° 1 do Dec. Lei 519IF2/79 e 61 ° n° 1 do Dec. Reg. 55/80, substitui o notário no impedimento deste por período superior a 30 dias, tem direito além do próprio vencimento à participação emolumentar correspondente ao lugar e ao tempo de substituição.

II – Essa participação não é de considerar no cálculo da pensão de aposentação por resultar de acumulação de outro cargo (art. 47° n° 1 alínea b) e 48° do Est. da Aposentação)

III – A remuneração referida não é ainda de ter em conta por respeitar a cargo diverso daquele por que o ajudante se aposentou (art. 47° n° 1 do Est. da Aposentação)».
(Ac. do STA, de 27/05/98, Proc. nº 039329)

«I – A remuneração mensal atendível para efeito de cálculo da pensão do interessado, nos termos do art. 47, do Estatuto da Aposentação, é aquela que resulta dos actos de processamento feitos em favor do mesmo na situação de activo e cujo montante foi por ele efectivamente recebido, sem que seja lícito à Caixa Geral de Aposentações corrigir posteriormente tais valores aquando da fixação da pensão sob a alegação de aqueles processamentos padecerem de ilegalidade.

II – As possíveis ilegalidades que inquinem o acto de fixação da pensão e que autorizem a respectiva revogação ao abrigo do art. 102, do Estatuto da Aposentação, não abrangem as que resultem de anteriores actos de processamento de vencimentos ou outras remunerações atendíveis para efeito de cálculo daquela pensão».
(Ac. do STA, de 23/09/97, Proc. nº 042173)

«I – A situação de aposentação, na sua génese e no seu desenvolvimento, é decorrente de uma relação jurídica de emprego público, nos termos previstos no artigo 104° do CPA.

II – O juízo, emitido por um órgão da Caixa Geral de Aposentações, acerca da atendibilidade de um qualquer abono no cálculo da pensão de aposentação, não envolve a invasão das atribuições do ente público que o processara.

III – A participação emolumentar que uma Conservadora receba por haver substituído um colega da mesma Conservatória durante o tempo da ausência dela, constitui remuneração resultante da acumulação de outros cargos, nos termos e para os efeitos do estatuído no artigo 48° do EA.

IV – Assente, pela latitude da critica que a recorrente move ao acto e pela natureza vinculada dos poderes que presidiram à sua prática, que o acto emitido não podia ter outro conteúdo decisório, não deve ser decretada a sua anulação pelo verificado vício de forma decorrente da preterição da prévia audiência da interessada, impondo-se a sua subsistência na ordem jurídica em homenagem ao princípio do aproveitamento dos actos administrativos».
(Ac. do TCA, de 05/03/98, Proc. n° 183/97)

«I – Os artigos 6°, n° I do Dec. Lei 415/87, de 31/12, e n° 3 da Portaria 549/89, de 17 de Julho, determinam as regras de cálculo das pensões de aposentação dos funcionários públicos que, até então, estavam isentos de imposto sobre os rendimentos do trabalho e que, com a supressão de tal isenção, viram os seus vencimentos correspondentemente aumentados.

2 – O que releva, nestes casos, para cálculo da pensão de aposentação não é o valor do último vencimento, mas sim o resultado "da aplicação a todas as remunerações sujeitas a IRS e relevantes para o cálculo da pensão da expressão *(V+Ra) – IRSa*, em que *V* corresponde à remuneração base, *Ra* é a média das demais remunerações auferidas nos últimos dois anos, e *IRSa* corresponde ao imposto sobre o rendimento das pessoas singulares relativamente a remuneração base e remunerações acessórias projectadas anualmente, considerando-se para o efeito o modelo respeitante à situação de não casado, sem filhos – com deduções mínimas».
(Ac. do TCA, de 24/09/98, Proc. n° 765/98)

«Da interpretação conjugada da alínea a) do n° 1 do art° 7°-A do DL n.o 110 *AJ81*, de 14 de Maio, aditado pelo DL n.o 245/81, de 24 de Agosto, e, do n.o 4 da portaria n.o 54/91, de 19 de Janeiro, resulta que o vencimento da categoria correspondente do activo a que se devem aplicar as percentagens de 76,5% – art° 7.°, n.o 1, alínea a) – e depois a de 92% – n.o 4 da citada portaria -, para efeitos de se determinar o vencimento a ter em consideração no cálculo da correlativa pensão, é o fixado nos termos do DL n.o *110-AJ81*, entrado em vigor em 1 de Maio de 1981 (ver parte final da citada alínea a) do n.o 1 do art° 7.°-A, bem como a parte final do n.o 4 da citada portaria), e não o vencimento da categoria correspondente no activo à data da entrada em vigor da citada portaria, nem qualquer outro».
(Ac. do TCA, de 07/12/2000, Proc. n° 3739/99)

«I – A al. b) do n.° 1 do art. 47° do Estatuto de Aposentação, ao mandar atender, para determinação da remuneração mensal que irá servir para cálculo da pensão, à média mensal das demais remunerações acessórias percebidas pelo subscritor nos dois últimos anos, reporta-se ao período de duração de dois anos imediatamente anteriores à data do reconhecimento do direito à aposentação, ainda que não coincidentes com dois anos civis completos.

II – O artigo 52°, n.° 2, do Decreto-Lei n.° 247/87, de 17 de Junho, ao fixar, relativamente ao recebimento de emolumentos notariais, que eles não podem exceder 70% do montante anual do vencimento base da categoria do funcionário, parte do pressuposto de que o período a que se reporta o cômputo dos emolumentos é de um ano.

III – Quando, nos termos do disposto naquele art.° 47°, n° 1, alínea b), do Estatuto da Aposentação para efeito de apuramento da média mensal do biénio, estiver em causa a consideração de um ano civil incompleto, a limitação prevista naquele art.52°, n.° 2, deve reportar-se à parte da remuneração base do funcionário correspondente ao tempo de serviço prestado»

(Ac. do STA, de 27/06/2001, Proc. n° 037589)

PARECERES DA PROCURADORIA GERAL DA REPÚBLICA

«1 – Nos termos do artigo 121°, n 1, do Estatuto da Aposentação, o calculo das pensões de reserva e de reforma tem por base, em principio, as remunerações de caracter permanente que correspondam ao ultimo posto no activo;

2 – No cálculo daquelas pensões não pode, nessa medida, atender-se, ao abrigo do artigo 47, n 1, alínea b), do mesmo Estatuto, as remunerações auferidas no exercicio de quaisquer cargos ou funções, tais como emolumentos correspondentes a cargos nas direcções e repartições de serviço de marinha das províncias ultramarinas (Decretos-Leis n 41057, de 8 e Abril de 1957, e n 47815, de 26 de Julho de 1967);

3 – Esses emolumentos devem, todavia, ser considerados no cômputo das pensões de reserva e de reforma, se os militares que desempenharam cargos nos serviços ultramarinos de marinha exercerem a opção facultada pelo artigo 122° do Estatuto da Aposentação, verificados os requisitos postulados no preceito;

4 – Os aludidos cargos, nas direcções e repartições provinciais dos serviços de marinha do ultramar, eram considerados de comissão normal pela legislação militar (artigo 36°, alínea e), do Estatuto dos Oficiais das Forças Armadas, aprovado pelo Decreto-Lei n° 46672, de 29 de Novembro de 1965) e conferiam direito a aposentação;

5 – O exercício continuo dos referidos cargos nos últimos dois anos que precederam a passagem à situação de reserva releva, no âmbito da previsão do artigo 122 do Estatuto da Aposentação, para efeitos da fixação da pensão de reforma;

6 – A fixação das pensões de reforma de militares é da exclusiva competência da Caixa-Geral de Aposentações (artigos 46°,84° e sgs e 97° do Estatuto da Aposentação), não sendo as respectivas resoluções finais da sua administração condicionadas pelas decisões das entidades militares competentes para a fixação das pensões de reserva».
(Parecer da PGR, de 21/11/91, in DR, de 31/12/92, pág. 344)

«1 – A remuneração do pessoal dos registos e do notariado compreende três componentes: vencimento, participação emolumentar e emolumentos pessoais;
2 – No âmbito dos registos (civil, predial, comercial e de automóveis) e do notariado, os funcionários percebem determinados emolumentos que a lei expressamente qualifica como emolumentos pessoais;
3 – O máximo dos emolumentos pessoais a perceber pelos funcionários encontra-se normativamente fixado em montante não superior a metade do respectivo vencimento de categoria (Despacho Normativo n 299/91, de 21 de Outubro);
4 – Os emolumentos pessoais percebidos pelo pessoal dos registos e do notariado, ao abrigo das respectivas tabelas de emolumentos, anexas aos Códigos dos Registos Civil, Predial, Comercial e de Automóveis e do Notariado, passaram a relevar nos termos e para efeitos do disposto no artigo 3°, n° 1, da Lei n 102/88, de 25 de Agosto;
5 – O vencimento, a participação emolumentar e os emolumentos pessoais a que têm direito o pessoal dos registos e do notariado aferem-se mensalmente perante o limite fixado no n° 1 do artigo 3° da Lei n 102/88, de 25 de Agosto – 75% do montante equivalente ao somatório do vencimento e abono mensal para despesas de representação do Presidente da República;
6 – As quantias recebidas para além do limite fixado no referido artigo 3°, n° 1, devem reentrar nos cofres do Estado, sendo obrigatória a sua reposição;
7 – A obrigatoriedade de reposição das quantias recebidas prescreve decorridos cinco anos após o seu recebimento, prazo este que se interrompe ou suspende por acção das causas gerais de interrupção ou suspensão da prescrição (artigo 40 do Decreto-Lei n 155/92, de 28 de Julho);
8 – Em casos excepcionais, devidamente justificados, o Ministro das Finanças poderá determinar a relevação, total ou parcial, da reposição das quantias recebidas, salvo se os interessados tiveram conhecimento, no momento em que receberam as quantias em causa, de que esse recebimento era indevido (artigo 39° do Decreto-Lei n 155/92);
9 – O direito a perceber o vencimento e a participação emolumentar subjectiva-se diariamente na esfera jurídica do respectivo pessoal
10 – Os emolumentos pessoais subjectivam-se e consolidam-se na esfera jurídica do respectivo titular à medida que vão sendo praticados os actos que os geram e pagos pelos interessados em retribuição do serviço prestado;

11 – O processamento de vencimentos, participação emolumentar e emolumentos pessoais, em montante que ultrapassa o limite imposto no artigo 3°, n° 1, da Lei n° 102/88, traduz um acto administrativo ferido de anulabilidade – violação de lei –, cujo vício se sanou se não foi interposto recurso no prazo legal (ou não foi revogado);

12 – A sanação converte o acto ilegal em acto válido, tudo se passando a partir daí, como se o acto nunca tivesse sido ilegal, ou seja: o acto não só tem de vir a ser considerado desde a sua origem um acto válido, como de facto o é;

13 – Consequentemente, não há obrigação de repor as quantias recebidas ao abrigo de actos administrativos ilegais sanados e, como tal, firmados na ordem jurídica;

14 – No regime que imediatamente antecedeu a Lei n° 75/93, de 20 de Dezembro, não se estabelecia um qualquer limite máximo para o quantitativo das pensões de aposentação, ou, especificamente, para as remunerações que lhe serviam de base;

15 – Não obstante, os quantitativos dessas pensões resultam afectados por via indirecta ou reflexa, na medida em que o artigo 3°, n° 1, da Lei n° 102/88, estabelecia limites máximos para as remunerações e o Estatuto da Aposentação manda calcular a pensão de aposentação em função da remuneração mensal correspondente ao cargo pelo qual o subscritor é aposentado (artigo 46, 47 e 53) 16 – Hoje há que observar o disposto no n 5 do artigo 47 do Estatuto da Aposentação, aditado pela Lei n 75/93, por via do qual a remuneração mensal atendível para o cálculo da pensão de aposentação passou a ter como limite máximo a remuneração base legalmente fixada para o cargo de Primeiro Ministro;

17 – As resoluções da Caixa que fixaram pensões definitivas de aposentação com base em remunerações que ultrapassavam os limites fixados no artigo 3°, n° 1, da Lei n° 102/88, ou no n° 5 do artigo 47° do Estatuto da Aposentação, são ilegais;

18 – Porém, se não foram impugnadas no prazo de recurso, como o vício é gerador de anulabilidade, essas resoluções tornam-se caso resolvido, firmaram-se na ordem jurídica e não podem mais ser alteradas;

19 – Os desligados do serviço aguardando aposentação, já viram definida a sua situação por resolução definitiva da Caixa, pois é esta resolução (final) sobre o direito à pensão de aposentação e sobre o montante desta, que o artigo 99° manda comunicar aos serviços onde o subscritor exerça funções, a fim de ser desligado do serviço, ficando a aguardar aposentação até ao fim do mês em que for publicada a lista dos aposentados com a inclusão do seu nome;

20 – Consequentemente, a situação dos desligados do serviço é subsumível às conclusões 17 e 18».

(Parecer da PGR, de 09/02/95, in DR, II, de 22/11/1995)

Artigo 48º
Remuneração a considerar

As remunerações a considerar para os efeitos do artigo anterior serão as abrangidas pelo n.º 1 do artigo 6º, com excepção das que não tiverem carácter permanente, das gratificações que não forem de atribuição obrigatória, das remunerações complementares por serviço prestado no ultramar e das resultantes da acumulação de outros cargos.

NOTAS

Nesta matéria vigora o princípio da equivalência, segundo o qual, em princípio, são consideráveis para efeito de cálculo da pensão as remunerações sujeitas a incidência de quota. Daí, a remissão que no preceito é feita para o º1, do artigo 6º.

Exceptuam-se as gratificações que não tenham carácter permanente, isto é, que não sejam atribuídas regularmente e, pelo contrário, sejam concedidas esporadicamente e por motivos especiais ou anormais.

Exceptuam-se ainda as remunerações complementares por serviço prestado no ex-ultramar e as resultantes da acumulação de cargos.

Relativamente a estas últimas, recorde-se, as quotas incidirão sobre a remuneração do cargo a que competir remuneração mais elevada (art. 5º, nº2, al.a)), ou sobre a remuneração de todos os cargos se a lei permitir a aposentação com base em todos eles simultaneamente ou se os cargos forem exercidos em regime de tempo não sobreposto (art. 5º, nº2, al.b)). Isto é assim, porque geralmente o tempo de serviço prestado simultaneamente em dois ou mais cargos não é contado simultaneamente, salvo nos casos de serviço prestado em períodos de tempo não sobrepostos (art. 31º). Por isso, no caso de concorrência de cargos, havendo em regra direito de aposentação por um apenas, deverá o subscritor escolher aquele por que pretende a aposentação, a menos que a lei especial permita a aposentação cumulativa pelos cargos simultaneamente exercidos (art. 45º, nº1). O artigo 48º em análise confirma o postulado exposto nos preceitos indicados. A remuneração atendível e relevante no caso de acumulação, a não ser nas situações em que a lei especialmente permita a aposentação pelos vários cargos, será apenas a que corresponder ao cargo pelo qual o interessado venha efectivamente aposentar-se.

Ver sobre o assunto: anotações aos arts. 5º, 6º, 4ª ao art. 26º, 31º e 45º.

JURISPRUDÊNCIA

«I – Não entram no cálculo da pensão as gratificações insusceptíveis, por natureza, de desconto para aposentação.

II – Há remunerações passíveis de desconto para aposentação, mas irrelevantes para o cálculo da pensão.

III – Estão isentas de desconto para aposentação as gratificações provenientes de *subsidio de isolamento*, de *emergência*, por *fiscalização de espectáculos*, por *permanência* e por *exercicio do cargo de subdelegado*, no concelho, do Instituto do Trabalho e Previdência Social de Angola (inerência), sendo tais gratificações irrelevantes, consequentemente, para o cálculo da pensão.

IV – As gratificações pelo exercicio de funções de presidente do corpo administrativo do concelho, exercidas em regime de acumulação, embora sujeitas a desconto para aposentação, nunca entram no cálculo da pensão».
(Ac. do STA, de 02/05/80, Proc. nº 012761)

«I – O Decreto n. 58/75, de 23 de Maio, do Governo de Transição de Angola, não pode revogar o Despacho Legislativo Ministerial n. 6/74, de 25 de Maio.

II – O regime de aposentação fixa-se com base na lei em vigor no momento em que ocorre o acto ou facto determinante da aposentação, pelo que no cômputo da pensão de aposentação de um funcionário dos Serviços de Portos, Caminhos de Ferro e Transportes do Estado de Angola não pode ser considerado o *prémio de economia* que recebeu nos dois últimos anos, por este prémio não estar naquele momento sujeito a desconto para aposentação».
(Ac. do STA, de 24/04/86, Proc. Nº 012146)

«Da leitura do art. 9º da Lei nº 9/86 resulta que o legislador atribuiu o direito à aposentação aos funcionários e agentes que ainda não reuniam as condições gerais para se poderem aposentar e de que o cálculo da pensão de aposentação que lhe corresponde é unicamente o resultante do seu nº8, sendo afastados quaisquer outros preceitos legais que estabeleçam qualquer outra fórmula para se calcular a pensão de aposentação, nomeadamente, a resultante dos arts. 47º e 48º do Estatuto da Aposentação».
(Ac. do STA de 11/07/89, Proc. Nº 026563)

«I – Na vigência dos Dec.-Lei n. 372/74 de 20 de Agosto e Dec.-Lei 496/80 de 20 de Outubro, o *subsidio de ferias* não era passível de quota para a Caixa Geral de Aposentações.

II – Face ao Estatuto da Aposentação os abonos isentos de quota não eram computáveis para o calculo da remuneração mensal, base do calculo da pensão de aposentação.

III – O subsidio de ferias, face á legislação citada, não assumia a natureza de remuneração, face ao artigo 6º n. 3 do E.A., sendo similar a outros abonos previstos neste comando legal».
(Ac. do STA, de 12/06/90, Proc. nº 021504)

«I – As prestações percebidas por empregados da Caixa Geral de Depósitos a título de *isenção de horário* de trabalho e de *participação nos lucros* da empresa não se enquadram no disposto nos arts. 47º, n. 1, al. b), 48º e 6º, n. 1, do Estatuto da Aposentação, não relevando, por isso, no cômputo da remuneração atendível para efeitos de fixação da pensão de aposentação.

II – A resolução constante do ponto 10 da Ordem de Serviço n. 22/85, de 4 de Setembro, emanada do Conselho de Administração da Caixa Geral de Depósitos, do seguinte teor: "a retribuição adicional correspondente à isenção de horário de trabalho não é passível de descontos para a CGA e MSE, nem de contribuição para os Serviços Sociais da CGD" não tem a natureza de acto administrativo definitivo e executório, como seria mister que tivesse, para ser contenciosamente recorrível.

A referida resolução assume, isso sim, a natureza de norma regulamentar interna, ou seja, de regra geral e abstracta.
(Ac. do STA, de 22/01/91, Proc. Nº 027853)

«Não são aplicáveis à modalidade de aposentação voluntária criada pelo artigo 9º da Lei n. 9/86, de 30 de Abril, os preceitos dos artigos 47º e 48º do Estatuto da Aposentação.

Efectivamente a pensão é calculada em função do *vencimento base* e das *diuturnidades*, ficando excluídas as remunerações acessórias.
(Ac. do STA, de 14/11/91, Proc. Nº 027881)

«Não sendo a prestação por *isenção de horário de trabalho* e a *participação nos lucros* por exercício inerente ao cargo, ou uma remuneração que ao cargo correspondia, e estando ambas isentas de desconto para a aposentação, não pode o trabalhador da C.G.A. ver incluída na pensão de aposentação tais remunerações, ex vi dos arts. 47º, 6 e 48º do Estatuto da Aposentação».
(Ac. do STA, de 04/06/92, Proc. Nº 030173)

«I – A remuneração suplementar prevista no art. 16º do Dec. Regulamentar 3/84, de 12/1, regulada por Despacho de 22/5/84, publicado no D.R., II.S, auferida por um Inspector Assessor Principal do IGAT quando serviu, em comissão de serviço, como Assessor na Alta Autoridade Contra a Corrupção, por não ser correspondente àquele cargo, por que foi aposentado, não deve ser considerada no cálculo da pensão de aposentação fixada àquele,

em 28/8/91, em determinação da "média mensal", nos termos do art. 47° do Estatuto da Aposentação.
II – A norma do art. 5°, n. 2, da Lei n. 26/92, de 31/8, que determinou que aquela remuneração suplementar "é considerada para todos os efeitos como vencimento, designadamente para cálculo da pensão de aposentação ou reforma", por não ter natureza interpretativa e efeito retroactivo não pode afectar o despacho de fixação da referida pensão de aposentação»
(Ac. do STA, de 30/03/95, Proc. n° 031987)

«I – Os critérios determinantes da pensão de aposentação encontram-se no Estatuto de Aposentação, aprovado pelo DL n. 497/72, de 9 de Dezembro, mormente nos artigos 46° e 47°, devendo atender-se, nos termos do n. 1, deste último preceito, ao vencimento e à média mensal das remunerações acessórias não fixas percebidas pelo subscritor nos dois últimos anos.
II – O n. 2 do artigo 58° do DL 247/87, de 17 de Junho, ao estatuir o limite máximo correspondente a 70% do montante anual do vencimento base na percepção de *emolumentos notariais* e de custas fiscais por parte dos notários privativos e de juízes auxiliares nos processos de execução fiscal, (funcionários municipais) pressupõe que o funcionário esteja no activo durante o referido período, e pretende-lhe assegurar a possibilidade do mesmo atingir tal limite, em média, todos os meses, compensando os meses de menor participação emolumentar, em que não se atinge o referido tecto de 70%, com a participação emolumentar dos meses em que é exercido tal limite.
III – As remunerações acessórias referidas em II, ainda que percebidas num só mês, até ao referido limite de 70%, relevam no cálculo da pensão de aposentação, sim, mas como média mensal referente aos dois últimos anos imediatamente anteriores à aposentação, – cfr. b), n. 1 do artigo 47 do Estatuto da Aposentação – e não como remuneração acessória daquele mês.
IV – As *gratificações* auferidas pelo exercício da função de *delegado concelhio* da Direcção-Geral dos Espectáculos e do Direito do Autor não relevam para o cálculo da pensão de aposentação dada a incidência a cargo da autarquia municipal – cfr. artigo 6 do Estatuto de Aposentação»
(Ac. do STA, de 14/06/95, Proc. n° 034474)

«Os *subsídios de Natal* e de *Férias* são de considerar, para determinar a remuneração mensal atendível para fixação da pensão de aposentação, como remuneração base, entrando assim na al. a) do n. 1 do art. 47 do Estatuto da Aposentação».
(Ac. do STA, de 26/09/95, Proc. n° 036048)

«I – Se o interessado, professor do ensino primário, se encontrava já colocado em escalão superior ao máximo previsto para o período de condicionamento, que era o 7, nos termos dos arts. 14° e 20°, do DL n. 409/89, de 18 de Novembro, não faz sentido pretender atribuir-lhe complementarmente mais uma subida de escalão, que estava até impedida pela letra e pelo espírito do art. 27, n. 1, do mesmo diploma.

II – Os *subsídios de férias* e de *Natal* apenas relevam no âmbito da al. a) do n. 1, do art. 47°, do Estatuto da Aposentação, para efeito das remunerações atendíveis para fixação da pensão de aposentação».

(Ac. do STA, de 21/11/95, Proc. n° 036042)

«I – O ajudante que nos termos previstos nos art. 26° n° 1 do Dec. Lei 519IF2/79 e 61 ° n° 1 do Dec. Reg. 55/80, substitui o notário no impedimento deste por período superior a 30 dias, tem direito além do próprio vencimento à *participação emolumentar* correspondente ao lugar e ao tempo de substituição.

II – Essa participação não é de considerar no cálculo da pensão de aposentação por resultar de acumulação de outro cargo (art. 47° n° 1 alínea b) e 48° do Est. da Aposentação)

III – A remuneração referida não é ainda de ter em conta por respeitar a cargo diverso daquele por que o ajudante se aposentou (art. 47° n° 1 do Est. da Aposentação)».

(Ac. do STA, de 27/05/98, Proc. n° 039329)

«I – Cada acto de processamento de vencimentos, gratificações e abonos constitui, em princípio, um verdadeiro acto administrativo, e não simples operações materiais, já que, como acto jurídico individual e concreto, define a situação do funcionário abonado perante a Administração e que, por isso, se consolida na ordem jurídica, como «caso decidido» ou «caso resolvido», se não for objecto de atempada impugnação, graciosa ou contenciosa, consoante a entidade dotada de competência para o efeito.

II – Todavia, esta orientação jurisprudencial tem em si implícita dois limites essenciais, consubstanciados: por um lado, na necessidade de uma definição inovatória e voluntária, por parte da Administração, no exercício do seu poder de autoridade, da situação jurídica do administrado relativamente ao processamento «em determinado sentido e com determinado conteúdo».

III – Já não assim nos casos de pura omissão, nomeadamente perante remunerações, subsídios, *gratificações*, etc. que não façam parte integrante da remuneração central ou nuclear, ou mesmo que devam modificá-la, pois, a pura omissão ou inércia da Administração, fora do condicionalismo do chamado acto tácito, não constitui um acto administrativo.

IV – Por outro, na necessidade do conteúdo desse acto ser levado ao conhecimento do interessado através da notificação, que é sempre obrigatória, mesmo quando o acto tenha de ser oficialmente publicado, conforme resulta da injunção do n° 3 do art. 268° da Lei Fundamental e, actualmente, com concretização na lei ordinária através dos arts. 66° e segs. do Cód. de Proc. Administrativo.

(Ac. do STA, de 22/02/2001, Proc. n° 046988)

«I – Os tribunais tributários são competentes em razão da matéria para conhecer de actos de liquidação da conta de emolumentos elaborada pelo notário ou conservador e pela celebração de escritura pública de aumento de capital de sociedade comercial ou pelas inscrições registrais;
2 – Tais *emolumentos* devem qualificar-se como de verdadeiras taxas, revelando o pagamento efectuado pelos particulares aos funcionários por uma especifica prestação de serviço público, prestado a requerimento deste, de elaboração de escritura no competente livro de notas do Cartório ou de inscrição no Registo, com carácter obrigacional, coactivo para aceder ao serviço e definitivo no âmbito da relação estabelecida entre o ente público e o particular;
3 – Os actos do notário/conservador ao elaborar a liquidação devida por tais actos, são definitivos porque tem competência para o efeito, sendo pois estes actos desde logo atacáveis contenciosamente e através do processo de impugnação judicial (acto definitivo);
4 – A posterior reclamação para o mesmo notário/conservador e o posterior recurso hierárquico interposto para o DGRN e indeferido, surgem assim como meramente facultativos, e os despachos ali proferidos nada vêm acrescentar a tal acto, sendo por isso confirmativos e, como tal insusceptíveis de recurso contencioso, não sendo lesivos autonomamente;
5 – Interposto recurso contencioso de acto confirmativo deve o mesmo ser rejeitado por ilegal interposição e não se conhecer do seu objecto».
(Ac. do TCA, de 03/04/2001, Proc. nº 2665/99)

Artigo 49º
Subscritores em serviço militar

No caso de aposentação por incapacidade motivada pela prestação de serviço militar, a pensão, observado o disposto nos artigos anteriores, tem por base as remunerações correspondentes a esse serviço, se forem superiores às do cargo pelo qual o subscritor é aposentado.

NOTAS

1 – Redacção dada pelo DL nº 503/99, de 20/11.
Prevê-se aqui a possibilidade de o subscritor por um determinado cargo ter sofrido doença ou acidente em serviço militar de que sobrevenha incapacidade para o exercício daquele cargo.
Em tal hipótese, será de considerar a remuneração mais elevada: a do serviço militar ou a do cargo civil.

2 – A este respeito, cumpre referir que as normas do capítulo IV do DL n° 503/99, de 20/11 (Regime dos acidentes em serviço e das doenças incapacitantes) se aplica ao pessoal militar e militarizado (cfr. art. 55°, n°1, cit. dip.), salvo no que respeita aos deficientes das Forças Armadas a que alude o DL n° 43/76, de 20/01.

Na determinação da remuneração para cálculo da pensão nestes casos, ver: art. 55°, n°4, cit. dip.

Artigo 50°
Sucessão de cargos

1 – Se durante os dois últimos anos o subscritor houver exercido sucessivamente dois ou mais cargos a que a lei em vigor à data dos factos previstos no n.° 2 do artigo 33° atribua remunerações diferentes atender-se-á à média destas, na proporção do tempo de serviço em cada cargo.

2 – Quando, porém, a sucessão de cargos corresponda a acesso, previsto na lei, a lugar superior da mesma hierarquia ou do mesmo serviço, atender-se-á somente à remuneração relativa ao último desses cargos, qualquer que seja o tempo de permanência nele.

NOTAS

1 – Os arts. 5°, n°2, 31° e 41° do Estatuto estabelecem disposições relativamente às situações de *concorrência* ou *acumulação de cargos*.

O presente artigo aborda uma realidade diferente, a *sucessão de cargos*: exercício sequencial de funções em diferentes lugares de quadro.

Importa não confundir ainda o alcance do preceito com o que deriva do art. 44°, pois também esse pressupõe uma diferente realidade. É que uma coisa é o cargo pelo qual se verifica a aposentação (art. 44°, n°1: o subscritor é aposentado pelo último cargo em que esteja inscrito), outra é a remuneração a considerar para efeito de cálculo da pensão (art. 47°: remuneração mensal a considerar). Por via de regra, o *princípio* dominante é o da *correspondência*, segundo o qual a remuneração a atender será a que corresponde à do último lugar ocupado pelo funcionário. Pode, no entanto, acontecer que o subscritor seja aposentado por um cargo público e a remuneração a atender não ser a desse cargo. É disso exemplo a estatuição do artigo 50°.

E qual a razão de ser deste regime que objectivamente representa um desvio à regra da *correspondência*?

A razão é simples e visa evitar toda a sorte de abusos, acautelar os interesses financeiros da Caixa, afastar injustiças e defender a verdade e transparência. Se assim não fosse, poderia haver uma certa tentação em beneficiar o subscritor nos últimos anos da carreira, fosse por velado "prémio", fosse por escondido "reconhecimento das suas qualidades", fosse por insuspeita "amizade" ou outra qualquer inconfessada razão, através da sua colocação num lugar melhor remunerado de forma a fazer aumentar a sua pensão a breve trecho. O que, convenhamos, além de contrariar o espírito de transparência por que se deve nortear o funcionalismo público na sua interna relação, seria certamente fonte de injustiças, na medida em que, a par de uns, bafejados pela mudança de lugar, outros ficariam "até ao fim" no mesmo lugar, sem alteração de um dos pressupostos de influência no valor da pensão. Depois, tal procedimento poderia contribuir para uma situação de maior constrangimento financeiro da Caixa, com os perigos inerentes da maior dificuldade no asseguramento da missão social do pagamento a *todos* das pensões a que têm direito.

A forma encontrada para aliviar essa tensão dialéctica foi a de procurar obter um justo equilíbrio entre interesses particulares dos beneficiários subscritores e interesses públicos/financeiros do Estado.

Contudo, um primeiro requisito é necessário: que nos *dois últimos anos* o subscritor tenha exercido *sucessivamente* e, por conseguinte, sem interrupção, *dois* ou *mais* cargos. O que quer dizer que não pode ser ultrapassado esse período. No entanto, admite-se que o início de um desses cargos tenha acontecido anteriormente, ou seja, que o exercício de um dos cargos venha em trânsito de anos anteriores: assim, por exemplo, se os dois últimos anos foram 1999 e 2000, estará na previsão do preceito o subscritor que tenha iniciado um cargo em 1998, que continuou em 1999, para passar a exercer funções noutro lugar em 2000. Também não conta para o efeito o exercício de um só desses cargos; terão que ser dois ou mais exercidos sucessivamente, continuamente, sem interregno.

2 – Como princípio dominante, conforme já visto, o regime da aposentação (que também passa pela remuneração atendível para efeito de cálculo da pensão) é o que resultar da lei em vigor à data de qualquer dos factos referidos no art. 43º.

A equidade introduzida no presente artigo resolve-se com a introdução de um factor correctivo: atender-se-á à *média das remunerações* obtidas nos dois últimos anos.

Deste modo, se nesse período o funcionário exerceu sucessivamente diversos cargos nos dois últimos anos de efectividade, por força do art. 50º, nº1, atender-se-á às remunerações estabelecidas pela "lei em vigor" à data em que:

    a) for proferido despacho a reconhecer o direito à aposentação que não dependa de verificação de incapacidade (art, 43º, nº1, al.a), "ex vi" art. 33º, nº2, al.a));

b) for declarada a incapacidade ou, quando tal a lei especial o exigir, quando for homologado o seu parecer (art. 43°, n°1, al.b), "ex vi" art. 33°, n°2, al.a));

c) for atingido o limite de idade (art. 43°, n° 1, al.c), "ex v" art. 33°, n°2, al.a));

d) for proferida decisão que imponha pena expulsiva ou condenação penal definitiva de que resulte a demissão ou situação equivalente (art. 43°, n°2, al.d), "ex vi art. 33°, n°2, al.a));

e) cessarem as funções, definitiva ou em resultado de licença sem vencimento, ou situação equivalente (art. 33°, n°2, al.b));

f) ocorrer o termo do subsídio de tratamento percebido posteriormente aos factos a que se refere a al.a) do n°2 do art. 33° (art. 33°, n°2, al. c)).

Numa dessas datas (a que se aplicar à situação concreta, claro está), haverá que averiguar se as remunerações eram iguais ou diferentes. No primeiro caso, sendo os cargos remunerados por igual montante, a questão torna-se irrelevante e a regra aplicável será a do art. 47°, n°1. No segundo, far-se-á a *média* das remunerações "na proporção do tempo de serviço em cada cargo".

Em nossa opinião, é indiferente que a diferença remuneratória seja "para mais" ou "para menos". Efectivamente, se no 1° caso valem as razões expendidas na anotação anterior, no segundo são válidas as razões que se prendem com idênticos critérios de justiça. Com efeito, a observância dos princípios consagrados nos arts. 43°e 44° levados a este extremo seriam perniciosos aos interesses dos subscritores, na medida em que, contra a lógica do tempo e contra a lógica da careira, poderia dar-se o caso de, em serviço público, o subscritor ter sido colocado em lugar de menor remuneração. Para obviar a perigos destes (sem prejuízo de circunstâncias que levem ao direito de aposentação pelo cargo de origem: art. 44°, n°2; ou sem prejuízo do direito de opção prescrito no art. 45°, n°1), consagrou-se uma regra nova e especial que ao subscritor permite ser aposentado em função de uma remuneração média, no exemplo, necessariamente, superior à última. O art. 50° é, assim, uma disposição especial que prevalece sobre a dos arts. 43° e 44°.

3 – O que acaba de dizer-se aplica-se à *sucessão de cargos* num regime, diríamos, "normal", que se não aplica nem aos casos especiais previstos no artigo seguinte, nem tão pouco à *sucessão de cargos* por virtude de *acesso* a lugar superior da mesma hierarquia ou do mesmo serviço.

Para esta segunda hipótese vale o preceituado no n°2.

Como se sabe, *ingresso* é o preenchimento de um lugar em escalão da categoria de base de determinada carreira da função pública (art. 26°, n°1 e 2, do DL n° 184/89, de 2 de Junho, alterado pela Lei n° 25/98, de 26/05).

Acesso é o preenchimento de lugares mais elevados das carreira da função pública. O acesso nas carreiras verticais faz-se por "promoção" precedida de concurso ou aproveitamento em estágio probatório (art. 27°, n°2, do cit. dip.) e nas carreiras horizontais faz-se por "progressão", não carecendo de concurso (art. 27°, n°5, dip. cit.).

Sobre o conceito de "carreiras verticais" e "horizontais": ver art. 5° do DL n° 24/85, de 15/07.

Sobre "promoção" (mudança de categoria) e "progressão" (mudança de escalão): ver ainda arts. 16° a 18° e 19° e 20° do DL n° 353-A/89, de 1/10.

É ao *acesso* que o n°2 se destina.

Visto que o n°2 tem a mesma base de pressupostos do n°1, é necessário que haja exercício *sucessivo* de cargos de acesso. Com efeito, este n°2 demarca-se da substância do n°1 em duas circunstâncias:

1ª – quando a "sucessão de cargos" durante tal período ocorrer por *acesso* (coisa que o n°1 não estabelece); e cumulativamente,

2ª – quando o termo desse período de dois anos coincidir na verdade com o exercício de um cargo em lugar de acesso.

Por isso, continua a exigir-se que em todo o período de dois anos o subscritor tenha exercido, de forma contínua e sem interrupção, *dois* ou *mais* cargos em lugares de acesso, de modo a que o seu termo culmine com um deles.

Se o acesso se faz para lugares superiores da mesma carreira vertical ou para diferente carreira dentro do mesmo serviço ou organismo, então deixa de prevalecer o critério da "média" estabelecido no número anterior. Em tais hipóteses, determinante será o valor da última remuneração de um desses cargos, independentemente do tempo por que tenha durado o respectivo exercício funcional ("...qualquer que seja o tempo de permanência nele"), nem que seja por um só dia (se este for o último).

Mas se tal cargo não tiver sido realmente o último da sucessão verificada nesses dois derradeiros anos de efectividade, cremos que não deverá ser aplicada a prescrição do dispositivo legal em apreço. Por isso, se a promoção ocorreu dentro dos dois anos anteriores (ex., 18 meses antes) mas se posteriormente o funcionário passou a ocupar um lugar independentemente desse acesso (fora dele ou noutro serviço), deixa de estar a coberto da disciplina do n°2. Nessas circunstâncias, beneficiará apenas do regime do n°1 deste artigo 50°.

De acesso, para este efeito, se não trata, porém, nos casos em que o funcionário vai ocupar *transitoriamente* um lugar de acesso (ex: substituição; interinidade). O acesso para os efeitos do artigo implica a ocupação por direito próprio e originário e a título *permanente* do referido lugar.

JURISPRUDÊNCIA

«I – Como resulta do n. 2 do artigo 4° do Decreto n. 52/75, de 8 de Fevereiro, para se atender somente à remuneração relativa ao último cargo, qualquer que seja o tempo de permanência nele, é necessário que a sucessão de cargos, ocorrida nos dois últimos anos, corresponda a "acesso, previsto na lei, a lugar superior da mesma hierarquia ou do mesmo serviço".

II – O inspector provincial-adjunto dos Serviços de Finanças e Contabilidade do ex-Estado de Angola não tinha acesso, previsto na lei, ao lugar de inspector provincial, como resultava do disposto no artigo 66°, n. I, alíneas a) e b) do Decreto n. 42082.

III – A lei, embora confira ao substituto o direito a totalidade do vencimento e outras remunerações atribuídas ao funcionário substituído, limita-as ao tempo em que durar a substituição (artigo 59°, parágrafo 2, do Estatuto dos Funcionários Ultramarinos), não lhe atribui acesso, que não seja previsto na lei, ao lugar ou ao cargo que exerce em substituição.

(Ac. do STA, de 17/01/80, Proc. n° 010677)

«I – O artigo 38°, parágrafo 2, do Estatuto do Funcionalismo Ultramarino foi revogado pelo artigo 4°, ns. 1 e 2, do Decreto n. 52/75, de 8 de Fevereiro, referenciado ao artigo único do Decreto-Lei n. 568/75, de 4 de Outubro.

II – Quando, nos 2 últimos anos anteriores ao facto determinante da aposentação, tiver havido sucessão de cargos com remunerações diferentes sem que o ultimo corresponda a acesso a cargo superior da mesma hierarquia, deve atender-se, para o calculo da respectiva pensão, à média das remunerações auferidas em cada um desses cargos, na proporção do tempo de serviço em cada um deles.»

(Ac. do STA, de 24/07/80, Proc. n° 013483)

«I – No caso de nos 2 últimos anos, se exercerem cargos, só é possível atender ao vencimento do último cargo exercido para efeito de fixação da pensão de aposentação, se a sucessão de cargos corresponder a acesso previsto na lei, a lugar superior da ordem hierárquica ou no mesmo cargo.

II – O Decreto n. 317/76, de 30 de Abril, não passa de simples decreto regulamentar, só podendo ser *secundem legem* ou *praeter legem*».

(Ac. do STA, de 28/05/81, Proc. n° 010788)

«Em caso de sucessão de cargos a que correspondam remunerações diferentes nos dois anos anteriores à data do reconhecimento do direito à aposentação atender-se-á à média das remunerações de todos os cargos, nos termos do art. 50° do Estatuto da Aposentação, aprovado pelo DL n° 498/72, de 9 de Dezembro).

(Ac. do STA, de 06/06/89, Proc. n° 026818)

«I – Não havendo, no caso de preenchimento interino de um lugar, o *acesso* previsto na lei a lugar superior da mesma hierarquia ou do mesmo serviço, não é aplicável o n°2 do art. 50° do Estatuto da Aposentação.

II – Assim, a pensão de aposentação de um subscritor da Caixa que, nos dois últimos anos exerceu os cargos de escrivão-adjunto e de escrivão de

direito de 1ª classe, sendo este último a *título interino*, no impedimento de outro funcionário, deve ser calculada nos termos do nº1 do referido artigo 50º».
(Ac. do STA, de 21/12/89, Proc. nº 02682)

I – Tendo o interessado, nos dois anos que precederam a sua aposentação pelo cargo de enfermeiro-chefe exercido, durante dois períodos (de I de Março a 15 de Junho de 1989 e de 14 de Março de 1990 a 23 de Janeiro de 1991), por força de dois distintos despachos ministeriais (um de I de Março de 1989 e o outro de 14 de Março de 1990), as funções de enfermeiro director, a anulação contenciosa do despacho que efectuou a segunda nomeação não tem qualquer repercussão na relevância, para efeitos de cálculo da pensão de aposentação, das remunerações auferidas durante o primeiro período de exercício das funções de enfermeiro director.

II – A circunstância de o Tribunal de Contas ter recusado o Visto ao diploma de provimento relativo à primeira nomeação não tem eficácia retroactiva, não havendo lugar à reposição das remunerações já percebidas (n. 4 do artigo 15º do decreto-lei n. 146-C/80, de 22 de Maio), sobre as quais incidiram descontos para a Caixa Geral de Aposentações e que, assim, não podem deixar de relevar, nos termos do n. 1 do artigo 50º do Estatuto da Aposentação, para o cálculo da pensão».
(Ac. do STA, de 15/12/94, Proc. nº 034509)

PARECERES DA PROCURADORIA GERAL DA REPÚBLICA

«1 – Para suprir a vacatura de um lugar, bem como a ausência ou impedimento de funcionários, pode a Administração usar da *substituição* em sentido próprio para pessoal dirigente ou de chefia ou, nos outros casos, da substituição mediante reversão de vencimento de exercício;

2 – A designação do substituto não tem que recair em funcionário que oportunamente viesse a aceder ao cargo em que se efectua a substituição;

3 – Hoje em dia, o acesso (e o ingresso) na carreira realiza-se, em regra, mediante concurso – artigo 47º, nº 2, da Constituição da República e Decreto-Lei nº 498/88, de 30 de Dezembro;

4 – A substituição no exercício de um cargo não integra o conceito técnico-juridico de "acesso", para os efeitos do nº 2 do artigo 50º do Estatuto da Aposentação;

5 – No cálculo da pensão de aposentação (...), o exercício do cargo de chefe de secção, em regime de substituição, no qual terá atingido o limite de idade, não deve ser valorado nos termos do nº 2 do aludido artigo 50º do EA, mas de acordo com o nº 1».
(Parecer da PGR, de 27/01/94, in DR, de 17/05/94, pág. 4820)

Artigo 51º
Regimes especiais

1 – A remuneração mensal relevante para o cálculo da pensão do subscritor que nos últimos três anos tenha exercido cargos dirigentes em regime de comissão de serviço determina-se pela média das remunerações correspondentes a cada um dos cargos exercidos e na proporção do tempo de serviço neles prestado.

2 – As remunerações percebidas nos últimos três anos de actividade pela prestação de serviço em diferentes regimes de trabalho, que correspondam a aumento sobre a remuneração devida em regime de tempo completo ou integral, relevam para o cálculo da pensão na proporção do tempo de serviço prestado em cada regime, durante o referido período.

3 – Sem prejuízo de outros limites aplicáveis, a pensão de aposentação do subscritor sujeito ao regime do contrato individual de trabalho determina-se pela média mensal das remunerações sujeitas a desconto auferidas nos últimos três anos, com exclusão dos subsídios de férias e de Natal ou prestações equivalentes.

4 – A remuneração relevante para o cálculo da pensão do pessoal dos gabinetes dos órgãos de soberania, livremente nomeados e exonerados pelos respectivos titulares, é a que corresponda ao seu lugar de origem.

NOTAS

1 – O nº4 anterior fora introduzido pelo DL nº 30-C/92, de 28/12 (Orçamento de Estado para 1993) e tinha a seguinte redacção:

« 4 – *Os subscritores que procederam em anos anteriores a descontos superiores aos que resultariam da aplicação do disposto no número anterior poderão optar pela sua devolução ou pela sua integração no cálculo da pensão de reforma, utilizando-se para o efeito o disposto no n.º 1»*.

O texto do nº3 foi introduzido pela Lei nº 32-B/2002, de 30/12 (Orçamento de Estado para 2003) e, de acordo com o mesmo diploma, o nº4 passou a constituir o anterior nº3.

2 – Se o regime para o apuramento das remunerações a considerar na hipótese de *sucessão de cargos* é especial relativamente ao plasmado no art. 47º, nº1, este que o art. 51º agora consagra, mais especial se nos afigura pela especificidade de cargos, lugares e actividades a que se dirige.

O n°1 refere-se aos *cargos dirigentes* (Considera-se *dirigente* o *pessoal* que exerce actividades de direcção, gestão, coordenação e controlo nos serviços ou organismos da administração central e local do Estado e da administração regional, bem como, dos institutos públicos que revistam a natureza de serviços personalizados ou de fundos públicos. São considerados *cargos dirigentes* os de director-geral, secretário-geral, inspector-geral, director de serviço e chefe de secção, bem como os cargos a estes legalmente equiparados: art. 2°, n°s 1 e 2, da Lei n° 49/99, de 22/06: Estatuto do Pessoal Dirigente).

Não é particularmente feliz a redacção do n°1, principalmente porque se segue a um artigo (50°) que apresenta requisitos claros e próprios, de que é exemplo a exigência da "sucessão de cargos", ao contrário de que aqui parece suceder. Daí, por exemplo, que haja motivo para nos interrogarmos se o n°1 obriga a que em *todo o período* de três últimos anos o subscritor *apenas* e *sempre* tenha exercido cargos dirigentes ou se bastará que tenha exercido um só (ou mais) durante *uma parte* desse período.

Se nesses três anos ele sempre ocupou um só lugar dirigente de forma ininterrupta, não se colocam aí problemas de qualquer ordem: a aposentação far-se-á por esse cargo e a remuneração atendível para determinação da pensão será a que efectivamente corresponder à função desempenhada. A questão é resolvida com facilidade, portanto, pelo art. 47°, n°1.

Se preencheu esses três últimos anos com o exercício sucessivo de cargos (vários) dirigentes, também não se nos afigura haver dificuldade alguma: a disposição em análise aplica-se à situação na maior das perfeições.

Para a interrogação inicialmente posta é que a resposta é mais arriscada.

Diferentemente daquilo que o artigo precedente considerou essencial, aqui talvez pudesse dizer-se não ser necessário que o exercício dos cargos dirigentes seja sucessivo e preencha todo o período dos últimos três anos previstos e, antes, bastar que dentro deste período tenham sido exercidos "cargos" dirigentes. No entanto, o facto de a letra não incluir na sua previsão um circunstancialismo *sucessivo*, nem por isso se deve interpretar a omissão como representando uma "mens legis" que abstraia do exercício em lugares dirigentes durante todo o tempo. E essa conclusão retira-se da própria lei.

Em primeiro lugar, porque o n°1 supõe a existência de uma ocupação plúrima de vários lugares ao estabelecer a condição pressuposta de o subscritor ter exercido (vários) «*cargos dirigentes*». Quer dizer, um só não cai no âmbito da sua previsão.

Em segundo lugar, porque o modo de determinação da remuneração mensal relevante para o cálculo da pensão é um só: ele apura-se «*pela média das remunerações correspondentes a cada um dos cargos* (dirigentes) *exercidos*» (o parêntesis é nosso). Daqui se infere com facilidade que é o resultado da média das remunerações *desses* cargos que constitui exclusivamente o valor da remuneração a considerar e não outro qualquer. Se o legislador quisesse que a remuneração atendível pudesse incluir as remunerações de outros cargos, que não exclusivamente os dirigentes, nunca poderia ter-se exprimido como o fez. Ao definir a remuneração relevante circunscrevendo-a à média das remunerações *daqueles cargos* tornou evidente que nenhumas mais quis abranger. Doutro modo, ter-se-iam que fazer outras contas: na média deveriam incluir-se todas as remunerações percebidas durante esse período, as que correspondessem aos cargos dirigentes e não dirigentes. O que para nós é suficiente para se concluir que nesse período de três anos não pode o subscritor ter exercido cargos não dirigentes, mas tão somente estes. O que, do mesmo modo, significa que se o funcionário for nos últimos cinco ou seis meses (dois ou três, ou um ou dois, para o caso é indiferente) colocado num lugar dirigente, não será pela respectiva remuneração que irá aposentar-se. Não é, no nosso entendimento, para tais situações que o preceito se dirige. No mínimo haverá que ter exercido funções dirigentes no período completo dos últimos três anos para que possa beneficiar deste regime especial. Se assim não fosse, isto é, se, v.g., um mês de serviço dirigente bastasse para preencher a previsão legal por certo estaríamos perante uma norma injusta na medida em que discriminaria positivamente alguns subscritores em prejuízo e em desigualdade para com todo o restante universo de funcionários que carecem de toda uma vida de trabalho para obter uma pensão, as mais das vezes modesta.

Neste regime, é de considerar a «*proporção do tempo de serviço neles prestado*». Logo, multiplicar-se-á o valor de cada remuneração mensal pelo número de meses do exercício respectivo (incluindo o subsídio de Natal e de Férias: cfr. arts. 17º, nº3, do DL nº 184/8, de 2/06 e 6º, nº1 deste Estatuto), somam-se os produtos e divide-se por 36 meses. O resultado será a remuneração atendível.

3 – O nº2 alude aos vários regimes de trabalho eventualmente exercido durante três anos, em que, além da remuneração devida pelo tempo integral ou completo, acresçam complementos que façam aumentar a massa salarial.

Sobre os regimes de prestação de trabalho: ver art. 4º e 15º e sgs do DL nº259/98, de 18/08.

O subsídio de turno é considerado, não na fórmula da presente alínea, mas nos temos da al.b), do nº1, do art. 47º supra, "ex vi" art. 21º, nº10, do citado diploma.

Como relevam para o cálculo da pensão na proporção do tempo de serviço prestado em cada regime, deverá proceder-se como no caso da hipótese da alínea anterior.

4 – O nº3 foi introduzido pela Lei do Orçamento de Estado para 2002. Ele diz-nos que, para os casos em que os subscritores estejam em regime de

contrato individual de trabalho, a pensão de aposentação se determina pela média mensal das remunerações sujeitas a desconto auferidas nos últimos três anos. Mas, sobretudo, a inovação que apresenta reside no facto de nesse cômputo não se incluírem os subsídios de férias e de Natal ou prestações equivalentes.

À primeira vista, este nº3 foi pensado para casos muito particulares, já que nos parece serem poucos os casos em que subscritores da CGA abandonem temporariamente o serviço público a que se achem adstritos para passarem a exercer funções sujeitas a um regime jurídico traçado pelo direito privado. Curioso, por exemplo, é que o legislador tenha querido, preto no branco, deixar na letra da lei esta situação de facto singular, quando é certo que ela podia ser enquadrada no nº2. Ou seja, podiam as remunerações obtidas durante esses três anos relevar *proporcionalmente* no cálculo da pensão. Mas, não. Se o regime funcional for o do contrato individual de trabalho, é "esquecido" todo o anterior período contributivo e apenas se considerarão os três anos de serviço nesse regime.

É de pensar, naturalmente, no subscritor que, em final de carreira, é colocado nalguma entidade muito generosa no pagamento das remunerações aos seus servidores. Por isso se entende que nem sequer seja necessário incluir na média das remunerações atendíveis o valor dos subsídios de Férias e de Natal.

Assim, se o Director Geral, o Ministro, o Secretário de Estado, altos dirigentes públicos, etc, enquanto subscritores da CGA, vierem, por exemplo, a integrar uma *empresa pública* durante os três últimos anos da sua vida activa (cujo estatuto do pessoal é o do contrato individual de trabalho: art. 16º, nº1, do DL nº 558/99, de 17/12), a pensão será calculada em função da elevada remuneração normalmente nela percebida. Ora, isto não deixa de gerar mais uma relativa injustiça em relação a todos quantos não estão em condições de serem bafejados pela mesma "sorte política" em final de carreira (injustiça social ainda pelo facto de as regras de cálculo da pensão serem completamente diferentes e muitíssimo mais favoráveis dos que as aplicáveis à maioria dos demais funcionários).

E mais: a avaliar pela forma como o preceito está redigido, e porque se trata de um "regime especial" novo, o cálculo desta pensão é totalmente alheio e independente das regras do artigo 53º, tal como nele não entram em linha de conta as regras de aposentação antecipada. Parece-nos, portanto, uma ousadia do legislador baixar a uns (muitos) o valor das pensões e obrigar a trabalhar mais tempo para as alcançar, enquanto a outros (poucos), sem qualquer motivação válida, sem razões plausíveis, vai permitir pensões elevadíssimas (ainda por cima pagas pelos cofres "públicos" da Caixa). As razões de ordem financeira parece terem ficado esquecidas neste caso!

Como se vê, há alguma diferença entre este regime e o do nº1, embora algumas semelhanças sempre se notem. Basicamente, a diferença consiste no facto de que além a pensão será sempre contida nos limites remuneratórios da função pública, portanto nunca exorbitantes, ainda que o possam ser acima da média geral. Aqui, a pensão porque se baliza por valores remuneratórios muito altos, também ela atinge proporções muito elevadas, nada comparáveis com as que se verificam nas demais pensões pagas pela CGA. Isto pode efectivamente levar-nos a pensar que haverá aqui razões para preocupações em sede constitucional, pelo atropelo eventual a princípios como os da igualdade e da justiça, por exemplo (cfr. art. 13º e 266º, da CRP).

Quanto ao mais, cremos que se aplicam aqui as mesmas ideias que subjazem ao nº1 deste artigo. Também aqui pensamos que não basta um singelo e curto ciclo de funções sujeitas ao contrato individual de trabalho. É necessário que o interessado as desempenhe efectivamente durante todo o período de três anos referido na lei.

5 – O nº4 alude à regra de cálculo da remuneração atendível do pessoal dos gabinetes dos órgãos de soberania livremente nomeados e exonerados.

Neste caso, não conta a remuneração percebida durante o exercício do cargo, mas sim a do lugar de origem a que pertençam.

Sobre pessoal de gabinetes, entre outros, ver: DL nº 267/77, de 2/07 (Regime e Orgânica do pessoal de gabinetes ministeriais); DL nº 75/90, de 8/03 (acerca de remunerações).

6 – O anterior nº4 foi tacitamente eliminado pelo art. 9º da citada Lei do Orçamento. Se bem se reparar, falava em *«pensão de reforma»*. Ora, «reforma» é designação aplicável à aposentação dos militares e «pensões de reforma» é o nome dado às pensões que lhes são atribuídas – art. 112º, nº1 e sgs. deste Estatuto. Será que esta disposição se queria referir, realmente, aos militares?

Em nossa opinião, não.

Cremos que se tratava de um lapso e, portanto, não nos parece que os militares fossem os destinatários directos da norma. O preceito dirigia-se a *todos* os *"subscritores"* – nem sequer apenas ao pessoal dos gabinetes, apesar da alusão ao «disposto no número anterior»–, indistintamente, portanto, que tivessem efectuado descontos em função de mais elevadas remunerações por certos cargos exercidos, mas cuja remuneração atendível para efeito de cálculo da pensão apenas seja a do lugar de origem – supostamente menor-, tal como sucede com a situação do actual nº4 do artigo. Em tal caso, caberia ao interessado tomar a devida opção expressa: ou ser restituído dos descontos realizados a mais – art. 21º –, ou optar pela integração desses descontos na massa remuneratória relevante para o cálculo da pensão. Caso optasse pela integração no cálculo da pensão, o modo de proceder seria o que emana do preceituado no nº1 deste mesmo artigo: fazendo-se a média das remunerações correspondentes aos cargos exercidos na proporção do tempo de serviço neles prestado. Em tal hipótese, a relevância dada a tais remunerações não deveria ir além dos três anos que precederam a aposentação. Se a opção fosse pela devolução, as importâncias pagas para além do montante relevante – i.é., as correspondentes ao cargo de origem – seriam todas restituídas, sem qualquer limitação temporal.

JURISPRUDÊNCIA

«I – A resposta ao convite para formular conclusões da alegação, nos termos do disposto no art. 690º, nº3 do CPCIV não é o meio próprio nem oportuno para se alegar vicio da sentença recorrida a que se não fazia qualquer referencia na alegação.
II – A fixação da pensão de aposentação, de acordo com o regime excepcional previsto no art. 51º do Estatuto da Aposentação, tem que ser requerida pelo subscritor e por ele provados os factos que a condicionam até ao fim da instrução do respectivo procedimento administrativo».
(Ac. do STA, de 27/03/90, Proc. Nº 025833, in Ap. ao DR, II, de 12/01//95, pág. 2470)

«I – O artigo 17°, n° 4, da Lei n° 59/93, de 17.8, instituiu um regime especial, cometendo ao Presidente da Assembleia da República (AR) a competência para a concessão daquela aposentação extraordinária.
II – Reconhecido tal direito, o tempo que depois decorra já não conta para efeitos de aposentação (v. arts. 33°, n° 2, al. a) e 43° n° I, al. a) do Estatuto da Aposentação (EA), aprovado pelo Dec. Lei n° 498/72, de 9.12).
III – A remuneração auferida, enquanto em regime de requisição, como Director-Geral do Pessoal da Petrogal, S.A., entre 6.7.89 e 31.12.92, por um consultor jurídico da AR, cujos direitos à aposentação foi reconhecido, em 23.2.94, não releva para o cálculo do montante da pensão nos termos do art. 51 ° do EA – na redacção da Lei n° 30-C/92, de 28.12 –, sem que com isso se fira o princípio da igualdade.
IV – A bonificação a que se refere o artigo 17°, n° 2, da Lei n° 59/93, incide sobre o montante da pensão e não sobre o tempo de serviço, sem que isso represente qualquer discriminação.
V – Deve processar-se de acordo com o disposto no n° 3 e não no n° 1 do artigo 13° do EA, na redacção da Lei n° 30-C/92, a regularização de quotas de um aposentado respeitantes aos anos de 1971 a 1973, em que prestou serviço como secretário num gabinete ministerial, sem direito a ser subscritor da Caixa Geral de Aposentações, como agente político que era.
VI – Para a definição dos contornos, ao tempo, desta figura, na área em causa, irreleva a normatividade ulteriormente surgida.

VII – O artigo 13°, n° 3, na redacção da Lei n° 30-C/92, não está ferido de inconstitucionalidade formal, por alegada falta da audição das associações sindicais, pois a matéria da aposentação, não se inscreve na legislação do trabalho a que se reporta o artigo 56°, n° 2, al. a), da Constituição da República.

VIII – Também a mutação jurídica assim operada por aquela Lei n° 30-C/92 não ofende o princípio da confiança, por violação de expectativas jurídicas, pois que não foi posto em causa o núcleo essencial do direito à aposentação, alterando-se apenas a base de incidência da taxa aplicável, por forma não gratuita ou desproporcionada.

IX – Tão pouco se pode afirmar que o confronto do regime do n° 3 com o do n° 1 do mencionado artigo 13° revela a violação por aquele do princípio da igualdade, pois que há base material bastante para justificar a diferenciação no cálculo das quotas, que aqueles reflectem.

X – Para afirmar, no caso, uma eventual inconstitucionalidade do artigo 1°, n° 1, do EA, não se pode esgrimir com a Lei n° 77/88, uma vez que a questão da possibilidade de inscrição na CGA de membros de gabinetes do governo, remonta aos anos de 1971 a1973.»
(Ac. do STA, de 07/12/99, Proc. n° 040421)

«A remuneração devida pelo exercício de funções em regime de mera *requisição* não releva para o cálculo da pensão de aposentação por tal situação não ter sido consagrada pelo art. 51°, n°1 do ED, na redacção introduzida pela Lei n° 30-C/92, de 28/12 (OE para 1993)».
(Ac. do TCA, de 18/04/02, Proc. n° 4506/00)

Artigo 52°
Subscritores em serviço nos organismos de coordenação económica e na administração ultramarina

1 – Independentemente do preceituado no artigo anterior, o subscritor que, em regime de comissão ou de requisição tenha prestado continuadamente serviço nos dois últimos anos em organismos de coordenação económica poderá optar, para o cômputo da pensão nos termos dos artigos 47° a 50°, pelas remunerações auferidas nessas funções.

2 – O regime estabelecido no número anterior é igualmente aplicável ao caso previsto no artigo 12°, sem prejuízo do disposto no artigo 48° quanto às remunerações complementares por serviço prestado no ultramar.

NOTAS

1 – O subscritor que em regime de *requisição* ou de *comissão* tiver prestado durante dois anos consecutivos ("continuadamente") serviço em organismos de coordenação económica poderá optar, através de declaração expressa nesse sentido, pelas remunerações auferidas nessas funções (remunerações, aliás, sobre as quais descontou quota, por relevarem abstractamente para o direito de aposentação: cfr. art. 11º, nº1).

Se o fizer, as remunerações mensais atendíveis serão calculadas de acordo com o disposto nos artigos 47º a 50º nos moldes já vistos.

Não o fazendo, uma vez que em princípio o serviço prestado em regime de comissão releva tão somente no lugar de origem, conforme prescrito no art. 7º, nº4, do DL nº 427/89, as remunerações a considerar nesse caso serão as do lugar a que pertence e pelo qual se acha inscrito (cfr. art. 44º, nºs 1 e 2), aplicando-se igual solução para a situação de prestação de serviço em regime de requisição.

2 – Os *organismos de coordenação económica* têm a natureza de institutos públicos sob a espécie de «*serviços personalizados do Estado que se destinam a coordenar e regular o exercício de determinadas actividades económicas, que pela sua importância merecem uma intervenção mais vigorosa do Estado*» (**F. Amaral**, *Curso de Direito Administrativo, 2ª ed.*, I, pág. 349/350).

Destacavam-se as Comissões Reguladoras (ex: Comissão Reguladora do Comércio de Arroz, Comissão Reguladora dos Produtos Químicos e Farmacêuticos, Comissão reguladora do Comércio do Bacalhau), as Juntas (ex. Junta Nacional do Azeite, Junta Nacional do Vinho, Junta Nacional da Cortiça) e os Institutos Nacionais (ex: Instituto Português das Conservas de Peixe, Instituto do Vinho do Porto).

Tiveram um papel mais relevante no período anterior a 1974, mas foram sendo progressivamente extintos (Ex: DL nº 466/88, de 15/12, que extinguiu a Comissão Reguladora dos Produtos Químicos e Farmacêuticos, o Instituo dos Têxteis e o Instituto dos Produtos Florestais) ou incorporados noutros organismos da Administração (como sucedeu com os que foram integrados no IROMA). Alguns, porém, ainda subsistem, como é caso do Instituto do Vinho do Porto (IVP).

Sobre os institutos públicos de matriz económica, ver ainda: **A. Augusto Ataíde**, in *Direito Administrativo da Economia*, em «Cadernos de Ciência e Técnica Fiscal», nº100, pág. 137 e sgs; **António Carlos Santos, Maria Eduarda Gonçalves e Maria Manuel Leitão Marques**, in *Direito Económico*, 3ª ed., pág. 141/144; **J. Freitas Mota**, in *Coordenação Económica*, em «*Dicionário Jurídico da Administração Pública*», II, pág. 113 e sgs.

O regime deste n°1, pela sua natureza excepcional, não comporta aplicação analógica (art. 11°, do C.C.). **Simões de Oliveira** entende que igualmente não é susceptível de extensão a quaisquer outros casos de comissão ou requisição *(ob. cit.*, pág. 134).
Cfr. art.11°, nota 5ª; art. 15°, n°1; art. 25°, al. b).

3 – O regime estabelecido no n°1 aplica-se aos casos em que o subscritor tenha efectuado alguma comissão no ex-Ultramar (art.12°). Quer dizer que, nessas hipóteses, poderá o subscritor optar pelas remunerações dos cargos desempenhados além mar, mas apenas relativamente àquelas que constituem a remuneração base, pois que a "remuneração complementar" sempre seria irrelevante, conforme o estipula o art. 48° ("...sem prejuízo do disposto no artigo 48°...").

JURISPRUDÊNCIA

«I – São agentes administrativos os servidores dos organismos de coordenação económica, dado exercerem a sua actividade ao serviço de pessoas colectivas de direito publico, sob a direcção dos respectivos orgãos, pessoas colectivas essas que se integram na administração indirecta do Estado.
II – Tais servidores são agentes da ex-administração ultramarina desde que tenham prestado serviço nos quadros de delegações ultramarinas desses organismos de coordenação económica, embora estes tenham tido a sua sede em Lisboa, como e o caso da Junta de Exportação de Café Colonial.
III – O n. 1 do artigo 1° do Decreto-Lei 362/78, de 28 de Novembro, na redacção dada pelo artigo 1° do Decreto -Lei 23/80, de 29 de Fevereiro, exige cumulativamente, como requisitos do direito a aposentação, a qualidade de agente da ex-administração ultramarina com o mínimo de 5 anos de serviço e a realização de descontos com vista a aposentação.
IV – Não satisfeito um destes requisitos, o pedido de aposentação formulado ao abrigo desse preceito tem de ser indeferido».
(Ac. do STA, de 04/03/86, Proc. nº 021973)

I – O pessoal dos organismos de coordenação económica do Ultramar só com a entrada em vigor do Dec.Lei 43874, de 24 de Agosto de 1961 – art. 9° – foi admitido como subscritor da Caixa-Geral de Aposentações com o consequente direito a aposentação.
II – Não tem direito a aposentação, nos termos do n. 1 do art. 1° do Dec.lei 362/78, de 28 de Novembro, na redacção do Dec.lei n. 23/80, de 29 de Fevereiro, o ex-agente da administração publica ultramarina pertencente aos organismos de coordenação económica, exonerado das suas funções em

1948, o qual nunca descontou para a Caixa Geral de Aposentações, nem dela foi subscritor nem tendo possibilidade de o ser, embora conte mais de 5 anos de serviço».
(Ac. do STA, de 22/03/88, Proc. n° 025519)

Artigo 53°
Cálculo da pensão

1 – A pensão de aposentação é igual à trigésima sexta parte da remuneração mensal relevante, deduzida da percentagem da quota para efeitos de aposentação e de pensão de sobrevivência, multiplicada pela expressão em anos do número de meses de serviço contados para a aposentação, com o limite de 36 anos.

2 – A pensão não pode, em caso algum, exceder o montante da remuneração líquida a que se refere o n°1.

3 – Concorrendo tempo de serviço nas condições previstas no artigo 15°, a pensão será a soma das seguintes parcelas, calculadas separadamente:
   a) Uma, pela Caixa Geral de Aposentações, em função do tempo de serviço por ela contado e a que não corresponda dispensa de pagamento de quotas;
   b) Outra, pela respectiva instituição de previdência social, nos termos dos diplomas aplicáveis.

4 – O tempo a que se refere o n.° 4 do artigo 37° não influi na pensão a calcular pela Caixa.

NOTAS

1 – Os n°s 1 e 2 resultam da redacção introduzida pela Lei n° 32-B/ /2002, de 30/12 (Orçamento de Estado para 2003).
O n°4 é o resultado da alteração dada pelo DL n° 191-A/79, de 25/06.

2 – Para os subscritores da Caixa Geral de Aposentações inscritos a partir de 1 de Setembro de 1993 o cálculo da respectiva pensão era igual ao das pensões dos beneficiários do regime geral da segurança social, face ao disposto no DL n° 286/93, de 20/08, diploma que a seguir se transcreve:
   «*Artigo 1°-*
   1 – A pensão de aposentação dos subscritores da Caixa Geral de Aposentações inscritos a partir da data de entrada em vigor do presente

diploma é calculada nos termos das normas legais aplicáveis ao cálculo das pensões dos beneficiários do regime geral da segurança social.

2 – Para efeitos do cálculo da pensão a que se refere o número anterior, são considerados todos os anos civis em que haja entrada de descontos para a Caixa Geral de Aposentações.

3 – Na determinação da retribuição média relevante atendem-se a todas as remunerações sujeitas ao desconto de quotas nos termos do Estatuto da Aposentação.

Artigo 2º
O presente diploma entra em vigor no dia 1 do mês seguinte ao da sua publicação».

3 – As modalidades de cálculo da pensão são:
a) A pensão *completa* ou *por inteiro*.

Ocorre quando o subscritor padece de uma incapacidade permanente absoluta que corresponda a uma redução na capacidade total de ganho (arts. 37º, nº2, al.a); art. 4º, nº4, al.b), DL nº 503/99, de 20/11).

Verificava-se ainda sempre que o funcionário público contasse com 36 anos de serviço, independentemente da idade (DL nº 116/85, de 19 de Abril). Esta modalidade, porém, agora não dispensa a idade, face à revogação do respectivo diploma pelo art. 9º, nº3 da Lei nº 32-B/2002.

Trata-se de uma pensão que corresponde a 100% da remuneração mensal do subscritor no activo de funções.

b) A pensão *proporcional ao tempo de serviço* É a pensão calculada de acordo com o nº1 do art. 53º.

c) A pensão *proporcional ao grau de incapacidade,* sempre que não for absoluta (art. 46º deste Estatuto e 4º, nº4, al. b) do DL nº 503/99, de 20/11).

4 – É da *pensão proporcional ao tempo de serviço* que trata o presente artigo.

A pensão, diz o nº1, é igual à trigésima sexta parte da remuneração que lhe serve de base (calculada de harmonia com os artigos precedentes), multiplicada pela expressão em anos do número de meses de serviço contados para aposentação (nos termos do art. 33º).

Assim sendo, a fórmula utilizável é a seguinte: **P = (R×T) ÷ 36**, em que **P** designa a pensão mensal, **R** a remuneração considerada e **T** o tempo de serviço em anos e meses completos de serviço (cfr. art. 33º, nº1).

Todavia, como face à nova redacção deste preceito, a remuneração relevante para efeito do cálculo da pensão deve ser deduzida da percentagem de quota para efeito de aposentação e de sobrevivência (cfr. anotação 1ª ao art. 5º supra), a remuneração atendível sofre agora uma redução de 10%, que inevitavelmente se irá reflectir no valor da pensão em igual medida.

Desta modificação legislativa, uma consequência imediatamente se extrai: a CGA poupa 10%, retirando-os da pensão do aposentado, pode dizer-se assim. No entanto, nem tudo é mau desta alteração. Com efeito, se anteriormente o recém-aposentado estava alguns anos sem aumento da pensão até que esta convergisse com o salário líquido de descontos de quotas para a CGA (veja-se a propósito, por exemplo, o nº 15 da Portaria nº 88/ /2002, de 28/01), agora esse compasso de espera deixa de justificar-se na medida em que no cálculo da pensão apenas já só releva a remuneração mensal deduzida da percentagem da quota para efeitos de aposentação e de pensão de sobrevivência.

5 – Em nenhum caso, face ao disposto no nº2, a pensão pode ultrapassar o valor da *remuneração líquida* a que se refere o nº1.

Ora, o nº2 anterior não introduzia este novo factor: *liquidez remuneratória*. O que, mais uma vez, representa um rude golpe nas expectativas legítimas dos subscritores, sempre com o invocado fundamento de aliviar os cofres da Caixa. Com a redução dos parâmetros valorativos do cálculo da pensão (pois, face ao nº1, na remuneração mensal relevante não entram as percentagens da quota para efeito de aposentação e de sobrevivência) também agora se estatui que, doravante, nunca a pensão poderá ser superior ao valor da massa remuneratória líquida que o subscritor "levava para casa" no final do mês. O que significa, verdadeiramente, que o subscritor em nenhum caso (nem mesmo no caso de pensão completa) poderá obter uma pensão de aposentação superior ao vencimento líquido.

6 – O nº3 dedica-se ao cálculo da pensão em que intervenham remunerações por cargos de que o interessado foi subscritor da Caixa em concurso com outros referentes a serviço prestado aos organismos de coordenação económica ou a outras entidades (entre as referidas no art. 1º), em relação aos quais tenham sido inscritos por outros sistemas de segurança e previdência social e pagas as respectivas contribuições.

Nessas hipóteses, tendo o interessado solicitado a dispensa do pagamento das quotas à Caixa relativamente ao tempo de contribuição para a Previdência, o aposentado verá calculadas duas "aposentações":
    a) uma pela Caixa, no que concerne ao tempo de subscritor por ela contado (que não corresponda a dispensa de pagamento de quotas). Ver: nota 5ª ao art. 11º; nota 1ª ao art. 15º; ver ainda art. 25º, al.b) e anotação correspondente.
    b) outra pela respectiva Instituição de Previdência.

O encargo com a parte da pensão a que se refere esta parcela é suportado pela respectiva instituição de previdência directamente à Caixa: art. 63º, nºs 4 e 5, deste Estatuto.

Cfr. art. 111º, nº3, infra.

A soma das duas parcelas traduzirá então, o valor da pensão a que tem direito e que será inteiramente paga pela Caixa.

No que se refere à concorrência do tempo de serviço contável pela Caixa com o submetido ao regime geral de Segurança Social, vigora agora o regime das *pensões unificadas*. Sobre o assunto, ver anotação 2ª ao art 15º supra.

7 – De acordo com o nº4 do artigo, o tempo de inscrição naquelas instituições de previdência, embora conte para efeito do prazo de garantia mencionado nos nºs 2 (de cinco anos) e 3 (outro especialmente fixado) do art. 37º, não exerce qualquer influência no cálculo da pensão a calcular pela Caixa. Para esta apenas relevará o tempo de subscritor e o tempo acrescido a que alude o art. 25º.

8 – Tanto a matéria relativa ao valor das prestações sociais a pagar pelos trabalhadores, como a dos montantes das pensões de aposentação e reforma a que tenham direito, estão subtraídas da disponibilidade das partes. Constituem pilares de um verdadeiro *direito à vida com dignidade dos idosos* que deixaram a vida laboral activa e, por isso, não podem depender de relações contratuais e sinalagmáticas, de conformações recíprocas dominadas pela negociação. São matérias de direito público que a todos dizem respeito e preocupam. Devem, por tal motivo, estar fixadas na lei, de modo bem definido e preciso, para que não fiquem, sequer, dependentes de deficientes interpretações e, muito menos, de discricionariedade e arbítrio administrativo.

JURISPRUDÊNCIA

«Não são aplicáveis à modalidade de aposentação voluntária criada pelo artigo 9º da Lei n. 9/86, de 30 de Abril, os preceitos dos artigos 47º e 48º do Estatuto da Aposentação.
Efectivamente a pensão é calculada em função do vencimento base e das diuturnidades, ficando excluídas as remunerações acessórias.
(Ac. do STA, de 14/11/91, Proc. Nº 027881)

«A pensão de aposentação a atribuir nos termos do art. 9º, nº8 da Lei nº 9/86 não pode, em qualquer circunstância, exceder o limite estabelecido na parte final do mesmo preceito (pensão correspondente a 36 anos de serviço, calculada com base no vencimento base acrescido de diuturnidades)».
(Ac. do STA, de 08/03/94, Proc. Nº 033537)

«I – O período de condicionamento a que se refere o n° 1 do art. 27° do DL 409/89, de 18.11, é o estabelecido para o congelamento de escalões, no n° 2 do art. 38° do DL *353-A/89,* de 16.10.

II – Uma professora do ensino básico que, ao abrigo do disposto no n. 2 do art. 129° do Estatuto da Carreira Docente, aprovado pelo art. 1 do DL 139*A/90,* de 28.4, se encontrava, em 1991, no 8 escalão, e é nesse ano aposentada voluntariamente, terá a pensão de aposentação correspondente a esse escalão, e não ao 9 escalão, pois isso só era possível se se tivesse aposentado em 1992.

III – A não ser que tivesse alegado e provado poder-se ter candidatado ao 9 escalão ou a ele aceder, de acordo com as normas dinâmicas da carreira docente»
(Ac. do STA, de 23/05/95, Proc. n° 032487)

«Para cálculo ou recálculo da pensão de magistrados jubilados quando tenham tempo de serviço inferior a 36 anos de serviço é aplicável o disposto no art. 66° da Lei n° 21/85, de 30/6, preceito especial que prevalece sobre o art. 53° do Estatuto da Aposentação, pelo que a aposentação por incapacidade não implica redução da pensão».
(Ac. do STA, de 08/06/95, Proc. n° 037041, in Ap. ao DR, de 20/01/98, pág. 5205)

«I – De acordo com o preceituado no art. 66° da Lei n. 21/85, de 30 de Julho que aprovou o Estatuto dos Magistrados Judiciais, "a aposentação por incapacidade não implica redução na pensão", norma especial que prevalece sobre o disposto no art. 53° do Estatuto da Aposentação.

II – Nos termos daquela norma, os magistrados que tenham sido aposentados por incapacidade têm direito à pensão por inteiro, independentemente do tempo de serviço.

III – A norma do art. 66° do Dec-Lei n. 21/85, não sofre de qualquer inconstitucionalidade nomeadamente por violação do princípio da igualdade consignado no art. 13° da Constituição ou da norma do art. 63° n. 5 da Lei Fundamental»
(Ac. do STA de 04/07/95, Proc. n° 036998)

«Não julga inconstitucional a norma do artigo 66° do Estatuto dos Magistrados Judiciais (aprovado pela Lei n.° 21/85, de 30 de Julho), quando interpretada no sentido de que os magistrados judiciais aposentados ou jubilados por incapacidade têm direito à pensão de aposentação por inteiro, independentemente do tempo de serviço:

I – Existe violação do princípio da igualdade enquanto proibição de arbítrio, quando os limites externos da discricionariedade legislativa são afrontados por ausência de adequado suporte material para a medida legislativa adoptada. Por outro lado, as medidas de diferenciação hão-se ser materialmente fundadas sob o ponto de vista da segurança jurídica, da praticabilidade, da justiça e da solidariedade, não devendo basear-se em qualquer razão constitucionalmente imprópria.

II – Assim, pode dizer-se que a caracterização de uma medida legislativa como inconstitucional, por ofensiva do princípio da igualdade, dependerá, em última análise, da ausência de fundamento material suficiente, isto é, de falta de razoabilidade e consonância com o sistema jurídico.

III – Ora, nesta perspectiva das coisas, há-de dizer-se que a norma do artigo 66º do Estatuto dos Magistrados Judiciais, tendo em conta os específicos valores que estão em causa e os fins visados com a aposentação e jubilação dos magistrados judiciais, ao originar uma *pensão por inteiro* independentemente do tempo de serviço efectivamente prestado, não se apresenta como medida legislativa despojada daquele mínimo de suporte material indispensável à sua legitimidade constitucional.

IV – Com efeito, compreende-se o sentido e alcance da solução encontrada, a qual tem suficiente fundamentação material, quando se tem em consideração que os magistrados judiciais aposentados por incapacidade hão-de ser portadores de elevado grau de incapacidade, procurando-se assegurar ao incapacitado – titular de um órgão de soberania – condições de sobrevivência dignas e consentâneas com o seu anterior estatuto profissional».

(Ac. do TC, de 14/05/97, Proc. nº 95-0632, in DR, II, de 10/07/97)

«I – O montante das prestações sociais que a cada um cabe pagar ao longo da sua vida activa e o montante que lhe é assegurado aquando da sua aposentação é matéria que não resulta da negociação livremente estabelecida entre o Estado e os seus cidadãos, mas sim de critérios legais fixados por via legislativa.

II – Daí que o pedido indemnizatório fundado num eventual erro na fixação daquela pensão resulta da responsabilidade civil extracontratual da Administração e não da responsabilidade obrigacional desta.

III – Nos termos do art. 4898º, nº1, do Cod. Civil, aplicável por força do disposto no art. 71º, nº2, da LPTA, o direito de indemnização por responsabilidade civil extracontratual da Administração prescreve no prazo de três anos.

IV – O prazo prescricional começa a contar do momento em que o lesado toma conhecimento do seu direito.

V – Na fixação do momento inicial desse prazo não releva a circunstância de o ilícito que fundamenta o pedido ser de produção instantânea ou continuada».

(Ac. do STA de 24/04/2002, Rec. nº 47 368)

PARECERES DA PROCURADORIA GERAL DA REPÚBLICA

«1 – De acordo com o n°1 do artigo 3° do decreto-lei n 141/79, de 22 de Maio, o pessoal de serviço dos organismos que se referem no artigo 1° do diploma, passou a beneficiar de *pensões complementares* de aposentação, a suportar pelos organismos em que tal pessoal se integrasse, ou por outras entidades a designar através de despacho ministerial (n 3 do artigo 3°, n 2 do artigo 4° e artigo 5° daquele decreto-lei);

2 – O pessoal considerado "excedente" nos termos do artigo 4° do decreto-lei n 43/84, de 3 de Fevereiro, ficou integrado em Quadros de Efectivos Interdepartamentais (QEI), para o efeito criados junto das Secretarias Gerais dos competentes serviços de organização e pessoal de cada Ministério, ou de outros serviços quando a sua dimensão o justifique, face ao disposto no n 1 do artigo 6° do mesmo diploma;

3 – Segundo o n°1 do artigo 11° daquele decreto-lei, a aposentação é uma das formas de cessação da qualidade de "excedente", funcionando concomitantemente como modo de descongestionamento dos QEI, deixando de estar integrados nestes os "excedentes" que se aposentem;

4 – O pessoal que integrava os vários QEI à data da entrada em vigor do decreto-lei n 247/92, de 7 de Novembro, transitou para o QEJ 4 – único criado por aquele diploma, cuja gestão técnica e administrativa passou a incumbir à Direcção-Geral da Administrativa Pública (DGAP) por força do disposto nos artigos 11°,12° e 24° daquele diploma;

5 – Os "excedentes" que tendo integrado um determinado QEI se tenham aposentado antes da entrada em vigor do decreto-lei n 247/92 citado não são abrangidos pela disciplina que tal diploma introduziu;

6 – O encargo com as pensões complementares referidas na 1 conclusão cabe ao Ministério, junto do qual funcionou o QEI em que se integrava o pessoal beneficiário daquelas pensões, se tal pessoal deixou de pertencer a esse QEI por força da aposentação, ainda antes da entrada em vigor do Decreto-Lei n 247/92».

(Parecer da PGR, de 06/03/97, in DR, de 09/12/97, pág. 15054)

Artigo 54°
Pensão de aposentação extraordinária

1 – Nos casos de aposentação extraordinária, o tempo de serviço do subscritor considera-se equivalente a 36 anos.

2 – Se, porém, a desvalorização sofrida na capacidade geral de ganho for somente parcial, a pensão será igual à soma das seguintes parcelas:

　　a) Montante da pensão relativa ao número de anos e meses de serviço efectivo;

b) Fracção da pensão relativa ao número de anos e meses que faltarem para 36 anos, em percentagem igual à do respectivo grau de desvalorização, segundo a tabela de incapacidades.

3 – No caso previsto no número anterior, a pensão será, no entanto, calculada por inteiro sempre que o acidente ou doença resulte de serviço em campanha ou na manutenção da ordem pública, ou da prática de acto humanitário ou de dedicação à causa pública.

4 – Considera-se serviço em campanha o que como tal for definido, para efeitos de reforma, por disposição especial.

NOTAS

1 – O n°1 e alíneas a) e b), do n°2 têm a redacção que lhes foi dada pelo DL n° 191-A/79, de 25/06.

2 – o artigo acha-se, porém, revogado pelo DL n° 503/99, de 20/11.

JURISPRUDÊNCIA

«I – Para efeitos do artigo 54° n. 3 do Estatuto da Aposentação o "serviço de manutenção da ordem pública "pressupõe uma alteração do clima de tranquilidade e disciplina social que permite ao cidadão desenvolver, sem temor, a sua normal actividade.

II – Um agente policial ao intervir na repressão ou prevenção da prática de crimes, embora actue em ordem a defender a ordem social que as normas criminais visam, não actua, necessariamente, na defesa da ordem pública.

III – O serviço de manutenção de ordem pública, para o referido artigo 54° n. 3 do E.A. pressupõe que o funcionário corra um risco específico, decorrente da alteração da ordem pública.

IV – Não actua em serviço de manutenção de ordem pública um agente de Polícia Judiciária que ao pretender identificar e localizar um autor de factos criminosos, entra pacificamente no estabelecimento comercial do visado, que ali se não encontrava, e que ao sair é alvejado, traiçoeiramente, com um tiro disparado por aquele indivíduo».
(Ac. do STA, de 24/10/91, Proc. N° 029073)

«Verificada pela Junta Médica da Caixa a incapacidade absoluta e permanente do subscritor para o exercício das suas funções com um grau de desvalorização de 60,26% por cento, em consequência de acidente de serviço,

a pensão de aposentação extraordinária respectiva deverá ser calculada através da fórmula prevista no n. 2 do artigo 54º do Estatuto da Aposentação».
(Ac. do STA, de 22/11/94, Proc. nº 035039)

«I – Seja qual for o grau de incapacidade para o exercício de certas funções do interessado (total ou parcial) o que releva para o cálculo da pensão de aposentação extraordinária a que haja lugar é o grau de incapacidade geral de ganho que tenha sido fixada pela autoridade de saúde competente, nos termos do art. 54º n. 1 e 2 do Estatuto da Aposentação.

II – Uma incapacidade absoluta e permanente para o exercício de funções docentes por alergia ao pó de giz, pode não acarretar e normalmente não acarreta numa desvalorização total na capacidade geral de ganho já que o interessado pode, noutras funções, ou nas mesmas sem utilização daquele produto a que é alérgico, angariar meios de subsistência.

III – Os conceitos de incapacidade para o exercício de determinadas funções e de desvalorização na capacidade geral são distintos, relevando o primeiro para obtenção da aposentação extraordinária (art. 38º do Estat. da Ap.) e o segundo para o cálculo da respectiva pensão (art. 54º do mesmo Estatuto)».
(Ac. do STA, de 06/12/94, Proc. nº 030984, in Ap. ao DR, de 18/04/97, pág. 8757)

Artigo 55º
Pensão equiparada à extraordinária

Se, apesar da verificação de facto previsto no artigo 38º, a aposentação vier a ter lugar com outro fundamento, a pensão será calculada nos termos do artigo anterior e equiparada, para todos os efeitos, à de aposentação extraordinária.

NOTAS

O artigo encontra-se revogado pelo DL nº 503/99, de 20/11.

Artigo 56º
Não redução da pensão

Na aposentação compulsiva a pensão normalmente fixada não terá qualquer redução.

NOTAS

1 – Redacção dada pelo DL nº 191-A/79, de 25/06.

2 – Cfr. art. 42º , 118º, al. d) e 124º.

3 – Na redacção inicial do artigo estava prevista a redução da pensão no caso da aposentação compulsiva. O texto primitivo era o seguinte: «*1 – No caso de aposentação compulsiva, a pensão é reduzida a 75 por cento do seu normal, salvo o disposto na última parte do nº1 do art. 42º.2 – A redução incidirá apenas sobre a parcela a que se refere a alínea a) do nº2 do art. 54º, na hipótese prevista no artigo 55º*». Agora, a pensão corresponderá ao tempo de serviço efectivamente prestado (um vez que o direito à contagem se não perde: art. 32º), até ao limite a que respeitam os arts. 33º, nº2, al.a) e 43º, nº1, al.d).

Nessa medida, por não ter sofrido a devida adaptação, está agora desfasado e desajustado, verdadeiramente revogado, o dispositivo do art. 124º adiante, que continua a prever a redução do valor da pensão de reforma dos militares nos termos previstos no art. 56º.

JURISPRUDÊNCIA

«I – De acordo com o preceituado no art. 66º da Lei n. 21/85, de 30 de Julho que aprovou o Estatuto dos Magistrados Judiciais, "a aposentação por incapacidade não implica redução na pensão", norma especial que prevalece sobre o disposto no art. 53º do Estatuto da Aposentação.

II – Nos termos daquela norma, os magistrados que tenham sido aposentados por incapacidade têm direito à pensão por inteiro, independentemente do tempo de serviço.

III – A norma do art. 66º do Dec-Lei n. 21/85, não sofre de qualquer inconstitucionalidade nomeadamente por violação do princípio da igualdade consignado no art. 13º da Constituição ou da norma do art. 63º n. 5 da Lei Fundamental»
(Ac. do STA de 04/07/95, Proc. nº 036998)

Artigo 57º
Deduções na pensão

1 – Serão descontadas na pensão as importâncias em dívida referidas no artigo 18º, bem como as indemnizações que, por motivo da elevação geral de vencimentos, a lei estabeleça.

2 – O quantitativo da pensão e dos descontos de qualquer natureza que nela hajam de fazer-se serão sempre arredondados para o número exacto de escudos, por defeito, se a fracção for inferior a $50, e por excesso, se igual ou superior.

3 – As pensões atribuídas pela Caixa Geral de Aposentações estão isentas de imposto do selo.

NOTAS

1 – Redacção dada pelo DL n° 191-A/79, de 25/06.

2 – Cfr. arts. 18°, 19°, 39°, n°3 e 100°, n°3.

3 – O artigo ora em apreço trata, ao fim e ao cabo, de um mecanismo tendente à liquidez da pensão. Esta será deduzida do valor das importâncias em dívida (quotas atrasadas, custas e despesas: art. 17°) e das quotas devidas por tempo de serviço que influa na respectiva pensão (art. 18°).

Toda a dívida será descontada na 1ª pensão ou, consoante o montante de uma e outra, nas pensões seguintes até amortização total, tendo em atenção o coeficiente máximo do desconto definido no n°2 do mesmo artigo 18°. O que dá bem a ideia do carácter precípuo que é conferido ao pagamento da dívida e da natureza de contrapartida social que a pensão representa. Tendo a Caixa que "retribuir" ao ex-subscritor a pensão vitalícia a que tenha direito, impõe-se que este nada àquela deva pela situação decorrida enquanto "contribuinte".

De desconto se fala também no que respeita às *indemnizações* estabelecidas por lei em virtude da elevação geral de vencimentos. Quando a lei periodicamente eleva os vencimentos, os aumentos em geral repercutem-se no valor da pensão (art. 59°). Ora, esta actualização na pensão é feita sem que a Caixa tivesse previamente obtido do beneficiário a correspectiva contribuição, uma vez que se acha já aposentado. Pode então o legislador entender tornar necessário que o aposentado efectue os necessários ajustamentos. Se tal for especialmente previsto (mas só nesse caso), uma vez que eles já não podem mais traduzir-se em quotas, porque estas supõem um subscritor no activo, tais actualizações contributivas passam a ser designadas como "indemnizações" compensatórias do novo encargo social que a Caixa tenha que doravante suportar.

Desconto é ainda o que é feito na pensão em sede de penhora (arts. 824°, n°1, al.b), e 861°, do C.P.C. e 70° adiante).

4 – A referência feita aos escudos no procedimento de arredondamento imposto no n°3 deve entender-se presentemente a euros (cfr. DL n° 136/2002, de 16/05).

Sobre regras de conversão, processamento em euros e arredondamentos: ver ainda Circular, Série A, nº 1280, de 19/07/2001 da Direcção Geral do Orçamento, do Ministério das Finanças

5 – As pensões atribuídas pela Caixa estão isentas de imposto de selo, mas estão sujeitas a IRS (arts. 11º, 51º e 52º, do C.I.R.S.).

Artigo 58º
Alteração da pensão

1 – A alteração de resoluções definitivas sobre o quantitativo da pensão, nos casos em que a lei a permita, só produzirá efeitos a partir do dia 1 do mês imediato àquele em que for deliberada.

2 – Os efeitos da alteração reportar-se-ão, todavia, à data em que a resolução anterior os produziu, nos casos seguintes:
   a) **Se a alteração derivar de recursos contencioso ou hierárquico, de rectificação da pensão ou de resolução revogatória da Caixa;**
   b) **Se, no caso de revisão previsto na alínea a) do n.º 1 do artigo 101º, a nova resolução for proferida oficiosamente no prazo de sessenta dias, a contar da data da resolução revista ou tiver sido requerida pelo interessado nos prazos referidos no n.º 2 do mesmo artigo;**
   c) **Se a alteração resultar de parecer da junta médica de revisão.**

NOTAS

1 – Aborda o presente artigo a «alteração da pensão». O que equivale a dizer que se trata de uma modificação do quantitativo anteriormente fixado pela respectiva *"resolução definitiva"*.

Tal resolução definitiva é, geralmente, aquela a que respeita o art. 97º do Estatuto, onde, além de ser reconhecido o direito à pensão de aposentação, também é determinado o valor desta.

Dessa «resolução final», considerada a última palavra sobre o assunto, cabe, em princípio, recurso contencioso, face ao disposto no art. 103º.

O preceito em apreciação é referente a uma outra deliberação, posterior, portanto, à «resolução final» ou «resolução definitiva» referida. É curioso notar que desta nova resolução sobre a alteração da pensão que importe a sua *diminuição* ou *perda*, por não ser verticalmente definitiva, não cabe recurso contencioso directo, mas antes «recurso hierárquico necessário» para o Conselho de Administração da Caixa, segundo o impõe o art. 108º-A.

2 – De acordo com o preceituado no nº1, os efeitos das alterações da pensão produzem-se somente a partir do dia 1 do mês imediato àquele em que for deliberada. É, assim, um acto administrativo de eficácia futura.

Esta regra assenta bem na ressalva feita na 2ª parte do nº1 do artigo 127º do CPA. Efectivamente, embora conviva perfeitamente com o princípio geral da não retroactividade dos actos administrativos além proclamado, os efeitos externos na esfera jurídica do aposentado não se produzem desde a data precisa em que o acto for praticado, antes os diferindo para momento posterior.

Mas, por ser *regra*, também lhe estão associadas algumas *excepções*. Para elas, previu o legislador que os efeitos das alterações se projectassem sobre o passado, concretamente passassem a ter eficácia retroactiva reportada ao momento em que teve lugar a resolução definitiva alterada.

Os casos excepcionais que a regra comporta são aqueles em que as alterações derivam de:

a) *decisões anulatórias de recurso contencioso*;
b) *decisões de recursos hierárquicos*;
c) *actos de rectificação*;
d) *actos de revogação*;
e) *actos de revisão*;
f) *parecer da junta médica de revisão*.

3 – Na alínea a), do nº2 vem indicada a primeira excepção.

Trata-se dos casos em que as alterações deliberadas são tomadas em execução de uma sentença jurisdicional em *recurso contencioso*.

Entre outras, serão situações em que o interessado obteve sentença favorável em recurso interposto da resolução definitiva que lhe fixara uma pensão inferior àquela a que se julgava com direito.

Como se vê, esta excepção está conforme a disciplina do art. 128º, nº1, al.b), do CPA, a qual igualmente confere eficácia retroactiva aos actos administrativos que dêem execução a decisões dos tribunais anulatórias de actos administrativos.

Sobre a anulação contenciosa: ver anotação 6ª ao art. 32º supra.

A propósito do recurso contencioso: art. 103º, infra.

4 – A segunda excepção consiste na alteração subsequente a uma decisão tomada em sede de *recurso hierárquico* (nº2, al.a), 2ª parte).

Embora o não refira expressamente, a decisão de 2º grau em causa é supostamente uma decisão favorável aos interesses do impugnante e, consequentemente, há-de ser uma resolução revogatória da tomada em 1º grau no procedimento de aposentação na resolução final do art. 97º, ou de outra qualquer que tenha incidido sobre a pensão diminuindo-a ou eliminando-a (cfr. art. 108º-A, nº1, al.a)).

A *revogação* assim decidida não se limita a destruir o acto anterior, salvando os efeitos produzidos anteriormente por aquele e operando eficazmente apenas para *daí em diante*, logo, para o futuro. Esse é o sentido comum da revogação *ab-rogatória,* de eficácia "*ex nunc*" (cfr. art. 145º, nº1, do CPA), que é característica da revogação dos actos válidos e assente em razões de *oportunidade* e *conveniência* (mérito).

A revogação a que nos referimos agora é aquela que incide directamente sobre o acto anterior, fulminando-o, destruindo-o, eliminando-o, tudo se passando como se ele nunca tivesse existido. É a revogação *anulatória*, que tem o seu efeito reportado à data do acto destruído e que, por isso, se diz " *ex tunc*" (art. 145º, nº2, do CPA).

De algum modo, esta alínea está parcialmente conforme a al. b), do nº2, do art. 128º do CPA, para a qual «o *autor do acto administrativo só pode atribuir-lhe eficácia retroactiva quando estejam em causa decisões revogatórias de actos administrativos tomadas por órgãos ou agentes que os praticaram, na sequência de reclamação ou recurso hierárquico*», pese embora a pouco clara redacção deste dispositivo e que levou mesmo alguém a considerá-lo irrelevante, além de padecer de incorrecções e entorses ao sistema do Código de Procedimento Administrativo (**Freitas do Amaral, João Caupers, João Martins Claro, João Raposo, Maria Glória Dias Garcia, Pedro Siza Vieira, Vasco Pereira da Silva**, in *Código de Procedimento Administrativo anotado*, 3ª ed., pág. 235; sobre ele, ainda com reservas sobre a sua utilidade, **Mário Esteves de Oliveira, Pedro Costa Gonçalves, J. Pacheco Amorim**, in *Código de Procedimento Administrativo*, 2ª ed., pág. 623).

A questão que se coloca a propósito da sua harmonização com a do citado art. 128º está na natureza da causa que possa ter levado à revogação, presente o disposto no art. 145º, nº2 do CPA. Então, pergunta-se: deverá o acto ser revogado no recurso hierárquico apenas por razões da sua invalidade, como o condiciona o art. 145º, nº2, ou será que a projecção para o passado nos termos referidos também poderá fundar-se em mera inconveniência do acto recorrido?

Adiantando a resposta, seremos levados a concluir pela 1ª das hipóteses. É certo que se pode argumentar que a disposição em análise (58º, nº2, al.a)) é muito anterior à do CPA mencionada (o CPA foi aprovado pelo DL nº 442/91, de 15/11, sofrendo alterações pelo DL nº 6/96, de 31/01), que em relação a ela é disposição especial e que, por conseguinte, sobre ela prevalece. E, assim, como ela não distingue as razões da revogação determinada nos recursos hierárquicos, não as poderia o intérprete distinguir (art. 9º do CC).

No entanto, para além de uma solução diferente ir contra a harmonia legislativa vigente e contra a unidade do sistema jurídico, a 2ª hipótese colidiria com os próprios parâmetros de actuação da Caixa, seja a que nível for, no que concerne à fixação do valor da pensão. Sendo a aposentação e correspectivo direito à pensão verdadeiros direitos alicerçados em sólidas bases fundamentais (art. 63º, nºs 3 e 4, da CRP) que se subjectivam na esfera particular dos interessados (arts. 35º e 46º), parece claro que a violação desses direitos, salvo casos excepcionais, não pode ser fundada em razões de interesse público. Por outro lado, se o cálculo da pensão obedece a regras rígidas (ex: arts. 47º, 48º e 58º), às quais a Caixa está firmemente vinculada por critérios de legalidade estrita, nunca o valor da pensão deve ser atribuído ou modificado a bel-talante do órgão concedente ou do órgão "ad quem" a quem tiver sido posto o problema em plano impugnativo. Por tal motivo, não sendo esta uma questão resolúvel pelo prisma da discricionariedade administrativa, é de entender que a revogação de que falamos só pode fundar-se em invalidade do acto anterior, nunca em inconveniência ou outro qualquer factor de mérito. Disso é, aliás, expressão formal a letra do art. 102º deste Estatuto.

Sobre *revogação*: ver anotação 7ª ao art. 32º supra.

Ainda: **F. Amaral**, in *Curso de Direito Administrativo*, II vol. pág. 426 e sgs; **Robin de Andrade**, in *A Revogação dos Actos Administrativos*, pág. 93 e sgs; **João Raposo**, in *Da revogação dos actos administrativos*, na obra «Contencioso Administrativo», Livraria Cruz, Braga, pág. 167 e sgs; **M. Caetano**, *ob. cit.* I, pág. 521 e sgs; **Rogério Soares**, in *Direito Administrativo*, Coimbra, 1978 pág. 125 e sgs; **Sérvulo Correia**, in *Noções de Direito Administrativo*, I, pág. 471 e sgs; **M. Esteves de Oliveira**, in *Direito Administrativo*, I, pág. 603 e sgs.

Mas é evidente, por outro lado, que a decisão do órgão "ad quem" que aprecia o recurso hierárquico pode, em certos casos, ir além da mera revogação. Assim, se o órgão decisor do recurso dispuser de competência dispositiva igual à do órgão "a quo" (isto é, órgão autor do acto de que foi interposto o recurso), logo, se a competência do órgão inferior não for exclusiva, poderá aquele também modificar e substituir o acto impugnado (art. 174º do CPA). Ora bem. Se isto acontecer, poderá também aqui dizer-se que a alteração procede de recurso hierárquico. Para essas hipóteses também se aplica a disposição em exame.

5 – A terceira excepção refere-se à *rectificação* (nº2, al.a)).

A rectificação não representa, propriamente, uma vontade inovatória que pretenda ir além ou contra a substância do acto a rectificar. A rectificação nunca pode caracterizar uma alteração jurídica na dispositividade manifestada no acto anterior, sob pena de tal se considerar já revogação e modificação. Com ela visa-se, simplesmente, corrigir erros na declaração de vontade: *erros de cálculo* (de aritmética ou de contagem) e *erros materiais* (quando foi dito e escrito uma coisa muito diferente da que no contexto devia ser dita ou escrita: o chamado *lapsus calami*) na expressão da vontade do órgão administrativo (art. 102°).

O erro a rectificar tem que ser evidente e manifesto.

Nestes casos, a rectificação tem lugar a todo o tempo (art. 148°, n°1, do CPA). Isto significa que o acto rectificado nunca pode ter o valor que da sua expressividade resulta, mas sim com o sentido que em qualquer momento for precisado e corrigido. Também por isso se entende que deva ter eficácia retroactiva (art. 148°, n°2 cit.). Pode ser efectuada oficiosamente ou a pedido dos interessados (art. 148°, n°2, do CPA).

Confinado o alcance do erro rectificável, fora do conceito fica aquele erro (erro-vício) na formação da vontade a respeito do qual se colocam de problemas de validade do acto: erro sobre os pressupostos de facto e de direito, que conduzem, como se sabe, à anulação dos actos (sobre o tema, **Mário Esteves de Oliveira e outros**, in *ob. cit.* pág. 656 e 657; **F. Amaral e outros**, in *ob. cit.* pág. 263; **Santos Botelho e outros**, in *ob. cit*, pág. 815).

Sobre rectificação: v. ainda **F. Amaral**, in *Curso* cit, II pags. 429 e 472 e sgs.

V.: art. 102°, infra.

6 – Outra excepção é a que respeita à «*resolução revogatória da Caixa*» (n°2, al.a), in fine).

Não há contradição nenhuma com a decisão revogatória tomada em recurso hierárquico de que demos já conta. Se em ambos os casos há revogação, o que importa sublinhar é que em qualquer deles há um acto administrativo, independentemente do nome que a ele se atribua: *decisão* (revogatória) em recurso administrativo hierárquico ou *resolução* (revogatória) da Caixa.

Mas, então, o artigo quererá em dois instantes diferentes querer dizer a mesma coisa? Evidentemente que não.

As *decisões dos recursos hierárquicos* podem ter a dimensão dispositiva a que atrás nos referimos e têm um lugar próprio na estratégia lógica do artigo, visto que a alínea aflora especificamente as situações em que as alterações decorrem de pronunciamentos resolutórios tomados em sede impugnativa por órgãos diferentes daqueles que sobre o assunto já haviam disposto. A revogação surge aí, necessariamente, em plano reactivo e em obediência a uma posição de inconformação com o acto anterior.

A razão de ser da referência às «*resoluções revogatórias*» ao lado da previsão de alterações derivadas de «recursos hierárquicos» (n°2, al.a)) terá tido muito mais sentido na redacção original do artigo 103° adiante, pois então nele se previa que de quaisquer resoluções da administração da Caixa cabia «recurso para o ministro das Finanças» (ou seja, o recurso hierárquico impróprio a que o presente artigo se refere). Ora, desaparecida a necessidade desse recurso hierárquico para o Ministro (entidade, efectivamente, colocada *fora* da Caixa), deixa de haver razão para a manutenção da alusão às resoluções revogatórias praticadas dentro da Caixa, como é esta a que nos vimos referindo.

Mas bem. No quadro do regime geral da revogação (arts. 138º e sgs do CPA), a referida «*resolução revogatória*» aparece com um sinal um tudo nada diferente, para querer exprimir a decisão da Caixa tomada noutra sede que não a do recurso hierárquico. Pode assim referir-se à revogação de *iniciativa pública* e *oficiosa*, isto é, operada sem impulso do funcionário aposentado (art. 138º, 1ª parte, do CPA), como pode abranger a revogação *provocada* em sede *reclamatória*, ou seja, aquela que apenas surge a pedido do interessado (art. cit., 2ª parte). Inclui, por outro lado, a revogação efectuada pelo próprio autor do acto revogado (art. 142º, nº1, 1ª parte, do CPA), pelo delegante ou subdelegante, bem como pelo delegado ou subdelegado enquanto vigorar a delegação ou subdelegação (art. 142º, nº2,do CPA).

V.: art. 102º, infra.

7 – A excepção seguinte é a *revisão* aludida no art. 101º (al.b))

Não se trata da revisão processada em consequência de recurso hierárquico facultativo (sobre a distinção com o recurso hierárquico necessário, que é de reexame, ver anotação 8ª ao art. 32º supra).

O termo «revisão» não tem aqui um significado preciso, nem autónomo relativamente à terminologia utilizável em direito administrativo. A palavra não é sinal de novo conceito e, antes, nos aparece com o propósito de significar a alteração (oficiosa ou a pedido) do acto face à superveniência e carreamento de novos elementos para o processo, que em seu devido tempo não foram juntos por causa que se não possa imputar ao interessado.

A revisão da pensão, para surtir eficácia, depende, porém, da observância de certos prazos:

    a) se for oficiosa, a respectiva decisão terá que ser proferida no prazo de 60 dias a contar da resolução sobre que incide.

    Os prazos contam-se de acordo com as regras previstas no art. 72º do CPA.

    b) se for concedida a pedido, o respectivo requerimento terá que ter dado entrada em certos prazos: os «referidos no nº2 do mesmo artigo».

Lamentavelmente, uma vez mais, se faz notar um novo lapso do legislador. Na alínea b) de que tratamos, além da pouco clara redacção no que respeita ao requisito temporal para a eficácia da revisão, constatamos que mantém a referência aos prazos aludidos no nº2 do artigo 101º para que remete. Ora, o nº2 do art. 101º não foi alterado na parte em que, relativamente aos prazos, remetia para o nº1 do art. 104º, quando é certo que todo o artigo 104º foi revogado pelo já distante DL nº 214/83, de 25/05.

Por outro lado, a mesma alínea b) do artigo 58º continua a mencionar a alínea a) do nº1 do artigo 101º, sem que tenha sido dado conta que esta alínea em causa (a)) foi objecto de incorporação no actual texto do nº1 desse artigo 101º por força da nova redacção que lhe foi introduzida pelo Dl nº 503/99, de 20/11.

Por agora, a maior dificuldade a superar é que se prende com o prazo para o interessado requerer a revisão. Não tendo o Estatuto definido nenhum prazo geral em matéria de iniciativa dos interessados, nomeadamente para a apresentação de requerimentos, e tendo desaparecido o especial do art. 104º, nº1 por virtude da falada revogação, cremos que nos restará o de dez dias fixado no art. 71º do CPA.

A revisão, quando pedida, pode ser requerida autonomamente, isto é, com esse único fim, como pode ser solicitada em articulado de reclamação ou de outra qualquer impugnação administrativa. Neste segundo caso, não tendo o órgão "ad quem" competência para a revisão da pensão (reformulação do seu montante), ele limitar-se-á a revogar o acto anterior e determinar que o "processo" baixe ao órgão competente para a ela proceder.

8 – Por último, a excepção derivada da existência de um *parecer da junta médica de revisão* (al. c))

Serão aqueles casos em que, oficiosamente, ou a requerimento do interessado, este vem a ser submetido a uma nova junta médica. Não para se determinar o grau actual da incapacidade verificada no primeiro exame, mas para se corrigir a errada percentagem apurada pela primeira junta médica (cfr. art. 95º). Confirmado o erro, chega-se à conclusão de que a pensão foi mal e ilegalmente calculada. Resta, pois, alterá-la na sequência do parecer.

JURISPRUDÊNCIA

«I – Para haver execução integral de acórdão anulatório, impõe-se que a Administração reconstitua a situação do recorrente, que existiria se o despacho anulado nunca tivesse sido proferido, suprimindo todos os seus efeitos e eliminando os seus actos consequentes.

II – Porém, sendo o cálculo da pensão de aposentação do recorrente (entretanto aposentado) alheio à decisão cuja execução vem pedida, a qual respeita à reposição de parte não paga de vencimentos, há que considerar integralmente cumprida essa decisão, com o cálculo correcto do vencimento do recorrente, a reposição das quantias em dívida até à data da aposentação do recorrente e com a informação à CGA do novo vencimento para efeitos de alteração da pensão de aposentação».
(Ac. do STA, de 16/05/96, Proc. nº 039509)

«O Conselho de Administração da CGA é parte legítima numa acção para reconhecimento de um direito ou interesse legítimo em que um agente

da PSP, na situação de aposentado, pretende lhe seja reconhecido o direito à alteração da pensão de aposentação que vinha auferindo».
(Ac. do TCA, de 27/01/2000, Proc. nº 3210/99)

«I – A acção a que alude o art 69°, n°2, da LPTA não é meio contencioso supletivo ou subsidiário dos restantes, mas sim deles complementar, no sentido de que, exista ou não acto administrativo, o recurso não se mostre necessário para assegurar no caso concreto a tutela judicial efectiva.

Em termos práticos, a acção não será utilizada se os outros meios garantirem uma igual ou melhor tutela.

II – A acção para reconhecimento de direito deve ser movida contra a entidade que puder efectivamente reconhecer o direito invocado, o que necessariamente implica que deverá ter poderes para a prática dos actos e operações que conduzam à satisfação da pretensão do interessado.

III – A Caixa Geral de Aposentações não tem competência para intervir na determinação da massa remuneratória a considerar para efeito de cálculo e alteração da pensão de um guardada P.S.P. já aposentado, porque isso é matéria cuja competência cabe ao respectivo Comando»
(Ac. do TCA, de 12/10/2000, Proc. nº 4393/00)

«O órgão directivo da Caixa Geral de Aposentações não tem legitimidade passiva numa acção de reconhecimento de direitos e interesses legítimos em que o autor pretende ver reformulada a progressão nos escalões do sistema retributivo, ainda que como pressuposto de alteração da pensão de aposentação (art. 70°, n°1, da LPTA).
(Ac. do STA, de 17/05/2001,Proc. nº 045840)
No mesmo sentido:
Ac. do STA, de 22/01/2002, Proc. nº 046831

«1 – O acto do órgão Directivo da Caixa Geral de Aposentações, com delegação de poderes, que alterou o montante da pensão de aposentação, não é verticalmente definitivo, atento o disposto no art. 108°-A, nº 1, al. a), do Estatuto de Aposentação (versão do DL nº 214/83, de 25/05), que impõe o recurso hierárquico necessário para o Conselho de Administração das resoluções que resolvam sobre a diminuição ou perda de pensão.

2 – A delegação de poderes não obsta à imperatividade do recurso hierárquico necessário, porque a competência para o seu julgamento não pode ser delegada no autor dos actos a ele sujeitos»
(Ac. do TCA, de 16/11/2000, Proc. nº 2111/98)

«O órgão directivo da Caixa Geral de Aposentações carece de legitimidade passiva numa acção de reconhecimento de direitos ou interesses

legítimos em que o autor pretende ver reformulada a sua progressão nos escalões do sistema retributivo, ainda que como pressuposto de alteração da pensão de aposentação».
(Ac. do STA, de 22/01/2002, Proc. nº 046831)

Artigo 59º
Actualização de pensões

A actualização das pensões será efectuada, em consequência da elevação geral dos vencimentos do funcionalismo ou da criação de suplemento ou subsídio geral sobre os mesmos, mediante diploma do Conselho de Ministros, sob proposta do Ministro das Finanças e do membro do Governo que tiver a seu cargo a função pública.

NOTAS

1 – Redacção dada pelo DL nº191-A/79, de 25/06.

2 – Cfr. art. 57º, infra, sobre o reflexo que a elevação geral dos vencimentos traz nas indemnizações que os interessados terão que pagar à Caixa.

3 – Reflectindo sobre a situação dos aposentados, a respeito deste artigo houve já quem se pronunciasse pela conveniência que haveria em ele mencionar que as actualizações das pensões deveriam ser efectuadas na mesma percentagem em que o fossem o vencimento em sentido estrito e as diuturnidades (**J. Alfaia**, *ob. cit.*, II, pág.1078; tb. **S. Oliveira**, *ob. cit.*, pág. 149/150).

Essa tem sido, contudo, a prática ultimamente seguida. A título de exemplo, citamos a Portaria nº 80/2001, de 8/02, que elevou em 3,71% o índice 100 da escala indiciária do regime geral das remunerações dos funcionários e agentes da Administração Central, Local e Regional e, ao mesmo tempo, aumentou as pensões a cargo da CGA no mesmo valor de 3,71%.

4 – Nem sempre a lei se refere a "suplementos sobre vencimentos" e pode até utilizar outras expressões. O que importa é que o objectivo, mesmo a título excepcional, seja corrigir, actualizar ou ampliar a massa salarial. É o que sucede quando prescreve um *"adicional à remuneração"* (ex: art. 5º, nº1, do DL nº 61/92, de 15/04).

5 – O que aqui se prevê não impede o estabelecimento de regimes especialmente criados para casos particulares. É o que se passa, por exemplo, com a Lei nº 39/99, de 26/05 e com o DL nº 165/2000, de 5/08, a propósito do

regime especial de actualização das pensões de aposentação dos educadores de infância e dos professores dos níveis básico, secundário e superior, do ensino público e do ensino particular, já aposentados ou a aposentar.

JURISPRUDÊNCIA

«I – Não são de atender, na actualização da pensão de aposentação, prevista no art. 111º do Regulamento da Caixa de Previdência do Pessoal de Transportes Colectivos do Porto, aprovado pelo alvará do Ministro das Corporações e Previdência Social de 9/2/59, as diuturnidades não auferidas pelo trabalhador, quando se encontrava no serviço activo.
II – O direito à pensão de aposentação subjectiva-se no momento em que se verifica o acto ou facto determinante da aposentação».
(Ac. do STA, de 11/07/89, Proc. nº 026807)

«I – Não ofende os princípios da justiça e da igualdade a circunstancia de se fixar uma pensão mínima, sem se aumentar, em termos proporcionais, as pensões que já excedem esse mínimo.
II – No calculo das pensões de aposentação a administração age no domínio de poderes vinculados.
III – Não são atendíveis no cálculo da pensão a alteração das remunerações ocorridas entre a cessação de funções do aposentado e o momento em que é proferido o despacho que fixa a pensão.
IV – Só das leis que, em obediência ao disposto no art. 59º do Estatuto da Aposentação, estabelecem a actualização de pensões, pode resultar a inclusão nesse benefício das pensões ainda não fixadas».
(Ac. do STA, de 5/03/91, Proc. nº 028231)

«I – Porque a lei, em princípio só dispõe para o futuro, é que o legislador do DL. 245/82, de 24.8, teve necessidade, no n. 2 do art. 7º-A, de estatuir que o processo do cálculo, do n. 1, isto é, a base de 76,5 do vencimento das categorias correspondentes do activo, também deve ser aplicado às pensões aumentados nos termos do art. 7º do DL. 110/85, de 14/5.
II – É pois só por via desta regra do n. 2 do art. 7º-A do DL 245/81 que, afinal, o aumento das pensões resultante do novo processo do citado, da al. a) do n. 1, acaba por aplicar-se a todas as pensões, ou seja, quer às já fixadas posteriormente».
(Ac. do STA, de 11/12/96, Proc. nº 029188)

«I – A limitação resultante da norma do n. 18 da Portaria n. 79-A/94 de 4 de Fevereiro, na medida em que é susceptível de levar à não actualização do montante de certa pensão de aposentação em consequência da actualização de vencimentos do pessoal activo constante no mesmo diploma,

representa uma excepção no princípio geral de tal actualização constante do art. 59º do Estatuto de Aposentação, matéria que se integra nas bases do regime da função pública, da competência reservada da Assembleia da República (art. 168º, n. 1, al. v), da Constituição).
II – É pois, tal norma do n. 18 da Portaria n. 79-A/94 organicamente inconstitucional, uma vez que tal diploma, na parte analisada, foi emitido ao abrigo do n. 6 do art. 45º do D.L. n. 353-A/89, de 16 de Outubro, acontecendo que este diploma, bem como aquele cujo regime visou desenvolver – o D.L. n. 184/89 de 2 de Junho – não apresenta credencial parlamentar em matéria de aposentação».
(Ac. do STA, de 11/06/97, Proc. nº 041742)

«I – O militar pertencente ao quadro das Forças Armadas que requereu a aposentação ao abrigo da Lei 15/92, de 5/8, fica sujeito ao regime fixado naquela lei e no Estatuto da Aposentação.
II – Assim, adquirido o estatuto de aposentado nos termos da Lei 15/92, e fixada a sua pensão de aposentação, as posteriores actualizações desta ficam sujeitas ao regime geral do E.A., e à regulamentação contida nos diplomas previstos no art. 59º, do mesmo Estatuto, designadamente Portarias 77-A/92, 1164-A/92 e 79-A/94.
III – Deste modo, o valor das pensões de reforma, que já não é objecto de descontos para a CGA, não deve exceder o valor líquido dos vencimentos de funcionários da mesma categoria no activo, sujeitos a tais descontos».
(Ac. do STA, de 22/04/99, Proc. nº 042193)

«I – De acordo com a Portaria n. 340/85, de 5/6, o cálculo das pensões dos beneficiários do Fundo Especial de Segurança Social dos Profissionais de Banca dos Casinos estava indexado ao salário mínimo nacional.
II – Esta Portaria foi revogada expressamente pela Portaria nº 140/92, de 4/3, que estabeleceu um novo regime de cálculo e actualização daquelas pensões fixando-se um montante mínimo mensal, actualizável anualmente, vigorando de I de Abril até ao fim de Março do ano seguinte.
III – O novo regime inclui a norma transitória do n. 2 do art. 15º, que determina o recalculo de todas as pensões anteriormente fixadas, com aplicação do novo regime, mantendo-se inalterado o último montante, caso seja superior, até ser atingido de acordo com esse recálculo.
IV – À data em que foi publicado o diploma que fixou o salário mínimo nacional para 1992 (DL n. 50/92, de 9/4), já estava em vigor aquele novo regime, pelo que as pensões anteriormente fixadas não são actualizáveis com base no novo salário mínimo nacional.
V – Na verdade, a retroacção dos efeitos da actualização do salário mínimo nacional para 1992 não implica a repristinação de um regime especial de segurança social entretanto expressamente revogado».
(Ac. do STA, de 02/06/99, Proc. nº 045005)

No mesmo sentido:
Ac. do STA, de 08/07/1999, Proc. n° 043905;
Ac. do STA, de 13/04/2000, Proc. n° 045004;
Ac. do STA, de 26/01/2000, Proc. n° 045644;
Ac. do STA, de 17/05/2001, Proc. n° 044090.

«O n°2 do art. 15° do Regulamento aprovado pela Portaria n° 140/92, de 4/3 não obsta à actualização das pensões de invalidez anteriormente fixadas com base na Portaria n° 340/85, de 5/6, no que concerne à actualização decorrente da nova remuneração mensal estipulada pelo DL n° 50/92, de 9/X/92».
(Ac. do STA, de 24/02/2000, Proc. n° 045710)

«1 – Carreira, promoção (mudança para a categoria seguinte de determinada carreira) e reconstituição de carreira, são figuras que só fazem sentido na vigência da relação jurídica de emprego público.
2 – A relação jurídica de emprego cessa, entre outras causas, por desligação do serviço para efeito de aposentação – artigos 28° n° 1 DL 427//89 de 7/12 e 99° do E.A.
3 – Assim, a satisfação da pretensão de um militar deficiente das Forças Armadas à actualização, com efeitos retroactivos, da sua pensão de reforma, sem qualquer intuito de opção pelo regresso ao activo, não implicaria qualquer reconstituição da sua carreira e apenas produziria efeitos no âmbito da relação jurídica de aposentação que mantém com a Administração Pública.
4 – Portanto e como decorre, designadamente, do art. 3° do DL 134/97 de 31.5, é aos órgãos próprios da CGA que compete decidir tal pretensão, não se formando indeferimento tácito, por falta do dever legal de decidir, quando tal pretensão é dirigida ao membro do Governo».
(Ac. do TCA, de 28/09/2000, Proc. n° 1724/98)

Artigo 60°
Indemnização de acidente ou facto equiparado

A diferença entre o valor da pensão devida pela aposentação extraordinária e o da pensão de aposentação ordinária que corresponderia ao mesmo tempo de serviço, constitui indemnização pelo acidente ou doença e considera-se equivalente ao capital que lhe corresponda por cálculo actuarial.

NOTAS

O artigo encontra-se revogado pelo art. 57° do DL n° 503/99, de 20/11.

Artigo 61º
Responsabilidade de terceiros

1 – A aposentação extraordinária não prejudica o direito de acção, nos termos da lei geral, contra os que forem civilmente responsáveis pelo facto que a origina.

2 – Se o interessado receber do responsável indemnização de danos patrimoniais que compreendam incapacidade ou desvalorização relevantes para a pensão de aposentação, far-se-á nesta a correspondente redução, até ao limite da pensão ordinária.

3 – A Caixa, uma vez proferida resolução definitiva sobre o direito à pensão extraordinária, terá acção de regresso contra os terceiros responsáveis, para obter deles o valor a que se refere o artigo precedente, se o interessado o não houver exigido no prazo de um ano a contar do acidente ou facto equiparado.

NOTAS

O artigo encontra-se revogado pelo art. 57º do DL nº 503/99, de 20/11.

Artigo 62º
Direitos da Caixa

1 – À Caixa assistem ainda os seguintes direitos:
a) De intervir como parte principal no processo em que o lesado exija dos responsáveis, em qualquer tribunal, a indemnização respectiva;
b) De simplesmente reclamar, por meio de ofício, até ao julgamento do mesmo processo, a indemnização referida no artigo 60º;
c) De obter sentença de condenação dos réus no pagamento, a seu favor, da indemnização mencionada e de a executar, beneficiando do privilégio de que gozam os créditos emergentes do contrato de trabalho, mas com prioridade sobre estes.

2 – Sempre que o lesado seja subscritor da Caixa, deverá o tribunal por onde corra o processo referido na alínea a) do número anterior notificá-lo oficiosamente do despacho que designar o dia do julgamento.

NOTAS

O preceito encontra-se revogado pelo art. 57º do DL 503/99, de 20/11.

Artigo 63º
Atribuição dos encargos da aposentação

1 – As autarquias locais e outras entidades responsáveis pela aposentação do seu pessoal suportarão nos termos e dentro dos limites da legislação respectiva, e proporcionalmente ao tempo em relação ao qual essa responsabilidade exista, os encargos com as pensões de aposentação abonadas pela Caixa.

2 – Passam a ser inteiramente responsáveis pelos encargos com a aposentação do seu pessoal, subscritor da Caixa, em relação a todo o tempo de serviço que lhes tenha sido prestado, os seguintes serviços e entidades:
   a) Os que a lei qualifique de empresas públicas;
   b) As províncias ultramarinas;
   c) As Câmaras Municipais de Lisboa e do Porto e os respectivos Serviços Municipalizados;
   d) A Santa Casa da Misericórdia de Lisboa;
   e) Os demais serviços ou entidades, dotados de receitas próprias e que reunam condições para suportar o encargo, a indicar em resolução do Conselho de Ministros, sob proposta do Ministério das Finanças.

3 – A responsabilidade dos serviços e entidades mencionados nos números anteriores compreende o encargo pela aposentação do pessoal que neles se encontre em regime previsto nos artigos 11º, 12º e 14º.

4 – O encargo, com a parte da pensão a que se refere a alínea b) do n.º 3 do artigo 53º, é suportado pela respectiva instituição de previdência.

5 – Os encargos referidos nos números anteriores serão pagos à Caixa até ao fim do mês seguinte àquele a que a pensão respeita.

6 – A responsabilidade prevista neste artigo não prejudica a obrigação de pagamento pelo subscritor de quotas e indemnizações devidas nos termos do presente Estatuto.

7 – Os encargos com as pensões de aposentação pelo ultramar do pessoal que tenha sido subscritor da Caixa são suportados por esta e pelos serviços e entidades referidos nos n.º 1, 2 e 4, em função do tempo de serviço respectivo, competindo à Caixa, quando tiver arrecadado as quotas correspondentes, a transferência para os serviços ultramarinos das importâncias destinadas a satisfazer esses encargos.

NOTAS

1 – Cfr. arts. 19º, 53º, nº3, al.b) e respectivas anotações. Cfr. tb. art. 140º.

2 – Em geral são fixadas na Lei do Orçamento de Estado as contribuições para o financiamento do sistema de aposentação pelas autarquias locais, serviços municipalizados e associações de municípios, através da determinação de percentagens sobre as remunerações brutas dos seus funcionários e agentes.

3 – Consideram-se *empresas públicas* as sociedades constituídas nos termos da lei comercial, nas quais o Estado ou outras entidades públicas estaduais possam exercer, isolada ou conjuntamente, de forma directa ou indirecta, uma influência dominante por deterem a maioria do capital ou dos direitos de voto ou por possuírem o direito de designar ou destituir a maioria dos membros dos órgãos da administração ou fiscalização (art. 3º, nº2, do DL 558/99, de 17/12).

São ainda empresas públicas as chamadas «*entidades públicas empresariais*» (cfr. art. 3º, nº2 e 23º e sgs do cit. dip.).

Para os efeitos da respectiva lei (Lei nº 58/98, de 18/08: *lei de criação de empresas municipais, intermunicipais e regionais*), são igualmente empresas públicas aquelas em que os municípios, associações de municípios ou regiões administrativas detenham a totalidade do capital, (art. 1º, nº3, al.a), cit. dip.).

Sobre empresas públicas: ver **António Gervásio Lérias** e **outros,** na obra colectiva **Estudos Sobre o Novo Regime do Sector Empresarial do Estado**, Almedina; tb. **F.** **Amaral**, *Curso, cit.I,* pág. 343 e sgs.

4 – Os *serviços municipalizados* são aqueles a que a lei permite conferir organização autónoma dentro da administração municipal e cuja gestão é entregue a um conselho de administração privativo (art. 168º, do C.A.).

A municipalização dos serviços compete à Assembleia Municipal: art.53º, nº2, al.), da Lei nº 169/99, de 18/09 (alterada pela Lei nº 5-A/2002, de 11/01).

Os princípios a que obedece a organização dos serviços municipais estão contidos no DL nº 116/84, de 6/04, alterado pela Lei nº 44/85, de 13/09.

Para os Municípios de Lisboa e Porto mantém-se a legislação especial que não contrarie o DL nº 116/84 (cfr. art. 1º, nº2), designadamente as disposições dos arts. 103º a 105º do C.A.

Sobre serviços municipalizados: **F. Amaral**, in *Curso cit.I*, pág. 500.

Com interesse: ver Lei nº 42/98, de 6/08, alterada pela Lei nº 87-B/98, de 31/12 *(Lei das Finanças Locais)*.

5 – A *Santa Casa da Misericórdia* foi considerada pessoa colectiva de utilidade pública administrativa e seria, portanto, pessoa colectiva privada (cfr. art. 433º e sgs do Cod. Adm.).

Com o DL nº 119/83, de 25/02 *(Estatuto das Instituições Particulares de Solidariedade Social)*, alterado sucessivamente pelos DL nºs 386/83, de 15/10, nº 9/85, de 9/01, nº 89/85, de 1/4, nº 402/85, de 11/10 e nº 29/86, de 19/02, as Misericórdias passaram a instituições particulares de solidariedade social (arts. 2º e 68º).

6 – Relativamente aos funcionários e agentes que serviram na administração pública das *ex-províncias ultramarinas*, o DL nº 362/78, de 28/11 (art. 1º), veio permitir que requeressem a pensão de aposentação, desde que contassem com quinze anos de serviço e tivessem efectuado os correspondentes descontos, ainda que já não fossem subscritores à data da independência do território em que estivessem colocados.

Posteriormente, o DL nº 23/80, de 29/2 reduziu de quinze para cinco o número de anos de desconto.

Isto, apesar de alguns «acordos especiais» terem sido previamente celebrados no sentido de o Estado Português se obrigar a suportar os encargos da aposentação dos funcionários públicos que neles tivessem prestado serviço, desde que tivessem conservado a nacionalidade portuguesa, e os novos estados emergentes da independência dos territórios do ex-ultramar assumissem idênticos encargos quanto aos funcionários que adquirissem a nova nacionalidade (Ex: DL nº 5/77, de 5/01, entre Portugal e a República da Guiné-Bissau; DL nº 524-M/76, de 5/07, entre Portugal e a República de Cabo-Verde).

No entanto, foi entendido que a existência desses «acordos», apesar de vinculativos para ambas as partes à luz do direito internacional, não inibia o Estado Português de legislar internamente em sentido diferente (não contra, mas em sentido diferente), assumindo um encargo que, pela convenção, cabia ao outro contratante (neste sentido, os *Acs. do TCA, de 11/05/2000, Proc. nº 1206/98 e 12/07/200, Proc. nº 3057/99*, entre outros, referidos nas citações de Jurisprudência ao art. 82º adiante).

Igualmente se discutiu se o art. 1º citado seria ou não inconstitucional. Foi, porém, já decidido que não *(Acs. do TC nº 354/97; ainda nº 98-089 – e 98-091-2, ambos de 4/02/98)*.

7 – Quanto à distribuição dos encargos com as pensões (nºs 1,2,4 e 7), eles são distribuídos em função do respectivo tempo de serviço prestado às entidades responsáveis ali referidas.

Exemplos:

1º – Os encargos com a pensão de aposentação dos trabalhadores aposentados da Santa Casa da Misericórdia ao abrigo do art. 1º do DL nº 94/

2000, de 23/05, serão suportados integralmente pela SCM de Lisboa, Departamento de Jogos, até à data em que o aposentado atingiria 36 anos de serviço e 60 de idade, se se mantivesse no activo, ou perfaça 70 anos de idade, quando esta condição se verifique previamente àquela (art. 3°, n°1, cit. dip.)

A SCM, departamento de jogos, entregará mensalmente à CGA, em relação a cada trabalhador aposentado, uma importância correspondente a 10% da remuneração considerada no cálculo da pensão de aposentação, até ao limite da bonificação do tempo de serviço prevista no art. 2° (art. 3°, n°2).

2° – Idem, quanto aos trabalhadores da Portugal Telecom, S.A. aposentados ao abrigo do DL n° 324/97, de 26/11 (art. 3°, n°1).

Relativamente à bonificação do tempo de serviço, a entrega da importância mensal em relação a cada trabalhador será de 2,5% (art. 3°, n°2, dip. cit.).

3° – Também os encargos com a pensão de aposentação dos funcionários dos serviços de apoio do Tribunal de Contas aposentados com 30 ou mais anos de serviço serão por este Tribunal suportados até à data em que perfizerem os requisitos para a aposentação nos termos do regime geral (art. 1°, n3, do DL n° 52/2001, de 15/02).

Os Cofres do Tribunal de Contas suportarão ainda o pagamento mensal à Caixa da importância correspondente a 10% da remuneração considerada no cálculo da pensão até ao limite do tempo necessário para perfazer 36 anos de serviço (art. 1°, n°4, cit. dip.).

JURISPRUDÊNCIA

«I – A Santa Casa da Misericórdia de Lisboa é uma pessoa de utilidade pública administrativa: consequentemente, é pessoa colectiva privada;

II – Sendo esta a sua natureza jurídica, os T.A.C. são materialmente incompetentes para conhecer de acção decorrente de responsabilidade civil extracontratual, contra ela proposta, por um seu funcionário por pretensos danos emergentes de um processo disciplinar em que foi arguido, mas que veio a ser arquivado».

(Ac. do STA, de 20/12/2000, Proc. N° 046642)

PARECERES DA PROCURADORIA GERAL DA REPÚBLICA

«1 – O direito de aposentação pela Caixa Geral de Aposentações e condicionado pela qualidade de subscritor – artigo 35 do Decreto-Lei n 498/72, de 9 de Dezembro – o que, em principio, pressupõe da parte de quem o seja estar incluído na previsão do n 1 do artigo 1 do mesmo texto de lei;

2 – A contagem, para efeitos de aposentação, por acréscimo ao tempo de subscritor, do tempo de serviço prestado nos termos da alínea b) do artigo 25 do citado diploma, pressupõe que o interessado tenha servido em alguma das entidades enunciadas no nº 1 do artigo 1º ou em organismos de coordenação económica;

3 – Consequentemente, quem exerceu funções entre 1 de Julho de 1949 e 31 de Janeiro de 1961, no hospital da Santa Casa da Misericórdia de Leiria, não sendo subscritor da Caixa, não tem direito a que lhe seja contado esse tempo de serviço para efeitos de aposentação».
(Parecer da PGR, nº 06157, de 7/07/78)

«1 – A Santa Casa da Misericórdia de Lisboa é, nos termos do artigo 1º, n 1, dos Estatutos aprovados pelo Decreto-Lei n 322/91, de 26 de Agosto, uma pessoa colectiva de utilidade pública administrativa;

2 – O exercício dos cargos de Provedor, Vice-Provedor, Adjunto ou de quaisquer outros cargos dirigentes da Misericórdia de Lisboa não confere, só por si, direito a inscrição na Caixa-Geral de Aposentações;

3 – Os trabalhadores da Misericórdia de Lisboa a esta vinculados por contrato individual de trabalho que sejam designados, em comissão para cargos dirigentes dessa instituição, beneficiam do regime da Segurança Social;

4 – Aos trabalhadores das empresas públicas providos em cargos dirigentes da Misericórdia de Lisboa é também aplicável o regime de Segurança Social;

5 – Os funcionários e agentes do Estado, de institutos públicos e de autarquias locais providos, em regime de comissão de serviço, em cargos dirigentes da Misericórdia de Lisboa continuam abrangidos, pelo Estatuto de Aposentação, aprovado pelo Decreto-Lei n 498/72, de 9 de Agosto;

6 – Para cálculo da pensão de aposentação e correspondentes quotizações referentes aos funcionários e agentes mencionados na conclusão anterior relevam as remunerações respeitantes aos cargos de origem».
(Parecer da PGR nº 0731, de 29/03/96)

«1 – O artigo 140º do Estatuto da Aposentação aprovado pelo Decreto-Lei n 498/72, de 9 de Dezembro, interpretado pelo parecer deste Conselho n 14/88, contém duas disposições: a) a instituição de uma garantia especial a favor da Caixa Geral de Aposentações para assegurar o pagamento das dívidas dos "corpos administrativos" aí previstas; b) o estabelecimento de um meio coercivo de efectivar a garantia daquelas dividas, mediante dedução das importâncias garantidas nos montantes a transferir pelo Estado para as autarquias em que se concretiza aquela garantia especial;

2 – Os artigos 56º, da Lei n 114/88, de 30 de Dezembro e 53º, da Lei nº 101/89, de 29 de Dezembro, fixaram, para futuro, um novo modo de determinação da contribuição das autarquias locais para o financiamento do

sistema de aposentação, e estabeleceram uma garantia do cumprimento dessas obrigações pelas transferencias a efectuar do Orçamento de Estado para as autarquias através do Fundo de Equilíbrio Financeiro;

3 – Os artigos 56° da Lei n 114/88 e 53° da Lei n 101/89 não fixaram qualquer meio de efectivar a garantia especial que instituíram, no caso de incumprimento por parte das autarquias;

4 – As disposições referidas nas conclusões 2 e 3 não instituíram, assim, uma nova regulamentação completa do sistema da contribuição das autarquias para o financiamento da Caixa Geral de Aposentações, que substituísse integralmente o disposto no Estatuto da Aposentação, nomeadamente as regras de exequibilidade das dividas das autarquias para com a Caixa estabelecidas no artigo 140° daquele Estatuto, norma, assim, não revogada;

5 – Consequentemente, o artigo 140° do Estatuto da Aposentação é aplicável, quanto às regras de exequibilidade que estabelece, às dividas vencidas e constituídas a favor da Caixa Geral de Aposentações, resultantes da contribuição das autarquias no financiamento do sistema de aposentação».

(Parecer da PGR, de 22/11/90, in DR de 21/11/92, pág. 10698)

ARTIGO 64°
Pagamento da pensão

1 – A pensão de aposentação é devida pela Caixa a partir da data em que o subscritor passa à situação de aposentado.

2 – Com excepção dos casos previstos no subsequente n.° 7, a pensão vence-se mensalmente por inteiro no dia 1 do mês a que respeita e é paga nos serviços da Caixa mediante prova periódica de vida.

3 – Se o aposentado estiver impossibilitado, de modo permanente ou duradouro, de receber a pensão, ou estiver internado em estabelecimento de assistência ou equiparado, poderá o conselho de administração da Caixa, não havendo interdição ou inabilitação judicial, autorizar que as pensões sejam pagas à pessoa que superintenda na assistência ao aposentado, ou directamente ao referido estabelecimento, desde que, em qualquer dos casos, a respectiva idoneidade seja atestada pela autoridade administrativa com competência para tal.

4 – O conselho poderá mandar examinar o aposentado por médico da Caixa Nacional de Previdência e exigir prova dos requisitos da pessoa a designar, podendo também, a todo o tempo, determinar a substituição da que estiver designada.

5 – O procedimento referido no n.º 3 e a substituição a que alude o n.º 4 devem ser precedidos de assentimento expresso, dado por escrito, que só será dispensado quando o estado de saúde mental ou psíquico do aposentado o não permitir.

6 – A Caixa poderá tornar obrigatório o pagamento da pensão mediante crédito em conta de depósito à ordem do beneficiário, sempre que o justifiquem as necessidades de simplificação ou mecanização dos serviços, em condições a estabelecer por despacho do conselho de administração.

7 – A primeira pensão dos aposentado a que se refere o n.º 2 do artigo 73º é devida desde a data em que devam considerar-se desligados do serviço e o abono será sempre proporcional aos dias que decorrerem entre aquela data e o termo do respectivo mês, passando as pensões seguintes a obedecer às regras gerais de vencimento e cálculo.

8 – No mês do óbito do aposentado a pensão é devida por inteiro.

NOTAS

1 – Os nºs 2 a 4 têm a redacção dada pelo DL nº 191-A/79, de 25/06.

2 – Os nºs 5 a 8 foram introduzidos pelo art. 1º do mesmo diploma.

3 – A pensão é devida a partir do dia em que o subscritor tenha passado à «situação de aposentado» (nº1). Ora, a passagem a essa situação jurídica de aposentado verifica-se no dia 1 do mês seguinte ao da publicação oficial da lista de aposentados em que seja incluído o nome do beneficiário (art. 73º, nº1 e 99º, nº2). Quer isto dizer que não conta para o efeito o momento em que o subscritor é desligado do serviço, embora a partir dele já fique a receber uma pensão transitória (art. 99º, nº3).

Nestas hipóteses, a pensão é paga na totalidade no dia 1 do mês a que respeita, independentemente dos dias decorridos do mês em que o funcionário se desligou do serviço (nº2).

No entanto, em lei especial pode estar prevista coisa diferente. Nesses casos, releva o momento do desligamento do serviço e esse é o instante em que o interessado passa à «situação de aposentado» (art. 73º, nº2). Consequentemente, aí, a pensão é devida desde a data em que seja desligado do serviço, sendo o montante da 1ª pensão proporcional aos dias que decorrem entre aquela data e o termo do respectivo mês, ficando as pensões subsequentes a obedecer às regras gerais de vencimento e cálculo (nº7).

Cfr. anotação 3ª ao art. 73º infra.

4 – Para o pagamento da pensão pode a Caixa exigir a apresentação de *prova periódica de vida* (n°2).

Esta prova pode ser feita através de atestado ou certidão emitida pela Junta de Freguesia de residência do interessado (art. 257° do CA; cfr. tb. art. 34°, n°6, als. o) e p), da Lei n° 169/99, de 18/09: *Competências e regime de funcionamento dos órgãos dos município e das freguesias*).

Sobre este e outro tipo de atestados a emitir pela Junta de Freguesia: ver art. 34° do DL n° 135/99, de 22/04, alterado pelo DL n° 29/2000, de 13/03 (Modernização dos Serviços e Organismos da Administração Pública).

No caso de cidadão residente no estrangeiro, a prova de vida é efectuada por meio do preenchimento de um destacável pré-impresso, que a Caixa envia anualmente a cada pensionista na sequência de processo de actualização das pensões, que o pensionista deve assinar, com reconhecimento presencial da assinatura pelo Consulado de Portugal da área da sua residência ou por autoridade pública ou dotada de poderes públicos, e devolver à CGA, no prazo de um mês, sob pena de eliminação do abono.

Pode ainda ser efectuada:

– por reconhecimento notarial da assinatura do pensionista com declaração de ter sido feita pelo próprio na presença do notário (reconhecimento presencial);

– certificado de vida passado pelo notário;

– declaração de funcionários do estado que desempenhem cargos de direcção, comando ou chefe do pensionista;

– documento emitido ou confirmado pelas autoridades consulares portuguesas;

– documento emitido ou confirmado pelos delegados ou subdelegados de saúde ou médicos municipais;

– atestado passado pelos directores, ou quem legalmente os represente, de hospitais, casas de saúde, asilos e outros estabelecimentos (oficiais) de beneficência ou assistência onde os interessados se encontrem internados.

5 – A pensão é paga directamente ao aposentado. Este, porém, pode fazer-se representar voluntariamente por outrém, através de procuração para a receber (arts. 258° e sgs do CC). Claro está que este tipo de representação, porque assente na vontade do representante, supõe que este se encontra no pleno uso das suas faculdades mentais e sem constrangimentos, limitações ou vícios que a perturbem.

Mas, fora isso, o aposentado pode encontrar-se impossibilitado de modo permanente ou duradouro (não por simples impedimento temporário e transitório) de receber a pensão (por exemplo: doença crónica e incapacitante). São sobretudos casos de impedimento físico (acamados ou não) ou de outra ordem de saúde (psíquica) que não seja de tal grandeza que impeça o aposentado, ainda assim, de governar e dispor dos seus bens de forma lúcida, responsável e prudente.

Pode ainda suceder que ele esteja internado em estabelecimento de assistência ou equiparado e, assim, impedido de receber directamente a pensão.

A todos esses casos é destinada a disposição do n° 3 do artigo. O Conselho de Administração da Caixa deverá deliberar, então, uma *autorização* destinada a suprir a impossibilidade do pagamento ao próprio beneficiário. A autorização será concedida à pessoa que «superintenda na assistência ao aposentado» ou, se esse for o caso, ao próprio estabelecimento de assistência ou equiparado onde se encontre internado.

Antes, porém, a Caixa deverá diligenciar no sentido da obtenção de uma garantia fiel de que o caso de impedimento é realmente aquele de que se suspeita ou que externamente se afirme existir. Para tanto, procederá à confirmação da doença e da situação através de exame médico imparcial a realizar pelo médico da Caixa. Obtida a confirmação, estará em condições de proceder à substituição da pessoa do aposentado no recebimento da pensão.

Em qualquer das situações, a Caixa deverá assegurar-se que a pessoa ou o estabelecimento estão dotados das indispensáveis capacidade e idoneidade morais e cívicas para a representação (n°3, fine). Tal pode ser obtido através da Junta de Freguesia, da Assistência Social da área da pessoa ou estabelecimento, etc.

No que concerne à identidade da «pessoa a designar», pode ainda ser exigida a apresentação de prova de certos requisitos (n°4). Pode e deve a escolha recair sobre familiares próximos, preferencialmente naqueles sobre quem incumbe o dever de assistência alimentar (art.2009°, do CC). Pode ser na linhagem de descendência directa, mas não é necessário que sempre o seja. Nalgumas situações, é até aconselhável a designação do cônjuge, por igualmente lhe caber, como se sabe, o dever de assistência (arts. 1672°, 1675° e 2009°, n°1, al.a), do CC).

Sobrevindo razões que o aconselhem, pode a Caixa a todo o tempo substituir a pessoa ou o estabelecimento antes designados (n°4), percorrendo idêntico trilho ao seguido para a 1ª designação.

6 – Este procedimento, como se disse, supõe capacidade intelectual bastante para o aposentado se determinar, apenas impossibilitado nos moldes descritos. É por essa razão que a *autorização* dada pelo Conselho de Administração da Caixa para a representação deve ser precedida de «assentimento expresso» e «escrito» dado pelo próprio aposentado, salvo quando o estado de saúde mental ou psíquico deste já não o permitir, caso em que então será dispensado (n°5).

7 – Seja directamente à ordem do aposentado, seja à ordem do representante procurador "nomeado" pelo aposentado ou "designado" pela Caixa,

o valor da pensão é actualmente, por via de regra, creditado em conta de depósito à ordem, aberta previamente em nome do aposentado, em qualquer dependência da Caixa Geral de Depósitos.

Se o aposentado residir no estrangeiro poderá solicitar, através de carta com assinatura reconhecida no consulado, o pagamento da pensão no país onde reside.

Se forem pagas a terceira pessoa em representação do interessado, podem ser exigidas contas ao designado, as quais, à falta de satisfação voluntária e espontânea, serão provocadas em objecto de processo judicial adequado (art. 1014º e sgs do CPC).

8 – O que acaba de dizer-se é aplicável, por exclusão de partes, às situações em que o aposentado não tenha sido declarado judicialmente interdito ou inábil.

A *interdição* é a impossibilidade de exercício de direitos por todos aqueles que, por anomalia psíquica, surdez-mudez ou cegueira, se mostrem incapazes de governar as suas pessoas e bens (art. 138º, nº1, do CC). Uma vez declarada, o interditado fica sujeito à «*tutela*» deferida pela ordem prevista no art. 143º do CC.

A *inabilitação* é a incapacidade de alguém reger convenientemente o seu património. Serão inabilitados os indivíduos cuja anomalia psíquica, surdez-mudez ou cegueira, embora de carácter permanente, não seja de tal modo grave que justifique a sua interdição, assim como aqueles que, pela sua habitual prodigalidade ou pelo uso de bebidas alcoólicas ou de estupefacientes, se mostrem habitualmente perdulários a ponto de cometerem actos prejudiciais ao seu património ou sejam, simplesmente, susceptíveis de o porem em perigo (art. 152º e sgs, do CC). Esta incapacidade é suprida pelo instituto da assistência por «*curador*» (art. 154º, do CC).

O decretamento da interdição e da inabilitação depende de um processo especial (art. 944º e sgs do CPC).

Quando decretada a inabilitação ou a interdição, a Caixa não poderá proceder como previsto no nº3. E se estiver designada alguma pessoa para representar o aposentado, essa representação cessará por efeito da sentença judicial que nomeie o curador ao inábil ou o tutor ao interdito.

Após a sentença judicial transitada em julgado, serão os curador e o tutor que haverão de receber a pensão do incapaz.

Sobre a inabilitação e interdição, ver: **Mota Pinto**, in *Teoria Geral do Direito Civil* , 3ª ed., pág.220 e sgs.; **Mário de Brito,** in *Código Civil anotado*, I, pág. 150; **Heinrich Ewald Hörster**, in *A Parte Geral do Código Civil Português – Teoria Geral do Direito Civil*, pág.333 a 345).

9 – Falecendo o aposentado, ainda é devida a pensão por inteiro, independentemente dos dias de vida do mês em que ocorreu o decesso.

Sobre habilitação de herdeiros: art. 66º adiante.

PARECERES DA PROCURADORIA GERAL DA REPÚBLICA

«1 – O exercício dos cargos de adjunto e secretário do gabinete de apoio pessoal previsto no artigo 8º do Decreto-Lei n 116/84, de 6 de Abril, na redacção da Lei n 44/85, de 13 de Setembro, por aposentados, cabe na previsão do nº1,do artigo 78º do Estatuto da Aposentação, na redacção do nº1, do artigo 8º do Decreto-Lei n 215/87, de 29 de Maio;
2 – O exercício desses cargos depende da autorização prevista na alínea c) do n 1 do referido artigo 78;
3 – As remunerações desse pessoal, quando autorizado a desempenhar tais funções, devem ser determinadas nos termos do disposto no artigo 79º do referido Estatuto».
(Parecer da PGR, de 16/01/92, in DR, de 20/05/92, pág. 4457)

«1 – De acordo com o nº1, do artigo 3º do decreto-lei n 141/79, de 22 de Maio, o pessoal de serviço dos organismos que se referem no artigo 1º do diploma, passou a beneficiar de *pensões complementares* de aposentação, a suportar pelos organismos em que tal pessoal se integrasse, ou por outras entidades a designar através de despacho ministerial (n 3 do artigo 3º, n 2 do artigo 4º e artigo 5º daquele decreto-lei);
2 – O pessoal considerado "excedente" nos termos do artigo 4º do decreto-lei n 43/84, de 3 de Fevereiro, ficou integrado em Quadros de Efectivos Interdepartamentais (QEI), para o efeito criados junto das Secretarias Gerais dos competentes serviços de organização e pessoal de cada Ministério, ou de outros serviços quando a sua dimensão o justifique, face ao disposto no n 1 do artigo 6 do mesmo diploma;
3 – Segundo o nº1 do artigo 11º daquele decreto-lei, a aposentação é uma das formas de cessação da qualidade de "excedente", funcionando concomitantemente como modo de descongestionamento dos QEI, deixando de estar integrados nestes os "excedentes" que se aposentem;
4 – O pessoal que integrava os vários QEI à data da entrada em vigor do decreto-lei n 247/92, de 7 de Novembro, transitou para o QEJ 4 – único criado por aquele diploma, cuja gestão técnica e administrativa passou a incumbir à Direcção-Geral da Administrativa Pública (DGAP) por força do disposto nos artigos 11º,12º e 24º daquele diploma;
5 – Os "excedentes" que tendo integrado um determinado QEI se tenham aposentado antes da entrada em vigor do decreto-lei n 247/92 citado não são abrangidos pela disciplina que tal diploma introduziu;
6 – O encargo com as pensões complementares referidas na 1ª conclusão cabe ao Ministério, junto do qual funcionou o QEI em que se integrava o pessoal beneficiário daquelas pensões, se tal pessoal deixou de pertencer a esse QEI por força da aposentação, ainda antes da entrada em vigor do Decreto-Lei n 247/92».
(Parecer da PGR, de 06/03/97, in DR, de 09/12/97, pág. 15054)

Artigo 65º
Suplementos à pensão

Integram-se na pensão, salvo preceito especial em contrário, os suplementos legais que a ela acresçam.

NOTAS

Os suplementos a que o preceito se refere são, na realidade, acréscimos às pensões que o legislador especialmente preveja, independentemente da designação que a cada passo lhes dê.

Assim, adquirem essa natureza as "bonificações" em certa percentagem sobre o valor das pensões calculadas relativamente ao número de anos de serviço prestado em certas entidades e organismos.

É o caso das bonificações em 20% sobre o valor das pensões atribuídas aos trabalhadores da Santa Casa da Misericórdia aposentados segundo o regime especial do DL nº 94/2000, de 23/05,não podendo, porém, em caso algum, o tempo de serviço relevante ser superior ao correspondente a 36 anos de serviço (art. 2º, nº2, do cit. dip.).

O mesmo se passa com a bonificação em igual percentagem de 20% de bonificação no valor das pensões dos trabalhadores da Portugal Telecom, S.A., relativamente ao tempo de serviço prestado na Administração-Geral dos CTT, nos Correios e Telecomunicações de Portugal, E.P., nos CTT – Correios e Telecomunicações de Portugal, S.A., na Portugal Telecom, S.A., embora com o mesmo limite de tempo de 36 anos de serviço (art. 2º, nºs nºs 1 e 2, do DL nº 324/97, de 26/11).

JURISPRUDÊNCIA

«I – O art. 12º nº 1 do DL *34-A/90,* de 29 de Janeiro, prevê um complemento de pensão, que essencialmente visa salvaguardar ou impedir que o militar na situação de reserva e que por força da calendarização prevista no art. 11º do mesmo diploma, passou antecipadamente à situação de reforma, passe a auferir um rendimento inferior ao que auferiria caso se tivesse mantido na situação anterior ou seja caso não tivesse ocorrido a sua passagem antecipada à reforma.

II – Visando tal disposição salvaguardar ou impedir que para os visados resulte qualquer prejuízo pecuniário e, sendo esse *"complemento de pensão"* igual ao *"diferencial verificado"* entre a *"pensão de reforma"* e a *"remuneração da reserva a que teriam direito caso não lhes fosse aplicado*

o calendário de transição" tal objectivo apenas se consegue atingir se o complemento for calculado ou corresponder ao diferencial entre os montantes "líquidos", respectivamente daquela pensão de reforma e daquela remuneração de reserva».
(Ac. do TCA, de 22/11/2001, Proc. nº 681/98)

Artigo 66º
Habilitação de herdeiros

Os herdeiros do aposentado, no caso de falecimento deste, poderão obter a entrega das pensões em dívida, mediante o processo de habilitação previsto para os créditos sobre a Caixa Geral de Depósitos.

NOTAS

O artigo 63º do DL nº 48 953, de 5/04/1969 previa a *habilitação administrativa* dos herdeiros de titulares de créditos sobre a CGD por virtude de depósitos de qualquer natureza, de operações de transferência ou cobrança, pensões, subsídios, vencimentos e outros.

Os arts. 162º e 163º do DL nº 694/70, de 31/12 (regulamento da Caixa Geral de Depósitos) estabelecia regras procedimentais para tal habilitação.

O DL nº 287/93, de 20/08, porém, revogou os diplomas citados (embora quanto ao primeiro tivesse mantido alguns preceitos em vigor), estando a CGD actualmente submetida à disciplina daquele diploma, aos seus estatutos (anexos ao mesmo diploma), ao Regime Geral das Instituições de Crédito e Sociedades Financeiras (aprovado pelo DL nº298/92, de 31/12), às normas gerais e especiais aplicáveis às instituições de crédito e à legislação aplicável às sociedades anónimas (art. 1º, nº2, do cit. DL nº 287/93).

Deixando de estar previsto algum procedimento especial de habilitação administrativa, a habilitação dos herdeiros do aposentado por créditos que este possuísse sobre a CGA é feito mediante o processo de *habilitação notarial* (arts. 82º a 86º do Código do Notariado (DL nº207/95, de 14/08, alterado pelos DL nº 40/96, de 7/05, 257/96, de 31/12, 250/96, de 24/12, 380/98, de 27/11, 410/99, de 15/10, 375-a/99, de 20/09 e 237/2001, de 30/08).

Se disso for caso, em processo judicial adequado poderá ainda haver lugar a *habilitação judicial* (arts. 371º e sgs do CPC).

Sobre espécie de sucessores: art. 2030º do C.C.
Sobre o direito de exigir partilha: art. 2101º do C.C.

Artigo 67º
Acumulação de pensões

A pensão de aposentação, salvo o disposto no n.º 3 do artigo 53º, não é acumulável com outra de natureza ou fins semelhantes, abonada por qualquer entidade com base em tempo de serviço prestado às entidades públicas referidas no artigo 25º e que seja susceptível de contagem pela Caixa para efeitos de aposentação ficando o interessado com o direito de optar por qualquer delas.

NOTAS

Este artigo proíbe a acumulação de pensões de aposentação com outras de natureza e fim semelhantes, relativamente a tempo de serviço prestado às «entidades públicas» mencionadas no art. 25º. Trata-se de, no fundo, de garantir que pelas funções do serviço público, unicitariamente encarado, apenas corresponda uma única pensão paga pelo erário público.

E não faltam disposições do Estatuto que atestam este carácter singular da função social da pensão paga pelo Estado a quem tenha sido seu servidor, independentemente dos lugares ocupados. Disso são exemplo os arts. 31º, 44º e 45º.

Quando acontecer que pelo serviço prestado pelos vários cargos nasçam os correspondentes direitos de inscrição, pagamento de quota e aposentação, então caberá ao interessado fazer a opção pela aposentação que mais lhe convier.

A excepção a esta regra depende da verificação do circunstancialismo previsto no art. 53º, nº3. São aqueles casos em que o subscritor da Caixa tenha prestado funções em algum organismo de coordenação económica ou a outra (s) das entidades referidas no nº1, relativamente a cujo serviço tenham sido pagas as respectivas contribuições para reforma (art. 15º). Em tais hipóteses, o interessado receberá a pensão pelo valor da acumulação de duas parcelas, uma pela Caixa Geral de Aposentações, outra pela instituição de previdência social para a qual tenha descontado (art. 53º. nº3).

JURSPRUDÊNCIA

«I – Podem cumular-se as pensões atribuídas legalmente "como deficiente das Forças Armadas" e "por serviços excepcionais e relevantes ao País".

II – Apenas não são cumuláveis tais pensões quando ambas tiverem sido atribuídas "pela prática dos mesmos actos" ou "por virtude das suas consequências".

III – Em tal caso de não acumulação de pensões, os beneficiários podem optar por uma delas».
(Ac. do STA, de 4/03/92, Proc. n° 030175)
No mesmo sentido:
Ac. do STA, de 3/11/98, Proc. n° 041971

«I – O Dec.-Lei n. 41/89 de 2/2, numa filosofia de reconhecimento do direito ao trabalho por parte dos deficientes com capacidades remanescentes – princípio fundamental constitucionalmente consagrado para a generalidade dos cidadãos (arts. 58° e 63° da CRP) – veio permitir, na esteira do Dec.-Lei n. 164/83 que revogou, a acumulação de pensões de invalidez do regime geral com rendimentos resultantes do exercício da profissão para a qual o beneficiário não tenha sido considerado incapaz.

II – Atentas as finalidades e a economia do diploma em que se encontra inserido, o art. 77° do Dec. 45266 de 23-9-63 reporta-se, em princípio, e de modo exclusivo, ao exercício, e respectiva acumulação, de funções ou profissões de carácter privado abrangidos por esquemas de protecção social específicos, diversos dos vigentes para a função pública. A acumulação de funções ou profissões abrangidos por diferentes esquemas de protecção social – dos sectores privado e público – só com o Dec-Lei n. 41/89 de 2/2 veio a ser regulada.

III – Se o administrado foi declarado incapaz para o exercício da profissão de farmacêutico, pela qual se encontrava obrigatoriamente inscrito na instituição de segurança social respectiva – funções que exercia em tempo parcial numa empresa privada, cumulativamente com o cargo de Director do Laboratório de Polícia Científica da Polícia Judiciária, que continua a exercer – tem direito a que lhe seja atribuída pensão de invalidez correspondente àquela actividade privada, desde que verificados os demais requisitos legais e com observância das normas do Dec.-Lei n. 41/89, desde a entrada em vigor deste.

IV – Em tal eventualidade, essa pensão será de processar cumulativamente com os rendimentos do trabalho efectivo na função pública, dentro dos limites legalmente estabelecidos.

V – Os dispositivos do Dec.-Lei n. 164/83, e bem assim, os do Dec.--Lei n. 41/89, que lhe sucedeu, – reguladores das situações de acumulação de pensões com rendimentos do trabalho – são de aplicação imediata a todas as situações nos mesmos previstas, quer o respectivo facto gerador haja ocorrido antes, quer depois da respectiva entrada em vigor – conf. art. 12° n. 2 do C.Civil».
(Ac. do STA, de 08/11/94, Proc. n° 034797)

«I – Estabelecendo o n. 8 do art. 9° do DL 404/82 de 24/9 na redacção do art.1° do DL 266/88 de 28/7 a inacumulatividade da pensão por serviços excepcionais e relevantes com a pensão por invalidez e a possibilidade de o interessado optar por uma delas, tal opção uma vez feita não é irrevogável podendo não ser definitiva.

«II – Alterados os pressupostos em que se baseou a formação de vontade pela opção por acto não imputável ao interessado e não sendo previsível essa alteração, manifestando este o interesse em optar pela pensão antes preterida, por via daquela alteração deve a Caixa Nacional das Pensões apreciar os fundamentos invocados e decidir de harmonia com a adequação dos mesmos à situação criada

III – Limitando-se a Caixa Nacional de Pensões a descrever os montantes das pensões em opção para efeitos de o interessado se determinar e expressando como consequência da opção o recebimento apenas da pensão optada silenciando outras consequências ou efeitos, e condicionando na resposta o beneficiário, a sua opção, à manutenção da possibilidade de trabalhar, e a nova opção, logo que sejam alterados os cálculos, é evidente a condicionalidade da opção e portanto a sua não definitividade, sobretudo se a Caixa, ao receber a resposta, não advertir o interessado da inadmissibilidade da condição e da impossibilidade de nova opção, que aliás os textos legais não estabelecem».
(Ac. do STA, de 31/01/95, Proc. n° 035153)

«I – O médico aposentado da função pública ultramarina que ingressou nos serviços de acção médico social das caixas de previdência em 1975, estava sujeito às regras do contrato individual de trabalho de direito laboral comum com as especialidades do regime de prestação de trabalho do pessoal daquelas instituições de previdência, pelo que foi inscrito como beneficiário da CNP, e efectuava descontos de acordo com a legislação respectiva.

II – Em execução da integração do referido pessoal nos serviços do Ministério da Saúde e da mudança das condições jurídicas da prestação do trabalho determinada pelo DL n. 124/79, de 10 de Maio, aquele médico passou a ficar sujeito ao estatuto da função pública, uma vez que não declarou optar pelo regime de trabalho a que estava sujeito até à publicação daquele diploma, em virtude do que deixou de poder efectuar descontos para a CNP .

III – A realização de descontos, como contribuições para o regime geral da Segurança Social (CNP), não constitui direito adquirido à continuação da realização dos mesmos, a qual está sempre dependente da continuidade da situação factual e jurídica que está na base da realização dos descontos, como decorre dos arts. 24° da Lei n. 28/84 de 14 de Agosto e 17° n. 1 do Decreto n. 45 266.

IV – É à entidade empregadora ou a serviço processador dos vencimentos que a lei incumbe a realização dos descontos e a sucessiva entrega na CNP ou na CGA – arts. 5° e 6° do DL 108/80 de 9.5, depois o art. 24° n. 3 da Lei 28/84, e o art. 7° do E.A. – pelo que é competente para decidir da

continuação ou não da realização dos descontos referidos em I o dirigente do serviço do Ministério da Saúde, onde o médico está colocado e o membro do Governo que nele superintende e não os serviços do Ministério da Segurança Social, ou a Caixa Geral de Aposentações».
(Ac. do STA, de 2/12/97, Proc. nº 029145)

«I – É aplicável às prestações requeridas pelos pensionistas da CPP/CFB ao abrigo do Decreto-Lei nº 335/90 de 29.10, na redacção introduzida pelo Decreto-Lei nº 45/93 de 20.2, e Decreto-Lei nº 401/93 de 3.12 e nos termos do Despacho 16-I/SESS/94, o regime estabelecido no Decreto-Lei nº 329/93 de 25.9, por força do disposto no art. 97º desse diploma, e a Portaria nº 183/94 de 31.3.

II – É garantido o direito à acumulação de pensões (para quem já era titular de uma pensão do regime geral da segurança social e passou a ter a garantia do reconhecimento do período contributivo verificado na CPP/CFB e ao pagamento da pensão correspondente àquele período), nos termos do artigo VIII do Despacho nº 16I/SESS/94, (que expressamente prevê a aplicação às pensões atribuídas por força do reconhecimento dos períodos contributivos, nos termos do referido despacho, das normas reguladoras da acumulação de pensões), e do disposto no art. 55º do Decreto-Lei nº 329//93, de 25 de Setembro.

III – Tendo todos os pensionistas da CPP/CFB requerido a atribuição de uma pensão de invalidez ou velhice por força do reconhecimento dos períodos contributivos verificados naquela instituição, pelos quais já eram titulares de uma pensão, em 31.1.1993, ao abrigo da mesma legislação, que expressa e especificamente, veio permitir aos pensionistas de instituições de previdência dos territórios das ex-colónias portuguesas o direito a esse reconhecimento, e nos termos do aludido Despacho nº 16I/SESS/94, não pode deixar de entender-se que têm direito a uma pensão calculada com base nos mesmos critérios, por força do princípio da igualdade consagrado no artº 13º da CRP ».
(Ac. do STA, de 25/01/201, Proc. nº 04663)

«I – O Secretário de Estado da Solidariedade e da Segurança Social não tem legitimidade passiva para intervir na acção em que o autor peça o reconhecimento do direito a haver do Centro Nacional de Pensões, em acumulação, uma pensão reportada ao seu período contributivo para a CPPCFB e uma outra fundada nas contribuições respeitantes ao trabalho que prestou em Portugal.

II – O regime instituído pelo DL n.º 335/90, de 29/10, e legislação complementar, não transferiu para a segurança social portuguesa a responsabilidade pelo pagamento de pensões devidas por instituições de previdência das ex-colónias, limitando-se a permitir que os períodos contributivos determinantes dessa pensões fossem considerados como se tivessem acontecido no âmbito do sistema de segurança social português.

III – Assim, o pensionista a quem a CPP/CFB deixou de pagar a sua pensão não tem o direito de a exigir do CNP, em acumulação com outra que lhe seria devida pelas contribuições que realizou em Portugal, embora tenha o direito de integrar aquele período contributivo acontecido em Angola na sua carreira global, auferindo do CNP a única pensão que a esta carreira corresponde.

IV – A determinação das pensões devidas aos respectivos beneficiários traduz o exercício de poderes vinculados, pelo que, nesse labor da Administração, não tem que intervir a consideração do princípio da igualdade.

V – Um pensionista da CPPCFB que ulteriormente tenha trabalhado e descontado em Portugal pode auferir uma pensão inferior à que receberia se não dispusesse desse período contributivo no nosso país, advindo essa possibilidade do facto de os salários por ele auferidos em Angola serem superiores aos que recebeu em Portugal.

VI – O resultado dito em V, embora aparentemente bizarro, corresponde às regras gerais de cálculo das pensões, introduzi das pelo DL n.o 329/ /93, de 25/9, cujo art. 33°, ao mandar atender aos dez melhores anos de remunerações dos últimos quinze, penaliza as carreiras em que tenha havido uma descida dos níveis salariais. VII – Na medida em que advém de um critério aplicado à generalidade dos pensionistas, o resultado dito em V não pode apresentar-se como violador do princípio da igualdade.
(Ac. do STA, de 05/06/2002, Proc. n° 0267/02)

Artigo 68°
Prescrição de pensões

1 – As pensões de aposentação prescrevem no prazo de um ano a contar da data do vencimento de cada uma.

2 – O não recebimento das pensões durante o prazo de três anos consecutivos a contar do vencimento da primeira implica a prescrição do direito unitário à pensão.

3 – O processamento mensal dos abonos não interrompe a prescrição.

NOTAS

1 – A pensão vence-se, geralmente, no dia 1 do mês a que respeita (art. 64°, n°1).

A partir dessa data inicia-se um período de *um ano* dentro do qual a pensão deve ser efectivamente recebida. O não exercício do direito à pensão nesse prazo torna-o prescrito (cfr. art. 298º, nº1 e 300º e sgs do C.C.).

Esta é a *prescrição extintiva da pensão* (nº1). Leia-se do direito a *cada pensão*, singularmente considerada e reportada ao mês do ano a que respeite. Daí que a prescrição do direito a essa pensão não se reflicta necessariamente no direito à percepção das restantes pensões vencidas (sobre as quais não tenha ainda decorrido aquele prazo) e, bem assim, das vincendas. Para cada uma delas iniciar-se-á autonomamente um diferente prazo prescricional, tanto mais quanto é certo que o processamento mensal de cada uma não interrompe a prescrição da outra (nº3).

O nº1, em suma, refere-se a cada obrigação mensal da Caixa e a prescrição é, nesse caso, singularmente atinente a cada uma das prestações.

2 – Mas o artigo igualmente estabelece um outro prazo mais dilatado (nº2). Prevê que o não exercício do direito a cada pensão durante três anos (« *o não recebimento das pensões durante o prazo de três anos consecutivos...*» equivalha a perda por prescrição do próprio *direito à pensão*.

Expliquemos: se o interessado não der mostras de querer receber *cada uma* das pensões mensais no prazo de um ano a contar do seu vencimento, ele apenas perderá *essa* mesma pensão *concreta* (nº1). Diferentemente, e indo mais longe, se a relapsia se prolongar durante três anos a fio, o interessado acaba por perder mesmo o direito abstracto à pensão («..*direito* **unitário** *à pensão...*»), presumindo-se, então, que dele se desinteressou ou que dele quis (disponivelmente) despojar-se. E então perde todas as pensões vencidas e vincendas (cfr. art. 82º, nº1, al.c)).

O nº2 é, bem vistas as coisas, a proclamação do regime geral estabelecido para as prestações periódicas no art. 307º do C.C., sobre a prescrição do «direito unitário do credor» relativamente a todas as rendas perpétuas e vitalícias.

Convém acrescentar que o regime do artigo se encontra, de algum modo, prejudicado pelo facto de as pensões virem sendo pagas através de transferência bancária directamente para conta do beneficiário, não se colocando, por isso, com a mesma premência as questões de *exercício oportuno* ou não do direito à pensão.

3 – Pode perguntar-se se a prescrição do direito unitário mencionado atingirá as situações em que, durante três ou mais anos, a Caixa venha pagando mensalmente ao aposentado pensões singulares em montante inferior ao legal.

Entendemos que não, uma vez que nesse caso apenas se colocam, quando muito, problemas de eventual *caso decidido*, de efeitos análogos aos de caso julgado em direito processual, e que, portanto, se tornam incomparáveis com os que derivam do instituto da prescrição (isto, para quem entenda que o acto de processamento de cada pensão é acto administrativo recorrível; no entanto, sendo esse acto em concreto a execução da definição do direito à pensão e respectivo valor apurado na resolução final a que respeitam os arts. 53º e 97º, então nem disso se poderá falar, porquanto tal acto não inova, nem autoritariamente dispõe: simplesmente se limita a cumprir e observar a estatuição definida no acto final de concessão do direito e nessa medida, é mero acto material de execução). Aliás, a prescrição de que trata o artigo abrange todas as prestações no seu conjunto com reflexos na totalidade de cada uma, ao contrário do caso em reflexão, onde apenas se pretende afastar parte do valor da obrigação singular da Caixa. O pagamento regular durante aquele período, mesmo que eivado de alguma fonte de invalidade, é prova de que o direito unitário à pensão não se encontra afectado, se não apenas o conteúdo económico do direito na sua expressão quantitativa (ver um tanto neste sentido, a propósito do carácter imprescritível da aposentação, **António J. Piñeyroa de la Fuente**, in *La Jubilación en la Unificación de Doctrina,* pág.208/210).

4 – O processamento mensal de cada pensão não interrompe a prescrição (nº3).

São causas interruptivas da prescrição as que os arts. 323º a 325º do C.C. prevêem.

São causas suspensivas as previstas nos arts. 318º e sgs, designadamente o impedimento do credor ou titular do direito, nos termos do art. 321º do C.C.

5 – As prestações fixadas pela Caixa Geral de Aposentações relativamente à reparação dos acidentes de serviço e doenças profissionais prescrevem no prazo de *cinco* anos (art. 52º do DL nº 503/99, de 20/11).

JURISPRUDÊNCIA

«I – Têm eficácia interruptiva da prescrição todos os actos de exercício de direito realizados judicialmente e de que à parte contrária seja dado conhecimento.

II – Interrompe a prescrição, e notificação para resposta em recurso contencioso baseado na ilegalidade de acto em que se baseie o direito a indemnização.

III – Para que proceda a ordem de capitalização de juros, basta a notificação do devedor em tal sentido com a citação da acção em que o pagamento seja pedido».

(Ac. do STA, de 11/10/2001, Proc. nº 047838)

«I – O montante das prestações sociais que a cada um cabe pagar ao longo da sua vida activa e o montante da pensão que lhe é assegurado aquando da sua aposentação é matéria que não resulta da negociação livremente estabelecida entre o Estado e os seus cidadãos, mas sim dos critérios legais fixados por via legislativa.

II – Daí que o pedido indemnizatório fundado num eventual erro na fixação daquela pensão resulta da responsabilidade civil extra contratual da Administração e não da responsabilidade obrigacional desta.

III – Nos termos do art. 498º, nº 1, do Código Civil, aplicável por força do disposto no art. 71º, nº 2, da LPTA, o direito de indemnização por responsabilidade civil extra contratual da Administração prescreve no prazo de 3 anos.

IV – O prazo prescricional começa a contar no momento em que o lesado toma conhecimento do seu direito.

V – Na fixação do momento inicial desse prazo não releva a circunstância de o ilícito que fundamenta o pedido ser de produção instantânea ou continuada».
(Ac. do STA, de 24/04/2002, Proc. nº 047368)

Artigo 69º
Arquivo de documentos

1 – A Caixa não é obrigada a conservar em arquivo por mais de três anos os documentos comprovativos do pagamento das pensões ou subsídios.

2 – Decorrido esse prazo não será admitida reclamação alguma relativamente aos pagamentos a que os mesmos documentos se referem.

NOTAS

1 – Relativamente aos documentos em poder da Administração Pública, apontam-se a esta os seguintes deveres:
- a) *Dever de guardar e conservar*, quer em suporte papel, quer em micro-filmagem, quer em suporte informático;
  Sobre o assunto:
  – DL nº 447/8, de 10/12 (sobre pré-arquivagem da documentação);
  – DL nº 16/93, de 23/01, alterada pela Lei nº 14/94, de 11/05 (sobre o regime geral arquivístico).
  – CRP: arts. 26º, nº3 e 4 e 27º.

b) *Dever de informar* os interessados (incluindo o dever de certificar e de extrair simples cópias ou reproduções mecânicas).
Sobre o assunto:
- CRP: art. 268°, n°1;
- CPA: arts. 61° e sgs (direito de informação);
- DL n° 65/93, de 26/08, alterada pelas Leis n°s 8/95, de 29/03 e Lei n° 94/99, de 16/07 (Lei de acesso aos documentos administrativos);
- DL n° 135/99, de 22/04, alterado pelo DL n° 29/2000, de 13/03 (Modernização dos serviços e organismos da Administração Pública): art. 18°.

c) *Dever de restituir.*
Sobre o assunto:
- CPC: art. 542°, n°s3 e 4.
- CN: arts. 104°, 126°;
- CRP: arts. 26°, n°1 e 2.
- DL n° 135/99, cit: art. 20°.

2 – O *arquivo* é um acervo de documentos escritos, audiovisuais ou informatizados, conservados e devidamente catalogados. Não são formados ao acaso e, pelo contrário, obedecem a princípios e regras de carácter temático, material, institucional, sempre com vista a uma boa ordem na posterior consulta e satisfação dos direitos e interesses dos consulentes.

Sobre o princípio do *arquivo aberto* ou "open file", respeitante ao acesso aos arquivos e registos administrativos: art. 65° do CPA.

3 – O preceito em análise obriga à conservação dos documentos comprovativos do pagamento das pensões ou subsídios durante o período de *três anos* sobre a data da sua emissão. A partir daí poderá destruí-los. Ora, esta eliminação poderá levantar problemas à Caixa sempre que queira comprovar o pagamento que o aposentado reclame. Contudo, a dificuldade esbate-se fortemente se pensarmos que esse é o prazo máximo dentro do qual ao interessado é imposto o recebimento das pensões e findo o qual se mostra expiado o dever de pagamento por banda da Caixa (art.68°, n°2). Com este raciocínio por base, decorrido o prazo de 3 anos, a Caixa não precisa de comprovar o pagamento, basta-lhe alegar e invocar o instituto da prescrição.

Ainda assim, nem que seja para prevenir o surgimento de alguma causa de interrupção ou suspensão do prazo prescricional referido no artigo 68°, por razões de cautela é aconselhável que os documentos não sejam imediatamente destruídos.

Artigo 70º
Penhora de pensões

1 – As pensões só podem ser penhoradas nos termos e dentro dos limites fixados pelo Código de Processo Civil.
2 – A Caixa fará trimestralmente o depósito das importâncias descontadas em cumprimento da penhora.

NOTAS

As pensões são bens «*parcialmente impenhoráveis*» (art. 824º, nº1, al.b), do CPC). Por razões de humanidade, dois terços do valor de cada pensão mensal ficam livres de penhora e da parte penhorável (um terço) fixará o tribunal a percentagem a penhorar entre um terço e um sexto (nº2, cit. art.). Em casos de necessidade flagrante da totalidade da pensão para que o beneficiário possa acudir à satisfação das suas necessidades essenciais e do seu agregado, pode o tribunal isentar totalmente as pensões da penhora (nº3, cit. art.).

Em cumprimento da penhora, a Caixa Geral de Aposentações fará o desconto das importâncias devidas de três em três meses (nº2 do presente artigo), observando-se quanto ao mais o disposto no art. 861º, do CPC. Significa que sendo, imaginemos, o desconto mensal a efectuar em um terço do valor da pensão, a C.G.A. em cada período de três meses fará o depósito na Caixa Geral de Depósitos à ordem do tribunal de montante equivalente ao de uma pensão. Isto se o valor da execução impuser descontos sucessivos, pois também se pode dar o caso de a quantia em dívida ser satisfeita com um único desconto.

Sobre este assunto:
– **Alberto dos Reis**, in *Processo de Execução*, II, *reimpressão*, págs. 215 e sgs;
– **Eurico Lopes Cardoso**, in *Manual da Acção Executiva*, I, 3ª ed., pág. 329 e 478/479 e pág. 302 e 447/448, da 3ª ed., *reimpressão*.

JURISPRUDÊNCIA

«*Não julga inconstitucional a norma constante do nº1, do artigo 45º da Lei nº 28/84, na parte em que estabelece que as pensões pagas pelo Centro Nacional de Pensões são absolutamente impenhoráveis:*
I – A norma do n.º1 da Lei n. 28/84, ao submeter as pensões devidas pelas instituições de segurança social a um regime de impenhorabilidade

total – apenas com o temperamento constante do n. 2 daquele preceito-, estabelece para elas um tratamento diferente e mais favorável do que aquele que vigora para as restantes prestações de aposentação, reforma, invalidez ou outras de natureza semelhante.

II – A jurisprudência definida pela Comissão Constitucional de que "a exclusão da penhorabilidade das pensões pagas aos beneficiários do regime geral de previdência (...) não decorre de um puro capricho ou do arbítrio do legislador, reflectindo antes a preocupação de conferir uma garantia absoluta a percepção de um rendimento mínimo de subsistência" e valida na sua ideia essencial para a norma do n. 1 do artigo 45º da Lei n. 28/84, desde que a pensão auferida pelo beneficia rio da segurança social, tendo em conta o seu montante, reportado a um determinado momento histórico, cumpra efectivamente a função inilidivel de garantia de uma sobrevivência minimamente condigna do pensionista.

III – Ainda que não possa ver-se garantido no artigo 63º da Lei Fundamental um direito a um minimo de sobrevivência, e seguro que este direito há-de extrair-se do principio da dignidade da pessoa humana, condensado no artigo I da Constituição. IV – O sacrifício do direito do credor só será constitucionalmente legitimo se for necessário e adequado a salvaguarda do direito fundamental do devedor a uma sobrevivência com um minimo de qualidade, historicamente situado.

V – O Tribunal Constitucional ao aferir a compatibilidade de uma norma legislativa com o principio da igualdade não deve pôr em causa "a liberdade de conformação do legislador ou a discricionariedade legislativa": o seu controlo deve ser tão só de caracter negativo, consistindo este em saber se a opção do legislador se apresenta intolerável ou inadmissível de uma perspectiva jurídico-constitucional, por não se encontrar para ela qualquer fundamento material.

VI – Constitui jurisprudência reiterada do Tribunal Constitucional que o principio da igualdade, entendido como limite objectivo da discricionariedade legislativa, não veda a lei a realização de distinções.

Proíbe-lhe, antes, a adopção de medidas que estabeleçam distinções discriminatórias, ou seja, desigualdades de tratamento materialmente infundadas, sem qualquer fundamento razoável ou sem qualquer justificação objectiva e racional, ou seja, proíbe-lhe o arbítrio.

VII – A norma em analise será inconstitucional naquela parte em que estende a aplicação do principio da impenhorabilidade total as prestações devidas pelas instituições de segurança social, cujo montante ultrapasse manifestamente aquele mínimo entendido como necessário para garantia de uma sobrevivência digna do pensionista.

VIII – Todavia, no caso "sub júdice", não viola o principio constitucional da igualdade, nem a garantia constitucional do credor a ver satisfeito o seu credito (que se extrai do artigo 62º, n. 1, da Constituição), pois a

pensão que o executado percebia, tendo em conta o seu montante e o período histórico em que ela estava a ser paga, deve ser entendida como cumprindo efectivamente a função inilidivel de garantia de uma sobrevivência minimamente digna do beneficiário, pelo que a impenhorabilidade total, nos termos daquela norma, não surge com o algo materialmente infundado, irrazoável ou arbitrário, nem desproporcionado»
(Ac. do T.C., de 03/07/91, Proc. nº 89-0297)

Artigo 71º
Suspensão da pensão

O pagamento suspende-se sempre que o aposentado sofra condenação disciplinar ou penal, nos termos do artigo 76º e dos n.º s 2 e 3 do artigo 77º.

NOTAS

1 – Redacção dada pelo DL nº 191-A/79, de 25/06.

Estando o aposentado a receber a sua pensão e vindo, entretanto, a sofrer sanção por acto cometido enquanto subscritor no activo, sucederá o seguinte:

Em caso de *sanção disciplinar:*
a) se a pena aplicada for a de suspensão ou inactividade, será automaticamente substituída pela de *perda de pensão* por igual tempo (arts. 76º, nº1, infra e 15º, nº1, do ED);
b) se a pena disciplinar for a de multa, e uma vez que esta será fixada em quantia certa (art. 12º, nº2, do ED), o seu montante concreto não poderá exceder o quantitativo correspondente a 20 dias de pensão (art. 15º, nº1, "in fine", do ED) e será este valor de vinte dias da pensão que *perderá.*
c) se a pena aplicada for a de demissão ou equivalente, tal determinará a *suspensão* do abono da pensão pelo período de quatro anos (art. 15º, nº3, ED).
d) se a pena disciplinar for a de aposentação compulsiva, será substituída pela *perda* do direito à pensão pelo período de três anos (art. 15º, nº2, cit., ED).

Deve referir-se que, na parte em que os comandos do art. 76º estão substituídos pelas correspondentes disposições do art. 15º do ED, aquele artigo se deve considerar revogado.

Em caso de *sanção penal:*
– Se, além da demissão ou equivalente derivadas de condenação criminal, houver lugar à aplicação de uma pena superior a três anos, o abono da pensão será *suspenso* pelo tempo por que durar o cumprimento da pena (art. 77º, nº2, infra);
– O artigo continua a fazer referência a alguns artigos do Código Penal. Eram preceitos que previam a «pena maior» de *"suspensão dos direitos políticos por tempo de quinze a vinte anos"* (art. 55º, nº6), «pena correccional» de *"suspensão temporária dos direitos políticos"* (at. 56º, º3), e a «pena especial» para os empregados públicos de *"suspensão"* do exercício de funções (art. 57º, nº2). Ora, estas penas não fazem actualmente parte da tipologia das penas do Código Penal vigente. Por isso, tem que se considerar nesta parte revogado o art. 77º, nº3, salvo na parte em que se refere à "suspensão" (do exercício de função), como pena acessória por efeito da condenação definitiva em pena de prisão, agora previsto no art. 67º, nºs 1 e 2 do CP. Em tais casos, e visto que o nº2, do art. 67º citado estabelece que os efeitos da suspensão equivalem aos da suspensão sofrida em processo disciplinar, o aposentado perderá a pensão durante o período do cumprimento da pena de prisão, que, concomitantemente, é o período da suspensão do exercício de funções.
Crê-se, por isso, que se justificava uma reformulação do art. 77º de modo a unificar em termos actuais a situação emergente da condenação em processo criminal.

2 – Se o «*aposentado*» vier a ser alvo de incidência de uma pronúncia em processo criminal, daí não lhe advirão imediatamente quaisquer efeitos. Manterá o recebimento da pensão, cujo processamento só será suspenso se e quando for definitivamente condenado nesse processo crime. Lembramos que os efeitos da mera pronúncia só se produzem na esfera do «*funcionário*», isto, é, do trabalhador em actividade (cfr. art. 6º, nº1, do Estatuto Disciplinar).

JURISPRUDÊNCIA

«A execução de um acto que aplica pena disciplinar de suspensão por 120 dias , substituída por perda de pensão por igual tempo causa prejuízo de difícil reparação para os efeitos do art. 76º, nº1, al.a), da LPTA –DL nº 267/85, de 07/16 –quando se prove que essa ablação patrimonial causa ao aposentado diminuição do nível e qualidade de vida que a pensão lhe assegurava»
(Ac. do STA, de 14/07/87, Proc. nº 25099[A)]

«I – Não se verifica o prejuízo de difícil reparação, com a suspensão da pensão de aposentação, concedida à requerente, se da prova produzida não resulta a impossibilidade de satisfação das necessidades básicas e do seu agregado familiar.

II – O juízo de avaliação do tribunal sobre se um prejuízo é de difícil reparação, quanto à satisfação das necessidades básicas da requerente, não pode ficar dependente da verificação eventual de factos prováveis ou hipotéticos, designadamente da eventual reposição de quantias ordenada pelo acto suspendendo».
(Ac. do TCA, de 05/04/2001, Proc. n° 0474-01-A)

Artigo 72°
Perda do direito à pensão

O direito à pensão extingue-se nos casos previstos no n.° 1 do artigo 82°.

NOTAS

O presente artigo refere-se à *perda do direito unitário* à pensão, isto é, à extinção do direito previamente adquirido ao abrigo do art. 46°, segundo o qual o interessado passaria a receber da CGA, enquanto vivo, uma prestação mensal vitalícia.

Tal perda deriva da «renúncia» ao direito à pensão, da «prescrição» desse direito, da «perda da nacionalidade portuguesa» e do «falecimento» do aposentado.

Diferente é o caso da *perda da pensão singular*, isto é, de *cada uma* dessas pensões mensais, de que se falou no art. 71° e de que trata o art. 76° adiante.

Diferente é, ainda, o caso da perda voluntária do direito a uma pensão nas situações em que, em virtude da inacumulabilidade de pensões, o interessado faça a «opção» por outra que mais lhe convenha (art. 67°).

Como diferente é, finalmente, a hipótese de «sustação do abono da pensão» tratado no art. 75° à frente.

CAPÍTULO V
SITUAÇÃO DE APOSENTAÇÃO

Artigo 73º
Passagem à aposentação

1 – A passagem do interessado à situação de aposentação verifica-se no dia 1 do mês seguinte ao da publicação oficial da lista de aposentados em que se inclua o seu nome.

2 – Os subscritores abrangidos por lei especial referida no n.º 3 do artigo 99º passam à aposentação na data em que devam considerar-se desligados do serviço.

NOTAS

1 – Redacção dada pelo DL nº 191-A/79, de 25/06.

2 – Cfr. arts. 64º, 99º e 100º.

3 – A *situação de aposentação* configura uma relação jurídica nova preenchida de direitos e deveres diferentes dos que caracterizavam a situação do trabalhador activo subscritor da Caixa.

Essa relação assenta no facto jurídico referido no nº1, do presente artigo (publicação oficial da lista de aposentados) e os seus efeitos são diferidos para o 1º dia do mês seguinte.

Só então está consolidada a *situação jurídica de aposentado* e adquirido o direito à pensão (art. 64º, nº1).

Consequentemente, à aposentação não bastará a definição do direito manifestado pela resolução final do art. 97º (para a averiguação do regime legal aplicável, contam as datas do art. 43º). Esta importará, sem dúvida, um acto definitivo e resolutório, a palavra decisiva da Caixa sobre o termo da situação jurídico-funcional do interessado. Porém, essa resolução não é imediatamente operativa porque dela não advêm efeitos imediatos para a esfera do interessado. A eficácia externa dessa resolução apenas é conferida com a publicação em apreço.

Ou seja, a eficácia não é contemporânea do acto final constitutivo, antes é diferida para o momento em que àquele for dada a publicidade obrigatória a que o artigo ora se refere (cfr. tb. art. 130º do CPA e 100º deste Estatuto).

Antes de consolidada e externada a situação jurídica de aposentado, o interessado, mesmo desligado do serviço, é um simples "aposentando", "aguardando a aposentação", sem quaisquer direitos firmes para além da *pensão transitória* mencionada no art. 99º, nº3, numa situação que se costuma designar de *pré-aposentação*.

4 – A regra acabada de expôr sofre uma excepção: a situação jurídica de aposentação obter-se-á imediatamente logo após o desligamento do serviço *sempre que lei especial o preveja* (nº2 do artigo).

5 – Como noutro lugar já dissemos, a aposentação é a situação jurídica aplicável a quem tenha sido *funcionário público*.

Aos *militares,* essa situação toma a designação de *reforma* (art. 112º, infra; ainda arts. 144º e 160º do Estatuto dos Militares das Forças Armadas: DL nº 236/99, de 25/06).

Aos *magistrados judiciais* a aposentação por limite de idade, incapacidade ou nos termos do art. 37º do EA designa-se *jubilação* (art. 67º, nº1, do Estatuto dos Magistrados Judiciais: Lei nº 21/85, de 30/07, com as actualizações introduzidas pelas Leis nºs 10/94, de 5/05, 81/98, de 3/12, 143/99, de 31/08).

Idem, quanto as *magistrados do Ministério Público* (art. 148º, do Estatuto do Ministério Público).

Os *professores universitários* aposentados por limite de idade têm igualmente a designação de jubilados (art. 83º, nºs 2 e 3, do respectivo Estatuto da Carreira Docente Universitária: DL nº 448/79, de 13/11).

JURISPRUDÊNCIA

«Tendo o recorrente sido aposentado posteriormente a 1 de Abril de 1976, impõe-se a ilação de que lhe são devidas diuturnidades nos termos do art. 6º do D.L. n. 330/76, sem relevar a data da *desligação do serviço* e o regime vigente em função do acto ou facto determinante de aposentação».
(Ac. do STA, de 04/11/86, Proc. nº 021378)

«I – À contagem final do tempo de serviço, para efeitos de aposentação, fundada em incapacidade absoluta e permanente para o exercício de funções dum magistrado do Ministério Público, são aplicáveis as regras do regime da função pública.

II – Assim, a data a atender para o efeito é a da declaração dessa incapacidade pela junta médica, ou a da homologação de parecer desta, quando a lei a exija».
(Ac. do STA, de 03/05/94, Proc. Nº 032287)

«1 – Carreira, promoção (mudança para a categoria seguinte de determinada carreira) e reconstituição de carreira, são figuras que só fazem sentido na vigência da relação jurídica de emprego público.

2 – A relação jurídica de emprego cessa, entre outras causas, por desligação do serviço para efeito de aposentação – artigos 28° n° I DL 427//89 de 7.12 e 99° do EA.

3 – Assim, a satisfação da pretensão de um militar deficiente das Forças Armadas à actualização, com efeitos retroactivos, da sua pensão de reforma, sem qualquer intuito de opção pelo regresso ao activo, não implicaria qualquer reconstituição da sua carreira e apenas produziria efeitos no âmbito da relação jurídica de aposentação que mantém com a Administração Pública.

4 – Portanto e como decorre, designadamente, do art. 3° do DL 134/97 de 31.5, é aos órgãos próprios da CGA que compete decidir tal pretensão, não se formando indeferimento tácito, por falta do dever legal de decidir, quando tal pretensão é dirigida ao membro do Governo».
(Ac. do TCA, de 28/09/2000, Proc. n° 1724/98)
No mesmo sentido:
Ac. do TCA de 02/11/2000, Proc. n°1698/98

«O regime de aposentação dos Magistrados Judiciais e do Mo. po. fixa-se com base na lei em vigor e na situação existente à data referida nas diversas alíneas do n° 1 do art. 43° do Estatuto da Aposentação, isto independentemente da data em que os mesmos forem desligados do serviço por deliberação dos respectivos Conselhos (Conselho Superior da Magistratura e do Conselho Superior do M.P.)».
(Ac. do STA, de 18/04/2002, Proc. n° 032287)

«O regime de aposentação dos Magistrados Judiciais e do Mo. po. fixa-se com base na lei em vigor e na situação existente à data referida nas diversas alíneas do n° 1 do art. 43° do Estatuto da Aposentação, isto independentemente da data em que os mesmos forem desligados do serviço por deliberação dos respectivos Conselhos (Conselho Superior da Magistratura e do Conselho Superior do M.P.)».
(Ac. do STA, de 18/04/2002, Proc. n° 032287)

ARTIGO 74º
Direito e deveres do aposentado

1 – O aposentado, além do direito a pensão de aposentação, continua vinculado à função pública, conservando os títulos e a categoria do cargo que exercia e os direitos e deveres que não dependam da situação de actividade.

2 – Salvo quando de outro modo se dispuser, o regime legal relativo aos aposentados é também aplicável aos que se encontrem desligados do serviço aguardando aposentação.

NOTAS

1 – O primeiro direito decorrente da situação de aposentação é o *direito à pensão*. Trata-se, de resto, do principal efeito que emerge da aposentação: na verdade, um *direito fundamental*.
Sobre ele, ver anotação 2 ao art. 46º supra.

2 – No entanto, diz o nº1, continua vinculado à função pública. Embora perca o direito ao lugar e ao exercício do cargo, continua a poder dispor de honras e direitos próprios da função que até aí desempenhara. Daí que permaneça dotado de *direitos complementares*. Vejamos alguns:
   a) D*ireito de conservação dos títulos e da categoria do lugar* que o aposentado ocupava, desde que não dependam da situação de actividade. Por exemplo, continuará com a categoria anterior de Director-Geral, Coronel, etc. E o juíz do Supremo Tribunal Administrativo ou do Supremo Tribunal de Justiça, por exemplo, manterá o título de Conselheiro (art. 20º do Estatuto dos Magistrados Judiciais).
   b) *Direito à assistência na tuberculose*. Os servidores civis do Estado e das autarquias mantêm o direito à assistência na tuberculose quando na situação de aposentado (art. 2º, §2º, al.a), do DL nº 48 359, de 27/04/68).
   c) *Direito à assistência médico-medicamentosa em geral*. Este direito de assistência na doença dos servidores do Estado, vulgo ADSE, permanece durante a situação de aposentado (art. 3º, al.a), do DL nº 118/83, de 25/02).
   d) *Direito ao subsídio de Natal* (arts.1º, nº2, do DL nº 496/80, de 20/10).
   e) *Direito à protecção nos encargos familiares*, através da concessão de: «subsídio familiar a crianças e jovens»; «subsídio por frequência de estabelecimentos de educação especial»; «subsídio por assistência de terceira pessoa»; «subsídio mensal vitalício» (D.L. nº 133--B/97, de 30/05: art. 3º, nº, al.b)).

3 – No que respeita aos *deveres*, deixa de ter os puramente «profissionais», aqueles que são inerentes a um exercício efectivo do cargo, mas continua mantendo os «estatutários» e quaisquer outros que não dependam da situação de actividade. Citaremos os seguintes:
a) *dever de pagar as importâncias em dívida referidas no art. 18º* (cfr. art. 57º, nº1);
b) *dever de pagar as indemnizações* que, por motivo de elevação geral de vencimentos, a lei estabeleça (art. 57º, nº1, "in fine");
Estas importâncias serão objecto de desconto na 1ª pensão e seguintes, se disso houver necessidade.
c) *dever de lealdade ao Estado*;
d) *dever de conduta digna*, principalmente de não cometer ilícitos criminais;
e) *dever de não atentar contra a dignidade e prestígio do serviço público* que serviram;
f) *dever de sigilo profissional* relativamente às situações de que tomou conhecimento no exercício do cargo:
Sobre o assunto: **J. Alfaia**, *ob. cit.*, I, pág. 465 e II, pág. 1095; **M. Caetano**, *ob. cit.*, II, pág. 794/795.

4 – O regime exposto relativo aos direitos e deveres, tal como ainda qualquer disposição, princípio ou regra aplicável aos aposentados, é extensível aos «*desligados do serviço*» que estejam «aguardando aposentação», isto é, àqueles que, tendo abandonado o serviço por uma das causas habituais (limite de idade, incapacidade, etc), têm o seu processo de aposentação em curso praticamente concluído e já com a resolução final a que respeita o art. 97º comunicada aos serviços onde o subscritor exerce funções, faltando apenas a eficácia da definição do direito com a publicação da lista dos aposentados (cfr. arts. 73º e 99º).

ARTIGO 75º
Sustação do abono pensão

Se na data da passagem à situação de aposentado ou à prevista no n.º 2 do artigo 99º o interessado estiver a cumprir pena criminal ou disciplinar que importe suspensão de remunerações, só a partir do termo deste se iniciará o abono das respectiva pensão.

NOTAS

1 – O preceito apresenta alguma semelhança com o comando do art. 71º supra e, tal como este, visa fazer repercutir sobre a esfera actual do

interessado os efeitos decorrentes de uma acção ou omissão ilícita (disciplinar ou criminal) verificada num quadro de actividade pretérita: num caso, como noutro, os factos ilícitos foram cometidos enquanto eram trabalhadores activos e subscritores da Caixa.

A diferença reside no facto de o art. 71º prever a circunstância de a «condenação disciplinar ou penal» ocorrer já durante a situação de aposentado, enquanto no presente artigo a «condenação» ter que ser anterior a essa situação.

Por outro lado, no art. 71º está implícito que o cumprimento da pena se inicie quando o interessado se encontra já aposentado, ao passo que aqui é suposto que o início do cumprimento tenha lugar antes da passagem à situação de aposentado. Com efeito, é necessário que «na data da passagem à situação de aposentação» (cfr.art. 73º) ou no período de espera pela aposentação (art. 99º, nº2) ele esteja já «a cumprir pena criminal ou disciplinar que importe suspensão de remunerações».

Assim se compreende, agora, a diferença de terminologia utilizada em ambos os preceitos. No art. 71º *suspende-se o pagamento* da pensão; pelo art. 75º *susta-se o abono* da pensão. Além, trava-se algo que estava em curso ou já iniciado; aqui, evita-se que se dê início sequer ao pagamento, impedindo-se o começo do processamento de qualquer pensão durante o tempo por que durar a execução da pena. O início do processamento da pensão ocorrerá apenas na data do termo da pena (v. ainda anotação ao art. 98º)

2 – Tal como sucede com o artigo 71º, também aqui só releva a condenação efectiva no termo do respectivo processo disciplinar ou criminal. Não conta para tal a simples pronúncia em processo criminal, pois os efeitos que lhe andam associados (suspensão de funções e do vencimento de exercício: art. 6º, nº1 do ED) apenas se compreendem enquanto reflexíveis na esfera do funcionário activo, mas em que por causa dela passe a haver ausência de exercício.

3 – Quanto às penas a que o artigo se reporta, são aquelas que importem por si a *suspensão* de remuneração.

Temos, pois, em matéria disciplinar, os casos da pena de «suspensão» (art.13º, nº2, ED) e de «inactividade» (art. 13º, nºs 2 e 5, do ED). Nestas hipóteses, as penas impostas implicam o não exercício do cargo ou da função e a perda da consequente remuneração de tantos dias quantos tenha durado a suspensão ou inactividade.

É verdade que, como consequência da pena, as disposições citadas (v.g., art. 13º, nº2, do ED) apontam a *«perda»* da remuneração, e isso poderia tornar-se contraditório ou diferente relativamente à previsão do artigo em exame, que apenas fala em *«suspensão»* da remuneração. No entanto, do que se trata verdadeiramente na previsão do presente artigo é da ausência de remuneração pelo tempo de cumprimento da pena. A utilização dos termos «suspensão» ou «perda» parece-nos aqui indistinta e sem profundo significado semântico. É evidente que durante a execução da pena, a remuneração que até aí estava a ser paga, deixa de o ser: nessa medida há um interregno, um período em que o *processamento se suspende*, sim. Mas, se pensarmos bem, os efeitos práticos equivalem aos da perda, visto que as remunerações não percebidas já não são mais recuperáveis, nem mesmo após amnistia sobrevinda à execução. A suspensão do processamento tem por efeito real a perda da remuneração.

No foro penal, ficam abrangidos os crimes punidos com pena de prisão que importem a proibição ou a suspensão do exercício de função (arts. 66° e 67° do CP). Com efeito, tanto uma como outra das situações, determinam a perda dos direitos e regalias atribuídos ao funcionário ou agente (art. 68°, n°1, do CP), além de que à «suspensão do exercício de função» se ligam os efeitos que acompanham a sanção disciplinar da suspensão do exercício de funções (art. 67°, n°2, do CP).

4 – Na anotação anterior não incluímos no elenco das penas disciplinares que conduzem à «suspensão» remuneratória as de *demissão* e *aposentação compulsiva*. Foi consciente a omissão.

Realmente, pensamos que a previsão da norma se fica pelos casos em que a suspensão do processamento da remuneração é *efeito* ou consequência material de pena aplicada ao «funcionário» ou «agente» no activo, qualidade que mantinha (e que não perdeu)no momento da aplicação da pena e do início do cumprimento desta.

Ora, a demissão e a aposentação compulsiva colocam inevitavelmente os autores do ilícito fora da função (daquela função, pois no caso da demissão, e verificados certos condicionalismos, pode haver lugar a nova nomeação ou contratação: art. 13°, n° 11, do ED). Em princípio, portanto, sobre estes visados não pode falar-se de *suspensão* do recebimento das remunerações, porque na verdade o que há é uma *perda da qualidade de funcionário ou agente* e a consequente, e jamais reparável, *perda das remunerações*. De modo que, em seu sucedâneo, do que se pode começar a falar é, sim, de pensões de aposentação, tanto no caso da demissão (na presença de certos requisitos: cfr. art. 37°, n°2, al.c); art. 40°, n°s 2 e 3, do presente Estatuto), como no da aposentação compulsiva (arts. 42° , 56°, deste Estatuto e 13°, n°10 do ED).

5 – Pelo que se deixou dito, o regime do artigo ora em apreço é igualmente diferente do que segue prescrito no art. 76°, pois do que aí se trata é de disciplinar as situações de aplicação de penas aos *aposentados* (cfr. tb. art. 15°, do ED).

Artigo 76º
Penas disciplinares

1 – Na aplicação de penas disciplinares aos aposentados, as de multa, suspensão ou inactividade serão substituídas pela perda da pensão de aposentação por igual tempo.

2 – A pena de demissão ou equivalente determina a suspensão do abono da pensão pelo período de três anos.

NOTAS

1 – Redacção dada pelo DL nº 191-A/79, de 25/06.

2 – O artigo tem por referência e pressuposto a aplicação de «penas disciplinares» aos ex-funcionários que se encontrem já na situação de aposentados. A filosofia que encerra é a de, mesmo na situação de aposentação, suspender-se o processamento do abono da pensão em virtude de pena disciplinar imposta por ilícito cometido ao tempo de actividade funcional do então funcionário. Se assim não fosse, a pena seria inútil e ineficaz e a infracção não traria quaisquer consequências para o interessado. É isto que se quer evitar. Ao mesmo tempo, visa o preceito consciencializar o ainda funcionário prestes a aposentar-se de que até ao fim deve continuar fiel aos princípios, valores e deveres que caracterizam a função administrativa e pelos quais sempre deverá ter tido respeito, de maneira a não cair em rebeldia ou tentação infraccional, seja ela qual for.

Se, enquanto activo, o funcionário deixa de exercer função e receber a consequente remuneração (nos casos de suspensão ou inactividade) ou tem que pagar multa fazendo baixar o quantitativo remuneratório habitual, então a lógica aconselha a que esses reflexos acompanhem o aposentado, fazendo-se sentir, não na remuneração (que já não recebe), mas na pensão de aposentação que lhe esteja a ser atribuída.

3 – O artigo em apreço deve considerar-se parcialmente revogado pelo art. 15º do Estatuto Disciplinar (DL nº 24/84, de 16/01) que, além de posterior, disciplina exactamente a mesma matéria.

É o seguinte o seu teor:

«1 – Para os funcionários e agentes aposentados as penas de suspensão ou inactividade serão substituídas pela perda da pensão por igual tempo, e a de multa não poderá exceder o quantitativo correspondente a 20 dias de pensão.

2 – A pena de aposentação compulsiva será substituída pela perda do direito à pensão pelo período de 3 anos.

3 – A pena de demissão determina a suspensão do abono da pensão pelo período de 4 anos».

Relativamente ao dispositivo do presente Estatuto, a inovação do Estatuto Disciplinar reside no aumento de três para quatro da perda do abono da pensão em consequência da pena de demissão ou equivalente e no estabelecimento de um tecto valorativo máximo da pensão que não poderá ser ultrapassado na substituição da multa por igual tempo de perda da pensão (recorde-se que as penas de multa são fixadas em "quantia certa": art. 12º, nº2, do ED).

4 – Penas equivalentes às de demissão encontrar-se-ão nos diplomas orgânicos que especialmente regulem as situações particulares de certas categorias funcionais. Serão, entre outras, a *destituição*, a *eliminação*, o *despedimento*, o *abate* ou a *baixa de serviço*.

5 – O artigo seguinte estabelece a perda da pensão por motivos criminais.

JURISPRUDÊNCIA

«I – O despacho que, embora com invocação de preceito legal que permite a *destituição,* por mera conveniência, dos membros dos órgãos de uma empresa publica, determina a destituição de um desses membros, mas por fundamentos de natureza disciplinar , pretendendo agir contra o mesmo, por lhe imputar conduta violadora dos deveres do respectivo cargo, aplica uma verdadeira sanção disciplinar, pois como tal se tem de considerar a destituição ordenada.

II – A aplicação dessa sanção só pode ser feita mediante a instauração de processo disciplinar em que sejam concedidas ao arguido as necessárias garantias de defesa.

III – A exigência de audiência previa do arguido constitui principio geral valido para todos os processos em que se apliquem sanções.

IV – A falta de instauração de processo disciplinar, com a consequente falta de audiência do interessado, no caso referido no n. I, constitui vicio de forma, gerador de anulabilidade do acto.

V – A incompetência para a pratica do acto impugnado e de conhecimento prioritário em relação aos restantes vícios arguidos, incluindo os vícios de forma.

VI – A competência para o despacho referido no n. I tem de ser apreciada em função da natureza do acto, determinada pelo respectivo conteúdo aplicação de uma sanção disciplinar, e não em atenção ao preceito legal invocado.

VII – Pela estrutura do Governo estabelecida pelo Decreto-Lei n. 683--A/76, de 10 de Setembro, o Primeiro-Ministro e o Secretario de Estado da Comunicação Social eram competentes para a aplicação da sanção disciplinar de *destituição* a um membro do conselho de gerência da Empresa Publica dos Jornais Século e Popular».
(Ac. do STA de 28/02/80, Proc. nº 010416)

«I – Para que a *suspensão de eficácia* do acto recorrido possa ser concedida pelo Tribunal e necessária a verificação cumulativa dos requisitos enunciados no artigo 76° da L.P.T.A..

II – Atento o rigoroso sistema disciplinar a que estão sujeitos os despachantes oficiais – simultaneamente a disciplina da Câmara dos Despachantes e a do Estatuto Disciplinar – a suspensão da eficácia do acto que pune um despachante com a pena de *eliminação do quadro* atingindo o prestigio do serviço, poderia implicar grave dano para a realização do interesse publico prosseguido pelo Estado, no âmbito da actividade em causa».
(Ac. do STA, de 13/02/86, Proc. nº 23347ᴬ)

«I – No processo disciplinar instaurado a despachante oficial, o artigo 467°, da Reforma Aduaneira não permite a aplicação de penas não previstas no capítulo III – Das penas disciplinares –, artigo 463° e 468°.

II – A pena de *"eliminação do quadro"*, seguida de cassação do alvará de nomeação", n. 5 do artigo 463 da Reforma Aduaneira, distingue-se da pena de "demissão" do Estatuto Disciplinar dos Funcionários e Agentes da Administração Central, Regional e Local, aprovado pelo Decreto-Lei n. 24//84, de 16 de Janeiro.

III – Não é aplicável a pena do n. 5 do artigo 463° da Reforma Aduaneira a um arguido de casos de negligência, comportamento meramente culposo de quem nunca antes sofrera qualquer sanção».
(Ac. do STA, de 11/12/86, Proc. nº 022840)

«A execução de um acto que aplica pena disciplinar de suspensão por 120 dias, substituída por perda da pensão de aposentação por igual tempo, causa prejuízo de difícil reparação para os efeitos do disposto no art. 76°, n°1,al. a), da Lei de Processo nos Tribunais Administrativos (LPTA) – DL 267/85.07.16. – quando se prove que essa ablação patrimonial causa ao aposentado diminuição do nível e qualidade de vida que a pensão lhe assegurava».
(Ac. do STA, de 14/07/87, Proc. nº 25099ᴬ)

«I – A pena de *aposentação compulsiva* imposta em Processo Disciplinar, por um Membro do Governo, a um funcionário dos Serviços do seu Ministério, não carece, desde a vigência do actual Estatuto Disciplinar dos

Funcionários e Agentes da Administração Central, Regional e Local, de confirmação do Conselho de Ministros.

II – As decisões que apliquem penas disciplinares não carecem de publicação no Diário da Republica começando as penas a produzir os seus efeitos legais no dia seguinte ao da notificação do arguido ou, não podendo ser notificado, 15 dias após a publicação de aviso nos termos do n. 2 do artigo 59° do mencionado Estatuto.

III – Apenas é obrigatória a publicação na 2ª Serie do D. da República da vacatura de lugar ou cargo em consequência da aplicação de penas de Aposentação Compulsiva e Demissão.

IV – A entidade competente que impõe pena disciplinar pode legalmente faze-lo em simples Decisão de Concordância com as Conclusões do relatório e Proposta formulada pelo Instrutor do respectivo processo, somente se impondo a fundamentação da Decisão quando não concordante com a substancia de tal Relatório e Proposta».

(Ac. do STA, de 09/10/90, Proc. n° 025521)

«I – Nos recursos jurisdicionais das decisões dos tribunais administrativos era aplicável o disposto no art.746/1 do C PC (anteriormente à reforma introduzida pelo DL *329-A/95*, de 12 DEZ e DL 180/96, de 25 SET) aos recursos com subida diferida.

II – Na parte correspondente aos danos emergentes da *destituição*, por força do disposto no art. 7°, n°5 do DL 464/82-9DEZ, é a empresa respectiva e não o Estado o sujeito passivo da obrigação de indemnizar o gestor público cujo mandato cessou antes do termo normal do mandato, por resolução do Conselho de Ministros que veio a ser anulada por vício de forma».

(Ac. do STA, de 08/05/97, Proc. n° 036214)

«I – A possibilidade de quantificação dos prejuízos causados pelo acto administrativo não deve servir de critério único a considerar na dogmática da suspensão de eficácia no âmbito do requisito da alínea a), do n°1, do art. 76° da LPT A.

II – A *privação*, por força de acto disciplinar punitivo, de um rendimento normal e certo, como o que deriva *de pensão de reforma*, necessária à satisfação das necessidades e despesas básicas do requerente e seu agregado, é questão relacionada com a subsistência humana e com a dignidade de vida e, portanto, com direitos fundamentais de tutela constitucional.

III – Um quadro deste tipo pode gerar situações actuais de carência, de perda de nível material, social e até de saúde psicossomática de raiz psicológica derivada de desgosto, ansiedade, confiança, auto-estima, etc., etc., que nem a compensação futura pela via indemnizatória após a anulação do acto administrativo é capaz de eliminar ou retroactivamente repor».

(Ac. do TCA, de 16/03/2000, Proc. n° 4075-A/00)

«I – A *perda de pensão* por doze meses, por efeito da aplicação de uma sanção disciplinar a um funcionário de finanças aposentado, embora seja de fácil cálculo pecuniário, pode constituir prejuízo de difícil reparação, desde que dela resulte a impossibilidade de satisfação de necessidades básicas do requerente da suspensão e respectivo agregado familiar.
II – ....».
(Ac. do TCA, de 13/04/2000, Proc. n° 4180-A/00)

«I – Um assalariado que presta horas de limpeza numa escola não é funcionário e está sujeito à legislação do contrato de trabalho.
II – O acto de *despedimento* de um assalariado constitui uma mera declaração de vontade no exercício de um direito privado de rescisão de um contrato de trabalho, pelo que são os Tribunais do Trabalho e não os Administrativos os competentes para conhecerem da respectiva legalidade».
(Ac. do TCA, de 10/01/2002, Proc. n° 3114/99)

«I – Cumpre ao requerente invocar os requisitos positivos e negativos estabelecidos no n°1 do art. 76° da LPTA.
II – A alegação e prova do prejuízo constante da alínea a) do n°1 daquele artigo deve ser feita através de factos explícitos, específicos e concretos de onde se possa extrair um juízo de prognose acerca do nexo de causa e efeito entre a execução do acto e o dano invocado.
III – Tendo a pena de demissão sido substituída pela *perda do abono da pensão* de aposentação ao funcionário já aposentado, será esta perda que relevará para efeito de demonstração do referido prejuízo e da alegada grave sobrevivência económica.
Para isso deverá ser preciso invocar em que medida essa dificuldade se verificaria através de dados concretos sobre as fontes de rendimento da requerente e sobre as despesas, custos e encargos que mensalmente suporta»
(Ac. do TCA, de 24/01/2002, Proc. n° 11021/01/A)

«I – As penas disciplinares de aposentação compulsiva e de demissão, previstas para os funcionários que cometam a infracção do art.° 26, n° 2, alínea h), do ED, só podem ser aplicadas desde que, ponderadas as circunstâncias concretas, se conclua que as mesmas inviabilizam a manutenção da relação funcional (cláusula geral consignada no n°1).
II – Tais sanções não são, assim, nesse caso, de aplicação automática».
(Ac. do STA, de 09/05/2002, Proc. n° 048209)

Artigo 77º
Penas criminais

1 – À demissão ou situação equivalente derivadas de condenação criminal definitiva é aplicável o disposto no n.º 2 do artigo anterior.

2 – Se além da demissão referida no número anterior houver lugar à aplicação de pena superior a três anos, a suspensão do abono manter-se-á durante o cumprimento da pena.

3 – Acarreta a perda da pensão pelo tempo correspondente à suspensão a aplicação, por condenação penal definitiva, das penas prevista no n.º 6 do artigo 55º, n.º 3 do artigo 56º e n.º 2 do artigo 57º, todos do Código Penal.

NOTAS

1 – A redacção actual resulta do art. 1º do DL nº 191-A/79, de 25/06.

2 – Cfr. art. 71º, supra e 15º do Estatuto Disciplinar.

3 – Segundo o nº1, a demissão aplicada em consequência de condenação criminal por factos cometidos pelo funcionário no activo determina, tal como previsto para igual sanção disciplinar (art. 76º), a perda da pensão de aposentação por um período de 4 anos (seria de três anos, tal como prescrito no nº2 do artigo anterior, se não fosse a sua substituição revogatória pelo art. 15º do ED).

4 – Se, além da demissão, o agente criminoso sofrer uma pena de prisão superior a três anos, a suspensão do processamento da pensão (que efectivamente perderá, e que não mais recuperará) não será apenas pelo período de 4 anos, mas sim pelo tempo por que durar o cumprimento da pena (nº2).

É claro que neste raciocínio há uma falácia que importa corrigir. Se a suspensão do abono da pensão por 4 anos decorre da mera aplicação da demissão (na interpretação que demos ao nº1 e à sua interligação com o artigo anterior, este por seu turno entendido revogado), então a suspensão da pensão «durante o cumprimento da pena» só faz sentido se a pena de prisão for no mínimo de 4 anos (neste sentido, tb. **J. Alfaia**, *ob., cit*., II, pág. 1080).

5 – Relativamente ao nº3, o seu desfasamento quanto à nova tipologia de penas criminais é notório e deve por isso considerar-se parcialmente revogado (ver anot. 1ª ao art. 71º).

6 – Sobre a «situação equivalente» à de demissão, ver anot. 3ª ao artigo anterior.

Artigo 78º
Incompatibilidades

1 – Os aposentados ou reservistas da Força Armadas não podem exercer funções públicas ou a prestação de trabalho remunerado nas empresas públicas, excepto se se verificarem algumas das seguintes circunstâncias:
   a) Quando exerçam funções em regime de prestação de serviços nas condições previstas na alínea a) do n.º 2 artigo 1º;
   b) Quando haja lei que o permita;
   c) Quando, sob proposta do membro do Governo que tenha poder hierárquico ou tutela sobre a entidade onde prestará o seu trabalho o aposentado ou reservista, o Primeiro-Ministro, por despacho, o autorize, constando no despacho o regime jurídico a que ficará sujeito e a remuneração atribuída.

NOTAS

1 – Redacção dada pelo nº1, do art. 8º do DL nº 215/87, de 19/05.
Convém chamar a atenção para o facto de no segmento inicial da disposição do nº1 « *Os aposentados ou reservistas...*» o legislador não ter querido utilizar a conjunção «**ou**» reportada a um sentido de sinonímia, mas sim com a ideia de ligar à mesma função os dois substantivos da oração. Tendo cada um dos vocábulos «*aposentados*» e «*reservistas*» um significado exacto e diverso, porque referente a classes funcionais distintas, «**ou**» surge aqui com o objectivo preciso de unir uns "**e**" outros à proibição estabelecida no preceito, logo com a função copulativa ou aditiva.

2 – É curioso notar que a redacção primitiva do artigo, embora com a mesma epígrafe, visava estabelecer aos aposentados impedimentos ao exercício de funções remuneradas (o que não era previsto para actividades gratuitas e de voluntariado) para os organismos do Estado, institutos públicos, organismos de coordenação económica, autarquias locais e empresas públicas, excepção feita às funções prestadas em regime de prestação de serviços nas condições previstas na alínea a), do nº2, do artigo 1º, bem assim como às demais permitidas por lei, «quer directamente, quer mediante autorização do Conselho de Ministros».
Tratava-se de uma proibição legal cujo desrespeito faria incorrer o interessado, e os demais responsáveis, na reposição solidária do que houvesse sido pago pelo exercício das funções, sem prejuízo de procedimento disciplinar, conforme o prescrevia o nº2.

O que presentemente o artigo estipula é algo semelhante, embora apresente duas principais diferenças: por um lado, aplica-se aos «aposentados» e também aos «reservistas das Forças Armadas»; por outro lado, não estabelece a sanção para o exercício praticado fora dos casos previstos na alínea a), não permitido por lei (al.b)) e não autorizado (al.c)).

A regra actualmente é a seguinte: o aposentado e o reservista das F.A. não podem voltar a trabalhar para o Estado e demais entes públicos (cfr. art. 1º), nem deles receber remuneração segundo regime igual ou semelhante àquele por que se aposentou. O espírito da lei é evitar a duplicação de rendimentos a cargo do Estado relativamente ao mesmo beneficiário num quadro de vinculação à hierarquia e disciplina que esta implica.

Mas há excepções.

3 – A primeira excepção à proibição imposta consiste na *prestação de serviço* a qualquer entidade pública, sem que esta exerça algum papel de controle, orientação, direcção e disciplina sobre aquele. O agente activo do contrato da prestação do serviço, o prestador, tem que desempenhar a actividade em total autonomia, sujeito a si mesmo, sem obediência a ordens e instruções do beneficiário do resultado do seu trabalho. O órgão público apenas tem que contratar com aquele o efeito desejado, isto é, o objecto do serviço, e bem assim a contrapartida da remuneração.

Em tais casos, é suposto que, estando fora do regime de emprego público, o prestador age como outro qualquer profissional, como qualquer contratante privado, portanto, sem vínculo e livre de recusar o serviço que lhe é proposto.

Ver: art. 1154º do C.C.

4 – A segunda excepção é legal. Deriva de uma permissão legal para o exercício de funções públicas.

A terceira resulta de uma autorização administrativa, concretamente do 1º Ministro, sob proposta do membro do governo que detenha poder hierárquico ou tutelar sobre a entidade onde o aposentado vai exercer funções. Sobre esta excepção, foi já expendido que sofreria de inconstitucionalidade, por ofensa ao então art. 115º, nº1 da CRP (hoje, art. 112º, nº1), na medida em que deposita no 1º Ministro a competência para integrar a lei, não só relativamente aos casos excepcionais em que o aposentado pode exercer funções públicas, como ao regime jurídico que lhe será aplicável (**J. Alfaia**, *ob. cit.*, pág. 1097).

5 – *Reservistas* das Forças Armadas são, perdoado o pleonasmo, os militares que se encontrem na «situação de reserva».

Reserva é a situação para que transita o militar do activo quando verificadas as condições estabelecidas no Estatuto dos Militares das Forças

Armadas (DL nº 236/99, de 25/06, alterado pelas Leis nºs 12-A/2000, de 24/ /06 e 25/2000, de 23/08 e pelo DL nº 66/2001, de 22/02), mantendo-se no entanto disponível para o serviço (art. 143º do cit. Estatuto).

Quais são as condições para a passagem à «situação de reserva»? Responde o art.153º do EMFA:

Transita para a situação de reserva o militar que:
a) atinja o limite de idade estabelecido para o respectivo posto;
b) tendo 20 ou mais anos de serviço militar, a requeira e lhe seja deferida;
c) declare, por escrito, desejar a passagem à reserva depois de completar 36 anos de tempo de serviço militar ou 55 anos de idade;
d) seja abrangido por outras condições previstas no Estatuto dos Militares das Forças Armadas. Para além destas, ainda há outras condições de passagem à reserva (cfr. art. 155º do cit. dip.).

Fora o aqui previsto, o art. 156º do mencionado Estatuto prevê a possibilidade de serviço militar efectivo pelo militar na situação de reserva.

A título de curiosidade, sobre a remuneração dos militares na situação de reserva, ver arts. 16º a 18º do DL 328/99, de 18/08.

6 – O regime jurídico do Sector Empresarial do Estado e das *Empresas Públicas* encontra-se no DL nº 558/99, de 17/12.

JURISPRUDÊNCIA

«I – Nos casos em que aos aposentados ou reservistas das Forças Armadas seja permitido, nos termos do art. 78º do Estatuto da Aposentação, desempenhar funções públicas ou prestação de trabalho remunerado em empresas publicas ou entidades equiparadas, é-lhes mantida a pensão de aposentação ou de reforma.

II – É-lhes mantida ainda abonado 1/3 da remuneração que competir ao desempenho de tais funções, nos termos do artigo 79º do referenciado Estatuto, podendo o Senhor Primeiro Ministro, através dos mecanismos apontados em tal preceito, autorizar montante superior até ao limite da mesma remuneração»
(Ac. do STA de 09/07/91, Rec. nº 025 855)

PARECERES DA PROCURADORIA GERAL DA REPÚBLICA

«1 – No domínio do artigo 6 do Decreto-Lei n 410/74, de 5 de Setembro (redacção do artigo 1º do Decreto-Lei n 607/74, de 12 de Novembro), estavam sujeitos a respectiva disciplina apenas os subscritores da Caixa Geral de Aposentações ligados a entidades privadas por contrato de trabalho;

2 – O artigo 78° do Estatuto da Aposentação não constitui obstáculo a eleição de um cidadão aposentado para o cargo de Provedor de Justiça, quer porque a lei o permite directamente (artigos 49°, n 1, e 153 da Constituição, 4° do Estatuto do Provedor de Justiça, aprovado pela Lei n 81/77, de 22 de Novembro, e 2°,5°, e 6° da Lei n 14/79, de 16 de Maio), quer porque a exigência de autorização do Conselho de Ministros nele formulada, neste caso contraria ao principio da divisão de poderes acolhido no artigo 114° da Constituição, não poderia subsistir nos quadros de uma necessária interpretação conforme a Constituição;

3 – As remunerações do Provedor de Justiça, Juiz Conselheiro aposentado, devem ser determinadas em obediência ao disposto no artigo 79° do Estatuto de Aposentação, com as ressalvas das conclusões que se seguem;

4 – A remuneração do Provedor de Justiça em caso algum pode ser inferior a fixada no artigo 8 do respectivo Estatuto, uma vez que a esta cumpre uma função de garantia da independência do titular do cargo;

5 – Por ser incompatível com a independência, estatutariamente garantida, do Provedor, não lhe e aplicável o artigo 79° do Estatuto da Aposentação na parte em que confere ao Conselho de Ministros a faculdade de autorizar a atribuição de abono superior a terça parte das remunerações que correspondem as funções exercidas».

(Parecer da PGR, de 19/01/85, in BMJ n° 341/59)

«1 – A inscrição na Caixa Geral de Aposentações (e no Montepio Servidores do Estado) é obrigatória para todos os funcionários ou agentes que exerçam funções, com subordinação a direcção e disciplina dos respectivos órgãos da Administração Central, Regional e Local, incluindo federações ou associações de municipais, institutos públicos e outras pessoas colectivas de direito publico e recebam ordenado, salário ou outra remuneração susceptível, pela sua natureza, do pagamento da quota;

2 – A inscrição na Caixa Geral de Aposentações está, porém, subordinada ao limite de idade máximo, que será o que corresponda a possibilidade de o subscritor perfazer o mínimo de 5 anos de serviço ate atingir o limite de idade fixado para o exercício do respectivo cargo;

3 – A inscrição na Caixa Geral de Aposentações determina para o subscritor o dever de pagar a respectiva quota, nos termos do artigo 5 do Estatuto da Aposentação e 11 do Decreto-Lei n 40-A/85 de 11 de Fevereiro;

4 – Os aposentados que, nos termos dos artigos 78° e 79° do Estatuto da Aposentação, sejam autorizados a exercer novas funções publicas, que não constituam mera prestação de serviço, e que atribuam a qualidade de funcionário ou agente, integram-se, salvo os limites do artigo 4°, no âmbito objectivo e subjectivo definido no artigo 1 daquele diploma e devem ser obrigatoriamente inscritos na Caixa Geral de Aposentações pelo novo cargo;

5 – A opção pela anterior aposentação, ou pela aposentação decorrente do cargo subsequentemente exercido, nos termos do artigo 80° do Estatuto da Aposentação, opera apenas quando se verifiquem, relativamente ao interessado, os respectivos pressupostos;
6 – Verificados os pressupostos objectivos e subjectivos referidos na conclusão 4, a inscrição na Caixa Geral de Aposentações é obrigatória, independentemente de um juízo de prognose que nesse momento o interessado formula quanto a eventual opção no domínio da possibilidade prevista no artigo 80 do Estatuto da Aposentação;
7 – O Lic (...), aposentado, nomeado para exercer, nos termos dos artigos 2, n 1, alínea a), e 4 do Decreto-Lei n 191-F/79, de 26 de Junho, o cargo de director-geral da ADSE, deve ser obrigatoriamente inscritos na Caixa Geral de Aposentações se, ao tempo do inicio do exercício de funções, não tivesse ainda atingido o limite máximo de idade (65 anos) previsto no artigo 4 do Estatuto da Aposentação».

(Parecer da PGR, de 07/03/91, in DR, de 27/08/91)

«1 – O exercício dos cargos de adjunto e secretário do gabinete de apoio pessoal previsto no artigo 8° do Decreto-Lei n 116/84, de 6 de Abril, na redacção da Lei n 44/85, de 13 de Setembro, por aposentados, cabe na previsão do n° 1,do artigo 78° do Estatuto da Aposentação, na redacção do n°1 do artigo 8° do Decreto-Lei n 215/87, de 29 de Maio;
2 – O exercicio desses cargos depende da autorização prevista na alínea c) do n 1do referido artigo 78°;
3 – As remunerações desse pessoal, quando autorizado a desempenhar tais funções, devem ser determinadas nos termos do disposto no artigo 79° do referido Estatuto».

(Parecer da PGR, de 16/01/92, in DR, de 20/05/92, pág. 4457)

Artigo 79°
Exercício de funções públicas por aposentados

Nos casos em que aos aposentados ou reservistas das Forças Armadas seja permitido, nos termos do artigo anterior desempenhar funções públicas ou prestação de trabalho remunerado nas empresas públicas ou entidades equiparadas, é-lhes mantida a pensão de aposentação ou de reforma e abonada uma terça parte da remuneração que competir a essas funções, salvo se o Primeiro-Ministro, sob proposta do membro do Governo que tenha o poder hierárquico ou de tutela sobre a entidade onde prestará o seu trabalho o aposentado ou reservista, autorizar montante superior, até ao limite da mesma remuneração.

NOTAS

1 – Redacção dada pelo n°1, do art. 8° do DL n° 215/87, de 19/05.

Sobre o sentido da conjunção «ou» colocada entre «aposentados» e «reservistas», vide anotação 1ª ao artigo anterior.

2 – O n°2, do cit. art. 8° dispõe: *«2 – O art. 79° do Estatuto da Aposentação, na redacção que lhe é dada pelo presente decreto-lei, não se aplica aos reservistas das Forças Armadas, no caso da sua permanência ou convocação para regressarem à efectividade de serviço».*

Isto tem uma explicação.

O militar na reserva pode encontrar-se numa de duas situações: ou na «efectividade de serviço», ou «fora da efectividade de serviço» (art. 143°, n°2, do EMFA).

Estando em «efectividade de serviço» ou tendo sido convocado ao seu desempenho (cfr. tb. art. 156° do EMFA), o que se passa é que o militar, no fundo, verdadeiramente, volta ao activo. Nesse pressuposto, deixa de haver motivo para o acréscimo remuneratório previsto no artigo em análise. Por isso é que o artigo 16°, n°3, do DL n° 328/99, de 18/08 prevê que a remuneração dos militares na situação de reserva na efectividade de serviço é igual à dos militares no activo do mesmo posto e escalão.

Ou seja, se não estão em efectividade, os militares reservistas têm uma remuneração calculada segundo um método equivalente ao da pensão dos aposentados (cfr. art. 53° supra e art. 16°, n°1, do DL n° 328/99). Nesse caso, justifica-se que em exercício de funções públicas ou quando em prestação de trabalho remunerado em empresas públicas ou entidades equiparadas possa haver lugar ao acréscimo referido no artigo, de modo a poder receber a remuneração da reserva e ainda a percentagem legal (um terço) ou administrativamente fixada (2ª parte do artigo) da remuneração correspondente a essas funções.

Mas, se ele se limita a retornar ao efectivo exercício militar, o que volta a acontecer é uma espécie de justaposição ou reunião simultânea de uma situação estatutária com o quadro de actividade funcional correspondente. Não há um novo "quid", uma nova e diferente qualidade que acresça à de simples reservista (como acontece quando vai trabalhar noutras funções públicas, em que passa a contribuir com diferentes sinergias, com adicionadas forças e novo capital humano de empenhamento, esforço e saber). Por isso, em tais condições se limita à remuneração da simples condição de reservista.

3 – O regime aqui estabelecido é postergado nas situações em que o aposentado esteja a beneficiar de um outro regime de abonos à data em que o presente estatuto entra em vigor, o qual assim se manterá (cfr. art. 137°).

4 – Saber se a estatuição do preceito apenas é concebida para situações em que o aposentado vai exercer voluntariamente funções públicas, não podendo por isso ser aplicado aos casos em que ele vai desempenhá-las compulsivamente, é questão delicada.

Sobre o assunto, vide Parecer da PGR n° 24/96 (abaixo transcrito), bem como a bem fundamentada declaração de voto de Eduardo Melo Lucas Coelho.

JURISPRUDÊNCIA

«I – Nos casos em que aos aposentados ou reservistas das Forças Armadas seja permitido, nos termos do art. 78° do Estatuto da Aposentação, desempenhar funções públicas ou prestação de trabalho remunerado em empresas publicas ou entidades equiparadas, é-lhes mantida a pensão de aposentação ou de reforma.

II – É-lhes mantida ainda abonado 1/3 da remuneração que competir ao desempenho de tais funções, nos termos do artigo 79° do referenciado Estatuto, podendo o Senhor Primeiro Ministro, através dos mecanismos apontados em tal preceito, autorizar montante superior até ao limite da mesma remuneração»

(Ac. do STA de 09/07/91, Rec. n° 025 855)

«I – Aos docentes que após a aposentação continuem em funções, nos termos do art. 121° do ECD aprovado pelo DL 139-A/90, de 28 de Abril, são devidas a pensão de aposentação e 1/3 da remuneração correspondente às funções desempenhadas, de acordo com as disposições conjugadas do art.119° do ECD e 79 do Estatuto da Aposentação.

II – É ilegal a recusa de processamento daquela terça parte do vencimento por exercício de funções por aposentados ocorridas na vigência do ECD, com fundamento em despacho do Secretário de Estado da Administração Educativa que reconheceu o direito dos docentes ao seu recebimento, mas determinou que tal despacho produza efeitos apenas a partir de 1.1.97».

(Ac. do STA, de 20/10/98, Proc. n° 042075)

«I – O regime geral previsto no art° 79° do EA tem aplicação dos casos dos docentes que, após verem a sua aposentação deferida, tenham de permanecer em funções por imposição do estatuído no art° 121°, n° 1 do ECD.

II – A tais docentes é devido o abono correspondente a 1/3 da remuneração que auferiam pelo desempenho das suas funções, abono esse que acresce à respectiva pensão de aposentação.

III – É ilegal o despacho normativo que, alterando a disciplina legal imposta pelos citados normativos (art° 79° do EA em conjugação com o art. 121°, n°1 do ECD) determina que tal regime só tem aplicação aos docen-

tes que se aposentem a partir de 1.1.97, sem qualquer fundamento legal ou material, quer por violar o principio da prevalência da lei, quer por violar o principio da igualdade, impondo tratamento desigual para situações iguais, verificados que sejam os pressupostos do regime legal estatuído pelo art° 79° do EA e art°s 19° e 121°do ECD (violação do art. 266 n°2 da CRP)».
(Ac. do TCA, de 17/02/2000, Proc. n° 1180/98)

«1 – O acto pelo qual o Secretário de Estado da Administração Educativa determina que a remuneração prevista no art. 79° do Estatuto da Aposentação se aplica aos docentes em exercício efectivo de funções que se aposentem ao abrigo do art. 121° do DL 139-A/90, de 28-4, é um acto normativo e não um acto administrativo.

2 – É ilegal e deve ser rejeitado o recurso contencioso de anulação que tem por objecto um acto normativo».
(Ac. do TCA, de 01/06/2000, Proc. n° 587/97)

«1 – Os docentes que se aposentem por limite de idade ou por sua iniciativa permanecerão em funções até ao termo do ano lectivo, salvo se a aposentação se verificar durante o 1° trimestre desse ano (art. 121°, n.° 1 do Dec. Lei 139/A/90,de28/4;

2 – Nos casos em que aos aposentados seja permitido desempenhar funções públicas "é-lhes mantida a pensão de aposentação ou de reforma e abonada uma terça parte da remuneração que competir a essas funções" (art. 79° do Estatuto da Aposentação, aprovado pelo Dec. Lei 498/72, de 9/12 e redacção introduzida pelo Dec. Lei 215/87, de 29/5);

3 – O art. 119° do Dec. Lei n° 139/A/90, de 28/4 (Estatuto da Carreira Docente) diz que são aplicáveis ao pessoal docente os Estatutos da Aposentação e de Sobrevivência, com as "alterações constantes do presente capítulo";

4 – Nada havendo no Estatuto da Carreira Docente que contrarie o disposto no art. 79° do Estatuto de Aposentação (ponto 2 deste sumário), então, ao docente que se aposentar, por limite de idade ou por sua iniciativa no decurso dos 2° e 3° trimestres do ano lectivo, e que continue em funções até ao final do ano lectivo, deve ser-lhe abonado, para além da pensão de aposentação, um terço das remunerações respectivas».
(Ac. do TCA, de 15/03/2001, Proc. n° 2748/99)

PARECERES DA PROCURADORIA GERAL DA REPUBLICA

«1 – No domínio do artigo 6° do Decreto-Lei n 410/74, de 5 de Setembro (redacção do artigo I do Decreto-Lei n 607/74, de 12 de Novembro), estavam sujeitos a respectiva disciplina apenas os subscritores da Caixa Geral de Aposentações ligados a entidades privadas por contrato de trabalho;

2 – O artigo 78º do Estatuto da Aposentação não constitui obstáculo a eleição de um cidadão aposentado para o cargo de Provedor de Justiça, quer porque a lei o permite directamente (artigos 49º, n 1, e 153º e da Constituição, 4 do Estatuto do Provedor de Justiça, aprovado pela Lei n 81/77, de 22 de Novembro, e 2º,5º, e 6º da Lei n 14/79, de 16 de Maio), quer porque a exigência de autorização do Conselho de Ministros nele formulada, neste caso contraria ao principio da divisão de poderes acolhido no artigo 114º da Constituição, não poderia subsistir nos quadros de uma necessária interpretação conforme a Constituição;

3 – As remunerações do Provedor de Justiça, Juiz Conselheiro aposentado, devem ser determinadas em obediência ao disposto no artigo 79º do Estatuto de Aposentação, com as ressalvas das conclusões que se seguem;

4 – A remuneração do Provedor de Justiça em caso algum pode ser inferior a fixada no artigo 8º do respectivo Estatuto, uma vez que a esta cumpre uma função de garantia da independência do titular do cargo;

5 – Por ser incompatível com a independência, estatutariamente garantida, do Provedor, não lhe e aplicável o artigo 79º do Estatuto da Aposentação na parte em que confere ao Conselho de Ministros a faculdade de autorizar a atribuição de abono superior a terça parte das remunerações que correspondem as funções exercidas».

(Parecer da PGR, de 19/01/85, in BMJ nº 341/59)

«1 – A partir da entrada em vigor do Decreto-Lei n 215/87, de 29 de Maio, que deu nova redacção aos artigos 78º, nº 1, e 79º do Estatuto da Aposentação, "os reservistas" das Forças Armadas, como tais, só podem exercer (novas) funções publicas verificando-se alguma das circunstancias previstas naquele artigo 78º, n 1 devendo ser remunerados nos termos do referido artigo 79º;

2 – Anteriormente ao Decreto-Lei n 215/87, "os oficiais reservistas", na situação de licenciados, só podiam exercer (novas) funções publicas quando previstas na lei ou autorizadas em Conselho de Ministros, desde que remunerados por gratificação;

3 – "Os oficiais reservistas", bem como os demais dos quadros permanentes das forças armadas, são abatidos a esses quadros, perdendo a qualidade de funcionários militares e adquirindo a de funcionários civis, quando providos definitivamente nos quadros do funcionalismo publico do Estado ou das autarquias locais;

4 – Ao perderem a qualidade de funciona rios militares, nos termos da conclusão anterior os oficiais reservistas perdem necessariamente a sua qualidade de subscritores militares da Caixa Geral de Aposentações e o direito a pensão de reserva, ficando exclusivamente sujeitos ao regime geral de aposentação;

5 – Anteriormente ao Decreto-Lei n 314/82, de 9 de Agosto, que deu nova redacção aos parágrafos 1 e 2 do artigo 14 do Estatuto dos Oficiais das Forças Armadas, aprovado pelo Decreto-Lei n 46672, de 29 de Novembro de 1965, o provimento referido na conclusão 3 devia ser autorizado pela competente autoridade militar, sem o que não poderia ser visado pelo Tribunal de Contas;

6 – Nos termos do n 3 do artigo 7 do Decreto-Lei n 146-C/80, de 22 de Maio, a inexactidão ("falsidade") dos documentos ou declarações que acompanhem os diplomas para provimento de cargos ou lugares, submetidos ao visto do Tribunal de Contas, e fundamento da anulação do visto, por meio de acórdão, importando a publicação deste a imediata suspensão do pagamento de quaisquer abonos e a vacatura do cargo, sem prejuízo das responsabilidades disciplinares ou criminais que no caso se verifiquem;

7 – O diploma de provimento do Lic (...) no lugar de "especialista de clinica cirúrgica" – do quadro de pessoal dos serviços externos da DGSP fixado pelo Decreto-Lei n 268/81, de 16 de Setembro -, por despacho de 15 de Dezembro de 1981, do Ministro da Justiça, foi enviado ao Tribunal de Contas acompanhado de declarações inexactas prestadas pelo interessado, ao omitir a sua qualidade de reservista das forças armadas, e pelos respectivos serviços (da Direcção Geral dos Serviços Prisionais), ao declararem que se cumpriram todas as formalidades exigidas por lei, quando e certo que não fora colhida a necessária autorização militar, referida na conclusão 5;

8 – Consequentemente, verificam-se os pressupostos legais para que o Tribunal de Contas, que visou o provimento referido na conclusão anterior, em 25 de Setembro de 1982, possa anular o visto do referido diploma, a solicitação da Direcção Geral dos Serviços Prisionais, com as consequências referidas na conclusão 6;

9 – Anulado que seja o visto referido na conclusão anterior, com eficácia ex tunc, devera o Ministro da Justiça declarar nulos os actos de 24 de Janeiro de 1985, de 17 de Outubro de 1985 e de 18 de Dezembro de 1986, que proveram o Lic (...) nos lugares de "assistente hospitalar", "chefe do serviço hospitalar" e "director clinico", respectivamente, por constituírem actos consequentes do acto de provimento referido na conclusão 7, valido mas ineficaz, na sequência da anulação do referido visto;

10 – O acto de 18 de Dezembro de 1986, do Ministro da Justiça, que designou o chefe do serviço hospitalar do quadro de pessoal da DGSP, Lic (...) , para o cargo de "director clinico", e nulo, independentemente das razões invocadas na conclusão anterior, por prover o referido agente em lugar inexistente no referido quadro de pessoal;

11 – O Lic (...) devera cessar as funções que vem exercendo, de facto, na Direcção Geral dos Serviços Prisionais, logo que seja publicado o acórdão anulatório do visto referido na conclusão 8 e declarados nulos os actos referidos na conclusão 9, podendo, no entanto, voltar a exercer fun-

ções no referido quadro da DGSP, ou em acumulação com a sua situação de "reservista" – mediante novo acto a proferir nos termos do artigo 78, n 1, do Estatuto da Aposentação, na redacção do Decreto-Lei n 215/87, de 29 de Maio –, ou por provimento e investidura definitiva no lugar referido na conclusão 7, com a consequente perda da sua qualidade de funcionário militar após novo visto a que devera ser submetido o respectivo acto de provimento;

12 – A situação do Lic (...), a partir de 15 de Fevereiro de 1982 – data da sua posse como "especialista de clinica cirúrgica" –, pode configurar-se, anulado que seja o visto referido na conclusão 8, como a de agente de facto (agente putativo), devendo ou não repor a totalidade ou parte dos vencimentos recebidos, a partir daquela data, nos termos a fixar pelo Ministro das Finanças, ex vi do artigo 4 do Decreto n 424/80 de 25 de Agosto;

13 – Se o Tribunal de Contas não anular o visto referido nas conclusões anteriores, o Lic (...) manterá a sua qualidade de funcionário civil – como "chefe de serviço hospitalar" do quadro do pessoal medico da Direcção Geral dos Serviços Prisionais, após declaração de nulidade do seu provimento como "director clinico" –, perdendo, nesse caso, ex lege, a sua qualidade de funcionário militar, "reservista", a partir de 15 de Fevereiro de 1982, devendo, então, repor as importâncias que auferiu, nos últimos cinco anos, a titulo de "pensão de reserva"».

(Parecer da PGR, nº 7869, de 1/10/87)

«1 – A inscrição na Caixa Geral de Aposentações (e no Montepio Servidores do Estado) é obrigatória para todos os funcionários ou agentes que exerçam funções, com subordinação a direcção e disciplina dos respectivos orgãos da Administração Central, Regional e Local, incluindo federações ou associações de municipais, institutos públicos e outras pessoas colectivas de direito publico e recebam ordenado, salário ou outra remuneração susceptível, pela sua natureza, do pagamento da quota;

2 – A inscrição na Caixa Geral de Aposentações esta, porem, subordinada ao limite de idade máximo, que será o que corresponda a possibilidade de o subscritor perfazer o mínimo de 5 anos de serviço ate atingir o limite de idade fixado para o exercício do respectivo cargo;

3 – A inscrição na Caixa Geral de Aposentações determina para o subscritor o dever de pagar a respectiva quota, nos termos do artigo 5º do Estatuto da Aposentação e 11 do Decreto-Lei n 40-A/85 de 11 de Fevereiro;

4 – Os aposentados que, nos termos dos artigos 78º e 79º do Estatuto da Aposentação, sejam autorizados a exercer novas funções publicas, que não constituam mera prestação de serviço, e que atribuam a qualidade de funcionário ou agente, integram-se, salvo os limites do artigo 4, no âmbito objectivo e subjectivo definido no artigo 1 daquele diploma e devem ser obrigatoriamente inscritos na Caixa Geral de Aposentações pelo novo cargo;

5 – A opção pela anterior aposentação, ou pela aposentação decorrente do cargo subsequentemente exercido, nos termos do artigo 80 do Estatuto da Aposentação, opera apenas quando se verifiquem, relativamente ao interessado, os respectivos pressupostos;

6 – Verificados os pressupostos objectivos e subjectivos referidos na conclusão 4, a inscrição na Caixa Geral de Aposentações é obrigatória, independentemente de um juízo de prognose que nesse momento o interessado formula quanto a eventual opção no domínio da possibilidade prevista no artigo 80º do Estatuto da Aposentação;

7 – O Lic (...), aposentado, nomeado para exercer, nos termos dos artigos 2, n 1, alínea a), e 4 do Decreto-Lei n 191-F/79, de 26 de Junho, o cargo de director-geral da ADSE, deve ser obrigatoriamente inscrito na Caixa Geral de Aposentações se, ao tempo do inicio do exercício de funções, não tivesse ainda atingido o limite máximo de idade (65 anos) previsto no artigo 4 do Estatuto da Aposentação».

(Parecer da PGR, de 07/03/91, in DR, de 27/08/91)

«1 – O exercício dos cargos de adjunto e secretário do gabinete de apoio pessoal previsto no artigo 8 do Decreto-Lei n 116/84, de 6 de Abril, na redacção da Lei n 44/85, de 13 de Setembro, por aposentados, cabe na previsão do n 1, do artigo 78 do Estatuto da Aposentação, na redacção do n I do artigo 8º do Decreto-Lei n 215/87, de 29 de Maio;

2 – O exercicio desses cargos depende da autorização prevista na alínea c) do n 1 do referido artigo 78;

3 – As remunerações desse pessoal, quando autorizado a desempenhar tais funções, devem ser determinadas nos termos do disposto no artigo 79 do referido Estatuto».

(Parecer da PGR, de 16/01/92, in DR, de 20/05/92, pág. 4457)

«1 – O Estatuto da Carreira dos Educadores de Infância e dos Professores dos Ensino Básico e Secundário (ECD), aprovado pelo Decreto-Lei n 139-A/90, de 28 de Abril, impõe, no seu artigo 121º que os docentes que se aposentem nos 2 ou 3 trimestres permanecerão em funções até ao termo do ano lectivo;

2 – Aos docentes que, após a aposentação, continuem em funções nos termos das disposições conjugadas dos artigos 119º do ECD e 79º do Estatuto da Aposentação, aprovado pelo Decreto-Lei 498/72, de 9 de Dezembro, a pensão e uma terça parte da remuneração que competir a essas funções;

3 – O artigo 79º do Estatuto da aposentação, na medida em que permite que o montante da pensão percebida por um aposentado, somado ao abono de uma terça parte da remuneração que competir ao permitido ou imposto desempenho de outras funções públicas por parte do mesmo aposentado, seja inferior ao quantitativo de tal remuneração, é inconstitucional por violação da alínea a) do n 1 do artigo 59º da Constituição;

4 – O Decreto Legislativo Regional n 8/93/A, de 14 de Maio, e o Decreto Legislativo Regional n 13/93/M, de 24 de Agosto enfermam de inconstitucionalidade por falta de "interesse específico" que os justifique».
(Parecer da PGR, de 14/06/96, n° 24/96, in Pareceres, III, pág. 51 e sgs)

Artigo 80°
Nova aposentação e revisão da pensão

1 – Se o aposentado, quer pelas províncias ultramarinas, quer pela Caixa, tiver direito de inscrição nesta última pelo novo cargo que lhe seja permitido exercer, poderá optar pela aposentação correspondente a esse cargo e ao tempo de serviço que nele prestar, salvo nos casos em que a lei especial permita a acumulação das pensões.
2 – Não será de considerar para cômputo da nova pensão o tempo de serviço anterior à primeira aposentação.
3 – Nos casos em que o aposentado opte por manter a primeira aposentação haverá lugar à revisão da pensão respectiva, a qual só pode ser requerida depois da cessação de funções a título definitivo, e é devida a partir do dia 1 do mês imediato ao de apresentação do pedido.
4 – O montante da pensão a que se refere o número anterior é igual à pensão auferida à data do requerimento multiplicada pelo factor resultante da divisão de todo o tempo de serviço prestado, até ao limite máximo de 36 anos, pelo tempo de serviço contado no cálculo da pensão inicial.

NOTAS

1 – Redacção dada pelo DL n° 30-C/92, de 28/12 (Lei Orçamental para 1993).

2 – A razão de ser do artigo em apreço assenta na permissão, quando possível, do exercício de funções pelo aposentado, tal como visto no anterior.
Como é sabido, por princípio não é permitida a acumulação de aposentações, da mesma maneira que também por via de regra não é tolerada a acumulação de pensões (cfr. art. 67°).
O que o n°1 estabelece, ao fim e ao cabo, é o desenvolvimento dessa regra, com a consagração do quadro jurídico envolvente, sempre que em causa estiver a possibilidade de novas funções por funcionário já aposentado.

O que ele nos transmite é o seguinte: sempre que o aposentado tiver direito de inscrição na Caixa pelo exercício permitido do «*novo cargo*» (sobre «direito de inscrição»: art. 1º; sobre «idade máxima» para a inscrição: art. 4º), e desde que nele tenha satisfeito o número mínimo de 5 anos de serviço (condição a que deve acrescer algum dos requisitos do art. 37º, nº2, als. a), b) e c)), poderá *optar* entre a manutenção da anterior aposentação, com a correspondente pensão, e a «nova aposentação» (assim epigrafada) relativa às novas funções.

É a regra, de onde sobressai o *princípio da inacumulabilidade de pensões* em casos de *sucessão de aposentações*.

Verdade que a opção contida no nº1 é referida à aposentação correspondente ao «novo cargo». Contudo, perante a sua correlação com o nº3, é evidente que a opção pode ser feita entre uma e outra das aposentações.

Pode no entanto suceder que lei especial contemple a possibilidade de, por essas novas funções, ele vir também aposentar-se, sem que isso implique a cessação da aposentação anterior. Nesse caso, acumulará as duas situações de aposentado e, por efeito, perceberá as duas consequentes pensões. É a excepção a que se refere a parte final do nº1, circunstância que nos expõe perante uma *acumulação de aposentações*.

3 – O tempo de serviço que tiver relevado para a «primeira aposentação» não releva para efeito de concessão da «nova aposentação». É o que dispõe o nº 2.

Mas não se deve ficar por aí a interpretação da disposição legal. Na verdade, igualmente se deve interpretar no sentido de não influir no cômputo do tempo relevante para a «nova aposentação» qualquer tempo de serviço prestado antes da «primeira aposentação», mesmo que porventura para ela não tenha contado ou não tenha sequer constado do próprio processo, nem consequentemente tenha influenciado a pensão atribuída.

J. Alfaia, a propósito, opinou que este regime seria injusto para o aposentado, pelo facto de ele apenas vir a auferir a pensão relativa ao desempenho de um dos cargos, não obstante ser sujeito passível de descontos (*ob. cit.*, pág. 1061). Ao tempo em que assim se pronunciava, ainda o artigo se mantinha na sua letra inicial, a qual só viria a sofrer melhoramentos com os nºs 3 e 4 introduzidos pela citada Lei nº 30-C/92. Com a presente redacção, tais preocupações de injustiça estão agora bem mais mitigadas.

Assim sendo, para a nova aposentação conta o tempo de serviço prestado após a data relevante para a «primeira aposentação» (cfr. art. 73º, 99º), nele se incluindo, naturalmente, as regras de contagem de tempo acrescido referidas no art. 25º supra.

4 – Se o nº1 de alguma maneira obriga a algum labor interpretativo, o nº3 vem acrescentar alguma dificuldade à tarefa.

É bom que se diga, antes de mais, que o nº1 não é totalmente isento de críticas. Quando consagra o direito de opção não está a ser rigoroso, uma vez que a opção só tem sentido ante duas realidades autónomas verdadeiramente existentes. Ora, acontece que no caso ali prefigurado só existe *uma* situação de aposentação consolidada, visto que por enquanto apenas contempla a hipótese de «novo cargo» a desempenhar por «aposentado». Este, enquanto exerce as novas funções, permanece aposentado pelas anteriores. O que o artigo prevê é a possibilidade de que o "aposentado trabalhador", diga-se assim, renuncie à «primeira aposentação» (nº2), para vir a beneficiar de uma futura «nova aposentação». Ele não pode pedir a «nova aposentação» para posteriormente optar entre esta e a «primeira aposentação».

Portanto, rigorosamente, só faz sentido falar em «primeira aposentação» se posteriormente lhe suceder uma «nova aposentação». Do mesmo modo, só se pode falar em «nova aposentação», se a «primeira aposentação» tiver sido dada por extinta com a renúncia necessária a que o beneficiário procedeu.

O que queremos, em suma, dizer é que a «opção» ali contemplada traduz mais a manifestação de uma vontade entre manter a aposentação já preexistente ou perdê-la para vir a ser aposentado pelas novas funções.

O que se pergunta é se a opção entre a «primeira aposentação» e a futura «nova aposentação» é obrigatória, a ponto de se ter que concluir que a conjugação «poderá optar» (nº1) e «opte por manter» (nº3) deva ser entendida como um poder-dever. O nº3, à primeira vista, aponta para isso e inculca a ideia que mesmo para a manutenção da primeira aposentação deva haver um sinal expresso nesse sentido («*Nos casos em que o aposentado opte...*»). Mas só aparentemente. Em nossa opinião, tanto é faculdade a escolha da «nova aposentação», como a manutenção da pensão relativa à aposentação em que se encontra.

Uma coisa é certa. Salvo lei especial que permita a acumulação de pensões, o aposentado só pode receber uma delas: ou a correspondente à situação de aposentação em que se encontra, ou a correspondente à aposentação (futura) pelas funções do novo cargo. Cabe-lhe a si, porém, o arbítrio. Uma vez que está já aposentado, se pretender manter essa situação, nada mais terá que fazer. O silêncio e a inacção serão interpretados como sinal de preferência pela pensão que já vem recebendo. Só na hipótese de querer "trocar" de aposentação é que deverá expressamente manifestar a sua vontade: neste caso, para optar pela nova aposentação e correspondente pensão.

5 – O nº3 introduz, porém, um factor correctivo. Tenha o aposentado, por acção (expressamente) ou omissão (com o silêncio) preferido manter a situação de aposentação em que se encontra, não lhe fecha o legislador as portas a uma valorização da pensão que tem estado a receber, precisamente no pressuposto de que não seria correcto, nem equitativo que para esta

(pensão)apenas contasse o tempo de serviço prestado anteriormente à sua aposentação, apesar de depois disso ter contribuído para o serviço público com a sua capacidade física ou intelectual durante anos suficientes que lhe permitissem, por tal trabalho, pedir a correspondente aposentação.

Surgiu, assim, a ideia de «revisão da pensão», representando basicamente o triunfo da justiça social e equidade sobre valores de egoísmo financeiro do Estado.

Revisão, porém, não automática. Esta sempre terá que ser «requerida» e, mesmo assim, só depois da cessação definitiva das funções inerentes ao «novo cargo». E até o momento para o pedido se compreende. Com efeito, ele permite deixar o aposentado livre para conscientemente pensar o que para si e para sua vida é melhor nesse instante, face às conjunturas sociais e económicas do tempo: optar por uma ou outra das situações de aposentação. Tendo nessa altura concluído, feitas as contas, que a melhor solução, apesar de tudo, seria a «primeira aposentação», então, sim, esse é o tempo certo para mostrar os seus intentos e, logo, daí retirar os dividendos respectivos.

O requerimento de que o n°3 trata é, por conseguinte, a *revisão* da sua pensão (não para a opção pela manutenção da «primeira pensão», embora, como já se disse, nada obste a que também ela possa ser feita e, inclusive, nesse mesmo requerimento), sem nenhuma relação com qualquer circunstancialismo próprio de «nova aposentação», que não chega a haver, nem a reconhecer-se. Reconhecer a revisão da pensão actual, não equivale a reconhecer «nova aposentação», nem «nova pensão». A situação de aposentação é a mesma em que sempre o aposentado esteve e a *pensão revista* é a mesma até então recebida e definitivamente regulada (art. 97°), simplesmente *actualizada*. Desta maneira se conclui que os factores de revisão são autónomos e independentes das vicissitudes ocorridas durante o tempo de serviço prestado ulteriormente à resolução final da aposentação em que se encontra (sobre o assunto, em sentido semelhante: **Carvalho Jordão**, «*Estatuto da Aposentação: Interpretação do artigo 80° do Estatuto da Aposentação na redacção que lhe foi conferida na Lei Orçamental de 1993, com aditamento dos nºs 3 e 4 à versão anterior*», in **Revista de Direito Público**, ano IX, n° 17).

6 – O n°4 visa dispor sobre a fórmula de cálculo da pensão revista nos termos do número anterior.

Ela pode caracterizar-se do seguinte modo: **PR = PA x (TP : TC)**.

Nesta fórmula, **PR** é o valor da pensão revista; **PA** é o valor da pensão actual, ou seja, a auferida à data do requerimento; **TP** é todo o tempo de serviço prestado (até ao limite de 36 anos); **TC** é o tempo de serviço contado no cálculo da «pensão inicial».

Um exemplo:

Se o aposentado pela pensão que actualmente recebe, no valor de € 500, prestou serviço durante 20 anos, vindo posteriormente a desempenhar funções em novo cargo durante mais 16 anos na situação de aposentado, com a revisão obterá a seguinte pensão: PR = € 500 x (36 : 20); PR = € 500 x 1,8; PR = € 900 mensais.

7 – Imaginemos que a aposentação inicial se deveu a uma incapacidade permanente e absoluta. Se o aposentado vier posteriormente a exercer novas e diferentes funções nas condições previstas no artigo anterior, e por elas preferir «nova aposentação», novamente por incapacidade, cremos que deverá ser submetido a nova junta médica, para se aferir da incapacidade geral de ganho (elemento subjectivo) relativamente a elas. Isto é, o resultado da junta médica obtido para a aposentação inicial não é relevante para aqui, visto que diferentes são as funções e diferente pode ser a dimensão da incapacidade respectiva.

Mas, se o aposentado preferir manter a aposentação inicial e quiser solicitar a revisão da pensão que recebe, não se vê já necessidade para nova submissão a junta médica, porque a definição está garantida com o primeiro resultado e com a resolução final do respectivo processo. Trata-se agora apenas de actualizar a pensão em função da adição de critérios e factores objectivos e impessoais, designadamente o do tempo de serviço, portanto sem a concorrência de elementos subjectivos mutáveis (neste sentido, **Carvalho Jordão**, *loc. cit.*).

JURISPRUDÊNCIA

«I – A resolução administrativa do processo de aposentação fixa definitivamente o tempo contado para cômputo da pensão e invalida todo o tempo não contado, de modo a não poder vir a aproveitar-se este, nem mais ou menos do que aquele.

II – A ineficácia que, por força da lei e da autoridade da decisão administrativa, e atribuída a todo o tempo de serviço anterior a determinação da pensão de aposentação ou reforma para de novo ser considerado em ulterior e diferente aposentação, concedida por virtude do regresso do aposentado ou reformado ao serviço activo, atinge os inválidos de guerra, pela sua submissão ao regime dos militares reformados.

III – Se o militar que se inabilita em serviço tem direito a pensão de invalidez, não tem, por isso mesmo, direito a acumular com esta uma pensão de reforma ordinária, no caso de ter tempo de serviço suficiente para esta.

E então não e admissível que esse mesmo tempo, absorvido pela reforma extraordinária, possa tomar-se autónomo e relevante para uma nova aposentação de cargo posteriormente exercido pelo militar reformado.

IV – Uma vez que para o cômputo da pensão a Caixa Geral de Aposentações teve de considerar um numero exacto de anos de serviço, o

aumento de tempo resultante da aplicação da percentagem legal nos termos do artigo 8º do Decreto-Lei n. 36610 só aproveitaria ou seria útil se pudesse elevar de 34 anos no caso presente para 35 anos, o que não acontece».
(Ac. do STA, de 26/04/68, Proc. nº 07560)

PARECERES DA PROCURADORIA GERAL DA REPUBLICA

«1 – Os vereadores em regime de meio tempo, a que se refere o nº 2 do artigo 2º da Lei nº 29/87, de 30 de Junho, não cabem na previsão dos artigos 18º e 19º do mesmo diploma legal, que se reportam a eleitos locais em regime de permanência;

2 – O regime de permanência previsto nos artigos 18º e 19º da Lei nº 29/87 e compatível com o exercício de profissão liberal ou qualquer actividade privada;

3 – O regime de exclusividade previsto no referido artigo 19º não é compatível com o exercicio de qualquer actividade;

4 – Os aposentados, reformados ou reservistas Podem desempenhar as funções de eleitos locais em qualquer dos regimes previstos na Lei nº 29/87;

5 – Os aposentados pela Caixa Geral de Aposentações que exerçam funções de eleitos locais em regime de permanência beneficiam, como os demais eleitos, do regime constante do artigo 13º da Lei n 29/87, podendo vir a optar pela aposentação correspondente ao novo cargo, nos termos do artigo 80º do Estatuto de Aposentação (Decreto-Lei nº 498/72, de 9 de Dezembro);

6 – Todos os eleitos locais – aposentados, reformados, reservistas ou não -, no regime de permanência, são beneficiários do regime previsto no referido artigo 18º da Lei nº 29/87, cumpridos que sejam seis anos, seguidos ou interpolados, no exercício das respectivas funções;

7 – Beneficiam do subsídio de reintegração previsto no artigo 19º da Lei nº 29/87, no termo do mandato, os eleitos locais que tenham exercido essas funções no regime de permanência e exclusividade e não beneficiem de facto do regime constante do artigo 18º do mesmo diploma, por ainda não terem prestado seis anos, seguidos ou interpolados, no exercicio das respectivas funções, ou por, cumprido esses seis anos, terem optado pelo subsidio referido naquele artigo 19º;

8 – Podem fazer a opção referida na conclusão anterior todos os eleitos locais que tenham exercido funções no regime de permanência e exclusividade, durante seis anos, seguidos ou interpolados».
(Parecer da PGR, de 28/06/90, in DR, de 12/03/91, pág. 2879)

«1 – A inscrição na Caixa Geral de Aposentações (e no Montepio Servidores do Estado) e obrigatória para todos os funcionários ou agentes

que exerçam funções, com subordinação a direcção e disciplina dos respectivos órgãos da Administração Central,
Regional e Local, incluindo federações ou associações de municipais, institutos públicos e outras pessoas colectivas de direito publico e recebam ordenado, salário ou outra remuneração susceptível, pela sua natureza, do pagamento da quota;
2 – A inscrição na Caixa Geral de Aposentações esta, porem, subordinada ao limite de idade máximo, que será o que corresponda a possibilidade de o subscritor perfazer o minimo de 5 anos de serviço ate atingir o limite de idade fixado para o exercicio do respectivo cargo;
3 – A inscrição na Caixa Geral de Aposentações determina para o subscritor o dever de pagar a respectiva quota, nos termos do artigo 5 do Estatuto da Aposentação e II do Decreto-Lei n 40-A/85 de II de Fevereiro;
4 – Os aposentados que, nos termos dos artigos 78° e 79° do Estatuto da Aposentação, sejam autorizados a exercer novas funções publicas, que não constituam mera prestação de serviço, e que atribuam a qualidade de funcionário ou agente, integram-se, salvo os limites do artigo 4°, no âmbito objectivo e subjectivo definido no artigo I daquele diploma e devem ser obrigatoriamente inscritos na Caixa Geral de Aposentações pelo novo cargo;
5 – A opção pela anterior aposentação, ou pela aposentação decorrente do cargo subsequentemente exercido, nos termos do artigo 80° do Estatuto da Aposentação, opera apenas quando se verifiquem, relativamente ao interessado, os respectivos pressupostos;
6 – Verificados os pressupostos objectivos e subjectivos referidos na conclusão 4, a inscrição na Caixa Geral de Aposentações e obrigatória, independentemente de um juízo de prognose que nesse momento o interessado formula quanto a eventual opção no domínio da possibilidade prevista no artigo 80° do Estatuto da Aposentação;
7 – O Lic (...), aposentado, nomeado para exercer, nos termos dos artigos 2°, n I, alínea a), e 4° do Decreto-Lei n 191-F/79, de 26 de Junho, o cargo de director-geral da ADSE, deve ser obrigatoriamente inscritos na Caixa Geral de Aposentações se, ao tempo do inicio do exercício de funções, não tivesse ainda atingido o limite máximo de idade (65 anos) previsto no artigo 4° do Estatuto da Aposentação».
(Parecer da P.G.R., de 07/03/1991, in DR, de 27/08/91)

Artigo 81°
Contagem de tempo aos ex-aposentados

O regime estabelecido no n.° 2 do artigo precedente é ainda aplicável ao caso de o novo subscritor haver estado anteriormente na situação de aposentação e esta se encontrar extinta.

NOTAS

De acordo com o preceituado no presente artigo, e face à remissão que faz para o n°2 do artigo anterior, o tempo que havia contado para a aposentação anterior, entretanto extinta por uma das causas previstas no artigo seguinte, não releva para futura aposentação no caso de ter voltado à actividade e regressado à qualidade de subscritor.

Uma vez que a citada disposição do artigo anterior não permite a acumulação dos tempos de serviço da primeira para a segunda aposentação, a extinção da primeira por iniciativa do interessado, por exemplo pela via da renúncia, seria tentação fácil para se iludir a proibição legal. A solução do artigo 81° inviabiliza totalmente pela raíz essa hipótese.

Artigo 82°
Extinção da aposentação

1 – A situação de aposentado extingue-se nos casos de:
a) *Demissão ou sanção equivalente*;
b) **Renúncia ao direito à pensão;**
c) **Prescrição do mesmo direito;**
d) **Perda da nacionalidade portuguesa, quando esta for exigida para o exercício do cargo pelo qual o interessado foi aposentado;**
e) **Falecimento.**

2 – Os serviços a que o aposentado se encontrava adstrito deverão enviar à Caixa os requerimentos de renúncia e comunicar-lhe imediatamente os factos extintivos da aposentação de que tenham conhecimento.

3 – Os factos previstos nas alíneas b), c) e d) do n.° 1 produzirão os mesmos efeitos da exoneração.

4 – Os conservadores do registo civil comunicarão à Caixa, nos termos do Código do Registo Civil, o falecimento dos indivíduos acerca dos quais conste que se encontravam na situação de aposentados.

NOTAS

1 – A alínea a) do n°1, foi eliminada pelo art. 6° do DL n° 191-A/79, de 25/06.

A extinção da situação de aposentado faz igualmente extinguir a responsabilidade pelo pagamento das importâncias referidas no art. 18° e pelas indemnizações previstas no n°3 do art. 57° que se encontrem em dívida à Caixa (ver art. 20°, supra).

2 – A alínea b) do mesmo número trata da *renúncia ao direito à pensão* após a sua constituição (cfr. anotação 3ª ao art. 1°). Todavia, o direito à pensão não se extingue apenas por esse motivo. Qualquer das situações previstas neste número, além da extinção da situação de aposentado, importa naturalmente e por consequência, a extinção do próprio direito à pensão. Isto é lógico e resulta, aliás, do art. 72°.

A renúncia é a perda voluntária de um direito. Ora, nesta relação o interessado adquire, verificados os respectivos requisitos, o *direito à aposentação* (art. 35°) e o consequente *direito à pensão* ((art. 46°). Curioso é notar que o aposentado que livremente renuncie do direito à pensão (obviamente, já constituído) se considera automaticamente despojado, e por exclusivo efeito da lei, do direito à aposentação. Para **J. Alfaia**, esta consequência representa uma presunção «juris et de jure», logo, não ilidível por prova em contrário (*ob. cit.*, pág. 1081).

Ora bem. Na verdade, o direito à pensão radica na existência prévia de um direito à aposentação, de que aliás depende. A lógica aconselharia que só a renúncia do direito à aposentação importasse a perda do inerente direito à pensão. O contrário não faz, realmente, grande sentido, porque a pensão, embora constitua o núcleo das prerrogativas abertas com a aposentação, não forma o seu único efeito jurídico (ver o que sobre o assunto se disse nas anotações aos arts. 73° e 74° supra). Por isso, se ao abandonar o direito à pensão ele também perde o direito à aposentação, parece daí resultar que todos os restantes direitos se perderão. O que não deixa de ser criticável e socialmente injusto. Senão repare-se. Terminada a carreira, o funcionário só manterá algumas prerrogativas, como honras e regalias próprias do cargo no activo, enquanto perdurar a situação de aposentado. Ora, extinta esta, automaticamente desaparecerão aquelas. O que não deixa de ser incómodo, visto que o interessado é para todos os efeitos simultaneamente um *ex--funcionário* e um *ex-aposentado*, sem se saber muito bem em que qualidade passa a ficar, posto que não readquire a de funcionário. Se parece que perde todos os direitos, nomeadamente o direito à assistência na doença (ADSE) e a outras prestações, fica bem difícil a qualificação jurídica desta pessoa. Cremos que, neste caso, a renúncia não devia ir tão longe nas consequências jurídicas.

Solução que não passasse por aí teria a vantagem de o Estado retirar alguma economia (traduzida na ausência da prestação da pensão), ao mesmo tempo que manteria razoável uma certa ideia de justiça social. Como está estabelecido, mesmo que sem necessidade da pensão, tornar-se-á difícil antever um aposentado tomar tal decisão de renúncia, se com ela advier tamanha cesta de efeitos negativos para a sua esfera.

A renúncia deve ser expressa e bem explícita, contida em requerimento escrito, que pode ser enviado directamente à Caixa ou entregue nos serviços a que o aposentado se encontre adstrito (cfr. n°2).

3 – A alínea c), do n°1 trata da *prescrição do direito à pensão*.

Prescrição, não do direito singular a cada uma das pensões pelo não exercício durante um ano consecutivo a contar do seu vencimento (art. 68°, n°1), mas antes do *direito unitário* à pensão, pelo não recebimento, sem tentativa de o alcançar, das pensões durante três anos seguidos (art. 68°, n°2).

Sobre o assunto, vide anotações àquele artigo 68°.

4 – A alínea d) refere-se à *perda da nacionalidade portuguesa*, sempre que esta seja necessária para o exercício do cargo pelo qual o interessado for aposentado.

Sobre a questão relacionada com a perda da nacionalidade dos funcionários da ex-administração ultramarina, já os tribunais superiores desde há algum tempo vêm assentando na irrelevância desse facto jurídico perante o DL n° 362/78, de 28/11 (v. jurisprudência adiante transcrita).

O Tribunal Constitucional, no seu acórdão n° 72/2002, de 20/02/2002, contudo, já declarou inconstitucional esta norma com força obrigatória geral, por violação do n°1, do art. 15° da CRP (v. jurisprudência adiante transcrita).

Sobre a aquisição e perda da nacionalidade, v. Lei da Nacionalidade: Lei n° 37/81, de 3/10, alterada pela Lei n° 25/94, de 19/08.

Sobre o Regulamento da Nacionalidade Portuguesa: Dl n° 322/82, de 12/10, DL n° 37/97, de 31/01 e Lei n° 253/94, de 20/10.

5 – A alínea e) dedica-se ao *falecimento* do aposentado. Ele é realmente a causa extintiva por excelência da situação de aposentação. Perante essa eventualidade, deve o Conservador do Registo Civil efectuar a comunicação a que alude o n°4.

Embora este dever não faça parte actualmente do elenco de entidades a quem o Conservador deve comunicar os óbitos de acordo com o art. 210° do C.R.C. (DL n° 131/95, de 6/06, alterado posteriormente pelos DL n° 36//97, de 31/01; 375-A/99, de 20/09; 228/2001, de 20/08), ao contrário do que já esteve previsto, continua, porém, pelo presente artigo a ter que comunicar à CGA o falecimento dos indivíduos acerca dos quais conste encontrarem-se na situação de aposentados (n°4, do presente artigo).

Os herdeiros do aposentado falecido poderão obter a entrega das pensões que estiverem em dívida (cfr. art. 66°, supra).

Falecido o titular do direito e, consequentemente, terminada a relação jurídica de aposentação que o unia à CGA, pode dar-se início a novas relações jurídicas de *sobrevivência*, tantas quantos forem os herdeiros hábeis (Ver: Estatuto das Pensões de Sobrevivência aprovado pelo DL nº 142/73, de 31/03, alterado pelo DL nº 343/91, de 17/12). Convém recordar que o Montepio dos Servidores do Estado foi incorporado na CGA por efeito do DL nº 277/93, de 10/08.

O DL nº 223/95, de 8/09 regula, por seu turno, a atribuição de um subsídio por morte aos familiares do funcionário ou agente (ver tb. art. seguinte).

6 – Embora o artigo especialmente as não preveja, a verdade é que a situação de aposentação pode ser ainda extinta com a *revogação* e *anulação* da decisão que a concedera (arts. 97º, 101º , 102º e 103º, infra).

Sobre o tema, v. art. 58º e anotações respectivas.

7 – Para além do dever de comunicação oficiosa a efectuar pelo Conservador do Registo Civil, também os serviços aos quais o aposentado se encontre adstrito, deverão dar conhecimento imediatamente à CGA de qualquer facto jurídico extintivo da situação de aposentação, incluindo os requerimentos de renúncia (nº2).

8 – O nº3 dispõe que a renúncia ao direito à pensão, a prescrição desse direito e a perda da nacionalidade têm os mesmos efeitos que a *exoneração* do trabalhador activo. O que significa, a nosso ver, que poderá vir a exercer outro cargo público (cfr. art. 22º, nº2) pelo qual venha a readquirir a qualidade de subscritor, salvo se tiver atingido o respectivo limite de idade previsto no art. 4º para a inscrição.

Sobre exoneração: art. 29º, do DL nº 427/89, de 7/12.

V. ainda nos lugares próprios as anotações aos arts. 20º, 22º, 33º.

JURISPRUDÊNCIA

«I – O Magistrado Judicial nas condições previstas no n. 1 do artigo 67º do Estatuto dos Magistrados Judiciais (Lei n. 21/85, de 30/7) pode fazer declaração de renúncia à condição de jubilado, ficando sujeito, em tal caso, ao regime geral de aposentação pública.

II – A Lei 21/85 instituiu um regime especifico para os Magistrados Judiciais, de carácter inovador, que retira qualquer validade à ideia de que a norma do nº 2 do artigo 23º de tal diploma tem mera natureza interpretativa.

III – O cálculo da pensão de aposentação de Magistrado Judicial que renunciou ao Estatuto de jubilação, (de regime especial que inclui a regra

de a participação emolumentar se considerar incluída no vencimento como sucede com os Magistrados no activo), terá de obedecer às regras gerais da aposentação pública com aplicação da norma do artigo 47º do Estatuto da Aposentação no sentido e alcance que possui para os demais funcionários e agentes da Administração».
(Ac. do STA, de 14/05/91, Proc. nº 027354)

«I – A "ratio legis" da concessão da pensão de aposentação aos agentes e funcionários da antiga Administração Ultramarina, nos termos do D.L. n. 362/78, de 28/11, encontra-se na situação "sui generis" desses funcionários que, reunindo condições de facto para a aposentação, estavam impossibilitados de ingressar no quadro geral de adidos por deixarem de ter a nacionalidade portuguesa;
II – O artigo 82º do E.A., ao declarar como causa de extinção da aposentação, no n. I, al. d), a perda de nacionalidade portuguesa, é, evidentemente, uma norma que, por ser manifestamente inconciliável com aquele regime, não lhe pode ser aplicada;
III – Os referidos funcionários e agentes das ex-Províncias Ultramarinas têm o direito de requerer a aposentação, verificados que estejam os requisitos "mais de 5 anos de serviço" e "terem efectuado descontos para a aposentação", a tal não obstando a perda da nacionalidade portuguesa».
(Ac. do STA, de 14/01/97, Proc. nº 039921)

«I – Os funcionários e agentes da antiga administração ultramarina, têm direito a obter a pensão de aposentação, desde que contem pelo menos cinco anos de serviço e hajam efectuado descontos para a aposentação, de acordo com o regime específico, instituído pelo DL n. 362/78, de 28/11.
II – O art. 82º do EA ao declarar como causa de extinção da aposentação, no seu n. 1, al. d), a perda da nacionalidade portuguesa, é inaplicável àqueles funcionários, por ser incompatível com o regime referido em I.
III – Também não constitui obstáculo ao funcionamento daquele regime, o acordo celebrado entre Portugal e Cabo Verde, aprovado para vigorar na ordem jurídica portuguesa pelo DL n. 524-M/76, de 5/7».
(Ac. do STA, de 30/04/97, Proc. nº 041360)

«I – A sentença em 1ª instância está limitada pelo objecto do recurso contencioso segundo o figurino que o recorrente desenha na petição inicial através da causa de pedir e do pedido.
O recurso jurisdicional tem por objecto a sentença do tribunal "a quo" a que criticamente se imputam , erros e vícios de julgamento.
II – É em função dos fundamentos concretos do acto que a legalidade deste deve ser apreciada, não cabendo no objecto do recurso jurisdicional o

tratamento de questão que a sentença recorrida não considerou por se tratar de matéria que a Administração não elegeu como essencial ou determinante na decisão administrativa.

III – Isto significa que quando o recorrente jurisdicional aborda matéria nova, o tribunal de recurso não tem que sobre ela se pronunciar.

IV – O regime estabelecido pelo DL n° 362/78, de 28/II, com as alterações posteriores, é especial porque se dirige a situações diferentes e especiais e se reporta a funcionários e agentes administrativos das ex-províncias ultramarinas que perderam a nacionalidade portuguesa em virtude da independência destas.

V – Segundo tal diploma não é necessária a nacionalidade portuguesa para que tais funcionários beneficiem do direito à aposentação, bastando que tenham prestado cinco anos de serviço e efectuado descontos para esse efeito durante o mesmo período.

V1 – O DL 362/78 afastou a força vinculativa externa e interna derivada do Acordo estabelecido entre as Repúblicas de Portugal e de Cabo-Verde aprovado pelo DL n° 524-M/76, de 5/7, na medida em que Portugal passou a assumir a responsabilidade que no articulado cabia a Cabo-Verde.

E nisso não há qualquer inconstitucionalidade».
(Ac. do TCA, de 11/05/2000, Proc. n° 1206/98)

«I – O DL n° 362/78, de 28 de Novembro não condiciona o direito à pensão de aposentação a pagar pelo Estado Português à posse actual da nacionalidade portuguesa dos funcionários das ex-províncias ultramarinas. Apenas estabelece dois requisitos: cinco anos de serviço e descontos para esse efeito durante o mesmo período.

II – O Estado Português podia legislar, como o fez com o DL n° 362//78, auto-vinculando-se interna e positivamente a uma obrigação que pelo Acordo celebrado com a República da Guiné-Bissau e vertido na ordem interna pelo Decreto n° 5/77, de 5 de Janeiro, vinculava este último.

III – Independentemente das teses monista e dualista que se debatem sobre as relações entre Direito Internacional e Direito dos Estados e do carácter vinculante do dito Acordo, o DL n° 362/78 não constitui frontal oposição a este, nem representa a sua revogação, porque simplesmente trata de dispor para além daquilo a que se obrigou o Estado Português em benefício de outro.

Nisso, o Estado Português é livre e soberano, pelo que se não pode considerar violado o n°2, do art. 8° da C.R.P.»
(Ac. do TCA, de 12/07/2000, Proc. n° 3057/99)

«I – O DL n° 362/78, de 28/11 não condiciona o direito à aposentação a pagar pelo Estado Português à posse actual da nacionalidade portuguesa por parte dos funcionários das ex-províncias ultramarinas portuguesas.

Apenas estabelece *dois requisitos:* Cinco anos de serviço mínimo e *descontos* para efeitos de aposentação durante o mesmo período, independentemente da reunião de quaisquer outros condicionamentos de que o Estado Português faça depender a atribuição de pensões aos seus funcionários, nomeadamente o da *idade*.

II – Ao revogar o DL 363/86, de 30/10 (diploma que prescrevera que essas pensões poderiam ser requeridas «a todo o momento»), e ao voltar a estabelecer um prazo para a apresentação do pedido de aposentação daqueles funcionários, como o havia feito inicialmente o DL 362/78 (posteriormente prorrogado pelos DL nos 23/80, de 29/02 e 118/81, de 18/05), o DL 210/90 não discrimina os destinatários, nem em função do território de origem, nem da nacionalidade que detenham.

Por isso, não se pode dizer que viole o princípio da igualdade, nem outros princípios materiais da constituição»

(Ac. do TCA, de 04/04/2002, Proc. n° 1921/98)
Neste sentido, ainda:
Ac. do STA, de 15/05/97, Proc. n° 041040;
Ac. do STA, de 13/01/98, Proc. n° 042344;
Ac. do TCA, de 15/01/98, Proc. n° 473/97;
Ac. do TCA, de 19/03/98, Proc. n° 694/98;
Ac. do STA, de 03/12/98, Proc. n° 042527;
Ac. do TCA, de 30/11/00, Proc. n° 4546/00;
Ac. do TCA, de 10/01/02, Proc. n° 10851/01

«1 – O regime de pensão unificada baseia-se na totalização dos períodos de contribuição e de quotização para qualquer dos regimes de protecção social (COA, Centro Nacional de Pensões, Caixa Nacional de Previdência) – art. *3°,* n° 1, do DL n° 159/92, de 31.07.

2 – A titularidade, as condições de atribuição e a avaliação das situações de incapacidade são as do regime legal que atribui a pensão – norma citada, n° 2.

3 – O tempo de serviço militar do renunciante à pensão de invalidez de soldado do exército, nos termos do art. 82°, n° 1, al. h), do DL n° 498/72, de 09.12. (Estatuto da Aposentação), será de considerar para cômputo da pensão unificada, caso aquele tivesse continuado a descontar para a segurança social».

(Ac. do TCA, de 16/11/2000, Proc. n° 1843/98)

«Aplica a declaração da inconstitucionalidade, com força obrigatória geral, constante do acórdão n° 93/84, relativa a norma do artigo único, n°. 2, do Decreto-Lei n. 413/78, de 20 de Dezembro, sobre o calculo da pensão de aposentação de ex-funcionarios ultramarinos:

Tendo sido declarada com força obrigatória geral a inconstitucionalidade de determinada norma, o Tribunal Constitucional limita-se a aplicar essa declaração ao caso concreto».
(Ac. do T.C., de 05/01/86, Proc. nº 85-0169, in DR, II, de 02/05/86)

«Em suma, pois, ao estabelecer como causa da extinção da situação de aposentação a perda da nacionalidade portuguesa nos termos do artigo 82º nº 1 alínea d) do Decreto-Lei nº 498/72, de 9 de Dezembro (Estatuto da Aposentação), o legislador consagrou uma solução arbitrária e discriminatória, por não ter fundamento racional a diferença de tratamento entre nacionais e não nacionais e que infringe o princípio da justiça, deste modo violando o princípio da equiparação de direitos entre nacionais e não nacionais, estabelecido no artigo 15º nº 1 da Constituição.
(...) Declarar, com força obrigatória geral, a inconstitucionalidade da norma do artigo 82º, nº 1, alínea d) do Decreto-Lei nº 498/72, de 9 de Dezembro (Estatuto da Aposentação), por violação do princípio constante do artigo 15º nº 1 da Constituição».
(Ac. do TC nº 72/02, de 20/02/2002, Proc. nº 769/99, in DR, I-A, de 14/03/2002)

Artigo 83º
Subsídio por morte

1 – As pessoas de família a cargo dos aposentados terão direito a receber, por morte destes, um subsídio correspondente a um número de pensões igual ao dos meses de vencimento que a lei concede por morte dos servidores no activo.

2 – À concessão do subsídio é aplicável o regime fixado na lei para os subsídios por morte dos funcionários na actividade.

3 – A declaração relativa ao destinatário do subsídio será remetida à Caixa, a pedido desta, pelo serviço onde estiver depositada, ou, na sua falta, directamente entregue na mesma Caixa pelo aposentado.

NOTAS

1 – O nº3 foi revogado pelo art. 16º do DL nº 223/95, de 8/09.

2 – O DL nº 223/95 reconhece e regula a atribuição do subsídio de morte de «funcionários» e «agente», logo servidores no activo.

O que o presente preceito estatui é uma extensão desse direito aos familiares que se encontrassem *a cargo* dos «aposentados» falecidos.

Assim sendo, estes familiares passam a receber um subsídio por morte igual a seis vezes o valor da pensão auferida à data do decesso (cfr. art. 7º do cit. dip.).

3 – E uma vez que, de acordo com o nº2 do presente artigo, o regime aplicável a este subsídio é o mesmo que resulta do mencionado diploma, são transponíveis para aqui as regras além estabelecidas, quer quanto à titularidade do direito (art. 3º), à preferência e concorrência de titulares (art. 4º), perda de subsídio (art. 6º), inalienabilidade e impenhorabilidade do direito ao subsídio (art. 8º), bem como ao procedimento a seguir com vista à sua obtenção (art. 9 e sgs).

CAPÍTULO VI
PROCESSO DE APOSENTAÇÃO

Artigo 84º
Instauração do processo

1 – O processo de aposentação inicia-se com base em requerimento do interessado ou em comunicação dos serviços de que o mesmo dependa.

2 – O requerimento e a comunicação deverão conter os fundamentos da aposentação e serão acompanhados dos documentos necessários à instrução do processo.

3 – O requerimento será dirigido ao Ministro ou órgão superior da entidade pública de que o requerente dependa e enviado à Caixa pelos respectivos serviços.

NOTAS

1 – Este capítulo VI, da parte I, sem grande rigor de sistematização, convém que se diga, é especialmente dedicado ao procedimento administrativo primário tendente ao reconhecimento e concessão do direito de aposentação (84º a 97º), sem esquecer a sua fase secundária ou de segundo grau, visando a impugnação administrativa da resolução final praticada (arts.102º, 108º-A), e sem deixar ainda de incluir regras sobre a atribuição de eficácia (art. 100º e 109º), sobre o direito à informação (art. 110º) e, bem assim, sobre o direito ao recurso contencioso (art. 103º).

2 – O processo de aposentação voluntária (art. 35º e 39º, nº1) inicia-se com o *requerimento* do subscritor (art. 84º, nº1, 1ª parte). O processo de aposentação obrigatória (art. 35º e 41º) inicia-se com a *comunicação* dos serviços de que o mesmo depende (art. 84º, nº1, 2ª parte). Donde, este tipo de procedimento administrativo poder ser de iniciativa particular (1º caso) e de iniciativa oficiosa (2º caso).

Tanto o requerimento, como a comunicação, devem indicar os *fundamentos* da aposentação (n°2), que são os constantes dos arts. 37° e sgs.

Além dos fundamentos, devem aquelas peças ser acompanhadas dos *documentos necessários à instrução* do processo (n°2). São os documentos que façam prova do tempo de subscritor, do valor das remunerações auferidas, dos cargos exercidos, do pagamento das quotas. No que se refere ao tempo de serviço, pode acontecer que o requerente tenha exercido funções noutro organismo público diferente daquele onde actualmente preste serviço, e cujo tempo seja contável para efeitos de aposentação. Nesse caso, se o pretender incluir na contagem global para efeito de aposentação, deve apresentar o documento necessário comprovativo desse tempo, que será emitido pela entidade respectiva.

Quando o pedido radica num acidente ou doença em serviço, serviço de campanha, manutenção da ordem pública, prática de acto humanitário ou dedicação à causa pública, deve ser instruído do respectivo auto de notícia, boletim de exame e despacho de determinação das causas e qualificação das circunstâncias concretas em que ocorreu o acidente ou a doença.

Daqui resulta que o ónus instrutor dos motivos, fundamentos e pressupostos da aposentação recai sobre o interessado e sobre o órgão ou entidade de que o mesmo dependa. O que não quer dizer, porém, que não valha aqui o princípio universalista de direito administrativo em matéria probatória e instrutória que o nosso CPA acolheu no art. 56°. Referimo-nos ao *princípio do inquisitório*, que neste campo específico recebe alguma tradução no artigo 86° deste Estatuto quando permite à Caixa as diligências necessárias à obtenção de «provas complementares».

É preciso lembrar que, muito embora algumas regras gerais de direito procedimental administrativo não estejam contempladas no Estatuto, nem por isso deixarão de aplicar-se neste domínio. Um deles, por exemplo, é a da comunicação ao funcionário do início oficioso do processo de aposentação obrigatória. Se o serviço de que o funcionário dependa tem que efectuar à Caixa a comunicação a que alude o n°1 do presente artigo, do mesmo modo deve proceder em relação ao próprio visado, porque assim o manda o art. 55°, n°1, do CPA.

3 – No caso em que o funcionário é *subscritor*, o requerimento é geralmente feito em modelo pré-impresso (mas não é obrigatório que o seja), onde, além dos elementos de identificação (preenchidos pelo interessado), se incluem os campos próprios para o preenchimento dos elementos biográficos do requerente (feito pela entidade onde preste serviço). Este requerimento será submetido a despacho para verificação das condições formais e de cumprimento de regras de procedimento internas, após o que o órgão ou entidade o remeterá à Caixa, juntamente com os demais elementos instrutórios que o interessado tenha feito anexar.

Se o interessado é *ex-subscritor* (cfr. art. 22° e 40°), então deverá procurar obter previamente os elementos pertinentes junto do (s) órgão (s) ou entidade (s) onde prestou serviço, a fim de posteriormente os entregar juntamente com o requerimento directamente na Caixa. Os documentos necessários são:
   a) os que comprovem todo o tempo de serviço prestado ao Estado, emitidos pelos organismos e entidades onde exerceu as funções;
   b) declaração dos períodos em que contribuiu para o regime geral de segurança social (se tiver optado pelo regime da pensão unificada a que se refere o DL n° 361/98, de 18/11);
   c) fotocópias do B.I. e do Número Fiscal do Contribuinte.

Por vezes é necessário, previamente ao início do processo de aposentação, requerer a contagem do tempo em processo de contagem prévia (cfr. art. 34°, n°1, al.a)). Neste caso, ao processo de aposentação será oportunamente apensado àquele outro. Outras vezes, a contagem será efectuada no próprio processo de aposentação (art. 34°, n°1, al.b)).

4 – O requerimento é dirigido ao Ministro respectivo ou ao órgão superior da entidade pública de que o requerente dependa e por esta será na oportunidade enviado à Caixa Geral de Aposentações (n°3). Isto, no caso de interessado subscritor.

Se o interessado for não subscritor, poderá ser dirigido ao Presidente do Conselho de Administração da C.G.A., e será entregue *directamente* na Caixa, observando-se o disposto nos arts. 77° e sgs do CPA, designadamente quanto à possibilidade do envio pelo correio (art. 79°, do CPA)

O DAC (Departamento de Apoio à Caixa Geral de Aposentações) é o órgão que tem a seu cargo a gestão do regime de segurança social do funcionalismo público em matéria de pensões. Depende estruturalmente da CGA e funcionalmente do Conselho de Administração da Caixa Geral de Aposentações. Na sua estrutura orgânica encontram-se os seguintes órgãos: NER (Núcleo de Exposições e Reclamações); NA (Núcleo de Apoio); GAC-1 (Gabinete de Planeamento e Gestão Financeira); GAC-2 (Gabinete de Organização e Informática); GAC-3 (Gabinete de Jurídico); GAC-4 (Gabinete da Junta Médica); SAC-1 (Serviço de Atendimento, Abertura de Processos e Juntas Médicas); SAC-2 (Serviço de Inscrição e Cadastro dos Subscritores); SAC-3 (Serviço de Instrução de Processos de Aposentação e Reforma); SAC-4 (Serviço de Instrução de Processos de Sobrevivência e de Contagem de Tempo); SAC-5 (Serviço de Abono de Pensões).

O regime jurídico da CGA encontra-se previsto no DL n° 277/93, de 10/08.

5 – Sobre a possibilidade de o interessado desistir da aposentação voluntária, vide anot. 4ª ao art. 39°.

A propósito, vide ainda o art. 110º do CPA, que no seu número 2 admite a possibilidade da continuação do procedimento se a Administração entender que assim o exige o interesse público.

PARECERES DA PROCURADORIA GERAL DA REPÚBLICA

«1 – A resolução das petições formuladas à Administração é, em principio, vinculada quanto ao prazo, a menos que preceito especial confira a este aspecto discricionariedade;

2 – Salvo quando goze de discricionariedade quanto ao prazo, a Administração deve decidir as petições que lhe são formuladas com eficiência e prontidão, não lhe sendo licito demorar os assuntos em que intervém mais do que estritamente necessário, sob pena de poder incorrer em responsabilidade;

3 – Não existe preceito especial a conferir caracter discricionário quanto ao prazo para remeter à Caixa Geral de Aposentações um requerimento a pedir a aposentação pelo que a Administração deve agir, nessa remessa, de harmonia com o critério definido na anterior conclusão 2;

4 – Decorridos os 90 dias a que alude o artigo 3º, n 2, do Decreto-Lei n 256-A/77, de 17 de Junho, contados nos termos do artigo 32º, alínea a) da Lei de Processo dos Tribunais Administrativos (Decreto-Lei n 267/85, de 16 de Junho), sem que o requerimento seja enviado a Caixa, o interessado pode exercer o respectivo meio legal de impugnação;

5 – Não existe preceito especial a conferir caracter discricionário quanto ao prazo para a Caixa Geral de Aposentações decidir a pretensão de um funcionário de passar a aposentação, pelo que se a decisão não for proferida no prazo de 90 dias consagrado no n 2 do artigo 3º do Decreto-Lei n 256-A/77, contado nos termos das alíneas b) ou c) do artigo 32º da Lei de Processo dos Tribunais Administrativos, o interessado pode presumir indeferida a sua pretensão, para poder exercer o respectivo meio legal de impugnação».

(Parecer da PGR, de 14/01/88, in BMJ nº 379/67)

Artigo 85º
Cadastro e contagens

Instaurado o processo de aposentação, juntar-se-lhe-á informação do que constar do cadastro do subscritor, apensando-se os processos de contagem prévia e de cadastro que lhe digam respeito.

NOTAS

Recebido o processo, a Caixa diligenciará junto do departamento próprio da DAC (anot.4ª ao artigo anterior) pela obtenção das informações úteis que constem do cadastro do subscritor (art. 23°) e na oportunidade (se tiverem sido instaurados) fará apensar ao processo de aposentação os de cadastro e de contagem prévia (art. 34°).

PARECERES DA PROCURADORIA GERAL DA REPÚBLICA

«1 – A resolução das petições formuladas a Administração é, em principio, vinculada quanto ao prazo a menos que preceito especial confira a este aspecto discricionariedade;

2 – Salvo quando goze de discricionariedade quanto ao prazo, a Administração deve decidir as petições que lhe são formuladas com eficiência e prontidão, não lhe sendo licito demorar os assuntos em que intervém mais do que estritamente necessário, sob pena de poder incorrer em responsabilidade;

3 – Não existe preceito especial a conferir caracter discricionário quanto ao prazo para remeter à Caixa Geral de Aposentações um requerimento a pedir a aposentação pelo que a Administração deve agir, nessa remessa, de harmonia com o critério definido na anterior conclusão 2;

4 – Decorridos os 90 dias a que alude o artigo 3°, n 2, do Decreto-Lei n° 256-A/77, de 17 de Junho, contados nos termos do artigo 32°, alínea a) da Lei de Processo dos Tribunais Administrativos (Decreto-Lei n 267/85, de 16 de Junho), sem que o requerimento seja enviado a Caixa, o interessado pode exercer o respectivo meio legal de impugnação;

5 – Não existe preceito especial a conferir caracter discricionário quanto ao prazo para a Caixa Geral de Aposentações decidir a pretensão de um funcionário de passar a aposentação, pelo que se a decisão não for proferida no prazo de 90 dias consagrado no n° 2 do artigo 3° do Decreto-Lei n° 256-A/77, contado nos termos das alíneas b) ou c) do artigo 32° da Lei de Processo dos Tribunais Administrativos, o interessado pode presumir indeferida a sua pretensão, para poder exercer o respectivo meio legal de impugnação».

(Parecer da PGR, de 14/01/88, in BMJ n° 379/67)

Artigo 86°
Prova das condições para a aposentação

1 – O competente serviço da Caixa verificará se o interessado reúne as condições necessárias para a aposentação.

2 – Se não estiver comprovado tempo de serviço, suficiente para a aposentação, ou outro tempo útil de que haja notícia no processo, deverá exigir-se prova complementar ao requerente, através dos serviços de que dependa, ou directamente a estes, se a aposentação for obrigatória.

3 – Qualquer prova complementar a cargo do interessado só pode ser considerada quando oferecida no prazo que, para o efeito, a Caixa houver fixado.

NOTAS

1 – A instrução dos processos de aposentação e de reforma e a análise do direito respectivo corre pelo SAC-3 (v. nota 4ª ao art. 84°).

Havendo falta de algum dado, ou não estando devidamente comprovado o tempo de serviço suficiente para a aposentação ou outro tempo útil para o efeito mencionado no processo, deverá exigir-se *prova complementar* ao requerente, se a aposentação for voluntária, ou aos serviços de que ele dependa, se a aposentação for obrigatória.

Este dever é a emanação do *princípio do inquisitório* plasmado no art. 56° do CPA, de que já demos conta na anot. 2ª ao art. 84°.

Não acolhemos nada bem o pendor peremptório do prazo que ao interessado é possível conceder para a apresentação da prova complementar, conforme o estipula o n°3. Em primeiro lugar, até para cumprir o princípio da colaboração acolhido no art. 7° do CPA, deverá, obviamente, ser um prazo suficientemente alargado, haja em vista o tempo que se supõe demorar a obtenção de algum elemento que seja necessário solicitar a algum ente público, conhecidas como são ainda as peias burocráticas do nosso sistema organizativo público (v. anot. 2ª ao art. 29° supra).

Não obstante, sempre nos parece que outra sanção se não deve esperar de algum atraso não justificado do interessado que não seja a suspensão do procedimento. Não deve, como às vezes parece ser prática nalguns organismos, pura e simplesmente ser *arquivado* o procedimento. Convém ter presente que é do maior interesse do requerente que este processo siga célere. Visando este procedimento a salvaguarda de um interesse fundamental do cidadão subscritor (ou ex-subscritor, consoante os casos), intimamente ligado, quantas vezes à dignificação das condições da sua vida, outras à sua própria sobrevivência na velhice ou na doença e invalidez, fazê-lo paralizar por esta razão pode ser causa de funestos resultados para a esfera daquele, quando se sabe que a demora quase nunca procede de culpa sua.

Portanto, entendemos que, em tais circunstâncias deve ser observado o que reza o art. 91° do CPA: deve ser feita «nova notificação» e, persistindo o atraso, deverá a Caixa, se não prescindir do dado pedido, proceder ela mesma oficiosamente à recolha do elemento que esteja em falta. Isso, sim, é sinal de uma máquina administrativa moderna, evoluída, desempoeirada.

A não ser assim, no máximo, o que à Caixa será permitido fazer é declarar por acto expresso a *deserção* do procedimento devidamente fundamentada se (mas sempre e só por causa que seja imputável ao interessado) o procedimento estiver parado por mais de seis meses e se não houver interesse público na decisão do procedimento. Hipótese que, por não extinguir o direito que o requerente pretendia fazer valer, não impede a renovação da sua pretensão e a reactivação do procedimento deserto. A deserção apenas extingue a instância procedimental, não o direito subjacente (art. 111º, do CPA).

PARECERES/JURISPRUDÊNCIA

«I – O art. 41º,nº1, do Estatuto de Aposentação, referente à aposentação, por iniciativa da Administração, de funcionários absolutamente incapacitados, dirige-se ao órgão superior que superintende no sector a que o funcionário pertence.

II – No processo de aposentação, provocado nos termos do artigo citado, aos órgãos da Caixa Nacional de Previdência só incumbe, na decisão final, verificar a existência das condições legais da situação de aposentado e fixar o quantitativo da respectiva pensão.

III – Não lhes incumbe, assim, averiguar se os órgãos competentes do Ministério da Educação deveriam ter observado o disposto no n. 2, do art. 6º, do D.L. n. 109/85, de 15 de Abril (conversão de horário de trabalho ou reclassificação profissional), em relação a uma professora efectiva, absolutamente incapacitada para funções docentes.

IV – Para que a condição de incapacidade se verifique é necessário e suficiente que ela se reporte as funções do funcionário, não importando a sua aptidão para o exercício de outras actividades»

(Ac. do STA, de 28/06/90, Proc. Nº 027406, in ap. ao DR, de 31/01/95, pág. 4557)

Artigo 87º
Prova do tempo

O tempo de serviço para efeitos de aposentação prova-se por meio de certidões ou informações autênticas da efectividade do serviço, emitidas pelas entidades competentes.

NOTAS

1 – O tempo de serviço deve provar-se por meio de *certidões*.

Certidões são documentos emitidos pelas entidades públicas competentes que visam comprovar factos por referência a documentos escritos pré-existentes ou demonstrar a sua inexistência. No primeiro caso, a certidão é *positiva*, reproduzindo, resumindo ou transcrevendo total ou parcialmente o conteúdo do documento; no segundo, a certidão é *negativa*, declarando que certo facto, acto ou documento não existe.

A certidão é *de teor*, se transcreve «ipsis verbis» o conteúdo do documento; é de *narrativa*, quando se limita a reproduzir, por extracto, o conteúdo do documento (art. 165º do Código do Notariado).

As certidões têm a força probatória dos originais quando extraídas pelo depositário público e são documentos autênticos (arts. 363º, 369º e 383º, nº1, do C.C.).

2 – O tempo de serviço pode ser ainda provado por meio de *informações autênticas*.

As informações, sendo documentos escritos, correspondem a *declarações de conhecimento*, em que os órgãos administrativos se propõem exprimir oficialmente o conhecimento que têm de certos factos e situações (são, por isso, meros actos declarativos, e não constitutivos, logo a sua eficácia é retroactiva). O seu efeito confunde-se com o valor do certificado, na medida em que representam, como este, declarações de ciência e de informação.

Para lhe autenticarem o valor, devem levar o selo branco do serviço e a assinatura ou rubrica do titular emitente.

3 – Estas certidões e informações podem ser entregues aos funcionários interessados ou enviadas à Caixa, se por esta solicitados.

Incluem os elementos relativos às faltas, às licenças sem vencimento de tempo não contável, ao acréscimo de tempo, enfim a todas as ocorrências que importem reflexo na antiguidade do subscritor para efeito de aposentação (cfr. art. 27º).

Se não for possível obtê-las, haverá lugar a um processo especial de suprimento (cfr. art. 88º).

Artigo 88º
Suprimento da prova de tempo de serviço

1 – Mostrando-se por documento autêntico a impossibilidade de obter a prova a que se refere o artigo anterior, pode o interessado

requerer a instauração de processo especial de justificação nos serviços onde exerceu funções, indicando desde logo os períodos e as condições em que as exerceu e foi remunerado e juntando os elementos de que dispuser.

2 – Os serviços tomarão em consideração os diplomas ou actos de investidura e exoneração, folhas de remunerações, listas de antiguidade, livros de ponto e quaisquer outros elementos donde possa inferir-se a efectividade de exercício de funções e resolverão, a final, se este se verificou e em que condições, emitindo certidão da resolução.

3 – Tratando-se de funções exercidas em mais de um serviço, o processo poderá ser instaurado somente no último, que solicitará dos restantes a instauração e resolução da parte que lhes diga respeito.

NOTAS

1 – Este artigo pretende acautelar os interesses do requerente sempre que por qualquer razão (desaparecimento, destruição, etc) os serviços não dispuserem de elementos de cadastro que proporcionem a prova do tempo de serviço prestado.

Em tais casos, e porque a culpa não é do interessado, é posta à sua disposição uma forma de *suprimento* dessa impossibilidade. Trata-se do *processo especial de justificação* (n°1).

De um modo geral, todo o processo de justificação tem por objectivo a obtenção do reconhecimento de facto jurídico ou um direito invocados e funda-se na impossibilidade da prova pelos meios comuns do que é alegado (ex.: arts. 89° e sgs do C.N.; justificação de ausência: arts. 1103 e sgs do CPC e 114° e sgs do CC, sobre morte presumida; 233° e sgs do CRC, relativo ao suprimento da omissão no registo civil).

Também aqui é assim. Simplesmente, em vez de se tratar de um "processo de justificação judicial", agora falamos de uma *justificação administrativa*, por não exigir a intervenção jurisdicional.

2 – O *fundamento do pedido* é a "impossibilidade de obtenção de prova do tempo de serviço" para efeito de aposentação. Não basta, porém afirmar a impossibilidade. Para tanto, o requerente há-de instruir o requerimento com o «documento autêntico», previamente obtido do ente ou organismo onde exerceu funções temporalmente não comprovadas, que ateste a alegada impossibilidade.

Esse documento será emitido pela entidade competente e tomará a forma de uma certidão, certificado ou mesmo de uma mera declaração, devidamente assinada e com a aposição de selo branco. Importa é que ateste a ciência de que os elementos de que dispunha para prova do tempo de serviço contável não existem, não são encontrados, ou que foram extraviados, perdidos, desaparecidos, furtados, ou destruídos (incêndio, inundação, etc), etc. É necessário que seja, portanto, o próprio serviço a reconhecer que, por culpa não imputável ao interessado, mas eventualmente aos serviços ou a força maior e externa, não é possível provar pelo meio próprio a antiguidade contável nesse mesmo serviço para efeito de reforma.

É claro que falsas declarações de ciência a este respeito, além de darem lugar a procedimento disciplinar, podem igualmente ser alvo de processo criminal, e até mesmo responsabilidade civil extracontratual. E tão ou mais reprovável e ilícita tal declaração de ciência, será a emissão de «certidão de resolução» referida no n°2, "in fine", que, conscientemente e com o propósito de beneficiar o interessado, contenha falsos elementos de contagem.

2 – O processo corre no serviço a que respeita a justificação do tempo contável.

Além da apresentação do «documento autêntico» referido, o interessado deverá indicar os períodos e as condições do exercício, o valor das remunerações obtidas, juntando os elementos documentais de que dispuser (actos de nomeação, publicações no DR, instrumentos de tomadas de posse, contratos de provimento, notas de abonos, etc, etc).

Tais elementos serão confrontados pelos serviços, avaliados e, se necessário, sujeitos a confirmação de entidades terceiras. Além disso, os serviços tomarão em consideração outros elementos de que disponham ou venham oficiosamente a obter (n°2).

Nesta tarefa, vigora uma vez mais o princípio do inquisitório, que ao serviço permite, sem sujeição a regras rígidas, investigar livremente a situação, coligir provas, ordenar inquéritos e recolher as informações necessárias. Não está afastada, sequer, a possibilidade de obtenção de prova testemunhal, se nisso houver conveniência. Neste domínio são aplicáveis com as necessárias adaptações as regras dos arts. 86° e sgs do CPA em matéria de instrução e provas.

A prova assim conseguida é uma prova indirecta que vai substituir, na medida do possível, a prova directa perdida ou inexistente.

3 – Finda a instrução, o titular competente do órgão em causa proferirá uma «resolução» que suprirá os elementos de tempo de serviço que directamente faltaram.

Esta decisão assenta, portanto, nos elementos disponíveis que constituam indícios fortes e plausíveis que permitam "*inferir*" a efectividade de serviço que se pretende documentar.

Tal decisão deve ser comunicada ao requerente, a fim de a poder impugnar administrativa ou contenciosamente, consoante o que ao caso couber. Na realidade, ela constitui um acto administrativo, de efeitos externos lesíveis, com todas as características que definem os traços do conceito vertido no art. 120° do CPA (cfr. tb. art. 268°, n°4, da CRP).

Suprida por este meio a impossibilidade verificada, o órgão emitirá posteriormente uma «certidão da resolução» que, para todos os efeitos, valerá como documento autêntico para prova junto da Caixa do tempo de serviço de subscritor contável para a aposentação.

4 – Se for necessário suprir a impossibilidade de prova do tempo de serviço prestado em mais do que um organismo, cada um deles deverá proceder como atrás se viu. Com uma diferença. Para cada serviço não é instaurado um procedimento autónomo. O processo especial de justificação será instaurado somente no último. A solicitação deste, cada um dos anteriores fará a instrução e resolução da parte que lhe diga respeito, de tudo fazendo oportunamente remessa para incorporação no processo. Só há um processo, portanto, embora com tantas certidões quantas as justificações objecto de «resolução».

Artigo 89°
Exame médico

1 – O subscritor será submetido a exame por junta médica da Caixa sempre que, preenchidos os demais requisitos da aposentação, esta dependa da verificação da incapacidade.

2 – A incapacidade será verificada por serviço médico diferente do referido no número anterior, nos casos e termos previstos em lei especial.

NOTAS

1 – Redacção dada pelo DL n° 503/99, de 20/11.

2 – Registe-se, em primeiro lugar, que todo o artigo tem por pressuposto uma aposentação em que o facto causante é a incapacidade. O que nos obriga a pensar imediatamente no art. 37°, que, ao requisito de base temporal definido como prazo mínimo de garantia (5 anos), agrega em alternativa outras condicionantes da aposentação. Uma delas, precisamente, a incapacidade absoluta e permanente (n°2, al.a)).

Ora, decompondo a norma do n°1, logo se nos depara a expressão «preenchidos os demais requisitos da aposentação». Isto diz bem do carácter não absolutamente discricionário e livre da aposentação por incapacidade geral de que tratam os citados preceitos. A incapacidade por si só não habilita à aposentação. A ela se hão-de fazer acrescer outros requisitos "de que a aposentação dependa", designadamente o pagamento de quotas, a manutenção da qualidade de subscritor, etc, especialmente o tempo mínimo de serviço.

Cinge-se o artigo, portanto, tal como é função deste Estatuto, à incapacidade geral, isto é, àquela que por razões físicas, intelectuais ou mentais desligadas da função exercida, impede o subscritor de continuar a dar o seu contributo ao serviço público que por profissão abraçou.

Diferente é a situação da incapacidade específica resultante de acidente de serviço ou doença profissional. Nesse caso, a incapacidade apenas derivará desse facto incapacitante, sem ficar agregado a outros factores ou requisitos adicionais. Assim é que, por exemplo, a garantia temporal mínima não tem aqui aplicação, pois que a incapacidade não deixará de ser declarada e a aposentação concedida «independentemente do respectivo tempo de serviço» (art. 4°, n°1, do DL n° 503/99, de 20/11).

Da mesma maneira, o regime das juntas médicas é diferente no que toca à verificação da incapacidade (cfr. arts. 21° e 38°, do cit. DL n° 503/99).

Assentemos, por conseguinte, nisto: o presente artigo não diz respeito às incapacidades próprias da função emergentes de acidente de serviço ou doença profissional.

3 – A regra que o preceito estabelece é a de que para a verificação da incapacidade, uma vez preenchidos os demais requisitos da aposentação, é necessário que o subscritor se submeta a um *exame médico* (a esse mesmo exame se referiam os arts. 37°, n°1, al.a) e 41°, n°1, supra), para cuja realização é competente a *Junta Médica* da Caixa mencionada no artigo seguinte.

Há vários tipo classificativos de Juntas Médicas e delas daremos conta no artigo seguinte. O que sempre delas se espera, por ser sua competência específica, é a realização de um exame médico, portanto, exame pericial destinado a avaliar o estado de pessoas e que, no presente enquadramento, se apresenta como diligência procedimental instrutória da maior importância, a ponto de se qualificar de formalidade legal essencial, cuja ausência ou defeituosa reunião torna inválida a decisão final do procedimento que se lhe seguir.

A eficácia da verificação da incapacidade através do exame mostra-se definida no art. 43°, n°1, al.b): o regime da aposentação fixa-se com base na lei em vigor e na situação existente à data em que for «declarada a incapacidade pela competente junta médica, ou homologado o parecer desta, quando lei especial o exija».

JURISPRUDÊNCIA

«I – O art. 41°, 1, do Estatuto de Aposentação, referente a aposentação, por iniciativa da Administração, de funcionários absolutamente incapacitados, dirige-se ao órgão superior que superintende no sector a que o funcionário pertence.

II – No processo de aposentação, provocado nos termos do artigo citado, aos órgãos da Caixa Nacional de Previdência só incumbe, na decisão final, verificar a existência das condições legais da situação de aposentado e fixar o quantitativo da respectiva pensão.

III – Não lhes incumbe, assim, averiguar se os órgãos competentes do Ministério da Educação deveriam ter observado o disposto no n. 2, do art. 6°, do D.L. n. 109/85, de 15 de Abril (conversão de horário de trabalho ou reclassificação profissional), em relação a uma professora efectiva, absolutamente incapacitada para funções docentes.

IV – Para que a condição de incapacidade se verifique é necessário e suficiente que ela se reporte as funções do funcionário, não importando a sua aptidão para o exercício de outras actividades».
(Ac. do STA, de 28/06/90, Proc. N° 027406, in ap. ao DR, II, de 31/05/95, pág. 4557)

«I – À contagem final do tempo de serviço, para efeitos de aposentação, fundada em incapacidade absoluta e permanente para o exercício de funções dum magistrado do Ministério Público, são aplicáveis as regras do regime da função pública.

II – Assim, a data a atender para o efeito é a da declaração dessa incapacidade pela junta médica, ou a da homologação de parecer desta, quando a lei a exija».
(Ac. do STA, de 03/05/94, Proc. N° 032287)

«Verificada pela Junta Médica da Caixa a incapacidade absoluta e permanente do subscritor para o exercício das suas funções com um grau de desvalorização de 60,26% por cento, em consequência de acidente de serviço, a pensão de aposentação extraordinária respectiva deverá ser calculada através da fórmula prevista no n. 2 do artigo 54° do Estatuto da Aposentação».
(Ac. do STA, de 22/11/94, Proc. n° 035039)

Artigo 90°
Junta médica da Caixa

As juntas médicas serão compostas por 2 médicos da caixa Nacional de Previdência e presididas por um director de serviços ou, por sua delegação, por um director-adjunto, subdirector ou gerente de filial.

NOTAS

1 – Redacção dada pelo DL nº 214/83, de 25/05.

2 – Há vários tipos de **Juntas Médicas**.
a) *Juntas Ordinárias*: as que, para a avaliação da incapacidade geral do subscritor, reúnem periodicamente na sede e filiais da CGD nas datas a fixar, consoante as necessidades de serviço (art. 91º, nº1);
b) *Juntas Extraordinárias*: as que, para os mesmos fins, são realizadas fora dos locais e das datas estabelecidos, a solicitação do interessado (art. 92º);
c) *Juntas de Revisão*: as que visam alterar o laudo determinado pelas Juntas anteriores – ordinárias ou extraordinárias (art. 95º);
d) *Juntas Funcionais*: as que apenas estão relacionadas com o exercício de funções por parte do servidor e que visam a verificação e confirmação de incapacidade (temporária e permanente) em consequência de acidente de serviço e doença profissional (arts. 21º e 38º, do DL nº 503/99, de 20/11);
e) *Juntas de Recurso*: as que no mesmo âmbito têm em vista a alteração do resultado do parecer emitido pelas Juntas anteriores (arts. 22º e 39º do cit. DL nº 503/99; tb. art. 105º do DL nº 100/99, de 31//03);
f) *Juntas da AFCT* (Assistência na Tuberculose aos Funcionários Civis): as que têm por fim acompanhar os funcionários na assistência na tuberculose, apurar do grau de evolução da doença e tratamento e avaliar das condições de permanência e de retoma do serviço por parte daqueles (arts. 2º, 14º, § 1º, §2, nº2,, 21º, 31ºdo DL nº 48 359, de 27/04/68);
g) *Juntas da ADSE*: as que são realizadas aos beneficiários da Protecção Social aos Funcionároos e Agentes da Administração Pública (ADSE) em relação aos quais se verifique uma situação anómala quanto aos cuidados de saúde recebidos (art. 58º do DL nº 117/83, de 25/02; tb. DL nº 41/90, de 29/11, sobre o regime de funcionamento destas Juntas).

Estas Juntas têm também lugar quando o funcionário tenha atingido o limite de 60 dias consecutivos de faltas por doença e não se encontre apto a regressar ao serviço, ou quando haja indícios de comportamento fraudulento em matéria de faltas por doença (art. 36º do DL nº 100/99, de 31/03: Regime de Férias, Feriados e Faltas).

3 – A Junta Médica tem a natureza de órgão administrativo colegial ou colectivo.

A que aqui é referida é composta de três membros (*junta* três elementos), dois médicos e um director de serviços ou, por delegação deste, um director adjunto, subdirector ou gerente de filial.

Apesar de reunir apenas quando for necessário para a avaliação da incapacidade de algum subscritor, não é um órgão "ad hoc", mas, ao contrário, um órgão permanente e ordinário (será extraordinário nas situações do art. 92º).

A sua missão é realizar o exame médico a que se refere o artigo anterior, tendo por objectivo ou resultado a verificação da incapacidade do funcionário civil do Estado, a sua natureza permanente ou temporária e o grau absoluto ou relativo da desvalorização sofrida.

No que respeita à incapacidade dos subscritores militares e equiparados, a avaliação do seu estado físico e psíquico e da sua eventual consequente incapacidade é efectuada pelas Juntas Médicas privativas dos respectivos serviços, embora algumas vezes tenham que intervir médicos indicados pela CGA (cfr. arts. 90º, nº1, al. d); 96º; 160º, nº2, al.a); 161º; 204º, entre outros, do Estatuto dos Militares das Forças Armadas: DL nº 236/99, de 25/06).

A Junta Médica da Caixa realiza-se periodicamente na sede e nas filiais da Caixa Geral de Depósitos em todas as capitais do distrito, incluindo Porto e Regiões Autónomas.

Os interessados são convocados pela Caixa, com indicação da data, hora e local da realização da Junta, e deverão fazer-se acompanhar de:
a) elementos clínicos actualizados, designadamente radiografias, análises clínicas, relatórios médicos, outros meios auxiliares de diagnóstico, boletim de vacinação, etc;
b) elementos de identificação pessoa, como bilhete de identidade, cartão de contribuinte, cartão profissional, passaporte, carta de condução, etc.

Sendo a Junta realizada a solicitação do interessado (para a aposentação voluntária: art. 39º, nº2), a falta de comparência daquele ao exame, não sendo justificada, pode determinar o arquivamento do processo, embora susceptível de reabertura posterior a requerimento daquele.

JURISPRUDÊNCIA

«I – Nos termos do art. 43º, n. 1, al. b), do Estatuto da Aposentação, aprovado pelo Dec. Lei n. 498/72, de 9.12.72, em caso de incapacidade, a data relevante para a fixação do regime jurídico da aposentação e da reforma e da pensão de invalidez, por força do disposto nos arts. 112º, n. 3 e 129º do mesmo Estatuto é aquela em que seja declarada a incapacidade pela competente junta medica, ou homologado o parecer desta.

II – A junta médica competente para declarar a incapacidade, nos termos e para os efeitos do disposto no citado art. 43º, n. 1, aI. b), é, para os militares, a junta medica dos respectivos serviços de saúde – (cfr. arts. 118º e 119º,n.1,doE.A.).

III – Compete, porem, à Junta Médica da Caixa verificar o grau de incapacidade geral de ganho, quando influa na pensão de reforma e a conexão da incapacidade com o acidente de serviço ou facto equiparado (n. 2 do art. 119º)»
(Ac. do STA, de 14/01/92, Proc. nº 029488)

«1 – A convocação para Junta Médica faz-se através de carta registada com aviso de recepção (v. n.º2 do art. 9ºdo Dec-Reg. n° 41/90, de 29.11).

2 – Equivale isto por dizer que àquelas notificações se aplicam as disposições relativas à citação pessoal, nas quais se incluem o art.238º do CPCivil (v. art. 256º do CPCivil).

3 – Não resultando provado que a recorrente tivesse assinado o aviso de recepção para comparência a uma determinada Junta Médica, nem que aquele tivesse sido assinado por terceiro (art. 238º do CPCivil), forçoso será concluir que a recorrente não foi notificada para comparecer à dita Junta Médica, pelo que não pode a mesma ser considerada na situação de faltas injustificadas (art 39º do DL nº 497/88, de 30/12)».
(Ac. do TCA, de 15/02/2001, Proc. nº 4015/00)

«Do cotejo do nº 1 do art.º 8º. com o nº 1 do artº 8º – A, ambos do DL n° 49031, de 27/5/69 (tendo aquele artº 8º – A, sido aditado a tal diploma pelo DL nº 309/85, de 30/07), resulta que sobre o pessoal contratado (contrato de provimento) que tiver excedido o prazo máximo de licença por doença impende o ónus – desde que o mesmo preencha em abstracto os pressupostos para a sua aposentação – de requerer para esse efeito a sua apresentação à junta médica da Caixa Geral de Aposentações, sob pena de não o fazendo ver rescindido "automaticamente", pela simples omissão daquele requerimento, o respectivo contrato».
(Ac. do STA, de 18/04/2002, Proc. nº 027503)

Artigo 91º
Juntas ordinárias

1 – As juntas médicas ordinárias reunirão periodicamente na sede e filiais da Caixa Geral de Depósitos, nas datas a fixar, conforme as necessidades do serviço.

2 – Os seus pareceres serão sempre fundamentados.

3 – Os resultados das juntas médicas realizadas nas filiais deverão ser confirmados pelo médico-chefe da Caixa, que poderá fazer baixar o processo à junta que emitiu os pareceres para melhor fundamentação, quando entender que esta é incompleta, deficiente ou obscura.

4 – No caso de persistir diferendo entre as juntas e o médico-chefe, deverá este determinar a aplicação dos meios previstos no artigo 96º e propor parecer à homologação da Administração.

NOTAS

1 – Redacção dada pelo DL nº 214/83, de 25/05.

2 – São *ordinárias*, em contraposição às mencionadas no artigo seguinte, por terem um carácter regular e periódico, e funcionarem nos locais e datas a determinar pelas próprias Juntas.

Se os interessados, devidamente convocados para o dia, hora e local do exame, não comparecerem, deverão justificar a ausência à entidade de que o subscritor depende e, por cautela, comunicar o facto igualmente à própria Junta, sob pena de arquivamento do procedimento.

Pode ao mesmo tempo o interessado requerer à Administração da CGA a realização de uma Junta Médica *extraordinária* no local que lhe for mais conveniente (art. 92º). Neste caso, o exame dependerá do pagamento prévio à Caixa das despesas que forem fixadas para a sua realização (art. 93º, nº2).

3 – A Junta, na posse dos elementos clínicos e de diagnóstico apresentados pelo interessado, e outros que existam no processo ou venha por sua iniciativa a requisitar (art. 96º) emite o seu *parecer*.

Nem seria preciso dizê-lo, mas, enfim, sempre se acrescenta que se trata de um parecer *obrigatório*, porque esse é, precisamente, o resultado do trabalho da Junta imposto por lei.

A questão que se coloca é se será parecer *vinculativo*.

O art. 98º, nº2, do CPA dispõe que, salvo disposição expressa em contrário, os pareceres referidos na lei se consideram obrigatórios e «não vinculativos» e não se vê motivo bastante para, neste caso particular, se pensar de maneira diferente, a menos que outra coisa resulte expressamente de lei especial.

Olhando desprevenidamente para uma ou outra disposição deste Estatuto, pode efectivamente ser-se levado a inferir que os laudos das Juntas são de tipo resolutório. Fica-se com essa sensação, por exemplo, perante o art. 43º, nº1, al.b), ao prescrever que a incapacidade é «declarada» pela Junta.

Mas essa é uma mera aparência, pelo menos no que se refere às Juntas Ordinárias de que ora cuidamos. Com efeito, o que estas Juntas fazem é uma simples «verificação» da incapacidade (art. 89º, nº1): verificam, segundo os elementos disponíveis e de acordo com os critérios legais e técnico-científicos dos seus membros, o grau da incapacidade do interessado. Não uma *verificação constitutiva,* mas verificação constatativa, que, recorde-se, é efectuada através de «parecer» e não por «decisão».

Assim, é de acolher a ideia geral de que os pareceres da Junta Ordinária são *não vinculativos*. São actos preparatórios importantes e fundamentais e, por isso, constituem formalidade essencial. Porém, não deixam de traduzir um simples juízo opinativo que, nem pelo facto de ser pericial, vinculam a entidade decidente no sentido proposto. E isto tanto é assim para as Juntas Ordinárias, como relativamente aos laudos das Juntas de Revisão que os interessados, inconformados com o resultado da precedente, possam pedir no prazo de 60 dias após (cfr. art. 95º, nº1). É verdade que a primeira perícia pode ser total ou parcialmente afastada por nova e posterior Junta realizada por diferentes médicos (art. 95º, nº3). Simplesmente a dúvida que assalta o espírito do intérprete quanto à vinculatividade das primeiras, transpõe-se para as segundas. Estas, como aquelas, são ou não vinculativas, é o que se discute. E perante resultados eventualmente díspares, a Administração da Caixa terá que amparar um deles, homologando-o, ou o parecer da Junta Ordinária, ou o da Junta de Revisão. Esta, portanto, é tanto «não vinculativa» como aquela, já que nada em contrário emerge da lei a conferir-lhe diferente valor. Ainda assim, sempre diremos que, embora não vinculativas, o Conselho de Administração da Caixa raramente vai contra os pareceres produzidos, porque habitualmente confia nas declarações de ciência que encerram.

Isto que agora afirmamos tem que ser, porém, devidamente enquadrado em cada um dos regimes de incapacidade que seja necessário apurar. Pode, realmente, acontecer que nalguns casos os pareceres das Juntas Médicas sejam verdadeiramente condicionantes da decisão final, sejam destacáveis dos demais actos procedimentais preparatórios e, por consequência, comprometam irremediavelmente a resolução última do procedimento. Quer dizer, não são a decisão final, mas condicionam-na num certo sentido, de forma que, nessa medida, serão vinculativos.

Assim é que, por exemplo, os pareceres das Juntas Médicas da AFCT deverão ser *obrigatoriamente seguidos* quando proponham o tratamento dos assistidos a quem tenha sido dada alta em condições de retomarem o serviço (art. 22º, §único do DL nº 48 359, de 27/04/1968).

Prova ainda de parecer *vinculativo* está no facto de que «será aposentado» o servidor que contraiu a tuberculose se, esgotado o tempo de assistência, pela Junta Médica da AFCT «não for julgado...em condições de permanecer ou retomar o serviço» (art. 21º, proémio, cit. dip.).

Tem também esse cariz vinculante a deliberação da Junta de Recurso da ADSE que, em recurso da «decisão» (art. 21º, nº7, do DL nº 503/99: devia estar escrito "deliberação") proferida pela Junta Médica do art. 21º, «declarar» (com competência dispositiva e definitiva para tal) o sinistrado em condições de regressar ao serviço: nessa hipótese, as faltas até à notificação dessa «decisão» (novamente imprecisão terminológica) «serão consideradas injustificadas» (art. 22º, nº5, cit. dip.).

4 – Diferente deste, é o problema da definitividade dos actos das Juntas. Já vimos que nalguns casos os actos das Juntas podem não ser definitivos, por deles ser admissível impugnação administrativa (para as Juntas de Recursos ou para as Juntas de Revisão). Neste plano, os actos das juntas precedentes podem ser confirmadas ou alteradas pelas juntas posteriores e só com estas se poderá falar em plano último e definitivo a propósito do juízo opinativo sobre a matéria em causa. Se tiver havido impugnação dos pareceres iniciais, só com a pronúncia das juntas de revisão ou de recurso é que se pode dar por obtido o parecer definitivo e, consequentemente, por encerrado o subprocedimento em causa.

Que de subprocedimento ou intraprocedimento se trata, efectivamente. Dentro do procedimento "normal" de aposentação impulsionado pelo interessado ou pelos serviços de que dependa, o exame médico torna-se indispensável ao apuramento da incapacidade, para o que a Junta deverá pronunciar-se. Este acto de trâmite ficará obtido e o procedimento prosseguirá imediatamente o seu rumo se do acto da Junta não houver impugnação. Mas se a houver, abrir-se-á aí um procedimento pericial (dentro do principal) fundado na tecnicidade e cientificidade do exame a efectuar e só após a sua conclusão é que o procedimento principal prosseguirá a sua marcha rumo ao final. O resultado a que tende o exame médico indispensável só com a pronúncia de 2º grau realizada pela Junta de Recurso ou de Revisão se pode dizer estar absolutamente concluído.

Isso, porém, não altera os dados do problema começado por suscitar anteriormente. Pode haver Junta de Revisão e de Recurso, mas sobre o seu laudo continuam a pôr-se as mesmas interrogações a respeito da vinculatividade da pronúncia final assim obtida. É que uma coisa são as competências de cada um dos órgãos (Juntas), outra é a força que detêm os actos por cada uma praticados no seio do procedimento em que se inserem. O facto de ter havido Juntas de Recurso e de Revisão (que nem sequer são obrigatórias) em nada altera o problema da vinculação do órgão decisor: as dúvidas que se punham quanto às juntas do 1º grau, colocam-se exactamente quanto às de 2º grau.

Por outro lado, importa esclarecer que a definitividade aqui aflorada é a tradução da pronúncia final do falado intraprocedimento pericial e nada mais. Isto é, quando a ela nos referimos, pensamos exclusivamente na obtenção do parecer definitivo e relevante para o prosseguimento normal do procedimento principal. Não estamos a pensar no problema da definitividade como característica própria da reactividade contenciosa que do parecer seja possível garantir ao interessado inconformado. Essa é outra questão que abordaremos já a seguir.

5 – Serão todos os actos das Juntas Médicas simples *pareceres*? Se sim, serão irrecorríveis contenciosamente? Ou será que algumas das intervenções das Juntas têm força dispositiva e decisora própria?

Deve advertir-se que a linguagem utilizada pelo legislador nem sempre é precisa e rigorosa, nem sempre parece dominar as implicações da utilização de diferentes conceitos. Só a leitura atenta dos preceitos e a sua correlação com outros permitirá concluir, e mesmo assim, sem grande dose segurança, se o espírito contido da norma é o de atribuir a natureza de simples parecer ou de lhe conceder carácter decisor.

Podemos assegurar que a maior parte das Juntas realiza exames médicos e o seu resultado é obtido mediante um *parece*r.

Exemplos:
– art. 43°, n°1, al.b), 2ª parte; 91°, n°2, do presente Estatuto;
– arts. 6° e 11° do D.R: n° 41/90, de 29/11, sobre Juntas da ADSE;
– 23°, n°1: «*o superior hierárquico deve atribuir ao sinistrado trabalho compatível (...) em conformidade com o parecer... da junta médica...*»;
– 14°, §2°, 2°, do DL n° 48 359, de 27/04/68: «*O Director do Instituto de Assistência Nacional aos Tuberculosos poderá mandar cessar a assistência... quando a junta médica se pronuncie desfavoravelmente...*»;
– 20°,§2°, do, cit. dip: «*Mediante despacho do director... poderá ser concedido aos beneficiários uma segunda prorrogação... desde que a junta médica da AFCT seja de parecer que a cura possa ser obtida em tal espaço de tempo...*».
– art. 42°, n°1, do DL n° 100/99, de 31/03: «*O parecer da junta médica deve ser comunicado...*»;
– art. 45°, n°4, do cit. dip.: «*A readmissão depende de parecer favorável da competente junta médica*».

Outras vezes, contudo, a sua actividade não se limita à emissão de um mero juízo técnico-científico, mas antes à tomada de uma *resolução* nas matérias que a lei especificamente lhes confia.

Isto resulta imediatamente do art. 43°, n°1, al.b), 1ª parte, acima, quando reconhece à Junta Médica (sem dizer qual, sem a classificar) a competência para em certos casos *declarar a incapacidade* (ao lado da simples possibilidade de emitir *parecer* sobre esse mesmo fim, noutros casos: v. 2ª parte, dessa alínea).

E resulta particularmente, entre outras, das seguintes disposições especiais:
- art. 20º, nº1, do DL nº 503/99, de 20/11, quando confere à Junta Médica da ADSE a competência para *dar alta* ao trabalhador considerado clinicamente curado;
- art. 20º, nº3, do cit. dip., quando prevê que a Junta Médica da ADSE *declare* através de uma «*decisão*» se o sinistrado está em condições de retomar o serviço;
- art. 21º, nº1, do cit. dip., quando atribui à Junta Médica da ADSE a competência específica para a verificação e confirmação da incapacidade temporária através de «*decisão*», que deve ser comunicada ao sinistrado e entidade empregadora (nº7);
- art. 22º, nº5, do cit. dip., quando prevê que as Juntas de Recurso da ADSE possam *declarar* o sinistrado em condições de regressar ao serviço;
- art. 26º, nº2, e 38º, do cit. dip., quando estabelece que a Junta Médica da CGA tem competência para *confirmar* e *graduar* a incapacidade permanente, o que será feito por meio de «*decisões*», que devem ser devidamente notificadas (nº7).

Nestes casos, trata-se de uma competência decisória própria e, por conseguinte, a Caixa, ou a entidade competente que ao caso couber, deverá saber tirar as devidas consequências, designadamente praticando a resolução final do procedimento principal que estiver em curso.

E comportando-se tais decisões das Juntas como autênticos actos administrativos (no intraprocedimento enxertado no procedimento principal), poderão ser alvo de impugnação contenciosa autónoma, embora com a dificuldade, sempre presente, alicerçada na circunstância de o tribunal, a propósito do valor legal do seu *conteúdo substantivo*, não o poder sindicar por estar no domínio da chamada *discricionariedade técnica*, salvo nos casos de evidente e manifesto erro grosseiro e palmar. Fora essa fonte de invalidade substantiva, nada obsta à censura jurisdicional por outros vícios, nomeadamente o de forma (por exemplo, por falta, obscura, deficiente e contraditória fundamentação).

Quando os actos das Juntas não tomam tal feição decisora, a sua impugnabilidade contenciosa só é de reconhecer quando se trate de pareceres vinculativos, posto que lesivos. Serão então considerados actos destacáveis, para poderem ser impugnados.

No que respeita aos restantes, sendo meros pareceres não vinculantes (embora obrigatórios), serão havidos como simples actos preparatórios ou de trâmite, por isso inimpugnáveis jurisdicionalmente, embora passíveis de objecto de incidência no recurso contencioso anulatório da resolução final do procedimento que os tenha acolhido e levado decisivamente em consideração. Deles apenas haverá no seio administrativo um recurso de revisão para as chamadas Juntas de Revisão (art. 95º).

Sobre a temática da impugnabilidade dos pareceres, vide o interessante repositório de posições doutrinais conhecidas na anotação 2ª ao artigo 98° do *Código de Procedimento Administrativo anotado e comentado*, de **Santos Botelho; Pires Esteves e Cândido de Pinho.**

6 – À Junta Ordinária cumpre:
a) considerar os examinados aptos ou incapazes para o exercício de funções, face aos elementos disponíveis, considerados suficientes;
b) marcar nova reunião para a apresentação de novos elementos clínicos ou obtenção de relatórios de alguma especialidade médica;

No caso das Juntas para determinação da incapacidade resultante de acidente de serviço ou doença profissional, cabes-lhe apurar do nexo de causalidade entre o acidente ou doença e a incapacidade e fixar o grau de desvalorização respectivo, de acordo com a Tabela Nacional de Incapacidades (cfr. DL n° 341/93, de 30/09; DL n° 202/96, de 23/10; Portaria n° 1036/2001, de 23/08).

7 – Os pareceres deverão ser *fundamentados* (n°2).
Bem fundamentados, entenda-se. Terão que ser claros e deverão exprimir sem dúvidas, tibiezas, nem tergiversações o juízo a que os membros tenham chegado. Não podem ser obscuros, insuficientes, nem contraditórios, de maneira a que a motivação do laudo seja perfeitamente compreendida (com as devidas adaptações, aplicam-se-lhes genericamente as regras do art. 125° , e especificamente as do art. 99°, n°1, ambos do CPA).

O acto decisor final que remeta para o conteúdo do parecer para nele estribar a resolução tomada passa a padecer dos mesmos vícios invalidantes. Por isso, um parecer infundamentado ou com deficiente fundamentação, afectará de vício de forma a resolução final da Caixa, tornando-o anulável.

Para evitar essa eventualidade, o n°3 estipula que o médico-chefe da Caixa, quando o exame tiver sido realizado nas filiais da CGD, poderá fazer baixar o processo à Junta que emitiu o parecer para melhor o fundamentar, se o considerar deficiente e obscuro.

E se a Junta persistir na fundamentação anterior, ou pouco a melhorar, sem afastar as maleitas que lhe haviam sido apontadas, o médico-chefe poderá utilizar as prerrogativas inquisitórias marcadas no art. 96°, por forma a poder documentar-se o mais que puder para ser, ele próprio, a emitir o *seu* parecer, que posteriormente deverá submeter à homologação do Conselho de Administração da Caixa (n°4).

8 – Não estando previsto prazo especial para a emissão dos pareceres das Juntas, deve entender-se que deverá ser observado o geral de 30 dias previsto no art. 99°, n°2, do CPA.

Não sendo observado esse prazo, o nº3 do citado artigo 99º preceitua que o procedimento poderá prosseguir e ser inclusive decidido sem ele, salvo disposição expressa em contrário. Ora bem. Isso até parece aplicar-se aqui nos casos em que o parecer não é vinculativo (ver o que dissemos nas anotações anteriores 3ª e 5ª). Mas quando a Junta tem que declarar a incapacidade e determinar o grau desta, não cremos que outro órgão tenha a mesma competência. Mesmo que, simplesmente, se trate de uma competência para a emissão de um parecer sobre essa temática, será certamente matéria para a qual nenhum órgão mais tem poder semelhante ou concorrente, muito menos poder decisor (eis um bom trunfo para a apologia da tese de que os pareceres das Juntas Médicas, pelas especificidades que apresentam, deveriam ser sempre considerados vinculativos).

Sendo assim, estamos perante uma situação "sui generis". Ainda que o parecer seja obrigatório (que é, efectivamente) mas não vinculativo, o Conselho de Administração da Caixa não pode tomar a resolução final sem um laudo sobre a incapacidade, porque sobre esse assunto não pode ele (Conselho) substituir-se à Junta (sobre as competências do Conselho de Administração da CGA, vide art. 3º do DL nº 277/93, de 10/08, diploma que estabelece o regime jurídico da CGA). Ora, isto salta um pouco fora dos cânones tradicionais que nesta sede se debatem, nomeadamente do plasmado na norma do nº3 do art. 99º atrás citado. O que, aliás, se compreende de algum modo. É que o Conselho de Administração não dispõe de competência para emitir perícias e estas dependem de uma capacidade técnica e científica própria, que manifestamente ele não tem. Portanto, o procedimento não pode ser decidido sem um parecer, é o que podemos sobre este ponto dizer.

Assim, o mais que se pode concluir sobre a não vinculatividade destes pareceres, é que a Caixa não tem que os acolher necessariamente. Se não concordar com eles, se deles duvidar a propósito da sua bondade pericial, factual e jurídica, poderá obrigar a outro, poderá mandar proceder a nova Junta, ou exigir que esta volte a analisar o caso, reveja os elementos disponíveis e reexamine o interessado. A isso se resume a sua não vinculação. O que não pode é passar sem eles, o que de certa maneira posterga a regra geral do art. 99º, nº3 do CPA.

JURISPRUDÊNCIA

«I – É juridicamente irrelevante ou inexistente a parte do parecer da Junta Médica que versa assunto não contemplado no elenco das matérias previstas na lei que institui aquela Junta Médica.

II – A referida inexistência projecta-se no despacho homologatório do parecer».

(Ac. do STA, de 13/03/86, in AD nº 316, pág. 423)

«I – Os pareceres das Juntas Médicas a que se referem os arts. 34° e sgs. do DL n° 491/88, de 30/12 e o art. 11° do Regulamento n° 41/90, de 29//11, constituem meros actos preparatórios, com carácter obrigatório mas não vinculativo da decisão a tomar pela entidade a quem couber a decisão da declaração de incapacidade para o exercício de funções.

II – Mas ainda que por mera hipótese esses pareceres sejam considerados vinculativos, o que de facto não acontece, um motorista de pesados do quadro de pessoal de um município, considerado incapaz pela junta médica da ADSE para o exercício das suas funções, pode ser considerado apto pela entidade decidente para o desempenho da função de motorista de ligeiros, desde que na posse de elementos que não o considerem incapaz para o exercício destas últimas funções, já que ambos estão inseridos em carreiras distintas, com conteúdo funcional diferenciado».
(Ac. do STA, de 21/10/94, Proc. n° 32215)

«I – Se um militar sofreu desvalorização permanente da sua capacidade de ganho, em virtude de acidente de serviço ou doença contraída neste por motivo do desempenho, susceptível de constituir fundamento para a sua reforma e não puder passar a esta situação por não ser subscritor da Caixa, terá direito a uma pensão de invalidez.

II – É à junta médica da Caixa que compete verificar o grau de incapacidade geral de ganho, quando influa na pensão de reforma e a conexão de incapacidade com o acidente de serviço ou facto equiparado.

III – Apropriando-se a Direcção dos Serviços de Previdência da C.G.D. do parecer da junta médica da Caixa para negar a atribuição de pensão de invalidez, em virtude das lesões apresentadas não resultarem de doença ou desastre ocorrido no exercício das funções, e, por motivo de desempenho, está vedado ao tribunal sindicar tal matéria por se situar na denominada discricionariedade técnica.

IV – Não viola o *"princípio da confiança"*, inerente ao princípio do Estado de Direito Democrático, o acto administrativo que negar ao requerente a situação de invalidez e a correspondente pensão não obstante tal decisão vir a ser proferida ao fim de dezassete anos, tempo durante o qual aquele recebeu, continuamente, a título de pensão provisória determinada quantia, tendo ele consciência da precaridade de tal situação que só terminaria com a decisão definitiva da C.G.A., após ser submetido a junta médica».
(Ac. do STA, de 06/12/94, Proc. n° 035942)

«I – A junta médica, nomeada nos termos do art. 3°, n. 1 do DL n°103--A/90, de 22/3, é um órgão ad hoc não integrado em qualquer cadeia hierárquica, designadamente das autoridades de saúde a que alude o DL n. 336/93, de 22/9, não obstante o presidente e vogais serem autoridades de saúde.

II – Na verdade, participam naquele órgão ad hoc, com competência própria para declaração de incapacidade de *deficientes motores*, e que exclui o vínculo hierárquico relativamente à organização de saúde em que, individualmente, se integram.

III – Por isso, dos actos da junta médica em matéria de declaração de incapacidade de deficientes motores para fins de benefícios fiscais, previstos no DL n. 103-A/90, cabe recurso contencioso».
(Ac. do STA, de 15/04/97, Proc. nº 040561)

«I – A determinação do grau de desvalorização funcional resultante de doença profissional, da parte da junta médica de revisão da Caixa Geral de Aposentações, integra-se no âmbito de discricionariedade técnica e só em caso de erro manifesto é susceptível de controlo jurisdicional.

II – O erro grosseiro é o erro evidente, grave ou flagrante que tenha sido cometido pelo órgão da administração na apreciação aos factos que originaram a decisão, não podendo caracterizar-se como tal a simples circunstância de um outro perito médico ter avaliado a incapacidade funcional em grau substancialmente superior àquele que foi considerado pela junta médica de revisão.

III – A junta médica de revisão, enquanto órgão auxiliar da Administração no âmbito do procedimento administrativo, não está sujeita ao regime de organização e funcionamento dos órgãos administrativos de natureza colegial, pelo que não tinha de ser lavrada acta da reunião destinada a fixar o grau de desvalorização funcional por motivo de doença profissional».
(Ac. do STA, de 07/10/97, Proc. nº 040019)

«I – A fundamentação de um acto administrativo não pode contrariar um relatório de que se apropriou, se a apropriação tiver sido parcial e a oposição detectada só existir em relação a parte rejeitada desse relatório, já que a discrepância assim existente, por não ser interna ao acto, não é de índole formal.

II – Mostra-se suficientemente fundamentado o parecer da Junta medica de revisão que diz que a doença de um militar repousa em peculiaridades psicológicas constitucionais, susceptíveis de manifestação a partir de um estimulo mínimo, e que por isso conclui não poder estabelecer-se um nexo causal entre o serviço e a doença, já que a revelação desta durante o serviço militar podia ter resultado de razões fortuitas e com ele não relacionadas».
(Ac. do TCA, de 26/03/99, Proc. nº 1923/98)

«I – O trabalho da Junta Médica a que se refere o art. 40º, nº2, do DL nº 497/88, de 30 de Dezembro não pode deixar de consistir no estudo do quadro dos sintomas antecedentes do examinando, do diagnóstico actual e da ponderação dos factores que possam influenciar o estado de saúde daquele num futuro próximo e, finalmente, na emissão da conclusão pericial: o examinado ainda se encontra doente ou está curado e apto ao serviço!

II – Se um professor se encontra a faltar justificadamente ao serviço docente ao abrigo de atestado médico e esperando a submissão a Junta Médica já marcada, não pode retomar o serviço antes que esta se realize (art. 39° do cit. dip.)

Por isso, a sua ida à escola para participar numa reunião de professores não pode significar o reinício efectivo das funções docentes».
(Ac. do TCA, de 01/06/2000, Proc. n° 696/98)

«I – O recurso jurisdicional constitui uma censura à sentença proferida no tribunal "a quo", sendo que por essa razão nele se devem imputar causas de nulidade e de anulação desta. A sentença representa assim o único objecto do recurso a que, sob pena de improcedência deste, se devem imputar vícios próprios e erros de julgamento, não sendo permitido que nele o recorrente se limite a reeditar a censura feita ao acto impugnado na 1ª instância.

II – Isso não impede que, por erro de interpretação idêntico àquele em que tenha incorrido a autoridade administrativa, a sentença não cometa o mesmo vício, se afinal concordar que o acto em crise não padece da maleita que o recorrente lhe atribui.

A norma jurídica que o recorrente jurisdicional considera ter sido violada coincidirá nesse caso com a norma jurídica que o recorrente contencioso (quando há identidade de posições) desenhou como vicio que constitui o fundamento do recurso e da causa de pedir anulatória.

III – O parecer da junta médica a que alude o art. 11°, n°2, al. e), do Dec. Reg. n° 41/90, de 28/11 não é vinculativo. Por conseguinte, a autoridade administrativa não é obrigada, a mudar o funcionário para outras funções para as quais a junta o tenha considerado apto em função do seu estado físico. Ela pode simplesmente não lhe dar qualquer tarefa durante algum tempo, como pode atribuir-lhe outras funções ou mantê-lo nas mesmas até que o interessado solicite a reclassificação profissional ao abrigo do disposto no art. *50°, n° 1, do DL n° 497/88, de 30/12 (actualmente, art. 51°,* n°1, do DL n° 100/99, de 31/12)».
(Ac. do TCA, de 05/07/2001, Proc. n° 10225/00)

«I – A legislação fiscal remeteu para a legislação respectiva os critérios de determinação da invalidez fiscalmente relevante, desde que permanente, não inferior a 60% e comprovada por autoridade competente.

II – Essa legislação integra, por remissão do legislador, o bloco de legalidade a que os benefícios fiscais estão sujeitos.

III – A administração fiscal não pode definir o critério de determinação da incapacidade fiscalmente relevante.

IV – Até á entrada em vigor do DL. n.o 202/96, de 23/10, o critério legal de aferição da incapacidade, o seu processo, autoridade competente para a comprovar e os requisitos do atestado médico eram os que estavam estabelecidos na TNI aprovada pelo DL. nº 341/93, de 30/9.

V – Os efeitos jurídicos estatuídos pelo acto de avaliação médica da incapacidade impõem-se à administração fiscal por força do princípio da unicidade da administração directa do Estado por ser a expressão da vontade da mesma pessoa colectiva.

VI – Só em relação aos particulares se pode falar da possibilidade de formação do caso decidido por falta da atempada impugnação administrativa e contenciosa do acto de avaliação da incapacidade.

VII – Esse acto resulta de uma delegação por parte do legislador numa administração material de competências dispositivas (de verificação e comprovação) de uma outra administração material, ambas integrantes da administração directa da mesma pessoa colectiva – Estado.

VIII – O atestado médico emitido a coberto da TNI é um documento autêntico que faz prova plena da avaliação nele certificada e da percentagem de incapacidade atribuída, não tendo que mencionar o tipo de doença geradora da incapacidade.

IX – A competência exclusiva da administração de saúde para praticar o acto de verificação da deficiência estava prevista na base VII al. a) da Lei nº 6/71, de 8/11 e passou a estar prevista no artº 18° da Lei n.o 9/89, de 2/5, a ela se referindo também o art. 8° n.º1, al. I) do DL. n.º 336/93, de 29/9».

(Ac. do STA, de 16/01/2002, Proc. nº 026638)

«I – Em princípio, os pareceres médicos são insusceptíveis de controlo jurisdicional, na medida em que se situam no domínio da chamada discricionariedade técnica, exigindo conhecimento especializado que o tribunal não possui.

II – Não obstante, se tais pareceres se revelarem manifestamente obscuros ou contraditórios, nomeadamente no tocante à determinação da génese de uma doença, o tribunal pode sindicar a fundamentação respectiva (art.º 268° n° 4 da C.R.P.; 124° e 125° do C.P.A.)».

(Ac. do TCA, de 07/03/2002, Proc. Nº 11018/01)

Artigo 92°
Juntas extraordinárias

A Administração da Caixa poderá autorizar a realização de juntas médicas extraordinárias:
  a) Fora dos locais referidos no artigo anterior, quando se comprove que o subscritor está impossibilitado de neles comparecer;

b) **Fora das datas previstas no mesmo artigo, quando, por motivo justificado, o subscritor o requeira ou os serviços de que dependa o solicitem.**

NOTAS

São *extraordinárias* as Juntas Médicas que excepcionalmente reúnem fora dos locais e datas habitualmente reservados à sua realização.

Em ambos os casos, deverá ser apresentado pelo interessado, ou quem o represente, justificação para a alteração do local habitual (n°1, do artigo anterior) e para o adiamento da Junta designada. No primeiro caso, a Junta realizar-se-á, dentro das possibilidades e contingências da Caixa, no local pretendido por aquele, incluindo no seu próprio domicílio *(Junta Médica Domiciliária)*.

Estas Juntas não são, portanto, de verificação automática. Dependem de iniciativa do próprio nesse sentido e de decisão da Caixa a autorizar a sua realização («*A Administração da Caixa **poderá** autorizar...*».

Por motivos atendíveis, pode a Junta atender igualmente à alteração de datas, a solicitação dos serviços de que o interessado dependa.

Artigo 93°
Encargos com a apresentação à junta

1 – *O requerente da aposentação pagará previamente à Caixa, pela sua apresentação à junta ordinária ou extraordinária, a taxa de 50$.*

2 – No caso de junta médica extraordinária, o interessado que a pediu ou requereu a aposentação pagará também previamente à Caixa a despesa que for fixada para a sua realização.

3 – Se a aposentação for obrigatória, o pagamento prévio da despesa a que se refere o n.° 2 será feito pelos serviços que solicitarem a realização da junta.

NOTAS

1 – A taxa a que se refere o n°1 foi abolida pelo art. 5°, n°6, do 20-A//86, de 13/02, com o seguinte teor: «*É abolida a taxa de junta médica a que se referem o n°1 do artigo 93° do Decreto-lei n° 498/72, de 9 de Dezembro, e o n°3 do artigo 50° do Decreto-lei n° 142/73, de 30 de Março*».

2 – Geralmente, os procedimentos administrativos são gratuitos (art. 11º, do CPA). Porém, por vezes é imposto o pagamento de taxas e despesas em leis especiais. Este é um dos exemplos.

No caso de Junta extraordinária realizada a pedido do interessado, deverá este previamente efectuar o pagamento da despesa que, com antecedência, lhe for fixada e comunicada pela Caixa. A falta de pagamento atempado sem qualquer justificação será motivo de cancelamento da diligência. O procedimento aguardará um prazo razoável para que o interessado de novo requeira a Junta Médica, repetindo-se então os mesmos passos. Se, novamente, o interessado deixar de efectuar o pagamento das despesas, entende-se ser legítimo à Administração da Caixa declarar o procedimento *deserto* (art. 111º do CPA), para efeitos de posterior arquivamento.

Isto não obsta a que, em circunstâncias devidamente apuradas, o interessado possa beneficiar de isenção total ou parcial desse pagamento. Serão as que revelem comprovada insuficiência económica, sua e do agregado que de si depende (art. 11º, nº2, do CPA; sobre atestados de situação económica emitidos pelas Juntas de Freguesia, v. art. 34º do DL nº 135/99, de 22/04).

Se a Junta tiver lugar a requerimento dos serviços, por obrigatória, o pagamento dessa despesa será feita por esses mesmos serviços (nº3).

Artigo 94º
Novo exame

1 – O interessado pode requerer novo exame com o fundamento de se haver agravado o grau de incapacidade parcial verificado no exame anterior relativamente à mesma lesão ou doença.

2 – O requerimento, por cujo deferimento é devida a taxa fixada no n.º 1 do artigo 93º, será acompanhado dos elementos clínicos justificados e só poderá ser apresentado dentro dos dez anos posteriores à data da fixação da pensão, uma vez em cada semestre, nos dois primeiros anos, e uma vez por ano, nos anos imediatos.

3 – A Administração da Caixa poderá determinar que a respectiva junta médica seja constituída por médicos diferentes dos que intervieram no exame anterior.

NOTAS

O artigo foi revogado pelo art. 57º do DL nº 503/99, de 20/11.

Artigo 95º
Juntas de revisão

1 – A Administração da Caixa poderá autorizar a realização de juntas médicas de revisão:
 a) Mediante proposta fundamentada dos serviços de que o subscritor dependa, apresentada no prazo de 60 dias após o exame precedente;
 b) Mediante requerimento justificado do interessado, entregue na Caixa no prazo de 60 dias, a contar de notificação do resultado do exame.

2 – Pela realização da junta é devida uma taxa, de montante a fixar pela Administração da Caixa, a pagar previamente pelos serviços ou pelo requerente, conforme os casos.

3 – As juntas médicas de revisão funcionarão em Lisboa ou no Porto, conforme for resolvido em cada caso pela Administração da Caixa, em atenção à área da residência do interessado, sendo constituídas por 3 médicos da Caixa Nacional de Previdência, um dos quais será o chefe dos serviços médicos ou o respectivo adjunto.

4 – As suas resoluções serão sempre devidamente fundamentadas.

NOTAS

1 – Redacção do DL nº 101/83, de 18/02.

2 – Trata-se no presente artigo das *Junta de Revisão*.
Realizadas as Juntas Ordinárias ou Extraordinárias, pode o interessado, ou os serviços que as solicitaram, aceitar o resultado do exame e o laudo a que os senhores peritos médicos chegaram. Nesse caso, a incapacidade (ou ausência dela) ficará definitivamente fixada.

Mas também pode suceder que um e outros discordem do resultado. E então disporão de um prazo de 60 dias (comum a ambos) para contra ele reagirem. Os serviços apresentarão «*proposta fundamentada*» naquele prazo contado a partir do conhecimento do laudo que lhe for feito chegar pelas próprias juntas; o interessado entregará «*requerimento justificado*» no mesmo período de tempo a contar da notificação do resultado do exame.

«Propostas» e «requerimentos» que são, no caso em apreço, peças de reacção, de inconformismo, e que têm por propósito a tentativa de alcançarem um resultado diferente do primeiro. Eventualmente, levarão diferentes elementos, incluirão novos e relevantes dados objectivos e subjectivos, mostrarão erro nos pressupostos de facto e de direito, chamarão a atenção para alguma irregularidade formal, evidenciarão resultados díspares que noutras ocasiões anteriores tenham sido obtidos na mira da demonstração, por exemplo, da violação do princípio da igualdade, tentarão, enfim, convencer a Junta da injustiça ou da invalidade ocorrida na Junta inicial. Tudo muito bem "fundamentado" e "justificado", por documentos ou por indicação de prova testemunhal, sob pena de rejeição da proposta e requerimento.

3 – O trabalho destas juntas visa reavaliar *internamente* o parecer da junta inicial. E porque é assim, se o objectivo dos serviços proponentes ou do interessado requerente, para utilizar o vetusto provérbio canónico, é "apelar de Roma mal informada para Roma bem informada", poderemos quiçá concluir, com as devidas ressalvas e guardadas as indispensáveis distâncias, que o seu escopo está muito próximo da garantia impugnativa de reclamação prevista para a generalidade dos procedimentos administrativos (cfr. art. 161º, do CPA). Isto pode levar a pensar que, sempre que seja accionada esta garantia de revisão, à Administração da Caixa não resta outra solução senão autorizá-la. Com esta interpretação o poder de autorizar contido no nº1 será naturalmente um *poder-dever*, que vincula a Caixa e lhe *impõe* a autorização para a realização da Junta. Por outras palavras, sempre que haja sido tempestivamente manifestada a vontade de realização da Junta de Revisão e os fundamentos estejam bem expostos, esta não deixará de realizar-se (neste sentido, *o Ac. do STA, de 13/03/90, in Proc. nº 020279*). Quer dizer que não é discricionário este poder que ora se atribui à Administração da Caixa e anteriormente era conferido ao Ministro das Finanças (neste sentido, os acs. do *STA de 10/05/84 e 19/01/89, nos Recursos nºs 018 880 e 022 834,* respectivamente). Deste modo, se estiverem verificados os pressupostos para a realização da junta médica de revisão, o despacho da Administração que a negue fica inquinado do vício de violação de lei (cits. Acs.).

Trata-se de uma interpretação com alguma cobertura legal no art. 9º do CPA, agora mais densificada ainda pelo facto de o art. 108º-A, al.c) prever que da resolução da Caixa que negue autorização para a realização da Junta de Revisão cabe recurso hierárquico necessário para o Conselho de Administração da CGA, sendo certo que o único fundamento desse recurso hierárquico será a denegação da autorização (e só a decisão desse recurso hierárquico abrirá a possibilidade da impugnação contenciosa)

O prazo para a autorização deverá ser o de dez dias, porque outro a presente lei não prevê (cfr. art. 71º, do CPA). Não sendo expressamente tomada a autorização, ao cabo de 90 dias presumir-se-á que o pedido foi tacitamente inferido (art. 109º, do CPA), sendo possível dele interpor o recurso hierárquico referido.

4 – É condição da sua realização o prévio pagamento de uma *taxa* (n°2).

Esta *Juntas de Revisão* serão constituídas igualmente por 3 elementos; só que todos serão médicos da Caixa Nacional de Previdência (n°3), ao contrário das anteriores (art. 90°).

Também estas Juntas poderão servir-se dos *mecanismos inquisitórios* estabelecidos no art. 96°.

Se em causa estiver uma Junta Médica inicial que apenas emitiu um parecer (o que é mais comum, nestas hipóteses), o laudo da Junta de Revisão não deixará de ter a mesma natureza. É certo que no final se exprimirão através de *resoluções* (n°4). O que acontece é que tais resoluções só têm *sentido decisor* enquanto versam sobre um pedido impugnativo de revisão e, consequentemente, se debruçam sobre um laudo anterior. Nessa medida, a Junta de Revisão "resolve" acolher ou rechaçar o resultado pericial anterior, remetendo para este e confirmando-o, no 1° caso, e produzindo ele próprio um novo parecer, no 2° caso. Por isso, sobretudo quando não vinculativo, o resultado da Junta de 2° grau será tão irrecorrível contenciosamente como o da anterior.

5 – A lei não diz qual deva ser o prazo para que estas Juntas de Revisão (nem para as dos arts. 91° e 92°) se pronunciem. Não cremos, porém, que neste caso concreto se apliquem subsidiariamente as regras do CPA. Na verdade, não estamos a falar aqui de um simples pedido que possa ser decidido administrativamente. Falamos, sim, da constituição de um órgão (Junta), de uma data que é preciso marcar para a tarefa (reunião)e de uma actividade que ela necessariamente tem que desenvolver (exame pericial). A "resolução" de confirmação ou afastamento do parecer da junta inicial é assim o resultado da Junta que, por conseguinte, se não compadece com prazos fixos, nem com os pressupostos da formação de acto tácito (arts. 108° e 109° do CPA)

Sobre a impugnabilidade contenciosa, veja-se especialmente o que dissemos nas anotações 4ª e 5ª ao art. 91°.

6 – Sobre a necessidade de fundamentação (n°4), vide anotação 7ª ao mesmo artigo 91°, aqui aplicável com as necessárias adaptações.

7 – Sempre que após a resolução definitiva for necessária a constituição de alguma Junta de Revisão, e da deliberação desta resultar uma alteração da pensão, os efeitos da alteração reportam-se à data em que a resolução anterior os produziu (art. 58°, n°2, al. c)).

JURISPRUDÊNCIA

«I – Devem ser fundamentados os actos administrativos que neguem, extingam ou por qualquer modo afastem direitos e decidam em contrário da pretensão do interessado, nos termos do artigo 1º, n.1 , alíneas a) e d), do Decreto-Lei n. 256-A/77.

II – Assim, deve ser fundamentado o despacho que, nos termos do artigo 95º do Decreto-Lei n. 498/72, de 9 de Dezembro, indefira a realização de junta médica de revisão pedida pelo interessado em requerimento justificado, entregue na Caixa no prazo de 60 dias, a contar da notificação do resultado do exame.

III – É insuficiente a fundamentação que diga "em face do processo", quando neste há posições divergentes».
(Ac. do STA, de 10/01/80, Proc. nº 012835)

«I – O tribunal administrativo pode, ate à decisão final, conhecer oficiosamente da questão prévia da irrecorribilidade contenciosa de um acto por falta de definitividade vertical.

II – Nem todos os actos praticados no uso de delegação de poderes são definitivos e executórios, antes eles terão, nesse aspecto, a mesma natureza dos praticados pelo delegante e, portanto, terão essas características se estes as tiverem.

III – Por força dos arts. 108º e 108º-A,com referencia ao art.95º, todos do Estatuto da Aposentação, a competência para resolver sobre pedido de realização da junta medica de revisão cabe a dois dos administradores da C.G.D. – ou aos delegados contemplados no n. 3 desse art. 108º no caso de validamente se verificar a delegação de poderes nos termos previstos nos nºs 3 a 6 do mesmo art. 108º, mas dessa resolução, se de indeferimento, tem de ser interposto recurso hierárquico para o conselho de administração da C.G.D. para abrir a via contenciosa por só a decisão deste ser verticalmente definitiva».
(Ac. do STA, de 31/01/89, Proc. nº 020279)

«O poder conferido no nº1 do art. 95º do Estatuto da Aposentação ao Ministro das Finanças para autorizar uma junta médica de revisão é vinculado, estando dependente de dois pressupostos:
1) Ter-se cumprido o prazo previsto nas alíneas a) e b) daquele nº1;
2) Estar a proposta ou o requerimento a solicitar a junta em causa fundamentados».
(Ac. do STA, de 13/03/90, Proc. Nº 022834)

«I – O pedido de junta medica de revisão deve ser apresentado no prazo de 60 dias a contar da notificação do resultado do exame realizado- art95-1-b) do Est. da Aposentação (D.L. 498/72 de 9-12).

II – Não se tendo procedido à referida notificação, não decorre o prazo de 60 dias ainda que o examinado tenha sabido acidentalmente que lhe fora já fixada a pensão provisória de aposentação.

III – O acto que determinou a aposentação por incapacidade e fixou a pensão definitiva esta inquinado por vicio de forma, por ter sido indeferido o pedido de junta medica de revisão com base em intempestividade»
(Ac. do STA de 05/03/92, Proc. nº 029612)

«I – É ao recorrente que cabe a prova de que ocorreu erro de falsidade nos pressupostos do acto administrativo.

Assim, sendo pressuposto do acto em causa, de indeferimento de pedido de atribuição da pensão de invalidez, que a incapacidade verificada pela Junta médica de revisão não resultou do serviço militar prestado, é ao Recorrente que cabia a prova de que ocorreu erro nesse pressuposto.

II – Está devidamente fundamentado esse acto, face à decisão da junta médica de revisão, após parecer de médico especialista, que exclui a relação causal entre a doença e o serviço militar ao considerar que a lesão vertebral que afecta o Recorrente deriva de uma alteração anatómica que não é provocada por actividades físicas.

III – No procedimento administrativo previsto para a atribuição da pensão de invalidez, que visa superar as divergências entre pareceres das juntas médicas do serviço militar e da Caixa mediante a sujeição a Junta médica de revisão, não é de exigir à Administração que fundamente a decisão final com a indicação das razões que a levaram a excluir um dos pareceres que estavam em contradição».
(Ac. do STA, de 29/02/96, Proc. nº 032066)

«I – A determinação do grau de desvalorização funcional resultante de doença profissional, da parte da junta médica de revisão da Caixa Geral de Aposentações, integra-se no âmbito de discricionaridade técnica e só em caso de erro manifesto é susceptível de controlo jurisdicional.

II – O erro grosseiro é o erro evidente, grave ou flagrante que tenha sido cometido pelo órgão da administração na apreciação aos factos que originaram a decisão, não podendo caracterizar-se como tal a simples circunstância de um outro perito médico ter avaliado a incapacidade funcional em grau substancialmente superior àquele que foi considerado pela junta médica de revisão.

III – A junta médica de revisão, enquanto órgão auxiliar da Administração no âmbito do procedimento administrativo, não está sujeita ao regime de organização e funcionamento dos órgãos administrativos de natureza colegial, pelo que não tinha de ser lavrada acta da reunião destinada a fixar o grau de desvalorização funcional por motivo de doença profissional».
(Ac. do STA, de 07/10/97, Proc. nº 040019)

«I – O acto do Director Geral de Saúde que, em recurso hierárquico para ele interposto de acto da Autoridade Regional de Saúde que fixar determinado grau de incapacidade, concede deferimento a esse recurso e determina a realização de nova junta médica, é um acto que revoga de forma implícita o acto daquela Autoridade Regional, sendo certo que a nova junta fixou grau mais elevado de incapacidade.

II – Sendo o despacho revogatório, do acto contenciosamente impugnado, fica este recurso sem objecto, devendo ser rejeitado ou declarada extinta a instância por inutilidade superveniente da lide.»
(Ac. do STA, de 18/05/2000, Proc. nº 044055)

«I – O pedido de junta médica de revisão deve ser apresentado no prazo de 60 dias a contar da notificação do resultado do exame realizado-art95º-1-b) do Est. da Aposentação (D.L. 498/72 de 9-12).

II – Não se tendo procedido à referida notificação, não decorre o prazo de 60 dias ainda que o examinado tenha sabido acidentalmente que lhe fora já fixada a pensão provisória de aposentação.

III – O acto que determinou a aposentação por incapacidade e fixou a pensão definitiva esta inquinado por vicio de forma, por ter sido indeferido o pedido de junta medica de revisão com base em intempestividade»
(Ac. do STA, de 05/03/92, Proc. Nº 029612)

«I--
II---
III – Assim, se uma Junta Médica de Revisão da CGA reconhece, no ano de 1996, a existência de nexo de causalidade entre o serviço e uma psicose crónica de um funcionário de ex-província ultramarina, o recálculo da pensão correspondente deve retrotrair à data da aposentação, neste caso 1971».
(Ac. do TCA, de 22/02/2001, Proc. nº 145/00)

Artigo 96º
Elementos médicos complementares

1 – Sempre que uma junta médica considere necessária a apresentação de radiografias e outros meios auxiliares de diagnóstico ou de parecer de médico especialista, poderá a Administração da Caixa requisitá-los aos competentes serviços do Estado, que lhos remeterão directamente.

2 – Além dos elementos referidos no número anterior, a junta tomará em consideração os exames oficiais a que o interessado tenha

sido sujeito, as informações ou pareceres complementares julgados necessários e os demais elementos constantes do processo, mas o seu parecer é independente de uns e outros.

3 – A despesa a que houver lugar com as requisições previstas no n.º 1 será satisfeita pelo requerente da aposentação no próprio serviço onde se proceder aos exames, ou por intermédio da Caixa, se assim for acordado entre esta e a direcção do mesmo serviço.

NOTAS

1 – Como dissemos atrás, é aflorado neste artigo o *princípio do inquisitório,* nosso conhecido do Código de Procedimento Administrativo (art. 56°).

O n°1 permite a *requisição* de todos os elementos que a Junta considere necessários. A requisição, como é sabido, consiste na exigência por parte de uma entidade pública a outrém, de realização de bens e prestação de serviços para ocorrer à satisfação de certas necessidades (sobre o assunto, **M. Caetano**, *Manual cit*. II, pág. 1015 e sgs; **Pedro Soares Martinez,** in *Curso de Direito Fiscal*, 1971, pág. 60; cfr. art. 535° do CPC). Trata-se neste caso de um procedimento normal de colaboração ao nível interno, entre serviços estaduais, portanto, e que é bem a tradução do dever colaboração inter-institucional, bem como a emanação do princípio da desburocratização e da eficiência (cfr. art. 10°, do CPA).

São normalmente elementos de carácter técnico. Documentos propriamente ditos, radiografias, outros meios auxiliares de diagnóstico, informações, exames oficiais, etc. Também «pareceres complementares» (n°2) e «pareceres de médicos especialistas» (n°1). Neste quadro, e da concatenação dos preceitos, resulta que tanto visa a obtenção de elementos essenciais, como complementares, embora a epígrafe do artigo se fique por esta última terminologia. Ainda assim, só são complementares, na medida em que visam completar outros já existentes, ou proporcionar a satisfação cabal do desiderato a que tende a missão da Junta. Nesta perspectiva, bem se pode dizer que estes elementos a obter, como os já existentes nos autos, são todos essenciais e reciprocamente uns dos outros complementares. Posta de lado esta discussão, o que verdadeiramente importa é que todos sejam aptos a *suprir* alguma insuficiência instrutória em matéria de determinação da incapacidade.

Interessa vincar bem este aspecto da importância que a oficialidade instrutória deve ter por pressuposto. Com efeito, a obtenção indiscriminada e impetuosa de elementos deste jaez pode inclusive ser factor de indignação por aquilo que em certas situações represente de desrespeito da privacidade do cidadão, da reserva da sua vida íntima, de afrontamento do direito à preservação da sua imagem e à conservação, não tratamento e não divulgação de dados sensíveis relativos à saúde, vida sexual e dados genéticos, questões que são já de resto objecto de preocupação do legislador (Lei n° 67/98, de 26/10: Lei da protecção de dados pessoais; Regulamento (CE) n° 45/2001, do Parlamento Europeu e do Conselho de 18/12/2000; Directiva n° 95/46/CE do Parlamento Europeu e do Conselho de 24/10/95, relativa à protecção das pessoas singulares no que diz respeito ao tratamento de dados pessoais e à livre circulação desse dados; DL n° 122/2000, de 4/07: Protecção Jurídica das Bases de Dados).

A utilização desta faculdade deve ser manuseada com as maiores cautelas. Por isso é que o princípio em causa apresenta um *limite subjectivo* legal: a obtenção dos elementos a requisitar tem que ser *considerada necessária* (n°1). Dentro dos *limites objectivos* estabelecidos na norma (só tais elementos podem ser requisitados), é necessário que o requisitante não ultrapasse a barreira da imprescindibilidade e necessidade ali exarada (a Junta deverá previamente definir a necessidade subjectiva na sua obtenção), de modo a afastar todo e qualquer espectro de uma mera curiosidade.

Daí, o extremo cuidado que é necessário ter para lidar com estas questões e a manifesta necessidade de fundamentar o accionamento da prerrogativa consagrada no artigo.

2 – O parecer que emitirá a Junta (qualquer junta, porque este artigo tem um âmbito vasto e geral) é independente de quaisquer elementos que tenha requisitado (n°1) ou solicitado ao próprio examinando (n°2). Isto é, nenhum dos elementos que venham a ser apresentados serão considerados fonte adicional de instrução, acervo de dados técnicos e factuais que poderão servir de precioso instrumento auxiliar da perícia a realizar. Mas nenhum deles, por mais específico que seja, por maior apuro técnico que exiba, por mais especialista que possa ser o seu autor, não obriga a Junta segui-lo. A esta cabe sempre a última palavra (bem fundamentada, repete-se).

3 – No que concerne à requisição prevista no artigo (n°1), o órgão a que se dirige deve satisfazê-la prontamente ou fundamentar a recusa (por não estar habilitado a fazê-lo, por extravio, por inexistência no serviço, por destruição, etc).

Não está estabelecida qualquer sanção para a recusa injustificada. Crê-se que, em tais hipóteses, o órgão que a não cumpre fica sujeito à sanção disciplinar que o superior hierárquico determinar logo que tenha conhecimento da omissão.

Entendemos, igualmente, que não está afastada a hipótese de responsabilidade civil extracontratual pelos danos eventualmente causados ao funcionário, nos termos do DL n° 48 051, de 21/11/1967.

4 – O encargo pelas despesas a que o accionamento da requisição der lugar será da responsabilidade do requerente da aposentação, que fará o pagamento directamente no próprio serviço onde se proceder aos exames. Se entre a Caixa Geral de Aposentações e tais serviços tiver sido estabelecido um acordo nesse sentido, poderá a Caixa efectuar, ela mesma, o pagamento dessas despesas.

5 – Nos atestados comprovativos de saúde e de doença está abolido o reconhecimento notarial da assinatura do médico e a certificação da saúde e da doença para todos os efeitos é lavrada em papel com o timbre do médico ou da entidade responsável (art. 35º do DL nº 135/99, de 22/04)

Artigo 97º
Resolução final

1 – Concluída a instrução do processo, a Administração da Caixa, se julgar verificadas as condições necessárias, proferirá resolução final sobre o direito à pensão de aposentação e sobre o montante desta, regulando definitivamente a situação do interessado.

2 – Suscitando-se dúvidas sobre matéria que possa influir no montante da pensão, a Caixa fixará provisoriamente as bases do seu cálculo, em conformidade com os dados já apurados e sem prejuízo da sua rectificação em resolução final, uma vez completada a instrução do processo.

NOTAS

1 – Para trás ficaram as decisões sobre contagem prévia de tempo, sobre o apuramento da incapacidade, etc, e, enfim, todos os actos de trâmite próprios do procedimento de aposentação.

A Caixa, finda a instrução do procedimento, e na posse de todos os elementos indispensáveis, apurará se estão reunidas as condições necessárias e, por fim, proferirá a «*resolução final*», por vezes precedidas de informações internas e de pareceres do respectivo departamento jurídico.

A expressão «resolução final» surge por oposição às decisões preparatórias e intercalares que vão sendo tomadas no percurso procedimental. Trata-se, em suma, da decisão final que regula definitivamente a situação jurídica do interessado, só alterável face à ocorrência superveniente de novos relevantes dados, ou, eventualmente pela procedência de qualquer impugnação administrativa ou contenciosa. Queremos, pois, dizer que é um acto administrativo definitivo e executório, recorrível directamente junto dos tribunais administrativos (arts 103º infra e 25º da LPTA).

Através dessa resolução final, a Caixa determinará se o subscritor tem direito à aposentação e qual o valor da pensão que lhe irá ser atribuída.

No entanto, a sua eficácia prática fica diferida para momento posterior (cfr. art. 99º e anotação 3ª ao art. 73º supra).

2 – O regime da aposentação fixa-se com base na lei em vigor e na situação existente à data em que for proferido o despacho (deliberação no caso do Conselho de administração) que reconheça o direito à aposentação que não dependa da verificação da incapacidade (art. 43º, nº1, al.a), supra).

Se a aposentação assentar noutros factores, como a incapacidade, o limite de idade, a aposentação compulsiva ou equivalente, o regime legal é o da data em que a incapacidade for declarada pela Junta ou homologado o seu parecer (quando necessário), em que for atingido o limite de idade ou o da data em que for proferida a pena (art. 43º,. nº1, als. b), c) e d)).

3 – Estas resoluções, que tomam a forma de deliberações se oriundas do Conselho de Administração (órgão colegial), serão comunicadas ao serviço onde o subscritor preste funções (art. 99º, nº1), após o que aquele fica "desligado do serviço", ficando a aguardar a aposentação até que for publicada a lista dos aposentados a que se refere o nº2 do artigo 99º citado.

Deverão conter as menções do art. 123º e ser fundamentadas como o mandam os arts. 124 e sgs, todos do CPA.

4 – Por haver dúvidas sobre matéria que possa influir no montante da pensão (por exemplo, existe no processo uma fotocópia, mas é necessário juntar o original ou falta uma certidão de tempo contável ou de abonos), a Caixa terá que sustar a decisão final e procurar dissipá-las através das diligências instrutórias que entenda convenientes. Mas, a fim de evitar atrasos indesejáveis, que forçosamente se repercutiriam na esfera do interessado, a entidade competente para a prática do acto definitivo tomará uma decisão de tipo antecipatório que procure aproximar o mais possível a sua dispositividade substantiva à resolução final esperada. Portanto, do que o nº2 cuida é de garantir ao interessado um suporte financeiro que proteja os seus particulares interesses.

Não se trata, portanto, de diferir para momento posterior a eficácia da decisão do procedimento, porque, de facto, essa ainda não é a decisão final (cfr. art. 129º do CPA). A eficácia dessa decisão provisória é imediata e autónoma em relação à que vier a ser a resolução última do procedimento.

Também se não trata de uma medida provisória, porque essa radica em fenómenos de urgência e de receio de verificação de uma lesão grave ou de difícil reparação dos interesses públicos em presença, que aqui não se verificam (art. 84º do CPA).

Trata-se, antes e verdadeiramente, de um *acto provisório* que é tomado na pressuposição de que a situação real existente nesse momento será a mesma ou muito semelhante à que se perfila no momento em que o procedimento contiver o esclarecimento total sobre a matéria. Naturalmente, porque não é o acto final, é possível que a sua estatuição seja alterada, para mais ou para menos, de harmonia com os elementos que entretanto forem recolhidos em ordem à satisfação das dúvidas. Daí que esteja previsto que o cálculo da pensão fixada a título provisório possa ser rectificado na resolução final, «uma vez completada a instrução do processo» (nº2).

5 – A lei não estabelece prazo para que o pedido de aposentação voluntária seja decidido. Assim sendo, a menos que haja necessidade de diligências legais especiais, como é o da averiguação da incapacidade, por exemplo, entende-se que a partir da data de entrada do requerimento se contará um prazo de 90 dias, findo o qual o interessado poderá presumir indeferida a sua pretensão. a fim de poder exercer o respectivo meio legal de impugnação (art. 109º do CPA). Estaremos, nesse caso, perante um *acto tácito* de indeferimento.

Acto tácito que, uma vez verificado, permite ao interessado desde logo recorrer contenciosamente (como aqui, nas situações de resolução final) ou apresentar recurso hierárquico necessário nos casos em que tal seja imposto (cfr. art. 108º-A).

6 – Sobre a recorribilidade, vide art. 103º.
Sobre a composição da entidade decisora, vide art. 108º.
Sobre a alteração da pensão, vide art. 58º.

JURISPRUDÊNCIA

«I – Não constitui acto definitivo e executório o despacho do Administrador Geral da C.G.D. mediante o qual, nos termos do artigo 100º do Estatuto da Aposentação, concedida a aposentação e fixada a pensão definitiva, o interessado é inscrito na lista dos aposentados a publicar da II Série do Diário da República.
II – O acto definitivo e executório é aquele que, concluída a instrução do processo, a Administração da Caixa, profere nos termos do artigo 97º do Estatuto da Aposentação, sobre o direito à pensão de aposentação e sobre o montante desta, regulando definitivamente a situação.
III – Deve ser rejeitado por ilegal interposição o recurso em que se impugna contenciosamente o despacho referido no ponto I».
(Ac. do STA, de 02/04/87, Proc. Nº 024364)

«I – As resoluções, tomadas pelo órgão dirigente da Caixa Nacional de Previdência, em processo de contagem prévia de tempo de serviço, para efeitos de aposentação (art. 34º, do Estatuto de Aposentação), dado que são alteráveis no processo de aposentação e podem ser, sem dependência de prazo, revistas, nos termos do art. 101º, 1, a), revogadas ou reformadas com base na ilegalidade ou modificação da lei, não constituem actos definitivos.

II – Assim, os recursos contenciosos, interpostos dessas decisões devem ser rejeitados por falta de um pressuposto processual relativo ao objecto».
(Ac. do STA, de 15/03/90, Proc. Nº 027191)

«I – O acto de contagem de tempo parcial de serviço prestado para efeitos de aposentação reveste natureza meramente preparatória, sendo regulado pela lei vigente a data do acto ou facto determinante da aposentação, tendo também agora em consideração a redacção dada ao art. 34º, n. 2 do Estatuto da Aposentação pelo Decreto-Lei n. 214/83, de 25 de Maio.

II – Carecendo tal acto do atributo da definitividade não e contenciosamente recorrível, pelo que foi bem rejeitado o recurso interposto no T.A.C. não merecendo censura a respectiva decisão».
(Ac. do STA, de 20/03/90, Proc. Nº 027270, in Ap. ao DR, II, de 12/01//95, pág. 2187)

«É irrecorrível a resolução tomada em processo de contagem prévia do tempo de serviço por ser preparatória da resolução final a proferir sobre o direito a pensão de aposentação, podendo ser revista, revogada ou reformada nesta última decisão ou antes dela».
(Ac. do STA, de 05/06/90, Proc. Nº 028053, in ap. ao DR, II, de 31/05//95, pág. 4148)

«I – Da resolução final de 2 administradores da Caixa Geral de Aposentações ou tomada por delegação sua, por directores, directores-adjuntos ou subdirectores, que fixa a pensão definitiva cabe, em princípio, recurso contencioso.

II – Assim não sucede nas situações contempladas no n. 1 do artigo 108º-A do Estatuto da Aposentação, que, por envolverem decisões particularmente gravosas para os interessados, ficam sujeitas a reapreciação por todo o conselho de administração da Caixa.

III – Nas hipóteses contempladas em II, as resoluções tomadas por 2 administradores ou por delegação sua são destituídas de definitividade vertical, sujeitas, como estão, a recurso hierárquico necessário a interpor para o conselho de administração.

IV – Uma dessas hipóteses é a contemplada na al. a) do n. 1 do artigo 108º-A, de resolução que envolva diminuição ou perda de pensão.

V – Não é de qualificar como implicando diminuição de pensão a resolução que fixa a pensão definitiva em montante inferior ao que decorre do cálculo provisório efectuado ao abrigo do n. 2 do artigo 97º do mesmo Estatuto.

VI – Tal resolução cai no alegado regime geral do artigo 103º e é directamente impugnável através de recurso contencioso»
(Ac. do STA, de 31/03/92, Proc. Nº 025801)

«O prazo do recurso contencioso da resolução que fixa pensão definitiva de aposentação conta-se a partir da publicação em Diário da República da lista a que se refere o art. 100º do Estatuto da Aposentação»
(Ac. do STA, de 07/07/92, Proc. Nº 030697, in BMJ nº 419/512)

«I – O acto de contagem prévia do tempo de serviço, para efeitos de aposentação, é acto preparatório da fixação da pensão e por isso não é acto definitivo.

II – Como o interessado tem possibilidade de recorrer do acto definitivo da fixação da pensão e aí atacar os fundamentos de tal fixação, não se forma caso resolvido em relação à contagem prévia do tempo, pelo que tal contagem, não sendo um acto definitivo, não é contenciosamente recorrível».
(Ac. do STA, de 25/02/93, Proc. Nº 031359)

«I – As resoluções tomadas em processo de contagem prévia de tempo de serviço são meramente preparatórias da resolução final do processo de aposentação, podendo, até ao momento desta, ser revistas, revogadas ou reformadas, nos termos do art. 34º, n. 2 do Estatuto de Aposentação.

II – Não representando tal acto a decisão final da Administração sobre a contagem de tempo de serviço, é insusceptível de produzir efeitos imediatos, actual e efectivamente lesivos de direitos ou interesses legalmente protegidos, sendo, por isso irrecorrível contenciosamente».
(Ac. do STA, de 02/02/95, Proc. nº 034703, in BMJ nº 444/234)

«I – A resolução tomada pelo órgão dirigente da Caixa Nacional de Previdência em processo de contagem de tempo de serviço, para efeito de aposentação, nos termos do artigo 34º do E.A., alterável, como é, no processo de aposentação e, sem dependência de prazo, susceptível de revisão ao abrigo do artigo 101º, n. 1, al. a) desse diploma ou revogável e reformável com base em ilegalidade ou alteração da lei, não define a situação do administrado perante a Administração e por isso, ainda que desfavorável a pretensão sua, não constitui acto lesivo.

II – Não sendo acto lesivo, não é susceptível de impugnação contenciosa ao abrigo do preceituado no n. 4 do artigo 268º da C.R.».
(Ac. do STA, de 04/04/95, Proc. nº 036356)

«I – Provado que a *A.* teve grandes sofrimentos, dores, angústia, desalento, incómodos e permanente tensão, tomando-se uma pessoa fechada, triste e amargurada, quando antes era alegre, viva e despreocupada, sendo forçada a pedir a aposentação, tudo em resultado da conduta ilícita e culposa do agente do R. Estado, mostra-se equitativa a indemnização arbitrada por danos não patrimoniais no montante de 1 000 000 escudos.

II – O facto de alguns desses danos poderem ter determinado a aposentação da A. com incapacidade parcial de ganho, dando lugar a um outro tipo de indemnização por danos patrimoniais não obsta a que eles sejam, em si, considerados como danos não patrimoniais e como tal indemnizáveis.

III – O juízo equitativo previsto no art. 566º n. 3 do Código Civil tem que balizar-se nos limites do que se tiver por provado, o que supõe um apuramento mínimo da matéria factual necessário para a fixação da indemnização; sem esse mínimo, impõe-se que o tribunal condene no que vier a ser liquidado em execução de sentença.

IV – Forçada a *A.* a aposentar-se com uma incapacidade parcial de ganho, a indemnização deve corresponder à diferença entre o que ela receberia se se mantivesse no activo até à data da aposentação por limite de idade e a pensão de aposentação que passou a auferir e ainda entre a pensão por inteiro que previsivelmente receberia quando atingisse aquele limite e a que então receberá, tendo em conta o que se provou sobre a média de vida de uma mulher em Portugal.

V – Para tanto, a quantia a fixar deve corresponder a um capital produtor de um rendimento que cubra aquelas diferenças e se mostre esgotado no termo do período a considerar .

VI – Atendendo à idade e habilitações da A. e ao mercado de trabalho não é previsível que ela venha a auferir quaisquer rendimentos com a capacidade sobrante de ganho, pelo que não seria adequada a fixação de indemnização de acordo com o critério estabelecido pelo Estatuto de Aposentação para o cálculo de pensão de aposentação extraordinária por acidente de serviço.

VII – Faltando elementos de facto relevantes para determinar as diferenças indicadas em V deve o tribunal relegar para execução de sentença a fixação da indemnização».
(Ac. do STA, de 16/05/95, Proc. nº 033097)

«I – A possibilidade de impugnação de um acto administrativo implica que se trate de uma decisão de autoridade tomada no uso de poderes jurídico-administrativos com vista à produção de feitos jurídicos externos sobre determinado caso concreto, o que, em princípio, exclui da recorribilidade os actos internos e os actos preparatórios.

II – A resolução proferida no processo de contagem prévia do tempo de serviço para efeitos de aposentação não representa a última palavra da

Administração na matéria, uma vez que pode o então decidido ser revisto, revogado ou reformado na decisão final que vier a ser proferida no processo de aposentação.

III – Com efeito, não deixa de se tratar de um acto por natureza provisório que, para ser impugnável contenciosamente, implica uma directa produção de efeitos jurídicos externos.

IV – Ora, a esta luz, no concreto caso, não há uma lesão efectiva e imediata dos direitos ou interesses legalmente protegidos do administrado, senão a lesão, quando muito – e tal como o recorrente a configura –, potencial. Tão-pouco tem o acto, em si, aptidão para estabelecer caso resolvido».
(Ac. do TC, n° 6098, de 96/02/06, in DR, II, n° 105, de 06/05/96, pág. 6002)

«I – Para haver execução integral de acórdão anulatório, impõe-se que a Administração reconstitua a situação do recorrente, que existiria se o despacho anulado nunca tivesse sido proferido, suprimindo todos os seus efeitos e eliminando os seus actos consequentes.

II – Porém, sendo o cálculo da pensão de aposentação do recorrente (entretanto aposentado) alheio à decisão cuja execução vem pedida, a qual respeita à reposição de parte não paga de vencimentos, há que considerar integralmente cumprida essa decisão, com o cálculo correcto do vencimento do recorrente, a reposição das quantias em dívida até à data da aposentação do recorrente e com a informação à CGA do novo vencimento para efeitos de alteração da pensão de aposentação».
(Ac. do STA, de 16/05/96, Proc. n° 039509)

«I – A resolução final da administração da Caixa Geral de Aposentações proferida nos termos do artigo 97°, n. 1, do Estatuto de Aposentação, é acto definitivo, impugnável contenciosamente.

II – A "publicação" da "lista da aposentação", prevista no n°1 do artigo 100° do E.A., não é acto definitivo, mas, sim, uma mera formalidade, uma mera diligência burocrática relativa à publicação da referida resolução da Caixa.

III – É possível, face aos termos da petição, interpretar a expressão "publicação da lista de aposentação da C.G.A., constante do D.R., II série", na parte relativa à recorrente interessada, como sendo "a resolução final da administração da caixa", proferida nos termos do n. 1 do artigo 97° do E.A., fixando a pensão de aposentação da recorrente, e publicitada através da referida "lista", publicada no D.R., II série, nos termos do artigo 100, n. 1, do E.A.».
(Ac. do STA, de 14/01/97, Proc. n° 037960)

«I – O acto da Direcção da Caixa Geral de Aposentações, proferido em processo de contagem prévia de tempo de serviço para efeitos de aposentação que indefere a pretensão do requerente de ver contado, para aqueles efeitos, certo período de tempo, não define a situação do recorrente quanto à contagem de tempo de serviço para efeitos de aposentação, pois é acto meramente preparatório da resolução final a tomar no processo de aposentação, no qual pode ser alterada ou modificada aquela contagem prévia, conforme dispõe o art. 34° do Estatuto da Aposentação.

II – Tal acto de contagem prévia de tempo de serviço, não sendo imediatamente lesivo dos interesses do recorrente, não é acto administrativo recorrível.

Rejeitado o recurso contencioso interposto de tal acto preparatório, não há que facultar ao recorrente prazo para alegações complementares ao abrigo do disposto no art. 52° da LPTA, se entretanto houver sido noticiada no processo a fixação da pensão definitiva com base nos critérios temporais estabelecidos no acto recorrido, pois que este – objecto do recurso contencioso – permanece sem potencialidade lesiva.

Não existe contradição entre os fundamentos e a decisão se esta – depois de obtemperar que o legislador colocou a tónica da recorribilidade do acto na respectiva lesividade, haver considerado a final que o acto não era recorrível por não ser definitivo, mormente se esta consideração houver sido feita a título meramente explicativo ou coadjuvante; no sentido de que a decisão prévia sobre a contagem do tempo de serviço era ainda susceptível de ser alterada ou modificada no seio do processo de aposentação e até à "resolução final" deste».
(Ac. do STA, de 08/04/97, Proc. n° 040734)

«I – Proferida pela Administração da Caixa "resolução final " sobre o direito à pensão de aposentação e sobre o montante desta, a que se refere o n. 1 do artigo 97° e do Estatuto da Aposentação, é a mesma desde logo comunicada ao serviço a que o subscritor pertença, cabendo a esse serviço notificar o subscritor interessado dessa resolução (Arts. 99°/1 e 109° do E.A.).

II – O subscritor é "desligado do serviço", ficando a aguardar aposentação, a partir da sua notificação da referida resolução, pelo respectivo serviço, e não a partir da emissão da referida resolução da Caixa (artigo 99°, n. 2, do E.A.).

III – Os docentes a que se aplica o Estatuto aprovado pelo D.L. n. 139-A/90, de 28 de Abril, e que se aposentem por limite de idade ou por sua iniciativa, permanecem em funções até ao termo do "ano lectivo", salvo se a aposentação se verificar durante o 1 trimestre desse ano (artigo 121°, n.1 , do referido Estatuto) e, por esse motivo, não poderão ser "desligados do serviço" antes do termo do ano "ano lectivo", muito embora a referida resolução final da Caixa tenha sido comunicada aos serviços em data anterior»
(Ac. do STA, de 08/04/97, Proc. n° 036966)

«I – É nulo, por padecer do vício de incompetência absoluta (falta de atribuições), o despacho do Secretário de Estado do Tesouro e das Finanças, que, invocando delegação de poderes do Ministro das Finanças, indefere pedidos de reconhecimento de direito a pensão de aposentação.
II – Com efeito, com as alterações introduzidas no Estatuto da Aposentação pelo DL n. 214/83, de 25/5, a última palavra da Administração em matéria de reconhecimento do direito a pensão de aposentação e fixação do respectivo montante compete ao Conselho de Administração da Caixa Geral de Aposentações, de cujas resoluções cabe directamente recurso contencioso para os tribunais administrativos, tendo sido suprimido o recurso para o Ministro das Finanças previsto na versão originária daquele Estatuto.
III – Entre os poderes de tutela que o DL n. 277/93, de 10/8, atribui ao Ministro das Finanças sobre a Caixa Geral de Aposentações – reconhecida nesse diploma como "pessoa colectiva de direito público, dotada de autonomia administrativa e financeira" – não se insere nenhuma competência em matéria de reconhecimento do direito a pensão de aposentação».
(Ac. do STA, de 06/11/97, Proc. nº 040974)

«I – Os interessados têm direito de, concluída a instrução no procedimento administrativo serem ouvidos antes de ser tomada a decisão final, sobre o sentido provável desta;
II – No processo com vista à concessão da pensão de aposentação, notificado ao requerente o montante da pensão de aposentação provisória, ele fica a saber o sentido provável da decisão final pelo que não tem que ser dado cumprimento ao estatuído no n. 1 do artigo 100º do C.P.A.».
(Ac. do STA, de 04/06/98, Proc. nº 036376)

«I – A situação de aposentação, na sua génese e no seu desenvolvimento, é decorrente de uma relação jurídica de emprego público, nos termos previstos no artigo 104º do CPA.
II – O juízo, emitido por um orgão da Caixa Geral de Aposentações, acerca da atendibilidade de um qualquer abono no cálculo da pensão de aposentação, não envolve a invasão das atribuições do ente público que o processara.
III – A participação emolumentar que uma Conservadora receba por haver substituído um colega da mesma Conservatória durante o tempo da ausência dela, constitui remuneração resultante da acumulação de outros cargos, nos termos e para os efeitos do estatuído no artigo 48º do EA.
IV – Assente, pela latitude da critica que a recorrente move ao acto e pela natureza vinculada dos poderes que presidiram à sua prática, que o acto emitido não podia ter outro conteúdo decisório, não deve ser decretada a sua anulação pelo verificado vício de forma decorrente da preterição da prévia audiência da interessada, impondo-se a sua subsistência na ordem

jurídica em homenagem ao princípio do aproveitamento dos actos administrativos».
(Ac. do TCA, de 05/03/98, Proc. nº 183/97)

«I – Nos termos do art. 25°, n° 1 da LPTA, interpretado de harmonia com o art. 268°, n° 4 da Constituição, são recorríveis os actos que, independentemente da sua forma, tenham idoneidade para, só por si, lesarem direitos ou interesses legítimos dos recorrentes.

II – Os actos internos ou meramente preparatórios de uma decisão final, proferidos por funcionário subalterno da Caixa Geral de Aposentações, e sem qualquer delegação de poderes, não são verticalmente definitivos (art. 108°, nos 7 e 8 do Estatuto da Aposentação).

III – O acto de um funcionário subalterno da C.G.A. que manda arquivar o processo onde se pedia uma pensão de aposentação, por falta de documentos (prova da nacionalidade portuguesa, entre outros), com a indicação de que tal processo seria reaberto quando tais documentos fossem apresentados, não é, nem equivale ao indeferimento do pedido da pensão de aposentação. Tal acto, não é, assim, materialmente definitivo.

IV – O actos acima referido, na medida em que não indefere a pretensão do requerente, não tem idoneidade para, só por si, lesar os seus direitos e interesses, pelo que é irrecorrível contenciosamente. Lesivo será, sim, o acto que, indeferir a sua pretensão, depois de a mesma ser expressamente solicitada sem o requisito da nacionalidade.

V – A inércia da Administração sem que se profira decisão de indeferimento, apenas tem relevo, no contencioso Administrativo, na possibilidade de impugnação do "acto tácito" (art. 3°, n° 1 do Dec. Lei n° 256/A//76, de 17 de Junho e 109° do C.P.Adm.), ou na possibilidade de interposição de acção para reconhecimento de um direito (art. 68°. N° 1 da LPTA), não tendo tal inércia – por muitos anos que perdure – o poder de transformar o conteúdo (material) de um acto e determinar a sua idoneidade lesiva também para efeitos da sua recorribilidade face ao art. 25°, n° 1 da LPTA.».
(Ac. do TCA, de 16/04/98, Proc. nº 720/98)

«I – O processo de contagem prévia previsto no artigo 34/1/a) do Estatuto da Aposentação, foi concebido fundamentalmente para salvaguardar interesses do administrado, ou seja para lhe permitir, sempre que o entenda por necessário e em cada momento da sua carreira caso existam dúvidas quanto ao efectivo tempo de serviço que possui para efeitos de aposentação, através de um simples requerimento, ter conhecimento desse tempo, já que só assim e em concreto, lhe é dada a possibilidade de poder tomar com rigor as opções que eventualmente entender quanto a escolha do momento da sua vida que considere como o mais adequado para se aposentar, desde que preenchidos os requisitos legais para o efeito.

II – As decisões em processo de contagem prévia pela Caixa, embora consideradas "preparatórias da resolução final", apenas podem ser modificadas pelo seu autor, nos seguintes casos:
 a) Ser revistas nos termos do n° 1 do artigo 101°, ou seja, "quando, por facto não imputável ao interessado, tenha havido falta de apresentação, em devido tempo, de elementos de prova relevantes",
 b) Ser revogadas ou reformadas, quando se verifique ter sido ilegal a resolução ou com base em alteração da lei em que a contagem se baseou.

III – A recorribilidade ou irrecorribilidade contenciosa dos actos administrativos, incluindo os preparatórios, prende-se agora, face ao disposto no artigo 268° n° 4 da CRP, não pelo facto de serem ou não definitivos e executórios, mas sim por lesarem ou não direitos ou interesses legalmente protegidos.

Há por isso que apurar sempre, face ao caso concreto, se o acto impugnado é ou não idóneo para produzir efeitos lesivos. E, se em algum ponto esse acto, mesmo que preparatório, importar o sacrifício de um interesse juridicamente tutelado do particular, o acto será lesivo e, como tal, contenciosamente imputável por aplicação directa do artigo 268° n° 4 da CRP

IV – E passível de projectar consequências lesivas, determinantes da sua relevância contenciosa, a decisão da CGA que, em processo de contagem prévia contou à interessada, médica com horário de trabalho semanal de 42 horas, "para efeito de tempo de aposentação" determinado tempo e no qual incluiu "3 anos, 2 meses e 22 dias, respeitante ao acréscimo de 25° no tempo" de acordo com o previsto no artigo 9°, n° 9 do DECRETO-LEI 310//82, de 3 de Agosto, nomeadamente por nessa decisão e relativamente a esse acréscimo de tempo, ter sido "apurada a dívida de 1 051 026$00", cujo pagamento a CGA exige ou impõe à interessada caso esta pretenda beneficiar desse tempo de serviço "acrescido", o que a interessada considera ilegal».
(Ac. do TCA, de 26/11/98, Proc. n° 801/98)

«I – Proferida resolução final sobre o direito à pensão de aposentação e sobre o montante desta, pela Administração da Caixa Geral de Aposentações, o subscritor só ficará desligado do serviço, após a recepção da comunicação da Caixa Geral de Aposentações, a que se refere o n. 1 do art. 99° do E.A., pelo serviço onde o subscritor exerça funções.

II – É irrelevante que a comunicação idêntica enviada ao subscritor, seja por este recebida antes da recepção da comunicação referida em I, pois a lei difere o desligamento do serviço para a data a que se reporta o n. 2 do art. 99° do E.A. e não para a notificação do subscritor (cf. art. 127° n. 1 última parte e 129° alínea c) do C.P.A.).

III – Ao pessoal integrado no QEI na situação de disponibilidade é descontado 1/6 da remuneração base mensal, decorridos 30 dias seguidos de inactividade (e até 180 dias seguidos ou interpolados), nos termos do art. 15° n.4 alínea b) do D.L 247/92 e, a mesma importância é descontada no subsídio de férias a que, em tal situação tenha direito, por força das disposições conjugadas dos arts. 15° n. 5 alínea b) do D.L. 247/92 e 11 do D.L. 496//80 de 20-X».
(Ac. do STA, de 17/02/99, Proc. n° 040319)

«O Conselho de Administração da CGA é parte legitima numa acção para reconhecimento de um direito ou interesse legitimo em que um agente da PSP, na situação de aposentado, pretende lhe seja reconhecido o direito à alteração da pensão de aposentação que vinha auferindo».
(Ac. do TCA, de 27/01/2000, Proc. n° 3210/99)

«1 – Nas acções para reconhecimento de um direito só tem legitimidade passiva o órgão administrativo que dispõe de poder decisório relativamente à situação jurídica concretamente alegada.
2 – Ao pedir que lhe seja reconhecido o direito a " ser posicionado no 7° escalão do seu posto de 1° Sub-Chefe com a correspondente pensão do índice 220 do actual escalão 5° (máximo) processando-se os devidos efeitos retroactivos remuneratórios desde a data do acto determinante da aquisição, acrescidos de juros referentes aos últimos cinco anos. "o A. não pretende apenas que lhe seja alterada a pensão, mas sim que lhe seja reconhecido o direito a ser posicionado no 7° escalão, e apenas como consequência deste reposicionamento aquela alteração.
3 – Compete ao Comando Geral da PSP a fixação do escalão a que o recorrente pertence, competindo à Administração da C.G.A a definição do direito à pensão de aposentação e o seu montante, nos termos do art. 97° do DL 498/72, de 9/12, de acordo com os elementos fornecidos pelo Comando Geral da PSP, a que está adstrita».
(Ac. do TCA, de 04/05/2000, Proc. n° 3539/99)

«I – A sentença em 1ª instância está limitada pelo objeto do recurso contencioso segundo o figurino que o recorrente desenha na petição inicial através da causa de pedir e do pedido.
O recurso jurisdicional tem por objecto a sentença do tribunal" a quo" a que criticamente se imputam , erros e vícios de julgamento.
II – É em função dos fundamentos concretos do acto que a legalidade deste deve ser apreciada, não cabendo no objecto do recurso jurisdicional o tratamento de questão que a sentença recorrida não considerou por se tratar de matéria que a Administração não elegeu como essencial ou determinante na decisão administrativa.

III – Isto significa que quando o recorrente jurisdicional aborda matéria nova, o tribunal de recurso não tem que sobre ela se pronunciar .

IV – O regime estabelecido pelo DL n° 362/78, de 28/II, com as alterações posteriores, é especial porque se dirige a situações diferentes e especiais e se reporta a funcionários e agentes administrativos das ex-províncias ultramarinas que perderam a nacionalidade portuguesa em virtude da independência destas.

V – Segundo tal diploma não é necessária a nacionalidade portuguesa para que tais funcionários beneficiem do direito à aposentação, bastando que tenham prestado cinco anos de serviço e efectuado descontos para esse efeito durante o mesmo período.

VI – O DL 362/78 afastou a força vinculativa externa e interna derivada do Acordo estabelecido entre as Repúblicas de Portugal e de Cabo-Verde aprovado pelo DL n° 524-M/76, de 5/7, na medida em que Portugal passou a assumir a responsabilidade que no articulado cabia a Cabo-Verde.

E nisso não há qualquer inconstitucionalidade».
(Ac. do TCA, de 11/05/2000, Proc. n° 1206/98)

«1 – O recurso contencioso só se mostra totalmente capaz de assegurar a efectiva tutela jurisdicional do direito subjectivo a que um determinado interessado se arrogue quando dos autos resultar inequivocamente a prática de um acto administrativo recorrível incidente sobre tal direito;

2 – Não se verificando a situação vertida no ponto I deste Sumário, não poderá a acção para reconhecimento de um direito ser rejeitada com fundamento na inidoneidade do meio processual;

3 – A acção para reconhecimento do direito a ser posicionado num determinado escalão deve ser proposta contra o órgão administrativo competente para o reconhecimento – rectíus competente para praticar os actos decorrentes ou impostos pelo reconhecimento, o qual intervirá na posição de autoridade recorrida;

4 – Embora seja o Conselho de Administração da Caixa Geral de Aposentações o órgão administrativo com competência para fixar e alterar a pensão do interessado, não pode este usar no cálculo da pensão elementos que não lhe sejam fornecidos pelo serviço a que este pertencia – neste caso o Comando--Geral da PSP –, designadamente não tem competência para colocar o recorrente em escalão diferente daquele que lhe foi atribuído pelo seu serviço;

5 – Tendo a acção para reconhecimento de um direito sido intentada contra o Conselho de Administração da C.G.A. carece este de legitimidade passiva para reconhecer o direito referido em 3».
(Ac. do TCA, de 11/05/2000, Proc. n° 2807/99)

«I – Não é inconstitucional o art. 69°, 2 da Constituição interpretado no sentido de a acção de reconhecimento de direito não poder ser proposta, nos casos em que, havendo acto administrativo recorrível, a impugnação contenciosa conduzir à tutela efectiva do direito que se pretende ver reconhecido.

II – O acto administrativo que fixa uma pensão de aposentação é um acto recorrível e a sua impugnação contenciosa assegura plena tutela efectiva do direito do interessado, pelo que não deve admitir-se a acção para reconhecimento de direitos que poderiam ter sido apreciados nesse acto (art. 69°, 2 da LPTA)».
(Ac. do TCA, de 11/05/2000, Proc. n° 3623/99)

«I – É condicional a decisão da Caixa Geral de Aposentações que determina o arquivamento do pedido de aposentação do interessado e sujeita a reabertura do procedimento ao momento em que este vier a fazer prova da nacionalidade portuguesa.

II – Só se pode falar em confirmatividade entre dois actos, nunca entre dois ofícios instrumentais de comunicação.

III – Um ofício dirigido ao interessado, pela função instrumental que cumpre, geralmente é uma forma de comunicação dos actos.

Outras vezes, porém, contem a própria decisão e assume-se então como a forma do próprio acto».
(Ac. do TCA, de 06/07/2000, Proc. n° 3520/99)

«I – O DL n° 362/78, de 28 de Novembro não condiciona o direito à pensão de aposentação a pagar pelo Estado Português à posse actual da nacionalidade portuguesa dos funcionários das ex-províncias ultramarinas. Apenas estabelece dois requisitos: cinco anos de serviço e descontos para esse efeito durante o mesmo período.

II – O Estado Português podia legislar, como o fez com o DL n° 362//78, auto-vinculando-se interna e positivamente a uma obrigação que pelo Acordo celebrado com a República da Guiné-Bissau e vertido na ordem interna pelo Decreto n° 5/77, de 5 de Janeiro, vinculava este último.

III – Independentemente das teses monista e dualista que se debatem sobre as relações entre Direito Internacional e Direito dos Estados e do carácter vinculante do dito Acordo, o DL n° 362/78 não constitui frontal oposição a este, nem representa a sua revogação, porque simplesmente trata de dispor para além daquilo a que se obrigou o Estado Português em benefício de outro.

Nisso, o Estado Português é livre e soberano, pelo que se não pode considerar violado o n°2, do art. 8° da C.R.P.»
(Ac. do TCA, de 12/07/2000, Proc. n° 3057/99)

«I – A acção para reconhecimento de direito deve ser movida contra a entidade que puder efectivamente reconhecer o direito invocado, o que necessariamente implica que deverá ter poderes para a prática dos actos e operações que conduzam à satisfação da pretensão do interessado.

II – A Caixa Geral de Aposentações não tem competência para intervir na determinação da massa remuneratória a considerar para efeito de cálculo da pensão.

III – A resolução final a que se refere o art. 97° do Estatuto da Aposentação é a decisão final sobre a concessão da aposentação e sobre o valor da pensão, nunca sobre os aspectos de legalidade e de quantificação do valor da referida massa remuneratória, porque essa é matéria que cabe resolver pela entidade empregadora e processadora dos descontos respeitantes à situação do funcionário no activo.

IV – Carece de legitimidade passiva o Conselho de Administração da C.G.A. para reconhecer ao autor o direito a ser posicionado em determinado escalão e consequentemente apurar uma pensão superior à que actualmente recebe.

Tal legitimidade só ao Comando da P.S.P. é conferida».
(Ac. do TCA, de 12/07/2000, Proc. n° 2703/99)

«I – A tempestividade do recurso contencioso de acto expresso é aferida pelos prazos estabelecidos no art° 28° da LPT A, contados nos termos do disposto no art.°29° da mesma LPTA, com referência ao acto objecto do respectivo recurso contencioso.

II – É lesivo dos direitos do recorrente, o acto de arquivamento do seu pedido de aposentação, por não estar instruído com determinados documentos, por equivaler, na prática» à efectiva negação de tal aposentação».
(Ac. do TCA, de 12/10/2000, Proc. n° 2863/99)

«É lesivo dos direitos do recorrente, o acto de arquivamento do seu pedido de aposentação, por não estar instruído com determinados documentos, por equivaler, na prática, à efectiva negação de tal aposentação, sendo tal acto materialmente definitivo».
(Ac. do TCA, de 26/10/2000, Proc. n° 4017/00)

«I – Feito um requerimento, após o prazo limite indicado, no DL n° 210/90, de 27/6, e notificado o requerente do mesmo ter sido indeferido, por extemporaneidade, o requerente tinha o prazo de 2 meses – art. 28° da LPTA –, para interpor recurso contencioso de anulação.

II – O acto administrativo recorrível, decorrido o prazo para a sua impugnação, firma-se na ordem jurídica, como caso resolvido ou caso decidido.

III – A acção para reconhecimento de um direito, embora possa ser instaurado a todo o tempo, não faz precludir, como meio processual complementar, a necessidade de ser interposto recurso contencioso do acto lesivo que negou ao requerente o direito à prestação da pensão de aposentação.

IV - Face à inidoneidade ou impropriedade do meio processual utilizado e à correlativa excepção dilatória inominada, deve o Juiz abster-se de tomar conhecimento do mérito do pedido e, consequentemente, absolver a entidade demandada da instância».
(Ac. do TCA, de 26/03/98, Proc. nº 525/97)

«I - A acção a que alude o art. *69°*, n°2, da LPTA não é meio contencioso supletivo ou subsidiário dos restantes, mas sim deles complementar, no sentido de que, exista ou não acto administrativo, o recurso não se mostre necessário para assegurar no caso concreto a tutela judicial efectiva.

II - A resolução final a que se refere o art *97°* do Estatuto da Aposentação é a decisão final sobre a concessão da aposentação e sobre o valor da pensão, nunca sobre os aspectos de legalidade e de quantificação do valor da referida massa remuneratória, porque essa é matéria que cabe resolver pela entidade empregadora e processadora dos descontos respeitantes à situação do funcionário no activo».
(Ac. do TCA, de 02/11/2000, Proc. nº 4713/00)

«I - A resolução final a que se refere o art 97° do Estatuto da Aposentação constitui a regulação definitiva sobre o direito à pensão de aposentação do interessado e sobre o respectivo montante em face dos elementos que a Caixa dispõe e do próprio valor da massa remuneratória que lhe tenha sido fornecida para aquele efeito.

II - Essa regulação é válida para todo o sempre e permanece inalterada para o futuro, salvo se entretanto houver alteração nos respectivos pressupostos de facto ou de direito.

III - Para que se possa falar de acto confirmativo é necessário que o acto confirmado seja definitivo, que entre um e outro haja identidade de sujeitos, de objecte e de decisão, e que o primeiro tenha sido do conhecimento do interessado.

IV - No que respeita à identidade de decisão, o que conta verdadeiramente é o ambiente táctico e jurídico em que os actos são praticados, que deve ser igual em ambos os momentos, ou seja, é a identidade dos pressupostos que se encontram na base das decisões administrativas.

V - A inidentidade dos fundamentos de direito invocados na decisão por si só não releva para afastar a confirmatividade. A inexistência de identidade fundamentativa só afasta a confirmatividade quando a diferença expressa é absolutamente determinante ou condicionante da divergência de conteúdo dispositivo e decisor do segundo em relação ao primeiro dos actos.

VI - O acto confirmativo não é lesivo, por isso é irrecorrível, não se podendo apelar aí ao disposto no art 268°, no4, da CR.P. A lesividade a que alude o preceito constitucional só pode ser aquela que surge como resultado ou consequência de um acto verdadeiramente ofensivo, quer dizer, de um acto que pela primeira vez introduz uma alteração no "status", e não um acto que, em vez de lhe dar remédio, se limita a manter a ofensa.

VII – O acto praticado para além do prazo de dois anos referido no art. 9°, n2, do C.P.A. não lhe modifica a natureza confirmativa, e por isso irrecorrível, relativamente ao acto anterior, desde que se verifiquem os respectivos requisitos.

VIII – Um acto de processamento é considerado acto material e de execução, em princípio inimpugnável, ou acto administrativo recorrível, consoante respectivamente haja ou não uma prévia decisão administrativa que defina jurídica e autoritariamente a situação remuneratória do funcionário».
(Ac. do TCA, de 23/11/2000, Proc. n° 4267/00)

«I – Os actos administrativos apresentam, regra geral, a forma escrita caracterizada por uma expressão decisora autónoma.

A notificação, nesse caso, servirá de mero instrumento de comunicação.

II – Porém, quando não existe um acto administrativo prévio e o ofício comunicativo apresenta um sentido decisor, é de considerar que a notificação, ela própria, contém a decisão, assumindo simultaneamente duas funções: decisora e notificativa.

III – O ofício que comunica ao interessado (que havia pedido que ao processo suspenso fosse dado andamento com vista à decisão final) que não é dado prosseguimento ao procedimento enquanto este não fizer prova da sua nacionalidade é um verdadeiro acto decisor intercalar ou interlocutório em relação à resolução final do procedimento.

E porque seu conteúdo é autónomo e *lesivo,* na medida em que impede que o requerente por razões instrutórias e formais alcance o despacho final sobre a pretendida pensão de aposentação, assim também deverá ser autonomamente impugnável».
(Ac. do TCA, de 14/12/2000, Proc. n° 3535/99)
No mesmo sentido da proposição em II e III, ainda:
Ac. do TCA, de 30/11/2000, Proc. n° 4546/00

«1 – A concessão da pensão de aposentação nos termos do art. 17° do DL 59/93 de 17.8 é da competência do Presidente da AR.

2 – Tendo sido deferido o pedido de aposentação nos termos do art. 17° n2, do citado diploma, está a CGA vinculada a calcular a pensão nestes termos».
(Ac. do TCA, de 14/12/2000, Proc. n° 4144/00)

«I – É condicional, mas recorrível, a decisão da Caixa Geral de Aposentações que determina o arquivamento do pedido de aposentação do interessado e sujeita a abertura do procedimento ao momento em que este vier a fazer prova da nacionalidade portuguesa.
II – Um ofício dirigido ao interessado, pela função instrumental que cumpre, geralmente é uma forma de comunicação de actos.
Outras vezes, porém, contém a própria decisão e assume-se nesse caso como a forma do próprio acto.
III – Se o interessado pede que seja informado sobre o estado actual do "seu processo" e o ofício lhe comunica que o procedimento se encontra arquivado, esta resposta é meramente informativa, sem conteúdo decisor autónomo, logo irrecorrível».
(Ac. do TCA, de 25/10/2001, Proc. n° 10309/00)

«O órgão directivo da Caixa Geral de Aposentações carece de legitimidade passiva numa acção de reconhecimento de direitos ou interesses legítimos em que o autor pretende ver reformulada a sua progressão nos escalões do sistema retributivo, ainda que como pressuposto de alteração da pensão de aposentação».
(Ac. do STA, de 22/01/2002, Proc. n° 046831)

«Não julga inconstitucional a norma constante do artigo 25°, n. 1, da Lei de Processo nos Tribunais Administrativos, interpretada no sentido de considerar irrecorríveis contenciosamente as resoluções da Caixa Geral de Aposentações, que decidam, desfavoravelmente as pretensões dos interessados, os pedidos de contagem prévia de tempo de serviço para efeitos de aposentação:

I – O sentido da garantia constitucional de recurso contra actos administrativos ilegais é o de que onde haja um acto da Administração que defina a situação jurídica de terceiros, causando-lhe lesão efectiva dos seus direitos ou interesses legalmente protegidos, existe o direito de impugná-lo contenciosamente, com fundamento em ilegalidade.
Tal direito de impugnação contenciosa já não existe, se o acto da Administração não produz efeitos externos ou produz uma lesão de direitos ou interesses apenas potencial.
II – "In casu", o acto de que se interpôs recurso contencioso de anulação (a resolução proferida no processo de contagem prévia do tempo de serviço para efeitos de aposentação) não representa a ultima palavra da Administração na matéria, pois pode vir a ser revista, revogada ou reformada.
III – Assim, não causou lesão efectiva do respectivo direito. A lesão, a existir, é meramente potencial.

Deste modo, mesmo não podendo recorrer-se contenciosamente dessa resolução, não se viola a garantia constitucional da accionabilidade dos actos administrativos ilegais».
(Ac. do TC, de11/01/95, Proc. n° 92-0728, in DR, II, de 22/03/95)

«Não julga inconstitucional a norma do n° 1 do artigo 25° da Lei de Processo nos Tribunais Administrativos, interpretada no sentido de considerar irrecorrível contenciosamente a resolução da Caixa Geral de Aposentações relativa à contagem prévia de tempo de serviço para efeitos de aposentação.

I – A possibilidade de impugnação de um acto administrativo implica que se trate de uma decisão de autoridade tomada no uso de poderes jurídico-administrativos com vista à produção de feitos jurídicos externos sobre determinado caso concreto, o que, em princípio, exclui da recorribilidade os actos internos e os actos
preparatórios.

II – A resolução proferida no processo de contagem prévia do tempo de serviço para efeitos de aposentação não representa a última palavra da Administração na matéria, uma vez que pode o então decidido ser revisto, revogado ou reformado na decisão final que vier a ser proferida no processo de aposentação.

III – Com efeito, não deixa de se tratar de um acto por natureza provisório que, para ser impugnável contenciosamente, implica uma directa produção de efeitos jurídicos externos.

IV – Ora, a esta luz, no concreto caso, não há uma lesão efectiva e imediata dos direitos ou interesses legalmente protegidos do administrado, senão a lesão, quando muito – e tal como o recorrente a configura –, potencial. Tão-pouco tem o acto, em si, aptidão para estabelecer caso resolvido».
(Ac. do TC, de 06/02/96, Proc. n° 93-378, in DR, II, de 06/05/96)

PARECERES DA PROCURADORIA GERAL DA REPÚBLICA

«1 – A resolução das petições formuladas a Administração é, em princípio, vinculada quanto ao prazo a menos que preceito especial confira a este aspecto discricionariedade;

2 – Salvo quando goze de discricionariedade quanto ao prazo, a Administração deve decidir as petições que lhe são formuladas com eficiência e prontidão, não lhe sendo licito demorar os assuntos em que intervém mais do que estritamente necessário, sob pena de poder incorrer em responsabilidade;

3 – Não existe preceito especial a conferir caracter discricionário quanto ao prazo para remeter à Caixa Geral de Aposentações um requeri-

mento a pedir a aposentação pelo que a Administração deve agir, nessa remessa, de harmonia com o critério definido na anterior conclusão 2;

4 – Decorridos os 90 dias a que alude o artigo 3°, n 2, do Decreto-Lei n° 256-A/77, de 17 de Junho, contados nos termos do artigo 32°, alínea a) da Lei de Processo dos Tribunais Administrativos (Decreto-Lei n 267/85, de 16 de Junho), sem que o requerimento seja enviado a Caixa, o interessado pode exercer o respectivo meio legal de impugnação;

5 – Não existe preceito especial a conferir caracter discricionário quanto ao prazo para a Caixa Geral de Aposentações decidir a pretensão de um funcionário de passar a aposentação, pelo que se a decisão não for proferida no prazo de 90 dias consagrado no n 2 do artigo 3° do Decreto-Lei n 256-A/77, contado nos termos das alíneas b) ou c) do artigo 32° da Lei de Processo dos Tribunais Administrativos, o interessado pode presumir indeferida a sua pretensão, para poder exercer o respectivo meio legal de impugnação».

(Parecer da PGR, de 14/01/88, in BMJ n° 379/67)

ARTIGO 98°
Sustação da resolução

Não serão proferidas as resoluções a que se refere o artigo precedente enquanto o subscritor estiver preventivamente suspenso ou afastado do exercício de funções.

NOTAS

Prevê-se no preceito a sustação obrigatória do procedimento na fase decisória se, e enquanto, o subscritor for a título preventivo suspenso ou afastado do exercício de funções, seja por motivos disciplinares, seja por razões criminais.

Não se refere o legislador à suspensão enquanto pena do procedimento disciplinar, ou enquanto medida penal acessória (v. anotação 1ª ao art. 71° supra), mas sim à suspensão preventiva, aquela que emerge até ao final do respectivo processo com decisão definitiva e transitada, prescrita nos arts 6°, n°1 do Estatuto Disciplinar, em consequência da pronúncia em processo de querela, e no art.54° do presente Estatuto, por efeito da instauração do respectivo procedimento disciplinar.

A sustação do procedimento durará pelo tempo que for necessário até que a situação descrita tiver terminado (por exemplo, pelo arquivamento do processo, pela não acusação em processo disciplinar, pela não aplicação de qualquer pena no p. disciplinar, pela amnistia, pela sentença penal absolutória, etc.). Verificado um destes factos, o procedimento de aposentação será reactivado para, finalmente, ser proferido acto administrativo definitivo.

Se, em vez disso, a decisão disciplinar ou penal for sancionatória ou condenatória que implique suspensão de remunerações, deixa de aplicar-se o presente artigo. Extinta a causa que impunha a sustação, nada fica a obstar a que se profira a resolução final do art. 97º. Simplesmente, agora, a situação muda de figura e passa a ficar subsumida à previsão do art. 75º: apesar de reconhecido o direito à pensão e fixado a pensão respectiva, o abono desta fica suspenso até que se mostre cumprida a pena, altura apenas em que se dará início ao seu pagamento (v. ainda anotação 1ª ao art. 75º supra).

Artigo 99º
Termo do serviço

1 – As resoluções a que se refere o artigo 97º serão desde logo comunicadas aos serviços onde o subscritor exerça funções.

2 – Com base nesta comunicação, o subscritor é desligado do serviço, ficando a aguardar aposentação até ao fim do mês em que for publicada a lista dos aposentados com a inclusão do seu nome.

3 – Salvo o disposto em lei especial, o subscritor desligado do serviço abre vaga e fica com direito a receber, pela verba destinada ao pessoal fora de serviço aguardando aposentação, pensão transitória de aposentação, fixada de harmonia com a comunicação da Caixa, a partir do dias em que for desligado do serviço.

4 – A ulterior rectificação da importância da pensão dará lugar ao abono ao interessado ou à reposição por este das diferenças que se verifiquem.

NOTAS

1 – A redacção do nº3 foi dada pelo DL nº 191-A/79, de 25/06.

2 – O nº1 coloca, acertadamente, o termo «resoluções» no plural. Efectivamente, o artigo 97º aflora dois tipos de resoluções: a que resolve definitivamente a situação jurídica do funcionário e a que decide provisoriamente a atribuição da pensão em função dos elementos existentes no processo.

Uma e outra deverão ser comunicadas aos serviços onde o subscritor exerça funções e ambas desencadearão a *situação de desligação de serviço* aludido no número seguinte, não sem que antes, porém, da resolução o interessado seja notificado pelo serviço onde preste funções (art. 109º, nº2, infra).

3 – Feita a comunicação, o subscritor é desligado de serviço, permanecendo numa espécie de limbo de pré-aposentação, ficando a aguardar a sua *situação de aposentação,* que se verificará quando for publicada a lista de aposentados com a inclusão do seu nome (nº2; também art. 35º do DL nº 16 669, de 27/03/1929).

No entanto, casos há em que a desligação do serviço implica imediatamente para o interessado a situação de aposentação, sem ter que aguardar por ela nos moldes do presente artigo (cfr. art. 73º, nº2).

Ver anotação 3ª ao art. 73º supra.

4 – Uma vez desligado do serviço, e salvo o disposto em lei especial, é aberta vaga do lugar que ocupava, a fim de que nele seja provido um novo funcionário subscritor.

Com a desligação do serviço para efeitos de aposentação cessa a relação jurídica de emprego público (art. 28º, nº1, do DL nº 427/89, de 7/12).

A partir do dia em que for desligado do serviço, fica a receber uma *pensão provisória* (não confundir com a fixação provisória das bases do cálculo da pensão de que trata o art. 97º, nº2) que será rectificada, para mais ou para menos, consoante as circunstâncias (nº4). A *rectificação*, contudo, produzirá efeitos reportados à data em que a resolução anterior os produziu (art. 58º, nº 1, supra)

5 – Quanto aos funcionários dados por incapazes pela Junta Médica competente, enquanto aguardavam aposentação, continuavam recebendo, até á efectivação desta, os vencimentos a que tivessem direito pelas verbas dos quadros a que pertencessem, não sendo permitido colocá-los além do quadro ou em qualquer outra situação de que resultasse ficar disponível a verba por que percebiam os seus vencimentos quando na efectividade de serviço (art. 1º, do DL nº 36 764, de 23/02/1948). Estes vencimentos eram na verdade verdadeiras pensões provisórias pois que ainda não eram abonadas pela CGA e assim mesmo as definia o art. 13º do DL nº 32 691. Hoje, o regime é o que emana do presente Estatuto, designadamente do artigo sob exame.

6 – Já se colocou a dúvida sobre quem deveria recair a responsabilidade pelo pagamento desta pensão transitória nos casos em que tenha sido requerida a atribuição da *pensão unificada*, ao abrigo do DL nº 159/92, de 31/07: se sobre a CGA, ou sobre o organismo do qual o funcionário dependia àquela data.

Pareceres recentes da Procuradoria Geral da República entendem que esse encargo será uma ónus deste organismo (ver abaixo em pareceres da Procuradoria Geral da República em anotação a este artigo).

JURISPRUDÊNCIA

«Tendo o recorrente sido aposentado posteriormente a 1 de Abril de 1976, impõe-se a ilação de que lhe são devidas diuturnidades nos termos do art. 6° do D.L. n. 330/76, sem relevar a data da desligação do serviço e o regime vigente em função do acto ou facto determinante de aposentação».
(Ac. do STA, de 04/11/86, Proc. n° 021378)

«I – Não constitui acto definitivo e executório o despacho do Administrador Geral da CGD mediante o qual, nos termos do artigo 100° do Estatuto da Aposentação, concedida a aposentação e fixada a pensão definitiva, o interessado é inscrito na lista dos aposentados a publicar da II Série do Diário da República.
II – O acto definitivo e executório é aquele que, concluída a instrução do processo, a Administração da Caixa, profere nos termos do artigo 97° do Estatuto da Aposentação, sobre o direito à pensão de aposentação e sobre o montante desta, regulando definitivamente a situação.
III – Deve ser rejeitado por ilegal interposição o recurso em que se impugna contenciosamente o despacho referido no ponto I».
(Ac. do STA, de 02/04/87, Proc. N° 024364)

«I – À contagem final do tempo de serviço, para efeitos de aposentação, fundada em incapacidade absoluta e permanente para o exercício de funções dum magistrado do Ministério Público, são aplicáveis as regras do regime da função pública.
II – Assim, a data a atender para o efeito é a da declaração dessa incapacidade pela junta médica, ou a da homologação de parecer desta, quando a lei a exija»
(Ac. do STA, de 03/05/94, Proc. N° 032287)

«I – Proferida pela Administração da Caixa "resolução final" sobre o direito à pensão de aposentação e sobre o montante desta, a que se refere o n. 1 do artigo 97° e do Estatuto da Aposentação, é a mesma desde logo comunicada ao serviço a que o subscritor pertença, cabendo a esse serviço notificar o subscritor interessado dessa resolução (Arts. 99°/1 e 109° do E.A.).
II – O subscritor é "desligado do serviço", ficando a aguardar aposentação, a partir da sua notificação da referida resolução, pelo respectivo

serviço, e não a partir da emissão da referida resolução da Caixa (artigo 99º, n. 2, do E.A.).
III – Os docentes a que se aplica o Estatuto aprovado pelo D.L. n. 139-A/90, de 28 de Abril, e que se aposentem por limite de idade ou por sua iniciativa, permanecem em funções até ao termo do "ano lectivo", salvo se a aposentação se verificar durante o 1 trimestre desse ano (artigo 121º, n.1 , do referido Estatuto) e, por esse motivo, não poderão ser "desligados do serviço" antes do termo do ano "ano lectivo", muito embora a referida resolução final da Caixa tenha sido comunicada aos serviços em data anterior»
(Ac. do STA, de 08/04/97, Proc. nº 036966)

«I – Proferida resolução final sobre o direito à pensão de aposentação e sobre o montante desta, pela Administração da Caixa Geral de Aposentações, o subscritor só ficará desligado do serviço, após a recepção da comunicação da Caixa Geral de Aposentações, a que se refere o n. 1 do art. 99º do E.A., pelo serviço onde o subscritor exerça funções.
II – É irrelevante que a comunicação idêntica enviada ao subscritor, seja por este recebida antes da recepção da comunicação referida em I, pois a lei difere o desligamento do serviço para a data a que se reporta o n. 2 do art. 99º do E.A. e não para a notificação do subscritor (cf. art. 127º n. 1 última parte e 129º alínea c) do C.P.A.).
III – Ao pessoal integrado no QEI na situação de disponibilidade é descontado 1/6 da remuneração base mensal, decorridos 30 dias seguidos de inactividade (e até 180 dias seguidos ou interpolados), nos termos do art. 15º n.4 alínea b) do D.L. 247/92 e, a mesma importância é descontada no subsídio de férias a que, em tal situação tenha direito, por força das disposições conjugadas dos arts. 15º nº 5, alínea b) do D.L. 247/92 e 11 do D.L. 496/80 de 20-X».
(Ac. do STA, de 17/02/99, Proc. nº 040319)

«1 – Carreira, promoção (mudança para a categoria seguinte de determinada carreira) e reconstituição de carreira, são figuras que só fazem sentido na vigência da relação jurídica de emprego público.
2 – A relação jurídica de emprego cessa, entre outras causas, por desligação do serviço para efeito de aposentação – artigos 28° n° 1 DL 427//89 de 7.12 e 99° do EA.
3 – Assim, a satisfação da pretensão de um militar deficiente das Forças Armadas à actualização, com efeitos retroactivos, da sua pensão de reforma, sem qualquer intuito de opção pelo regresso ao activo, não implicaria qualquer reconstituição da sua carreira e apenas produziria efeitos no âmbito da relação jurídica de aposentação que mantém com a Administração Pública.

4 – Portanto e como decorre, designadamente, do art. 3° do DL 134/97 de 31.5, é aos órgãos próprios da CGA que compete decidir tal pretensão, não se formando indeferimento tácito, por falta do dever legal de decidir, quando tal pretensão é dirigida ao membro do Governo».
(Ac. do TCA, de 28/09/2000, Proc. n° 1724/98)
No mesmo sentido:
Ac. do TCA, de 02/11/2000, Proc. n° 1698/98

«I – Os actos administrativos apresentam, regra geral, a forma escrita caracterizada por uma expressão decisora autónoma.
A notificação, nesse caso, servirá de mero instrumento de comunicação.
II – Porém, quando não existe um acto administrativo prévio e o ofício comunicativo apresenta um sentido decisor, é de considerar que a notificação, ela própria, contém a decisão, assumindo simultaneamente duas funções: decisora e notificativa.
III – O ofício que comunica ao interessado (que havia pedido que ao processo suspenso fosse dado andamento com vista à decisão final) que não é dado prosseguimento ao procedimento enquanto este não fizer prova da sua nacionalidade é um verdadeiro acto decisor intercalar ou interlocutório em relação à resolução final do procedimento.
E porque seu conteúdo é autónomo e *lesivo,* na medida em que impede que o requerente por razões instrutórias e formais alcance o despacho final sobre a pretendida pensão de aposentação, assim também deverá ser autonomamente impugnável».
(Ac. do TCA, de 14/12/2000, Proc. n° 3535/99)

«I – É condicional, mas recorrível, a decisão da Caixa Geral de Aposentações que determina o arquivamento do pedido de aposentação do interessado e sujeita a abertura do procedimento ao momento em que este vier a fazer prova da nacionalidade portuguesa.
II – Um ofício dirigido ao interessado, pela função instrumental que cumpre, geralmente é uma forma de comunicação de actos.
Outras vezes, porém, contém a própria decisão e assume-se nesse caso como a forma do próprio acto.
III – Se o interessado pede que seja informado sobre o estado actual do "seu processo" e o ofício lhe comunica que o procedimento se encontra arquivado, esta resposta é meramente informativa, sem conteúdo decisor autónomo, logo irrecorrível».
(Ac. do TCA, de 25/10/2001, Proc. n° 10309/00)

«O regime de aposentação dos Magistrados Judiciais e do MP. fixa-se com base na lei em vigor e na situação existente à data referida nas diversas alíneas do n° 1 do art. 43° do Estatuto da Aposentação, isto independente-

mente da data em que os mesmos forem desligados do serviço por deliberação dos respectivos Conselhos (Conselho Superior da Magistratura e do Conselho Superior do M.P.)».
(Ac. do STA, de 18/04/2002, Proc. nº 032287)

«I – Por força do art. 121º, nº1, do ECD, os professores do ensino básico e secundário podem ser obrigados a continuar em funções até final do ano lectivo no caso de passagem à situação de aposentação após o 1º trimestre.

II – Aos docentes em tal situação é devida a pensão de aposentação e 1/3 da remuneração correspondente às funções desempenhadas, nos termos dos arts. 119º do ECD e 79º do EA».
(Ac. do TCA, de 09/05/2002, Proc. nº 3915/00)

PARECERES DA PROCURADORIA GERAL DA REPÚBLICA

«1 – O regime instituído pelo DL nº 321/88, de 22 de Setembro relativamente ao pessoal docente dos estabelecimentos de ensino não superior, particular ou cooperativo, devidamente legalizados não comporta a situação de "desligado do serviço" ficando a aguardar a aposentação" e a correspondente "pensão transitória de aposentação", a que se referem, respectivamente, os nºs 2 e 3 do art. 99º do Estatuto da Aposentação (DL nº 498/72, de 9/12), na redacção do DL nº 191-A/79, de 25/6;

2 – O pessoal abrangido pelo DL nº 321/88 tem direito a pensão de aposentação, a determinar e a pagar pela Caixa Geral de Aposentações, a partir do facto ou acto determinante da aludida aposentação, coincidente com o momento da cessação da relação de serviço).
(Parecer da PGR nº 0342, de 20/12/90)

«1º – No caso de ser requerida a atribuição de pensão unificada, a pensão transitória de aposentação prevista no nº3 do artigo 99º do Estatuto da Aposentação é abonada na totalidade pelo organismo de que o funcionário depende, à data da desligação do serviço, e suportada pelas respectivas verbas orçamentais, sem direito a qualquer restituição;

2 – A repartição de encargos entre a instituição que atribui e a que não atribui a pensão unificada, nos termos do artigo 9º do D.L. nº 159/92, de 31 de Julho, complementado pelo Protocolo Administrativo celebrado em 1993 entre o Centro Nacional de Pensões e a Caixa Nacional de Previdência, apenas de verifica em relação ao valor da pensão definitiva fixada pela instituição que a atribuir».
(Parecer da PGR, de 29/05/2002, nº 01146)
No mesmo sentido:
Parecer da PGR nº 13/1999, in DR, II, nº 218, de 20/09/2002.

Artigo 100º
Publicação da aposentação

1 – Concedida a aposentação e fixada a pensão definitiva, inscrever-se-á o interessado nas listas dos aposentados, que será publicada no Diário da República, 2ª série, entre os dias 20 e 25 de cada mês, mediante despacho do administrador-geral, precedido de visto de cabimento de verba, aposto pelo serviço competente.

2 – A mudança de situação resultante do disposto no n.º 3 do artigo 99º, bem como da aplicação de lei especial naquele referida, será desde logo publicada na 2ª série do Diário da República.

3 – Na publicação a que se referem os números anteriores indicar-se-á, com observância do disposto no artigo 53º e no n.º 2 do artigo 57º, o montante da pensão.

NOTAS

1 – Redacção dada pelo DL nº 191-A/79, de 25/06.

2 – A publicação da lista de aposentados funciona como requisito de eficácia externa da aposentação concedida. Ou seja, o simples reconhecimento do direito à aposentação e à pensão na resolução final a que alude o art. 97º, sendo embora constitutiva, não se projecta imediatamente na esfera pessoal do interessado. Para este, a produção concreta dos efeitos do acto é diferida para o momento em que o seu nome é divulgado na lista oficial publicada no Diário da República (arts129º e 130º,do CPA).

Ela ocorre, de acordo com o nº1 do artigo, entre os dias 20 e 25 de cada mês. Até ao final desse mês, o subscritor *desligado do serviço* fica «*a aguardar a aposentação*» (nº2, do art. 99º). A *situação de aposentação* verifica-se no 1º dia do mês seguinte (art. 73º, nº1) e será igualmente a partir desse mesmo dia que a pensão lhe é devida (art. 64º, nº1).

A preparação desta lista é assegurada, aliás em conformidade com o disposto no art. 7º, nº1, do DL nº 277/93, de 10/08 (Regime Jurídico da Caixa Geral de Aposentações), pelo "Serviço de Abono de Pensões – SAC-5 do Departamento de Apoio à CGA (DAC).

3 – O despacho de *cabimento* mencionado no nº1 inscreve-se no âmbito do processo de execução do orçamento da despesa respectiva no capítulo da "verificação".

Cabimento é uma forma específica de controle de legalidade de execução orçamental que tem em vista a conformidade entre o orçamento (entre o que está previsto na respectiva classe e verba) e o acto gerador da despesa (de forma a não se exceder o que esteja previsto).
Sobre o tema, v. **Sousa Franco**, in *Finanças Públicas e Direito Financeiro*, 1997, I, pág.432/433.

4 – A *desligação de serviço* também deve ser publicada (n°2).
Em ambos os casos, deve ser mencionado o montante da pensão (n°3).

JURISPRUDÊNCIA

«O prazo do recurso contencioso da resolução que fixa pensão definitiva de aposentação conta-se a partir da publicação em Diário da República da lista a que se refere o art. 100° do Estatuto da Aposentação»
(Ac. do STA, de 07/07/92, Proc. N° 030697, in BMJ n° 419/512)

«I – À contagem final do tempo de serviço, para efeitos de aposentação, fundada em incapacidade absoluta e permanente para o exercício de funções dum magistrado do Ministério Público, são aplicáveis as regras do regime da função pública.
II – Assim, a data a atender para o efeito é a da declaração dessa incapacidade pela junta médica, ou a da homologação de parecer desta, quando a lei a exija».
(Ac. do STA, de 03/05/94, Proc. N° 032287)

«I – A resolução final da administração da Caixa Geral de Aposentações proferida nos termos do artigo 97°, n. 1, do Estatuto de Aposentação, é acto definitivo, impugnável contenciosamente.
II – A "publicação" da "lista da aposentação", prevista no n.1 do artigo 100° do E.A., não é acto definitivo, mas, sim, uma mera formalidade, uma mera diligência burocrática relativa à publicação da referida resolução da Caixa.
III – É possível, face aos termos da petição, interpretar a expressão "publicação da lista de aposentação da C.G.A., constante do D.R., II série", na parte relativa à recorrente interessada, como sendo "a resolução final da administração da caixa", proferida nos termos do n. 1 do artigo 97° do E.A., fixando a pensão de aposentação da recorrente, e publicitada através da referida "lista", publicada no D.R., II série, nos termos do artigo 100°, n. 1, do E.A.».
(Ac. do STA, de 14/01/97, Proc. n° 037960)

Artigo 101º
Revisão das resoluções

1 – As resoluções finais podem, oficiosamente ou mediante requerimento, ser objecto de revisão quando, por facto não imputável ao interessado, tenha havido falta de apresentação, em devido tempo, de elementos de prova relevantes.

2 – Os prazos para o interessado requerer a revisão nos casos da alínea a) do número anterior são os referidos no n.º 1 do artigo 104º.

NOTAS

1 – Redacção dada pelo DL nº 503/99, de 20/11. No entanto, tendo sido eliminadas as alíneas a) e b) que faziam parte da anterior redacção, ficou, certamente por lapso, no nº2 a referência à "alínea a) do número anterior". Em todo o caso, o conteúdo da alínea a) mostra-se actualmente incorporado no nº1.

2 – A *revisão*, com vista à alteração da resolução final a que presentemente o artigo se refere, apenas pode ter por *fundamento* a oportuna falta de apresentação de algum elemento de prova relevante (v.g., uma certidão de tempo de serviço ou de abonos recebidos) por culpa que não seja imputável ao interessado (nº1). Anteriormente também incluía por fundamento o agravamento do grau de incapacidade que tivesse servido de base ao cálculo da pensão.

Importa não confundir esta revisão com a revisão plasmada no art. 95º, a qual se destina à alteração do resultado da Junta Médica anterior.

3 – Ela pode ser feita *oficiosamente*, quer dizer por iniciativa da própria Caixa, ou mediante *requerimento* do interessado (nº1).

No primeiro caso, pode a revisão reportar os seus efeitos à data em que a resolução final revista inicialmente os produziu. Para tanto, torna-se necessário que a nova resolução (a resolução da revisão) seja proferida no prazo de 60 dias após a data da anterior resolução revista (art. 58º, nº2, al.b), supra).

No segundo, os seus efeitos igualmente podem retroagir à data da primitiva resolução. A condição que o preceito estabelece (art. 58º cit.) é a de que o pedido seja efectuado nos prazos previstos no nº1 do art. 104º. Mas, este é mais um daqueles lapsos evidentes que só se compreende no quadro de uma alteração legislativa desatenta e apressada introduzida pelo DL nº 503/99, ao manter, quer o nº2 do presente artigo, quer a referência a ele na alínea b), do nº2 do art. 58º acima citado, sem que o legislador se tenha dado conta de que o 104º se encontra revogado desde Maio de 1983 pelo DL nº 214/83, de 25/05.

Pensamos que por essa razão também aqui se justificava uma nova alteração legislativa. Justificação mais ainda pelo seguinte: se é reconhecida a injustiça da resolução que não teve em conta um elemento que não foi junto por culpa alheia ao subscritor, abrindo-se em consequência a consagração do direito de revisão, deveria haver coerência em não prejudicar o interessado em caso algum. Ou seja, aceitamos que a iniciativa oficiosa e pública deva ser pronta, porque na culpa detectada apenas incorreu algum ente público. Logo, não pode fazer-se repercutir sobre o interessado as consequências negativas de mais delongas. Por isso, é bom que se estabeleça um prazo relativamente curto para que a Caixa oficiosamente promova a revisão (prazo disciplinador em ordem à célere resolução). Mas, por outro lado, tem que admitir-se que, mesmo que posta em marcha a revisão oficiosa fora do prazo fixado, não deve recair mais uma vez sobre o subscritor (não culpado) as consequências de algo a que não deu causa. Nesse caso, cremos que em qualquer situação se deveria propugnar pela retroacção dos efeitos da revisão à data da resolução revista.

Quanto à iniciativa do interessado, pese embora o facto de actualmente o Estatuto não estipular nenhum prazo pelas razões acima apontadas, aceitamos que por similitude metodológica e de procedimentos se transponha para aqui o prazo que, habitualmente, se estabelece para a impugnação facultativa de tipo reclamativo (cfr. art. 162º do CPA): 15 dias a contar da data em que ele tiver tido conhecimento da falta do elemento (se este não devesse ser apresentado por ele mesmo) ou da data em que for efectuada a publicação da resolução final (se não apresentou como lhe cumpria o dito elemento, embora a falta se impute a terceiros). Ultrapassado este prazo, concederíamos que os efeitos da revisão não se projectassem para o passado (à data da resolução revista), mas apenas para o futuro. Esta solução teria sempre a vantagem de fazer retroagir os efeitos da resolução da revisão à data da resolução revista, independentemente do tempo que ela (revisão) demorasse a ser tomada.

JURISPRUDÊNCIA

«I – Proferida resolução final sobre o direito a pensão de aposentação ordinária, tal resolução pode ser revista nos termos do art. 101º do Estatuto da Aposentação (EA).

II – A *revisão* pode ter lugar a requerimento do interessado no prazo de 30 dias e, oficialmente, a todo o tempo, mas em qualquer dos casos, desde que por facto não imputável ao interessado, tenha havido falta de apresentação, em devido tempo, de elementos de prova relevantes.

III – Ha falta de elementos de prova imputáveis ao interessado quando este, funcionário civil do Ministério da Marinha, se limita a participar ao medico do Hospital da Marinha (HM) uma agressão praticada por um colega mas sem referir qualquer conexão entre a agressão e o serviço e, depois de dado como incapaz para o serviço, requer a Caixa Geral de Aposentações (CGA) a sua aposentação, que vem a ser-lhe concedida como ordinária por não ter referido qualquer acidente de serviço.

IV – Tendo comunicado, só depois de aposentado, que a agressão de que foi vitima e que determinou a sua aposentação teve conexão com o serviço, não viola a al. a), do n. 1, do art. 101° do EA, o despacho do Sr. Secretario de Estado das Finanças que, em recurso gracioso interposto da resolução da Caixa que fixou a aposentação ordinária, decide que não é de conceder a revisão por ser imputável ao recorrente a falta de apresentação, em devido tempo, de elementos de prova relevantes».

(Ac. do STA, de 31/01/85, Proc. N° 017667, in Ap. Ao DR, de 30/12//88, pág. 319)

«I – As resoluções, tomadas pelo órgão dirigente da Caixa Nacional de Previdência, em processo de contagem prévia de tempo de serviço, para efeitos de aposentação (art. 34°, do Estatuto de Aposentação), dado que são alteráveis no processo de aposentação e podem ser, sem dependência de prazo, revistas, nos termos do art. 101°, n°1, al.a), revogadas ou reformadas com base na ilegalidade ou modificação da lei, não constituem actos definitivos.

II – Assim, os recursos contenciosos, interpostos dessas decisões devem ser rejeitados por falta de um pressuposto processual relativo ao objecto».

(Ac. do STA, de 15/03/90, Proc. N° 027191)

«I – O acto de contagem de tempo parcial de serviço prestado para efeitos de aposentação reveste natureza meramente preparatória, sendo regulado pela lei vigente a data do acto ou facto determinante da aposentação, tendo também agora em consideração a redacção dada ao art. 34°, n. 2 do Estatuto da Aposentação pelo Decreto-Lei n. 214/83, de 25 de Maio.

II – Carecendo tal acto do atributo da definitividade não e contenciosamente recorrível, pelo que foi bem rejeitado o recurso interposto no T.A.C. não merecendo censura a respectiva decisão»

(Ac. do STA, de 20/03/90, Proc. N° 027270, in Ap. ao DR, II, de 12/01//95, pág. 2187)

«É irrecorrível a resolução tomada em processo de contagem prévia do tempo de serviço por ser preparatória da resolução final a proferir sobre o direito a pensão de aposentação, podendo ser revista, revogada ou reformada nesta última decisão ou antes dela».

(Ac. do STA, de 05/06/90, Proc. N° 028053, in ap. ao DR, II, de 31/05//95, pág. 4148)

«I – As resoluções tomadas em processo de contagem prévia de tempo de serviço são meramente preparatórias da resolução final do processo de aposentação, podendo, até ao momento desta, ser revistas, revogadas ou reformadas, nos termos do art. 34º, n. 2 do Estatuto de Aposentação.

II – Não representando tal acto a decisão final da Administração sobre a contagem de tempo de serviço, é insusceptível de produzir efeitos imediatos, actual e efectivamente lesivos de direitos ou interesses legalmente protegidos, sendo, por isso irrecorrível contenciosamente».
(Ac. do STA, de 02/02/95, Proc. nº 034703, in BMJ nº 444/234)

«I – A resolução tomada pelo órgão dirigente da Caixa Nacional de Previdência em processo de contagem de tempo de serviço, para efeito de aposentação, nos termos do artigo 34º do E.A., alterável, como é, no processo de aposentação e, sem dependência de prazo, susceptível de revisão ao abrigo do artigo 101º, n. 1, al. a) desse diploma ou revogável é reformável com base em ilegalidade ou alteração da lei, não define a situação do administrado perante a Administração e por isso, ainda que desfavorável a pretensão sua, não constitui acto lesivo.

II – Não sendo acto lesivo, não é susceptível de impugnação contenciosa ao abrigo do preceituado no n. 4 do artigo 268º da C.R.».
(Ac. do STA, de 04/04/95, Proc. nº 036356)

«I – A possibilidade de impugnação de um acto administrativo implica que se trate de uma decisão de autoridade tomada no uso de poderes jurídico-administrativos com vista à produção de feitos jurídicos externos sobre determinado caso concreto, o que, em princípio, exclui da recorribilidade os actos internos e os actos preparatórios.

II – A resolução proferida no processo de contagem prévia do tempo de serviço para efeitos de aposentação não representa a última palavra da Administração na matéria, uma vez que pode o então decidido ser revisto, revogado ou reformado na decisão final que vier a ser proferida no processo de aposentação.

III – Com efeito, não deixa de se tratar de um acto por natureza provisório que, para ser impugnável contenciosamente, implica uma directa produção de efeitos jurídicos externos.

IV – Ora, a esta luz, no concreto caso, não há uma lesão efectiva e imediata dos direitos ou interesses legalmente protegidos do administrado, senão a lesão, quando muito – e tal como o recorrente a configura –, potencial. Tão-pouco tem o acto, em si, aptidão para estabelecer caso resolvido».
(Ac. do TC, nº 6098, de96/02/06, in DR, II, nº 105, de 06/05/96, pág. 6002)

«I – O acto da Direcção da Caixa Geral de Aposentações, proferido em processo de contagem prévia de tempo de serviço para efeitos de aposentação que indefere a pretensão do requerente de ver contado, para aqueles efeitos, certo período de tempo, não define a situação do recorrente quanto à contagem de tempo de serviço para efeitos de aposentação, pois é acto meramente preparatório da resolução final a tomar no processo de aposentação, no qual pode ser alterada ou modificada aquela contagem prévia, conforme dispõe o art. 34º do Estatuto da Aposentação.

II – Tal acto de contagem prévia de tempo de serviço, não sendo imediatamente lesivo dos interesses do recorrente, não é acto administrativo recorrível.

Rejeitado o recurso contencioso interposto de tal acto preparatório, não há que facultar ao recorrente prazo para alegações complementares ao abrigo do disposto no art. 52º da LPTA, se entretanto houver sido noticiada no processo a fixação da pensão definitiva com base nos critérios temporais estabelecidos no acto recorrido, pois que este – objecto do recurso contencioso – permanece sem potencialidade lesiva.

Não existe contradição entre os fundamentos e a decisão se esta – depois de obtemperar que o legislador colocou a tónica da recorribilidade do acto na respectiva lesividade, haver considerado a final que o acto não era recorrível por não ser definitivo, mormente se esta consideração houver sido feita a título meramente explicativo ou coadjuvante; no sentido de que a decisão prévia sobre a contagem do tempo de serviço era ainda susceptível de ser alterada ou modificada no seio do processo de aposentação e até à "resolução final" deste».
(Ac. do STA, de 08/04/97, Proc. nº 040734)

«I – O processo de contagem prévia previsto no artigo 34º/1/a) do Estatuto da Aposentação, foi concebido fundamentalmente para salvaguardar interesses do administrado, ou seja para lhe permitir, sempre que o entenda por necessário e em cada momento da sua carreira caso existam dúvidas quanto ao efectivo tempo de serviço que possui para efeitos de aposentação, através de um simples requerimento, ter conhecimento desse tempo, já que só assim e em concreto, lhe é dada a possibilidade de poder tomar com rigor as opções que eventualmente entender quanto a escolha do momento da sua vida que considere como o mais adequado para se aposentar, desde que preenchidos os requisitos legais para o efeito.

II – As decisões em processo de contagem prévia pela Caixa, embora consideradas "preparatórias da resolução final", apenas podem ser modificadas pelo seu autor, nos seguintes casos:
    a) Ser revistas nos termos do nº1 do artigo 101º, ou seja, "quando, por facto não imputável ao interessado, tenha havido falta de apresentação, em devido tempo, de elementos de prova relevantes",

b) Ser revogadas ou reformadas, quando se verifique ter sido ilegal a resolução ou com base em alteração da lei em que a contagem se baseou.

III – A recorribilidade ou irrecorribilidade contenciosa dos actos administrativos, incluindo os preparatórios, prende-se agora, face ao disposto no artigo 268° n° 4 da CRP, não pelo facto de serem ou não definitivos e executórios, mas sim por lesarem ou não direitos ou interesses legalmente protegidos.

Há por isso que apurar sempre, face ao caso concreto, se o acto impugnado é ou não idóneo para produzir efeitos lesivos. E, se em algum ponto esse acto, mesmo que preparatório, importar o sacrifício de um interesse juridicamente tutelado do particular, o acto será lesivo e, como tal, contenciosamente imputável por aplicação directa do artigo 268° n° 4 da CRP.

IV – E passível de projectar consequências lesivas, determinantes da sua relevância contenciosa, a decisão da CGA que, em processo de contagem prévia contou à interessada, médica com horário de trabalho semanal de 42 horas, "para efeito de tempo de aposentação" determinado tempo e no qual incluiu "3 anos, 2 meses e 22 dias, respeitante ao acréscimo de 25° no tempo" de acordo com o previsto no artigo 9°, n° 9 do Decreto-lei n° 310/82, de 3 de Agosto, nomeadamente por nessa decisão e relativamente a esse acréscimo de tempo, ter sido "apurada a dívida de 1 051 026$00", cujo pagamento a CGA exige ou impõe à interessada caso esta pretenda beneficiar desse tempo de serviço "acrescido", o que a interessada considera ilegal».
(Ac. do TCA, de 26/11/98, Proc. n° 801/98)

Artigo 102°
Revogação e rectificação das resoluções

Sem prejuízo do disposto nos artigos 101° e 103°, as resoluções finais só podem ser revogadas ou reformadas por ilegalidade, ou rectificadas por erro de escrita ou de cálculo nos termos gerais de direito.

NOTAS

1 – De uma assentada, o preceito parece querer abranger todas as formas de impugnação que contra os actos administrativos "resolutórios" é possível desencadear.

Para além da *revisão* prevista no artigo 101°, e do *recurso contencioso* contemplado no artigo 103°, é plasmada agora a faculdade de *revogação*, *reforma* e *rectificação*.

No entanto, nem todas as garantias administrativas estão ainda aqui previstas, pois não contempla as «reclamações» (sempre admissíveis, salvo disposição em contrário: art. 161° do CPA), nem os «recursos hierárquicos» (os facultativos sempre admissíveis, salvo se a lei excluir essa possibilidade: art. 166° e 167° do CPA; os necessários, previstos no art. 108°-A), nem ainda os «tutelares» (quando especialmente previstos: art. 177°, do CPA).

2 – No fundo, do que se trata é atingir o conteúdo dispositivo das «resoluções finais», por forma a que sejam pura e simplesmente fulminadas com a extinção jurídica, ou, no mínimo, alteradas nessa mesma dispositividade.

Numa tal perspectiva, apesar da diferente nomenclatura utilizada, o alcance da alteração aqui reportada à «resolução final» tem a mesma dimensão da alteração das «resoluções definitivas» assinalada no pretérito art. 58°.

O que, apesar de tudo, não quer dizer, obviamente, que todas as decisões definitivas sejam sempre resoluções finais. Pode haver uma decisão definitiva tomada antes mesmo de o procedimento de aposentação ter iniciado *(exemplo*: acto que determina a extinção da qualidade de subscritor), ou antes de chegar ao seu termo *(exemplo*: acto que denega a realização de uma Junta médica). São, entre outras, situações em que não chega a haver resolução final do procedimento de aposentação. Nesta óptica, o carácter definitivo terá que ver essencialmente com a marca do momento e da fase em que o acto é praticado.

Mas, por outro lado, num outro sentido também é preciso reconhecer que nem todas as resoluções finais são definitivas. Basta pensar nos actos finais que devam ser objecto de recurso hierárquico necessário. São finais do procedimento, mas ainda não têm a força necessária para se imporem por si mesmas, por não representarem até ver a última e decisiva palavra da Administração sobre a matéria.

3 – A *revogação* aludida no artigo é, atendendo ao ambiente sistemático em que se vê incluída, a revogação tomada pela própria Administração. A revogação que advenha de uma sentença proferida nos tribunais administrativos faz antes parte do conteúdo decisor próprio do recurso contencioso previsto no art. 103°, para que o presente artigo remete.

A revogação prevista tem que ser fundada em razões de «ilegalidade», como reza o artigo e tanto pode ser decidida oficiosamente, como em plano impugnativo em sede de reclamação e de recurso hierárquico.

Sobre revogação, vide anotações 7ª ao art. 32° e 4ª e 6ª ao art. 58°.

4 – A *reforma* é o acto administrativo através do qual se conserva de outro acto anterior a sua parte *sã*, isto é, não afectada de ilegalidade. Elimina-se a parte ilegal e salva-se a parte válida.

Exemplo: se o prazo legal de uma licença for de um ano e o acto administrativo de licenciamento concreto fora por três, através da reforma é limitado a um o prazo inicialmente concedido. Neste sentido, a reforma anda paredes meias a par da revogação parcial.

São aplicáveis à reforma as normas que regulam a competência para a revogação dos actos inválidos e a sua tempestividade (art. 137º, nº2, do CPA).

No que concerne à sua eficácia temporal, uma vez que o art. 58º não a contempla na sua previsão, aplicam-se-lhe supletivamente as regras do CPA. Assim, face ao art. 137º, nº4, do CPA, desde que não tenha havido entretanto alteração ao regime legal, a reforma retroage os seus efeitos à data do acto reformado (acto primário). Desta maneira, salvam-se os efeitos produzidos pelo acto até à altura do acto reformador (acto secundário).

Os actos nulos e inexistentes são insusceptíveis de reforma (art. 137º, nº1, do CPA).

Sobre reforma, vide: **M. Caetano**, *Manual* cit, I, pág. 559, 560; **F. Amaral**, *Curso* cit., II, pág. 475; **Sérvulo Correia**, *Noções*, cit, pág. 509; **M. Esteves de Oliveira**, *Direito Administrativo* cit., pág. 592.

5 – A *rectificação* consiste na correcção dos erros materiais e de cálculo contidas no acto rectificado, sem, porem, o destruir.

A rectificação só deverá ter lugar se o engano na expressão da vontade for ostensivo e manifesto. E, de qualquer maneira, ela não interfere com a eventual invalidade de que o acto originariamente padeça, quaisquer que sejam as razões.

De acordo com o art. 148º, nº1, do CPA, a rectificação pode efectuar--se a *todo o tempo* e a competência para o efeito cabe aos órgãos que para esse mesmo acto disponham do poder de o revogarem.

A rectificação pode ocorrer *oficiosamente* ou a *pedido* dos interessados (art. 148º, nº2, do CPA).

Tem *eficácia temporal retroactiva*: os efeitos dos actos rectificativos reportam-se à data a que se refere o acto rectificado (art. 148º, nº2, do CPA). Relativamente à rectificação dos *actos definitivos* que fixam o valor da pensão, também assim está proclamado no presente Estatuto (cfr.art. 58º, nº2, al.a), supra).

Quanto à *forma* da rectificação, deve observar-se a usada para a prática do acto rectificado. Domina aqui, por conseguinte, o *princípio da identidade* ou do *paralelismo da forma*. Mas, contrariamente à forma do acto de revogação, que deve revestir a forma «*legalmente prescrita*» para o revogado (art. 143º, nº1, do CPA), no que concerne à rectificação a forma a seguir é simplesmente aquela que foi «*efectivamente usada*» no acto rectificado (art. 148º, nº2, do CPA).

No que se refere à eficácia externa, os requisitos a que deve obedecer são aqueles que se impuseram e verificaram no acto rectificado. Assim, o acto de rectificação deve ser notificado ou publicado conforme o tenha sido o acto a que respeita.

A propósito da rectificação: **M. Caetano**, *ob. cit*, pág. 534 e 561; **F. Amaral**, *ob. cit*, pág. 429 e 472; **Sérvulo Correia**, *ob. cit.*, pág. 513.

JURISPRUDÊNCIA

«I – A remuneração mensal atendível para efeito de cálculo da pensão do interessado, nos termos do art. 47º, do Estatuto da Aposentação, é aquela que resulta dos actos de processamento feitos em favor do mesmo na situação de activo e cujo montante foi por ele efectivamente recebido, sem que seja lícito à Caixa Geral de Aposentações *corrigir* posteriormente tais valores aquando da fixação da pensão sob a alegação de aqueles processamentos padecerem de ilegalidade.

II – As possíveis ilegalidades que inquinem o acto de fixação da pensão e que autorizem a respectiva revogação ao abrigo do art. 102º, do Estatuto da Aposentação, não abrangem as que resultem de anteriores actos de processamento de vencimentos ou outras remunerações atendíveis para efeito de cálculo daquela pensão».

(Ac. do STA, de 23/09/97, Proc. nº 042173)

PARECERES DA PROCURADORIA GERAL DA REPÚBLICA

«1 – O exercício dos cargos de adjunto e secretário do gabinete de apoio pessoal previsto no artigo 8º do Decreto-Lei n 116/84, de 6 de Abril, na redacção da Lei nº 44/85, de 13 de Setembro, por aposentados, cabe na previsão do nº1,do artigo 78º do Estatuto da Aposentação, na redacção do nº1 do artigo 8º do Decreto-Lei n 215/87, de 29 de Maio;

2 – O exercicio desses cargos depende da autorização prevista na alínea c) do nº 1 do referido artigo 78º;

3 – As remunerações desse pessoal, quando autorizado a desempenhar tais funções, devem ser determinadas nos termos do disposto no artigo 79º do referido Estatuto».

(Parecer da PGR, de 16/01/92, in DR, de 20/05/92, pág. 4457)

Artigo 103º
Recursos

De quaisquer resoluções definitivas e executórias da Administração da Caixa, ou tomadas por delegação sua, haverá recurso contencioso, nos termos gerais.

NOTAS

1 – Redacção do DL nº 214/83, de 25/05.

2 – O artigo começa por definir as resoluções que possam ser objecto de recurso contencioso. São as «*resoluções definitivas e executórias*».

São, pois, quaisquer resoluções que escapam ao crivo previsional dos demais artigos do Estatuto no que especialmente concerne à garantia impugnativa reconhecida aos interessados. E por certo que estas resoluções abrangem as do art. 97º. A «resolução final» ali referida é, sem hesitações, um acto imediatamente recorrível porque imediatamente operativo, porque imediatamente constitutivo de direitos e deveres, porque desde logo eventualmente lesivo, enfim, porque definitivamente regulador da situação jurídica do interessado, segundo as suas próprias palavras.

A necessidade deste artigo, mais para efeito de clarificação e de dissipação de dúvidas, deve-se ao facto de haver resoluções que de certa maneira para o interessado são na prática tão "finais" como as outras, mas que, em todo o caso, num "quid" delas se diferenciam: é que não são a decisão final do procedimento de aposentação, mas a ela anteriores ou posteriores. Referimo-nos aos casos do art. 108º-A. Nestas hipóteses, a lei obriga a recurso hierárquico necessário, como condição de posterior acesso à jurisdição contenciosa: só da decisão desse recurso administrativo haverá recurso contencioso. O que significa, portanto, que os recursos contenciosos também podem ser interpostos de actos que não são finais, mas sim preparatórios, intercalares, ou interlocutórios. Tudo dependerá da força dispositiva que detenham e da capacidade lesiva que encerrem (cfr. art. 268º, nº4, da CRP)

Por outro lado, a recorribilidade contenciosa estabelecida no presente artigo não afasta a possibilidade da *revisão* prevista no art. 101º e da *revogação, rectificação* e *reforma* aludidas no art. 102º. Realmente, não há incompatibilidade de efeitos entre estes actos (secundários) e os que constituem a resolução final (primários). A revisão, revogação, rectificação e reforma são sempre possíveis a pedido do interessado, mas terão sempre um traço facultativo. Logo, ainda que o interessado se socorra desses meios, não deverá deixar decorrer o prazo do recurso contencioso para a impugnação jurisdicional que às resoluções finais definitivas quiser desencadear, sob pena de a resolução final tomada se consolidar como "caso decidido" ou "resolvido" e, desse modo, para sempre se tornar inimpugnável. Se, entretanto, vier a obter a satisfação plena da sua pretensão pela via administrativa, deverá então do facto dar conhecimento ao recurso contencioso, o qual assim será julgado extinto por inutilidade superveniente, sem quaisquer encargos para o recorrente.

Ver ainda: anotações aos arts. 58º e 102º supra.

3 – O artigo admite que o recurso também possa ser interposto de acto praticado por órgão com *poderes delegados* do Conselho de Administração da Caixa. Nem era preciso dizê-lo. Todo o acto praticado ao abrigo de uma competência derivada de uma delegação é sujeito à impugnação nos mesmos moldes em que o seria o acto praticado pelo delegante.

A *delegação de competências* é uma forma de desconcentração administrativa, em que órgão diferente daquele que recebeu da lei a competência originária pratica (por este) a decisão. A delegação representa uma transferência, não de poderes, mas do exercício de poderes, visto que o órgão originariamente competente não chega a perder a sua competência sobre a matéria (a respeito do debate em torno do instituto da delegação, vide anotações ao art. 35º do ***CPA anotado*** cit., de **Santos Botelho, Pires Esteves e Cândido de Pinho**).

No entanto, sempre cumpre acrescentar que o delegado não age autonomamente como se tivesse competência própria. Por isso é que o delegante pode emitir directivas ou instruções vinculativas para o delegado sobre o modo como este deve exercer os poderes delegados (art. 39º, nº1, do CPA), assim como permanece com o poder de avocar e de revogar os actos praticados por aquele (art. 39º, nº2, dip. cit.).

Quando o acto houver sido praticado ao abrigo de poderes delegados, deve o seu autor mencionar a qualidade em que assim agiu (art. 38º do CPA e 108º, nº5 deste Estatuto)).

Deve ter-se presente que no recurso contencioso do acto administrativo do delegado, é este (e não o delegante) quem assegura a *legitimidade passiva*.

4 – O recurso contencioso é movido nos TACs (art. 51º, do ETAF). Em sede de recurso jurisdicional, a matéria concernente à aposentação é tratada como fazendo parte da «*matéria relativa ao funcionalismo público*», inscrevendo-se por isso no âmbito da competência do Tribunal Central Administrativo (arts. 40º, al.a) e 104º da LPTA).

O recurso contencioso não tem efeito suspensivo, pelo que o acto recorrido pode ser imediatamente posto em execução, a menos que o interessado solicite a suspensão de eficácia no meio próprio a que aludem os arts. 76° e sgs da LPTA.

O *prazo* para o recurso contencioso é o do art. 28° da LPTA e conta-se da data da publicação da lista dos aposentados a que se refere o art. 100° (cfr. art. 73°, n°1).

5 – Sobre a impugnabilidade das resoluções intercalares, vide anotação 4 ao art. 34° supra.

JURISPRUDÊNCIA

«I – No regime anterior ao Dec-Lei 214/83, de 25-5, das resoluções da administração da CGD sobre matéria de aposentação cabia recurso hierárquico necessário para o Ministro das Finanças.

II – Actualmente, e por força das alterações introduzidas no Estatuto da Aposentação (EA) pelo aludido diploma, tais resoluções são susceptíveis de impugnação contenciosa.

III – Dos factos que extinguem a qualidade de subscritor há recurso hierárquico necessário para o conselho de administração.
(Ac. do STA de 31/10/85, Proc. n° 021389)

« I – Da resolução final de 2 administradores da Caixa Geral de Aposentações ou tomada por delegação sua, por directores, directores-adjuntos ou subdirectores, que fixa a pensão definitiva cabe, em princípio, recurso contencioso.

II – Assim não sucede nas situações contempladas no n° 1, do artigo 108°-A do Estatuto da Aposentação, que, por envolverem decisões particularmente gravosas para os interessados, ficam sujeitas a reapreciação por todo o conselho de administração da Caixa.

III – Nas hipóteses contempladas em II, as resoluções tomadas por 2 administradores ou por delegação sua são destituídas de definitividade vertical, sujeitas, como estão, a recurso hierárquico necessário a interpor para o conselho de administração.

IV – Uma dessas hipóteses é a contemplada na al. a) do n. 1 do artigo 108°-A, de resolução que envolva diminuição ou perda de pensão.

V – Não é de qualificar como implicando diminuição de pensão a resolução que fixa a pensão definitiva em montante inferior ao que decorre do cálculo provisório efectuado ao abrigo do n. 2 do artigo 97° do mesmo Estatuto.

VI – Tal resolução cai no alegado regime geral do artigo 103° e é directamente impugnável através de recurso contencioso».
(Ac. do STA, de 31/03/92, Proc. N° 025801)

«O prazo do recurso contencioso da resolução que fixa pensão definitiva de aposentação conta-se a partir da publicação em Diário da República da lista a que se refere o art. 100° do Estatuto da Aposentação»
(Ac. do STA, de 07/07/92, Proc. N° 030697, in BMJ n° 419/512)

«I – Por força do art. 108°-A do Estatuto da Aposentação haverá recurso hierárquico necessário para o Conselho de Administração da Caixa Geral de Depósitos das resoluções sobre diminuição da pensão.
II – Só após estar esgotada a via graciosa é possível recorrer à via contenciosa».
(Ac. do STA, de 19/01/95, Proc. n° 034831)

«I – As resoluções tomadas em processo de *contagem prévia* de tempo de serviço são meramente preparatórias da resolução final do processo de aposentação, podendo, até ao momento desta, ser revistas, revogadas ou reformadas, nos termos do art. 34°, n. 2 do Estatuto de Aposentação.
II – Não representando tal acto a decisão final da Administração sobre a contagem de tempo de serviço, é insusceptível de produzir efeitos imediatos, actual e efectivamente lesivos de direitos ou interesses legalmente protegidos, sendo, por isso irrecorrível contenciosamente».
(Ac. do STA, de 02/02/95, Proc. n° 034703, in BMJ n° 444/234)

«I – A resolução tomada pelo órgão dirigente da Caixa Nacional de Previdência em processo de contagem de tempo de serviço, para efeito de aposentação, nos termos do artigo 34° do E.A., alterável, como é, no processo de aposentação é, sem dependência de prazo, susceptível de revisão ao abrigo do artigo 101°, n. 1, al. a) desse diploma ou revogável e reformável com base em ilegalidade ou alteração da lei, não define a situação do administrado perante a Administração e por isso, ainda que desfavorável a pretensão sua, não constitui acto lesivo.
II – Não sendo acto lesivo, não é susceptível de impugnação contenciosa ao abrigo do preceituado no n. 4 do artigo 268° da C.R.».
(Ac. do STA, de 04/04/95, Proc. n° 036356)

«I – Provado que a A. teve grandes sofrimentos, dores, angústia, desalento, incómodos e permanente tensão, tomando-se uma pessoa fechada, triste e amargurada, quando antes era alegre, viva e despreocupada, sendo forçada a pedir a aposentação, tudo em resultado da conduta ilícita e culposa do agente do R. Estado, mostra-se equitativa a indemnização arbitrada por danos não patrimoniais no montante de 1 000 000 escudos.

II – O facto de alguns desses danos poderem ter determinado a aposentação da A. com incapacidade parcial de ganho, dando lugar a um outro tipo de indemnização por danos patrimoniais não obsta a que eles sejam, em si, considerados como danos não patrimoniais e como tal indemnizáveis.
III – O juízo equitativo previsto no art. 566º n. 3 do Código Civil tem que balizar-se nos limites do que se tiver por provado, o que supõe um apuramento mínimo da matéria factual necessário para a fixação da indemnização; sem esse mínimo, impõe-se que o tribunal condene no que vier a ser liquidado em execução de sentença.
IV – Forçada a A. a aposentar-se com uma incapacidade parcial de ganho, a indemnização deve corresponder à diferença entre o que ela receberia se se mantivesse no activo até à data da aposentação por limite de idade e a pensão de aposentação que passou a auferir e ainda entre a pensão por inteiro que previsivelmente receberia quando atingisse aquele limite e a que então receberá, tendo em conta o que se provou sobre a média de vida de uma mulher em Portugal.
V – Para tanto, a quantia a fixar deve corresponder a um capital produtor de um rendimento que cubra aquelas diferenças e se mostre esgotado no termo do período a considerar.
VI – Atendendo à idade e habilitações da A. e ao mercado de trabalho não é previsível que ela venha a auferir quaisquer rendimentos com a capacidade sobrante de ganho, pelo que não seria adequada a fixação de indemnização de acordo com o critério estabelecido pelo Estatuto de Aposentação para o cálculo de pensão de aposentação extraordinária por acidente de serviço.
VII – Faltando elementos de facto relevantes para determinar as diferenças indicadas em V deve o tribunal relegar para execução de sentença a fixação da indemnização».
(Ac. do STA, de 16/05/95, Proc. nº 033097)

«I – Para haver execução integral de acórdão anulatório, impõe-se que a Administração reconstitua a situação do recorrente, que existiria se o despacho anulado nunca tivesse sido proferido, suprimindo todos os seus efeitos e eliminando os seus actos consequentes.
II – Porém, sendo o cálculo da pensão de aposentação do recorrente (entretanto aposentado) alheio à decisão cuja execução vem pedida, a qual respeita à reposição de parte não paga de vencimentos, há que considerar integralmente cumprida essa decisão, com o cálculo correcto do vencimento do recorrente, a reposição das quantias em dívida até à data da aposentação do recorrente e com a informação à CGA do novo vencimento para efeitos de alteração da pensão de aposentação».
(Ac. do STA, de 16/05/96, Proc. nº 039509)

«I – É nulo, por padecer do vício de incompetência absoluta (falta de atribuições), o despacho do Secretário de Estado do Tesouro e das Finanças, que, invocando delegação de poderes do Ministro das Finanças, indefere pedidos de reconhecimento de direito a pensão de aposentação.
II – Com efeito, com as alterações introduzidas no Estatuto da Aposentação pelo DL n. 214/83, de 25/5, a última palavra da Administração em matéria de reconhecimento do direito a pensão de aposentação e fixação do respectivo montante compete ao Conselho de Administração da Caixa Geral de Aposentações, de cujas resoluções cabe directamente recurso contencioso para os tribunais administrativos, tendo sido suprimido o recurso para o Ministro das Finanças previsto na versão originária daquele Estatuto.
III – Entre os poderes de tutela que o DL n. 277/93, de 10/8, atribui ao Ministro das Finanças sobre a Caixa Geral de Aposentações – reconhecida nesse diploma como "pessoa colectiva de direito público, dotada de autonomia administrativa e financeira" – não se insere nenhuma competência em matéria de reconhecimento do direito a pensão de aposentação».
(Ac. do STA, de 06/11/97, Proc. n° 040974)

«I – Por não caber na previsão da al. a) do n°1, do art. 108°-A do Estatuto de Aposentação, não cabe recurso hierárquico para o Conselho de Administração da Caixa Geral de Aposentações do despacho que fixou a pensão definitiva em montante inferior ao da pensão provisória.
II – Assim, o recurso a interpor desse despacho é o recurso contencioso, nos termos do disposto nos arts. 268° n. 4, do CRP, n°1 , da LPTA, e 103° do Estatuto da Aposentação».
(Ac. do STA, de 10/02/98, Proc. n° 042548)

«I – Deve considerar-se que a situação de aposentação, filiada numa relação jurídica de emprego público, decorre *dela* para efeitos do disposto nos arts. 40°, al. a) e 104° do Dec-Lei n. 129/84, de 27.4, na redacção do Dec-Lei n. 229/96, de 29.1 I.
II – Em tais termos, é o Tribunal Central Administrativo o competente, em razão da hierarquia, para conhecer do recurso jurisdicional de decisão de tribunal administrativo de círculo que versou sobre a atribuição de uma pensão de aposentação a um ex-funcionário da antiga administração pública ultramarina.
III – E tal competência mantém-se, face às normas transitórias, se a interposição e a subsequente admissão houve *lugar* em Junho de 1997 e o recurso só em Março de 1998 entrou no ST A».
(Ac. do STA, de 26/05/98, Proc. n° 043695)
No mesmo sentido da proposição referida em I, ainda:
Ac. do TCA, de 05/03/98, Proc. n° 183/97

«I – Os interessados têm direito de, concluída a instrução no procedimento administrativo, serem ouvidos antes de ser tomada a decisão final, sobre o sentido provável desta;

II – No processo com vista à concessão da pensão de aposentação, notificado ao requerente o montante da pensão de aposentação provisória, ele fica a saber o sentido provável da decisão final pelo que não tem que ser dado cumprimento ao estatuído no n° 1 do artigo 100° do C.P.A.».

(Ac. do STA, de 04/06/98, Proc. n° 036376)

«I – Nos termos do art. 25°, n° 1 da LPTA, interpretado de harmonia com o art. 268°, n° 4 da Constituição, são recorríveis os actos que, independentemente da sua forma, tenham idoneidade para, só por si, lesarem direitos ou interesses legítimos dos recorrentes.

II – Os actos internos ou meramente preparatórios de uma decisão final, proferidos por funcionário subalterno da Caixa Geral de Aposentações, e sem qualquer delegação de poderes, não são verticalmente definitivos (art. 108°, nos 7 e 8 do Estatuto da Aposentação).

III – O acto de um funcionário subalterno da C.G.A. que manda arquivar o processo onde se pedia uma pensão de aposentação, por falta de documentos (prova da nacionalidade portuguesa, entre outros), com a indicação de que tal processo seria reaberto quando tais documentos fossem apresentados, não é, nem equivale ao indeferimento do pedido da pensão de aposentação. Tal acto, não é, assim, materialmente definitivo.

IV – O actos acima referido, na medida em que não indefere a pretensão do requerente, não tem idoneidade para, só por si, lesar os seus direitos e interesses, pelo que é irrecorrível contenciosamente. Lesivo será, sim, o acto que, indeferir a sua pretensão, depois de a mesma ser expressamente solicitada sem o requisito da nacionalidade.

V – A inércia da Administração sem que se profira decisão de indeferimento, apenas tem relevo, no contencioso Administrativo, na possibilidade de impugnação do "acto tácito" (art. 3°, n° 1 do Dec.Lei n° 256/A//76, de 17 de Junho e 109° do C. P. Adm.), ou na possibilidade de interposição de acção para reconhecimento de um direito (art. 68°. N° 1 da LPTA), não tendo tal inércia – por muitos anos que perdure – o poder de transformar o conteúdo (material) de um acto e determinar a sua idoneidade lesiva também para efeitos da sua recorribilidade face ao art. 25°, n° 1 da LPTA.».

(Ac. do TCA, de 16/04/98, Proc. n° 720/98)

«I – O processo de contagem prévia previsto no artigo 34/1/a) do Estatuto da Aposentação, foi concebido fundamentalmente para salvaguardar interesses do administrado, ou seja para lhe permitir, sempre que o entenda por necessário e em cada momento da sua carreira caso existam dúvidas quanto ao efectivo tempo de serviço que possui para efeitos de aposentação, através de um simples requerimento, ter conhecimento desse tempo, já que só assim e em concreto, lhe é dada a possibilidade de poder tomar com rigor as opções que eventualmente entender quanto a escolha do momento da sua vida que considere como o mais adequado para se aposentar, desde que preenchidos os requisitos legais para o efeito.

II – As decisões em processo de contagem prévia pela Caixa, embora consideradas "preparatórias da resolução final", apenas podem ser modificadas pelo seu autor, nos seguintes casos:
   a) Ser revistas nos termos do n° 1, do artigo 101°, ou seja, "quando, por facto não imputável ao interessado, tenha havido falta de apresentação, em devido tempo, de elementos de prova relevantes",
   b) Ser revogadas ou reformadas, quando se verifique ter sido ilegal a resolução ou com base em alteração da lei em que a contagem se baseou.

III – A recorribilidade ou irrecorribilidade contenciosa dos actos administrativos, incluindo os preparatórios, prende-se agora, face ao disposto no artigo 268° n° 4 da CRP, não pelo facto de serem ou não definitivos e executórios, mas sim por lesarem ou não direitos ou interesses legalmente protegidos.

Há por isso que apurar sempre, face ao caso concreto, se o acto impugnado é ou não idóneo para produzir efeitos lesivos. E, se em algum ponto esse acto, mesmo que preparatório, importar o sacrifício de um interesse juridicamente tutelado do particular, o acto será lesivo e, como tal, contenciosamente imputável por aplicação directa do artigo 268° n° 4 da CRP.

IV – E passível de projectar consequências lesivas, determinantes da sua relevância contenciosa, a decisão da CGA que, em processo de contagem prévia contou à interessada, médica com horário de trabalho semanal de 42 horas, "para efeito de tempo de aposentação" determinado tempo e no qual incluiu "3 anos, 2 meses e 22 dias, respeitante ao acréscimo de 25° no tempo" de acordo com o previsto no artigo 9°, n° 9 do DECRETO-LEI 310//82, de 3 de Agosto, nomeadamente por nessa decisão e relativamente a esse acréscimo de tempo, ter sido "apurada a dívida de 1 051 026$00", cujo pagamento a CGA exige ou impõe à interessada caso esta pretenda beneficiar desse tempo de serviço "acrescido", o que a interessada considera ilegal».

(Ac. do TCA, de 26/11/98, Proc. n° 801/98)

«I – Constitui acto administrativo lesivo de direitos e, portanto contenciosamente recorrível, o despacho do Director da Caixa Geral de Aposentação que indeferiu pretensão do administrado na qual, decorridos mais de 2 anos sobre o despacho que lhe concedeu a aposentação, requereu que lhe fossem pagas as pensões vencidas desde o 1 ° dia do mês seguinte à entrada do respectivo pedido e não com efeitos a partir do despacho que lhe concedeu a nacionalidade portuguesa.

II – Tendo para o efeito invocado nessa pretensão circunstância nova decorrente do facto de, conforme jurisprudência deste STA, no DL n.º 362/78, de 28/11 e demais legislação complementar não se exigir o requisito da nacionalidade portuguesa para a concessão da pensão de aposentação aos ex-funcionários ultramarinos, o acto recorrido não é confirmativo do anterior que desatendera idêntica pretensão.

III...IV...V.......».
(Ac. do STA, de 03/12/98, Proc. nº 042527)

«1 – Os emolumentos devidos pela emissão de uma certidão, revestem a natureza jurídica de taxas fiscais, sendo assim uma espécie do género tributos (onde se incluem além dos impostos, as taxas e as contribuições especiais – contribuições de melhoria e por maior despesa).

2 – O contencioso fiscal subtraído à competência dos Tribunais Administrativos de Círculo, através do artigo 51º, nº 3 do ET AF, compreende todos os tributos, pelo que as questões relativas à constituição, modificação ou extinção das taxas, revestem, para efeitos de determinação da competência, a natureza de questões fiscais».
(Ac. do TCA de 21/01/99, Proc. nº 705/98)

«I – Não decorrendo o acto impugnado em recurso contencioso de anulação, de uma relação jurídica de emprego público, também a sentença recorrida, que apreciou o objecto de tal recurso, não versou sobre matéria relativa ao funcionalismo público.

II – Tratando-se de recurso jurisdicional de decisão proferida em recurso contencioso que tem por objecto um acto administrativo que não decorre de relação. jurídica de emprego público – acto que indeferiu a actualização de uma pensão de um pensionista do Fundo de Segurança Social dos Profissionais de Casino (regime jurídico do DL nº 432/89, de 2.12) – a competência para apreciar tal recurso pertence ao STA, nos termos do disposto no art. 26º, nº1, al.b), do ETAF: "Compete à secção do Contencioso Administrativo pelas suas subsecções, conhecer dos recursos das decisões dos tribunais administrativos para cujo conhecimento não seja competente o Tribunal Central Administrativo."
(Ac. do TCA, de 11/05/99, Proc. nº 2810/99)
No mesmo sentido da proposição II:
Ac. do TCA in Proc. nº 2640/99

«I) – A revisão constitucional de 1989 manteve, no nº 4, do art. 268º, o recurso contencioso como meio processual adequado, para impugnação de actos administrativos lesivos de interesses ou direitos legalmente protegidos.

II) – No contexto daquela revisão constitucional, o n° 5, do art. 268°, atribuiu à acção para o reconhecimento de um direito uma função complementar dos meios processuais de tutela comuns, postos à disposição dos administrados, pelo que a nova redacção daquele artigo (Revisão de 1989) não implicou a revogação do art. 69°, 2, da LPT A.

III) – Fixada a pensão de aposentação/reforma, pela Direcção da CGA, e notificado o aposentado, do valor dessa pensão, deve improceder a acção interposta para o reconhecimento de um direito à fixação de uma pensão de um modo diferente da que foi anteriormente fixada, desde que no caso coubesse, como cabia, recurso contencioso daquele acto administrativo».
(Ac. do TCA, de 02/12/99, Proc. n° 3592/99)

«O Conselho de Administração da CGA é parte legitima numa acção para reconhecimento de um direito ou interesse legitimo em que um agente da PSP, na situação de aposentado, pretende lhe seja reconhecido o direito à alteração da pensão de aposentação que vinha auferindo».
(Ac. do TCA, de 27/01/2000, Proc. n° 3210/99)

«1 – O meio processual idóneo para reagir contenciosamente contra a liquidação de emolumentos é a impugnação judicial a que se referem os arts. 120° e ss. do CPT, da competência dos TT de 1ª Instância, nos termos do art. 62°, n° I, al. c) do ET AF, estando nessa medida revogados – cf. art. 121° do mesmo diploma – os arts. 69° do DL 519-F2/79 e 139° e 140° do Regulamento dos Serviços dos Registos e do Notariado.

2 – Os arts. 99° e 100° do CPT, que vieram permitir recurso hierárquico da decisão da reclamação da liquidação e posterior recurso contencioso do despacho naquele proferido – salvo se dela já tiver sido deduzida impugnação judicial – só se aplicam com relação aos tributos administrados, isto é, liquidados e cobrados através da DGI».
(Ac. do TCA, de 08/02/2000, Proc. n° 577/98)

«1 – Nas acções para reconhecimento de um direito só tem legitimidade passiva o órgão administrativo que dispõe de poder decisório relativamente à situação jurídica concretamente alegada.

2 – Ao pedir que lhe seja reconhecido o direito a "ser posicionado no 7° escalão do seu posto de 1° Sub-Chefe com a correspondente pensão do índice 220 do actual escalão 5° (máximo) processando-se os devidos efeitos retroactivos remuneratórios desde a data do acto determinante da aquisição, acrescidos de juros referentes aos últimos cinco anos." o A. não pretende apenas que lhe seja alterada a pensão, mas sim que lhe seja reconhecido o direito a ser posicionado no 7° escalão, e apenas como consequência deste reposicionamento aquela alteração.

3 – Compete ao Comando Geral da PSP a fixação do escalão a que o recorrente pertence, competindo à Administração da C.G.A a definição do

direito à pensão de aposentação e o seu montante, nos termos do art. 97° do DL 498/72, de 9/12, de acordo com os elementos fornecidos pelo Comando Geral da PSP, a que está adstrita».
(Ac. do TCA, de 04/05/2000, Proc. n° 3539/99)

«I – A sentença em 1ª instância está limitada pelo objecto do recurso contencioso segundo o figurino que o recorrente desenha na petição inicial através da causa de pedir e do pedido.

O recurso jurisdicional tem por objecto a sentença do tribunal "a quo" a que criticamente se imputam, erros e vícios de julgamento.

II – É em função dos fundamentos concretos do acto que a legalidade deste deve ser apreciada, não cabendo no objecto do recurso jurisdicional o tratamento de questão que a sentença recorrida não considerou por se tratar de matéria que a Administração não elegeu como essencial ou determinante na decisão administrativa.

III – Isto significa que quando o recorrente jurisdicional aborda matéria nova, o tribunal de recurso não tem que sobre ela se pronunciar.

IV – O regime estabelecido pelo DL n° 362/78, de 28/II, com as alterações posteriores, é especial porque se dirige a situações diferentes e especiais e se reporta a funcionários e agentes administrativos das ex-províncias ultramarinas que perderam a nacionalidade portuguesa em virtude da independência destas.

V – Segundo tal diploma não é necessária a nacionalidade portuguesa para que tais funcionários beneficiem do direito à aposentação, bastando que tenham prestado cinco anos de serviço e efectuado descontos para esse efeito durante o mesmo período.

VI – O DL 362/78 afastou a força vinculativa externa e interna derivada do Acordo estabelecido entre as Repúblicas de Portugal e de Cabo--Verde aprovado pelo DL n° 524-M/76, de 5/7, na medida em que Portugal passou a assumir a responsabilidade que no articulado cabia a Cabo-Verde.

E nisso não há qualquer inconstitucionalidade».
(Ac. do TCA, de 11/05/2000, Proc. n° 1206/98)

«1 – O recurso contencioso só se mostra totalmente capaz de assegurar a efectiva tutela jurisdicional do direito subjectivo a que um determinado interessado se arrogue quando dos autos resultar inequivocamente a prática de um acto administrativo recorrível incidente sobre tal direito;

2 – Não se verificando a situação vertida no ponto I. deste Sumário, não poderá a acção para reconhecimento de um direito ser rejeitada com fundamento na inidoneidade do meio processual;

3 – A acção para reconhecimento do direito a ser posicionado num determinado escalão deve ser proposta contra o órgão administrativo competente para o reconhecimento – rectíus competente para praticar os actos

decorrentes ou impostos pelo reconhecimento, o qual intervirá na posição de autoridade recorrida;

4 – Embora seja o Conselho de Administração da Caixa Geral de Aposentações o órgão administrativo com competência para fixar e alterar a pensão do interessado, não pode este usar no cálculo da pensão elementos que não lhe sejam fornecidos pelo serviço a que este pertencia – neste caso o Comando-Geral da PSP –, designadamente não tem competência para colocar o recorrente em escalão diferente daquele que lhe foi atribuído pelo seu serviço;

5 – Tendo a acção para reconhecimento de um direito sido intentada contra o Conselho de Administração da C.G.A. carece este de legitimidade passiva para reconhecer o direito referido em 3».
(Ac. do TCA, de 11/05/2000, Proc. n° 2807/99)

«I – Não é inconstitucional o art. 69°, 2 da Constituição interpretado no sentido de a acção de reconhecimento de direito não poder ser proposta, nos casos em que, havendo acto administrativo recorrível, a impugnação contenciosa conduzir à tutela efectiva do direito que se pretende ver reconhecido.

II – O acto administrativo que fixa uma pensão de aposentação é um acto recorrível e a sua impugnação contenciosa assegura plena tutela efectiva do direito do interessado, pelo que não deve admitir-se a acção para reconhecimento de direitos que poderiam ter sido apreciados nesse acto (art. 69°, 2 da LPTA)».
(Ac. do TCA, de 11/05/2000, Proc. n° 3623/99)

«1 – O acto pelo qual o Secretário de Estado da Administração Educativa determina que a remuneração prevista no art. 79° do Estatuto da Aposentação se aplica aos docentes em exercício efectivo de funções que se aposentem ao abrigo do art. 121° do DL 139-A/90, de 28-4, é um acto normativo e não um acto administrativo.

2 – É ilegal e deve ser rejeitado o recurso contencioso de anulação que tem por objecto um acto normativo».
(Ac. do TCA, de 01/06/2000, Proc. n° 587/97)

«I – É *condicional* a decisão da Caixa Geral de Aposentações que determina o *arquivamento* do pedido de aposentação do interessado e sujeita a reabertura do procedimento ao momento em que este vier a fazer prova da nacionalidade portuguesa.

II – Só se pode falar em confirmatividade entre dois actos, nunca entre dois ofícios instrumentais de comunicação.

III – Um ofício dirigido ao interessado, pela função instrumental que cumpre, geralmente é uma forma de comunicação dos actos.

Outras vezes, porém, contém a própria decisão e assume-se então como a forma do próprio acto».
(AC. do TCA, de 06/07/2000, Proc. nº 3520/99)

«I – O DL nº 362/78, de 28 de Novembro não condiciona o direito à pensão de aposentação a pagar pelo Estado Português à posse actual da nacionalidade portuguesa dos funcionários das ex-províncias ultramarinas. Apenas estabelece dois requisitos: cinco anos de serviço e descontos para esse efeito durante o mesmo período.

II – O Estado Português podia legislar, como o fez com o DL nº 362/78, auto-vinculando-se interna e positivamente a uma obrigação que pelo Acordo celebrado com a República da Guiné-Bissau e vertido na ordem interna pelo Decreto nº 5/77, de 5 de Janeiro, vinculava este último.

III – Independentemente das teses monista e dualista que se debatem sobre as relações entre Direito Internacional e Direito dos Estados e do carácter vinculante do dito Acordo, o DL nº 362/78 não constitui frontal oposição a este, nem representa a sua revogação, porque simplesmente trata de dispor para além daquilo a que se obrigou o Estado Português em benefício de outro.

Nisso, o Estado Português é livre e soberano, pelo que se não pode considerar violado o nº2, do art. 8º da C.R.P.»
(Ac. do TCA, de 12/07/2000, Proc. nº 3057/99)

«I – A acção para reconhecimento de direito deve ser movida contra a entidade que puder efectivamente reconhecer o direito invocado, o que necessariamente implica que deverá ter poderes para a prática dos actos e operações que conduzam à satisfação da pretensão do interessado.

II – A Caixa Geral de Aposentações não tem competência para intervir na determinação da massa remuneratória a considerar para efeito de cálculo da pensão.

III – A resolução final a que se refere o art. 97º do Estatuto da Aposentação é a decisão final sobre a concessão da aposentação e sobre o valor da pensão, nunca sobre os aspectos de legalidade e de quantificação do valor da referida massa remuneratória, porque essa é matéria que cabe resolver pela entidade empregadora e processadora dos descontos respeitantes à situação do funcionário no activo.

IV – Carece de legitimidade passiva o Conselho de Administração da C.G.A. para reconhecer ao autor o direito a ser posicionado em determinado escalão e consequentemente apurar uma pensão superior à que actualmente recebe.

Tal legitimidade só ao Comando da P.S.P. é conferida».
(Ac. do TCA, de 12/07/2000, Proc. 2703/99)

«I – A tempestividade do recurso contencioso de acto expresso é aferida pelos prazos estabelecidos no art° 28° da LPT A, contados nos termos do disposto no art.°29° da mesma LPTA, com referência ao acto objecto do respectivo recurso contencioso.

II – É lesivo dos direitos do recorrente, o acto de arquivamento do seu pedido de aposentação, por não estar instruído com determinados documentos, por equivaler, na prática» à efectiva negação de tal aposentação».
(Ac. do TCA, de 12/10/2000, Proc. n° 2863/99)

«É lesivo dos direitos do recorrente o acto de arquivamento do seu pedido de aposentação, por não estar instruído com determinados documentos, por equivaler, na prática, à efectiva negação de tal aposentação, sendo tal acto materialmente definitivo».
(Ac. do TCA, de 26/10/2000, Proc. n° 4017/00)

«I – Feito um requerimento, após o prazo limite indicado, no DL n° 210/90, de 27/6, e notificado o requerente do mesmo ter sido indeferido, por extemporaneidade, o requerente tinha o prazo de 2 meses – art. 28° da LPTA –, para interpor recurso contencioso de anulação.

II – O acto administrativo recorrível, decorrido o prazo para a sua impugnação, firma-se na ordem jurídica, como caso resolvido ou caso decidido.

III – A acção para reconhecimento de um direito, embora possa ser instaurado a todo o tempo, não faz precludir, como meio processual complementar, a necessidade de ser interposto recurso contencioso do acto lesivo que negou ao requerente o direito à prestação da pensão de aposentação.

IV – Face à inidoneidade ou impropriedade do meio processual utilizado e à correlativa excepção dilatória inominada, deve o Juiz abster-se de tomar conhecimento do mérito do pedido e, consequentemente, absolver a entidade demandada da instância».
(Ac. do TCA, de 26/03/98, Proc. n° 525/97)

«I – A acção a que alude o art. 69°, n° 2, da LPTA não é meio contencioso supletivo ou subsidiário dos restantes, mas sim deles complementar, no sentido de que, exista ou não acto administrativo, o recurso não se mostre necessário para assegurar no caso concreto a tutela judicial efectiva.

II – A resolução final a que se refere o art 97° do Estatuto da Aposentação é a decisão final sobre a concessão da aposentação e sobre o valor da pensão, nunca sobre os aspectos de legalidade e de quantificação do valor da referida massa remuneratória, porque essa é matéria que cabe resolver pela entidade empregadora e processadora dos descontos respeitantes à situação do funcionário no activo».
(Ac. do TCA, de 02/11/2000, Proc. n° 4713/00)

«I – A resolução final a que se refere o art 97° do Estatuto da Aposentação constitui a regulação definitiva sobre o direito à pensão de aposentação do interessado e sobre o respectivo montante em face dos elementos que a Caixa dispõe e do próprio valor da massa remuneratória que lhe tenha sido fornecida para aquele efeito.

II – Essa regulação é válida para todo o sempre e permanece inalterada para o futuro, salvo se entretanto houver alteração nos respectivos pressupostos de facto ou de direito.

III – Para que se possa falar de acto confirmativo é necessário que o acto confirmado seja definitivo, que entre um e outro haja identidade de sujeitos, de objecte e de decisão, e que o primeiro tenha sido do conhecimento do interessado.

IV – No que respeita à identidade de decisão, o que conta verdadeiramente é o ambiente táctico e jurídico em que os actos são praticados, que deve ser igual em ambos os momentos, ou seja, é a identidade dos pressupostos que se encontram na base das decisões administrativas.

V – A inidentidade dos fundamentos de direito invocados na decisão por si só não releva para afastar a confirmatividade. A inexistência de identidade fundamentativa só afasta a confirmatividade quando a diferença expressa é absolutamente determinante ou condicionante da divergência de conteúdo dispositivo e decisor do segundo em relação ao primeiro dos actos.

VI – O acto confirmativo não é lesivo, por isso é irrecorrível, não se podendo apelar aí ao disposto no art 268°, n°4, da CR.P . A lesividade a que alude o preceito constitucional só pode ser aquela que surge como resultado ou consequência de um acto verdadeiramente ofensivo, quer dizer, de um acto que pela primeira vez introduz uma alteração no "status", e não um acto que, em vez de lhe dar remédio, se limita a manter a ofensa.

VII – O acto praticado para além do prazo de dois anos referido no art. 9°, n° 2, do C.P.A. não lhe modifica a natureza confirmativa, e por isso irrecorrível, relativamente ao acto anterior, desde que se verifiquem os respectivos requisitos.

VIII – Um acto de processamento é considerado acto material e de execução, em princípio inimpugnável, ou acto administrativo recorrível, consoante respectivamente haja ou não uma prévia decisão administrativa que defina jurídica e autoritariamente a situação remuneratória do funcionário».

(Ac. do TCA, de 23/11/2000, Proc. n° 4267/00)

«I – Os actos administrativos apresentam, regra geral, a forma escrita caracterizada por uma expressão decisora autónoma.

A notificação, nesse caso, servirá de mero instrumento de comunicação.

II – Porém, quando não existe um acto administrativo prévio e o ofício comunicativo apresenta um sentido decisor, é de considerar que a notificação, ela própria, contém a decisão, assumindo simultaneamente duas funções: decisora e notificativa.

III – O ofício que comunica ao interessado (que havia pedido que ao processo suspenso fosse dado andamento com vista à decisão final) que não é dado prosseguimento ao procedimento enquanto este não fizer prova da sua nacionalidade é um verdadeiro acto decisor intercalar ou interlocutório em relação à resolução final do procedimento.

E porque seu conteúdo é autónomo e *lesivo,* na medida em que impede que o requerente por razões instrutórias e formais alcance o despacho final sobre a pretendida pensão de aposentação, assim também deverá ser autonomamente impugnável».

(Ac. do TCA, de 14/12/2000, Proc. nº 3535/99)

«I – O facto de o art. 21 º do Estatuto da Aposentação prescrever que *"só as quantias indevidamente cobradas serão restituídas pela Caixa"* tal não significa que excepcionalmente a posse posterior dos descontos do subscritor pela Caixa não possa vir a ser, ela mesma, indevida pela ocorrência de um factor superveniente.

II – Em tal hipótese, não só à luz dos *princípios da confiança* e *da boa fé,* mas também segundo o instituto do *enriquecimento sem causa,* a Caixa está obrigada a restituir aquelas quantias.

III – Enquanto princípio geral oponível à Administração, a violação desse instituto gera vício de violação de lei.

IV – Relativamente ao uso da acção para efectivação de responsabilidade civil (art. 71°, LPTA) não se colocam as mesmas reservas que se põem no campo da propriedade do meio processual em relação à acção para reconhecimento de direito (art. 69°, n°2, da LPTA).

O facto de um acto ser recorrível contenciosamente não implica que se não possa fazer uso da acção condenatória prevista no art. 71 º citado.

V – O art. 7°, n° 2 do DL n° 48.05 1, de 21.11.67 não estabelece nenhum pressuposto da acção, isto é, não obriga a prévio recurso.

A exclusão ou limitação da indemnização ali previstas não derivam da caducidade do direito, nem de qualquer excepção peremptória fundada no caso decidido ou resolvido, antes assenta na concorrência de culpa por parte do demandante, na medida em que o dano também lhe seja imputável por relapsia ou negligência processual».

(Ac. do TCA, de 19/12/2000, Proc. nº 2094/98)

«1 – Os tribunais tributários são competentes em razão da matéria para conhecer de actos de liquidação da conta de emolumentos elaborada pelo notário ou conservador e pela celebração de escritura pública de aumento de capital de sociedade comercial ou pelas inscrições registrais;

2 – Tais emolumentos devem qualificar-se como de verdadeiras taxas, revelando o pagamento efectuado pelos particulares aos funcionários por uma

especifica prestação de serviço público, prestado a requerimento deste, de elaboração de escritura no competente livro de notas do Cartório ou de inscrição no Registo, com carácter obrigacional, coactivo para aceder ao serviço e definitivo no âmbito da relação estabelecida entre o ente público e o particular;

3 – Os actos do notário/conservador ao elaborar a liquidação devida por tais actos, são definitivos porque tem competência para o efeito, sendo pois estes actos desde logo atacáveis contenciosamente e através do processo de impugnação judicial (acto definitivo);

4 – A posterior reclamação para o mesmo notário/conservador e o posterior recurso hierárquico interposto para o DGRN e indeferido, surgem assim como meramente facultativos, e os despachos ali proferidos nada vêm acrescentar a tal acto, sendo por isso confirmativos e, como tal insusceptíveis de recurso contencioso, não sendo lesivos autonomamente;

5 – Interposto recurso contencioso de acto confirmativo deve o mesmo ser rejeitado por ilegal interposição e não se conhecer do seu objecto».
– *(Ac. do TCA, de 03/04/2001, Proc. n° 2665/99)*

«I – É condicional, mas recorrível, a decisão da Caixa Geral de Aposentações que determina o arquivamento do pedido de aposentação do interessado e sujeita a abertura do procedimento ao momento em que este vier a fazer prova da nacionalidade portuguesa.

II – Um ofício dirigido ao interessado, pela função instrumental que cumpre, geralmente é uma forma de comunicação de actos.

Outras vezes, porém, contém a própria decisão e assume-se nesse caso como a forma do próprio acto.

III – Se o interessado pede que seja informado sobre o estado actual do "seu processo" e o ofício lhe comunica que o procedimento se encontra arquivado, esta resposta é meramente informativa, sem conteúdo decisor autónomo, logo irrecorrível».
(Ac. do TCA, de 25/10/2001, Proc. n° 10309/00)

«O órgão directivo da Caixa Geral de Aposentações carece de legitimidade passiva numa acção de reconhecimento de direitos ou interesses legítimos em que o autor pretende ver reformulada a sua progressão nos escalões do sistema retributivo, ainda que como pressuposto de alteração da pensão de aposentação».
(Ac. do STA, de 22/01/2002, Proc. n° 046831)

«Não compete ao STA, mas ao TCA, conhecer do recurso jurisdicional da decisão de um TAC proferida em recurso contencioso que tinha por objecto o acto emanado da CGA, que fixou o montante da pensão de aposentação devida ao recorrente».
(Ac. do STA, de 26/06/2002, Proc. n° 795/02-13)

«Não julga inconstitucional a norma constante do artigo 25°, n. 1, da Lei de Processo nos Tribunais Administrativos, interpretada no sentido de considerar irrecorríveis contenciosamente as resoluções da Caixa Geral de Aposentações, que decidam, desfavoravelmente as pretensões dos interessados, os pedidos de contagem prévia de tempo de serviço para efeitos de aposentação:

I – O sentido da garantia constitucional de recurso contra actos administrativos ilegais e a de que onde haja um acto da Administração que defina a situação jurídica de terceiros, causando-lhe lesão efectiva dos seus direitos ou interesses legalmente protegidos, existe o direito de impugná-lo contenciosamente, com fundamento em ilegalidade.

Tal direito de impugnação contenciosa já não existe, se o acto da Administração não produz efeitos externos ou produz uma lesão de direitos ou interesses apenas potencial.

II – "In casu", o acto de que se interpôs recurso contencioso de anulação (a resolução proferida no processo de contagem previa do tempo de serviço para efeitos de aposentação) não representa a ultima palavra da Administração na matéria, pois pode vir a ser revista, revogada ou reformada.

III – Assim, não causou lesão efectiva do respectivo direito. A lesão, a existir, é meramente potencial.

Deste modo, mesmo não podendo recorrer-se contenciosamente dessa resolução, não se viola a garantia constitucional da accionabilidade dos actos administrativos ilegais».
(Ac. do TC, de11/01/95, Proc. n° 92-0728, in DR, II, de 22/03/95)

«Não julga inconstitucional a norma do n° 1 do artigo 25° da Lei de Processo nos Tribunais Administrativos, interpretada no sentido de considerar irrecorrível contenciosamente a resolução da Caixa Geral de Aposentações relativa à contagem prévia de tempo de serviço para efeitos de aposentação.

I – A possibilidade de impugnação de um acto administrativo implica que se trate de uma decisão de autoridade tomada no uso de poderes jurídico-administrativos com vista à produção de feitos jurídicos externos sobre determinado caso concreto, o que, em princípio, exclui da recorribilidade os actos internos e os actos preparatórios.

II – A resolução proferida no processo de contagem prévia do tempo de serviço para efeitos de aposentação não representa a última palavra da Administração na matéria, uma vez que pode o então decidido ser revisto, revogado ou reformado na decisão final que vier a ser proferida no processo de aposentação.

III – Com efeito, não deixa de se tratar de um acto por natureza provisório que, para ser impugnável contenciosamente, implica uma directa produção de efeitos juridicos externos.

IV – Ora, a esta luz, no concreto caso, não há uma lesão efectiva e imediata dos direitos ou interesses legalmente protegidos do administrado, senão a lesão, quando muito – e tal como o recorrente a configura –, potencial. Tão-pouco tem o acto, em si, aptidão para estabelecer caso resolvido».
(Ac. do TC, de 06/02/96, Proc. nº 93-378, in DR, II, de 06/05/96)

Artigo 104º
Interposição de recurso gracioso

1 – Os recursos para o Ministro das Finanças serão interpostos nos prazos fixados para os recursos contenciosos perante o Supremo Tribunal Administrativo.

2 – O recurso considera-se interposto com a entrada na Caixa de petição, dirigida ao Ministro das Finanças, em que o recorrente exponha os respectivos fundamentos, juntando os documentos necessários.

3 – O recorrente depositará como preparo a quantia de 200$, dentro de cinco dias, a partir da entrada da petição; na falta de depósito, será avisado de que poderá efectuar ao preparo em novo prazo de cinco dias, acrescido do pagamento de taxa de igual montante a favor da Caixa.

4 – O recurso não tem efeito suspensivo.

NOTAS

O presente artigo foi revogado pelo nº3 do DL nº 214/83, de 25/05.

Artigo 105º
Não seguimento do recurso

1 – O conselho de administração da Caixa negará seguimento ao recurso se o preparo não for depositado no prazo legal ou se ocorrer outra causa que obste ao conhecimento do seu objecto.

2 – Da resolução proferida ao abrigo do número anterior pode o interessado recorrer, nos termos dos artigos precedentes.

NOTAS

O presente artigo foi revogado pelo nº3 do DL nº 214/83, de 25/05.

Artigo 106º
Reparação e sustentação da resolução

1 – O conselho de administração da Caixa, perante os fundamentos do recurso e a informação dos serviços competentes, deverá reparar, modificar ou sustentar a resolução recorrida.

2 – Se a resolução for sustentada no todo ou em parte, será o processo remetido à Procuradoria Geral da República para esta emitir parecer.

3 – Quando o parecer for favorável ao provimento total ou parcial do recurso, o conselho de administração poderá ainda alterar a resolução recorrida.

4 – Mantendo-se, no todo ou em parte, a resolução impugnada, subirá o processo, com o parecer da Procuradoria Geral ao Ministro das Finanças para decisão final

NOTAS

O presente artigo foi revogado pelo nº3 do DL nº 214/83, de 25/05.

Artigo 107º
Custas do recurso

1 – O recorrente, no caso de não obter provimento total do recurso, pagará custas a favor da Caixa.

2 – As custas serão fixadas entre 200$ e 2000$ e nelas será levada em conta a importância do preparo.

3 – Se o Ministro não fixar o montante das custas ou se, por resolução sua ou da administração da Caixa, não se conhecer do objecto do recurso, serão as custas contadas pelo mínimo legal.

4 – Se as custas em dívida não puderem ser cobradas através de desconto na remuneração ou na pensão, será o responsável avisado para, no prazo de trinta dias, efectuar o pagamento, instaurando-se, na falta deste, a respectiva execução.

NOTAS

O presente artigo foi revogado pelo nº3 do DL nº 214/83, de 25/05.

Artigo 108º
Competência para as resoluções

1 – Salvo o disposto nos números seguintes, as resoluções da Caixa Geral de Aposentações serão tomadas por dois administradores.

2 – A intervenção do conselho de administração será, todavia, obrigatória nos casos seguintes:
   a) Se disposição especial o exigir;
   b) Se o próprio conselho o determinar;
   c) Se os 2 administradores não chegarem a acordo ou qualquer deles entender que o caso merece ser submetido ao conselho.

3 – Podem, porém, os 2 administradores designados para efeitos do n.º 1 delegar os respectivos poderes nos directores, directores-adjuntos ou subdirectores.

4 – Os actos que estabeleçam as delegações deverão especificar as matérias ou poderes neles abrangidos e serão publicados no Diário da República.

5 – A entidade delegada deverá mencionar essa qualidade nos actos que pratique no uso da delegação.

6 – As delegações de competência são revogáveis a todo o tempo, caducam com a substituição do delegante, salvo no caso de impedimento temporário, e não prejudicam o direito de avocação.

7 – Os despachos de carácter preparatório podem ser proferidas pelos chefes de serviço, sem prejuízo do direito de avocação pelos directores e subdirectores.

8 – Os despachos de mero expediente podem ser proferidos pelos chefes de secção.

NOTAS

1 – Redacção do DL nº 214/83, de 25/05.

2 – O artigo aborda especificamente a *competência material e orgânica* para a prática dos actos.

A primeira impressão que transmite é a de que, por regra, as decisões da Caixa pertencem principalmente à Administração da Caixa, seja por intermédio de alguns dos seus titulares (administradores), seja através do seu próprio Conselho.

Fora dos casos especialmente previstos nos números 2 e seguintes, dispõe o nº1 que as resoluções gerais da Caixa são tomadas por *dois administradores*..

A primeira pergunta que imediatamente se põe é sobre se estes dois administradores formam um *órgão autónomo* e a segunda é sobre se eles se exprimem através de um *acto conjunto*.

De acordo com o DL nº 277/93, de 10/08, na estrutura orgânica da Caixa apenas encontramos o Conselho de Administração (composto de um presidente e dois vogais) e um Conselho Fiscal (com a mesma composição), com as competências previstas nos arts. 3º e 5º, respectivamente. Para além destes normativos, apenas o art. 4º do diploma prevê a atribuição de competências especiais ao presidente do Conselho de Administração. Não há, assim, nenhum outro órgão que nesta matéria detenha quaisquer poderes próprios recebidos directamente da lei. E sendo de ordem pública tanto a criação legal dos órgãos administrativos, como a atribuição legal de competência (cfr. art. 29º do CPA), não podemos admitir que a junção de dois administradores para a prática de actos corresponda a um *novo ente*.

Também assim não podemos admitir que estejamos perante uma *conjunção*.

Na verdade na conjunção há co-autoria, em que cada um dos intervenientes dispõe de um poder dispositivo próprio e tem por isso uma palavra decisiva a dizer na matéria para a qual se encontre positivamente vocacionado e legitimado por um processo legal de atribuição de competência. No acto conjunto não há uma mera soma de posições individuais, característica do órgão colegial, mas um acto complexo tomado em co-autoria (sobre o assunto, ver: **M. Caetano**, in *Manual cit., I,* pág. 469; **F. Amaral**, in *Curso cit., I*, 2ª ed., pág. 611/612 e em *Direito Administrativo, III*, pág. 150). No entanto, aqui não se pode reconhecer a cada um dos administradores, melhor dizendo, a cada um dos vogais do Conselho, competências materiais próprias

Do que se tratará então?

Pensamos que o legislador não foi preciso, nem rigoroso. Quando menciona a necessidade de dois administradores, sem dúvida que pretendeu atribuir a resolução à «Administração», tal como por vezes expressamente é referido (exemplo: art. 97º, nº1: «...a administração da Caixa...»).

Se os vogais do Conselho de Administração (também chamados "administradores") apenas são titulares *desse* órgão e de nenhum outro mais, a maneira como o legislador os destaca no preceito para formar a «resolução da Caixa» parece querer significar, sem grandes preocupações dogmáticas ou de estereótipos classificativos, que se tratará de uma formação reduzida ou simplificada do Conselho.

Quis, porém, que a resolução não fosse tomada pelo Conselho, por forma a dar a este margem suficientemente dispositiva para, em sede impugnativa (art. 108º-A) ou nos casos do nº2 do presente artigo, fazer vingar em termos absolutos e definitivos a posição última da Caixa.

A intervenção dos dois administradores (vogais únicos, para além do presidente), embora se possa comportar como uma instância plural, não traduz a institucionalização ortodoxa e rigorosa de um órgão diferente do Conselho. Desta maneira, não podemos dizer que se trata com rigor de um órgão deliberativo e colegial e, por conseguinte, a resolução (única) que tomarem não obedecerá aos modelos rígidos de funcionamento dos órgãos colectivos, tal como vêm estabelecidos nos arts. 14º e sgs. Em todo o caso, não deixará de ser uma decisão "a dois" e nisso certamente terá pendor deliberativo. O que não pode é deixar de ser assinada por ambos a decisão unívoca e consensual que tomarem (se não for unívoca, v. nº2, al.c)).

Sobre o assunto, concretamente a propósito da dificuldade classificatória de instâncias deste tipo: **M. Esteves de Oliveira** e **outros**, no *Código cit.*, pág. 145).

Vide, ainda, nota 4 a este artigo.

3 – Os administradores designados podem, porque a lei assim lhes permite, delegar os poderes nos directores, directores-adjuntos e subdirectores (nº3).

As delegações obedecem ao disposto:

a) no número 4:
– *devem especificar as matérias ou poderes neles abrangidos e ser publicadas no Diário da República* (cfr. tb. art. 37º, do CPA).

Isto significa que a enunciação de poderes deve ser expressa, clara e positiva, afirmando-se quais os actos e em que matérias podem ser praticados, não sendo permitida uma delegação tácita ou implícita. Os actos que forem tomados para além ou contra tais poderes serão anuláveis, por incompetência material. Por outro lado, as delegações em abstracto para uma certa categoria de actos constitui, segundo alguma jurisprudência, acto normativo de eficácia externa, insusceptível de impugnação contenciosa.

Significa ainda que a publicação confere eficácia à delegação: sem publicação, esta não produz efeitos. Logo, os actos praticados pelo delegado sem a correspondente eficácia da delegação ficam feridos de incompetência, sendo, por esse fundamento, anuláveis.

b) no número 5:
– *a entidade delegante deverá mencionar essa qualidade nos actos que pratique no uso da delegação* (cfr. art. 38º, do CPA).

Para uma certa corrente, a falta desse requisito formal e publicístico acarreta a invalidade dos actos praticados por incompetência do seu autor.

Para outros, tal omissão degrada-se em formalidade não essencial, desde que por causa dela o interessado não tenha perdido a possibilidade de vir a interpor recurso contencioso do acto (neste sentido, o Ac. do STA-Pleno – de 03/09/93, in Recurso n°26 311; Ac. do STA, de 18/1/96, in AD n° 412/449; Ac. do STA, de 11/06/97, Rec. N° 40 110).

Isto, sem prejuízo do direito de ressarcimento pelos danos sofridos pela omissão em acção de responsabilidade civil extracontratual própria.

c) no número 6:
– **as delegações são revogáveis a todo o tempo** (cfr. tb. art. 40°, al.a), do CPA);
– **caducam com a substituição do delegante**, isto é, com a mudança de investidura do titular do órgão delegante, salvo no caso de impedimento temporário deste, o que mostra bem do carácter *intuitu personae* do instituto da delegação (art. 40°, al.b), do CPA*);*
– **não prejudicam o direito de avocação** (art. 39°, n°2, do CPA).

Avocar é chamar a si a resolução do caso, num processo inverso e de sentido contrário ao da delegação. Por esta confere-se o poder de decisão pelo delegado; pela avocação do processo, este sai das mãos do delegado e volta para as do delegante que, na situação concreta e apenas para esse caso, irá tomar a decisão que lhe cumpria tomar.

Sobre *avocação*: **F. Amaral**, in *Curso cit. I*, , pág. 672; **M. Esteves de Oliveira**, in *Direito Administrativo cit.*, pág. 238; **Sérvulo Correia**, in *Noções, cit.*, pág. 224 e 487; **M. Caetano**, in *Manual cit., I,* pág. 247).

4 – Fora da regra geral, estão as competências previstas nos números 2 e sgs.

O número 2 prevê os casos de intervenção do Conselho de Administração, para além do que o art. 3° do DL n° 277/93 preceitua.

O Conselho deliberará:
a) *se disposição especial o exigir* (imposição legal);
b) *se ele mesmo assim o determinar* (motu próprio);
c) *em caso de divergência decisora entre os administradores nas resoluções por si a tomar* (n°1) ou *sempre que qualquer deles entender que o caso merece ser submetido ao Conselho.*

A primeira parte da alínea c) mostra bem que a reunião dos dois administradores não é suficiente para formar um órgão autónomo, visto que num órgão "normal" há sempre soluções para o desempate (por isso é que um órgão deliberativo é quase sempre constituído por três elementos. Aqui, não. Sempre que um deles não esteja de acordo com o outro acerca da solução a seguir, não há mecanismos de desempate. A solução é chamar a intervir o Conselho, que terá aqui uma pronúncia decisória obrigatória.

A segunda parte da mesma alínea é igualmente "sui generis". Se um dos administradores entender que o caso merece ser levado à reunião do Conselho, ao outro não resta senão aceitar este desiderato, sem margem para qualquer oposição. E, com isto, fica descoberto o carácter necessariamente consensual das resoluções da "administração": os dois administradores só vinculam a Caixa e só podem efectivamente tomar a resolução-regra sempre que estiverem de acordo, sempre que as suas posições forem convergentes e unívocas.

Estes casos caracterizam uma competência em 1º grau de decisão. Em 2º grau, e em certas matérias, o Conselho de Administração tem que intervir necessariamente para formar a decisão última da Caixa, para deste modo a obrigar. São aqueles casos em que é imposto o recurso hierárquico necessário (cfr. art. 108º-A).

5 – Os números 7 e 8 mostram que, afinal, e ao contrário do que o poderia sugerir a epígrafe, o artigo não se resume à competência resolutória final, mas também à competência para a tomada de decisões intercalares e mesmo para os actos de mero expediente.

JURISPRUDÊNCIA

« I – As resoluções da Caixa Geral de Aposentações tomadas por dois Administradores designados, nos termos do art. 108º do Estatuto da Aposentação e que tenham por efeito a diminuição ou perda da pensão, nos termos do art. 108º-A, introduzido, no referido Estatuto pelo DL 214/83 de 25 de Maio não são actos administrativos definitivos para efeitos contenciosos.

II – As decisões proferidas em incidente de suspensão da eficácia dos actos não influem na apreciação dos respectivos recursos contenciosos não constituindo caso julgado».
(Ac. do STA, de 19/06/90, Proc. Nº 019579, in ap. ao DR, de 30/06/92, pág. 421)

«I – Da resolução final de 2 administradores da Caixa Geral de Aposentações ou tomada por delegação sua, por directores, directores-adjuntos ou subdirectores, que fixa a pensão definitiva cabe, em princípio, recurso contencioso.

II – Assim não sucede nas situações contempladas no nº 1 do artigo 108º-A do Estatuto da Aposentação, que, por envolverem decisões particularmente gravosas para os interessados, ficam sujeitas a reapreciação por todo o conselho de administração da Caixa.

III – Nas hipóteses contempladas em II, as resoluções tomadas por 2 administradores ou por delegação sua são destituídas de definitividade vertical, sujeitas, como estão, a recurso hierárquico necessário a interpor para o conselho de administração.

IV – Uma dessas hipóteses é a contemplada na al. a) do n. 1 do artigo 108º-A, de resolução que envolva diminuição ou perda de pensão.

V – Não é de qualificar como implicando diminuição de pensão a resolução que fixa a pensão definitiva em montante inferior ao que decorre do cálculo provisório efectuado ao abrigo do n. 2 do artigo 97º do mesmo Estatuto.

VI – Tal resolução cai no alegado regime geral do artigo 103º e é directamente impugnável através de recurso contencioso».
(Ac. do STA, de 31/03/92, Proc. Nº 025801)

«1 – Verifica-se ilegitimidade passiva se o acto contenciosamente impugnado não é da autoria da autoridade recorrida.

2 – Não é definitivo nem executório o acto que arquiva o processo de aposentação por falta de apresentação de documentos considerados indispensáveis, solicitados ao respectivo requerente.

3 – Compete a dois membros do Conselho de Administração da Caixa Geral de Depósitos ou por delegação destes a membros da Direcção da Caixa Geral de Previdência, a prolação do despacho de deferimento ou de indeferimento de pedido de aposentação».
(Ac. do STA, de 13/02/97, Proc. nº 41 384)

«I – É nulo, por padecer do vício de incompetência absoluta (falta de atribuições), o despacho do Secretário de Estado do Tesouro e das Finanças, que, invocando delegação de poderes do Ministro das Finanças, indefere pedidos de reconhecimento de direito a pensão de aposentação.

II – Com efeito, com as alterações introduzidas no Estatuto da Aposentação pelo DL n. 214/83, de 25/5, a última palavra da Administração em matéria de reconhecimento do direito a pensão de aposentação e fixação do respectivo montante compete ao Conselho de Administração da Caixa Geral de Aposentações, de cujas resoluções cabe directamente recurso contencioso para os tribunais administrativos, tendo sido suprimido o recurso para o Ministro das Finanças previsto na versão originária daquele Estatuto.

III – Entre os poderes de tutela que o DL n. 277/93, de 10/8, atribui ao Ministro das Finanças sobre a Caixa Geral de Aposentações – reconhecida nesse diploma como "pessoa colectiva de direito público, dotada de autonomia administrativa e financeira" – não se insere nenhuma competência em matéria de reconhecimento do direito a pensão de aposentação».
(Ac. do STA, de 06/11/97, Proc. nº 040974)

«I – Nos termos do art. 25º, nº 1 da LPTA, interpretado de harmonia com o art. 268º, nº 4 da Constituição, são recorríveis os actos que, independentemente da sua forma, tenham idoneidade para, só por si, lesarem direitos ou interesses legítimos dos recorrentes.

II – Os actos internos ou meramente preparatórios de uma decisão final, proferidos por funcionário subalterno da Caixa Geral de Aposentações, e sem qualquer delegação de poderes, não são verticalmente definitivos (art. 108°, nos 7 e 8 do Estatuto da Aposentação).

III – O acto de um funcionário subalterno da C.G.A. que manda arquivar o processo onde se pedia uma pensão de aposentação, por falta de documentos (prova da nacionalidade portuguesa, entre outros), com a indicação de que tal processo seria reaberto quando tais documentos fossem apresentados, não é, nem equivale ao indeferimento do pedido da pensão de aposentação. Tal acto, não é, assim, materialmente definitivo.

IV – O actos acima referido, na medida em que não indefere a pretensão do requerente, não tem idoneidade para, só por si, lesar os seus direitos e interesses, pelo que é irrecorrível contenciosamente. Lesivo será, sim, o acto que, indeferir a sua pretensão, depois de a mesma ser expressamente solicitada sem o requisito da nacionalidade.

V – A inércia da Administração sem que se profira decisão de indeferimento, apenas tem relevo, no contencioso Administrativo, na possibilidade de impugnação do "acto tácito" (art. 3°, n° 1 do Dec.Lei n° 256/A//76, de 17 de Junho e 109° do C. P. Adm.), ou na possibilidade de interposição de acção para reconhecimento de um direito (art. 68°. N° 1 da LPT A), não tendo tal inércia – por muitos anos que perdure – o poder de transformar o conteúdo (material) de um acto e determinar a sua idoneidade lesiva também para efeitos da sua recorribilidade face ao art. 25°, n° 1 da LPT A.».

(Ac. do TCA, de 16/04/98, Proc. n° 720/98)

Artigo 108°-A
Recurso hierárquico

1 – Haverá recurso hierárquico necessário para o conselho de administração das resoluções que:
 a) Resolvam sobre a diminuição ou perda de pensão;
 b) Resolvam sobre a negação ou extinção da qualidade de subscritor;
 c) Resolvam sobre a denegação da realização de juntas médicas de revisão;
 d) resolvam sobre a denegação do subsídio por morte.

2 – Este recurso será interposto no prazo de 30 dias a contar do dia da notificação feita ao interessado da resolução recorrida.

NOTAS

1 – Preceito introduzido pelo DL nº 214/83, de 25/05.

2 – Muito se discutiu já a respeito da impossibilidade do recurso hierárquico necessário, ante o disposto no art. 268º, nº4, da CRP, na redacção introduzida pela Lei nº 1/89, ao admitir o recurso contencioso dos actos lesivos, sem os condicionar à prévia definitividade e executoriedade.
No debate, degladiavam-se três teses.

Para a *tese maximalista*, o novo texto constitucional abriria um novo e amplo quadro garantístico em matéria contenciosa, na medida em que permitiria a impugnação contenciosa de todos os actos administrativos, independentemente de serem ou não definitivos material, horizontal e verticalmente (tripla definitividade cara a **F. Amaral** in *Direito Administrativo, III*, pág. 209 e sgs). Deixaria de haver nesta perpectiva lugar a recursos administrativos necessários, que seriam pura perda de tempo e só trariam mais lesão para a esfera do interessado.

Para a *tese minimalista*, a alteração não traria qualquer alcance prático e seria tão somente uma correcção transitória.

Para a *tese intermédia*, a nova redacção algumas implicações trouxe à dogmática do acto administrativo, na medida em que abandona de forma indelével o espírito acto-cêntrico que sempre caracterizou entre nós o cerne de toda a reactividade contenciosa. O acto final deixa de ser o eixo e o núcleo em torno do qual gira toda a actividade administrativa sujeita a sindicância, para dar lugar a formas mais amplexas de positividade decisória que demandem controle jurisdicional em caso de lesão.

Porém, a questão está praticamente resolvida pelo próprio Tribunal Constitucional contra os arautos da primeira tese (ver em Jurisprudência abaixo). Está assente que uma coisa não interfere com a outra, isto é, a circunstância de poder ser interposto recurso contencioso imediato dos actos lesivos não bole com a necessidade de noutros casos se justificar o recurso hierárquico obrigatório (necessário).

Sobre este tema, ver: **S. Botelho, P. Esteves e C.Pinho**, in *Código de Procedimento Administrativo anot.*, 4ª ed., pág. 497 a 499; tb. **S. Botelho**, in *Contencioso Administrativo*, 4ª ed., pág. 284/293.

3 – O *recurso necessário*, na parte aqui não especialmente prevista, segue as regras do CPA na matéria.

Suspende, em princípio, os efeitos do acto recorrido (art. 170º desse diploma) e apenas da decisão que vier a ser tomada no seu âmbito é possível recorrer contenciosamente (cfr. art. 167º, nº1, CPA).

O prazo será de 30 (trinta) dias (nº2 do presente artigo e 168º, nº1, do CPA), contado do dia da notificação feita ao interessado da resolução recorrida e interpõe-se por meio de requerimento devidamente fundamentado fáctica e juridicamente (art. 169° do CPA).

Se o recurso for interposto fora do prazo legal, deixa de existir o "dever de decidir" por parte do órgão "ad quem", isto é, por parte do órgão competente para a decisão do recurso. Entende-se que, ultrapassado esse prazo, a situação está consolidada e firme pela verificação do "caso decidido" ou caso resolvido, de efeitos análogos aos de caso julgado em processo civil (neste sentido, entre outros, o Ac. do STA, de 15/10/96, Proc. n° 36 533). Nesse caso, expirado o prazo do órgão hierarquicamente superior para a decisão sem que a tome, não se pode considerar produzido um *indeferimento tácito* (art. 109° do CPA), justamente porque ele não tinha o dever de o decidir.

Por outro lado, também se postula que, mesmo sem a obrigação de decidir o recurso extemporâneo, nada obsta a que o órgão "ad quem" o decida expressamente. Houve tempos em que se defendeu que, em tais hipóteses, o recurso contencioso que fosse dirigido ao acto expresso seria rejeitado por extemporâneo. Esta tese foi, porém, perdendo força e hoje está praticamente posta de lado, face à revogação do § 3° do art. 52° do RSTA pelo art. 34° da LPTA (Ac. do STA, de 18/04/96, Rec. N° 036 830; neste sentido, **Vieira de Andrade**, in *A Justiça Administrativa*, "Lições" 1998, pág. 180; sobre o assunto, vide ainda **S. Botelho, P. Esteves e C. Pinho**, in *ob. cit.* 5ª ed, pág. 993).

4 – A alínea a) refere-se à diminuição do valor da pensão, ou mesmo à extinção do próprio direito à pensão (cfr. art. 72°)

A alínea b) alude às resoluções que decidam recusar a inscrição como subscritor (art. 1°) ou eliminar a qualidade de subscritor (cfr. arts. 20° e 22°).

A alínea c) tem em vista as resoluções da Administração da Caixa que negam ao interessado a realização das juntas médicas de revisão (cfr. art. 95°).

A alínea d) visa as resoluções que neguem ao requerente titular a atribuição do subsídio por morte. Este subsídio representa uma prestação pecuniária, de concessão única, de valor equivalente a seis vezes o da remuneração mensal do funcionário e agente falecido e o seu regime encontra-se estabelecido no DL n° 223/95, de 8/09 (Sobre ele, ver ainda o art. 83° supra).

5 – O recurso hierárquico necessário é interposto no prazo de 30 dias contados a partir do dia em que for feita a notificação feita ao interessado da resolução impugnada (n°2), tal como está previsto no regime geral (cfr. art. 168°, n°1, do CPA).

Sendo assim, é de entender que a estipulação aqui contida sobre o "dies a quo" para a contagem do prazo para a impugnação é especial, pois no que se refere ao regime geral do art. 168° do CPA, tem havido alguma jurisprudência a defender que o prazo de 30 dias ali consignado só se deveria iniciar decorrido o prazo de 15 dias previsto no n°1 do art. 172° do CPA para o autor do acto recorrido o poder revogar, modificar ou substituir de acordo com o pedido do recorrente (v.g., Ac. do STA, de 16/1/97, Rec. N° 40 486).

Também resulta deste preceito que as notificações em causa são de verificação obrigatória. Enquanto elas não se verificarem, as resoluções tomadas não são eficazes, logo não produzem quaisquer efeitos externos. Do mesmo modo, até que a notificação aconteça, não se inicia a contagem do prazo impugnativo.

As notificações devem obedecer aos requisitos do CPA, designadamente no que concerne ao seu conteúdo (art. 68° do CPA) e à forma a observar (art. 70° do CPA), embora quanto a este último aspecto se deva considerar especial (portanto, desprezando a regra geral) a regra que obriga a que seja o serviço onde o funcionário exerça funções a dar-lhe conhecimento do conteúdo da decisão (ver art. 109°, n°2, infra).

Sobre notificações, v. artigo seguinte.

6 – Tal como sucede em relação ao acto tácito produzido em 1° grau decisor (v.g., sobre pedido a que devesse corresponder a resolução final a que se refere o art. 97° supra), também aqui é possível ficcionar um indeferimento do recurso hierárquico se, no prazo respectivo de 30 dias (art. 175°, n°1, do CPA), não for praticada a decisão do recurso.

7 – Ver ainda anotação 2ª ao art. 103° supra.

JURISPRUDÊNCIA

«I – O tribunal administrativo pode, ate à decisão final, conhecer oficiosamente da questão prévia da irrecorribilidade contenciosa de um acto por falta de definitividade vertical.

II – Nem todos os actos praticados no uso de delegação de poderes são definitivos e executórios, antes eles terão, nesse aspecto, a mesma natureza dos praticados pelo delegante e, portanto, terão essas características se estes as tiverem.

III – Por força dos arts. 108° e 108°-A, com referencia ao art.95°, todos do Estatuto da Aposentação, a competência para resolver sobre pedido de realização da junta médica de *revisão* cabe a dois dos administradores da C.G.D. – ou aos delegados contemplados no n° 3 desse art. 108° no caso de validamente se verificar a delegação de poderes nos termos previstos nos n°s 3 a 6 do mesmo art. 108°, mas dessa resolução, se de indeferimento, tem

de ser interposto recurso hierárquico para o conselho de administração da C.G.D. para abrir a via contenciosa por só a decisão deste ser verticalmente definitiva».
(Ac. do STA, de 31/01/89, Proc. nº 020279)

«I – As resoluções da Caixa Geral de Aposentações tomadas por dois Administradores designados, nos termos do art. 108º do Estatuto da Aposentação e que tenham por efeito a diminuição ou perda da pensão, nos termos do art. 108º-A, introduzido, no referido Estatuto pelo DL 214/83 de 25 de Maio não são actos administrativos definitivos para efeitos contenciosos.

II – As decisões proferidas em incidente de suspensão da eficácia dos actos não influem na apreciação dos respectivos recursos contenciosos não constituindo caso julgado».
(Ac. do STA de 19/06/90, Proc. Nº 019579, in ap. ao DR, de 30/06/92, pág. 421)

«I – Da resolução final de 2 administradores da Caixa Geral de Aposentações ou tomada por delegação sua, por directores, directores-adjuntos ou subdirectores, que fixa a pensão definitiva cabe, em princípio, recurso contencioso.

II – Assim não sucede nas situações contempladas no nº 1 do artigo 108º-A do Estatuto da Aposentação, que, por envolverem decisões particularmente gravosas para os interessados, ficam sujeitas a reapreciação por todo o conselho de administração da Caixa.

III – Nas hipóteses contempladas em II, as resoluções tomadas por 2 administradores ou por delegação sua são destituídas de definitividade vertical, sujeitas, como estão, a recurso hierárquico necessário a interpor para o conselho de administração.

IV – Uma dessas hipóteses é a contemplada na al. a) do n. 1 do artigo 108º-A, de resolução que envolva diminuição ou perda de pensão.

V – Não é de qualificar como implicando diminuição de pensão a resolução que fixa a pensão definitiva em montante inferior ao que decorre do cálculo provisório efectuado ao abrigo do n. 2 do artigo 97º do mesmo Estatuto.

VI – Tal resolução cai no alegado regime geral do artigo 103º e é directamente impugnável através de recurso contencioso».
(Ac. do STA, de 31/03/92, Proc. Nº 025801)

«I – Por força do art. 108º-A do Estatuto da Aposentação haverá recurso hierárquico necessário para o Conselho de Administração da Caixa Geral de Depósitos das resoluções sobre diminuição da pensão.

II – Só após estar esgotada a via graciosa é possível recorrer à via contenciosa».
(Ac. do STA, de 19/01/95, Proc. nº 034831)

«I – Da resolução da Caixa Geral de Aposentações da qual resulta diminuição do montante da pensão cabe recurso hierárquico necessário para o conselho de administração, da Caixa Geral de Depósitos (art. 108º-A, n. 1, al. a), do Est. da Aposentação).
II – Em caso de recurso hierárquico necessário (caso da conclusão anterior) é inadmissível que em matéria dessa natureza o órgão com competência final na mesma a delegue no órgão subalterno.
III – A norma do n. 1 do art. 108º-A, do Estatuto da Aposentação, na parte em que prevê o recurso hierárquico necessário nela referido, não ofende o princípio consignado no n. 4 do art. 261º da Constituição».
(Ac. do STA, de 04/07/95, Proc. nº 036547,in BMJ nº 449/133)

«I – É nulo, por padecer do vício de incompetência absoluta (falta de atribuições), o despacho do Secretário de Estado do Tesouro e das Finanças, que, invocando delegação de poderes do Ministro das Finanças, indefere pedidos de reconhecimento de direito a pensão de aposentação.
II – Com efeito, com as alterações introduzidas no Estatuto da Aposentação pelo DL n. 214/83, de 25/5, a última palavra da Administração em matéria de reconhecimento do direito a pensão de aposentação e fixação do respectivo montante compete ao Conselho de Administração da Caixa Geral de Aposentações, de cujas resoluções cabe directamente recurso contencioso para os tribunais administrativos, tendo sido suprimido o recurso para o Ministro das Finanças previsto na versão originária daquele Estatuto.
III – Entre os poderes de tutela que o DL n. 277/93, de 10/8, atribui ao Ministro das Finanças sobre a Caixa Geral de Aposentações – reconhecida nesse diploma como "pessoa colectiva de direito público, dotada de autonomia administrativa e financeira" – não se insere nenhuma competência em matéria de reconhecimento do direito a pensão de aposentação».
(Ac. do STA, de 06/11/97, Proc. nº 040974)

«I – Por não caber na previsão da al. a) do n.1 do art. 108º-A do Estatuto de Aposentação, não cabe recurso hierárquico para o Conselho de Administração da Caixa Geral de Aposentações do despacho que fixou a pensão definitiva em montante inferior ao da pensão provisória.
II – Assim, o recurso a interpor desse despacho é o recurso contencioso, nos termos do disposto nos arts. 268º n. 4, do CRP, nº1 , da LPTA, e 103º do Estatuto da Aposentação».
(Ac. do STA, de 10/02/98, Proc. nº 042548)

«1 – O acto do órgão Directivo da Caixa Geral de Aposentações, com delegação de poderes, que alterou o montante da pensão de aposentação, não é verticalmente definitivo, atento o disposto no art. 108º-A, nº1, al. a), do Estatuto de Aposentação (versão do DL nº 214/83, de 25,05.), que impõe o recurso hierárquico necessário para o Conselho de Administração das resoluções que resolvam sobre a diminuição ou perda de pensão.

2 – A delegação de poderes não obsta à imperatividade do recurso hierárquico necessário, porque a competência para o seu julgamento não pode ser delegada no autor dos actos a ele sujeitos».
(Ac. do TCA, de 16/11/2000, Proc. n° 2111/98)

«Não julga inconstitucional a norma do artigo 108°-A do Estatuto de Aposentação (Aprovado pelo Decreto-Lei n° 498/72, de 9 de Dezembro, aditado pelo Decreto-Lei n° 214/83, de 25 de Maio):
I – A evolução constitucional do direito de acesso aos tribunais administrativos aponta para o aprofundamento das garantias dos administrados. Na perspectiva do legislador constitucional, a alteração ao n° 4 do artigo 268° significou o propósito de desvincular a garantia de recurso tradicional de acto definitivo e executório, pondo a sua tónica nos actos que são susceptíveis de impugnação contenciosa, ao abrigo do disposto na citada norma constitucional.
II – Não se pode concluir, porém, que seja hoje inconstitucional qualquer exigência de recurso hierárquico necessário. Quando a interposição deste recurso não obsta a que o particular interponha no futuro, utilmente, em caso de indeferimento, recurso contencioso, não terá sido violado o direito de acesso aos tribunais administrativos, tal como é conformado pelo artigo 268°, n° 4 da Constituição. Nesta situação, a precedência de recurso hierárquico tem como efeito determinar o inicio do prazo para a interpretação de recurso contencioso, sem o restringir nem acarretar a sua inutilidade.
III – No caso vertente, a exigência de prévia interposição de recurso hierárquico (necessário) contida no artigo 108°-A do Decreto-Lei n° 498//72, aditado pelo Decreto-Lei n° 214/83, não obsta à posterior interposição de recurso contencioso nem afecta a sua utilidade. Tal exigência não contraria, por conseguinte, a norma do n° 4 do artigo 268° da Constituição».
(Ac. do TC, de 20/03/96, Proc. n° 93-383, in DR, II, de 03/07/96)
No mesmo sentido:
Ac. do TC, de 10/10/96, Proc. n° 96-0165

Artigo 109°
Notificação

1 – O interessado será notificado das resoluções preparatórias ou definitivas da Caixa.

2 – As notificações previstas no número anterior e quaisquer comunicações ao interessado serão feitas através do serviço a que o mesmo pertença, se estiver na efectividade.

NOTAS

1 – Redacção do DL nº 214/83, de 25/05.

2 – A *notificação* é, como se sabe, um instrumento de transmissão, um veículo de comunicação. É posterior ao acto, a ele extrínseco e dele independente. Por essa razão é que à existência do acto é irrelevante que ele não venha a ser comunicado ao interessado. Por outras palavras, não se pode dizer que o acto administrativo não existe, apenas porque não foi notificado.

A notificação, tal como a *publicação* (quando obrigatória), visa conferir *eficácia* externa à decisão, dotando-a da indispensável aptidão para a produção de efeitos, por isso se dizendo integrada na classe dos actos integrativos de eficácia. Também por isso, porque não contende com pressupostos de validade do acto, não se pode afirmar ilegal o acto administrativo que não tenha sido notificado (que por tal motivo não pode ser anulado).

A notificação obedece às regras gerais previstas no CPA, designadamente quanto ao conteúdo, prazo e forma (arts. 66º e sgs desse diploma), embora quanto a este último aspecto se deva considerar especial a regra que determina a que seja o serviço onde o funcionário preste serviço a efectuar a comunicação da resolução tomada pela Caixa caso ele ainda esteja em efectividade de funções (nº2, do presente artigo).

Se a notificação não estiver completa (art. 68º do CPA) pode o interessado dirigir-se à Caixa exigindo a notificação dos elementos em falta, não apenas por esse ser um direito à informação (art. 61º, nº1, in fine e 63º, nº1, al.d), do CPA), mas também por se tratar de um direito supra-positivo, de traço constitucional (art. 268º, nºs 1 e 3, da CRP), necessário ao conhecimento da decisão e fundamental à garantia impugnativa que a lei constitucional e ordinária lhe consagram. Assim, perante a não satisfação do direito, poderá o interessado servir-se do mecanismo do art. 31º da LPTA (Lei de Processo dos Tribunais Administrativos e Fiscais), dirigindo-se à Caixa requerendo a notificação das indicações omitidas ou requerendo certidão que as contenha. Nesse caso, o prazo para o recurso conta-se a partir do dia em que obtiver a notificação ou da entrega da certidão pedida. Em último caso, face à recusa obstinada do órgão em satisfazer a pretensão do interessado, poderá este recorrer ao meio acessório da intimação para a passagem de certidões, dirigindo-se para tanto ao Tribunal Administrativo (cfr. art. 82º e sgs. da LPTA).

3 – Para além destas notificações, que não deixam de incluir as que respeitam às resoluções previstas no art. 97º (cfr. art. 99º, nº1), há que contar com a publicação da lista dos aposentados a que se referem os arts. 99º e 100º.

Estando o interessado ainda no activo, isto é, em efectividade de funções, as comunicações ser-lhe-ão feitas sempre por intermédio do serviço onde se encontrem a trabalhar (n°2). Em tais hipóteses, o ofício da Caixa é dirigido ao serviço e deste, por cópia, é dado conhecimento pessoal ao próprio notificando, que geralmente no original aporá a menção "recebido" ou "tomei conhecimento". Caso contrário, quaisquer resoluções que lhe digam respeito já só poderão ser-lhe comunicadas pela via da notificação directa, por via postal, pessoalmente, nas situações normais, ou por telefone, telegrama ou telefax, nas situações de urgência (art. 70°, n°s1 e 2, do CPA).

4 – O preceito é esclarecedor no que concerne à tipologia dos actos necessariamente notificáveis: de todas as resoluções, preparatórias ou finais, deve o interessado ser conhecedor através da notificação.

Evidentemente, trata-se de notificar o que *expressamente* tiver sido decidido, não o que *tacitamente* tiver sido obtido (não há o dever de notificar actos tácitos).

5 – Sobre notificações, entre outros: **Marcelo Caetano**, in *Manual*... cit, I, 472 (nota) e II, pags. 1297, 1315 e 1369; **M. Esteves de Oliveira**, *ob. cit*., pág. 513 e sgs; **F. Amaral**, *Curso, II*, pág. 369/371; **Sérvulo Correia**, *ob. cit*., pág. 287, 304 a 309 e 330; **Robin de Andrade**, in *Revista da Ordem dos Advogados*, ano 40, III, pág. 713 a 716; **Paulo F. Cunha**, *O procedimento administrativo*, pág. 191 a 194; **Rogério Soares**, in *Direito Administrativo*, 1978, pág. 133, 140/141, 184.

PARECERES/JURISPRUDÊNCIA

«I...II...III – De harmonia com o art. 109° do Estatuto da Aposentação, as resoluções que estabeleceram o direito à aposentação e fixaram –e alteraram – o seu montante têm que ser notificadas directamente ao recorrente, pelo que, não o tendo sido, são subjectivamente ineficazes».
(Ac. do STA, de 08/10/1992, Rec. N° 28 333)

«I – Não tendo sido *publicado*, devendo sê-lo, um acto administrativo que confere à recorrente o direito à plena pensão, a sua revogação pode ocorrer a todo o momento enquanto não for publicado, pois só a partir dessa publicação se inicia a contagem do prazo para a interposição do recurso.

II – A prova da incapacidade para efeitos de obtenção do direito à pensão de sobrevivência prevista no n°3 do art. 27° do RTAPM é referida à data da morte do funcionário que confere o direito. De acordo com o art. 9°

Do DL n° 115/85/M, não tendo a prova sido referida àquela data, deve a requerente ser solicitada a completar os elementos apresentados com aqueles que lhe forem pedidos para o efeito».
(Ac. do STA, de 23/01/97, Rec. N° 31 399)

«I – Proferida pela Administração da Caixa "resolução final " sobre o direito à pensão de aposentação e sobre o montante desta, a que se refere o nº1 do artigo 97º e do Estatuto da Aposentação, é a mesma desde logo comunicada ao serviço a que o subscritor pertença, cabendo a esse serviço notificar o subscritor interessado dessa resolução (Arts. 99º/1 e 109 do E.A.).

II – O subscritor é "desligado do serviço", ficando a aguardar aposentação, a partir da sua *notificação* da referida resolução, pelo respectivo serviço, e não a partir da emissão da referida resolução da Caixa (artigo 99, n. 2, do E.A.).

III – Os docentes a que se aplica o Estatuto aprovado pelo D.L. n. 139--A/90, de 28 de Abril, e que se aposentem por limite de idade ou por sua iniciativa, permanecem em funções até ao termo do "ano lectivo", salvo se a aposentação se verificar durante o 1 trimestre desse ano (artigo 121º, nº1, do referido Estatuto) e, por esse motivo, não poderão ser "desligados do serviço" antes do termo do ano "ano lectivo", muito embora a referida resolução final da Caixa tenha sido comunicada aos serviços em data anterior»

(Ac. do STA, de 08/04/97, Proc. nº 036966)

ARTIGO 110º
Consulta do processo

Os processos podem ser consultados por advogado com procuração do interessado, durante o prazo para o recurso hierárquico necessário ou para o recurso contencioso.

NOTAS

1 – A redacção actual foi introduzida pelo DL nº 214/83, de 25/05.

A anterior redacção era a seguinte: «*Os processos podem ser consultados por advogado com procuração do interessado, durante os prazos de reclamação ou de recurso*».

2 – O preceito aborda apenas a questão da *consulta*, deixando de lado temas como a *emissão de certidões*, *extracção de cópias*, ou *declarações autenticadas*. Quer isto dizer que estas formas de expressão do direito à informação procedimental não podem deixar de estar cobertas pelo CPA sem qualquer constrangimento que não apenas os que ali estejam previstos (arts. 61º e sgs).

Ora, para a consulta, o artigo em análise introduz uma limitação de acesso: só pode ser concedida ao advogado com procuração para tal. Que isso já faria parte do conteúdo do direito de representação, já nós sabíamos (art. 262º do CC). Não se esperava é que a lei fosse ao ponto de restringir o acesso à consulta apenas ao representante, ficando de fora o próprio representado, que para todos os efeitos é interessado directo no procedimento.

Trata-se, assim, de um direito comprimido, numa redacção apenas perdoável atendendo à data em que foi produzida (mesmo considerando a alteração de 1983), hoje mal compreendido face ao disposto no art. 62º, nº1, do CPA e não tolerado face ao amplo direito de informação contemplado no art. 268º, nº1 e 2, da CRP, sobretudo porque se não vê que esteja em causa a protecção e salvaguarda de valores e interesses públicos superiores aos interesses particulares daqueles a quem o processo exclusivamente diz respeito.

Entendemos, pois, que o direito de intervir pessoalmente, sem representação ou assistência (cfr. art. 52º do CPA) não pode ficar arredado do leque dos demais que aos interessados é reconhecido.

Da mesma maneira, não se tolera uma interpretação que admita a consulta apenas nesta fase do processo, isto é, apenas posteriormente à resolução e destinada tão somente à fase impugnativa administrativa ou contenciosa. Também antes da resolução não vemos argumentos ou razões de qualquer espécie que apontem para uma restrição do acesso à consulta, como, afinal, a outra qualquer forma de densificação do direito à informação. Isto, porque uma vez mais não se mostra estarem em perigo valores públicos que aconselhem a confidencialidade e a limitação da consulta a certa espécie qualificada de pessoas.

Percebemos que a consulta possa ter na pessoa do advogado um interesse particular, na medida em que ele, mais do que o mandante, estará em condições de elaborar um ataque jurídico à decisão impugnada. Não se aceita, contudo, que o particular não possa aceder ao processo para consulta de algum elemento que julgue importante, pois dela mesma até pode inclusive nascer a necessidade de contratar os serviços de um advogado para impugnação posterior.

Artigo 111º
Processos que não sejam de aposentação

1 – Regem-se igualmente pelas disposições relativas ao processo de aposentação, na parte aplicável, os demais processos cuja resolução seja da competência da Caixa Geral de Aposentações.

2 – O disposto neste capítulo não é aplicável à impugnação de resoluções tomadas pelas instituições de previdência social para os fins de alínea b) do n.º 3 do artigo 53º.

NOTAS

1 – Como noutro lugar deixamos dito, há mais processos da competência da Caixa para além do *processo de aposentação*.

São, entre outros, os *processos de cadastro* (art. 23º, nº2; 85º), os de *contagem prévia* (art.34º, nºs 1, al.a) e2; art. 85º), os de *habilitação de herdeiros* (art. 66º).

A todos se aplicam as regras próprias do processo de aposentação até agora vistas, nomeadamente em matéria de competência, de comunicação dos actos, de impugnação, etc.

2 – O mesmo não sucede com as resoluções tomadas pelas instituições de previdência social para os fins de cálculo da pensão que lhes caberia satisfazer nas hipóteses previstas no art. 53º, nº3, al.b) deste Estatuto. Tais instituições submetem-se às regras próprias e, por tal motivo, não se lhe aplicam as do presente Estatuto, designadamente em matéria de revisão e de impugnação administrativa ou contenciosa.

Nesse domínio, aliás, os tribunais de trabalho são os competentes para, em processos especiais, dirimirem os litígios contenciosos das instituições de previdência (v. arts. 21º, nº7, 79º, al.c) e 162º e sgs do C.P.T.).

PARTE II
REGIMES ESPECIAIS

CAPÍTULO I
REFORMA DE MILITARES

Artigo 112º
Âmbito e regime

1 – Designa-se por reforma a aposentação do pessoal militar do Exército, da Armada, da Força Aérea, da Guarda Fiscal e Guarda Nacional Republicana, bem como a do pessoal civil equiparado por lei especial ao militar para efeitos de reforma.

2 – Considera-se equiparado ao pessoal militar referido no número anterior o pessoal da Polícia de Segurança Pública.

3 – À matéria de reforma é aplicável o regime geral das aposentações em tudo o que não for contrariado por disposição especial do presente capítulo.

NOTAS

1 – Redacção dada pelo DL nº 508/75, de 20/09.

2 – Sobre o regime jurídico dos períodos de prestação de serviço militar de ex-combatentes, para efeitos de aposentação e reforma, ver Lei nº 9/2002, de 11/02 e Portaria nº 141-A/2002, de 13/02.

3 – Conforme deste dispositivo legal resulta, em sintonia, aliás, com o prescrito nos arts. 144º e 160º do Estatuto dos Militares das Forças Armadas (EMFA), aprovado pelo DL 236/99, de 25/06 (com as alterações introduzidas pelas Leis nºs 12-A/2000, de 24/06, 25/2000, de 23/08 e DL nº 66/2001, de 22/02), *reforma* é o nome que é dado à aposentação dos militares de todos os ramos das Forças Armadas, bem como dos agentes da Guarda Nacional Republicana.

A Guarda Fiscal foi extinta e, em seu lugar, foi criada a Brigada Fiscal, integrada na G.N.R. (Cfr. DL nº 230/93, de 26/06).

A GNR é uma força de segurança constituída por militares organizados num corpo especial de tropas (art. 1º da Lei Orgânica da GNR, aprovada pelo DL nº 231/93, de 26/06; Estatuto do Militar da GNR: DL nº 265/93, de 31/07, alterado pelo DL nº 298/94, de 24/11 e pelo DL nº 297/98, de 28/09).

4 – Este Estatuto aplica-se ainda ao pessoal civil que a lei especial equipare ao militar para efeito de reforma (nº1).

5 – A PSP constitui uma força policial armada e uniformizada (art. 1º, nº1, do DL nº 321/94, de 29/12, alterado pelo DL nº 255/95, de 30/09) e o regime especial da pré-aposentação e aposentação está definido nos arts. 74º, 84º e sgs e 87º e sgs do referido DL nº 321/94 (alterado pelo DL nº 2-A//96, de 13/01).
Sobre pensões do pessoal da PSP, ver ainda DL nºs 417/88, de 19/12 e 458/88, de 14/12.

6 – O nº3 dispõe que as disposições anteriores deste Estatuto da Aposentação são aplicáveis à reforma dos militares e restantes corpos de segurança referidos naquilo em que não estejam contrariadas por preceitos especialmente previstos em diplomas avulsos.
Aplica-se ainda a outros corpos policiais, como é o caso da Polícia Militar (PM), de acordo com o que expressamente dispõe o art. 32º do DL nº 248/95, de 21/09. No entanto, também este diploma apresenta especialidades em matéria de pré-aposentação e aposentação (cfr. arts. 19º, als. b) e c), 29º e 33º.

JURISPRUDÊNCIA

«I – O militar pertencente ao quadro das Forças Armadas que requereu a aposentação ao abrigo da Lei 15/92, de 5/8, fica sujeito ao regime fixado naquela lei e no Estatuto da Aposentação.

II – Assim, adquirido o estatuto de aposentado nos termos da Lei 15//92, e fixada a sua pensão de aposentação, as posteriores actualizações desta ficam sujeitas ao regime geral do E.A., e à regulamentação contida nos diplomas previstos no art. 59º, do mesmo Estatuto, designadamente Portarias 77-A/92, 1164-A/92 e 79-A/94.

III – Deste modo, o valor das pensões de reforma, que já não é objecto de descontos para a CGA, não deve exceder o valor líquido dos vencimentos de funcionários da mesma categoria no activo, sujeitos a tais descontos».

(Ac. do STA, de 22/04/99, Proc. nº 042193)

«I – O art. 12.º n.º 1 do DL *34-A/90*, de 29 de Janeiro, prevê um complemento de pensão, que essencialmente visa salvaguardar ou impedir que o militar na situação de reserva e que por força da calendarização prevista no art.º 11.º do mesmo diploma, passou antecipadamente à situação de reforma, passe a auferir um rendimento inferior ao que auferiria caso se tivesse mantido na situação anterior ou seja caso não tivesse ocorrido a sua passagem antecipada à reforma.

II – Visando tal disposição salvaguardar ou impedir que para os visados resulte qualquer prejuízo pecuniário e, sendo esse *"complemento de pensão"* igual ao *"diferencial verificado"* entre a *"pensão de reforma"* e a *"remuneração da reserva a que teriam direito caso não lhes fosse aplicado o calendário de transição"* tal objectivo apenas se consegue atingir se o complemento for calculado ou corresponder ao diferencial entre os montantes "líquidos" respectivamente daquela pensão de reforma e daquela remuneração de reserva».
(Ac. do TCA, de 22/11/2001, Proc. n.º 681/98)

ARTIGO 113.º
Inscrição de militares

1 – Será inscrito na Caixa o pessoal referido no artigo anterior, com excepção do que se encontre a prestar serviço militar obrigatório, nos termos da lei do serviço militar, e dos capelães militares eventuais.

2 – Na reforma dos capelães militares titulares atender-se-á ao disposto em lei especial.

NOTAS

1 – Todo o pessoal referido no artigo anterior é subscritor obrigatório, salvo o que se encontre a prestar o serviço militar obrigatório e dos capelães militares eventuais.

Actualmente, a Lei do Serviço Militar (LSM) encontra-se representada pela Lei n.º 174/99, de 21/09 e a sua regulamentação está contida no DL n.º 289/2000, de 24/11 (Regulamento da LSM).

Por ser ainda obrigatório o serviço militar, deixa de ser necessária a inscrição como subscritor, o que não quer dizer que não possa nalguns casos continuar a efectuar descontos pelo cargo civil a respeito do qual se ache anteriormente inscrito (ex: art. 13.º, n.º4, supra) ou que não desconte sobre a remuneração correspondente à nova situação (art. 11.º, n.º1, supra).

Sobre serviço militar obrigatório ver:
– DL nº 223/97, de 27/08, que altera o DL nº 527/80, de 5/11, e que determina que passará a ser contado, para efeito de progressão na carreira, o tempo de serviço correspondente ao serviço militar obrigatório por parte dos docentes que, tendo tomado posse, aguardam colocação.
– DL nº 311/97, de 13/11, que permite a bonificação do tempo de serviço militar obrigatório prestado em condições especiais de dificuldade ou de perigo por parte dos beneficiários do sistema de segurança social (diploma alterado posteriormente pelo DL nº 438/99, de 20/10).

2 – Sobre os capelães militares, ver DL nº 47 188, de 8/09/1966, alterado pelos DL nº 44/71, de 20/02, nº 11/79, de 24/01 e nº 359/84, de 16/11.

Os capelães eventuais que prestem assistência religiosa no seio das Forças Armadas não são obrigatoriamente inscritos, nem por isso beneficiam do direito de aposentação, ao contrário dos capelães militares titulares.

Os capelães militares titulares, diz o nº2 do artigo, têm um regime de reforma especial, e que é o constante no citado DL nº 47 188. Ver ainda Lei nº 6 923, de 29/06/1981, que dispõe sobre o serviço de assistência religiosa nas Forças Armadas.

JURISPRUDÊNCIA

«I – Nos casos em que aos aposentados ou reservistas das Forças Armadas seja permitido, nos termos do art. 78º do Estatuto da Aposentação, desempenhar funções públicas ou prestação de trabalho remunerado em empresas publicas ou entidades equiparadas, é-lhes mantida a pensão de aposentação ou de reforma.

II – É-lhes mantida ainda abonado 1/3 da remuneração que competir ao desempenho de tais funções, nos termos do artigo 79º do referenciado Estatuto, podendo o Senhor Primeiro Ministro, através dos mecanismos apontados em tal preceito, autorizar montante superior até ao limite da mesma remuneração»
(Ac. do STA de 09/07/91, Rec. nº 025 855)

ARTIGO 114º
Subscritores na reserva

Aos subscritores que passem a receber pensão de reserva continua a ser feito em folha o desconto de quotas para a Caixa sobre o quantitativo da mesma pensão, salvo o disposto no n.º 2 do artigo 117º.

NOTAS

1 – Sobre o conceito de *reserva* de militares, ver anotação 5ª ao art. 78º supra.
Vide ainda as anotações ao art. 79º.

2 – O militar na reserva pode encontrar-se «fora da efectividade de serviço» ou na «efectividade de serviço» (art. 143º, nº2, do EMFA). No primeiro caso, descontará sobre o quantitativo da pensão e a ele se destina essencialmente o presente preceito No segundo, descontará sobre a importância que auferir correspondente ao cargo desempenhado, se for de valor superior ao da pensão. Se a pensão for superior, descontará sobre esta (art. 117º, nº2, infra).

De toda a maneira, o desconto sobre a remuneração do cargo exercido pelo reservista só é de efectuar, de acordo com o art. 122º adiante, se o exercício dessa função conferir direito à aposentação.

Daqui resulta que, mesmo nessas situações de acumulação de pensão com remuneração pelo exercício de cargo civil ou militar, apenas haverá lugar a um desconto de quota, à semelhança do disposto no art. 5º e no respeito pelo *princípio da utilidade da tributação* – segundo o qual estão isentos de quota os abonos irrelevantes para efeito da pensão de aposentação – espelhado, por exemplo, no art. 6º, nº2 deste Estatuto.

Não obstante, o nº1 do mencionado art. 117º parece estabelecer um desvio a esta regra (v. anotação respectiva).

3 – O artigo proclama a necessidade de o militar na reserva efectuar desconto de quotas sobre o quantitativo da «pensão de reserva».

Mas sendo assim, coloca-se desde logo um problema: o de saber se a situação do reservista é, efectivamente, uma situação de pré-aposentação que titule um direito a uma pensão.

Preceitos vários deste Estatuto da Aposentação referem-se-lhe como sendo uma situação que confere direito a pensão (exemplo: art. 114º; 117º, nºs1 e 2; 120º, nºs1 e 4). O Estatuto, portanto, trata-a como *pensão*.

É claro que esta designação foge um pouco à regra geral segundo a qual, após a situação que confira direito a pensão, deixa de haver motivo para desconto de quota, por esta ser apanágio de uma situação no activo. Isto dá que pensar, visto que o artigo 114º sujeita o militar ao desconto sobre o valor da *"pensão de reserva"*.

Ora, o DL nº 28 404, de 31/12/1937, o DL 41 654, de 28/05/58, tal como os DLs nºs 281/85, de 22/07 (sobre a contagem dos dois últimos anos referidos no nº1, al.b), do art. 47º supra, para efeito da pensão de reserva) e o DL nº 355/88, de 13/10 (disciplina a actualização das pensões de reserva aos militares chamados è efectividade de serviço) sempre as consideraram como pensões.

Nesse sentido, também, o Parecer da PGR 2/85, in DR, n° 252, II série, de 31/10/1986, para o qual ainda a pensão de reserva participaria da natureza da pensão de aposentação, e n° 33/95, de 7/03/1996.

Com o DL n° 442-A/88, de 30/11 (que aprova o Código do IRS), o panorama alterou-se. Na categoria das pensões (art. 1°, n°1: categoria H de rendimentos passíveis de imposto) o artigo 11° não incluiu os rendimentos de pensões de reserva. Diferentemente, o legislador tratou os rendimentos da situação de reserva como sendo «*rendimentos do trabalho dependentes*» «*sem prestação de trabalho*» (art. 2°, n°1, al. d)).

Em consequência disso, logo o DL n° 34-A/90, de 24/01 (diploma que aprovou o Estatuto dos Militares das Forças Armadas) passou a considerar que na reserva o militar teria direito a uma «*remuneração*» (art. 126°), natureza jurídica uma vez mais consagrada nos arts. 17° e 19° do DL n° 57/90, de 14/02 (regime remuneratório aplicável aos militares dos QP e em RC dos três ramos das FA) e que transitou para o novo Estatuto dos Militares das Forças Armadas, aprovado pelo DL n° 236/99, de 25/06, ao manter a mesma designação de «*remuneração da reserva*» (arts. 44°, n°2; 121°).

O próprio DL n° 328/99, de 18/08 (que aprovou o novo sistema retributivo aplicável aos militares dos quadros permanentes (QP) e em regime de contrato (RC) das Forças Armadas), relativamente aos militares na reserva reiterou o conceito de «*remuneração*» no art. 16°.

Cremos, pois, que o conceito de *remuneração* será mais acertado do que o de *pensão* e talvez a isso se deva o facto de o subscritor na reserva continuar sujeito a desconto de quota sobre o quantitativo que a esse título perceber (art. 114° do EA), enquanto a pensão de reforma, compreensivelmente, está arredada da respectiva incidência (art. 6° e 7°, do EA). Não teria lógica descontar sobre uma pensão (de reserva) para garantir outra pensão no futuro (de reforma), assim como menos sentido faria obrigar a descontos só para garantir a manutenção do quantitativo recebido a título de "pensão de reserva". Mas é já credível, à luz dos princípios dogmáticos nesta matéria, que se desconte sobre a actual remuneração por forma a garantir a sobreveniência de uma pensão de reforma futura.

Aliás, o militar na reserva só tem direito a essa remuneração porque não está afastado do serviço militar, já que tanto pode estar *na efectividade de serviço*, como *fora da efectividade de serviço* (arts. 43°, n°1, al. a) e b) e 143°, n°2, ambos do EMFA (DL n° 236/99, de 25/06). Ele continua «*disponível para o serviço*» (art. 143°, n°2, EMFA), a ele podendo ser chamado em certas ocasiões (ex: estado de guerra ou de sítio-art. 157° EMFA; também art. 156°, n°s 4 e 6, do EMFA), porque se encontra em *reserva de disponibilidade* (art. 5° da Lei n° 174/99, de 21/09: Lei do Serviço Militar).

O militar na reserva não está no activo, mas pode ser chamado a ele. Por essa razão, recebe uma remuneração, mesmo que esta não corresponda necessariamente a uma contraprestação de serviço, que, no caso de estar na efectividade de serviço, é igual à dos militares no activo (art. 16°, n°3, do DL 328/99) e que, no caso de no caso de estar fora da efectividade, é calculada em termos semelhantes à da pensão de aposentação (art. 16°, n°1, do cit. dip.).

4 – Pergunta-se agora se o tempo de reserva deve ser contado para efeito do cálculo da pensão de reforma.

O «*tempo de serviço militar*» é contado como «*tempo de serviço*» para efeito de cálculo da pensão de reforma e da remuneração da reserva (art. 44°, n°s 1 e 2, do EMFA), mas, por outro lado, só é «tempo de serviço militar» o «*tempo de serviço efectivo*» (arts. 45° e 46°, n°1, do EMFA).

O militar na reserva, mesmo na efectividade de serviço, não está no activo (arts. 141° e sgs), embora a ela (situação no activo) possa regressar como se disse (v.g., art. 152° do EMFA), mas para este debate o que verdadeiramente conta é a efectividade de funções.

Nesta conformidade, tudo apontaria no sentido de que o militar na reserva fora da efectividade do serviço não poderia ver contado esse tempo para a reforma. E para contrariar este princípio não bastaria a circunstância de o interessado efectuar descontos, já que *o pagamento de quotas não confere, por si só, o direito à contagem do respectivo período de tempo*, segundo o determina o art. 28°, n°2, supra.

Mas a verdade é que também não se pode dizer que, pelo facto de estar *fora da efectividade do serviço,* o interessado deixe de poder ver contado o respectivo período de tempo da reserva. Com efeito, se considerarmos que o militar na reserva recebe uma "remuneração", então o «*tempo sem serviço*» durante o qual a receba deve ser contado por inteiro para efeitos de reforma (art. 26°, n°1, al.a), "ex vi" art. 112°, n°3, deste Estatuto). O que, de resto, até nem é inédito, visto que outras situações há que a lei equipara a «tempo de serviço efectivo» sem ter sido efectivamente prestado qualquer serviço (art. 183° do EMFA: v.g., frequência de estabelecimentos militares de ensino superior). Aliás, esta não será a única situação em que o tempo sem serviço é contado integralmente para efeito de reforma (cfr. art. 115° do EA).

A este respeito, o que deveria dizer-se do plasmado no art. 121°, n° 3 do EMFA, quando permite que o militar na reserva ao abrigo do art. 153°, al.a) e 155° que, por razões que não lhe sejam imputáveis, não tenha podido completar 36 anos de serviço efectivo, possa completar esse tempo na situação de reserva na efectividade de serviço? Seria este um bom argumento contra a posição vimos defendendo? Será que, por o legislador permitir que em tal hipótese o militar complete os tais 36 anos de serviço militar, o tempo fora da efectividade de serviço, mesmo com desconto de quotas, não conta para a reforma?

Não nos parece. Aquele dispositivo legal apenas permitia, em conjugação com o art. 18°, n°1, do DL n° 57/90, de 14/2 (diploma revogado pelo DL n° 328/99) que cada ano de serviço assim prestado pelo militar na reserva pudesse servir para a melhoria da respectiva remuneração. Portanto, esse seria o escopo, não sendo legítimo extrapolar para outros domínios.

Actualmente, nem sequer se põe o problema da mesma maneira, pois que o art. 121º citado se encontra complementado inovatoriamente pelo art. 16º do DL nº 328/99, que estabelece um figurino expressivo de cálculo da remuneração do militar na reserva. E nem mesmo o art. 17º deste articulado dá mostras de se querer desviar dessa rota. Ele apenas serve para conferir efeitos ao tempo de serviço em vista da remuneração na situação de reserva. Visa permitir prestar serviço na reserva a fim de que, ao fim de cada ano, a remuneração aumente, de acordo com a fórmula prevista no nº1.Mais nada.

Fora da efectividade do serviço, o militar na reserva não verá melhorada a sua remuneração de reserva. Mas, porque continuará a descontar sobre essa remuneração (se desconta, só o poderá ser para a reforma, visto que na reserva já ele se encontra), os efeitos desse desconto vê-los-á no momento em que se der algum facto determinativo da reforma.

Posto isto, e em conjugação com o art. 120º do EA, cremos poder concluir o seguinte:

1º – Se a efectividade de serviço se repercute num primeiro momento na remuneração a atribuir ao cabo de um ano completo, a esta remuneração se haverá que atender igualmente no momento em que estiverem reunidas as condições para a reforma. No cálculo da pensão atender-se-á à última remuneração de reserva percebida.

2º – A última remuneração de reserva será igualmente tida em conta para o cálculo da pensão de reforma sempre que aquela (remuneração de reserva) for sendo actualizada automaticamente – o que sucede nos casos do art. 18º do DL nº 328/99 (art. 120º, nº1, EA).

3º – Não sendo caso de actualização automática da remuneração da reserva, ou não sendo esta revista em função da melhoria anual por força da efectividade de serviço, ou seja, portanto, *nos casos de reserva fora de efectividade de serviço,* a remuneração a atender é a que estiver estabelecida à data da passagem à reserva (art. 120º, nº1, cit.)

4º – No entanto, na situação do número anterior, o tempo de serviço contável é aquele que tiver decorrido até ao momento em que for feito o último desconto segundo o art. 114º, apurando-se então a pensão nos moldes estipulados para a remuneração de reserva (art. 120º, nº2, do EA; art. 16º do DL 328/99), por sinal idênticos aos previstos para o cálculo da pensão de aposentação (art. 53º EA).

Que não pode deixar de ser assim, revela-o agora, mais do que nunca, o próprio art. 44º, nº3, do EMFA, na redacção do art. 2º da Lei nº 25/2000, de 23/08, segundo o qual «*releva... para efeito do cálculo da pensão de reforma, o tempo de permanência do militar na reserva fora da efectividade de serviço...*»

Vide ainda anotação 2ª ao art. 120º, infra.

PARECERES DA PROCURADORIA GERAL DA REPÚBLICA

«1 - A partir da entrada em vigor do Decreto-Lei n 215/87, de 29 de Maio, que deu nova redacção aos artigos 78, n 1, e 79 do Estatuto da Aposentação, "os reservistas"
das Forças Armadas, como tais, só podem exercer (novas) funções publicas verificando-se alguma das circunstancias previstas naquele artigo 78, n 1 devendo ser remunerados nos termos do referido artigo 79;

2 - Anteriormente ao Decreto-Lei n 215/87, "os oficiais reservistas", na situação de licenciados, só podiam exercer (novas) funções publicas quando previstas na lei ou autorizadas em Conselho de Ministros, desde que remunerados por gratificação;

3 - "Os oficiais reservistas", bem como os demais dos quadros permanentes das forças armadas, são abatidos a esses quadros, perdendo a qualidade de funcionários militares e adquirindo a de funcionários civis, quando providos definitivamente nos quadros do funcionalismo publico do Estado ou das autarquias locais;

4 - Ao perderem a qualidade de funciona rios militares, nos termos da conclusão anterior os oficiais reservistas perdem necessariamente a sua qualidade de subscritores militares da Caixa Geral de Aposentações e o direito a pensão de reserva, ficando exclusivamente sujeitos ao regime geral de aposentação;

5 - Anteriormente ao Decreto-Lei n 314/82, de 9 de Agosto, que deu nova redacção aos parágrafos 1 e 2 do artigo 14 do Estatuto dos Oficiais das Forças Armadas, aprovado pelo Decreto-Lei n 46672, de 29 de Novembro de 1965, o provimento referido na conclusão 3 devia ser autorizado pela competente autoridade militar, sem o que não poderia ser visado pelo Tribunal de Contas;

6 - Nos termos do n 3 do artigo 7 do Decreto-Lei n 146-C/80, de 22 de Maio, a inexactidão ("falsidade") dos documentos ou declarações que acompanhem os diplomas para provimento de cargos ou lugares, submetidos ao visto do Tribunal de Contas, e fundamento da anulação do visto, por meio de acórdão, importando a publicação deste a imediata suspensão do pagamento de quaisquer abonos e a vacatura do cargo, sem prejuízo das responsabilidades disciplinares ou criminais que no caso se verifiquem;

7 - O diploma de provimento do Lic (...) no lugar de "especialista de clinica cirúrgica" - do quadro de pessoal dos serviços externos da DGSP fixado pelo Decreto-Lei n 268/81, de 16 de Setembro -, por despacho de 15 de Dezembro de 1981, do Ministro da Justiça, foi enviado ao Tribunal de Contas acompanhado de declarações inexactas prestadas pelo interessado, ao omitir a sua qualidade de reservista das forças armadas, e pelos respectivos serviços (da Direcção Geral dos Serviços Prisionais), ao declararem que se cumpriram todas as formalidades exigidas por lei, quando e certo que não fora colhida a necessária autorização militar, referida na conclusão 5;

8 – Consequentemente, verificam-se os pressupostos legais para que o Tribunal de Contas, que visou o provimento referido na conclusão anterior, em 25 de Setembro de 1982, possa anular o visto do referido diploma, a solicitação da Direcção Geral dos Serviços Prisionais, com as consequências referidas na conclusão 6;

9 – Anulado que seja o visto referido na conclusão anterior, com eficácia ex tunc, devera o Ministro da Justiça declarar nulos os actos de 24 de Janeiro de 1985, de 17 de Outubro de 1985 e de 18 de Dezembro de 1986, que proveram o Lic (...) nos lugares de "assistente hospitalar", "chefe do serviço hospitalar" e "director clinico", respectivamente, por constituírem actos consequentes do acto de provimento referido na conclusão 7, valido mas ineficaz, na sequência da anulação do referido visto;

10 – O acto de 18 de Dezembro de 1986, do Ministro da Justiça, que designou o chefe do serviço hospitalar do quadro de pessoal da DGSP, Lic (...) , para o cargo de "director clinico", e nulo, independentemente das razões invocadas na conclusão anterior, por prover o referido agente em lugar inexistente no referido quadro de pessoal;

11 – O Lic (...) devera cessar as funções que vem exercendo, de facto, na Direcção Geral dos Serviços Prisionais, logo que seja publicado o acórdão anulatório do visto referido na conclusão 8 e declarados nulos os actos referidos na conclusão 9, podendo, no entanto, voltar a exercer funções no referido quadro da DGSP, ou em acumulação com a sua situação de "reservista" – mediante novo acto a proferir nos termos do artigo 78, n 1, do Estatuto da Aposentação, na redacção do Decreto-Lei n 215/87, de 29 de Maio –, ou por provimento e investidura definitiva no lugar referido na conclusão 7, com a consequente perda da sua qualidade de funcionário militar após novo visto a que devera ser submetido o respectivo acto de provimento;

12 – A situação do Lic (...), a partir de 15 de Fevereiro de 1982 – data da sua posse como "especialista de clinica cirúrgica" –, pode configurar-se, anulado que seja o visto referido na conclusão 8, como a de agente de facto (agente putativo), devendo ou não repor a totalidade ou parte dos vencimentos recebidos, a partir daquela data, nos termos a fixar pelo Ministro das Finanças, ex vi do artigo 4 do Decreto n 424/80 de 25 de Agosto;

13 – Se o Tribunal de Contas não anular o visto referido nas conclusões anteriores, o Lic (...) manterá a sua qualidade de funcionário civil – como "chefe de serviço hospitalar" do quadro do pessoal medico da Direcção Geral dos Serviços Prisionais, após declaração de nulidade do seu provimento como "director clinico" –, perdendo, nesse caso, ex lege, a sua qualidade de funcionário militar, "reservista", a partir de 15 de Fevereiro de 1982, devendo, então, repor as importâncias que auferiu, nos últimos cinco anos, a titulo de "pensão de reserva"».

(Parecer da PGR, nº 7869, de 1/10/87)

Artigo 115º
Tempo sem serviço

Contar-se-á para a reforma, mediante a liquidação das quotas respectivas:
a) Como tempo de subscritor, aquele em que o militar, reintegrado por revisão de processo disciplinar, esteve compulsivamente afastado do serviço;
b) Aos oficiais médicos, veterinários e farmacêuticos e outros recrutados por exigência legal entre diplomados com curso superior para os quadros permanentes das forças armadas, como acréscimo ao tempo de subscritor, o tempo de duração normal dos respectivos cursos de ensino superior, desde que completem, para efeitos de reforma, quinze anos de serviço activo no respectivo quadro.

NOTAS

1 – Como tempo de serviço efectivo não é contado aquele durante o qual o militar tenha estado compulsivamente afastado do serviço, o que ocorrerá, por exemplo, em qualquer uma das situações das alíneas b) e c) do nº2 do art. 46º do Estatuto dos Militares das Forças Armadas (DL nº 236/99, de 25/06).

Em matéria disciplinar, os militares regem-se pelo DL nº 142/77, de 01/04/77, alterado pelo DL nº 434-I/82, de 29/10.

O tempo de afastamento compulsivo do militar *(tempo sem serviço)* ser-lhe-á, porém, contado, caso obtenha êxito no *Recurso de Revisão* previsto nos arts. 145º e sgs do DL nº 142/77, de 9 de Abril, e, com isso, reintegrado (sobre os requisitos da revisão, reza assim o art. 145º, nº1: *«Os processos de disciplina militar deverão ser revistos sempre que tal for requerido, quando surjam circunstâncias ou meios de prova susceptíveis de demonstrar a inocência ou menor culpabilidade do punido e que este não tenha podido utilizar no processo disciplinar»*). É o que prescreve a alínea a) do artigo em exame e o que em termos similares dispõe o art. 183º, al.e), do EMFA.

Nesse caso, o militar deverá efectuar previamente o pagamento das quotas devidas pelo tempo de ausência, porque esse é, precisamente, um dos efeitos da procedência da revisão, conforme no-lo dizem as alíneas d) e e), do art. 151º do DL nº 142/77. O pagamento deverá ser efectuado nos moldes do nº3 do art. 13º.

2 – O regime aqui exposto para os militares representa, uma vez mais, um desvio à regra que para os funcionários civis ressalta do art. 32º, nº2. Na

verdade, a anulação ou a revogação de pena expulsiva em consequência de recurso ou revisão apenas implicam a contagem do tempo de serviço *anterior* à execução da pena, bem como o posterior relativamente ao qual seja declarado e reconhecido ao funcionário o direito à reparação remuneratória (cit. disp.; tb. art. 26°, n°1, al.a))

Diferentemente, aqui, mesmo apesar de não recuperar as remunerações, bastará a simples reintegração para que o militar fique constituído no direito à contagem do «tempo sem serviço» durante o qual esteve afastado disciplinarmente.

Se o militar tiver estado afastado mais tempo do que aquele de que carecia para passar à reserva ou à reforma, apenas efectuará o pagamento das quotas correspondentes ao período até ao qual teria passado às referidas situações. O desconto incidirá sobre a remuneração correspondente ao posto que o "reabilitado teria normalmente atingido" na data da reintegração (art. 151°, n°1, al. b), cit. DL n° 142 /77).

Ficcionado como *tempo de serviço efectivo* considera-se também aquele de que trata o art. 183° do EMFA, nomeadamente o tempo de frequência de estabelecimentos militares de ensino superior (al.a), a duração normal dos respectivos cursos de ensino superior e formação complementar (al. c).

3 – O «tempo sem serviço» igualmente será relevado para os militares oficiais dos quadros permanentes que o tenham utilizado no curso superior necessário ao exercício de certas actividades, como, por exemplo, o exercício de medicina, veterinária e serviço de farmácia.

Este tempo sem serviço não será contado como tempo de subscritor (cfr. art.24°), como sucede com as situações do número anterior, mas sim como *tempo acrescido* ao de subscritor (v. art. 25°), que se somará, portanto, ao tempo de subscritor. Circunstância que, como se vê, também constitui um privilégio especial conferido a esses militares em razão dos cargos que na instituição desempenham, bastando que para efeitos de reforma, contem com 15 anos de serviço activo (efectivo) no respectivo quadro.

Este tempo acrescido fica submetido às regras do presente Estatuto (vide arts.13°, n°2, 25°, 28°, 29°, 34°).

4 – O Estatuto dos Militares das Forças Armadas prevê ainda outros casos de aumento percentual de tempo de serviço (cfr. v.g. art. 46°, n°3), aplicável para efeitos de reserva e de reforma (sobre este aumento, v. ainda o art. 1° da Lei n° 25/2000, de 23/08, que altera alguns artigos do EMFA).

5 – Convém ainda atentar que, para efeito do cálculo da pensão de reforma, se conta o tempo de permanência do militar na reserva fora da efectividade de serviço (cfr. art. 44°, n°3, do EMFA, na redacção do art. 3°, da Lei n° 25/2000 acima citada).

Artigo 116º
Resoluções sobre contagem de tempo

As resoluções sobre contagem de tempo acrescido dos subscritores militares, bem como a forma de desconto das respectivas quotas, serão comunicadas pela Caixa às competentes autoridades militares.

NOTAS

O preceito em apreço, como noutro lugar deste Estatuto já vimos (v.g.art. 109º, nº2), determina que a comunicação é feita à autoridade militar de que o militar directamente dependa, a qual, posteriormente, dará conhecimento do seu conteúdo ao interessado.

As resoluções tomadas sobre tempo acrescido que o interessado haja requerido (art. 29º) para efeito de reserva ou de reforma serão tomadas previamente em processo de contagem prévia (cfr. art. 34º, nºs1, al.a) e 2).

O pagamento das quotas será efectuado nos termos dos arts. 13º, nº 2 e 16º.

Artigo 117º
Tempo de serviço na reserva

1 – Aos militares que, na situação de reserva, prestem serviço em comissão militar ou civil, com pagamento de quotas à Caixa sobre a remuneração auferida, é também contado para a reforma cada ano completo susceptível de influir na melhoria da respectiva pensão de reserva.

2 – No caso de exercício de cargo previsto no artigo 122º, a que corresponda remuneração de montante superior ao da pensão de reserva, a quota devida incidirá apenas sobre essa remuneração.

NOTAS

1 – Como acima referimos, o tempo de permanência do militar na reserva *fora da efectividade de serviço* releva para efeito do cálculo da pensão (art. 44º, nº3, do EMFA).

Do que este preceito agora nos fala é da situação de reserva *em efectividade de serviço* (cfr. art. 143º, nº2, do EMFA). Ele avisa-nos que o militar reservista pode ver "*melhorada*" a pensão de reforma desde que venha a prestar serviço, em comissão civil ou militar, por cuja remuneração pague quotas. Convém atentar no art. 17°, n°1, do DL n° 328/99, de 18/08, segundo o qual todo o tempo de serviço prestado na situação de reserva na efectividade de serviço será, no fim de cada ano, levado em conta para efeitos de melhoria da remuneração, até ao limite de 36 anos.

Ora, este dispositivo parece afrontar o princípio geral do Estatuto, segundo o qual apenas por um dos abonos é devida a quotização e de que podemos ver exemplos nos arts.114° e 6°, n°2. Dá, efectivamente, a ideia de que, para além do desconto sobre a pensão de reserva, também poderá descontar sobre a remuneração do cargo exercido em comissão civil ou militar.

Simões de Oliveira opina que a estatuição do n°1 só tem sentido na sua conexão estreita com o n°2. Para si, o desconto incide unicamente sobre a remuneração e apenas nos casos em que esta (remuneração) é superior ao valor da pensão de reserva. Raciocínio que funda no situação paralela do art. 5°, n°2 (hipótese de acumulação de cargos) ou no art. 6°, n°2 (a propósito de isenção de quotas sobre remunerações que não influam na pensão de aposentação) (v. *ob. cit*., pág. 237/238). Parece ter razão.

2 – Cada ano completo de serviço pelo reservista em comissão de serviço civil ou militar *susceptível* de influir na melhoria da pensão de reserva é igualmente contado para a reforma. Não é, portanto, necessário que a pensão de reserva tenha sido efectivamente alterada. Se ao cabo de um ano de serviço na reserva o militar transitar logo para a reforma, o tempo de serviço assim prestado contará igualmente para esta (reforma).

3 – O n°2 do artigo estabelece que, se o cargo exercido pelo militar na reserva se inscrever no âmbito de previsão do art. 122°, não será possível o recurso à *opção* nele prevista (apenas dirigido ao militar do quadro permanente que esteja a exercer cargo em comissão normal ou, a título definitivo, cargo civil). Realmente, ao reservista não é concedido o direito de opção pela pensão desses cargos, antes é obrigado a descontar pela remuneração desse cargo, de quantitativo superior ao da pensão de reserva.

PARECERES DA PROCURADORIA GERAL DA REPÚBLICA

«I – A pensão de reserva de um militar que, em 1 de Outubro de 1954, se encontrava a prestar serviço na situação de reserva, só pode ser revista em função dos novos vencimentos estabelecidos pelo Decreto-lei n° 49411, de 24 de Novembro de 1969, desde que o termo dos períodos anuais de serviço a que se refere a alínea a) do artigo 7° do Decreto-lei n° 41 654, na redacção do Decreto-lei n° 41 958, de 14 de Novembro de 1958, se verifique na vigência daquele diploma.

II – Sendo a pensão de reserva calculada em função dos mesmos coeficientes que funcionam para a pensão de reserva, não pode aquela ser determinada com base em vencimentos que passaram a vigorar em 1 de Janeiro de 1970, quando não se verifique o condicionalismo posto na anterior conclusão».
(Parecer da PGR nº 221970,de 16/7/70, in DR, II, de 4/11/70)

Artigo 118º
Casos de reforma

Transitam para a situação de reforma os subscritores que estejam nas condições do n.º 1 do artigo 37º e o requeiram e aqueles que, verificados os requisitos mínimos de idade e de tempo de serviço exigidos pelo n.º 2 do artigo 37º:
  a) **Atinjam o limite de idade;**
  b) **Sejam julgados incapazes de todo o serviço militar, mediante exame da junta médica dos competentes serviços de saúde militar;**
  c) **Revelem incapacidade para o desempenho das funções do seu posto, mediante o exame médico referido na alínea anterior;**
  d) **Sejam punidos com a pena disciplinar de separação do serviço ou de reforma, ainda que em substituição de outra sanção mais grave;**
  e) **Sejam mandados reformar por deliberação do Conselho de Ministros, nos termos de lei especial;**
  f) **Devam ser reformados, segundo a lei, por efeito da aplicação de outra pena.**

NOTAS

1 – As alíneas b) e c) do nº1 têm a redacção que lhes foi introduzida pelo DL nº 241/98, de 7 de/08. A actual redacção do artigo resulta da alteração introduzida pelo DL nº 503/99, de 20/11.

Antes da redacção introduzida pelo DL nº 503/99, existia um nº2 com o seguinte teor:

«2 – A reforma extraordinária tem lugar, independentemente dos requisitos mínimos de idade e tempo de serviço, quando o subscritor:
  a) For julgado incapaz nos termos da alínea b) do número anterior, pelas causas previstas no artigo 38º;

b) Sofrer a desvalorização prevista na alínea c) do artigo 38°, que afecte a sua aptidão apenas para o desempenho de alguns cargos ou funções, salvo se o mesmo subscritor, nos termos de lei especial, requerer sua continuação no serviço activo em regime que dispense plena validez».

2 – O artigo em exame respeita às condições de reforma.

Ao remeter para o art. 37°, n°1, começa por prever a reforma voluntária requerida pelos subscritores militares que contem com 60 anos de idade e 36 de serviço, numa previsão exactamente igual à do art. 160°, n°1, al.c), do EMFA. Não se trata de uma reforma obrigatória, portanto.

Depois, contempla outro tipo de situações (as referidas nas diversas alíneas), sempre condicionadas, porém, à observância do requisito mínimos de tempo de serviço exigido pelo n°2 do mesmo art. 37°. Por conseguinte, deverão apresentar-se com o tempo mínimo de cinco anos de serviço.

É certo que o proémio do artigo, para além do tempo mínimo de serviço, também supõe necessária a verificação do «requisito mínimo de idade» pretensamente exigido pelo n°2 do art. 37°. Acontece que o n°2 do art. 47°,se inicialmente estabelecia, é certo, um limite mínimo de 40 anos de idade, agora já não o consagra mais. Aliás, deixou de fazer sentido a remissão para o requisito da idade, uma vez que logo a alínea a) o estabelece como factor adicional de reforma. Pensamos, por isso, que a alusão à idade só por lapso ainda permanece no corpo do preceito.

3 – O *limite de idade* para a passagem à situação de reforma dos subscritores militares é de 65 anos (art. 160°, n°1, al. a), do EMFA).

Isto quer dizer, portanto, que atingida essa idade, passará à reforma se tiver alcançado já o tempo mínimo de cinco anos de serviço.

4 – De acordo com a alínea b), se tiver cinco anos de serviço, passará à reforma o subscritor militar que for julgado *incapaz* de todo o serviço militar, mediante junta médica dos competentes serviços de saúde militar.

Estamos uma vez mais perante norma que veio inspirar o EMFA, já que o seu art. 160°, n°2, al.a), dispõe que «*O militar, tendo prestado o tempo mínimo de serviço previsto no Estatuto da Aposentação, passa à situação de reforma sempre que seja julgado física ou psiquicamente incapaz para todo o serviço, mediante parecer de competente junta médica, homologado pelo respectivo CEM*».

Se a incapacidade não se referir a todo o serviço militar, o interessado pode transitar à situação de reserva, na qual, em efectividade de serviço, já poderá exercer cargos compatíveis com o seu estado físico e psíquico (art. 156°, n°1, EMFA).

As Juntas Médicas destinam-se a avaliar da aptidão, física e psíquica do militar.
Com interesse sobre o assunto, ver:
- Portaria nº 609/87, de 16/06 (alterado pela Portaria nº 1206/90, de 15/12) a respeito das Juntas Médicas da Força Aérea;
- Portaria nº 627/82, de 24/06, que Regulamenta as Juntas Médicas da Armada;
- Portaria nº 543/93, de 26/5 (alterado posteriormente pela Portaria nº 457/97, de 11/07), que aprova as tabelas gerais de inaptidão e incapacidade para o serviço da marinha;
- D.R. nº 41/94, de 1/09, sobre atribuições e competências das Juntas Médicas da Armada;
- DL nº 43/76, de 20/01 e DL nº 224/90, de 10/07, sobre a revisão do grau de incapacidade do deficiente da FA;
- Portaria nº 790/99, de 7/9 (alterada pela Portaria nº 1195/2001, de 16/10), que aprova as tabelas gerais de inaptidão e incapacidade para o serviço por militares e militarizados das Forças Armadas e para a Polícia Marítima;
Portaria nº 1157/2000, de 7/12, que altera os anexos à Portaria nº 790/99.

De referir, ainda, que todo o capítulo IV (arts. 34º a 43º) do DL nº 503/99, de 20/11 relativo à responsabilidade da Caixa Geral das Aposentações se aplica aos militares das Forças Armadas, incluindo os que se encontram a cumprir o serviço militar obrigatório, bem como ao pessoal das forças de segurança não abrangido pelo art. 2º desse diploma, conforme o prescreve o art. 55º desse decreto-lei.

5 – A alínea c) refere-se uma vez mais à *incapacidade*. Não já à incapacidade geral para todo o serviço militar (alínea anterior), mas apenas à incapacidade para o desempenho de funções do posto do militar.

Neste caso, mesmo concedida a reforma, o militar pode ser chamado a prestar serviço efectivo compatível com o seu posto, aptidões e estado físico e psíquico se vier a ser declarado o estado de sítio ou de guerra (art. 162º do EMFA).

No entanto, trata-se ainda aqui de uma reforma voluntária concedida a requerimento do interessado que possua o tempo mínimo de cinco anos de serviço. Nesse caso, a pensão será correspondente a esse tempo de serviço. Não sendo requerida a reforma, o militar continuará ao serviço activo, embora reclassificado em função da sua capacidade geral de ganho e colocado no exercício de funções adequadas à sua situação (cfr. art. 91º, nº1, EMFA).

6 – A alínea d) igualmente confere o direito de reforma ao militar que tiver sido punido com pena disciplinar de *separação do serviço* ou de *reforma compulsiva* em substituição de outra sanção mais grave.

A «*separação de serviço*» consiste no afastamento definitivo de um militar do exercício das suas funções, com perda da sua qualidade de militar, ficando privado do uso de uniforme, distintivos ou insígnias militares, com a pensão de reforma que lhe couber (art. 32º do Regulamento de Disciplina Militar: DL nº 142/77, de 9/04).

A *reforma compulsiva* é outra das penas disciplinares aplicáveis aos militares (art. 31º cit. dip.) e tem sempre como pressuposto a factualidade e comportamentos objectivamente mais graves e lesivos da disciplina, «cuja prática ou persistência revele impossibilidade de adaptação do militar ao serviço, bem como aos casos de incapacidade profissional ou moral, ou de práticas e condutas incompatíveis com o desempenho da função ou o decoro militar» (cfr. art. 70º, nº2, cit. R.D.M.).

É preciso, contudo, que em ambos os casos o militar tenha o tempo mínimo de 5 anos de serviço para que seja reformado.

7 – A alínea e) reporta-se a uma situação que, segundo cremos, não tem mais cabimento no panorama legislativo actual.

De acordo com o DL25 317, de 13/05/1935, todos «*os funcionários civis ou militares que tenham revelado espírito de oposição aos princípios fundamentais da Constituição Política, ou não dêem garantia de cooperar na realização dos fins superiores do Estado serão aposentados ou reformados, se a isso tiverem direito, ou demitidos em caso contrário*» (art. 1º).

Assim se enunciava o *dever de lealdade às instituições políticas e sociais*, no quadro mais vasto dos deveres funcionais comuns a todos os funcionários civis e militares (sobre o assunto, **M. Caetano**, in **Manual de Direito Administrativo**, 10ª ed., II, pags. 703 e 729/731 e 753/754).

Tratava-se de um dever político, no rigor dos termos, que estaria em consonância com o art. 24º da Constituição do tempo. E sempre que esse dever não se mostrasse observado, a aposentação (aos funcionários civis) ou a reforma (aos militares) seriam compulsivamente determinadas, para cuja aplicação seria competente o Conselho de Ministros (cfr. art. 4º, proémio).

A partir do DL nº 184/89, de 2/06 os princípios deontológicos que presidem ao serviço público, englobando as regras de conduta dos funcionários, passaram a estar definidos em moldes diferentes (art. 4º), aliás em termos parecidos aos que hoje se podem ler no art. 266º, nºs 1 e 2 da CRP: sempre na prossecução do interesse público, mas sem perder de vista o respeito pelos direitos e interesses legalmente protegidos, os órgãos e agentes da Administração estão subordinados à Constituição e à lei e devem actuar, no exercício das suas funções, com respeito ainda pelos princípios da igualdade, da proporcionalidade, da justiça, da imparcialidade e da boa-fé.

No que concerne aos militares, também os seus deveres estão bem definidos (arts. 9º a 15º do Estatuto dos Militares das Forças Armadas: DL n° 236/99, de 25/06; também art. 4° do Regulamento de Disciplina Militar), ficando a violação destes sujeita à disciplina do citado Regulamento (DL n° 142/77, de 9/04) e ao Código de Justiça Militar.

O afrontamento a qualquer destes deveres é, portanto, sancionado segundo os diplomas citados, estando a competência para a aplicação das penas cometida aos órgãos próprios. Daí que não se conheça, hoje em dia, nenhuma aposentação ou reforma compulsiva aplicada pelo Conselho de Ministros (aliás, na sua competência não cabe o poder de aplicar a *reforma* referida na alínea em apreço: cfr. art. 200° da CRP).

8 – A alínea f) reporta-se a situações de reforma, ora por efeito automático de penas de presídio, ora por motivos disciplinares.

De acordo com o art. 30°, n°2, do Código de Justiça Militar, as penas de presídio militar de 4 a 6 e de 6 a 8 anos impostas a militares dos quadros permanentes têm como efeito a passagem dos condenados à situação de reforma se reunirem as condições prescritas na lei geral para esta situação (se as não reunirem, terão *baixa de serviço*). Trata-se, tal como previsto no art. 31° do R.D.M., de uma situação compulsória de reforma.

9 – Além destas situações, ainda é possível a reforma por efeito de *inactividade* resultante de acidente ou doença não considerados em serviço (nem por motivo do mesmo), pelo período de 48 meses sem que, ao cabo dele, a Junta Médica esteja em condições de se pronunciar quanto à incapacidade definitiva do militar (art. 149° do EMFA).

JURISPRUDÊNCIA

«I – Nos termos do art. 43°, n. 1, al. b), do Estatuto da Aposentação, aprovado pelo Dec. Lei n. 498/72, de 9.12.72, em caso de incapacidade, a data relevante para a fixação do regime jurídico da aposentação e da reforma e da pensão de invalidez, por força do disposto nos arts. 112°, n. 3 e 129° do mesmo Estatuto é aquela em que seja declarada a incapacidade pela competente junta medica, ou homologado o parecer desta.

II – A junta médica competente para declarar a incapacidade, nos termos e para os efeitos do disposto no citado art. 43°, n. 1, aI. b), é, para os militares, a junta médica dos respectivos serviços de saúde – (cfr. arts. 118° e 119°,n.1,doE.A.).

III – Compete, porém, à Junta Médica da Caixa verificar o grau de incapacidade geral de ganho, quando influa na pensão de reforma e a conexão da incapacidade com o acidente de serviço ou facto equiparado (n. 2 do art. 119°)»

(Ac. do STA, de 14/01/92, Proc. n° 029488)

«I – Se um militar sofreu desvalorização permanente da sua capacidade de ganho, em virtude de acidente de serviço ou doença contraída neste por motivo do desempenho, susceptível de constituir fundamento para a sua reforma e não puder passar a esta situação por não ser subscritor da Caixa, terá direito a uma pensão de invalidez.

II – É à junta médica da Caixa que compete verificar o grau de incapacidade geral de ganho, quando influa na pensão de reforma e a conexão de incapacidade com o acidente de serviço ou facto equiparado.

III – Apropriando-se a Direcção dos Serviços de Previdência da C.G.D. do parecer da junta médica da Caixa para negar a atribuição de pensão de invalidez, em virtude das lesões apresentadas não resultarem de doença ou desastre ocorrido no exercício das funções, e, por motivo de desempenho, está vedado ao tribunal sindicar tal matéria por se situar na denominada discricionariedade técnica.

IV – Não viola o "princípio da confiança", inerente ao princípio do Estado de Direito Democrático, o acto administrativo que negar ao requerente a situação de invalidez e a correspondente pensão não obstante tal decisão vir a ser proferida ao fim de dezassete anos, tempo durante o qual aquele recebeu, continuamente, a título de pensão provisória determinada quantia, tendo ele consciência da precariedade de tal situação que só terminaria com a decisão definitiva da C.G.A., após ser submetido ajunta médica».
(Ac. do STA, de 06/12/94, Proc. nº 035942)

ARTIGO 119º
Exame médico

1 – O exame de militares ou equiparados, para os efeitos previstos no n.º 2 do artigo anterior, compete a uma junta médica, composta por dois médicos indicados pela CGA, sendo presidida por um destes, e um médico indicado pelo competente serviço de saúde militar.

2 – Incumbe a esta junta determinar o grau de incapacidade geral de ganho, quando influa na pensão de reforma, e a conexão da incapacidade com o acidente de serviço ou facto equiparado, em parecer devidamente fundamentado.

3 – A junta médica ocorrerá no prazo de 60 dias contados da data da recepção do processo administrativo instruído no respectivo ramo.

4 – Quando o interessado não se conforme com a decisão da junta, poderá requerer, dentro do prazo de 90 dias após a sua notificação, uma nova junta médica, apresentando, para o efeito, elementos clínicos susceptíveis de fundamentar a reapreciação daquela.

5 – A junta referida no número anterior terá a mesma composição, sendo necessariamente constituída por médicos que não tenham tido intervenção na junta precedente.

NOTAS

1 – Redacção dada pelo DL n° 241/98, de 7/08.

2 – Actualmente, porém, o artigo encontra-se revogado pelo art. 57° do DL n° 503/99, de 20/11.

Artigo 120°
Passagem da reserva à reforma

1 – Na reforma de militares que transitem da situação de reserva, e não reunam as condições legais para a actualização automática das respectivas pensões de reserva ou não hajam completado os requisitos fixados na lei para a revisão dessas pensões, a remuneração a considerar para os efeitos do artigo 43° é a que se encontrar estabelecida à data da passagem à reserva, salvo o disposto no n.° 3 do presente artigo. Na determinação da pensão de reforma, aquela remuneração será acrescida das últimas diuturnidades vigentes para os militares de igual posto, graduação e quadro do activo, observando-se ainda as normas estabelecidas para a generalidade dos subscritores da Caixa.
2 – Nos restantes casos, as pensões de reforma serão calculadas nos termos que estiverem estipulados para o cálculo de pensões de reserva e demais legislação aplicável.
3 – O disposto no número anterior não prejudica a opção pela pensão correspondente à remuneração dos cargos mencionados no artigo 122° ou à média decenal prevista no artigo 51°, desde que se verifiquem as condições exigidas por um ou outro destes preceitos.
4 – Os factos anteriores à concessão da pensão de reserva não podem ser considerados para a reforma, se não constarem do processo de passagem à reserva, salvo o caso de contagem de tempo de serviço acrescido ao de subscritor.

NOTAS

1 – Redacção dada aos nºs 1 e 2 pelo DL nº 543/77, de 31/12.

2 – O militar na reserva pode em certas circunstâncias passar à situação de reforma. Assim sucede, por exemplo, quando complete, seguida ou interpoladamente, cinco anos na situação de reserva fora da efectividade de serviço (art. 160º, nº1, al.b), EMFA). Atingida a situação de reserva, o militar tem direito a uma remuneração própria (art. 121º do EMFA), calculada actualmente de acordo com o previsto no art. 16º do DL nº 328/99, de 18/08, ou a uma "pensão de reserva", como às vezes lhe é chamada (v.g., art. 117º, nº1, deste Estatuto).

O tempo de permanência do militar na reserva fora da efectividade do serviço releva ainda para efeito do cálculo da pensão de reforma (art. 44º, nº3, do EMFA). Nesse caso, o desconto de quotas para a CGA passará a incidir sobre a remuneração relevante para o cálculo da remuneração de reserva (cit. art. 44º, na redacção da Lei nº 25/2000, de 23/08).

O que o artigo em apreço nos diz é que, sempre que a pensão (remuneração) de reserva não for actualizada automaticamente *(actualização* cujos requisitos se mostram definidos no *art. 18º do cit. DL nº 323/99*), ou sempre que não houver lugar à *revisão* dessas «pensões de reserva» (revisão que visa a alteração do quantitativo da pensão, segundo o disposto nos arts. 58º e 101º deste Estatuto ou segundo outras circunstâncias especialmente previstas, como é o caso da melhoria da "pensão"/remuneração nos termos do art. 17º, nº1, no DL 328/99) para efeitos do disposto no art. 43º do Estatuto relevará a remuneração que se encontrar estabelecida à data da passagem à reserva (esta data é a fixada no documento oficial que promova a mudança de situação, conforme nº1, do art. 158º do EMFA).

3 – Isto é assim, porém, sem prejuízo do disposto no nº3 do artigo. Logo, se o militar na reserva vier a estar em exercício de cargo nos termos do art. 122º que confira direito de aposentação e cuja pensão seja superior à remuneração da reserva, poderá optar por aquela. Isto quer dizer que, nesse caso, a data a relevar é a actual, ou seja, aquela em que se verificar o facto determinativo da reforma por esses cargos. Da mesma maneira, também se não atenderá à data da passagem à reserva nos casos em que o militar prestar serviço que influa na melhoria na «pensão de reserva» (art. 117º supra). Ao fim de um ano de serviço completo, por exemplo, esse tempo contará e dessa maneira a remuneração a atender será a que se verificar nessa data (se nela o militar da reserva passar à reforma).

Mas o nº1, ao aludir ao nº3 do artigo, salvaguarda também a hipótese de opção pela pensão correspondente à «*média decenal*» prevista no art. 51º.

Ora, a média decenal (média dos últimos dez anos) referida no nº3 já não existe.

O art. 51° prescrevia o seguinte: «*n°1 – Se o subscritor provar que a média mensal de remunerações efectivamente recebidas nos últimos dez anos, líquidas de descontos de quotas, é de montante superior ao que, nos termos dos artigos anteriores, serviria de base à pensão, será esta fixada a partir da média referida*».

Actualmente, o n°1, do art. 51° apenas permite que a remuneração mensal relevante para o cálculo da pensão do subscritor se determine pela média das remunerações correspondentes aos cargos dirigentes que tenha exercido em comissão de serviço nos últimos *três anos*. E os números seguintes apresentam um âmbito de previsão que joga mal com o disposto no artigo ora em exame.

Portanto, ou se entende que a remissão mantida para o art. 51° deixou de fazer sentido, ou então terá que ser interpretada com o alcance restrito ao triénio referido no n°1 do preceito. Neste caso, mais razoável por não estar incluído na 1ª excepção reportada ao art. 122°, a hipótese prefigura a situação do militar na reserva que nos últimos três anos tenha exercido diferentes cargos dirigentes civis em comissão de serviço. Para esta situação, não releva a data da passagem à reserva (1ª parte do n°1 do artigo), nem aquela em que se verificar o facto determinativo da partilha (1ª excepção). O critério agora passa a ser o da média remuneratória nos moldes previstos no n°1 do art. 51°, que o militar na reserva poderá utilizar se tal se mostrar mais conveniente, isto é, se dele resultar uma melhor pensão em termos quantitativos.

4 – No cálculo da pensão de reforma, na remuneração a considerar para efeitos do art. 43° reportada à data da passagem à reserva, deverão ser incluídas as últimas *diuturnidades* vigentes para os militares de igual posto, graduação e quadro do activo, diz o n°1 (2ª parte).

Ora, as diuturnidades, que se caracterizavam como um acréscimo salarial motivado pelo decurso de um determinado tempo de serviço efectivo, (**J. Alfaia**, *Conceitos*..., **II**, pags. 739 e 813 e sgs; tb. **M. Caetano**, *ob. cit.,* **II**, pags. 764/768) foram mesmo para os regimes especiais, a partir de 1 de Outubro de 1989, excluídas do novo sistema retributivo implementado com o DL n° 184/89, de 2/06 (*cfr. art. 37°*) e DL n° 353-A/89, de 16/10.

Aliás, o próprio actual regime remuneratório aplicável aos militares dos quadros permanentes (QP) e em regime do contrato (RC) dos três ramos das Forças Armadas (cfr. DL n° 328/99, de 18/08) apenas prevê a remuneração base, prestações familiares e sociais, além de suplementos que se fundamentem no art. 19° do DL n° 184/89.

Cremos, assim, que esta referência já não faz mais sentido.

O Estatuto dos Militares das Forças Armadas (aprovado pelo DL n°236/99, de 25/06, alterado pelas Leis n°s 12-A/2000, de 24/06, 25/2000, de 23/08 e pelo DL n° 66/2001, de 22/02) refere-se-lhes como sendo uma das cinco *modalidades de promoção* (art. 49°, al.a)).

A promoção por diuturnidade consiste, como reza o art. 50º, no acesso ao posto imediato, independentemente da existência de vacatura, desde que decorrido o tempo de permanência no posto e satisfeitas as demais condições de promoção.

Não é, porém, a estas diuturnidades que o preceito se refere, dada a forma como o nº1 em análise está redigido, ao reportar-se à situação dos militares de igual posto, graduação e quadro do activo, porque não faria sentido que o militar na reserva beneficiasse da promoção concedida aos do activo (em condições variáveis, como se sabe).

Por esta razão, o art. 120º nesta parte tem que dar-se por revogada.

5 – Fora destes casos, as pensões de reforma dos militares que venham de uma situação de reserva calculam-se nos termos que estiverem estipulados para a pensão de reserva. Ao contrário do que anteriormente sucedia (a redacção do nº3 foi dada pelo DL nº 543/77, de 31/12), em que o cálculo da pensão de reforma estava autonomizada em relação ao da reserva (até mesmo porque as entidades que as concedem são diferentes), o novo texto apregoa que, a não ser nos casos do nº1, as pensões de reforma seguem as regras de cálculo utilizadas para a da reserva (e outra legislação especial aplicável). Isto radica na ideia de que a situação de reforma, no fundo, não é mais do que o prolongamento da situação de reserva. Aplicar-se-á então o disposto no art. 16º do DL nº 328/99, de 18/08 devidamente adaptado. Compreende-se, assim, que os pressupostos de facto anteriores à concessão de reserva (salvo o caso de acréscimo de tempo), se não tiverem sido já considerados para a reserva, também não relevarão para a reforma que lhe sobrevier (nº4).

Artigo 121º
Base do cálculo da pensão

1 – Sem prejuízo do disposto no artigo 51º, o cálculo da pensão de reforma tem por base as remunerações de carácter permanente referidas nos artigos 47º e 48º, que correspondam ao último posto no activo.

2 – Consideram-se abrangidas nas remunerações a que se refere o n.º 1 as gratificações de serviço de imersão e de serviço de mergulhador recebidas pelo pessoal especializado que tenha servido, respectivamente, nas guarnições dos submarinos ou como mergulhador da Armada, as quais serão tomadas nos quantitativos correspondentes ao último posto em que esse serviço tenha sido prestado, com redução

a 80%, arredondada para a centena de escudos imediatamente superior, no caso da gratificação do serviço da imersão.

3 – Para o pessoal especializado que tenha servido na Aeronáutica Naval, na Força Aérea e nas tropas pára-quedistas à pensão calculada nos termos do n º 1 será adicionada uma parcela de montante da gratificação de serviço aéreo e de serviço de pára-quedista, respectivamente, no quantitativo correspondente ao último posto em que esse serviço foi prestado, multiplicada pela expressão em anos do número de meses, incluindo as percentagens legais de aumento em que foi exercida a actividade inerente ao abono dessa gratificação, considerando-se esse tempo até ao limite de 36 anos e a gratificação até ao quantitativo correspondente ao posto de oficial general.

NOTAS

1 – A redacção do nº2 foi dada pelo DL nº 75/83, de 8/02.

2 – O nº3 foi aditado pelo mesmo diploma.

3 – O artigo em apreço trata da reforma que não advém de uma situação de reserva, pois para esses casos vale especialmente o artigo precedente.

Ele começa, logo no início, por salvaguardar a possibilidade de os militares terem estado nos últimos três anos em exercício de funções civis dirigentes em comissão de serviço. Nessa hipótese, a remuneração mensal relevante para o cálculo da pensão determina-se pela média das remunerações correspondentes a cada um dos cargos e na proporção do tempo neles prestado. É este o resultado da remissão que nele é feita para o artigo 51º (todo o artigo, de resto, parece ser aplicável à reforma dos militares, desde que verificados os devidos pressupostos).

Se não se tiver dado esse caso, as remunerações a considerar serão as de carácter permanente referidas nos arts. 47º e 48º (vide respectivas anotações) correspondentes ao último posto no activo. O último posto será o determinante, independentemente do tempo de exercício nele prestado.

O último posto atendível é o adquirido quando da passagem à reforma, a qual terá lugar na data fixada no documento oficial que promova a mudança de situação, sendo objecto de publicação no DR e na ordem do ramo a que o militar pertencer (art. 163º do EMFA).

Esta situação é diferente da que está subjacente na previsão do art. 122º (ver anotações no lugar próprio).

4 – Segundo o art. 122º do EMFA, o militar na situação de reforma beneficia do regime de pensões em função do posto, do escalão, do tempo de serviço, dos descontos efectuados para o efeito e dos suplementos que a lei define como extensivos a esta situação.

De acordo com esse mesmo preceito, sempre que o militar extraordinariamente reformado (sobre reforma extraordinária: art. 161º do EMFA) obtenha uma pensão calculada segundo o Estatuto de Aposentação que seja inferior à remuneração de reserva do correspondente posto e escalão do activo, ser-lhe á abonado, a título de complemento de pensão, o diferencial verificado (nº2). Da mesma maneira, quando da aplicação das alíneas a) e b) do nº1 do art. 160º do EMFA (que fixa as condições para a passagem à reforma) resultar para os militares ingressados nas FA em data anterior a 1/01/ /1990 um montante de pensão de reforma ilíquida inferior à remuneração da reserva ilíquida a que teriam direito caso a passagem à situação de reforma se verificasse na idade limite estabelecida para o regime geral da função pública, ser-lhe-á abonado, a título de complemento de pensão, o diferencial verificado (art. 9º do EMFA, na redacção da Lei nº 25/2000, de 23/08).

Relativamente ao tempo de serviço militar, considera-se o tempo de serviço efectivo, acrescido das percentagens de aumento legalmente estabelecidas (art. 45ºdo EMFA), de que é exemplo o estatuído no artigo 46º desse Estatuto.

Releva, por outro lado, o tempo de permanência do militar na reserva fora da efectividade de serviço, incidindo o desconto para a CGA sobre a remuneração relevante para o cálculo da remuneração da reserva (art. 44º, nº3, do AMFA, na redacção da Lei nº 25/2000, de 23/08).

5 – Se o militar houver sido graduado em posto superior ao seu, uma vez cessada a graduação, permanece no posto em que se encontrava efectivamente promovido. Nesse caso, a remuneração correspondente ao posto da graduação não confere qualquer direito à alteração da remuneração de reserva ou da pensão de reforma (art. 195º, nº2, do EMFA). No entanto, se o militar passar à reforma na situação de graduado, sem que tenha cessado a graduação, deverá entender-se que a remuneração a atender para cálculo da pensão será a que corresponder à graduação. Com efeito, a graduação confere ao militar todos os direitos ao posto atribuído, apenas não contando o tempo nele prestado para efeitos de antiguidade (art. 69º, nº2, EMFA).

6 – Nas remunerações referidas no nº1 do artigo incluem-se as gratificações recebidas, em função da sua penosidade, pelos serviços de imersão e de mergulho pelo *pessoal especializado* prestado nas guarnições dos submarinos e como mergulhadores da Armada.

Assim, relativamente ao posto em que esse serviço tenha sido prestado, as gratificações são contáveis em 80% do valor recebido (nº3).

Também as gratificações concedidas ao pessoal especializado que tenha servido na Aeronáutica Naval, na Força Aérea e nas tropas pára-quedistas serão levadas em conta. Porém, não da mesma forma que para o serviço aquático atrás referido (n°4). O que poderia, convém reconhecê-lo, suscitar questões de desigualdade. O tema foi já objecto de estudo pelo Tribunal Constitucional, tendo o veredicto sido contrário à inconstitucionalidade (ver jurisprudência citada infra).

JURISPRUDÊNCIA

« I – O Decreto n° 58/75, de 23 de Maio, do Governo de Transição de Angola, não pode revogar o Despacho Legislativo Ministerial n° 6/74, de 25 de Maio.

II – O regime da aposentação fixa-se com base na lei em vigor no momento em que ocorre o acto ou facto determinante da aposentação, pelo que no cômputo da pensão de aposentação de um funcionário dos Serviços de Portos, Caminhos de Ferro e Transportes do Estado de Angola não pode ser considerado o prémio de economia que recebeu nos dois últimos anos, por este prémio não estar naquele momento sujeito a desconto para aposentação».
(Ac. do STA, de 24/04/86, Proc. N° 012146)

«Não julga inconstitucionais as normas constantes do artigo 121° do Decreto-Lei n° 498/72, na redacção do artigo 1° do Decreto-Lei n. 75/83, de 8 de Fevereiro, e do artigo 7° do Decreto-Lei n° 43/76, de 20 de Janeiro, sobre o calculo da gratificação de serviço pára-quedista para efeitos de pensão de reforma.

I – A determinação da igualdade ou desigualdade das situações exige uma prévia definição do elemento que, retirado do conjunto o chamado "padrão de igualdade", vai permitir avaliar se os elementos em comparação reclamam o mesmo tratamento jurídico.
O principio da igualdade não funciona por forma geral e abstracta mas perante situações ou termos de comparação que devam reputar-se concretamente iguais.

II – Para alem da exigência decorrente da proibição do arbítrio, extraída do principio da igualdade aplicável em caso limite de violações do principio, este também é violado quando a diferença ou as diferenças detectados entre os grupos de destinatários da norma questionada são de tal natureza que não justificam a desigualdade de tratamento, pois essa desigualdade deve prosseguir um fim legitimo, ser adequada e necessária para realizar tal fim e manter uma relação de equitativa adequação com o valor que subjaz ao fim visado.

III – Não contraria o principio da igualdade a norma que – no contexto do regime geral da aposentação, segundo o qual deve distinguir-se o momento em que se subjectiva o direito a pensão do momento em que é calculado o respectivo montante, que pode ser posterior – posteriormente à subjectivação do direito a pensão veio modificar o regime de calculo do respectivo montante.

IV – Tal norma atende à diversidade de situações existente entre aqueles que, tende optado por passar a situação de pensionista imediatamente, beneficiaram de um determinado regime de fixação do calculo dessa pensão e aquele que, mantendo-se ao serviço activo, em situação jurídica objectiva livremente modificável por lei nova, tiveram direito a promoção na carreira em igualdade de condições com os militares não deficientes e também aos aumentos de vencimentos auferidos pelos militares no activo, embora submetendo-se a um diferente regime de calculo da respectiva pensão.

V – Não há diferenças de regimes arbitrárias quando determinadas por livres opções dos destinatários das normas e quando correspondem a situações objectivamente diferentes.

VI – Também a norma referida não viola o principio da protecção da confiança, ínsito na ideia de Estado de direito democrático embora, no momento em que o destinatário da norma fez determinada opção voluntária, não pudesse prever razoavelmente que essa opção lhe poderia acarretar prejuízos futuros.

VII – Tal norma não traduz em si mesma uma alteração de regime arbitraria ou opressiva, a ponto de envolver uma violação intolerável ou demasiado acentuada daquela confiança, relativamente quer aos futuros pensionistas daqueles que, por acto voluntário seu, viram diferido no tempo o momento do calculo da pensão a que reconhecidamente tinham direito».
(Ac. do TC, de 11/05/93, Proc. nº 90-0302, in DR, II, de 30/07/93)

«I – O art. 12 do DL 34/A/90 de 24 de Janeiro, que confere aos militares a que se refere o art. 11 do mesmo diploma o direito a Um abono a título de complemento de pensão, sempre que a pensão de reforma, resulte inferior à remuneração da reserva a que tenham direito, caso não lhes fosse aplicado o calendário de transição, deve ser Interpretado tendo em consideração os montantes ilíquidos da remuneração da reserva e da pensão de reforma.

II – De facto além de inexistir no preceito qualquer alusão a montantes líquidos – sendo certo que, na técnica legislativa corrente, quando as leis se referem a remunerações reportam-se, em princípio, a montantes ilíquidos será esta a interpretação racional do preceito, tendo em conta o elemento ideológico e de interpretação sistemática.

III – Assim, a justificação que se crê mais racional de preceito em análise, é a de evitar que, no período transitório, a que se reportam as suas diversas alíneas, os militares passados à reforma, independentemente da sua vontade, antes de atingirem os setenta anos, não sejam, por esse motivo prejudicados: isto é, não aufiram Uma pensão de reforma diferente daquela que poderiam auferir, se permanecessem na reserva, até complementar 70 anos.

IV – O artigo em análise, insere-se num conjunto de disposições que têm por objectivo operar a transição para o regime da passagem à reforma dos militares aos 65 anos de idade (art. 175º alínea b) do EMFAR), de forma gradual e por forma a assegurar, quer Um tratamento equitativo entre os militares abrangidos por tal regime transitório, quer o respeito pelas expectativas legítimas dos mesmos militares, de não sofrerem Uma diminuição das suas pensões de reforma, pelo facto de serem obrigados a reformar-se antes de completarem 70 anos de idade (ver as diversas alíneas do art. 11 n. 1, art.12 e 13 do DL *34/N90*).

V – É assim ilegal, o despacho genérico 86/MDN/92 de 24 de Junho, por, ao ordenar que o cálculo dos complementos de reforma referidas em I, levassem em conta montantes ilíquidos, contrariar o disposto no art. 12º do DL *34/A/90* de 24-1, bem como ilegal é o acto recorrido, que neste despacho se baseou».
(Ac. do STA, de 28/01/98, Rec. nº037191)

«Não declara a inconstitucionalidade da norma do artigo 4º do Decreto-Lei nº 295/73, de 9 de Junho, e declara a inconstitucionalidade, com força obrigatória geral, da norma constante da alínea a) do nº 7 da Portaria nº 162//76, de 24 de Março.

I – O princípio da igualdade do cidadão perante a lei postula que se dê tratamento igual a situações de facto essencialmente iguais e tratamento desigual para as situações de facto desiguais (proibindo, inversamente, o tratamento desigual de situações iguais e o tratamento igual de situações desiguais). O princípio não impede que, tendo em conta a liberdade de conformação do legislador, se possam (e devam) estabelecer diferenciações de tratamento. Ponto é que haja fundamento material suficiente que neutralize o arbítrio e afaste a discriminação infundada.

II – Ora, não parece que a norma do artigo 4º do Decreto-Lei nº 295//73, em si considerada, mereça censura na perspectiva constitucional do principio da igualdade ou do princípio da proporcionalidade: integrada em diploma que contempla a situação dos militares deficientes que, por alguma das causas indicadas no nº 1 do artigo 1º do Decreto-Lei nº 210/73, optaram pela reforma extraordinária, a norma mais não será, afinal, do que mera expressão do que na disciplina geral em matéria de aposentação se dispõe relativamente ao momento de fixação do respectivo regime.

III – De resto, poderá defender-se não terem os militares nessas circunstâncias feito mais que manifestado a sua opção, em concreto momento histórico e à luz e no âmbito do enquadramento legal então vigente, não se surpreendendo, por conseguinte, censura constitucional se alguma diferenciação resultar da sucessão no tempo de dois regimes.

IV – O mesmo se não dirá, no entanto, quanto à norma contida na alínea a) do n° 7 da Portaria n° 162/76, a qual não se com pagina com uma visão holística e igualitária do Decreto-Lei n° 43/76.

V – A norma introduz um tratamento diverso para situações essencialmente iguais, não razoavelmente justificado: não só parte dos militares deficientes é afastada da plenitude de fruição do novo regime, que, no entanto, visou alcançar «um modo de compensar ou reparar uma injustificação» a todos tocante, sem que se apercebam ou denunciem as razões de marginalização assim provocada – o que figura arbítrio –, como a diferença de tratamento se modela inadequada e injustificadamente.

VI – Considera-se que existe violação do principio da igualdade quando, como é o caso, não existe adequado suporte material para a diferença. Esta deve ser materialmente fundada sob o ponto de vista da segurança jurídica, da praticabilidade, da justiça e da solidariedade e não se basear em qualquer motivo constitucionalmente impróprio».

(Ac. do TC, de 10/04/96, Proc. n° 93-198, in DR, I-A, de 16/05/96)

PARECERES DA PROCURADORIA GERAL DA REPÚBLICA

«1 – Nos termos do artigo 121°, n° 1, do Estatuto da Aposentação, o calculo das pensões de reserva e de reforma tem por base, em princípio, as remunerações de caracter permanente que correspondam ao ultimo posto no activo;

2 – No cálculo daquelas pensões não pode, nessa medida, atender-se, ao abrigo do artigo 47°, n 1, alínea b), do mesmo Estatuto, às remunerações auferidas no exercicio de quaisquer cargos ou funções, tais como emolumentos correspondentes a cargos nas direcções e repartições de serviço de marinha das províncias ultramarinas (Decretos-Leis n° 41057, de 8 e Abril de 1957, e n° 47815, de 26 de Julho de 1967);

3 – Esses emolumentos devem, todavia, ser considerados no cômputo das pensões de reserva e de reforma, se os militares que desempenharam cargos nos serviços ultramarinos de marinha exercerem a opção facultada pelo artigo 122 do Estatuto da Aposentação, verificados os requisitos postulados no preceito;

4 – Os aludidos cargos, nas direcções e repartições provinciais dos serviços de marinha do ultramar, eram considerados de comissão normal pela legislação militar (artigo 36°, alínea e), do Estatuto dos Oficiais das

Forças Armadas, aprovado pelo Decreto-Lei n 46672, de 29 de Novembro de 1965) e conferiam direito a aposentação;

5 – O exercicio continuo dos referidos cargos nos últimos dois anos que precederam a passagem à situação de reserva releva, no âmbito da previsão do artigo 122° do Estatuto da Aposentação, para efeitos da fixação da pensão de reforma;

6 – A fixação das pensões de reforma de militares é da exclusiva competência da Caixa-Geral de Aposentações (artigos 46°,84° e sgs e 97° do Estatuto da Aposentação), não sendo as respectivas resoluções finais da sua administração condicionadas pelas decisões das entidades militares competentes para a fixação das pensões de reserva».

(Parecer da PGR, de 21/11/91, in DR, de 31/12/92, pág. 344)

Artigo 122°
Pensão com base em outro cargo

O militar dos quadros permanentes que esteja a exercer continuadamente, nos últimos dois anos, cargo considerado de comissão normal pela legislação militar ou, a título definitivo, cargo civil poderá optar pela pensão de reforma que corresponda à remuneração permanente de qualquer desses cargos, desde que os mesmos confiram direito de aposentação.

NOTAS

1 – Tanto na situação a que respeita o presente artigo, como naquela que subjaz ao n°1 do artigo precedente, o que está em causa é o exercício de «outro cargo», diferente portanto daquele que faz parte do conteúdo funcional do posto a que o militar pertence.

Contudo, o que naquele está consignada é a determinação da base do cálculo para a pensão de reforma nos casos em que o militar tenha estado nos últimos *três anos* em exercício de *cargos civis dirigentes* em *comissão de serviço*, enquanto desta feita o que está previsto é o exercício de cargo diferente (*civil* ou *militar*) durante *dois anos* sob pressupostos factuais diferentes.

Assim se compreende que no primeiro caso se determine a remuneração relevante para o cálculo da pensão pela média das correspondentes a cada um dos cargos exercidos nesses três anos, ao passo que aqui de confira ao militar o direito de opção pela reforma que corresponda à remuneração permanente de qualquer desses cargos.

2 – É necessário, em primeiro lugar, que o cargo em causa tenha sido exercido *continuadamente*, isto é, numa solução de continuidade e sem interrupção. O que significa que de fora da previsão ficam as situações de exercício esporádico e isolado.

Por outro lado, esse exercício deve ter durado durante os *dois últimos anos* que antecederam a reforma. Não basta, assim, que durante os dois últimos anos o militar tenha exercido um desses cargos apenas durante "algum tempo". Todo o período deve ter sido preenchido pelo novo cargo. E nada parece afastar, inclusive, que o militar tenha estado durante uma parte desse período num «outro cargo» militar e a parte restante de período em provimento definitivo em cargo civil. O que é necessário à previsão é que, continuadamente, o militar tenha estado durante os dois últimos anos em exercício de cargo novo nas condições previstas no preceito.

3 – Se o «outro cargo» for militar, a lei obriga a que ele seja considerado de «*comissão normal*».

Designa-se *comissão normal* a prestação de serviço nas Forças Armadas ou fora delas, desde que em cargos e funções militares, bem como nos casos especialmente previstos no Estatuto dos Militares das Forças Armadas e em legislação própria (art. 146º do EMFA). Para além das situações de comissão normal definidas no art. 146º, são ainda considerados em "comissão normal" os oficiais no desempenho dos seguintes cargos ou funções: a) capitães de bandeira; b) no comando e guarnição de navios mercantes quando, por motivos operacionais, for julgado conveniente o desempenho de tais cargos por oficiais da Armada (art. 227º do cit. EMFA).

As nomeações dos militares para o exercício de cargos ou funções militares, desempenhados em comissão normal, processa-se por escolha, oferecimento e imposição de serviço (art. 153º do cit. Estatuto).

Nesta hipótese, o exercício há-de ser prestado em favor das Forças Armadas ou em serviço do Estado na sua veste de defesa nacional ou de representação militar. Por isso, o interessado que assim age, fá-lo sempre na sua condição de militar e em cumprimento de missão militar. Excluídas, ficam assim as missões de cunho político, mesmo que integradas em departamentos militares (por exemplo, não entra na previsão do artigo o exercício do cargo de Ministro, mesmo que do Ministério da Defesa Nacional).

4 – Mas o «outro cargo» também pode ser civil.

Nesse caso, porém, o preceito obriga a que o exercício tenha sido em regime de provimento definitivo. Não quer isto dizer que o interessado perca a sua qualidade de militar, até porque o preceito expressamente a ele se refere como «militar dos quadros permanentes». Será, então, um militar dos quadros permanentes fora da efectividade do serviço («*O serviço efectivo nos quadros permanentes corresponde à prestação de serviço pelos cida-*

dãos que, tendo ingressado voluntariamente na carreira militar, se encontrem vinculados às Forças Armadas com carácter de permanência»: art. 3º, nº3, da Lei nº 174/99, de 21/09 e art. 3º, al.a) e 4º do EMFA, na redacção dada pela Lei nº25/2000, de 23/08). Para utilizar as palavras da lei, será um «militar dos QP» com «vínculo definitivo» às FA (art. 108º do EMFA).

5 – Em qualquer dos casos, o militar poderá optar pela pensão de reforma que corresponda à remuneração permanente de qualquer desses cargos, desde que os mesmos confiram direito de aposentação.

Não tem que optar pela pensão relativa ao ultimo dos cargos exercido antes do facto determinativo da situação de reforma (se tiver exercido mais do que um deles). Se nos últimos dois anos, continuadamente, exerceu mais do que um desses cargos, poderá optar pela pensão correspondente àquela que lhe for mais favorável.

Há nisto algum paralelismo com o preceituado no art. 52º supra.

PARECERES DA PROCURADORIA GERAL DA REPÚBLICA

«1 – Nos termos do artigo 121º, n 1, do Estatuto da Aposentação, o calculo das pensões de reserva e de reforma tem por base, em principio, as remunerações de caracter permanente que correspondam ao ultimo posto no activo;

2 – No cálculo daquelas pensões não pode, nessa medida, atender-se, ao abrigo do artigo 47º, n 1, alínea b), do mesmo Estatuto, as remunerações auferidas no exercício de quaisquer cargos ou funções, tais como emolumentos correspondentes a cargos nas direcções e repartições de serviço de marinha das províncias ultramarinas (Decretos-Leis n 41057, de 8 e Abril de 1957, e n 47815, de 26 de Julho de 1967);

3 – Esses emolumentos devem, todavia, ser considerados no cômputo das pensões de reserva e de reforma, se os militares que desempenharam cargos nos serviços ultramarinos de marinha exercerem a opção facultada pelo artigo 122 do Estatuto da Aposentação, verificados os requisitos postulados no preceito;

4 – Os aludidos cargos, nas direcções e repartições provinciais dos serviços de marinha do ultramar, eram considerados de comissão normal pela legislação militar (artigo 36, alínea e), do Estatuto dos Oficiais das Forças Armadas, aprovado pelo Decreto-Lei n 46672, de 29 de Novembro de 1965) e conferiam direito a aposentação;

5 – O exercicio continuo dos referidos cargos nos últimos dois anos que precederam a passagem à situação de reserva releva, no âmbito da previsão do artigo 122 do Estatuto da Aposentação, para efeitos da fixação da pensão de reforma;

6 – A fixação das pensões de reforma de militares é da exclusiva competência da Caixa-Geral de Aposentações (artigos 46°,84° e sgs e 97° do Estatuto da Aposentação), não sendo as respectivas resoluções finais da sua administração condicionadas pelas decisões das entidades militares competentes para a fixação das pensões de reserva».
(Parecer da PGR, de 21/11/91, in DR, de 31/12/92, pág. 344)

Artigo 123°
Remunerações mínimas

1 – Na reforma extraordinária de pessoal com remuneração inferior à que compete a um marinheiro do quadro permanente, é esta que se considerará para cálculo da pensão.
2 – O limite mínimo a que se refere o número anterior será substituído pela remuneração correspondente aos seguintes postos dos quadros permanentes:
   a) De alferes, quando se trate de alunos da Academia Militar, da Escola Naval, da Academia da Força Aérea ou de outros cursos de preparação para oficiais daqueles quadros;
   b) De furriel, quando se trate de alunos de cursos de alistamento ou preparação para sargento, que não estejam, a prestar serviço militar obrigatório.

NOTAS

1 – Redacção dada pelo DL n° 182/84, de 28/05.

2 – Sobre o conteúdo do artigo 2° deste diploma, ver anotação 2ª ao artigo 128° infra.

3 – Com o art. 57° do DL n° 503/99, de 20/11, o artigo ficou revogado.

Artigo 124°
Redução da pensão

A pensão será reduzida de acordo com o disposto no artigo 56° somente no caso de mudança de situação imposta nos termos da alínea d) do n.° 1 do artigo 118°.

NOTAS

Trata-se de um artigo desfasado em relação ao conteúdo actual do art. 56°. Como o artigo 56° não estabelece actualmente nenhuma redução, parece que nem mesmo a punição do militar com a pena disciplinar de *separação de serviço* ou de *reforma compulsiva* servirão de motivo para a diminuição da pensão. Por conseguinte, deve o preceito considerar-se tacitamente revogado (cfr. anotação 3ª ao art. 56°).

Aliás, o próprio preceito que prevê a pena de separação de serviço aos militares (art. 32° do DL n° 142/77, de 9/04) a esse respeito apenas prescreve que, apesar do afastamento definitivo do exercício das funções, com perda da sua qualidade de militar, continuará a receber a «pensão de reforma que lhe couber». O que significa que, se redução tiver que sofrer, sê-lo-á ao abrigo de disposição especial avulsa, não forçosamente de acordo com o Estatuto da Aposentação.

Artigo 125°
Separação de serviço

Os militares separados do serviço estão sujeitos às restrições estabelecidas pelas leis militares para essa situação.

NOTAS

1 – De acordo com a definição que o art. 32° do DL n° 142/77 lhe dá, a *separação de serviço* «*consiste no afastamento definitivo de um militar do exercício das suas funções*». Em consequência da aplicação da pena, embora beneficie do direito a uma pensão de reforma («*da pensão de reforma que lhe couber*»), sofrerá a *perda da sua qualidade de militar*, ficando ainda *privado do uso de uniforme, distintivos ou insígnias militares*.

Trata-se de uma pena severa que corresponde, a par da reserva compulsiva e da reforma compulsiva, a factos e comportamentos graves e lesivos da disciplina militar, cuja prática ou persistência revele impossibilidade de adaptação do militar ao serviço, bem como aos casos de incapacidade profissional ou moral, ou de práticas e condutas incompatíveis com o desempenho da função ou o decoro militar (cfr. art. 70°, n°2, do RDM)

2 – O militar do QP a quem foi aplicada a pena de separação do serviço será abatido ao respectivo quadro (art. 171°, n°1, al.b), do EMFA).

JURISPRUDÊNCIA

«Para a reintegração ao abrigo do Decreto-lei n° 173/74, de 26 de Abril, apenas são relevantes as razões políticas directamente determinantes da demissão, aposentação, reforma, reserva compulsiva ou separação de serviço, e não também aquelas que, embora da mesma índole, só indirecta ou reflexamente possam ter contribuído para tais situações, uma vez que a lei se reporta ao acto e não ao comportamento do funcionário determinante desse acto».
(Ac. do STA, de 01/07/80, Rec. n° 013 139)

«I – Ao militar do quadro permanente da G.N.R. pode ser aplicada a medida de separação de serviço "por razões de ordem moral " após apuramento processual dos factos, por decisão do Comandante Geral, mediante parecer favorável sujeito a homologação ministerial (art. 70 n. 1 do D.L. n. 333/83).

II – Não pode continuar no activo nem na efectividade do serviço o militar da G.N.R. que não possua"boas qualidades morais". O apuramento de factos que levem à invocação da falta dessas qualidades pode ser feito através de "processo próprio" ou "disciplinar" (art. 37° n° 1, alínea a) e n° 3 do Dec.-Lei n. 465/83, de 31 de Dez.).

III – O facto de as normas conterem conceitos vagos e indeterminados não significa, em princípio, o reconhecimento de liberdade na escolha dos pressupostos, pela Administração.

IV – Tratando-se de poder vinculado a Administração, ao aplicar a lei ao caso individual, tem de concretizar os conceitos vagos, interpretando-os.

V – Essa actividade interpretativa que a Administração exerce é susceptível de ser sindicada contenciosamente visto que a decisão não envolve a formulação de juízos científicos ou técnicos (discricionariedade técnica) só sindicáveis quando haja erro grosseiro ou manifesto.

VI – O desvio de poder é um vício que só pode verificar-se quando a Administração pratica um acto no exercício de um poder discricionário, não podendo inquinar aquele acto que é praticado no exercício de um poder vinculado».
(Ac. do STA, de 01/06/89, Rec. n° 024 673)

«O Supremo Tribunal Administrativo é incompetente em razão da matéria, para conhecer de recurso de despacho do Chefe de Estado Maior do Exército que aplicou a um militar a medida de separação de serviço, nos termos do disposto no artigo 34°, n°2, 2ª parte do Regulamento de Disciplina Militar».
(Ac. do STA de 12/10/89, Rec. n° 025 125)

«I – O requerente, segundo se concluiu em processo de inquérito, durante seis anos, foi elemento preponderante de uma rede de contrabando a favor da qual usou o pessoal e os meios postos à sua disposição para combater aquela actividade ilícita, ameaçou e corrompeu outros agentes para os levar a colaborar nessa rede.

A manutenção ao serviço do requerente determina grave lesão para o interesse público.

II – O disposto na alínea b) do n. 1 do art. 76 da L.P .T.A. não contraria as normas dos arts. 18°, n. 2 e 32°, n°s. 4 e 5 conjugados com o art. 205°, n° 2, da Constituição da República.

III – Não se verifica o requisito negativo da alínea b) do n. 1 do art. 76 da L.P . T .A. e por isso não pode ser decretada a suspensão de eficácia do despacho que determinou a passagem do requerente à situação de separação de serviço».

(Ac. do STA, de 09/06/93, Rec. n° 32232[A])

«I – A dispensa de serviço prevista nos artigos 94.° da Lei Orgânica da Guarda Nacional Republicana (LOGNR), aprovada pelo Decreto-Lei n.° 231/93, de 26 de Junho, e no artigo 75.° do Estatuto dos Militares da Guarda Nacional Republicana (EMGNR), aprovado pelo Decreto-Lei n° 265/93, de 31 de Julho, é uma medida estatutária, que visa, não a punição de uma actuação profissional concreta, mas a aferição de um perfil comportamental e caracteriológico inadequado à permanência na GNR, ou seja, a verificação pelos órgãos competentes de que o agente perdeu aquelas condições ou possui uma estrutura caracteriológica incompatível com a condição de militar da GNR.

II – Esses preceitos não são organicamente inconstitucionais, pois, não tendo natureza inovatória (essa medida já estava prevista no Regulamento Disciplinar, aprovado pelo Decreto-Lei n° 142/77, de 9 de Abril, interpretado autenticamente pelo Decreto-Lei n.o 203/78, de 24 de Julho, por quem detinha competência legislativa para o efeito), não invadem a reserva de competência da Assembleia da República, designadamente a estabelecida nas alíneas b), d) e v) do n.° 1 da Constituição (texto de 1989).

III – E também não são materialmente inconstitucionais, por pretensa violação do direito à segurança no emprego e do princípio da igualdade (artigos 53° e 13° da C.R.P .), pois, por um lado, os pressupostos da aplicação da medida constituem "justa causa" para a cessação do vínculo de emprego e, por outro, as características específicas deste "corpo especial de tropas" constituem fundamento material bastante para uma diferenciação de regimes relativamente aos funcionários públicos em geral e mesmo relativamente aos membros de outras forças de segurança.

IV – O acto do Ministro da Administração Interna que aplicou esta medida estatutária a um soldado da GNR por ter efectuado uma gravação vídeo, enquanto mantinha relações sexuais com uma sua cunhada, com quem mantinha uma relação extra-conjugal de há longa data, imagens essas que largamente divulgou no meio em que se inseria, sem o consentimento da ofendida, que, perante factos devassadores da sua vida privada, se sentiu humilhada e ultrajada, conduta que provocou na área onde residia, S. Vicente, Madeira, a consternação generalizada, quer contra si, quer contra a instituição que servia e desvirtuou os requisitos morais e éticos que lhe eram exigidos pela sua qualidade e função, revelando o seu acto ser incompatível com a condição de "soldado da lei" e passando a ser uma "personna non grata" na área da sua residência e na Região Autónoma da Madeira, não viola o princípio da proporcionalidade, porquanto esse comportamento é, de facto, grave e evidenciador de que o recorrente não possui estrutura caracteriológica compatível com a condição de militar da GNR, o que é susceptível de ser considerado determinante da inviabilização da relação funcional e preenche o requisito da aplicação da medida.

V – Não violando também o princípio da igualdade, na medida em que se mostrando essa medida adequada, mesmo que tivessem sido aplicadas medidas menos gravosas a factos tão ou mais graves, o que não está provado, poder-se-ia concluir, quando muito, que também a esses outros agentes se ajustava a aplicação da mesma medida, sendo certo que não existe um «direito à igualdade na ilegalidade», ou à «repetição dos erros», podendo a Administração afastar-se de uma prática anterior que se mostre ser ilegal»
(Ac. do STA de 21/05/2002, Rec. n° 045 686)

PARECERES DA PROCURADORIA GERAL DA REPÚBLICA

«1 – A reforma dos militares punidos com a pena disciplinar de separação de serviço esta especialmente regulada no artigo 118°, n 1, alínea d), do Estatuto da Aposentação, aprovado pelo Decreto-Lei n 498/72, de 9 de Dezembro;

2 – A remissão que o corpo do n°1, do citado artigo 118° faz para os requisitos exigidos pelo n 2 do artigo 37° do mesmo Estatuto, não abrange a alínea c) deste ultimo preceito, a qual não e aplicável aos subscritores militares separados de serviço;

3 – Consequentemente, a estes subscritores também não é aplicável o disposto no n 2, alínea b), do artigo 40° do Estatuto da Aposentação, preceito que e citado na alínea c) referida na conclusão anterior».
(Parecer da PGR, de 02/04/87, in DR, n° 201, de 02/09/87)

«1 – A dispensa de serviço por iniciativa do comandante geral, aplicável nos termos do artigo 94°, n.o 2, da Lei Orgânica da Guarda Nacional da Republicana (a que se refere também o artigo 75° do Estatuto dos Militares da Guarda Nacional da Republicana), constitui uma sanção de natureza estritamente estatutária;

2 – A medida é aplicada em procedimento administrativo autónomo (ainda que a materialidade fáctica possa ser apurada em processo disciplinar) e resulta da verificação, por parte da entidade competente, de que o agente não possui as condições necessárias, do ponto de vista militar, ético ou técnico-profissional, para continuar em efectividade de serviço, distinguindo-se, pela sua finalidade e natureza, da típica sanção disciplinar;

3 – A amnistia de infracções criminais ou disciplinares não obsta a que seja aplicada sanção estatutária por factos que se enquadrem no respectivo tipo legal do mesmo modo que não produz qualquer efeito extintivo sobre a sanção já aplicada que tenha por base os mesmos factos».

(Parecer da PGR, de 27/09/2001, in DR, de 21/06/2002)

Artigo 126º
Pensão transitória

A pensão transitória de reforma a que se refere o artigo 99º será paga, a partir da data do facto que a determina, pela verba por que é abonado o militar, independentemente da comunicação prevista no mesmo artigo.

NOTAS

O presente artigo refere-se à *pensão transitória* de reforma a que respeita o artigo 99º (preceito aplicável em 1ª linha, como se sabe, à situação de *aposentação)*. Para além de tornar claro que também os militares, enquanto aguardam a reforma, ficam com o direito a perceberem uma *pensão transitória*, o que de relevo este art. 126º verdadeiramente introduz é a data a partir da qual a pensão provisória é paga: não somente a partir da comunicação aos serviços da resolução que reconhece e concede a situação de reforma, como sucede com o art. 99º, mas sim imediatamente a partir do facto determinativo da reforma, isto é, a partir da verificação de um dos pressupostos de facto definidos no art. 118º deste Estatuto ou nas normas especiais que a prevejam (ex: art. 160º do EMFA).

A pensão transitória é paga pela verba por que é abonado o militar. A pensão definitiva é paga pela CGA (arts. 64º e 73º) a partir do 1º dia do mês seguinte ao da publicação a que se refere o art. 100º.

CAPÍTULO II
PENSÃO DE INVALIDEZ DE MILITARES

Artigo 127º
Fundamento da pensão

1 – Os militares que não sejam subscritores da Caixa Geral de Aposentações têm direito a uma pensão de invalidez pelas causas que servem de fundamento à reforma extraordinária.
2 – O disposto no número anterior abrange os capelães militares eventuais.

NOTAS

O artigo acha-se revogado pelo art. 57º do DL nº 503/99, de 20/11.

Artigo 128º
Fixação da pensão

1 – A pensão de invalidez é determinada nos mesmos termos da pensão de reforma extraordinária, com base na remuneração líquida a que se refere o n.º 1 do artigo 53º.
2 – A remuneração mínima a considerar será fixada:
a) Na alínea a) do n.º 2 do artigo 123º, relativamente aos aspirantes milicianos ou das reservas naval e marítima e ao pessoal que frequente qualquer curso de preparação para oficial miliciano ou das mesmas reservas;
b) Na alínea b) do mesmo número, quanto ao pessoal que frequenta qualquer curso de alistamento de sargentos dos quadros permanentes ou de preparação para sargentos milicianos ou das reservas referidas ou ainda frequente qualquer curso co-

mum de preparação e selecção para o curso de oficias ou de sargentos milicianos;
c) No n.º 1 do citado artigo, para os demais militares.

3 – Os interessados não estão sujeitos ao pagamento de quotas relativamente ao tempo de serviço contado, nem ao de indemnizações que sejam inerentes a alterações de vencimento.

4 – Para efeitos de cálculo do grau de desvalorização, atender-se-á à função militar do interessado, se não puder averiguar-se a sua profissão civil.

NOTAS

1 – A redacção da alínea b) do n°2, foi dada pelo DL n° 182/84, de 28/05.

2 – O artigo 2° deste diploma dispõe o seguinte:
«Artigo 2°
Este diploma tem efeitos retroactivos a partir do início da vigência do Decreto-lei n° 69/76, de 26 e Janeiro, devendo, a requerimento dos interessados, ser revistas em conformidade as pensões de reforma extraordinária ou de invalidez já fixadas».

3 – O artigo foi revogado pelo art. 57° do DL 503/99, de 20/11.

Artigo 129°
Processo

O processo para atribuição da pensão de invalidez corre pela Caixa, com observância dos termos do processo de aposentação e das disposições especiais sobre reforma dos subscritores militares.

NOTAS

O artigo foi revogado pelo art. 57° do DL n° 503/99, de 20/11.

Artigo 130°
Pagamento da pensão

1 – O pagamento das pensões de invalidez é feito, nos termos estabelecidos para o das pensões de reforma, pela Caixa Geral de

Aposentações, que, para tal fim, será abonada pelo Estado das importâncias correspondentes.

2 – No Orçamento Geral do Estado inscrever-se-á, em rubrica especial, a verba necessária para o abono referido no número anterior.

NOTAS

O artigo foi revogado pelo art. 57º do DL nº 503/99, de 20/11.

PARECERES DA PROCURADORIA GERAL DA REPÚBLICA

«1 – O exercício dos cargos de adjunto e secretário do gabinete de apoio pessoal previsto no artigo 8º do Decreto-Lei n 116/84, de 6 de Abril, na redacção da Lei nº 44/85, de 13 de Setembro, por aposentados, cabe na previsão do nº 1, do artigo 78º do Estatuto da Aposentação, na redacção do nº 1, do artigo 8º do Decreto-Lei n 215/87, de 29 de Maio;

2 – O exercicio desses cargos depende da autorização prevista na alínea c) do nº 1 do referido artigo 78º;

3 – As remunerações desse pessoal, quando autorizado a desempenhar tais funções, devem ser determinadas nos termos do disposto no artigo 79º do referido Estatuto».

(Parecer da PGR, de 16/01/92, in DR, de 20/05/92, pág. 4457)

Artigo 131º
Situação do beneficiário

Para todos os efeitos do presente Estatuto considera-se como de reforma a pensão de invalidez e como reformado o beneficiário.

NOTAS

O artigo encontra-se revogado pelo art. 57º do DL nº 503/99, de 20/11.

PARTE III
DISPOSIÇÕES FINAIS E TRANSITÓRIAS

ARTIGO 132º
Vigência e aplicação do estatuto

1 – O presente estatuto entra em vigor em 1 de Janeiro de 1973 e é aplicável, sem prejuízo do disposto no artigo 43º, aos processos pendentes.
2 – No caso de alteração de prazos em curso observar-se-á disposto na lei civil.

NOTAS

1 – Tudo o que pudesse ser dito acerca deste artigo já nenhum interesse prático teria, tão grande é a distância temporal que nos separa da data da entrada em vigor do Estatuto.

2 – O nº 2 mantém-se actual. Pode suceder que lei avulsa altere futuramente, para mais ou para menos, um prazo em curso que tenha sido fixado ao abrigo do Estatuto. Em tal hipótese, lançar-se-á mão do art. 297º do Código Civil, que reza assim:
«*1 – A lei que estabelecer, para qualquer efeito, um prazo mais curto do que o fixado na lei anterior é também aplicável aos prazos que já estiverem em curso, mas o prazo só se conta a partir da entrada em vigor da nova lei, a não ser que, segundo a lei antiga, falte menos tempo para o prazo se completar.*
2 – A lei que fixar um prazo mais longo é igualmente aplicável aos prazos que já estejam em curso, mas computar-se-á neles todo o tempo decorrido desde o momento inicial.
3 – A doutrina dos números anteriores é extensiva, na parte aplicável, aos prazos fixados pelos tribunais ou por qualquer autoridade».

ARTIGO 133º
Subsistência de resoluções

1 – Não são prejudicadas pelo disposto neste diploma as resoluções através das quais a Caixa haja reconhecido direitos de inscrição

ao abrigo do Decreto-Lei n.º 46 307, de 27 de Abril de 1965, e bem assim as liquidações de quotas, juros, indemnizações e outros encargos já descontados em folha pelos serviços competentes ou que tenham sido objecto de resolução da mesma Caixa, embora não esteja ainda iniciado o respectivo pagamento.

2 – Subsiste igualmente a inscrição dos subscritores exonerados dos seus cargos, que se haja mantido por virtude do disposto no artigo 187º do Decreto-Lei n.º 35 108, de 7 de Novembro de 1945.

NOTAS

Também o preceito em apreço pouca ou nenhuma utilidade já apresenta.

Cerca de trinta anos após a publicação do Estatuto quaisquer referências aos direitos reconhecidos ao abrigo de diplomas anteriores já só têm um interesse histórico ou documental. Neste momento, nenhuma das situações criadas nessa época subsistirá, com toda a certeza.

ARTIGO 134º
Subsistência da quota anterior

A quota dos subscritores inscritos anteriormente a 1 de Outubro de 1954 mantém-se em 5 por cento, se a sua remuneração base exceder 1200$ por mês.

NOTAS

Quem antes de 1 de Outubro de 1954 tiver sido inscrito, teria hoje pelo menos 48 anos de subscritor. Quer isto dizer, que o interesse do artigo é meramente histórico, pois certamente o subscritor, se ainda não falecido, há muito se encontrará aposentado.

Actualmente, o subscritor efectua desconto de quota mensal de 10% sobre a remuneração mensal ilíquida correspondente ao cargo exercido, sendo de 7,5% a quota para a aposentação e de 2,5% a quota para a pensão de sobrevivência (DL nº 78/94, de 9 de Março).

ARTIGO 135º
Quota anterior de militares na reserva

Os militares na situação de reserva continuam sujeitos ao desconto, quando devido, da quota de 4 por cento relativamente ao tempo de serviço anterior à data de elevação dessa taxa, se a respectiva pensão tiver, sido definitivamente fixada antes da mesma data.

NOTAS

A partir do DL n° 39 843, de 7/10/1954, a quota passou a ser de 6%. No entanto, se a pensão dos militares na reserva tiver sido fixada antes daquele diploma, a quota manter-se-á nos 4%.

Convém referir que este preceito alude tão somente aos militares que apenas se encontrem na reserva, em sintonia, aliás, com o comando do art. 114° supra. A quota recai, por isso, sobre a pensão.

Os militares na reserva que estejam em exercício de funções ao abrigo do art. 117° estão sujeitos a diferente regime. Pagarão quota sobre a remuneração auferida (arts. 79° e 117° supra) à taxa actual.

ARTIGO 136°
Acréscimo à pensão de reforma

1 – A pensão de reforma é acrescida de 0,14 por cento relativamente a cada período de trinta dias de serviço prestados em campanha ou no ultramar, até à data em que foi imposta a obrigação legal do desconto de quotas para a Caixa.

2 – O acréscimo não excederá, todavia 25% da remuneração considerada para o cálculo da pensão e o total desta não poderá ultrapassar o montante da que caberia ao subscritor com base em 36 anos de serviço.

NOTAS

1 – O n°2 tem a redacção que lhe foi dada pelo DL n° 191-A/79, de 25/06.

2 – O preceito aplica-se apenas à «reforma» dos militares e proclama um acréscimo no valor da pensão de 0,14% por cada período de 30 dias prestado no ex-ultramar ou em campanha.

O «serviço de campanha» ou «campanha» tem lugar no teatro de operações onde se verificam operações de guerra, de guerrilha ou de contraguerrilha e envolve as acções directas do inimigo, os eventos decorrentes de actividade indirecta de inimigo e os eventos determinados no decurso de qualquer outra actividade terrestre, naval ou aérea de natureza operacional (art. 2°, n°2, do DL n° 43/76, de 20/01).

Tal acréscimo tem o limite de 25% sobre a remuneração considerada para o cálculo da pensão (cfr. art. 121°) e o total apurado não poderá ser superior ao montante que seria devido ao subscritor com base em 36 anos de serviço.

3 – De acordo com a Lei n° 9/2002, de 11 de Fevereiro, para os ex-combatentes no ex-Ultramar é, em certas condições, concedido ainda um «complemento especial de pensão» (art. 6°) e um «acréscimo vitalício de pensão» (art. 7°).

JURISPRUDÊNCIA

«I – Pode ser diferente da pensão de reserva anteriormente fixada ao oficial a sua pensão de reforma na passagem a esta situação se diferentes forem os respectivos pressupostos de facto e de direito ou nos casos em que aquela lhe tiver sido erradamente liquidada.

II – Do acréscimo da percentagem de 0,14 por cada período de trinta dias de serviço prestado em campanha ou no ultramar ate 31 de Dezembro de 1937 não pode resultar pensão de reforma que exceda o limite de vencimento do oficial de igual patente no activo, ainda que a pensão de reserva lhe houvesse sido liquidada em montante superior».

(Ac. do STA/pleno, de 24/11/72, Rec. n° 002018)

Artigo 137°
Abono dos aposentados em serviço

O disposto no artigo 79° não prejudica o regime de abonos dos aposentados que à data da entrada em vigor do presente diploma já se encontram em exercício de funções.

NOTAS

Este artigo destina-se a salvaguardar o regime dos abonos dos funcionários e agentes que se encontrassem aposentados à data da entrada em vigor do Estatuto. Podia acontecer, por exemplo, que o funcionário aposentado estivesse em serviço activo. A lei anterior permitia-lhe que pudesse nesse caso optar pelo recebimento de toda remuneração do exercício do cargo e um terço da pensão de aposentação (art. 38° do Decreto n° 16 669, de 27/03/1929). Ora, o artigo 79° veio estabelecer o contrário. Em tais hipóteses, o aposentado tem direito à pensão de aposentação e reforma na sua integralidade e uma terça parte da remuneração correspondente ao exercício do cargo.

O que o artigo em presença acentua é o respeito pelas situações criadas em matéria de abonos e remunerações ao abrigo de legislação anterior que ao interessado aposentado fossem mais favoráveis, desde que à data do início de vigência do presente Estatuto estivessem já em exercício de funções.

Em todo o caso, o interesse do artigo, dado o longo tempo entretanto decorrido, parece ser meramente histórico.

Artigo 138°
Dedução no pagamento de obras públicas

Nas folhas de pagamento relativas a contratos de empreitadas, tarefas e fornecimentos de obras públicas, adjudicadas por quaisquer entidades com pessoal inscrito na Caixa Geral de Aposentações, far-se-á a dedução de 0,5 por cento a favor desta, depositando-se o respectivo produto na Caixa Geral de Depósitos, nos termos da legislação em vigor.

NOTAS

Esta é uma das fontes de receita por parte da CGA, para além da que resulta das quotizações dos subscritores e da contribuição do Estado prevista no artigo imediato.

Mas, se o fundamento deste encargo imposto aos adjudicatários nas *empreitadas* é o favorecimento futuro dos funcionários e agentes que prestam serviço na entidade pública adjudicante, acautelando-se a sua situação de aposentação, então as mesmas razões de solidariedade social que ali estão patentes deveriam estender-se a outros registos de relacionamento contratual, como é, por exemplo, o caso de *concessões de obras públicas*. E não se veria com maus olhos, até, idêntica imposição imposta às *empresas públicas*.

E não apenas em «obras públicas», como é previsão da norma, mas em todos os casos de contratação com o Estado, incluindo o de *concessão de serviços públicos*, de *fornecimento contínuo*, de *prestação de serviços*, de *concessão de jogos de fortuna e azar*. Da mesma maneira, a ninguém repudiaria que igual encargo fosse imposto a outras espécies de contratos, como os de *concessão de uso privativo de domínio público*, de *concessão de exploração de bens de domínio público*, de *concessão de arrendamento de terrenos do domínio privado do Estado,* etc. Seria esta uma forma extraordinária de financiamento da Caixa nesta ingente tarefa de garantir condições de velhice digna àqueles que durante toda uma vida o Estado serviram.

Artigo 139º
Contribuição do Estado para a Caixa

O Estado contribuirá anualmente para a Caixa Geral de Aposentações com a quantia necessária para assegurar o equilíbrio financeiro da instituição, inscrevendo a verba respectiva no orçamento de despesa do Ministério das Finanças.

NOTAS

Na classificação económica das despesas públicas, as contribuições do Estado para a Segurança Social, incluindo as prestadas à Caixa Geral de Aposentações, surgem no Código 01.03.05. (v. anexo ao DL nº 26/2002, de 14/02, sobre a classificação económica das receitas e das despesas públicas).

Relativamente às pensões a pagar aos militares na reserva, o código classificador é 01.03.07 (loc. cit.).

A Caixa Geral de Aposentações é uma entidade que se encontra sob *superintendência* do Ministro das Finanças (arts. 10º, al.d), do DL nº 158/96, de 3/09: Lei Orgânica do Ministério das Finanças).

Artigo 140º
Dívidas dos corpos administrativos

As dívidas dos corpos administrativos à Caixa Geral de Aposentações, quando não sejam satisfeitas voluntariamente, serão cobradas, a requisição da mesma Caixa, através da Direcção-Geral da Fazenda Pública, por meio de desconto nas percentagens adicionais às contribuições e impostos do Estado.

NOTAS

Pelo DL nº 564/76, de 17/7, foram cometidas à Direcção Geral do Tesouro as funções que se encontravam legalmente atribuídas à Direcção Geral da Fazenda Pública.

«Corpos administrativos» eram, segundo o Código Administrativo, o concelho, a freguesia e o distrito (art. 668º).

As dívidas em causa são aquelas que se referem aos encargos dos Municípios de acordo com o disposto no art. 63º deste Estatuto: aqueles que serão suportados pelas autarquias relativamente às pensões de aposentação do seu pessoal no tocante ao período em que não era ainda subscritor da CGA.

PARECERES DA PROCURADORIA GERAL DA REPÚBLICA

«1 – O artigo 140º do Estatuto da Aposentação aprovado pelo Decreto-Lei n 498/72, de 9 de Dezembro, Interpretado pelo parecer deste Conselho nº14/88, contém duas disposições: a) a instituição de uma garantia especial a favor da Caixa Geral de Aposentações para assegurar o pagamento das dívidas dos "corpos administrativos" aí previstas; b) o estabelecimento de um meio coercivo de efectivar a garantia daquelas dívidas, mediante dedução das importâncias garantidas nos montantes a transferir pelo Estado para as autarquias em que se concretiza aquela garantia especial;

2 – Os artigos 56º, da Lei n 114/88, de 30 de Dezembro e 53º, da Lei n 101/89, de 29 de Dezembro, fixaram, para futuro, um novo modo de determinação da contribuição das autarquias locais para o financiamento do sistema de aposentação, e estabeleceram uma garantia do cumprimento dessas obrigações pelas transferencias a efectuar do Orçamento de Estado para as autarquias através do Fundo de Equilíbrio Financeiro;

3 – Os artigos 56º da Lei nº 114/88 e 53º da Lei nº 101/89 não fixaram qualquer meio de efectivar a garantia especial que instituíram, no caso de incumprimento por parte das autarquias;

4 – As disposições referidas nas conclusões 2 e 3 não instituíram, assim, uma nova regulamentação completa do sistema da contribuição das autarquias para o financiamento da Caixa Geral de Aposentações, que substituísse integralmente o disposto no Estatuto da Aposentação, nomeadamente as regras de exequibilidade das dividas das autarquias para com a Caixa estabelecidas no artigo 140º daquele Estatuto, norma, assim, não revogada;

5 – Consequentemente, o artigo 140º do Estatuto da Aposentação é aplicável, quanto às regras de exequibilidade que estabelece, às dívidas vencidas e constituídas a favor da Caixa Geral de Aposentações, resultantes da contribuição das autarquias no financiamento do sistema de aposentação».

(Parecer da PGR, de 22/11/90, in DR de 21/11/92, pág. 10698)

Artigo 141º
Legislação revogada

1 – Ficam revogados, a partir da data da entrada em vigor do presente estatuto:
a) O Decreto n.º 16 669, de 27 de Março de 1929, o Decreto n.º 19 468, de 16 de Março de 1931; o Decreto n.º 21 890, de 22 de Novembro de 1932, com excepção do corpo do artigo 1º, das alíneas a) e b) do artigo 2º e do artigo 3º, o Decreto-Lei n.º 24 824, de 29 de Dezembro de 1934; o Decreto-Lei n.º 25 866, de 21 de Setembro de 1935; o Decreto-Lei n.º 26 503, de 6 de Abril de 1936; o Decreto n.º 26 880, de 13 de Agosto de 1936, o Decreto-Lei n.º 27 586, de 18 de Março de 1937; o Decreto-Lei n.º 30 913, de 23 de Novembro de 1940; o Decreto-Lei n.º 31 672, de 22 de Novembro de 1941; o Decreto-Lei n.º 32 691, de 20 de Fevereiro de 1943, com excepção dos artigos 20º e seu § 2º, 21º, 22º na parte relativa ao Montepio dos Servidores do Estado; 24º e seguintes; o Decreto-Lei n.º 33 477, de 30 de Dezembro de 1943; o Decreto-Lei n.º 33 540, de 21 de Fevereiro de 1944; o Decreto-Lei n.º 36 610, de 24 de Novembro de 1947, com excepção do artigo 13º, na parte relativa ao Montepio dos Servidores do Estado, do corpo do artigo 17º e dos artigos 18º, 22º, na parte respeitante ao mesmo Montepio, 25º e 26º, o Decreto-Lei n.º 37 618, de 17 de Novembro de 1949; o Decreto-Lei n.º 38 385, de 8 de Agosto de 1951; os artigos 12º e 13º do Decreto-Lei n.º 38 523, de 23 de Novembro de 1951; o Decreto-Lei n.º 39 843, de 7 de Outubro de 1954, com excepção do artigo 5º, do n.º 3 do artigo 6º e dos artigos 7º e 10º; o Decreto-Lei n.º 41 387, de 22 de Novembro de 1957; o artigo 1º do Decreto-Lei n.º 42 880, de 21 de Março de 1960, na parte respeitante ao pessoal que seja subscritor da caixa; o Decreto-Lei n.º 45 684, de 27 de Abril de 1964, com excepção do artigo 4º e seu § 2º e artigos seguintes; o Decreto-Lei n.º 46 046, de 27 de Novembro de 1964;
b) As leis gerais e especiais anteriores sobre as matérias abrangidas pelas disposições deste estatuto, com ressalva da legislação especial a que nas mesmas disposições se faça referência.

2 – Mantém-se em vigor os preceitos especiais sobre a aplicação sucessiva de diferentes regimes de aposentação, nomeadamente quanto à contagem de tempo de serviço, à dispensa do pagamento das respectivas quotas e ao regime decorrente da responsabilidade das autarquias locais e outras entidades por encargos com a aposentação do seu pessoal.

ARTIGO 142º
Modificações ao Estatuto

1 – As disposições que de futuro se publicarem sobre matéria abrangida no presente Estatuto deverão, depois de ouvida a administração da Caixa, ser nele inseridas no lugar próprio, por substituição, supressão ou adicionamento dos respectivos preceitos.

2 – As taxas mencionadas no n.º 1 do artigo 93º, no n.º 2 do artigo 95º, no n.º 3 do artigo 104º e no n.º 2 do artigo 107º poderão ser revistas mediante portaria do Ministro das Finanças.

NOTAS

Uma das competências específicas do Conselho de Administração da CGA é «*propor ao Governo, através do Ministério das Finanças, as iniciativas legislativas que julgue convenientes para a melhoria, em termos de justiça social e racionalidade económica, do regime de segurança social do funcionalismo público em matéria de pensões*» (art. 3º, al.b), do DL nº 277/93, de 10/08: Regime Jurídico da CGA.

ARTIGO 143º
Resolução genérica de dúvidas

Compete ao Ministro das Finanças, ouvida a administração da Caixa ou mediante proposta fundamentada desta, resolver, por despacho genérico, as dúvidas que se suscitarem na aplicação do presente diploma ou de quaisquer preceitos legais sobre matéria de aposentações.

NOTAS

1 – O preceito está em sintonia com o disposto no art. 10º, al.b) do DL nº 277/93, citado em anotação ao artigo anterior, a propósito da audição do Conselho de Administração da Caixa em matérias que se reflictam no regime da aposentação.

2 – Os *actos genéricos* são geralmente normas, mesmo quando tomam a forma de despachos (**M. Caetano**, *Manual cit.*, I, pág. 437), embora nem sempre sejam normas regulamentares, pois se podem limitar por vezes a interpretar, esclarecer ou aplicar a pessoas indeterminadas ou para execução permanente um determinada disposição legal (ob. cit. pág. 439).

O *despacho genérico* (acto genérico) assim produzido não deve confundir-se com os *actos gerais*, que são actos administrativos que se aplicam de imediato a um grupo inorgânico de indivíduos, todos bem determinados ou determináveis no local (ex: ordem dada pelo agente policial a um ajuntamento de pessoas para dispersarem).

O acto genérico, por vezes, pode traduzir-se em ordens de serviço, directrizes, instruções, etc, contendo regras de conduta abstracta e geral. Serão, nesse caso, meros actos internos e, por isso, irrecorríveis, por visarem os serviços a que se destinam, embora a cumprir por todos os funcionários que nele trabalham.

Outras vezes apresentam-se como regra de interpretação e explicitação de norma anterior. Aí, estaremos verdadeiramente perante um comando que toma a natureza da norma que visa interpretar e explicitar, sendo da mesma maneira irrecorrível contenciosamente (neste sentido, v.g., o *Ac. do STA de 15/05/1980, Rec. nº 010 671*). Em princípio, o acto susceptível de recurso é o acto interpretado, enfim o acto aclarado (aclaração confirmativa, em que a Administração respeita as regras de interpretação, mantendo o acto interpretado; diferente é o caso da aclaração modificativa, em que a Administração introduz modificações ao sentido do acto anterior). O que, porém, não quer dizer que em certos casos o acto de aclaração não seja ele mesmo fonte de lesão, desde que ultrapasse o valor e os limites do acto aclarado. Por essa razão, a única forma de o evitar é a sua impugnação contenciosa com fundamento em erro de interpretação. O acto interpretativo tem eficácia retroactiva (art.128º, nº1, do CPA).

JURISPRUDÊNCIA

«I – É acto interno, na modalidade de despacho interpretativo de carácter genérico, o despacho do Secretário de Estado do Orçamento, proferido nos termos do art. 143º do Estatuto da Aposentação.

II – Os actos internos não são de considerar actos administrativos para efeitos do n°4 do art. 268° da CRP, na redacção da Lei Constitucional n° 1/89, nem produzem uma lesão actual como ao contrário é exigido no mesmo preceito para a sua recorribilidade contenciosa».
(Ac. do STA, de 04/06/92, Proc. N° 029087)

«I – O art. 12 do DL 34/A/90 de 24 de Janeiro, que confere aos militares a que se refere o art. 11 do mesmo diploma o direito a Um abono a título de complemento de pensão, sempre que a pensão de reforma, resulte inferior à remuneração da reserva a que tenham direito, caso não lhes fosse aplicado o calendário de transição, deve ser Interpretado tendo em consideração os montantes ilíquidos da remuneração da reserva e da pensão de reforma.

II – De facto além de inexistir no preceito qualquer alusão a montantes líquidos – sendo certo que, na técnica legislativa corrente, quando as leis se referem a remunerações reportam-se, em princípio, a montantes ilíquidos será esta a interpretação racional do preceito, tendo em conta o elemento ideológico e de interpretação sistemática.

III – Assim, a justificação que se crê mais racional de preceito em análise, é a de evitar que, no período transitório, a que se reportam as suas diversas alíneas, os militares passados à reforma, independentemente da sua vontade, antes de atingirem os setenta anos, não sejam, por esse motivo prejudicados: isto é, não aufiram Uma pensão de reforma diferente daquela que poderiam auferir, se permanecessem na reserva, até complementar 70 anos.

IV – O artigo em análise, insere-se num conjunto de disposições que têm por objectivo operar a transição para o regime da passagem à reforma dos militares aos 65 anos de idade (art. 175° alínea b) do EMFAR), de forma gradual e por forma a assegurar, quer um tratamento equitativo entre os militares abrangidos por tal regime transitório, quer o respeito pelas expectativas legítimas dos mesmos militares, de não sofrerem Uma diminuição das suas pensões de reforma, pelo facto de serem obrigados a reformar--se antes de completarem 70 anos de idade (ver as diversas alíneas do art. 11 n. 1, art12 e 1} do DL *34/N90).*

V – É assim ilegal, o *despacho genérico* 86/MDN/92 de 24 de Junho, por, ao ordenar que o cálculo dos complementos de reforma referidas em I, levassem em conta montantes ilíquidos, contrariar o disposto no art. 12° do DL *34/A/90* de 24-1, bem como ilegal é o acto recorrido, que neste despacho se baseou».
(Ac. do STA, de 28/01/98, Rec. n°037191)

PRINCIPAIS SIGLAS E ABREVIATURAS USADAS

Ac.	– Acórdão
ADSE	– Assistência na Doença aos Servidores do Estado
Art.	– artigo
AFCT	– Assistência na Tuberculose aos Funcionários Civis
BMJ	– Boletim do Ministério da Justiça
BI	– Bilhete de Identidade
CA	– Código Administrativo
CC	– Código Civil
Cfr.	– Confrontar
CGA	– Caixa Geral de Aposentações
CGD	– Caixa Geral de Depósitos
CN	– Código do Notariado
CP	– Código Penal
CPC	– Código de Processo Civil
CRC	– Código de Registo Civil
CRP	– Constituição da República Portuguesa
CPT	– Código de Processo de Trabalho
Desp.	– Despacho
DGCP	– Direcção Geral da Contabilidade Pública
Dip.	– Diploma
DL	– Decreto-lei
DR	– Decreto Regulamentar ou Diário da República
DLR	– Decreto Legislativo Regional
EA	– Estatuto da Aposentação
ECD	– Estatuto da Carreira Docente
ED	– Estatuto Disciplinar
EFU	– Estatuto do Funcionalismo Ultramarino
EMFA	– Estatuto dos Militares das Forças Armadas
ETAF	– Estatuto dos Tribunais Administrativos e Fiscais
FA	– Forças Armadas
GNR	– Guarda Nacional Republicana
INCM	– Imprensa Nacional Casa da Moeda
INE	– Instituto Nacional de Estatística
IRS	– Imposto Sobre o Rendimento das Pessoas Singulares

JCP	– Junta de Crédito Público
Loc. Cit.	– Local citado
LPTA	– Lei de Processo dos Tribunais Administrativos e Fiscais
Ob. cit.	– Obra citada
Pág.	– Página
PGR	– Procuradoria Geral da República
RDES	– Revista de Direito e Estudos Sociais
RDM	– Regulamento de Disciplina Militar
Rec.	– Recurso
STA	– Supremo Tribunal Administrativo
TAC	– Tribunal Administrativo de Círculo
Tb.	– Também
TC	– Tribunal Constitucional
TCA	– Tribunal Central Administrativo
TT	– Tribunais Tributários

ÍNDICE REMISSIVO

(o algarismo que se segue à letra **n.** corresponde ao número da anotação do artigo correspondente)

A

Abate
– art. 76º, n.3

Abono
– de família: art.6º, n.8;
– para falha: art.6º, n.15;

Acesso
– art. 50º, n.3;

Acto
– conjunto: art. 108º, n.2;
– destacável: art. 34º, n.5;
– genérico: art. 143º, n.2;
– geral: art. 143º, n.2;
– preparatório: art. 34º, n.5;
– provisório: art. 97º, n.4;
– tácito: art. 97º, n.5; 108º-A, n.3;

Acumulação
– de cargos: arts. 5º, n.3; 26º, n.4; 31º; 45º, n.2; 48º;
– de pensões: art. 67º

Administração
– Autónoma: art.1º, n.7;
– Central: art.1º, n.7;
– Directa: art. 1º, n.7;
– Financeira do estado: art. 9º, n.2;
– Local: art.1º, n.7;
– Periférica: art. 1º, n.7;
– Regional: art.1º, n.7;
– Ultramarina: art.12º; 140º;

Adicional à remuneração
– art. 59º, n.4;

Agentes administrativos
– art.1º, n.4;

Ajudas de custo
– art. 6º, n.8;

Amnistia
– arts. 32º, n.5,10; 43º, n.3;

Anulação
– art. 32º, n.6,7;

Antiguidade
– art. 10º, n.1;

Aposentação
– acto tácito: art. 97º, n.5;
– antecipada: art. 37º-A;
– cargo relevante para (...): art. 44º;
– compulsiva: art.36º, n.4; 42º, n.3,4,5; 56º, n.3; 75º, n.5; 118º, n.6,7;
– concorrência de cargos: art. 45º, n.2;
– condições: art. 86º;
– desistência: art. 39º, n.4; 84º, n.5;

- deveres: art. 74º, n.3;
- direitos: art. 74º, n.2;
- direito de (...): art. 13º, n.3;
- exercício de funções públicas: art. 79º
- extinção: art. 82º;
- incompatibilidades: art. 78º;
- nova (...): art. 80º;
- obrigatória: art.24º, n.1; 36º, n.4; 41º, n.2;
- por expulsão: art. 43º, n.3;
- por incapacidade: art. 43º, n.3;
- por limite de idade: art. 43º, n.3;
- prazo para a decisão: art. 97º, n.5;
- publicação: art. 100º;
- voluntária: art.24º, n.1; 36º, n.2,3; 37º, n.3; 39º, n.2,3; 40º, n.3; 43º, n.3;

Aposentados em serviço
- art. 137º;

Arquivamento
- de documentos: art. 69º, n.1,2,3;
- do processo: art. 86º, n.1;

Arquivo aberto
- art. 69º, n.2;

Autarquias locais
- art. 1º, n.7;

Autonomia
- administrativa: art.8º, n.1;
- financeira: art. 8º, n.1;

Autorização
- art. 64º, n.5;

Avocação
- art. 108º, n.3;

B

Baixa do serviço
- art. 76º, n.4;

Bonificações
- art. 13º, n.5,7; 65º

C

Cabimento
- art.100º, n.3;

cadastro
- art. 23º, n.1; 85º;

capelães militares
- art. 113º, n.2;

Cargo
- dirigente: art. 51º, n.2; 122º, n.1;
- relevante para a aposentação: art. 44º;
- vários: art. 45º, n.2;

Certidões
- art. 87º, n.1;

Cessação de funções
- art. 32º, n.1,2; art. 33º, n.5; 40º, n.4;

Comissão de serviço
- art. 8º, n.2; 11º, n.1/5; 24º, n.3; 45º, n.3; 52º, n.1; 122º, n.1;
- extraordinária: art. 1º, n.5;
- normal: art. 122º, n.3;
- no ultramar: art. 12º;

Complemento especial
- art. 136º, n.3;

Cobrança indevida
– art. 21°, n.1,2;

Concorrência de cargos
– art. 45°, n.2;

Consulta do processo
– art. 110°;

Contagem
– do tempo: art. 40°, n.4;
– prévia: art. 34°, n.2,3,5; 85°;

Corpos administrativos
– art. 140°;

Contrato
– administrativo de provimento: art. 1°, n.4;
– de pessoal: art. 1°, n.5;
– de trabalho a termo: art. 1°, n.4, 5;

Contribuição do Estado para a CGA
– art. 139°;

Curador
– art. 64°, n.8

D

Declarações de conhecimento
– art. 87°,n.2;

Deduções
– art. 57°, n.3;

Delegação de competência
– arts. 103°, n.3; 108°, n.3;

Demissão
– arts. 20°, n.3; 37°, n.5; 75°, n.4;

Desconto
– de quota: arts. 5°, n.1; 7°, n.2;
– entrega directa: art. 8°;
– obrigatório: art. 7°, n.3;

Deserção do procedimento
– art. 86°, n.1;

Desistência
– arts. 39°, n.4; 84°, n.5;

Desligamento do serviço
– arts. 35°, n.2; 74°, n.4; 99°, n.2,3; 100°, n.4;

Despedimento
– art. 76°, n.3;

Destituição
– art. 76°, n.3;

Deveres
– de lealdade às instituições: art. 118°, n°7;
– políticos: art. 118°, n°7;

Deveres do aposentado
– art. 74°, n.3;

Direito
– adquirido: art. 25°, n.5; 43°, n.7; 37°-A, ns.3,4;
– à pensão: art. 74°, n.1; 82°, n.2;
– à vida com dignidade: art. 53°, n.8;
– de aposentação: art. 13°, n.3;
– de inscrição: arts. 2°; 24°, n.1;
– de reinscrição: art. 33°, n.7;
– do aposentado: art. 74°, n.3;
– em formação: art. 37°-A, n. 3,4;

Diuturnidades
– art. 120°, n.4;

Dívidas dos corpos administrativos
– art. 140º;

Documentos
– arts. 69º; 84º, n.2;

E

Elementos médicos complementares
– art. 96º;

Eliminação
– art. 76º, n.3;

Eliminação de subscritor
– arts. 1º, n.3; 3º, n.2; 22º, n.1;

Empresas públicas
– arts. 1º, n.7; 63º, n.3;

Encargos
– com a realização de junta médica: arts. 93º; 96º, n.4;
– extinção da responsabilidade pelos (...): art. 20º, n.1;
– repartição dos (...): arts. 19º, n.2; 63º, n.7;

Erro
– art. 58º, n.5;

Estado
– art. 1º, n.7;

Euros
– art. 5º, n.4;

Exame médico
– art. 41º, n.3; 89º;

Exoneração
– arts. 33º, n.5; 82º, n.8;

Expectativa jurídica
– art. 37º-A, n.3;

Expulsão coactiva
– art. 43º, n.3;

Ex-províncias ultramarinas
– arts. 63º, n.6; 136º, n.s2,3;

F

Falecimento
– art. 82º, n.5;

Falhas
– art. 6º, n.15;

Faltas ao serviço
– art. 26º, n.1; 27º, n.1;

Formalidade essencial
– art. 42º, n.5;

Funcionários
– art. 1º, n.4;

G

G.N.R.
– art. 112º, n.3;

Governadores civis
– art. 1º, n.4;

Gratificações
– arts. 6º, n.6; 48º; 121º, n.6;

Guarda Fiscal
– art. 112º, n.3;

H

Habilitação de herdeiros
– arts. 64º, n.9; 66º;

I

Idade
– limite: arts. 36°, n.4; 37°, n.5; art. 41°, n.3; 43°, n.3; 118°, n.3;
– para inscrição : art. 4°, n.3,4,5;

Inabilitação
– art. 64°, n.8;

Inactividade
– arts. 27°, n.1; 118°, n.9;

Incapacidade
– arts. 36°, n.3,4; 37°, n.4; 43°, n.3; 48°, n.1; 118°, n.4,5;

Incompatibilidades
– art. 78°;

Indemnizações
– arts. 19°, n.3; 57°, n.3;

Inerência
– art. 6°, n.8;

Informações autênticas
– art. 87°, n.2;

Ingresso
– art. 50°, n.3;

Inscrição:
– cancelamento: art. 22°, n.1;
– direito de (...): arts. 2°; 24°, n.1;
– facultativa: art. 1°, n.4;
– idade máxima: art. 4°;
– manutenção do direito: art.2°;
– modo de (...): art. 3°, n.1,2;
– nova inscrição: art. 22°, n.3
– obrigatória: arts. 1°, n.2,6; 13°, n.3;
– plúrima: art. 44°;
– suspensão: art. 1°, n.3;

Institutos públicos
– art. 52°, n.2;

Interdição
– art. 64°, n.8;

J

Juntas médicas
– arts. 58°, n.8; 89°; 90°;
– extraordinárias: arts. 92°; 93°;
– militares: art. 118°, n.4;
– ordinárias: art. 91°, n.2,6;
– recurso: art. 91°, n.4;
– revisão: art. 91°, n.4; 95°;

Juros de mora
– arts. 13°, n.4,6; 21°, n.3,4;

Justificação administrativa
– art. 88°, n.1;

L

Lei aplicável
– art. 50°, n.2;

Licença ilimitada
– art. 35°, n.5;

Licença sem vencimento
– arts. 1°, n3; 27°, n.1; 33°, n.5;

Limites de idade
– arts. 36°, n.4; 37°, n.5,7; 41°, n.3; 43°, n.3; 118°, n.3;

Lugar de origem
– art. 24°, n.3;

M

Militares
– casos de reforma: arts. 112º; 118º;
– contagem de tempo: art. 116º;
– inscrição: art. 113º;
– subscritores na reserva: art. 114º;
– tempo sem serviço: art. 115º;

Modo de inscrição
– art. 3º, n.1,2;

Montepio
– art. 7º, n.3;

Mútuo acordo
– art. 33º, n.5;

N

Nacionalidade
– art. 82º, n.4;

Nomeação
– arts. 1º, n.5; 35º, n.2;
– nulas: art. 1º, n.10;

Notificação
– art. 109º, n.2,3,4;

Nova aposentação
– art. 80º, n.3,4;

O

Obras públicas
– art. 138º;

Ordenado
– arts. 1º, n.8; 6º, n.4; 47º, n.3;

Organismos de coordenação económica
– arts. 15º, n.1; 25º, n.3; 52º, n.2;

Outro cargo
– art. 122º, n.3,4;

P

Pareceres
– arts. 91º, n.3,5,7; 96º, n.2;

Participações emolumentares
– art. 47º, n.7;

Part-time
– art. 4º, n.7;

Pena
– de aposentação compulsiva: arts. 36º, n.4; 42º, n.3,4,5;
– de suspensão: art. 27º, n.1;
– disciplinar: art. 71º; 76º;
– expulsiva: arts. 37º, n5,6; 43º, n.3;

Penhora
– art. 70º;

Pensão
– arts. 35º, n.4; 46º, n.2;
– acréscimo à (...) de reforma: art. 136º;
– acumulação: arts. 67º; 80º, n.2;
– actualização: art. 59º, n.3;
– alterações: art. 58º, n.2;
– completa: art. 37º, n.2; 46º, n.2; 53º, n.2;
– deduções: art. 57º, n.3;
– de reforma: (v. Reforma)
– de reserva: art. 114º, n.3;
– sobrevivência: art. 81º, n.5;
– penhora: art. 70º;

– perda: art. 72°;
– prescrição: arts. 68°; 82°, n.3;
– proporcional: art. 53°, n.4;
– redução: art. 37°-A;124°;
– revisão: art. 80°;
– sustação: art. 75°;
– transitória: arts. 64°, n.3; 99°; 126°;
– unificada: arts. 15°, n.2; 24°, n.2; 53°, n.6; 99°, n.6;

Permuta
– art. 1°, n.5;

Pessoal especializado
– art. 121°, n.6;

Pessoas colectivas de direito público
– art. 1°, n.7;

Polícia militar
– art. 112°, n.6;

Posse
– art. 35°, n.2;

Prazo de garantia
– arts. 4°, n.6; 37°, n.8; 39°, n.3; 53°, n.7;

Prescrição
– arts. 21°, n.5; 68°; 69°, n.3; 82°, n.3;

Previdência
– art. 15°, n.1;

Princípio
– antiformalista: art. 34°, n.5;
– da colaboração: art. 34°, n.4;
– da correspondência: art. 48°;
– da desburocratização: art. 34°, n.5; 96°, n.1;
– da equivalência: art. 48°;
– da inacumulabilidade de pensões: art. 80°, n.2;
– do aproveitamento do acto administrativo: art. 42°, n.5;
– do inquisitório: arts. 29°, n.2; 34°, n.4; 84°, n.2; 86°, n.1; 96°, n.1;
– da utilidade da tributação: art. 114°, n.2;

Processo
– consulta do (...): art. 110°;
– de aposentação: art. 34°, n.2;
– de contagem prévia: arts. 34°, n.2,3,5; 111°, n.1;
– de aposentação: arts. 23°, n.3; 84°;
– de cadastro: art. 23°, n.3; 111°, n.1;
– especial de justificação: art. 88°, n.1;
– habilitação de herdeiros: art. 64°, n.9; 66°; 111°, n.1;
– outros: art. 111°;

Progressão
– art. 50°, n.3;

Promoção
– arts. 50°, n.3; 120°, n.4;

Protecção na velhice
– art. 4°, n.6;

Prova
– art. 86°, n.1;
– do tempo: art. 87°;
– periódica de vida: art. 64°, n.4;

Provimento definitivo
– art. 122°, n.4;

P.S.P.
– art. 112°, n.5;

Publicação
– art. 109°, n.2;
– da lista de aposentados: art. 100°, n.2;
– do desligamento de serviço: art. 100°, n.4;

Q

Quadros permanentes
– art. 122°;

Quotas
– desconto: art. 7°;
– desconto na pensão: art. 18°, n.2;
– dispensa de pagamento: art. 15°, n.1,2;
– em dívida: art. art. 16°, n.3;
– incidência. art. 6°, n.2; 135°;
– isenção: art. 6°, n.8;
– pagamento directo: arts. 10°; 16°, n.4;
– pagamento para contagem de tempo: art.s 28°, n.1; 39°, n.3;
– para aposentação: art. 5°, n.3;
– percentagem: art. 134°, 135°;
– regularização: art. 13°, n.3,4;

R

Reclamação
– art. 34°, n.5;

Recurso
– arts. 34°, n.5; 103°;
– contencioso: arts. 42°, n.5; 43°, n.3; 58°, n.3; 103°, n.5;
– hierárquico: art. 58°, n.4,6; 108°-A;

Rectificação
– arts. 23°, n.2; 58°, n.5; 99°, n.4; 102°, n.1,5;

Redução da pensão
– art. 42°, n.6;

Reexame
– art. 32°, n.8;

Reforma
– arts. 23°, n.2; 51°, n.5; 102°, n.4; 103°, n.2; 112°; 118°; 121°
– complemento especial: art. 136°, n.3;
– compulsiva: art.118°, n°s 6,7 e 8; 124°;

Regiões administrativas
– art. 1°, n.7;

Regiões autónomas
– art. 1°, n.7;

Regularização de quotas
– arts. 13°, n.4; 27°, n.2;

Reinscrição
– arts. 13°, n.3; 33°, n.7;

Reintegração
– art. 43°, n.3;

Relação jurídica
– de aposentação: art.s 35°, n.3; 46°, n.2;
– de emprego: arts. 1°, n.4,5; 35°, n.3; 46°, n.2;

Remuneração
– complementar: art.s 48°; 50°, n.3;
– da categoria: art.s 1°, n.8; 5°, n.2; 6°, n.3;
– de exercício: arts. 1°, n.8; 5°, n.2; 6°, n.3;
– líquida: art. 53°, n.5;
– máxima: art. 47°, n.8;
– mensal: art. 47°, n.3,4;

Renúncia do direito à pensão
– arts. 1º, n.3; 82º, n.2;

Reparação
– art. 26º, n.1;

Requisição
– arts. 8º, n.2; 11º, n.1; 24º, n.3; 45º, n.3; 52º, n.1; 96º, n.1;

Rescisão
– art. 33º, n.5;

Reserva
– arts. 78º, n.5; 79º, n.2; 114º:
– passagem da (...) à reforma: art. 120º;
– tempo de serviço na (...): art. 117º;

Resolução
– competência para (...): art. 108º;
– definitiva e executória: arts. 58º, n.1;103º, n.2;
– final: art. 97º;
– preparatória: arts. 23º, n.2; 34º, n.5;
– rectificação: arts. 102º; 103º, n.2;
– revisão: art. 101º, n.2,3;
– revogatória: arts. 58º, n.6;102º, n.3; 103º, n.2;
– sustação da (...): art. 98º;

Restituição de importâncias
– 21º, n.1,3;

Revisão
– arts. 23º, n.2; 32º, n.8,10; 58º, n.7; 101º;
– da pensão: art. 80º;

Revogação
– arts. 23º, n.2; 32º, n.7; 43º, n.3; 58º, n.4; 82º, n.6; 102º, n.1,3;

S

Salário
– arts. 6º, n.4; 47º, n.3;

Sanção
– disciplinar: arts. 71º, n.1; 75º, n.1; 76º; 115º
– penal: art. 71º, n.1,2; 75º, n.1; 77º;

Santa Casa da Misericórdia
– art. 80º, n.2;

Separação de serviço
– arts. 118º, n.6; 124º; 125º, n.1;

Serviço
– bonificação: art. 13º, n.7;
– de campanha: art. 136º, n.1;
– gratuito: art. 23º, n.1;
– militar: arts. 11º, n.3; 49º, n.1;

Serviços
– municipalizados: art. 63º, n.4;
– simples: art. 7º, n.3;

Sistema retributivo
– Art. 1º, n.8;

Situação jurídica
– do aposentado: art. 73º, n.3,4;
– do funcionário: art. 43º, n.4;

Subscritor
– cadastro do (...): art.23º, n.1;
– eliminação do (...): art. 22º, n.1,2;
– na reserva: art. 114º;
– processo de aposentação: art. 84º, n.3,4;
– tempo de (...): art. 24º, n.1;
– suspensão de (...): art. 22º, n.4;

Subsídio
– de caminho e marcha: art. 6°, n.14;
– de campo: art. 6°, n.12;
– de deslocação: art. 6°, n.17;
– de despesas de representação: art. 6°, n.16;
– de férias: art. 6°, n.7; 51°, n.4;
– de Natal: art. 6°, n.7; 51°, n.4;
– de residência: art. 6°, n.11;
– de transporte: art. 6°, n.13;
– de tratamento: arts. 26°, n.1; 33°, n.6; 43°, n.7;
– por morte: art. 82°, n5; 83°;
– social: art. 6°, n.7;

Substituição
– Arts. 1°, n.5; 32°, n.7; 45°, n.3;

Sucessão
– de aposentações: art. 80°, n.2;
– de cargos: art. 50°, n.1,3;

Suplementos
– art. 65°;

Sustação do abono da pensão
– art. 75°, n.1;

T

Taxa global de redução: art. 37°-A, n.5;

Tempo
– acrescido: arts. 25°; 29°; 34°, n.5;
– a mais: art. 33°, n.8;
– anterior: art. 40°, n.4;
– aos ex-aposentados: art.81°;
– contagem obrigatória: art. 32°, n.3;
– de subscritor:art. 24°, n.1; 53°, n.7;
– limites de contagem: art. 33°;
– não contável: art. 27°;
– no ex-ultramar: art. 25°, n.2;
– parcial: art.s. 26°, n.1,5,6; 47°, n.6;
– posterior: art.40°, n.4;
– restrição da contagem: art. 30°;
– sem serviço: art. 26°, n.1; 115°;

Tempo de serviço
– aumento de (...): art. 13°, n.5;
– efectivo: art. 24°, n.1; 121°, n.4;
– em comissão: art. 24°, n.3;
– em requisição: art. 24°, n.3;
– na reserva: art. 117°;
– prova do (...) : arts. 87°; 88°;
– relevante: art. 16°, n.4;
– suprimento da prova do (...): art. 88°

Teoria da indemnização
– arts. 26°, n.1; 32°, n.10;

Teoria do vencimento
– arts. 26°, n.1; 32°, n.10;

Termo do serviço efectivo
– art. 99°;

Títulos de vinculação
– art. 1°, n.4,6;

Trabalho extraordinário
– art. 6° n.8;

Transferência
– art. 1°, n.5;

Tuberculose
– arts. 36°, n.4; 43°, n.3;

Tutela
– art. 64°, n.8;

V

Vencimento
– art. 5°, n.2;

ÍNDICE
(As epígrafes indicadas a itálico correspondem a artigos revogados)

ESTATUTO DA APOSENTAÇÃO
(D.L. n° 498/72, de 9/12)

PARTE I
Regime Geral

CAPÍTULO I
Inscrição

Artigo 1°	Direito de inscrição	11
Artigo 2°	Manutenção de anterior direito	23
Artigo 3°	Modo de inscrição	24
Artigo 4°	Idade máxima	24
Artigo 5°	Quota para a aposentação	28
Artigo 6°	Incidência de quota	32
Artigo 7°	Desconto de quota	48
Artigo 8°	Entrega directa do desconto	51
Artigo 9°	Mecanização do serviço	52
Artigo 10°	Pagamento directo da quota	53
Artigo 11°	Comissão e serviço militar	54
Artigo 12°	Comissão no Ultramar	56
Artigo 13°	Regularização e pagamento de quotas	57
Artigo 14°	Isenção de quotas por tempo contado para a aposentação ultramarina	61
Artigo 15°	Dispensa de quotas por tempo de contribuição para a Previdência	62
Artigo 16°	Pagamento de quotas em dívida	63
Artigo 17°	Custas ou despesas a liquidar com a quota	65
Artigo 18°	Desconto de encargos na pensão	66
Artigo 19°	Parte devida a outras entidades	67
Artigo 20°	Extinção da responsabilidade	67
Artigo 21°	Restituição e retenção	68
Artigo 22°	Eliminação do subscritor	73
Artigo 23°	Cadastro do subscritor	75

CAPÍTULO II
Tempo de subscritor

Artigo 24º Tempo de subscritor	77
Artigo 25º Tempo acrescido	79
Artigo 26º Tempo sem serviço e tempo parcial	83
Artigo 27º Tempo não contável	89
Artigo 28º Pagamento de quotas como condição de contagem de tempo	89
Artigo 29º Pedido de contagem	91
Artigo 30º Restrição da contagem	92
Artigo 31º Acumulação de cargos	93
Artigo 32º Perda do direito à contagem	95
Artigo 33º Limites da contagem	104
Artigo 34º Processo de contagem	110

CAPÍTULO III
Direito de aposentação

Artigo 35º Fundamento do direito de aposentação	121
Artigo 36º Formas de aposentação	122
Artigo 37º Condições de aposentação	128
Artigo 38º *Aposentação extraordinária*	141
Artigo 39º Aposentação voluntária	144
Artigo 40º Aposentação de antigo subscritor	148
Artigo 41º Aposentação obrigatória por incapacidade ou por limite de idade	151
Artigo 42º Aposentação compulsiva	154
Artigo 43º Regime de aposentação	160
Artigo 44º Cargo pelo qual se verifica a aposentação	172
Artigo 45º Concorrência de cargos	175

CAPÍTULO IV
Pensão de aposentação

Artigo 46º Direito à pensão	179
Artigo 47º Remuneração mensal	182
Artigo 48º Remunerações a considerar	196
Artigo 49º Subscritores em serviço militar	201
Artigo 50º Sucessão de cargos	202
Artigo 51º Regimes especiais	208
Artigo 52º Subscritores em serviço nos organismos de coordenação económica e na administração ultramarina	214

Artigo 53º Cálculo da pensão 217
Artigo 54º *Pensão de aposentação extraordinária* 223
Artigo 55º *Pensão equiparada a extraordinária* 225
Artigo 56º Não redução da pensão 225
Artigo 57º Deduções na pensão 226
Artigo 58º Alteração da pensão 228
Artigo 59º Actualização das pensões 236
Artigo 60º *Indemnização de acidente ou facto equiparado* 239
Artigo 61º *Responsabilidade de terceiros* 240
Artigo 62º *Direitos da Caixa* 240
Artigo 63º Atribuição dos encargos da aposentação 241
Artigo 64º Pagamento da pensão 246
Artigo 65º Suplementos à pensão 252
Artigo 66º Habilitações de herdeiros 253
Artigo 67º Acumulação de pensões 254
Artigo 68º Prescrição de pensões 258
Artigo 69º Arquivo de documentos 261
Artigo 70º Penhora de pensões 263
Artigo 71º Suspensão de pensão 265
Artigo 72º Perda do direito à pensão 267

CAPÍTULO V
Situação de aposentação

Artigo 73º Passagem à aposentação 269
Artigo 74º Direitos e deveres do aposentado 272
Artigo 75º Sustação do abono de pensão 273
Artigo 76º Penas disciplinares 276
Artigo 77º Penas criminais 281
Artigo 78º Incompatibilidades 282
Artigo 79º Exercício de funções públicas por aposentados 286
Artigo 80º Nova aposentação 294
Artigo 81º Contagem de tempo aos aposentados 300
Artigo 82º Extinção da aposentação 301
Artigo 83º Subsídio por morte 308

CAPÍTULO VI
Processo de aposentações

Artigo 84º Instauração do processo 311
Artigo 85º Cadastro e contagens 314

Artigo 86º	Prova das condições para a aposentação	315
Artigo 87º	Prova do tempo de serviço	317
Artigo 88º	Suprimento da prova do tempo de serviço	318
Artigo 89º	Exame médico	321
Artigo 90º	Junta médica	323
Artigo 91º	Juntas ordinárias	326
Artigo 92º	Juntas extraordinárias	337
Artigo 93º	Encargos com a apresentação à junta	338
Artigo 94º	*Novo exame*	339
Artigo 95º	Juntas de revisão	340
Artigo 96º	Elementos médicos complementares	345
Artigo 97º	Resolução final	348
Artigo 98º	Sustação da resolução	367
Artigo 99º	Termo do serviço	368
Artigo 100º	Publicação das aposentação	374
Artigo 101º	Revisão das resoluções	376
Artigo 102º	Revogação e rectificação das resoluções	381
Artigo 103º	Recursos	385
Artigo 104º	*Interposição do recurso gracioso*	403
Artigo 105º	*Não seguimento do recurso*	403
Artigo 106º	*Reparação e sustentação da resolução*	404
Artigo 107º	*Custas do recurso*	404
Artigo 108º	Competência para as resoluções	405
Artigo 108º-A	Recurso hierárquico	411
Artigo 109º	Notificação	417
Artigo 110º	Consulta do processo	420
Artigo 111º	Processos que não sejam de aposentação	421

PARTE II
Regimes especiais

CAPÍTULO I
Reforma de militares

Artigo 112º	Âmbito e regime	425
Artigo 113º	Inscrição de militares	427
Artigo 114º	Subscritores na reserva	428
Artigo 115º	Tempo sem serviço	435
Artigo 116º	Resolução sobre contagem de tempo	437
Artigo 117º	Tempo de serviço na reserva	437
Artigo 118º	Casos de reforma	439
Artigo 119º	*Exame médico*	444

Artigo 120º Passagem da reserva à reforma 445
Artigo 121º Base do cálculo da pensão 448
Artigo 122º Pensão com base em outro cargo 455
Artigo 123º *Remunerações mínima* 458
Artigo 124º Redução da pensão 458
Artigo 125º Separação do serviço 459
Artigo 126º Pensão transitória 463

CAPÍTULO II
Pensão de invalidez de militares

Artigo 127º *Fundamento da pensão* 465
Artigo 128º *Fixação da pensão* 465
Artigo 129º *Processo* 466
Artigo 130º *Pagamento da pensão* 466
Artigo 131º *Situação do beneficiário* 467

PARTE III
Disposições finais e transitórias

Artigo 132º Vigência e aplicação do Estatuto 471
Artigo 133º Subsistência de resoluções 471
Artigo 134º Subsistência da quota anterior 472
Artigo 135º Quota anterior de militares na reserva 472
Artigo 136º Acréscimo à pensão de reforma 473
Artigo 137º Abono dos aposentados em serviço 474
Artigo 138º Dedução no pagamento de obras públicas 475
Artigo 139º Contribuição do Estado para a Caixa 476
Artigo 140º Dívidas dos corpos administrativos 476
Artigo 141º Legislação revogada 478
Artigo 142º Modificações ao Estatuto 479
Artigo 143º Resolução genérica de dúvidas 479